98.-

Internationale Fachgespräche

veranstaltet durch die
Alexander von Humboldt-Stiftung
Bonn-Bad Godesberg

Neue Entwicklungen im öffentlichen Recht

Beiträge zum Verhältnis von Bürger und Staat
aus Völkerrecht, Verfassungsrecht
und Verwaltungsrecht

*Tagungsbeiträge eines Symposiums der
Alexander von Humboldt-Stiftung
Bonn-Bad Godesberg
veranstaltet vom 10. bis 14. Oktober 1978
in Ludwigsburg*

Herausgegeben von
Thomas Berberich   Wolfgang Holl
Kurt-Jürgen Maaß

Verlag W. Kohlhammer
Stuttgart Berlin Köln Mainz

CIP-Kurztitelaufnahme der Deutschen Bibliothek

Neue Entwicklungen im öffentlichen Recht:
Beiträge zum Verhältnis von Bürger und Staat
aus Völkerrecht, Verfassungsrecht und Verwaltungsrecht;
Tagungsbeiträge e. Symposiums d.
Alexander von Humboldt-Stiftung, Bonn-Bad Godesberg
veranst. vom 10. bis 14. Oktober 1978 in Ludwigsburg
hrsg. von Thomas Berberich; Wolfgang Holl . . .
Stuttgart, Berlin, Köln, Mainz: Kohlhammer, 1979.
  (Internationale Fachgespräche / Alexander von Humboldt-Stiftung
  Bonn-Bad Godesberg)
  ISBN 3-17-005347-7
NE: Berberich, Thomas, Hrsg.;
Alexander von Humboldt-Stiftung
Schillerstraße 12 D-5300 Bonn-Bad Godesberg

Alle Rechte vorbehalten
© 1979 Verlag W. Kohlhammer GmbH
Stuttgart Berlin Köln Mainz
Verlagsort: Stuttgart
Gesamtherstellung: W. Kohlhammer GmbH
Grafischer Großbetrieb Stuttgart
Printed in Germany

Inhalt

Einführung IX
Heinrich Pfeiffer / Bonn

Festvortrag XI
Politische Planung und Regierungsprogramme im Licht der bundesdeutschen
Verfassungsentwicklung
Ulrich Scheuner / Bonn

1. Teil Völkerrecht
   Thema: Zwischenstaatliche Zusammenarbeit und
   einzelstaatliche Souveränität

Bericht der Arbeitsgruppe 3
Dieter Blumenwitz / Würzburg

Probleme des Menschenrechtsschutzes auf weltweiter Ebene 9
Christian Tomuschat / Bonn

Der heutige Staat in einer kritischen Phase – unter dem Gesichtspunkt der Menschenrechte 23
Naoki Kobayashi / Tokyo

International Terrorism – a Comparative Perspective 51
Leon Romaniecki / Jerusalem

Internationaler Terrorismus und Auslieferungsrecht 63
Vojin Dimitrijević / Belgrad

Europäische Integration und das deutsche Grundgesetz 85
Thomas Oppermann / Tübingen

Europäische Integration und italienische Verfassungsordnung 103
Massimo Panebianco / Salerno

2. Teil Verfassungsrecht
   Thema: Verfassung und Verfassungsgerichtsbarkeit

Bericht der Arbeitsgruppe 125
Peter Badura / München

V

Gegenwartsprobleme der Verfassungsgerichtsbarkeit aus deutscher Sicht 131
Willi Geiger / Karlsruhe

Zur Verfassungsgerichtsbarkeit in Österreich 143
Herbert Haller / Wien

Einige Bemerkungen zur Verfassungsgerichtsbarkeit 149
Servet Armagan / Istanbul

Die Auswirkungen der Verfassungsgerichtsbarkeit auf die Entwicklung des öffentlichen Rechts und der politischen Ordnung 159
Fazil Saglam / Ankara

Die Verfassungsgerichtsbarkeit in der türkischen Republik unter rechtsvergleichendem Gesichtspunkt 169
Özkan Tikves / Izmir

Verfassungsgerichtsbarkeit und Volkssouveränität 179
Hisao Kuriki / Osaka

Locus Standi in Constitutional Litigation in Australia, the United States and Canada 183
Peter Nygh / North Ryde

Die südafrikanische Verfassung und Verfassungsgerichtsbarkeit in rechtsvergleichender Sicht 187
Marinus Wiechers / Pretoria

Die verfassungsrechtliche Stellung des polnischen Obersten Gerichts 197
Leszek Garlicki / Warschau

Das Gewohnheitsrecht unter besonderer Berücksichtigung des Verfassungsrechts 207
Claudio Rossano / Neapel

Die Aufnahme deutscher Rechtsstaatstheorien in Japan 219
Bin Takada / Osaka

Die japanische Verfassungsgerichtsbarkeit in rechtsvergleichender Sicht 227
Teruya Abe / Kyoto

Neuere Entwicklungen der Grundrechte in Japan, vor allem in bezug auf Meinungsfreiheit und Medienrechte 237
Zenji Ishimura / Fukuoka

Entwicklung im Grundrechtsverständnis in der Rechtsprechung des Bundesverfassungsgerichts – zur Rechtsprechung des Bundesverfassunggericht zu Art. 2 Abs. 2 Satz 1 GG 255
Heinhard Steiger / Gießen

Rechtsstaatliche Grenzen der Sozialstaatlichkeit 281
Young Huh / Bayreuth

Jüngste Entwicklungen in den afrikanischen Rechtsordnungen 299
Etienne-Richard Mbaya / Köln

3. Teil Verwaltungsrecht
   Thema: Planung, Umweltschutz und Verbraucherschutz

Bericht der Arbeitsgruppe 311
Fritz Ossenbühl / Bonn

Kodifikation des deutschen Umweltschutzrechts? 317
Michael Kloepfer / Trier

Neuere Entwicklungen des Naturschutz- und Landschaftspflegerechts in der Bundesrepublik Deutschland 341
Hermann Soell / Regensburg

Einige Aspekte des Umweltschutzrechts in Japan 371
Yasutaka Abe / Kobe

The Development of Environmental Law in the Nordic Countries 385
Gunnar Schram / Reykjavik

Denkmalschutz und Umweltgrundrecht 399
Yoshio Miyazaki / Tokyo

Das Problem der Integration von Raumplanung und öffentlicher Finanz- und Investitionsplanung (mit vergleichenden Ausblicken dargestellt am Beispiel Österreichs) 405
Heinz Schäffer / Salzburg

Umweltschutz in der Raumplanung 419
Eberhard Schmidt-Aßmann / Bochum

Die neuere Entwicklung des Städtebaurechts in Japan im Vergleich mit der Rechtslage in der Bundesrepublik Deutschland unter besonderer Berücksichtigung der Beschränkungen der Baufreiheit 435
Tokiyasu Fujita / Sendai

Raumplanungs-, Städtebau- und Sozialwohnungsrecht unter besonderer Berücksichtigung der Rohstoffländer 447
León Cortiñas-Peláez / Mexico

Verwaltungsrechtliche Mittel des Verbraucherschutzes unter besonderer Berücksichtigung der Situation in Polen 465
Karol Gandor / Polen

Rechtliche Probleme des Konsumentenschutzes in Polen 469
Karol Sobczak / Polen

Anhang

Verzeichnis der Teilnehmer 477
Verzeichnis der Autoren 479

Einführung

Die Fachsymposien der Alexander von Humboldt-Stiftung bringen ehemals geförderte Humboldt-Gastwissenschaftler mit ihren führenden deutschen Fachkollegen zusammen. Sie sind ein Teil des Förderungsprogrammes der AvH, das einen zeitlich begrenzten Forschungsaufenthalt in der Bundesrepublik Deutschland und im Anschluß daran eine zeitlich unbegrenzte Nachbetreuung nach Rückkehr der Gastwissenschaftler in ihre Heimatländer vorsieht. Diese mehrtägigen Symposien sind jeweils einem bestimmten Fachthema gewidmet und finden einmal jährlich statt.

Das 5. Fachsymposium, dessen Arbeitsergebnisse in diesem Band vorgelegt werden und das zugleich das zweite Symposium aus dem Bereich der Rechtswissenschaften ist, umfaßte Themen von besonderer Aktualität. Die Entwicklung der Menschenrechte, Fragen des Selbstbestimmungsrechts und der Meinungsfreiheit sowie Probleme des Umweltschutzrechts sind schon längst keine rein nationalen Anliegen mehr. Bei der Suche nach besseren Lösungen muß der Blick zwangsläufig über die Grenzen des eigenen Landes hinausgehen. Hierzu leistet die internationale Rechtsvergleichung einen wichtigen Beitrag.

Die Rechtsvergleichung hat, besonders im Bereich des öffentlichen Rechts, ihre besonderen Probleme, aber auch ihren besonderen Reiz. Reiz und Gewinn bestehen darin, daß man sehr schnell von den thematisch einschlägigen Regelungen und Rechtsnormen auf die dahinterstehende Lebenswirklichkeit durchstoßen muß, die sich in höchst unterschiedlichen sozio-ökonomischen Grundlagen und Grunddaten, teilweise aber auch in diametral einander gegenüberstehenden Konzepten von der richtigen und gerechten Ordnung menschlichen Zusammenlebens darstellt. Dieser Rückgriff auf die materiale Basis des Rechts führt methodisch sehr schnell vom Normenvergleich zum Institutionen- und Problemvergleich.

Dies war einer der nachhaltigsten Eindrücke aus den viertägigen intensiven Diskussionen und Referaten: Die Einbindung des Rechts in ein politisches, wirtschaftliches, soziales und kulturelles Umfeld und die daraus folgende, wechselseitige Beeinflussung. Es war deshalb wohl auch nicht verwunderlich, daß die Diskussionen zum Teil eminent politische Dimensionen erhielten. Für den Juristen – so wurde insbesondere von deutscher Seite immer wieder erklärt – haben solche internationalen Vergleiche in vieler Hinsicht unmittelbaren Wert und umfangreiches Interesse. Sie führen ihn aus einer gewissen sachbedingten Blickverengung heraus und geben ihm neue Ansichten und Einsichten, auch für das Verständnis der eigenen Rechtsordnung.

Die Übersicht über die ausländischen Teilnehmer an diesem Fachsymposium läßt einige Länderschwerpunkte erkennen. Dies ist nicht verwunderlich, denn auf dem Gebiet der Rechtswissenschaften waren insbesondere Wissenschaftler aus solchen Ländern am Humboldt-Programm beteiligt, deren Rechtssysteme weitgehend vom deutschen Recht beeinflußt sind: Japan, Korea, Griechenland, Spanien, Türkei, Österreich, Island und einige südamerikanische Nationen, vor allem Argentinien und Chile.

Hervorzuheben ist – worauf auch Professor BADURA in der Zusammenfassung der Diskussionen in der Arbeitsgruppe »Verfassungsrecht« hinweist –, daß die sicherlich vorhandenen erheblichen politischen und juristischen Meinungsunterschiede unter den Teilnehmern dieses Fachsymposiums die Erörterungen in keinem Zeitpunkt daran gehindert haben, im Humboldt'schen Sinne mit großem Ernst das gegenseitige Verständnis zu suchen.

Die Reaktion der Beiträge für die vorliegende Veröffentlichung stieß auf natürliche Grenzen, die sich daraus ergeben, daß ausländische Wissenschaftler Fachbeiträge in einer fremden Sprache verfaßt haben. Die Verschiedenheit der beteiligten Nationen führte zu Nuancen, welche die Herausgeber nur ungern verwischen wollten. Es war auch nicht zu erwarten, daß Wissenschaftler aus so unterschiedlichen Forschungs- und Veröffentlichungssystemen zu einem einheitlichen Referatsstil kommen können. Das Gewicht der Aussagen wird dadurch allerdings in keiner Weise vermindert.

Den ausländischen und den deutschen Teilnehmern des Fachsymposiums soll hier noch einmal für ihre aktive Mitarbeit und ihre Offenheit für diese grenzüberschreitenden Gespräche gedankt werden. Ein besonderer Dank gilt auch den Geldgebern: dem Auswärtigen Amt, das den Nutzen der Fachsymposien durch seine Unterstützung nunmehr anerkannt hat, sowie dem Stifterverband für die Deutsche Wissenschaft, ohne dessen Hilfe diese Serie von Fachsymposien nicht hätte verwirklicht werden können. Der hier vorgelegte Band ist wiederum ein deutliches Zeugnis für das, was mit den Fachsymposien der Humboldt-Stiftung erreicht werden kann.

Heinrich Pfeiffer
Generalsekretär der Alexander von Humboldt-Stiftung

FESTVORTRAG
Politische Planung und Regierungsprogramme im Licht der bundesdeutschen Verfassungsentwicklung
ULRICH SCHEUNER / BONN

1. Zum Begriff der politischen Planung

1.1 Planung als Element der heutigen Staatsführung

Das Hervortreten der Planung und die Reflektion über ihre Rolle stellen ein Merkmal der modernen staatlichen Phänomene der westlichen Industriestaaten dar, am stärksten dort ausgeprägt, wo wie in allen Ländern Westeuropas die Einflüsse sozialistischer Gedanken auf die Staatsführung und die Gestaltung der sozialen Verhältnisse sich geltend machen und die Grundzüge der wirtschaftlichen Ordnung, über das Prinzip einer autonomen liberalen Ordnung hinausgehend, sich zu einem System der staatlich beeinflußten Wirtschaft entwickelt haben. Dem Bilde des modernen, lenkend in die wirtschaftlichen und sozialen Gegebenheiten eingreifenden Staates entspricht das Streben nach rationaler Ausbildung dieser Einwirkung über punktuelle Eingriffe hinaus zu einer systematischen Beeinflussung der konjunkturellen Bewegungen und weiterhin der gesamtwirtschaftlichen Entwicklung. Die Planung, vor allem in ihrer Anwendung auf den Bereich der wirtschaftlichen Steuerung und der zentralen politischen Entscheidungen, gehört mithin zu den Folgeerscheinungen der Ausdehnung der staatlichen Aufgaben, nicht nur auf wirtschaftlichem und sozialem Felde, sondern auch auf andere Gebiete, wie der Erziehung und Bildung oder der Erhaltung einer menschlichen Umwelt.[1] Insbesondere hat der Staat im westlichen Europa heute in weitem Umfang die Verantwor-

---

[1] Die Literatur über die Planung ist rasch angewachsen, und es können hier nur einige grundlegende Hinweise gegeben werden. Bahnbrechend für die Probleme der Planung war die von JOSEPH H. KAISER herausgegebene Reihe von Symposien in- und ausländischer Autoren „Planung" I–VI 1965–72. Zur Planung im Verwaltungsbereich siehe MAX IMBODEN und KLAUS OBERMAYER VVDStRL 18 (1960) S. 113 ff., 144 ff. –; FRITZ OSSENBÜHL, Welche normativen Anforderungen stellt der Verfassungsgrundsatz des demokratischen Rechtsstaates an die planende staatliche Tätigkeit, dargestellt am Beispiel der Entwicklungsplanung, Gutachten zum 50. Dt. Juristentag München 1974, sowie F. RIETDORF dort, Referate Bd. 1 S. 25 ff. Zur politischen Planung: FRITZ W. SCHARPF, Planung als politischer Prozeß, Die Verwaltung 4 (1971) S. 1 ff.; E. W. BÖCKENFÖRDE,

tung für das wirtschaftliche Geschehen übernommen. Seine ausgedehnten wirtschaftlichen Eingriffe sollen der Steuerung des Konjunkturablaufes dienen, Rückschläge verhüten, ein Wachstum der Produktion nach Möglichkeit herbeiführen und sichern. Der Erfolg einer Regierung wird in der Gegenwart vornehmlich von ihrer Fähigkeit zur Erfüllung des Wunsches der Bevölkerung nach wirtschaftlichem Wohlergehen gemessen. Unter diesen Umständen wird eine Vorausschau auf die wirtschaftliche Entwicklung und in Verbindung damit die Setzung von Zielen und Prioritäten im wirtschaftlichen Leben zu einer der wichtigsten Tätigkeiten der zentralen Leitung. Sie verweisen auf die Anwendung von Methoden politischer Planung. Das staatliche Handeln gewinnt damit zu erheblichen Teilen den Aspekt eines technokratischen Vorgehens, das nach rationalen Plänen und Berechnungen angelegt wird.

Gewiß ist Planung staatlichen Handelns keine neue Erscheinung. Im Verwaltungsrecht kennen wir Planung in der Anlage von Städten und Verkehrsanlagen seit langem, und es gibt eine einschlägige Gesetzgebung seit der Einführung der Fluchtlinien im 19. Jahrhundert.[2]

Für das wirtschaftliche Leben hat der absolute Staat, freilich mehr in punktuellem Vorgehen als in systematischer Anlage, eine allgemeine Förderung von Gewerbe und Industrie sowie Lenkungsmaßnahmen im Handel gekannt. Auch ist zukunftsorientiertes Handeln in manchen Verwaltungszweigen, etwa der Forstverwaltung oder dem Ausbau von Verkehrsanlagen sowie bei der Konzeption der Landesverteidigung, sachgeboten und üblich. Aber erst die Gegenwart hat eine zentrale Planung der staatlichen Aufgaben und Mittel als politische Forderung in Angriff genommen.[3] Noch in den 50er Jahren stand der damalige Bundeswirtschaftsmini-

---

Planung zwischen Regierung und Parlament, Der Staat 11 (1972) S. 429 ff.; RAINER WAHL, Notwendigkeit und Grenzen langfristiger Aufgabenplanung, Der Staat 11 (1972) S. 459 ff.; Regierungsprogramme und Regierungsplanung. 40. Staatswiss. Fortbildungstagung der Hochschule für Verwaltungswissenschaften Speyer 1972; Parlamentarische Kontrolle der Regierungsplanung hrsg. v. Präsidenten des Landtags Nordrhein-Westfalen 1973; REIMUT JOCHIMSEN, Zum Aufbau und Ausbau eines integrierten Aufgabenplanungs- und Koordinationssystems der Bundesregierung in: KAISER, Planung VI (S. 35 ff.; BURKHARD DOBIEY, Die politische Planung als verfassungsrechtliches Problem zwischen Bundesregierung und Bundestag 1975; RENATE MAYNTZ u. F. W. SCHARPF (Hrsg.) Planungsorganisation 1973; meine Abhandlung: Zur Entwicklung der politischen Planung in der Bundesrepublik Deutschland FS WERNER WEBER 1974 S. 369 ff.; Berichte der Enquete-Kommission des Deutschen Bundestages zur Verfassungsreform: Zwischenbericht Zur Sache 1/73, Endbericht Zur Sache 3/76 und 3/77; REINER SCHMIDT, Wirtschaftsplanung und Verfassung 1971 S. 146 ff.; CHRISTIAN BRÜNNER, Politische Planung im parlamentarischen Regierungssystem 1978; WOLFGANG GRAF VITZTHUM, Parlament und Planung 1978.

2 Siehe zur Fluchtlinie K. H. FRIAUF in: I. v. MÜNCH, Besonderes Verwaltungsrecht 4. Aufl. 1976 S. 44 f.

3 Über die Mängel politischer Koordination der Führung im wilhelminischen Kaiserreich siehe meine Darlegung in: Politische Koordination in der Demokratie, jetzt in Staatstheorie und Staatsrecht, Ges. Schriften 1978 S. 276 ff.

ster Erhard den Bestrebungen wirtschaftlicher Planung seitens des Staates, wie sie sich namentlich auch im internationalen Bereich im Rahmen der EWG entfaltete, mit starkem Vorbehalt gegenüber. Erst mit den 60er Jahren hat sich in der Bundesrepublik – gegenüber den ausländischen Entwicklungen in Frankreich und Italien also zeitlich später – die Wendung zu einer auch die zentralen politischen und wirtschaftlichen Entscheidungen ergreifenden Planung vollzogen. Der Blick dieser Ausführungen richtet sich speziell auf diesen Vorgang, während die auch im verwaltungsrechtlichen Bereich steigende Bedeutung planerischer Tätigkeit in Bauplanung, Raumordnung und Entwicklungsplanung hier nur am Rande gestreift werden kann. Der Aufstieg der Planung im zentralen politischen Bereich ist ein Ausdruck des gegenwärtigen, auf aktive Förderung und Gestaltung des wirtschaftlichen und sozialen Lebens ausgerichteten Wohlfahrtsstaates und seines Bestrebens, den Ablauf der wirtschaftlichen und gesellschaftlichen Vorgänge mit seinen Lenkungsmitteln zu beeinflussen und zu beherrschen.[4]

1.2 Der Begriff der Planung

Zunächst gilt es, die Erscheinung der Planung kurz zu umreißen. Sie läßt sich als ein komplexer Prozeß der Vorschau, der Ziel- und Prioritätensetzung des eigenen Gestaltungswollens und der rationalen Überlegung der zur Beeinflussung des künftigen Geschehens anzuwendenden Mittel nicht mit einer einfachen Definition einfangen, sondern besser beschreibend in ihrer Natur erfassen.[5] Danach ist für den Plan in seinen verschiedenen Formen und Erscheinungen kennzeichnend die Richtung auf die Zukunft, woraus sich das Element der Vorherberechnung (Prognose) ergibt. Planen heißt aber, der künftigen Entwicklung aktiv vom Standpunkt der eigenen Zwecksetzung aus begegnen. Es impliziert daher eine Zielvorstellung, eine Entscheidung unter Alternativen und eine Prioritätenfestsetzung. Ein wesentlicher Bestandteil der Planung ist ferner das Zeitmoment. Planung kann auf einen insbesondere räumlich fixierten Endzustand (z. B. Bauplanung, Raumordnung) ausgerichtet sein oder (politischer Plan) jeweils die mögliche Wirkung bestimmter Ziele und Prioritäten in einer begrenzten Zeitspanne für einen in Bewegung bleibenden Lebensbereich zum Gegenstand haben (Wirtschaft, Bildung, Verteidigung). Endlich bedeutet Planung die rationale Einsetzung der Mittel, die verfügbar sind und mit denen das anvisierte Ziel verwirklicht werden kann, sowie die Koordination der Kräfte, die zur Lenkung des Geschehens zur Disposition stehen.[6]

Es erscheint mithin wesentlich, zunächst die Bedeutung der Erhebung der tatsächlichen Faktoren (Information) und die stets unsichere Einschätzung der Zu-

---

[4] Siehe BRÜNNER (Anm. 1) S. 84 ff.; VITZTHUM (Anm. 1) S. 48 ff.
[5] So mit Recht H. H. v. ARNIM, Gemeinwohl und Gruppeninteressen 1977 S. 339.
[6] Zu dieser Umschreibung der Planung siehe meine Darlegung in KAISER, Planung Bd. 1 S. 70 ff. und FS W. WEBER (Anm. 1) S. 370; J.-H. KAISER Planung Bd. 2 S. 20 ff.; BRÜNNER (Anm. 1) S. 116 ff.; VITZTHUM (Anm. 1) S. 60 ff.

kunft hervorzuheben. Selbst die auf die Herbeiführung eines festen Zustandes ausgerichtete Planung einer städtischen Raumordnung oder von Verkehrseinrichtungen hängt in ihrer Wirksamkeit stark von künftigen Tendenzen, z. B. dem Verkehrsaufkommen und den wirtschaftlichen Faktoren, ab und kann sich sowohl als unzureichend wie als überdimensioniert, als wohnfreundlich oder als Basis guter Lebensbedingungen erweisen. Die Prognose wird schwieriger, je länger der Zeitraum der Planung erstreckt wird, aber auch je mehr die dabei einzuschätzenden Faktoren (z. B. die wirtschaftliche Entwicklung oder das Verhalten ausländischer Staaten) sich der staatlichen Lenkung entziehen und von internationalen Gegebenheiten abhängig sind. Wichtig ist es vor allem, die Planung als einen Prozeß zu verstehen.[7] Sie muß nicht notwendig in endgültigen Entscheidungen Ausdruck finden, die sie vielmehr der Gesetzgebung oder Verwaltungsakten überlassen kann. In jedem Falle aber bedeutet Planung einen Vorgang, der in mehreren Stufen abläuft und dessen Ergebnisse stets einer flexiblen Fortbildung überlassen bleiben.[8]

1.3 Planung im Rahmen der Verwaltung und im zentralen (politischen) Bereich

Innerhalb der Erscheinung der Planung läßt sich ein grundlegender Unterschied aufweisen zwischen denjenigen Vorgängen, die die Aufstellung von Plänen innerhalb der Verwaltung betreffen, und den Bestrebungen zu einer planenden Koordination in der Sphäre der politischen Entscheidungen. Pläne innerhalb der Verwaltung dienen der administrativen Ausführung gesetzlicher Bestimmungen: sie suchen für die vom Gesetz gestellte Aufgabe die künftige Gestaltung durch Vorberechnung und Festlegung bestimmter Richtlinien für die zu gewinnende Lösung vorzubereiten. Ihr Ziel ist, soweit sie auf die Ordnung räumlicher Verhältnisse (Bauordnung, Verkehrswesen) gerichtet sind, eine endgültige, durch Rechtsnormen oder Verwaltungsakte festgelegte Situation herbeizuführen oder, soweit es sich um wirtschaftliche Pläne handelt, bestimmte vorgegebene Größen zu verwirklichen. Der administrative Plan führt mithin zu abschließenden, rechtlich verbindlich durch imperatives Gebot oder Verbot niedergelegten Ergebnissen, denen freilich eine längere Stufe von vorbereitenden flexiblen Entwürfen und Leitlinien vorangehen kann.[9] Die administrative Planung führt im Endstadium zu rechtlichen Festlegungen, die unmittelbar für die beteiligten oder betroffenen Bürger verbindlich sind (bauliche Einordnung von Zonen und Grundstücken, Enteignungen, Auflagen usw.), die auch zumeist durch direktes rechtliches Gebot durchgeführt werden. Das ermöglicht andererseits ihr gegenüber auch schon in vorbereitenden Stufen die Ge-

---

7 Zur Planung als Prozeß siehe VITZTHUM (Anm. 1) S. 72 ff., 78 ff.
8 Zur Flexibilität der Planung siehe v. ARNIM (Anm. 5) S. 340.
9 Zum Unterschied der Planung innerhalb der Verwaltung und der politischen Planung siehe meine Darlegung in KAISER, Planung Bd. 1 S. 70 ff. H. J. WOLFF u. O. BACHOF, Verwaltungsrecht Bd. 1 9. Aufl. 1974 S. 78 f.; BRÜNNER (Anm. 1) S. 105 ff., 111 ff.

währung von Rechtsschutz für den Bürger.[10] Im besonderen ist dieser Rechtsschutz gegenüber der Planung umfangreicher Großanlagen (Kraftwerke, Flugplätze, Fernstraßen), die Genehmigungsverfahren in Stufen und für verschiedene Richtungen benötigen, zu einem Problem geworden, der die Durchsetzung von Planungen erheblich zu verzögern oder auch zu lähmen vermag.[11]

In der neueren Entwicklung nimmt auch die Planung im Verwaltungsrecht veränderte Züge an. Über den Bauleitplänen und Bebauungsplänen der Gemeinden baut sich in Gestalt regionaler Planung und der Planung im Bereich von Ländern und Bund das Feld der Raumordnung auf. Hier wird der Versuch unternommen, die künftige Nutzung größerer Räume in einem weiteren zeitlichen Rahmen vorschauend zu koordinieren, und diese Planungen, die nicht für den Bürger unmittelbar verbindlich werden, sondern die nur für die Planung der Gemeinden den wirksamen Rahmen setzen,[12] zeigen in ihren höheren Stufen (Landesplanung) schon eine gewisse Verwandschaft mit der zentralen Planung. Sie sind nicht auf endgültige Festlegung, sondern auf Lenkung und Ausgleich der wirtschaftlichen Entwicklung des Gebietes ausgerichtet und in hohem Maße flexibel gehalten. Aus einer Raumordnung ist längst die Entwicklungsplanung hervorgegangen. Sie wirkt nicht verbindlich ein, sondern ist mehr um eine planende Koordination der einzelnen zukunftsgerichteten Maßnahmen der örtlichen und regionalen Verwaltung bemüht.[13]

Besondere Probleme haben sich in Verbindung mit der Aufstellung der Pläne für die Gestaltung des Unterrichts in Schulen ergeben. Im Grunde handelt es sich hier nicht um eigentliche Planungen, sondern um normative Festlegungen der Unterrichtsziele und -inhalte, die freilich der persönlichen didaktischen Formung durch den Lehrer erheblichen Raum lassen. Hier wird nicht für eine ungewisse Zukunft

---

10 Zum Rechtsschutz gegen Planungen der Verwaltung, der gegenüber Großanlagen (Kraftwerke usw.) eine wichtige Rolle spielt, siehe IMBODEN VVDStRL 18 (1960) S. 133 ff.; FRIAUF in I. v. MÜNCH, Bes. Verwaltungsrecht (Anm. 2) S. 511 ff.
11 Zu den Problemen der gerichtlichen Kontrolle der Planung für Großanlagen (Energieanlagen, Flugplätze, Straßen) und der hierbei zu entfaltenden Kontrolldichte siehe J. BURMEISTER, Die Verbandsklage in verfassungsrechtlicher Sicht in: Rechtsfragen des Genehmigungsverfahrens von Kraftwerken (Veröff. d. Instituts für Energierecht zu Köln 41/42) 1977; P. BADURA, Die Standortentscheidung bei der Untergenehmigung mit planungsrechtlichem Einschlag BayVBl. 1976 S. 515 ff.; W. BLÜMEL, Die Standortplanung für Kernkraftwerke DVBl. 1977 S. 301 ff.; OSSENBÜHL, Die gerichtliche Überprüfung der Beurteilung technischer und wirtschaftlicher Fragen in Genehmigung des Baus von Kraftwerken DVBl. 1978 S. 1 ff.; J. LISTL, Die Entscheidungsorörogative des Parlaments für die Errichtung von Kernkraftwerken DVBl. 1978 S. 10 ff.
12 Siehe FRIAUF (Anm. 2) S. 536/37. Eine Pflicht zur Anpassung der örtlichen Bauleitplanung an die Raumordnung und Landesplanung legt § 1 Abs. 4 BBauG fest. Siehe K. H. ROTHE DÖV 1978 S. 123. Zur Raumordnung vgl. W. ERNST, Raumordnung als Aufgabe der planenden Gesetzgebung und Verwaltung in KAISER, Planung Bd. 3 S. 139 ff.
13 Zur Entwicklungsplanung F. WAGENER, Von der Raumplanung zur Entwicklungsplanung DÖV 1970 S. 93 ff. G. KAPPERT DÖV 1978 S. 427 ff.

geplant – wie bei der eigentlichen Bildungsplanung –, sondern es werden normativ Richtlinien für den Unterricht aufgestellt. Die entstehenden rechtlichen Fragen gehen dahin, inwieweit wichtige Grundentscheidungen im Schulwesen durch bloße administrative Anordnungen (Erlasse, Verwaltungsverordnungen) ergehen dürfen und wieweit jedenfalls die grundlegenden Entscheidungen gesetzlicher Regelung bedürfen. Diese letztere Auffassung, daß wesentliche Feststellungen eine gesetzliche Grundlage haben müssen, hat das Bundesverfassungsgericht im Einklang mit der überwiegenden Lehre zur Geltung gebracht.[14] Wenn also in diesem Gebiet auch der Begriff eines Planes auftritt, so gehört dieser Fragenbereich doch im Grunde nicht zu dem Kreis planender Gestaltung der künftigen Entwicklung durch vorschauende Berechnung und Ausrichtung, sondern es besteht hier das Problem, wie weit in Schule und Erziehung das Gebot gesetzlicher Verwaltung, der Gesetzesvorbehalt, reicht und damit die früher hier bestehende Herrschaft bloßer administrativer Anordnungsgewalt abzulösen hat.

Wenden wir uns nun der zentralen politischen Planung zu, so zeigen sich durchaus andere Züge. Hier handelt es sich um Planungen auf dem Gebiete der wirtschaftlichen Lenkung und Steuerung, der sozialen Sicherung, der Verteidigung und der Außenpolitik, des Ausbaus der Bildungseinrichtungen, der Energieversorgung und des Verkehrs, endlich auch solcher Bereiche wie der Bevölkerungsbewegung und des Umweltschutzes. Es geht dabei um staatliche Maßnahmen, mit denen der Staat ganze Lebensbereiche zu beeinflussen und auszurichten sucht. Die Absicht der staatlichen Planung kann auf diesen Gebieten aber nicht die Herbeiführung eines statischen Endzustandes sein, weil es sich hier um Bestandteile des wirtschaftlichen, sozialen und geistigen Lebens handelt, die der Staat nicht durchgehend beherrscht, die vielmehr in einem freien demokratischen Gemeinwesen der autonomen Disposition der sozialen Kräfte weitgehend überlassen bleiben. Die politische Planung erschöpft sich auch nicht in der Durchführung gesetzlicher Vorschriften, sondern ist dazu bestimmt, einer künftigen Gesetzgebung den Boden zu bereiten, soweit der Staat sich überhaupt mit gesetzlichen Geboten und nicht mit anderen Steuerungsmitteln durchzusetzen sucht. Die Politik ist ein dynamisches Feld, dessen Komponenten und Kräfte in steter Bewegung sind. Die außerstaatlichen Faktoren werden dabei vom Staate nicht beherrscht. Er kann sie allenfalls in bestimmte gesetzliche Grenzen einweisen oder sie durch andere Steuerungsmittel zu lenken suchen. Der Staat hat mithin auf dem politischen Gebiet stets mit Gegenkräften im sozialen Felde, mitunter auch im eigenen organisatorischen Rahmen, zu rechnen und muß

---

14 Dieses „Wesentlichkeitsmerkmal" hat das Bundesverfassungsgericht in mehreren Entscheidungen zum Unterrichtswesen anerkannt: BVerfGE 33 S. 1 ff.; 33 S. 303, 337; 34 S. 165, 192 f.; 41 S. 251, 259/60; 47 S. 46, 78 ff.; 49 S. 89, 126 f. Ferner BVerwGE 47 S. 194 ff., 201 ff. und DÖV 1978 S. 830 ff. Vgl. hierzu TH. OPPERMANN, Nach welchen rechtlichen Grundsätzen sind das öffentliche Schulwesen und die Stellung der an ihm Beteiligten zu ordnen?, Gutachten C zum 51. Deutsch. Juristentag Stuttgart 1976 S. C 48 ff. OSSENBÜHL DöV 1977 S. 803 ff.

diese von ihm nicht regierten Elemente in Rechnung stellen, die vor allem in der Wirtschaft, in den sozialen Gruppen, dem Verhalten der Bevölkerung und ausländischen Interessen und Reaktionen bestehen. Planung in diesem Zusammenhang stellt daher einen Versuch dar, eine von außerstaatlichen Kräften getragene Entwicklung, die sich im Fluß befindet, in bestimmtem Umfang zu orientieren und auf bestimmte Ziele hinzulenken. Selbst kommunistische Regime vermögen dem Staat, der hier in viel weiterem Maße die sozialen Gegebenheiten reguliert und dessen Planung in erheblichem Umfang normative verbindliche Gestalt annimmt, keine volle Beherrschung des wirtschaftlichen und sozialen Lebens zu gewährleisten. Immer wieder bleibt die Erfüllung hinter zu weit gesteckten Planzielen zurück, werden gesetzte Produktionszahlen nicht erreicht, treten Versorgungslücken auf. Auch wo der Staat nicht mit freien gesellschaftlichen Gruppen und Kräften zu rechnen hat, sondern die wirtschaftlichen Produktionsmittel zu seiner Verfügung hat, bleibt das Verhalten der Bevölkerung, bleiben aber auch innere Reibungen in dem zentral ausgerichteten Staatsapparat unsichere Faktoren und bleibt daher Prognose und Planungserfolg eine ungewisse Zukunftsaussage.

Die wesentlichen Merkmale der politischen Planung lassen sich daher in folgender Weise zusammenfassen: Es handelt sich um Planungen innerhalb eines Raumes der staatlichen zentralen Entscheidung von Regierung und Parlament, die für einen bestimmten Zeitraum eine Strategie für die Beeinflussung der Entwicklung in großen Lebensbereichen (Wirtschaft, soziale Vorsorge, Bildung) entwirft und hierfür staatliche Lenkungsmittel aussucht und koordiniert. Dabei spielt das Zeitmoment eine wichtige Rolle. Da nicht ein endgültiger Zustand in diesen beweglichen Gebieten angestrebt werden kann, die immer im Fluß bleiben, kann jeweils nur für einen Zeitraum eine Zielsetzung und der Einsatz der verfügbaren Mittel für ihre Durchsetzung entwickelt werden, deren Erreichung aber angesichts der gegenläufigen und ungewissen sozialen Kräfte immer ungewiß bleibt. Die eingesetzten Mittel sind dabei, wie wir sehen werden, viel weniger Zwang, als vielmehr Anreiz und Benachteiligung oder andere Formen der staatlichen Einwirkung auf nicht staatliche Entschlüsse. Nur für die eigenen organisatorischen und finanziellen Mittel kann der Staat den Einsatz mit Sicherheit festlegen. Sieht man vom Haushaltsplan ab, der nur für die Tätigkeit der staatlichen Organisation gilt und hier strikte Verbindlichkeit besitzt, der also nur die staatliche Seite der Einwirkung betrifft, so muß die politische Planung in weitem Umfang das Verhalten freier sozialer Kräfte und die Einstellung der gesamten Bevölkerung in Rechnung stellen, die sie keineswegs in bestimmender Weise zu bewegen vermag, auf die sie nur durch rational gewählte Steuerungsmittel einwirken zu können hoffen kann. Die politische Planung trägt daher einen höchst beweglichen Charakter; ihre Zielsetzungen und Mittel müssen immer wieder nach Ablauf des gesetzten Zeitraumes, möglicherweise aber auch während des Laufes der Planzeit, berichtigt und angepaßt werden.

Die politische Planung bildet einen Bestandteil der politischen Leitung des

Staates, in der sie eine Koordination und rationale Ausrichtung herbeiführen will. Ihre Zwecksetzungen reichen über die staatliche Organisation, die sie rational einzusetzen vermag, hinaus und sind darauf gerichtet, den Gang der Ereignisse in weithin von gesellschaftlichen Faktoren bestimmten Räumen zu beeinflussen und zu gestalten. Eben diese Gestaltung der wirtschaftlich-sozialen Verhältnisse ist aber auch der Gehalt der politischen Staatsleitung. Sie sucht durch eine staatliche Konjunkturpolitik die Schwankungen des wirtschaftlichen Lebens auszugleichen und zu mildern und ist darauf gerichtet, die wirtschaftliche Zukunft durch Förderung wirtschaftlicher Tätigkeit abzustützen. Es ist die Aufgabe der Bildungspolitik, nicht nur den Inhalt der Unterrichtung in Schulen und Hochschulen festzulegen, sondern auf die Entscheidung der Jugendlichen und ihrer Eltern Einfluß zu nehmen, sich einer Ausbildung zu unterziehen und bestimmte berufliche Fähigkeiten zu erwerben. Die Auswirkung der zentralen politischen Planung auf viele Bereiche läßt sie als einen Bestandteil der politischen Zielsetzung und Leitung erscheinen, der im demokratischen Gemeinwesen Aufgabe der Regierung und des Parlaments ist. Planung ist eine Form, die politischen Ziele rational zu formulieren und ihre Erreichung mit überlegtem Ressourceneinsatz anzustreben. Die politische Planung ist daher mit den Entscheidungen der Staatsleitung unmittelbar verbunden, macht einen Bestandteil dieser Leitungsfunktion aus und trägt daher eminent politischen Charakter. Gegenüber älteren Formen staatlicher Zielsetzung und des Einsatzes staatlicher Mittel stellt sie eine moderne Form rationaler Gestaltung dar, die den sachlichen Boden politischer Entscheidungen breiter vorbereitet, die Alternativen deutlicher herauszustellen sucht und die Möglichkeiten der Zielerreichung rational abzuwägen strebt. Sie ist daher gegenüber dem politischen Handeln der obersten Staatsorgane keine gesonderte oder abgetrennte Tätigkeit, sondern verschmilzt sich auf das engste mit den grundsätzlichen wie den laufenden politischen Entscheidungen.

3. Der Gedanke einer integrierten Gesamtplanung der Regierungstätigkeit. Ansatz und Scheitern

3.1 Ressortplanung

Planungselemente sind in der zentralen Ebene der Staatsleitung schon länger im Rahmen der einzelnen Ressorts entwickelt worden. An erster Stelle ist hier natürlich der Haushaltsplan zu nennen, der praktisch ein jährliches Gesamtprogramm der Staatstätigkeit unter finanziellen Gesichtspunkten enthält. Freilich ist der Staatshaushalt in seiner großen Masse nicht eigentlich ein wechselndes Programm, sondern eine beständige, nur jeweils fortgeschriebene und leicht geänderte kontinuierliche Festlegung der Mittel, dessen Änderungen gewisse Verschiebungen in Schwerpunkten anzeigen können, der aber doch mehr den Ausgleich zwischen der Summe der Anforderungen der einzelnen Ressorts als eine Gesamtplanung darstellt. Immerhin ist und bleibt er der wichtigste Ansatz einer gesamten Überschau der staatlichen Tätigkeiten mit der Möglichkeit einer Verschiebung der Gewichte und der Akzentuierung neuer Aufgaben wie bisher zurückstehender Bereiche. Das Haushaltsgrundsätzegesetz vom 19. 8. 1969 (in der Fssg. d. Ges. v. 21. 12. 1974 BGBl. I S. 3656) läßt in § 9 seine Aufstellung für zwei Haushaltsjahre zu. Indes hat diese Möglichkeit keine wirkliche Änderung der Lage bewirkt. In die zeitliche Zukunft gerichtete Planungen kennen aber einzelne Ressorts schon länger. Der Verteidigungsminister muß bei seinen Überlegungen für die künftige militärische Ausstattung davon ausgehen, daß zwischen dem Beginn der Entwicklung neuer Waffensysteme und ihrer Fertigstellung zur Einführung längere Jahre (bis 8 und 10 Jahre) vergehen können, so daß Rüstungsplanungen sehr langfristig in die Zukunft vorausblicken müssen. Ebenso sind Verkehrsplanungen langfristig angelegt, und hier ist sogar in den 70er Jahren ein Programm des Fernstraßenbaus gesetzlich festgelegt worden, ein Vorgang, der wohl vornehmlich der Mittelfestlegung für diesen Verwaltungszweig dienen sollte.[15] Zwischen diesen Ressortplanungen fehlte es aber an einer Koordination. Die Mitte und Ende der 60er Jahre in der Bundesrepublik mit dem Regierungswechsel vor allem zum Kabinett BRANDT-SCHEEL einsetzenden Reformbestrebungen zielten darauf ab, Mittel für die anzusetzenden Reformen freizumachen, strebten aber zugleich auch an, die einzelnen einzuleitenden Maßnahmen in einen größeren Gesamtzusammenhang einzuordnen. Mit der Kritik an der fehlenden Koordination auf der Ebene der Bundesregierung[16] verband sich daher das Verlangen nach einer Verbesserung der inneren Struktur der Bundesregierung wie der einzelnen Ressorts. Die 1968 vom Bundesministerium des Innern eingesetzte Projektgruppe für die Regierungs- und Verwaltungsreform befaßte sich vorwiegend mit den Fragen der inneren Neugestaltung der Ressortorganisation, griff aber zugleich auch Vorschläge für eine bessere Gestaltung der Leitungsstruktur des Kabinettes auf und legte hierzu 1969 Vorschläge vor, die ein »Frühvorwarnungssystem« in Aussicht nahmen, das kommende Aufgaben frühzeitig erkennen lassen sollte.[17] Damit war der Weg zu einer Inangriffnahme einer ressortübergreifenden Gesamtplanung der Regierungstätigkeit, einer integrierten Regierungsplanung, gewiesen, der nunmehr auch beschritten wurde.

---

15 Vgl. zu diesem Gesetz v. 27. 7. 1957 (BGBl. I S. 1189) Kölble in KAISER, Planung Bd. 1 S. 95, ferner Gesetz v. 30. 6. 1971 (BGBl. I S. 873) und dazu OSSENBÜHL, 50. Dt. J.Tag (Anm. 1) S. B 57. Zu anderen Ressortplanungen siehe GREWE, Planung in der Außenpolitik dort S. 355 ff.; zur Bildungsplanung meine Darlegung DÖV 1965 D. 541 ff.; VITZTHUM (Anm. 1) S. 117 ff.

16 Siehe hierzu JOCHIMSEN in KAISER, Planung Bd. 6 S. 36 ff.; W. SCHATZ in MAYNTZ-SCHARPF, Planungsorganisation (Anm. 1) S. 15 ff.

17 Vgl. A. FAUDE in KAISER, Planung Bd. 6 S. 109 ff.; SCHATZ (Anm. 16) S. 28 ff. und ders. Studien zur Reform von Regierung und Verwaltung (Schriftenreihe des Vereins für Verwaltungsreform e. V. Nr. 10 I) (1978) S. 12 ff. sowie meine Darlegung in FS W. WEBER (Anm. 1) S. 371 f.

Mit diesen Bestrebungen der Planung in Ressorts und in weiteren Zusammenhängen stehen die in der neueren Zeit in der Bundesrepublik hervortretenden Bestrebungen nur in einem losen Zusammenhang, auf zahlreichen Gebieten der Staatstätigkeit, meist auf Verlangen des Parlaments, Übersichten der staatlichen Aktivität und der Entwicklung auf bestimmten Lebensbereichen zu erstellen und dem Bundestag vorzulegen. Hierher gehört das gemäß § 6 Abs. 1 des Gesetzes über die Bildung eines Sachverständigenrates zur Begutachtung der gesamtwirtschaftlichen Entwicklung vom 14. 8. 1963 (BGBl. I S. 685) vorgelegte Jahresgutachten, das erhebliche prognostische Voraussagen für die wirtschaftliche Entwicklung enthält, der »Grüne Plan« für die Landwirtschaft, Übersichten über Städtebau, Umweltschutz, Bildung usw.[18] Bei diesen Vorlagen handelt es sich indes zumeist mehr um Berichte, die die staatliche Tätigkeit und die allgemeine gesellschaftliche Entwicklung erfassen, weniger um in die Zukunft gerichtete Planungen. Die Bezeichnung »Plan«, die hier vielfach auftritt, ist also mit gewissen Einschränkungen aufzunehmen.

3.2 Der Ansatz zu einer integrierten Regierungs- und Aufgabenplanung und sein Ergebnis

In den Jahren nach 1969/70 wurde in der Bundesrepublik der Versuch der Entwicklung einer politischen Gesamtplanung der Tätigkeit der Bundesregierung unternommen. Der damalige Leiter des Bundeskanzleramtes, Bundesminister EHMKE und sein Staatssekretär JOCHIMSEN, unternahmen es, eine integrierte Aufgabenplanung aufzubauen, die eine solche koordinierte Planung ermöglichen sollte. Planungsbeauftragte der einzelnen Ressorts sollten durch ein Meldeverfahren Vorhaben und Initiativen rechtzeitig berichten, so daß sich daraus eine Frühkoordination für die Finanzplanung wie die politische Gesamtführung ergeben sollte.[19] Damit sollte sich eine langfristige Aufgabenplanung von Bund und Ländern verbinden. Insbesondere sollte eine Verbindung der Finanzplanung mit der mittelfristigen und langfristigen Aufgabenplanung erreicht werden. Es stellte sich indessen heraus, daß die Ziele dieser koordinierten Planung allzu weit gesteckt waren

---

18 Einen Überblick über diese Pläne, Programme und Berichte gibt KÖLBLE in KAISER, Planung Bd. 1 S. 91 ff. Er macht klar, daß neben Elementen eines Berichtes und einer Prognose in diesen Plänen auch Aktionsprogramme stecken, die teilweise auf Vereinbarungen zwischen Bund und Ländern beruhen (vor allem im Gebiet der Gemeinschaftsaufgaben der Art. 91 a und 91 b GG), teilweise sich in staatsleitenden Akten niederschlagen.
19 Eine Darstellung der Absichten dieser integrierten Planung bei EHMKE, Planung im Regierungsbereich. Aufgaben und Widerstände Bulletin der Bundesregierung 1971 S. 2026 ff.; ders., Aufgaben und Planung im Regierungsbereich Bulletin 1972 S. 29 ff.; JOCHIMSEN, Ausbau eines integrierten Aufgabenplanungssystems in KAISER, Planung Bd. 6 S. 35 ff. (= Bulletin 1970 S. 19 ff.). Kritisch SCHATZ (Anm. 16) S. 37 ff.

und die im Gang der zentralen Leitung gegebenen Widerstände und Hindernisse nur teilweise überwindbar waren. Die stets vorhandene Gefahr, daß Planungsstäbe neben der laufenden operativen Arbeit einhergehen und den Kontakt mit ihr verlieren, konnte nicht ausgeräumt werden. In den Ressorts ergaben sich Hemmungen gegen die Weitergabe aller Vorhaben an eine zentrale Stelle, und die Ressortminister zogen die vorgesehenen Meldungen an den zentralen Stab an sich.[20] Das Problem einer Verbindung der Aufgabenplanung mit einer Finanzplanung erwies sich als besonders schwierig, weil die Konstanten der Haushaltsstruktur sich nicht ohne weiteres veränderten Zielplanungen anpassen lassen.[21] Endlich zeigte sich auch, daß die Aufgabenplanung in sich im Blick auf die Zeitspannen der Wahlperioden und damit der Regierungsprogramme sowie wegen der teilweise außerhalb der Ministerialorganisation in den Mehrheitsfraktionen liegenden Initiative Probleme enthält, die eine zentrale amtliche Koordination und Planung erschweren.[22] Insgesamt erwies sich, daß der Gedanke einer integrierten Gesamtplanung der Regierungstätigkeit nicht erreichbar war, und etwa seit 1972 traten die dahin gerichteten Ansätze wieder zurück. Es wurde eingesehen, daß eine so weitgespannte Gesamtplanung nicht erreichbar war.[23] Mit der Umbildung der Regierung BRANDT-SCHEEL 1972 schied Bundesminister EHMKE aus dem Kanzleramt aus, und im Laufe der nächsten Jahre wurden teilweise auch die Arbeiten der Projektgruppen zur Reform der Ministerialorganisation eingestellt.[24]

Wenn sich somit auch ein Abklingen der Planungseuphorie vom Beginn der 70er Jahre ergeben hat, so wäre es doch falsch anzunehmen, daß die Notwendigkeit nicht nur der Ressortplanung, sondern auch einer darüber hinausreichenden Koordinierung der zentralen Planungen nun verkannt würde. Es ist nur deutlich geworden, daß die Ziele vorsichtiger gesteckt werden müssen. Eine eigentliche integrierte Planung der Aufgaben läßt sich nicht erreichen, zumal die wirtschaftliche und soziale Entwicklung immer wieder neue Probleme liefert. Die Aufgabenplanung wird stärker in das Regierungsprogramm – das teilweise auch durch Koalitionsabreden festgelegt ist – zurückgebunden. Für die mittelfristige Vorschau wird

---

20 Siehe zu diesen Widerständen der Ressorts SCHATZ (Anm. 16) S. 36, 39 ff. und ders. Studien (Anm. 17) S. 13.
21 Vgl. F. NASCHOLD, D. SEUSTER, W. VÄTH und O. ZIÜFEL in MAYNTZ-SCHARPF (Anm. 1) S. 146 ff.; H. KÖNIG in Studien zur Reform (Anm. 17) Nr. 10 II (1978) S. 15 ff.; VITZTHUM S. 87.
22 Siehe hierzu A. THEISS in MAYNTZ-SCHARPF (Anm. 1) S. 165 ff., 180 ff. In der Tat kann in der heutigen Entwicklung nicht übersehen werden, daß Anstöße zu neuen politischen Initiativen, aber auch hemmende Einflüsse (z. B. im Energiebereich) aus dem Kreis der Fraktionen der Mehrheit und den Parteitagen der Mehrheitsparteien hervorgehen.
23 Siehe meine Darlegung in FS. W. WEBER (Anm. 1) S. 373 f. Die fehlende Realisierbarkeit wurde auch von JOCHIMSEN anerkannt: Bulletin 1973 S. 1309 und Parlam. Kontrolle der Regierungsplanung, Landtag NW (Anm. 1) S. 51 f. Siehe auch VITZTHUM S. 123; v. ARNIM (Anm. 5) S. 343.
24 Siehe SCHATZ (Anm. 16) S. 40; ders. Studien (Anm. 17) S. 14 f.

die zentrale Bedeutung der Finanz- und Ressourcenplanung anzuerkennen sein.[25] Ihre Verbindung mit der Prioritätensetzung der politischen Ziele bildet nach wie vor ein Hauptproblem, besonders angesichts der in der heutigen Festlegung der personellen und sachlichen Ausgaben liegenden weitgehenden Immobilität der staatlichen Aufwendungen. Unbestritten bleibt die Notwendigkeit, für wichtige Bereiche – etwa die Energieversorgung, die soziale Sicherung, das Gesundheitswesen – längerfristige Planungen zu entwickeln, um auf Gebieten, bei denen auf Jahre hinaus vorschauende Dispositionen getroffen werden müssen, die Zukunft zu gewährleisten. Wenn man also von einem gewissen Scheitern zu weit gesteckter Erwartungen an eine integrierte Gesamtplanung sprechen kann, so bleibt auch weiterhin das Bedürfnis nach zentraler Planung, auch in ressortübergreifender Form, aufrecht. Es gilt nun, auf einer nüchterneren Basis die Grundlagen und Formen solcher Planungen abzustecken und Fortschritte in der Anlage und Durchführung der Planung zu erreichen. Jene weitgesteckten, nicht realisierbaren Planungserwartungen waren weitgehend von politologischen Anschauungen und Vorstellungen getragen worden. Ihnen gegenüber wird nun der konkrete Sachverstand der juristischen Betrachtung wieder stärker zum Ausdruck zu kommen haben.

4. Der Gang der Planung

4.1 Information und Zielsetzung

Da es die politische Planung mit weiten Lebensbereichen, die sich in starker Eigenbewegung befinden, zu tun hat, namentlich der wirtschaftlichen und sozialen Entwicklung, so ist es für den Gang der Planung von großer Bedeutung, die zugrundegelegten Daten mit möglichster Sorgfalt zu ermitteln.[26] Bei Planungen im wirtschaftlichen Raum unternimmt es der Staat durch seine Aktionen, die konjunkturellen und wirtschaftlichen Abläufe zu beeinflussen. Er wird dazu nur imstande sein, wenn er sich auf sorgfältige Erhebungen stützen kann. Der in der Wirtschaftswissenschaft ausgearbeitete Gedanke einer staatlichen Lenkung der wirtschaftlichen

---

25 Die Schwierigkeit mit dem in sehr weitem Umfang durch rechtliche Bindung festgelegten Haushalt einen Ansatz zu innovativer Konzeption zu verbinden, ist nicht zu unterschätzen. Eine kritische Einstellung zu den Möglichkeiten der Finanzplanung läßt der gegenwärtige Bundeskanzler H. SCHMIDT erkennen. Siehe VITZTHUM (Anm. 1) S. 181. Dennoch bleibt die Finanzplanung ein wichtiges Mittel der Vorberechnung künftiger Staatstätigkeit auch im Blick auf Information und Mitwirkung des Parlaments. Vgl. VITZTHUM S. 164 ff.; BRÜNNER (Anm. 1) S. 171 ff., 225 ff.
26 Zum stufenweisen Gang der Planung, die mit Datenerhebung, Zielsetzung und Entscheidung über die Mittel der Realisierung zur konkreten Ausgestaltung und Ausführung führt, siehe E. W. BÖCKENFÖRDE, Der Staat 11 (1972) S. 435 f.; BRÜNNER (Anm. 1) S. 116 ff.; VITZTHUM (Anm. 1) S. 71 ff.

Konjunktur wurde in der Bundesrepublik in der Mitte der 60er Jahre aufgenommen. Im Gesetz zur Förderung der Stabilität und des Wachstums der Wirtschaft vom 8. 6. 1967 (BGBl. I S. 582) wurde dem Staat die Aufgabe gestellt, in seiner Haushaltswirtschaft und seinen wirtschaftspolitischen Maßnahmen der marktwirtschaftlichen Ordnung bei Erhaltung eines hohen Beschäftigungsgrades, eines außenwirtschaftlichen Gleichgewichts und eines angemessenen Wirtschaftswachstums zu sorgen. Hierfür soll die Bundesregierung jährlich einen Jahreswirtschaftsbericht mit Darlegung der geplanten Wirtschafts- und Finanzpolitik vorlegen (§ 1 StbG).[27] Auch abgesehen von der Frage, welche Mittel für eine solche antizyklische Wirtschafts- und Finanzpolitik des Staates verfügbar sind und ob diese ausreichen, hat die seither verflossene Zeit gezeigt, daß die wirtschaftliche Prognose ein schwieriges Feld darstellt. Die vorgelegten Berichte des Sachverständigenrates zur gesamtwirtschaftlichen Entwicklung haben ebenso wie die Jahresberichte der Bundesregierung eine höhere Rationalität der Beurteilung der künftigen Entwicklung herbeigeführt, aber naturgemäß keine sicheren Aussagen machen können, und Fehleinschätzungen sind nicht ausgeblieben. Die hiermit eingeleitete wirtschaftliche Globalsteuerung bildet aber jedenfalls eines der wichtigsten ständigen Gebiete der zentralen Planung.

Wie sehr schon die Vorherberechnung der Entwicklung im Rahmen zentraler Planungen Gegenstand politischer Auseinandersetzung werden kann, hat sich auch auf anderen Gebieten gezeigt. So ist in neuerer Zeit die Einschätzung des späteren Energiebedarfs, auf die sich die Pläne der Regierung zur Errichtung von Kernkraftwerken stützten, von den Gegnern atomarer Kraftwerksanlagen lebhaft kritisiert worden. Tiefergreifend werden in der Gegenwart die Vorstellungen, unter denen wirtschaftliche Vorhersagen gemacht werden, und die Vorstellung eines steten Wachstums und einer zunehmenden technischen Durchdringung des Lebens ideell in Frage gestellt.[28]

Die Schwäche jeder Planung liegt also schon in der Prognose. Hier sind Irrtümer möglich, hier kann sich auch bereits eine Abhängigkeit von politischen Vorstellungen und Strömungen zur Geltung bringen. Manche planenden Zukunftsberechnungen in der Bundesrepublik, die mit einer ständig wachsenden Bevölkerung

---

27 Die in der Finanz- und Haushaltsreform 1967/69 eingeführte globale Wirtschaftssteuerung – vgl. zu ihr K. STERN, P. MÜNCH und K. H. HANSMEYER, Gesetz zur Förderung der Stabilität und des Wachstums der Wirtschaft 2. Aufl. 1972; RAINER SCHMIDT (Anm. 1) S. 114 f., 147 ff., 180 ff. – ist die Steuerung der Wirtschaftsabläufe nur teilweise erfolgreich gelungen. Sie hat im föderalen Gefüge Länder und Gemeinden nur begrenzt in ihre Linie der antizyklischen Konjunkturpolitik einordnen können und die Kräfte der Tarifpolitik haben sich ihr in erheblichem Maße entzogen. Zu dem Konflikt zwischen »gesamtwirtschaftlichem Gleichgewicht«, wie es Art. 109 Abs. 2 GG (in Fssg. v. 1967) für Bund und Länder vorschreibt, und der autonomen Tarifpolitik siehe v. ARNIM (Anm. 5) S. 105 ff.
28 Vgl. hierzu P. SALADIN, Wachstumsbegrenzung als Staatsaufgabe in FS U. SCHEUNER 1973 S. 541 ff.; CHR. TOMUSCHAT, Der Staat 12 (1973) S. 1 ff.

und einem zunehmenden Bedarf rechneten, erwiesen sich angesichts des mit den 70er Jahren einsetzenden Bevölkerungsrückganges als zweifelhaft.

Im besonderen aber erweist sich die Zielsetzung und Pioritätenbestimmung in der Planung als ein Element politischer Entscheidung. Hier vermögen nicht technokratische Gesichtspunkte den Ausschlag zu geben, sondern hier werden die Präferenzen notwendig unter politischen Aspekten bestimmt. Die starke Verlagerung von finanziellen Mitteln auf den Ausbau der Bildungseinrichtungen zum Ende der 60er und Beginn der 70er Jahre entsprach dem politischen Verlangen nach egalitärer Umgestaltung dieses Bereiches, ohne daß die Folgen einer zu großen Ausweitung der Bildungseinrichtungen auf die berufliche Entwicklung genügend in Rechnung gestellt wurden. Die Rationalität der Planung wird an diesem Punkte (der Zielsetzung) daher möglicherweise durch politische Vorstellungen ersetzt, die politische Motive in die Planung hineintragen und damit ihre Richtung bestimmen.[29] Die Präferenzen, an denen sich die Planung orientiert, werden daher nicht notwendig aus den Sacherhebungen abgeleitet, sondern entstammen weithin der politischen Willensentscheidung der staatsleitenden Organe. An diesem zentralen Punkte ist die politische Planung notwendig mit der gesamtpolitischen Einstellung der politischen Kräfte verbunden, die die Pläne vorbereiten und aufstellen.

4.2 Mittel der Planung

Pläne sind zunächst intern für die Sphäre der Staatsleitung aufgestellte Richtlinien, die eine gewisse, nicht notwendig rechtlich fixierte Bindung dieser leitenden Organe erzeugen, die sich aber klar von den für die Allgemeinheit verbindlichen Gesetzen unterscheiden. Sie sind zunächst Zukunftsaussagen, die ihrer Natur nach noch beweglich gehalten sind und einen bestimmten Grad der Unbestimmtheit und Offenheit nicht überschreiten.[30] Doch liegt es in der Bestimmung des Planes, daß er mit zunehmender Verdichtung und Konkretisierung zum Rahmen einer Verwirklichung wird. Auch wenn Pläne nicht in normative Gestalt erhoben werden, so stellen sie doch für den staatlichen Bereich Richtlinien auf, die einer gewissen Verbindlichkeit nicht entbehren.[31] Die erste Schwelle, die bei der Realisierung eines Planes zu überwinden ist, stellt seine Einordnung in die finanziellen Möglichkeiten des Staates, die Haushaltsgestaltung, dar. Im Stufenbau der Aufstellung und Ausführung zentraler Pläne ist die Einordnung in die haushaltsrechtliche Finanzplanung eine entscheidende Stufe. Da aber die politischen Pläne sich weithin auf Bereiche erstrecken, in denen sie auf das Verhalten außerstaatlicher Kreise, Gruppen und Kräfte angewiesen sind, werden auch die diesen gegenüber angewandten Mittel

---

29 Zur politischen Motivation der Zielsetzung in der Planung siehe Brünner (Anm. 1) S. 131 ff., der von „politischer Rationalität" spricht. Planungsentscheidungen sind letzten Endes, so sehr ihre Vorbereitung rational gestaltet ist, politische Entscheidungen.
30 Böckenförde (Anm. 26) S. 432; Brünner S. 140 f.
31 Böckenförde (Anm. 26) S. 434/45; Brünner S. 145 f.

bedeutsam, die ihre Mitwirkung sichern sollen. In den demokratischen Staaten wird dabei in den Gebieten der Wirtschaft, der Bildung und Erziehung oder des Verkehrs die freie Entscheidung der Bürger zu respektieren sein. Der Staat wird mithin nicht ohne weiteres Zwang anwenden, sondern mit milderen Mitteln durch Beeinflussung der individuellen Entscheidungen sein Ziel zu erreichen suchen. In manchen Fällen kann es genügen, daß durch die Erarbeitung und Veröffentlichung von Daten – etwa im wirtschaftlichen Bereich – Entscheidungen hinreichend beeinflußt werden. In dieser Richtung hat man im Rahmen des Stabilitätsgesetzes von 1967 (§ 3) große Erwartungen darauf gesetzt, daß der Bundeswirtschaftsminister durch Orientierungsdaten auf ein abgestimmtes Verhalten der maßgebenden Faktoren, der kommunalen Körperschaften, der Gewerkschaften und Unternehmerverbände hinwirken solle. Diese »Konzertierte Aktion« hat mit begrenztem Erfolge längere Jahre gewirkt, ohne daß die Bekanntgabe der geschätzten Zuwachsraten die Tarifpolitik entscheidend beeinflussen konnte. Sie ist derzeit infolge des Streites um die Mitbestimmung von seiten der Gewerkschaften ausgesetzt worden.[32] Man kann insoweit von indikativen Mitteln der Planungsdurchsetzung sprechen.[33] Eine stärkere Stufe bilden die influenzierenden Mittel, die den einzelnen die Anpassung an die Planung durch Gewährung von Vorteilen (Steuerermäßigungen, Subventionen) oder Auferlegung von Nachteilen (Besteuerung negativ beurteilten Verhaltens) Anreiz zur Einordnung in die Planung geben. Endlich wird der Staat nur in beschränktem Maße unmittelbar zum imperativen Gebot, zur gesetzlichen Auflage greifen. Hierher können Währungsvorschriften, Verpflichtungen zur Bevorratung (z. B. von Öl oder sonstigen Rohstoffen), Verbote bestimmter Verwendung von Rohstoffen usw. gehören. Sie bilden im Planungswesen des demokratischen Staates mehr eine Randerscheinung. Die kommunistischen Staaten erheben dagegen ihre wirtschaftliche Planung zu normativer Geltung, obwohl auch in ihnen die Erkenntnis sich längst durchgesetzt hat, daß Planungen beweglich gehalten und ständig ergänzt und berichtigt werden müssen. Zu den Mitteln der Durchsetzung zentraler, vor allem wirtschaftlicher Planung gehören endlich auch die dem Staate selbst aus eigener Kraft verfügbaren Anstöße, wie Deficit-Spending, Erhöhung seiner Investitionen wie auch die – freilich in der Bundesrepublik der autonomen Entscheidung der Bundesbank zugewiesene – Limitierung von Kredithöhen und des Geldumlaufes.

4.3 Das Zeitmoment der Planung

Von großer Bedeutung ist auch der Zeitraum, für den eine Planung entwickelt wird. Neben der kurzfristigen Planung von 1–2 Jahren, die das Haushaltsrecht

---

32 Zur Konzertierten Aktion MÜNCH in STERN/MÜNCH: HANSMEYER, StabG (Anm. 27) S. 157 ff. REINER SCHMIDT (Anm. 1) S. 197 ff.
33 Zur Stufung der für die Durchführung eingesetzten Mittel siehe meine Darlegung in KAISER, Planung Bd. 1 S. 82 ff.; VITZTHUM S. 86 f.

wesentlich bestimmt, wird man hier zwischen der mittelfristigen Planung (3–5 Jahre) und langfristigen Vorherbestimmungen unterscheiden. Es liegt auf der Hand, daß die Schwierigkeiten einer Planung zunehmen, je länger der von ihr erfaßte Zeitraum hinausgerückt ist. Die Unsicherheit der langfristigen Prognose ist gerade im wirtschaftlichen Bereich sehr erheblich. Die Zeitspanne der Planung wirft aber auch andere spezifische Probleme auf. Ist es möglich, mit Planungsfestlegungen über die Periode einer Legislatur hinaus das künftige Parlament zu binden? Man wird dies nicht ausschließen können, wenn Planung ihren Sinn behalten soll, aber hier zeigen sich gewisse Grenzen der Planung.

Sie gelten auch im Blick auf die Regierung. Es ist heute üblich geworden, daß eine ins Amt tretende Regierung durch eine umfangreiche Erklärung ein mehr oder weniger detailliertes Aktionsprogramm vorlegt, das zwar keinen bindenden Charakter besitzt, dessen Ausführung aber von Öffentlichkeit und Opposition kritisch überwacht werden kann. Oftmals beruhen Teile dieser Erklärung auf vorhergehenden Koalitionsvereinbarungen einer auf eine Koalition gegründeten Mehrheit. In einem gewissen Maße stellen diese programmatischen Regierungserklärungen eine Art – freilich sehr unbestimmt gehaltener – Gesamtplanung für eine vierjährige Legislaturperiode dar. Werden damit auch für andere Planungen Zeitgrenzen gesetzt? Sicherlich gilt das nicht für mehr technisch bedingte Ressortplanungen etwa für die Verteidigung, den Verkehr, den Städtebau, den Umweltschutz. Dagegen wird es sich bei Planungen, die tiefere Veränderungen im wirtschaftlichen und sozialen Gefüge hervorrufen, als schwieriger erweisen, die Grenzen der Wahlperioden zu überschreiten. Das nahende Ende einer Wahlperiode pflegt sowieso die Überlegungen der Regierung stärker auf die Chancen der Wiederwahl zu richten und wird eher kurzfristigen Erwägungen die Vorhand geben. Die Relation zwischen politischer Planung und Regierungsprogramm bleibt mithin ein Problem, das auch über das Zeitmoment hinaus in der Betrachtung der Planung zu berücksichtigen ist.

4.4 Internationale Zusammenhänge

Nur kurz kann in diesem Zusammenhang darauf hingewiesen werden, daß sich für die staatliche Planung in der Gegenwart in zunehmendem Maße Begrenzungen und Ausrichtungen aus internationalen Zusammenhängen ergeben können. Auch wenn wir davon absehen, auf die Europäische Wirtschaftsgemeinschaft hinzuweisen, die in weitem Umfang für die Wirtschaftspolitik ihrer Mitglieder Richtlinien entwirft, die heute die Außenhandelspolitik ihrer Glieder weitgehend in die Hand genommen hat und die zwischen ihren Gliedern die wirtschaftliche Öffnung zur Pflicht macht, bringt die steigende wirtschaftliche Verflechtung der modernen Staaten Bindungen mit sich, die vor allem in ihren wirtschaftlichen Planungen zu berücksichtigen sind. Das kann sich auf die Währung beziehen, hinsichtlich deren die Staaten verbindende Systeme errichten, auf das Gebiet des Verkehrs, wo

Schiffahrt und Luftfahrt nur in internationalen Übereinkommen eine Ordnung gewinnen können, oder auch auf die Sicherung der Energieversorgung, die von den Entschließungen der Ölstaaten ebenso abhängig ist wie von den Bestrebungen zur Regulierung und Überwachung der friedlichen Nutzung der atomaren Kräfte. In Zukunft mag es sein, daß auch die Rohstoffversorgung der Industrieländer in stärkerem Maße von internationalen Organisationen abhängig wird, die zur Preissicherung wie zur Regelung der Versorgung Befugnisse erhalten. Längst hat sich im Bereich von Wirtschaft, Währung, Energie eine oftmals erst im Ansatz steckende internationale Planung entwickelt, auf die jede nationale Planung notwendig Rücksicht nehmen muß. Hier liegen Grenzen der nationalen autonomen Planung, die sich in steigendem Umfang geltend machen werden.[34]

5. Planung als Bestandteil der Politik und Staatsleitung

5.1 Zum Wesen der Politik

Die Planung ist heute in den entwickelten Staatssystemen zu einem festen Bestandteil der politischen Entscheidungsfindung geworden. Wenn der heutige Staat in wachsendem Maße über Ordnungsfunktionen hinaus zu gestaltender Einwirkung auf das gesellschaftliche Leben drängt, so steht damit das Vordringen planerischer Rationalität, wie Graf VOTZTHUM richtig bemerkt,[35] in innerem Zusammenhang. Bedeutet dies, so wird man fragen müssen, eine Veränderung des Stils und tiefer noch des Wesens der politischen Entscheidungen? Veränderungen in der Art und Struktur der politischen Willensbildung lassen sich in der Tat beobachten. Die wichtigste unter ihnen, die aus der Planung sich ergebende Tendenz zur Stärkung der Rolle der Exekutive in der Staatsleitung, werden wir im nächsten Abschnitt behandeln. Ein anderer Zug, die breitere Vorbereitung von Entscheidungen durch Erarbeitung von Daten, Erstellung von Prognosen und rationaler Beleuchtung der Möglichkeiten, ist bereits vielfach hervorgehoben worden. Als ein weiteres Moment mag eine gewisse Vorverlagerung der politischen Diskussion und Zustimmung in ein vor späterer gesetzlicher Ausführung gelegenes Planungsstadium genannt werden.[36] In rechtlicher Hinsicht dürfte die Änderung geringer ausfallen. Planungen, auch solche, die dem Parlament vorgelegt werden, begründen keine Rechte und Pflichten für den Bürger, auch wenn sie in ihren Daten, Prognosen und intendierten Aktionen sein Handeln wohl nicht unerheblich beeinflussen können. Die planende Exekutive ist selbst an ihre Planung nur faktisch gebunden,

---

34 Zur Einengung der Handlungsfreiheit der Staaten durch die wachsenden rechtlichen und faktischen Bindungen an internationale Festlegungen siehe TOMUSCHAT VVDStRL 36 (1978) S. 16 ff.; REINER SCHMIDT dort S. 74 ff.
35 VITZTHUM (Anm. 1) S. 48.
36 Hierauf weist hin VITZTHUM (Anm. 1) S. 55, 75 f., 91 f.

und ihr bleibt die Änderung offen. Soweit sie Pläne dem Parlament vorlegt oder öffentlich kundgibt, wird sie dem Parlament gegenüber in gewissem Umfang als gebunden erscheinen. Doch bleiben die politischen Planungen im allgemeinen auf einer so hohen Ebene der Allgemeinheit, daß etwaige Bindungen, aus denen im Wege des Vertrauensschutzes Gewährleistungen für einzelne Bürger oder Gruppen abzuleiten sein könnten, nicht eintreten.

Durch die Planung werden aber nur die Formen und Methoden, nicht das Wesen der politischen Entscheidung verändert. Wenn hier vom politischen Plan gesprochen wird, so bedeutet das seine Zuweisung zum Bereich oberster Willensbildung im Staate, den wir als den eigentlich politischen Bereich bezeichnen können. Politik ist ihrem Wesen nach stets auf die staatliche Gemeinschaft bezogen, und hier auf den Kern der staatlichen Aufgabe, die Befriedung und Ordnung des menschlichen Zusammenlebens. Politik bezeichnet also den Raum gestaltender Wirksamkeit der im Staate vereinten menschlichen Gemeinschaft, der auf Friede und Ordnung gerichtet ist und der heute in dem weiter ausgreifenden modernen Sozialstaat auch in weitem Umfang eine formende Aktivität zur Beförderung der Wohlfahrt der Bürger einschließt. Politik hat also einen unmittelbaren Bezug zum Kern der staatlichen Aufgaben, eben zu Frieden und Ordnung.[37] Politik ist stets menschliches Handeln, daher Handeln auch in ethischer Verantwortung und in der Bindung an bestimmte weltanschauliche, ideelle und wertmäßige Vorstellungen. Zur Natur der Politik gehört auch das Element der Macht und des Streites. Sie sind aber nicht, wie es die Gegenüberstellung von Freund und Feind (CARL SCHMITT) erscheinen läßt, das maßgebende Element des politischen Handelns, das vielmehr auf integrierende Einheit und auf Konsensgewinnung gerichtet ist.[38] Da der Staat als institutionell verfestigte dauerhafte Gestalt einer menschlichen Gemeinschaft gegliederte Struktur zeigt, bedeutet Verfügung über die staatliche Entscheidungsgewalt Macht, und es gehört daher zum Politischen das Element des Ringens um die Gewinnung und Behauptung sozialer und politischer Macht. Es steht aber immer in der weiteren Bestimmung der Grundaufgabe der befriedenden und ordnenden Herstellung der Einheit und des Wirkens für das Wohl der Gesamtheit. Im besonderen werden wir dabei als das Feld der Politik den Bereich höchster Entscheidung im Staat herausheben können, der im Handeln der höchsten Staatsorgane und in den auf sie einwirkenden sozialen Kräften beschlossen liegt. Dies ist der politische Raum im engeren Sinne, und zu ihm rechnen die Vorgänge, die wir hier als politische Planung bezeichnen.

---

37 Ich verweise auf meine Darlegung „Das Wesen des Staates und der Begriff des Politischen in der neueren Staatslehre" (1962), jetzt in „Staatstheorie und Staatsrecht", Ges. Schriften 1978 S. 76 f. Zum Begriff des Politischen siehe auch F. W. SCHARPF, Die Verwaltung 4 (1971) S. 1 ff.

38 Die Rolle des Konfliktes und der Spannung im politischen Leben ist neuerdings hervorgehoben worden von D. GÖLDNER, Integration und Pluralismus im demokratischen Rechtsstaat 1977 S. 26 ff., allerdings unter Ausrichtung auf die Verfassungsordnung.

Politik ist, in der Gegenwart weniger denn je, keine statische Sphäre. Nicht nur die Gewinnung und Behauptung der Entscheidungsmacht vollzieht sich in ihr, auch kann von ihr neben Tendenzen bewahrender Art eine Einwirkung auf die Veränderung der rechtlichen und sozialen Verhältnisse ausgehen. In der pluralistischen modernen Staatsform der Demokratie gehört dies Streben nach gestaltender sozialer Veränderung sogar zu den bestimmenden Elementen. Der Staat greift, und das wirkt sich gerade auch auf die Planung als eines der hierbei verwendeten Mittel aus, gestaltend in die sozialen Verhältnisse ein; er unterstützt als Sozialstaat die sozial Schwächeren, nimmt Umverteilungen des Einkommens seiner Bürger vor und tendiert neuerdings dazu, auch durch egalitäre Eingriffe den Gang ihrer Bildung und Ausbildung zu regulieren. Planung kann also durchaus zu einem Instrument der Innovation werden. Sie kann gesellschaftsgestaltende Funktionen gewinnen.

Wenn hier von einem Gebiet der Staatsleitung gesprochen wird, so entspringt dies einer neueren, sich erst langsam durchsetzenden Sicht der funktionellen Gliederung der institutionellen Organisation des Staates. Eine ältere, aus der konstitutionellen Lehre übernommene Vorstellung, die sich am normativen Bild der Gesetzesanwendung orientiert, erblickt im Gesetz die oberste Entscheidung, die daher dem Parlament zugewiesen wird. Diese Auffassung ergibt aber kein realistisches Bild der politischen Handlungsform im demokratischen Staat. Es genügt auch nicht, neben die legislative Verfügung einen Bereich der höchsten Entscheidung durch Handlungen der Spitze der Exekutive, der Regierung zu stellen. Es ist vielmehr notwendig, davon auszugehen, daß die obersten politischen Entscheidungen einem Raum angehören, in dem sowohl die Regierung, das oberste Organ der Exekutive, wie die Volksvertretung, jede in ihrer Zuständigkeit und in besonderer Form, beteiligt sind. Wir können ihn die Sphäre der Staatsleitung nennen; zu ihr gehört die Vorbereitung und Herbeiführung der obersten Willensentscheidungen, die zusammenfassende Orientierung der Richtung des staatlichen Handelns, auch soweit es nicht in rechtlichen Akten sich auswirkt, und die Direktion der ausführenden Tätigkeiten der Verwaltung. Insbesondere in Ländern mit parlamentarischem Regierungssystem bilden Regierung und Parlamentsmehrheit keine gesonderten politischen Kräfte, sondern eine Einheit des Wollens und der Entscheidung, so daß weithin nicht Regierung und Legislative, sondern Mehrheitsparteien und Opposition einander als politische Kräfte gegenüberstehen.[39] In diesen Bereich staatsleitender Handlungen gehört auch die Gesetzgebung, die Recht erzeugt, aber zugleich auch damit die politischen Grundentscheidungen der herrschenden politischen Mehrheit normativ festlegt. Wer in diesem Raume letztlich die letzte Verfü-

---

39 Zur Aufstellung eines solchen funktionellen Systems der Staatstätigkeit siehe meine Darlegung in Die Kontrolle der Staatsmacht im demokratischen Staat (Schriftenreihe der Nieders. Landeszentrale für Politische Bildung 14) 1977 S. 28 ff. Siehe auch Ossenbühl, 50. JTag (Anm. 1) S. B 61; Vitzthum (Anm. 1) S. 242 ff., 259.

gungsgewalt gewinnt, ob die kontinuierliche und still lenkende Bürokratie,[40] die führenden Politiker der Parteien oder die im Amt stehenden Politiker (oftmals sind es dieselben Personen), das kann hier nicht erörtert werden. Bemerkt sei nur, daß neben den institutionellen Organen des Staatsaufbaus auch die außerstaatlichen Gruppen und Kräfte, die politischen Parteien, die sozialen Gruppen und Verbände an den Entscheidungen ihren Teil haben. Die Planung bedeutet nur, daß in diesem Vorgang der Willensformung vorbereitende rationale Elemente eingeführt werden und daß Entscheidungen stufenförmig gewonnen und vorgelegt werden (vor die gesetzgeberische Stufe). Planung kann, soweit sie an die Öffentlichkeit tritt, den Prozeß der Entscheidungsfindung aufhellen und in seinem Gang verständlicher und offener gestalten. Auf der anderen Seite freilich kann sie auch, unbeschadet ihrer offenen, nicht bindenden Natur, durch frühe Festlegung weiterer späterer Entscheidungen auf diese vorwirken und damit für die Zukunft faktisch eine bindende Wirkung entfalten, die ihr rein rechtlich nicht zukommt. Dieses Moment spielt besonders im Verhältnis von Regierung und Parlament eine wichtige Rolle.

5.2 Planung im Gefüge moderner Staatsleitung

Wenn wir somit die Planung als ein Element im Rahmen der staatsleitenden Entscheidung betrachten, so wird nicht nur ihre Funktion deutlicher, die ihre rationalen und technischen Elemente letztlich der politischen Bestimmung ein- und unterordnet, sondern es wird auch klar, daß sie die besonderen Phänomene nicht aufheben kann, die in der Gegenwart den Entscheidungsprozeß in den demokratischen Staaten bestimmen und in einem gewissen Umfang auch beeinträchtigen. Auf die Beziehung der zentralen Planung zu der Programmatik der Regierungserklärungen ist bereits hingewiesen worden. Die mangelnde Realisierbarkeit einer integrierten, ressortübergreifenden mittelfristigen Planung hat ihre Gründe nicht nur im Selbständigkeitsdrang der Ressorts, sondern auch darin, daß schon das Regierungsprogramm ein gewisses Maß an Bindung enthält, daß aber andererseits in der aktuellen Politik nicht so sehr längere Festlegung als Anpassung an den Augenblick im Vordergrund steht. Die operative Leitung der Politik wird daher das Maß der planenden Festlegung der Gesamtpolitik eher gering zu halten trachten, so sehr auf einzelnen Gebieten planende Vorsorge anerkannt und praktiziert wird. Im Vordergrund planender Bemühungen werden die wirtschaftlichen und sozialen Aufgaben stehen. Sie bilden den Kreis staatlichen Handelns, der heute angesichts einer materiellen Einstellung der Bevölkerung als entscheidend angesehen wird und in dem die Nützlichkeit planender Vorhersicht auch schon weitgehend Anerkennung gefunden hat. Das bedeutet freilich auch, daß in der Realität der Planung andere Interessen und Werte als die der wirtschaftlichen Wohlfahrt eher zurück-

---

40 Zu dieser Beteiligung von Regierung und Parlament an der Staatsleitung siehe auch VITZTHUM (Anm. 1) S. 219 ff.

stehen, wie etwa eine aktive Bevölkerungspolitik, die Pflege kultureller Güter und in gewissem Maße auch der Schutz einer menschlichen Umwelt.

Ein besonderes Problem der zentralen Planung bildet die in der heutigen westeuropäischen Situation allenthalben eingetretene Immobilität der sozialen Verhältnisse. Je mehr der Sozialstaat die Lage des einzelnen verbessert, ihm Vorteile und Rechte gewährt, desto mehr werden politisch und auch rechtlich verfestigte Positionen gebildet, die sich einer Umgestaltung widersetzen. Einmal gewonnene »soziale Errungenschaften«, eine gewonnene Lohnhöhe, erscheinen als nicht mehr veränderbar und engen damit den staatlichen Handlungsspielraum ein. Das beschränkt naturgemäß auch den Aktionsradius planender Neuerung. In dieser Immobilität der gesellschaftlichen Positionen liegt eines der ernstesten Hemmnisse rationaler Veränderung, wie sie sich im Laufe der Jahre unter gewandelten internationalen Verhältnissen und möglicherweise eingeschränkten Gesamterträgen der Wirtschaft als nötig herausstellen können.

Für eine auf weitere Zukunft gerichtete Planung erweist sich auch die kurzatmige Phasierung des demokratischen Lebens durch Wahlgänge als hinderlich. Dieser in der Bundesrepublik durch Landeswahlen noch akzentuierte Trend, der Regierungen veranlaßt, immer wieder der Maximierung ihrer Wahlchancen den Vorrang zu geben, gehört zu der Dynamik des demokratischen Lebens, aber er schränkt sicherlich die Möglichkeit langfristiger Vorberechnung und Ausrichtung der Planung ein. Diese Probleme reichen aber über die Problematik des Planes hinaus und betreffen Strukturfragen der demokratischen Ordnung der Gegenwart. Wieweit verbürgen die heutigen demokratischen Verfassungsformen, insbesondere das parlamentarische System, in ihnen ausreichende politische Entscheidungs- und Führungskraft mit einem über den Tag hinausreichenden Ausblick (dem gerade die Planung dienen könnte), wieweit beruht in ihm die Innovation über die Mehrheit hinaus auf einem breiteren Konsens der Gesamtheit, der auch für die freie Mitwirkung bei den geplanten Vorgängen bedeutsam ist? Diese Fragen reichen über unseren Gegenstand hinaus und können hier nur gestellt werden. Es sei dabei bemerkt, daß sie nicht durch die derzeit modische Betonung partizipatorischer Mitwirkung der Bürger an der Planung behoben werden können, die vielmehr das parlamentarische Element in der Planung noch weiter schwächen und vielfach beharrende oder ideologische partikulare Strömungen übermäßig zu Gehör bringen könnte.

6. Die verfassungsrechtliche Einordnung der Planung

6.1 Planung im Verhältnis zwischen Regierung und Parlament

Wir wenden uns nun dem letzten Abschnitt zu, der die organisatorische und verfassungsrechtliche Einordnung der Planung in den Bereich der staatsleitenden Organe zum Gegenstand hat. Es ist festgestellt worden, daß die Planung einen Bestandteil dieser staatsleitenden Sphäre bildet, daß die in ihr enthaltenen Zielvorgaben, Prioritäten, aber auch bereits die Beurteilung des vorliegenden Materials politische Entscheidungen enthalten und daher zum Bereich der staatsleitenden Akte gehören. Staatsleitung, d. h. die jeweilige aktuelle Festsetzung der politischen Ziele der Staatstätigkeit und die Gesamtausrichtung der administrativen und finanziellen Mittel für eine bestimmte politische Richtung, ist ein Vorgang, an dem sowohl die Legislative durch die Gesetzgebung, die Feststellung des Haushalts sowie die Einsetzung der leitenden Exekutivorgane beteiligt ist, wie auch die Spitze der Exekutive, die Regierung im engeren Sinne, der mit der Vorbereitung der Gesetzgebung eine wesentliche Inhaltsbestimmung der Rechtsnormen sowie die Aufgabe der zusammenfassenden Orientierung der Politik und Administration zufällt, ihren Anteil haben.[40] Dieser Anteil ist jeweils besonders durch die Stellung und Funktion von Regierung und Parlament bestimmt; das Schlagwort von der »gesamten Hand«[41] ist hier irreführend. Damit erhebt sich aber in diesem Bereich die Frage, in welchem Maße an der politischen Planung Regierung und Parlament beteiligt sind oder im Sinne ihrer Aufgaben beteiligt sein sollten. Die überwiegende Meinung der Rechtslehre stellt zu Recht fest, daß in der bisher verlaufenen Entwicklung die Planung weitgehend in der Hand der Exekutive geblieben ist und damit in den Kreis jener Vorgänge gehört, in denen sich in neuerer Zeit eine ständige Stärkung der Exekutive in ihrer Position gegenüber dem Parlament vollzogen hat.[42] Das Problem der richtigen Verortung der Planung ist schon im Blick auf die in § 9 Abs. 2 StabG v. 8. 6. 1967 und § 50 Abs. 1 und 2 HGrG v. 19. 8. 1969 vorgesehene mehrjährige Finanzplanung des Bundes erörtert worden. BADURA hat mit Recht die mehrjährige Finanzplanung der Exekutive zugewiesen, die auch die Aufstellung der Haushaltspläne besorgt, hat aber darauf hingewiesen, daß die vorgeschriebene Vorlage dieser Pläne zusammen mit dem Jahreshaushalt der Information des Parlaments diene und dessen Anteil sichere.[43] Sowohl bei den politischen Planungen der Ressorts wie auch den Planungen für größere übergreifende Lebensbereiche stellt sich die Frage, ob nicht eine Beteiligung des Parlaments an dem Prozeß der Planung im System der Verfassung geboten erscheint und welche Formen sie annehmen könnte.[44]

Die Bedeutung dieser Frage wird deutlich, wenn man den Blick auf die mög-

---

41 Der Ausdruck stammt von E. FRIESENHAHN VVDStRL 16 (1958) S. 38. Kritisch dagegen DOBIEY (Anm. 1) S. 56 und VITZTHUM (Anm. 1) S. 262.
42 Eine solche Stärkung der Exekutive wird angenommen bei OSSENBÜHL (Anm. 1) S. B 56 f. und VITZTHUM (Anm. 1) S. 262.
43 BADURA FG TH. MAUNZ 1971 S. 11 ff.
44 Aus der umfangreichen Literatur sei hingewiesen auf: W. KEWENIG, Planung im Spannungsfeld zwischen Regierung und Parlament DÖV 1971 S. 23 ff.; H. V. F. LIESEGANG, Über die Möglichkeit parlam. Einflußnahme bei der Aufstellung von haushaltsabhängiger Regierungspläne DVBl. 1972 S. 847 ff.; D. GRIMME, Aktuelle Tendenzen in der Aufteilung gesetzgeberischer Funktionen zwischen Parlament und Regierung ZParlamentsfragen (Z Parl) 1 (1970) S. 448 ff.; U. THAYSEN dort 3 (1972) S. 176 ff.; OSSENBÜHL (Anm. 1) S. B 59 ff.; VITZTHUM (Anm. 1) S. 220 ff.; BRÜNNER (Anm. 1) 225 ff.

lichen Einwirkungen der Planung auf die Aufgabe der Gesetzgebung und der Haushaltsfestsetzung richtet, die die Verfassungsordnung dem Parlament zuweist. Eine Planung kann hier spätere Gesetzgebung in bestimmter Weise präjudizieren und binden. Werden zu ihrer Ausführung erste gesetzgeberische Maßnahmen getroffen, so dürfte zwar keine rechtliche, aber eine faktische Bindung eintreten, auch die weiteren Schritte im Sinne dieser zugrundegelegten Planung zu vollziehen. Ein veröffentlichter Plan mag ferner auf die Öffentlichkeit und damit auf die politische Entscheidungsmöglichkeit des Parlaments durchaus einen Einfluß gewinnen. Insbesondere das dargelegte Daten- und Tatsachenmaterial besitzt eine Wirkung; es kann vom Parlament mit seinen Mitteln kaum nachgeprüft, jedenfalls aber nicht erstellt werden.[45] Die Lösung für diese Frage der parlamentarischen Beteiligung an der Planung läßt sich nicht im Rahmen der herkömmlichen Gewaltenteilungslehre beantworten, deren Annahmen, wie dargelegt wurde, den modernen Verhältnissen in den demokratischen, vor allem den parlamentarischen Regimen nicht mehr voll gerecht werden.[46] Es muß vielmehr von jener differenzierten Beteiligung von Regierung und Parlament an der obersten Staatsleitung ausgegangen werden, die früher dargelegt wurde. Erst recht führt es zu keiner Antwort, wenn man die Planung als »vierte Gewalt« oder mit ähnlichen Bezeichnungen[47] versieht und ihr eine ganz besondere Rolle zuweisen möchte. Planung steht in der Verfassungsordnung und muß in deren System ihren Platz erhalten.

Es kommt vielmehr darauf an, die funktionelle Position der Planung im Gefüge der Verfassungsordnung zu erfassen und ihren Platz von dorther zu bestimmen. Dabei ist davon auszugehen, daß das Parlament keineswegs in seiner Aufgabe auf Gesetzgebung und Haushalt beschränkt ist, sondern daß das Verfassungsrecht durchaus Formen der parlamentarischen Mitwirkung an Entscheidungen der Exekutive kennt. Wir finden sie bei der Zustimmung zu völkerrechtlichen Verträgen (Art. 59 GG), bei der durch Entschließungen vorgenommenen Einwirkung auf die europarechtlichen Entscheidungen der Regierung wie auch bei Einwirkungen auf die administrative Haushaltsführung durch gesetzliche Zustimmungsvorbehalte.[48] Für eine solche Mitwirkung des Parlaments an der Planung sprechen gewichtige verfassungsrechtliche Gesichtspunkte. Einmal wirkt, wie gezeigt, die Planung auf die dem Parlament zustehenden Funktionen in Gesetzgebung und Budgetierung erheblich ein, es kann also von dorther eine Begründung der Forderung auf Beteiligung der Volksvertretung erhoben werden. Zum anderen gehört die Planung zu den richtungbestimmenden politischen Entscheidungen, an denen das mit besonderer demokratischer Legitimation versehene Organ der Re-

---

45 Auf die Bedenken gegen präjudizielle Bindungen weisen hin Ossenbühl (Anm. 1) S. B 98 ff.; Vitzthum (Anm. 1) S. 310 f., 362; Brünner (Anm. 1) S. 293 hat dabei auch die Überschreitung der Legislaturperiode durch Pläne im Auge.
46 Ossenbühl (Anm. 1) S. B 59 ff.
47 Ossenbühl (Anm. 1) S. 62.
48 Vgl. Vitzthum (Anm. 1) S. 254.

präsentation der Gesamtheit, das Parlament, seinen Anteil beanspruchen kann. Es spricht auch das Prinzip der Demokratie für eine solche Beteiligung des Parlaments.[49] Dabei wird anzuerkennen sein, daß die ersten Stufen der Planung, die Sammlung der Daten, die Überlegungen zur Zielsetzung und Prioritätenbestimmung, die systematische Erarbeitung der Vorhersicht dem Bereich der Exekutive näher stehen und daher in ihren Raum gehören.[50] Für eine Beteiligung des Parlaments von einem bestimmten Zeitpunkt der Konkretisierung der Planung an spricht auch das heute so stark betonte Moment der Publizität der politischen Vorgänge.[51]

6.2 Formen der parlamentarischen Mitwirkung

Allerdings gilt es, die besonderen, geeigneten Formen dieser parlamentarischen Mitwirkung zu finden. Planungen eignen sich im allgemeinen nicht für die Gesetzesform, weil sie damit ihre Beweglichkeit und Offenheit verlieren würden.[52] Ebensowenig genügt aber eine bloße parlamentarische Kontrolle. In neuerer Zeit ist von mehreren Seiten herausgearbeitet worden, daß gegenüber rasch beweglichen, laufenden Handlungen der Regierung eine nachträgliche parlamentarische Kontrolle nicht mehr recht wirksam ist. Das hat sich vor allem gegenüber dem Haushalt gezeigt, bei dem die spätere Rechnungskontrolle viel zu spät eingreift. Es ist daher betont worden, daß sich hier neue Formen vorheriger (präventiver) Mitwirkung des Parlaments entwickeln müssen und entwickeln, in denen die Kontrolle des Parlaments bereits im Stadium der laufenden Entscheidung miteinsetzt.[53] Diese Gedanken gilt es, auch auf die Planung anzuwenden. Das Parlament muß, bevor die Planung festgelegt wird, an ihr durch Information, Diskussionsmöglichkeit und ggf. Mitwirkung beteiligt werden. In diese Richtung gehen auch Vorschläge, die in neueren Jahren in einzelnen Ländern für eine Planungsbeteiligung des Parlaments entwickelt worden sind. Entwürfe der Oppositionsparteien in Nordrhein-Westfalen, Rheinland-Pfalz und Berlin haben eine gesetzliche Regelung der Planung vorgeschlagen, die von einer Pflicht der Vorlage von Regierungsplanungen an das Parlament ausgeht, das auch selbst Planungen anfordern kann. Die Entwürfe sehen dann eine Beschlußfassung des Parlaments über die Pläne vor; teilweise kennen sie auch einen Planungsausschuß der Volksvertretung.[54] In die gleiche Richtung

---

49 OSSENBÜHL (Anm. 1) S. B 66 ff.; VITZTHUM (Anm. 1) S. 231, 244 f.
50 Siehe meine Darlegung FS W. WEBER (Anm. 1) S. 383; OSSENBÜHL (Anm. 1) S. B 82 f.
51 Vgl. VITZTHUM (Anm. 1) S. 234.
52 OSSENBÜHL (Anm. 1) S. 57; VITZTHUM (Anm. 1) S. 290, 301.
53 Zum Gedanken der präventiven parlamentarischen Kontrolle R. BÄUMLIN. Ztschr. Schweiz. Juristenverein Bd. 100 S. 244 ff.; W. KEWENIG, Strukturelle Probleme parlamentarischer Mitwirkung am Beispiel der Bundestagsausschüsse 1970; meine Darlegungen AöR (1970) S. 379; FS W. WEBER (Anm. 1) S. 384.
54 Siehe U. THAYSEN ZParl 3 (1972) S. 176 ff.; R. SCHÄFER dort S. 182 ff.; W. HÄRTH und W. NEUMEYER dort S. 192 ff.; W. P. BECKER ZParl 5 (1974) S. 184 ff.; VITZTHUM (Anm. 1) 393 ff.

ging der Ende 1972 vorgelegte Zwischenbericht der Enquête-Kommission zur Verfassungsreform, der die verfassungsrechtliche Mitwirkung des Parlaments bejahte, noch für eine integrierte Aufgabenplanung für den Bund eintrat, gemeinsame Rahmenplanungen zwischen Bund und Ländern vorsah und einen Planungsausschuß des Bundestages vorschlug.[55] Nicht nur die Zuweisung der parlamentarischen Mitwirkung an einen Ausschuß hat Kritik gefunden,[56] auch die zu weit gespannte Planungsaufgabe erfuhr in dem Schlußbericht der Kommission vom Dezember 1976 eine vorsichtigere Beschränkung.[57] Die Aufmerksamkeit des Berichts gilt nunmehr vor allem dem föderalen Bereich der gemeinsamen Rahmenplanung von Bund und Ländern. Die Mitwirkung des Parlaments wird weiterhin als nötig bezeichnet, aber in ihren Formen nun ganz offen gelassen.[58]

Faßt man den derzeitigen Stand der Erörterung zusammen, so bleibt es bei einer überwiegenden Auffassung zugunsten der verfassungsrechtlichen Notwendigkeit einer Beteiligung des Parlaments an der Planung, wobei freilich die Formen in einem weiten Rahmen offenbleiben können.[59] Die Mitwirkung würde nicht von Anfang an gegeben sein, weil insoweit die Initiative und Erstellung der Planung der Regierung gehört, auch hier die Frage auftritt, ob nicht eine zu frühe Publizität von Plänen die Aktionsfreiheit der Staatsleitung beeinträchtigen könnte, die zudem wenig geneigt sein wird, zu früh der Opposition Einblick in erst in Erwägung befindliche Vorhaben und Pläne zu gewähren. Die parlamentarische Mitwirkung sollte nicht einem Ausschuß überlassen bleiben, sondern vor allem in dem Recht auf Information und Vorlage bereits weiter entwickelter Planungen bestehen. Wieweit eine Beschlußfassung, deren rechtliche Natur und Bindungskraft vorsichtig zu beurteilen wäre, zweckmäßig erscheint, mag offenstehen. Eine Diskussion von Plänen jedenfalls dürfte nützlich sein. Vielleicht ist mit dem Abnehmen der Planungseuphorie und der kritischen Einsicht in Schwächen der zentralen Planung auch das Gewicht der parlamentarischen Forderung ein wenig gemindert worden.[60] Ein hiermit verknüpftes Problem bildet der Zugang des Parlaments zu den Informationsquellen der Regierung, z. B. Datenbanken.[61]

6.3 Probleme der Planung im föderalen Bereich

Besondere Fragen ergeben sich für die Planung aus dem bundesstaatlichen Aufbau aus der hier bestehenden Kompetenzabgrenzung von Bund und Ländern. Sie kön-

---

55 Zur Sache 1/73 S. 73 ff.
56 OSSENBÜHL (Anm. 1) S. B 103 f.
57 BTagsdrucksache 7/214 v. 9. 12. 1976 S. 167.
58 Dort S. 148 ff., 177.
59 VITZTHUM S. 275 und ebenso Schlußbericht Enquete-Kommission S. 177. In jedem Falle stellt die parlamentarische Mitwirkung bei Planungen ein sehr wichtiges Recht der Opposition dar. So OSSENBÜHL (Anm. 1) S. B 110 ff.
60 VITZTHUM (Anm. 1) S. 406.
61 Hierzu B. DOBIEY ZParl 5 (1974) S. 316 ff.

nen hier, zumal es sich um spezifische bundesdeutsche Probleme handelt, nur kurz noch behandelt werden. Planung ist ein Bestandteil der staatsleitenden Aktion des Staates, sie ist also staatliches Handeln im Rahmen der Verfassungsordnung und mithin an die Zuständigkeitsordnung gebunden. Der Bund darf auf den Gebieten der vorbehaltenen Zuständigkeit der Länder keine Planung entfalten. Das Problem ist in engem Zusammenhang mit der Fähigkeit des Bundes, durch finanzielle – nicht immer verfassungsrechtlich klar abgedeckte – Zuwendungen sich Einfluß auf die Vorhaben der Länder zu verschaffen, zu sehen. In der Reform 1967/69 wurde dann in den Art. 91 a und 91 b GG eine verfassungsrechtliche Grundlage für gemeinsame Planungen von Bund und Ländern auf bestimmten Gebieten geschaffen. Die Gemeinschaftsaufgaben nach Art. 91 a GG räumen dem Bund auf begrenzten Gebieten eine Mitwirkung bei Aufgaben der Länder ein. Er kann Richtlinien durch Bundesgesetz aufstellen und zusammen mit den Ländern Rahmenplanungen entwickeln. In der Tat sind für diese Bereiche, den Hochschulbau und die Verbesserung der regionalen Wirtschaftsstruktur und der Agrarstruktur, aufeinanderfolgende Rahmenpläne entwickelt worden. Eine wichtige Rolle spielt dabei die vorgesehene finanzielle Beteiligung des Bundes.[62] Auch gemäß Art. 92 b GG, der für die Bildungsplanung und wissenschaftliche Forschung Vereinbarungen über eine gemeinsame Planung von Bund und Ländern zuläßt, sind Planungen aufgestellt worden.[63] Doch regt sich in den letzten Jahren gegen diese »Gemeinschaftsaufgaben« mit ihrer Mischfinanzierung und ihrer Verbindung von Bund und Ländern wachsender Widerstand in föderalen Kreisen. Es ist daher sehr zweifelhaft, ob die Vorschläge der Enquête-Kommission, die auf eine allgemeine Klausel für solche Rahmenplanungen im Verfassungsrahmen hinausgehen, Verwirklichung finden werden. Auf freiwilliger Basis ergeben sich freilich immer wieder Gelegenheiten, daß Bund und Länder auf verschiedenen Wegen, durch gemeinsame Beratungen, Abkommen usw. auf Teilbereichen zu gemeinsamen Planungen gelangen.[64]

7. Ausblick

Sucht man diesen notwendig kursorischen Überblick über ein sich heute reich entfaltendes Gebiet zusammenzufassen, so ergibt sich, daß die politische Planung zu einem festen Bestandteil der Staatspraxis der Bundesrepublik geworden ist. Die allzu weit gesteckten Hoffnungen vom Ende der 60er Jahre auf die Möglichkeit

---

62 Siehe die Übersicht im Schlußbericht der Enquete-Kommission (Anm. 57) S. 153 ff.
63 Vgl. den Bericht der Bundesregierung über die strukturellen Probleme des föderalen Bildungssystems, Bundestagsdrucksachen 8/1551 v. 23. 2. 1978 S. 11 f.
64 Aus der Literatur zu den Problemen gemeinsamer Planung von Bund und Ländern seien angeführt: F. KLEIN, die Regelung der Gemeinschaftsaufgaben von Bund und Ländern im Grundgesetz. Der Staat 11 (1972) S. 289 ff.; J. A. FROWEIN und INGO v. MÜNCH, Gemeinschaftsaufgaben im Bundesstaat VVDStRL 31 (1973) S. 13 ff., 51 ff.

der Gewinnung einer integrierten Aufgaben- und Gesamtplanung für den Bund haben sich zwar nicht erfüllt, aber die eingetretene Ernüchterung hat keineswegs die Einsicht in die Notwendigkeit und Nützlichkeit zentraler Planungen beeinträchtigt. Nur die Grenzen der Planung werden deutlicher gesehen, die in den Schwierigkeiten der Prognose liegen. Die Möglichkeit von Fehleinschätzungen wird klarer erkannt. Bieten sich doch immer wieder Beispiele fehlgeleiteter Planungen an. So übernahm 1969 der Bund durch Verfassungsänderung eine Beteiligung an der Krankenhausfinanzierung; die daraufhin entwickelten Planungen haben zu Neubauten von Krankenanstalten geführt, die nun gegenwärtig erheblich über den Bedarf hinausgehen und das Gesundheitswesen kostenmäßig stark belasten. Grenzen der Planung ergeben sich auch im Hinblick auf grundrechtliche Sicherungen. So vermag sie nicht in die berufliche Freiheit (Art. 12), den Raum der Familie (Art. 6), die Presse oder die Wissenschaft (Art. 5 GG) einzugreifen. Auch sieht sich die Ausführung mancher Planungen dort, wo sie in administrativen Akten verwirklicht werden sollen, Hemmungen durch den weitgezogenen Rechtsschutz der Bürger ausgesetzt, die namentlich im Bereich der Errichtung von Energieanlagen in den letzten Jahren die Ausführung von Planungen weithin verhindert haben. In diesem Zusammenhang haben Bürgerinitiativen, die sich gegen planende Vorkehrungen in ihren praktischen Folgen der Errichtung von Anlagen oder von Eingriffen in die Natur wandten, Bedeutung gewonnen.

Dennoch ist vorherzusehen, daß die zentrale Planung eher noch an Bedeutung gewinnen wird. Das gilt vor allem für das Gebiet der Wirtschaft, der Energieversorgung und wohl auch des Umweltschutzes. Möglicherweise werden sich auch bei Änderungen der Verhältnisse neue Bereiche planender Vorsorge ergeben. Das könnte der Fall sein für eine aufgrund des Bevölkerungsrückganges einsetzende Bevölkerungspolitik, für eine bei langfristigem Mangel an Arbeit erforderlich werdende Planung der Vermehrung und Verteilung der Arbeitsplätze, endlich bei einer eintretenden Erosion der Tarifautonomie eine gesamthaft planende Einkommenspolitik. Freilich erhebt sich hinter diesen Aussichten für ein Fortschreiten planerischer Tätigkeit des Staates die Frage, ob sich nicht auch im Interesse der Erhaltung menschlicher Freiheit hier gewisse Grenzen abzeichnen. Zeigen sich nicht in einer Gesellschaft, die sich allzu weitgehend auf planerische staatliche Vorsorge verläßt, Zeichen der Ermüdung und des Mangels an Selbständigkeit? Es wird auch eine Aufgabe künftiger Behandlung der Probleme der Planung sein, darauf zu achten, daß ein Übermaß planender Leitung nicht die Initiative und die Selbständigkeit der Individuen untergräbt.

1. Teil

Völkerrecht

Zwischenstaatliche Zusammenarbeit und einzelstaatliche Souveränität
Bericht der Arbeitsgruppe »Völkerrecht«

DIETER BLUMENWITZ, Würzburg

Die *Arbeitsgruppe »Völkerrecht«* behandelte drei große *Themenbereiche*
I. Menschenrechte und Selbstbestimmungsrecht der Völker
II. Zwischenstaatliche Zusammenarbeit und einzelstaatliche Souveränität
III. Europäische Integration und nationale Verfassung

Der Themenbereich »Menschenrechte und Selbstbestimmungsrecht der Völker« zerfiel in drei Referate:
1. TOMUSCHAT, »Probleme des Menschenrechtsschutzes auf weltweiter Ebene«
2. KOBAYASHI, »Eine Betrachtung der kritischen Lage des gegenwärtigen Staates unter dem Gesichtspunkt der Menschenrechte«
3. HAN, »Die Rechtslage geteilter Völker in völkerrechtlicher Hinsicht unter besonderer Berücksichtigung des geteilten Korea«

1. Bei der Erörterung der *»Probleme des Menschenrechtsschutzes auf weltweiter Ebene«* folgte Herr TOMUSCHAT in erster Linie den Strukturen der beiden UN-Menschenrechtspakte von 1966, die in der Zwischenzeit von den Ostblockstaaten wie auch von Staaten der westlichen Welt ratifiziert wurden. Im Vordergrund standen damit fast zwangsläufig die Meinungsdivergenzen über das »richtige« Menschenrechtsverständnis – zumal auf weltweiter Ebene ein der westeuropäischen Menschenrechtskonvention vergleichbarer Verfahrensschutz fehlt.

In der Diskussion wurde vor allem auf die Polarität der Werte und Konzeptionen verwiesen, die in Ost und West für die Anwendung der Menschenrechte bestimmend sind und einer einigermaßen einheitlichen Vertragspraxis entgegenstehen. In diesem Zusammenhang wurde von einer »Perversität« der Menschenrechtspraxis in den Staaten des Ostblocks gesprochen, die dadurch gekennzeichnet ist, daß die einschlägigen UN-Konventionen zwar ratifiziert werden, daß die Verwirklichung der Menschenrechte dann aber am Vorbehalt des innerstaatlichen Gesetzgebers und an der für sozialistische Staaten typischen prästabilierten Harmonie zwischen Staat und Individuum scheitert. Dennoch kann heute ein Minimalkonsens – etwa im Bereich des Folterverbotes – konstatiert werden; die Ratifikation der Menschenrechtskonventionen durch die Ostblockstaaten hat weiter dazu geführt, daß Fragen der Menschenrechtsverletzungen zum Gegenstand der internationalen Sorge und peinlicher Befragungen vor dem Menschenrechtsausschuß gemacht werden können. Die gegenwärtige Lage läßt sich mit JHERING als »Kampf um das Recht« charakterisieren, wobei hoffnungsvoll die RADBRUCH'sche Erkenntnis, daß die Scheinheiligkeit den Tribut des Lasters an die Tugend zu entrichten hat, noch angefügt werden kann.

Auch der in den unterschiedlichen Sozialstrukturen begründete Nord-Süd-Konflikt bei der Menschenrechtsproblematik blieb nicht ausgespart. Die vereinfachte Formel »Brot oder Freiheit« ist in ihrer Rigidität nicht unproblematisch; beide Größen sind interdependent. Vor allem ist zu bedenken, daß Freiheitsrechte, die in Entwicklungsstaaten vorübergehend anderen Werten geopfert werden sollen, nur sehr schwer wieder zurückzugewinnen sind.

2. Mit seiner »*Betrachtung der kritischen Lage des gegenwärtigen Staates unter dem Gesichtspunkt der Menschenrechte*« steuerte Herr KOBAYASHI – geprägt von fernöstlicher Weisheit – einige interessante staatsphilosophische Aspekte und neue Elemente einer allgemeinen Staatslehre zur Souveränitäts- und Menschenrechtsproblematik bei. Der Blick fiel hierbei – nach einer kritischen Analyse der Verfaßtheit der gegenwärtigen Staaten – über den Horizont unserer Zeit hinweg auf ein umfassendes neues Weltsystem, gegründet auf den Gedanken der Subsidiarität, der Rechtsstaatlichkeit, der Gewaltenteilung und eines mit Grund- und Freiheitsrechten ausgestatteten, im KANT'schen Sinne autonomen Menschen.

In der Diskussion wurde – anknüpfend an die Kritik des Referenten an dem modernen Lenkungsstaat – auf die Interdependenz von Lenkungsstaat, Leistungsstaat und Anspruchsdenken verwiesen. Die auch innerstaatlichen Ursachen einer den Staat und die internationale Gemeinschaft gefährdenden Militarisierung wurden hervorgehoben.

Kritisch wurde vermerkt, ob die vom Referenten mit seiner neuen Weltordnung verknüpften Homogenitätsvorstellungen nicht gerade ihrer Universalität entgegenstünden und ob es nicht realistischer wäre, zunächst zu versuchen, die im 20. Jahrhundert verlorengegangene Einheit der Völkerrechtsgemeinschaft wieder herzustellen. Die Notwendigkeit eines weltumspannenden Systems wurde vor allem wegen des notwendigen »sozialstaatlichen« Ausgleichs zwischen Nord und Süd bejaht.

3. Das im ersten Themenkreis mit angesprochene Selbstbestimmungsrecht der Völker wurde von Herrn HAN unter dem völkerrechtlichen Aspekt der *Rechtslage geteilter Völker* behandelt« im Mittelpunkt der Erörterung standen das geteilte Deutschland und das geteilte Korea.

Die Diskussion ergab hinsichtlich der staats- und völkerrechtlichen Konzeptionen eine derart weitgehende Parallelität zwischen der Bundesrepublik und Südkorea, daß die Frage berechtigt erscheint, ob hier nicht mit Hilfe der Humboldt-Stiftung durch den Gedankenaustausch von Herrn SCHEUNER und Herrn HAN ein sehr weitreichender Export deutschlandrechtlicher Ideen nach Südkorea stattgefunden hat – sicherlich ein neues Rezeptionsphänomen. Die einzelnen Gemeinsamkeiten können hier nur angedeutet werden: – Wie in Deutschland gibt es in Korea eine *Kontinuitätstheorie;* das koreanische Reich ist nicht untergegangen, sondern existiert als derzeit handlungsfähiges Völkerrechtssubjekt fort. Da es nach 1945 in Korea niemals eine der Viermächteverantwortung für Deutschland als Ganzes vergleichbare Treuhandschaft gegeben hat, ist die Begründung des gesamtstaatlichen Fortbestandes noch schwieriger als in Deutschland. Die Kontinuität wird begründet mit der Nichtigerklärung des koreanisch-japanischen Protektoratsvertrages vom 17. November 1905 und des koreanisch-japanischen Annexionsvertrages vom 29. August 1910; durch diese Verträge hatte der junge (auf Grund des Friedensvertrages von Shinonoseki 1895 entstandene) koreanische Staat seine Völkerrechtssubjektivität an sich wieder eingebüßt. Art. 2 des Grundlagenvertrages zwischen der Republik Korea und Japan vom 22. Juni 1965 enthält nun die interessante Feststellung, daß die genannten Verträge »schon als null und nichtig – already null and void« angesehen werden.

Der Vergleich mit der 1973 in der Bundesrepublik und der CSSR heiß diskutierten Frage der *Nichtigkeit* des Münchner Abkommens von Anfang an bietet sich an, wenngleich auch in den koreanisch-japanischen Beziehungen – dem Prinzip der Effektivität folgend – aus dem Nichtigkeitstatbestand niemals ähnlich weite Folgerungen gezogen wurden wie in den deutsch-tschechoslowakischen Beziehungen.

Das Selbstverständnis der Republik Korea wird von der Identitätstheorie geprägt, so wie sie im Grundvertragsurteil ihren Niederschlag gefunden hat. Wenn man – wie beim Vortrag von Herrn HAN – demonstriert bekommt, mit welcher Akribie das Grundvertragsurteil in Korea studiert wird, wird man fast zu der Annahme verleitet, daß auch die Regierung in Seoul die Entscheidung des Bundesverfassungsgerichts eingehender gelesen hat als die Regierung in Bonn.

Das Modell der sog. neuen deutschen Ostpolitik (eines geordneten Nebeneinanders zweier Staaten einschließlich getrennter UN-Mitgliedschaft) scheint allerdings derzeit für Korea noch nicht annehmbar zu sein. Der Widerstand Nordkoreas und das von China besonders prononciert vertretene Einstaatenmodell sind hierfür die Hauptgründe.

II.

Der zweite Themenbereich galt der »zwischenstaatlichen Zusammenarbeit und der einzelstaatlichen Souveränität«; er war ganz dem aktuellen Terrorismusproblem gewidmet.

1. Bei seiner Darstellung des »*Internationalen Terrorismus*« setzte Herr ROMANIECKI den Hauptakzent auf die Angriffsdefinition und führte aus, daß die typischen Akte des internationalen Terrorismus vom Angriffstatbestand des modernen Völkerrechts erfaßt werden und beim betroffenen Staat das Recht zur Selbstverteidigung auslösen. Allerdings wird heute diese klare Aussage durch die Angriffsdefinition der UN-Generalversammlung (Res. 3314) und die darin enthaltene Unberührtheitsklausel zugunsten des nationalen Befreiungskampfes relativiert. Die Gefahren, die von dieser Selektivität und Parteilichkeit in der modernen Völkerrechtsordnung namentlich auf das überkommene Kriegsvölkerrecht ausstrahlen, waren Gegenstand der Diskussion. Darüber hinaus wurde bedacht, daß es aus verschiedenen Gründen nicht sinnvoll erscheinen kann, die Terrorismusproblematik auf das Geleise des Kriegsvölkerrechts zu schieben.

– Der Dissens zwischen den streitbefangenen Parteien über das Vorliegen eines rechtfertigenden »nationalen Befreiungskampfes« wird zwangsläufig zur Eskalation führen.

– Die Suche nach einem völkerrechtlich verantwortlichen Rechtssubjekt wird meist erfolglos bleiben oder zu einer im Grunde unerwünschten völkerrechtlichen Aufwertung der Terroristen führen.

– Die nationale wie internationale Terrorismusproblematik sollte solange wie möglich dort behandelt werden, wo sie eigentlich hingehört – nämlich im Strafrecht.

– Notwendige Aktionen des betroffenen Staates sollten nach Friedensvölkerrecht abgewickelt werden (humanitäre Intervention; völkerrechtliche Haftung der den Terrorismus protegierenden Staaten).

2. Das Referat von Herrn DIMITRIJEVIČ über »*Terrorismus und Auslieferungsrecht*« lenkte die Debatte aus dem hochpolitischen Bereich wieder auf einigermaßen gefestigte Bahnen, wenngleich auch hier die »politische« Straftat im Vordergrund stand. Auslieferungsrechtlich wird sich die Problematik des Terrorismus in dem Umfang lösen lassen, in dem es gelingt, die für den Terrorismus typischen Straftaten aus dem Bereich der nichtauslieferungsfähigen politischen Straftaten auszuklammern. Die Europäische Konvention zur Unterdrückung des Terrorismus vermittelt hier bereits brauchbare Ansätze.

In der Diskussion wurde auf das Asylrecht verwiesen und weiter festgestellt, daß die Auslieferung nicht ausschließlich eine Angelegenheit der betroffenen Staaten sei, sondern daß auch die berechtigten Interessen des Auslieferungshäftlings Berücksichtigung finden müßten.

Das Prinzip »aut dedere aut iudicare« wurde ebenso begrüßt wie der Versuch, gewissen typischen Terrorakten wegen ihrer Gemeingefahr die Privilegierung als politisches Delikt generell zu versagen.

III.

Der dritte Themenbereich griff Fragen der *Europäischen Integration* auf, und zwar primär unter dem Blickwinkel der *nationalen Verfassungen*.

1. a) Herr OPPERMANN vermittelte durch sein einführendes Referat zunächst die Zielsetzung der Europäischen Integration, nämlich eine »Politische Union« der Staaten der EG auf der Grundlage einer stufenweise fortschreitenden wirtschaftlich-sozialen Integration, um sodann die Rechtsgrundlagen für diesen fortschreitenden Einigungsprozeß in der deutschen Rechtsordnung – nämlich Satz 1 der Präambel und Art. 24 Abs. I GG – zu erläutern. Ein weiteres Hauptaugenmerk galt dem Rang und dem Zusammenspiel europäischer Rechtsnormen mit dem deutschen Recht.

b) Herr PANEBIANCO behandelte die Problematik aus der Sicht des italienischen Rechts. In Art. 11 seiner Verfassung bekennt sich Italien bei Beachtung des Prinzips der Gegenseitigkeit zu Souveränitätsbeschränkungen, die im Interesse einer den Frieden und die Gerechtigkeit garantierenden Ordnung notwendig sind; internationale Organisationen, die diesen Zielen dienen, sind von Verfassung wegen zu fördern. Diese die europäische Integration stützende Norm garantiert auch die Harmonie zwischen nationalem und Gemeinschaftsrecht.

c) Besonderer Dank gebührt Herrn DAGTOGLOU, der – ohne um ein Referat gebeten zu sein – aus dem Stegreif einen ausführlichen Bericht über die Verfassungsrechtslage in Griechenland gab, die im Hinblick auf die gegenwärtig geführten Beitrittsverhandlungen von großem Interesse waren. Art. 28 der griechischen Verfassung trägt schon heute einem griechischen Beitritt zur EG Rechnung:
- nach seinem Abs. 1 sind die allgemein anerkannten Regeln des Völkerrechts und die völkerrechtlichen Verträge Bestandteil des griechischen Rechts und gehen den Gesetzen vor;
- nach Abs. 2 können zur Erreichung wichtiger internationaler Ziele oder im Interesse der internationalen Kooperation Zuständigkeiten auf zwischenstaatliche Organisationen übertragen werden; hierzu bedarf es allerdings einer ³/₅Mehrheit im Parlament.
- Nach Abs. 3 kann Griechenland mittels einfachen Gesetzes die Einschränkung seiner nationalen Souveränität hinnehmen, wenn
  - ein wichtiges Interesse vorliegt,
  - die Menschenrechte und Grundfreiheiten gewahrt bleiben,
  - die Grundprinzipien der Rechtsstaatlichkeit nicht berührt werden, und schließlich, wenn
  - der Grundsatz der Gegenseitigkeit und Staatengleichheit eingehalten wird.

2. a) Die Diskussion wandte sich zunächst den Grundsatzfragen zu. Rechtsbegriff und Rechtspersönlichkeit der Integrationsgemeinschaft zwischen Staatenbund und Bundesstaat wurden eingehend erörtert. Es wurde festgestellt, daß der Umfang der der Gemeinschaft übertragenen einzelnen Zuständigkeiten ein Ausmaß annehmen könne, daß die Quantität zu einer neuen Qualität – nämlich zur Staatlichkeit der Gemeinschaft – führe. Offen blieb, ob auf diesem Weg der sog. »point of no return« schon erreicht sei, ob – mit anderen Worten die Feststellung von WALTER HALLSTEIN »you can't unscramble a scrambled egg« hinsichtlich der EG schon ihre Richtigkeit hat. Übereinstimmung herrschte, daß die durch die Direktwahlen zum Europäischen Parlament geförderte Vereinigung der »politischen Kräfte an der Basis« der erstrebten Integration ein gutes Stück weiterhelfen wird.

b) Was die *deutsche Rechtsgrundlage der europäischen Integration* anbelangt, wurde festgestellt, daß Art. 24 Abs. 1 GG in den Schranken des Art. 79 Abs. 3 GG auch die Vollintegration trägt. Der »Solange-Beschluß« des Bundesverfassungsgerichts wurde heiß diskutiert, wobei die Ansicht der Mehrheit wohl dahin tendierte, daß diese Entscheidung in ihrer Grundtendenz nicht als »europafeindlich« anzusprechen ist, sondern u. a. auch von der Sorge getragen ist, daß in der Gemeinschaft bislang bei Grundrechtseinschränkungen nicht ein demokratischer Gesetzgeber verantwortlich mitbestimmt – ein Faktum, dem ein direkt gewähltes, mit weiteren Kompetenzen ausgestattetes Europäisches Parlament abhelfen könnte.

c) Die Erörterung der entsprechenden *italienischen Verfassungsrechtsordnung* ergab, daß in Italien wohl sehr viel stärker als in der Bundesrepublik die Notwendigkeit gesehen wird, daß mit der Übertragung von Souveränität auf die EG eine Partizipation der die Kompetenzen einbüßenden innerstaatlichen Organe am Gemeinschaftsgeschehen einherzugehen habe.

d) Die Diskussion des *Art. 28 der neuen griechischen Verfassung* ergab, daß weniger mehr gewesen wäre. Die europäische Integration könnte nämlich in Griechenland – zumindest theoretisch – verfassungsrechtlich auf jeden der drei Absätze des Art. 28 gestützt werden (Vorrang völkerrechtlicher Verträge, Abs. 1; Übertragung von Souveränität nach Abs. 2, und die Hinnahme von Souveränitätseinschränkungen nach Abs. 3). Die Frage ist von praktischem Interesse, da einmal eine $3/5$Mehrheit gefordert wird (Abs. 2), zum anderen ein einfaches Gesetz ausreicht (Abs. 3). Zumindest gegenwärtig scheint aber auch eine $3/5$Mehrheit für den griechischen Beitritt zur EG sichergestellt zu sein, so daß aus verfassungsrechtlicher Sicht dem Beitritt Griechenlands nichts im Wege stünde.

Probleme des Menschenrechtsschutzes auf weltweiter Ebene

Christian Tomuschat, Bonn

Alle Welt spricht von Menschenrechten. Kaum scheint sich aber die Lage der Menschen verbessert zu haben, die doch Nutznießer dieser Entwicklung sein müßten. Kein Tag vergeht, ohne daß nicht die Zeitungen über neue Greuel berichten würden. An Beispielen besteht kein Mangel, sie sind jedermann gegenwärtig und brauchen daher auch nicht lange aufgeführt zu werden. Keine Zeit für Menschenrechtseuphorie also!

Und doch läßt sich auch eine optimistischere Bilanz aufmachen. Die Leiden der verfolgten Menschen werden von der Weltöffentlichkeit heute zunächst einmal überhaupt zur Kenntnis genommen. Mitmenschliche Solidarität leitet in aller Regel vielfältige Initiativen in die Wege, um Hilfe zu leisten. Nicht nur Privatpersonen nehmen sich des Schicksals der Opfer an, sondern auch Staaten und internationale Organisationen, Machtträger also, denen bestimmte Druckmittel zur Verfügung stehen. Zwar mögen die Erfolge letzten Endes in vielen Fällen, und gerade was die ärgsten Verstöße angeht, recht bescheiden sein. Die Machthaber in Kambodscha hat offenbar niemand hindern können, ihr eigenes Volk zu dezimieren, und auch die Tschechoslowakei setzt ebenso wie die Sowjetunion ungerührt ihre hartnäckige Verfolgung politisch Andersdenkender fort. Aber viele andere Staaten haben sich dem Druck der internationalen Meinung gebeugt. So ist es die zunehmende internationale Isolierung gewesen, welche zum Zerfall der Obristenherrschaft in Griechenland geführt hat. Auch im Hinblick auf Chile meint der Beobachter deutliche Auswirkungen geduldiger und ständig wiederholter Vorstellungen einer Vielzahl von Regierungen zu verspüren. Die Ursächlichkeit ist hier weniger mit Händen zu greifen, geben die Staaten doch meist keine Auskunft darüber, weshalb sie sich zu einer Korrektur ihres Handelns entschlossen haben.

1. Die zunehmende Intensität des Netzes gegenseitiger Einwirkungen in Menschenrechtsfragen ist nicht ein eher zufälliges faktisches Phänomen, das schlicht als historisches Datum festgestellt werden müßte, sondern beruht auf einer Reihe präzise angebbarer Gründe. Das System des klassischen Völkerrechts kannte als Akteure auf der internationalen Bühne lediglich die Staaten.[1] Dem Völkerrecht fiel

---

[1] Vgl. etwa J. C. Bluntschli, Das moderne Völkerrecht der civilisirten Staaten, 1868, S. 65; A. W. Heffter/F. H. Geffcken, Das Europäische Völkerrecht der Gegenwart, 8. Aufl. 1888, S. 42.

in erster Linie die Aufgabe zu, den Verkehr zwischen diesen Trägern des internationalen Lebens reibungslos zu gestalten. Was innerhalb der staatlichen Grenzen vor sich ging, war eine ausschließlich innerstaatliche Angelegenheit, soweit lediglich die eigenen Staatsangehörigen betroffen waren;[2] jedenfalls konnten die »zivilisierten Nationen« auf einen solchen Respekt vor ihrer eigenständigen Entscheidungsmacht rechnen.

Nachdem das Dritte Reich aller Welt vor Augen geführt hatte, wie ungeheuerlich sich staatliche Gewalt gegen ihren fundamentalen Schutzauftrag vergehen kann, läutete die UN-Charta eine neue Epoche des Völkerrechts ein. In der Präambel dieses Vertrages, den man heute ohne jedes Zögern als das Herzstück der Verfassung der internationalen Gemeinschaft bezeichnen kann, heißt es mit feierlichem Pathos und großem Ernst, daß es die Absicht »der Völker der Vereinten Nationen« sei, »künftige Geschlechter vor der Geißel des Krieges zu bewahren«, die zweimal unsagbares Leid über die Menschheit gebracht habe, sowie den »Glauben an die Grundrechte des Menschen, an Würde und Wert der menschlichen Persönlichkeit« zu bekräftigen. Damit ist unübersehbar der Mensch ins Zentrum des Völkerrechts gerückt.[3] Gewiß war auch früher das Völkerrecht kein Selbstzweck gewesen, sondern hatte als zwischenstaatliche Ordnung eben den Interessen gedient, welchen die Staaten ihrerseits sich verpflichtet fühlten. Aber der damit gegebene Bezug zum Einzelmenschen war allenfalls ein mittelbarer, schwach ausgeprägt insbesondere dort, wo der Staat als höchste Entfaltung der Nation über das Individuum gesetzt wurde.[4]

Konstruiert man auch das Völkerrecht nicht mehr prinzipiell vom Staat, sondern vom Individuum her, so ergeben sich zahlreiche weitreichende Verschiebungen. Unvermeidlich mußten sich die herkömmlichen völkerrechtlichen Regeln wandeln. Dieser Prozeß ist bis heute nicht vollständig abgeschlossen. Einige Konsequenzen zeichnen sich aber bereits deutlich ab.

An erster Stelle ist die sachliche Einengung des Interventionsverbots zu nennen. Menschenrechtsfragen sind zu einer internationalen Angelegenheit geworden und fallen nicht mehr in den ausschließlich internen Bereich souveräner Selbstbestimmung, den das Verbot gegen ausländische Einmischung absichert. Letzten Endes heißt das, da die gesamte innerstaatliche Rechtsordnung von den Menschenrechten geprägt sein soll, daß ein de iure vollkommen gegen fremde Ingerenz geschützter

---

2 Vgl. etwa HEFFTER/GEFFCKEN (Fn. 1) S. 114–116.
3 Dazu in neuerer Zeit etwa F. ERMACORA, Menschenrechte in der sich wandelnden Welt, Bd. I, 1974, S. 532; S. 432; H. MOSLER, Das Institut de Droit International und die völkerrechtliche Stellung der menschlichen Person, in: Justitia et Pace. Festschrift zum 100jährigen Bestehen des Instituts de Droit International, 1974, S. 77, 85 ff.
4 Vgl. namentlich zur Verfassungsideologie des III. Reiches E. R. HUBER, Verfassungsrecht des Großdeutschen Reiches, 1939, S. 365: Die „Rechtsstellung des Volksgenossen ist stets gemeinschaftbezogen und pflichtgebunden. Sie ist nicht um des *Einzelnen* willen begründet, sondern um der *Gemeinschaft* willen...".

Sachbereich kaum mehr vorstellbar ist. Zu Recht wird man bezweifeln können, ob damit allein schon alles zum Besseren gewendet sei. Daß jeder Staat Probleme aus der internen Ordnung jedes anderen Staates aufgreifen kann, ließe sich insbesondere auch als Verwischung von Kompetenzgrenzen und damit auch als Verwischung von Verantwortung kritisieren. Freilich würde eine solche Kritik angesichts der bisherigen Erfahrungen theoretisch allzu hoch ansetzen. Nur wenn Menschenrechtsverletzungen die Qualität eines strukturellen Dauerzustandes erreichen, weil ihnen eine bewußte Regierungspolitik zugrunde liegt, haben sich Staaten bisher veranlaßt gesehen, sich über Verhältnisse in fremden Staaten mißbilligend zu äußern und ggf. Abhilfemaßnahmen zu ersinnen. Als selbstverständliches Erfordernis des Rechts zur Einmischung hat man also stets ein gewisses Schweremaß angesehen.[5] Unter diesen Umständen kann aber die ausländische Einwirkung nur positive Wirkungen haben.

Nur aus der neuen Ausrichtung des Völkerrechts auf den Einzelmenschen läßt sich auch die Tatsache erklären, daß die völkerrechtlichen Instrumente des Menschenrechtsschutzes mittlerweile einen hohen Perfektionsgrad erreicht haben, was das materielle Recht angeht. Von Anfang an hatte es sich die Weltorganisation zur Aufgabe gesetzt, eine internationale »Bill of Rights« zu entwickeln. Der erste Schritt gelang im Jahre 1948 mit der Verabschiedung der Allgemeinen Erklärung der Menschenrechte durch die Generalversammlung.[6] Da aber die Erklärung wie jede andere Resolution der Generalversammlung, die nicht der Regelung organisationsinterner Fragen dient, lediglich empfehlenden Charakter besitzt, machte man sich sogleich daran, die in ihr verkörperte rechtliche Substanz in bindende rechtliche Form umzugießen. Endlich im Jahre 1966 gelang es in einem heute noch kaum begreiflichen internationalen Kraftakt, die beiden Internationalen Pakte über bürgerliche und politische Rechte[7] (im folgenden: Politischer Pakt) einerseits, über wirtschaftliche, soziale und kulturelle Rechte[8] (im folgenden: Sozialpakt) andererseits zustandezubringen. Nach einer fast zehnjährigen Wartezeit traten die

---

5 Nicht zugestimmt werden kann hingegen der sog. „Chile-Doktrin" der östlichen Staaten, der zufolge die internationale Gemeinschaft Verletzungen von Menschenrechten nur dann soll aufgreifen dürfen, wenn gleichzeitig der Weltfrieden bedroht ist; exemplarischen Ausdruck hat diese Kontroverse auf dem Posener UNESCO-Symposion im September 1977 gefunden, vgl. L. KANSKI, UNESCO Symposium: „The Final Act of Helsinki in the Light of International UN Pacts on Human Rights", Polish Western Affairs 19 (1978), S. 147, 148. Die auf der ILA-Tagung von Manila (September 1978) angenommene Resolution zum internationalen Menschenrechtsschutz stellt fest: „Convinced that the protection of human rights is a matter of international concern, that the claim that violations of human rights within a country are matters of domestic concern and hence, may not be subject to international appraisal, is unfounded in international law".
6 Resolution 217 A (III) vom 10. 12. 1948.
7 Vom 16. 12. 1966, BGBl. 1973 II, S. 1534.
8 Vom 16. 12. 1966, BGBl. 1973 II, S. 1570.

Pakte im Jahre 1976 in Kraft.[9] Damit sind aber nur die Hauptinstrumente genannt. Die beiden Pakte, neben denen vor allem noch die Rassendiskriminierungskonvention[10] hervorragt, werden umrankt von einem Netz von Verträgen, Resolutionen und Erklärungen, die sich mit Einzelheiten des Menschenrechtsschutzes befassen. Dabei geht es meist um die Konkretisierung einzelner Bestimmungen der Erklärung von 1948 und der beiden Pakte. So ist das Folterverbot im Jahre 1975 durch eine Deklaration über den Schutz gegen Folter[11] ergänzt worden, und jüngste Bestrebungen haben wiederum zum Ziel, diese Regeln zusammen mit zusätzlichen verfahrensrechtlichen Vorschriften zum Gegenstand eines völkerrechtlichen Vertrages zu machen.[12]

Nicht vergessen darf man im übrigen die Bemühungen der Sonderorganisationen. Rund 150 Konventionen über den Arbeitsschutz sind mittlerweile von der ILO – der Internationalen Arbeitsorganisation – verabschiedet worden. Auch die UNESCO ist eifrig bestrebt, innerhalb ihres Aufgabengebietes völkerrechtliche Normen zu formulieren. So scheint der Tisch reich, ja sogar überreich gedeckt. An Normen ist kein Mangel. Eher muß man sich sorgen um ihren rechten Gebrauch und um ihre Effektivität. Werden bindende völkerrechtliche Verträge durch unverbindliche Empfehlungen weiter ergänzt, so kann das auch zu einer Schwächung der Normgeltung führen.

2. Insgesamt läßt sich feststellen, daß die Menschenrechtspakte mitsamt den sie ergänzenden und näher ausführenden Verträgen und Deklarationen zu den konstitutionellen Bestandteilen jener neuen Weltverfassung zählen, deren organisatorischer Eckpfeiler durch die UN-Charta gebildet wird. Staaten werden zunehmend an ihrer Leistung auf dem Gebiet der Menschenrechte gemessen. Zumindest verbal kann es sich kein Land mehr leisten, diese Neuorientierung der Weltpolitik abzulehnen. Demgemäß besteht auch ein ganz erheblicher Ratifikationsdruck, der in den kommenden Jahren wohl noch erheblich in dem Maße zunehmen wird, wie der Kreis der Vertragstaaten der Weltpakte sich ausweitet. So ist es heute schon zu einem wesentlichen Handicap für die Vereinigten Staaten geworden, daß sie bisher äußerste Zurückhaltung an den Tag gelegt und sich nicht einmal bereit gefunden haben, dem Genozid-Abkommen von 1948[13] beizutreten. Ihre Menschenrechtspolitik erscheint unter diesem Gesichtspunkt schlicht unglaubwürdig. Wer es sich

---

9 Am 31. 10. 1978 belief sich der Mitgliederstand des Paktes über bürgerliche und politische Rechte auf 52, derjenige des Parallelpaktes auf 54 Staaten.
10 Internationales Übereinkommen zur Beseitigung jeder Form von Rassendiskriminierung, vom 7. 3. 1966, BGBl. 1969 II, S. 962.
11 UN-Generalversammlung, Resolution 3452 (XXX) vom 9. 12. 1975, Annex; deutscher Text: Vereinte Nationen 1976, S. 29.
12 UN-Generalversammlung, Resolution 32/62 vom 8. 12. 1977; deutscher Text: Vereinte Nationen 1978, S. 71.
13 Konvention über die Verhütung und Bestrafung des Völkermordes, vom 9. 12. 1948, BGBl. 1954 II, S. 730.

herausnimmt, andere Staaten zu kritisieren, muß sich auch selbst der internationalen Kritik stellen. Gerade die Pakte sehen aber formalisierte Verfahren vor, in denen die Mißbilligung einen institutionalisierten Ausdruck finden kann. Die Sowjetunion versäumt es heute bei keiner irgendwie geeigneten Gelegenheit, darauf hinzuweisen, daß sie bereitwillig den derzeit geltenden völkerrechtlichen Menschenrechtsstandard als bindend akzeptiert habe, während die USA sich hartnäckig einer solchen internationalen Festschreibung entzögen. Präsident Carter hat zwar versucht, eine Wende herbeizuführen, indem er die beiden Pakte unterzeichnet und sie dem Senat vorgelegt hat,[14] doch läßt sich nicht absehen, ob überhaupt und wenn mit welchem Ergebnis der Senat in eine Prüfung der Vertragswerke eintreten wird.

Bilden die Menschenrechtspakte neben der UN-Charta das Kernstück der gegenwärtigen Weltverfassung, so liegt auf der Hand, daß der Streit um die richtige Auslegung geradezu vorprogrammiert ist. Wer es erreicht, die Auslegung in seinem Sinne zu beeinflussen, trägt damit ein Stück seines Selbstverständnisses in die überwölbende Weltordnung hinein und sichert auf diese Weise die Fortgeltung seiner eigenen Verfassungsidentität. Hier liegt die eigentliche Crux des Menschenrechtsschutzes.

3. Zunächst sei daran erinnert, daß die Pakte in ihrem Perfektionsdrang fast ein Bild des Voltaire'schen »meilleur des mondes possibles« bieten, wobei allerdings die Perfektion eher im Sozialpakt liegt denn im Politischen Pakt. Von den Freiheitsrechten, wie sie etwa im Grundgesetz erscheinen, fehlen im Politischen Pakt das Asylrecht, das Recht auf die Staatsangehörigkeit, die Berufsfreiheit sowie das Eigentumsrecht. Im übrigen aber ist der Politische Pakt keineswegs zurückhaltend. Zu seinen Kernbestandteilen kann man sogar die mehrfache Garantie von Meinungs-, Gewissens- und Religionsfreiheit zählen, von Rechten also, welche die institutionelle Basis für die Entwicklung einer pluralistischen Gesellschaft bilden.

4. Sehr ernsthaft wird man sich an erster Stelle fragen müssen, ob die Perfektion einen echten Gewinn oder eher eine Gefahr für die Sache der Menschenrechte darstellt. Geradezu zwangsläufig führt nämlich die Parallelität zwischen Abwehrrechten und positiven Leistungsrechten zu zahlreichen Normkonflikten und Spannungsverhältnissen, wie sie jedermann auch vom innerstaatlichen Recht her vertraut sind. Die höchstmögliche Anhebung des geschützten Standards vergrößert zwangsläufig den Spielraum, innerhalb dessen die Staaten eigenständige Abwägungen zwischen kollidierenden Rechtsgütern vornehmen können. Zu einem drängenden Problem hat sich namentlich die Frage entwickelt, ob und inwieweit im Interesse einer staatlichen Entwicklungspolitik die Rechte der Meinungsfreiheit und der Freizügigkeit eingeschränkt werden dürfen. Vielfach wird hier mit dem primitiven Alternativ-Slogan: Freiheit oder Brot gearbeitet. So hat der philippinische Außenminister ROMULO vor kurzem – wohl im Zusammenhang mit der diesjährigen ILA-Ta-

---

14 Vgl. dazu den Bericht in AJIL 72 (1978), S. 620–631.

gung – in einem Interview erklärt, für den einfachen Mann in einem Entwicklungsland seien sein und seiner Familie Mägen »die erste Priorität«, während ihn solche »Subtilitäten« wie diejenige, ob er einer bestimmten Rede zuhören oder einen bestimmten Leitartikel lesen könne, nur wenig kümmerten.[15] Wesentlich vorsichtiger gefaßt ist die UN-Generalversammlungs-Resolution 32/130, wenn es dort heißt, »the full realization of civil and political rights without the enjoyment of economic, social and cultural rights is impossible«. In der Resolution wird aber als weiteres Mittel zur Stärkung der Menschenrechte im wesentlichen die weitere Konsolidierung »der« neuen Weltwirtschaftsordnung empfohlen. Insofern werden hier trotz der zuvor betonten Gleichwertigkeit beider Normgruppen doch in der Sache gewisse Prioritäten gesetzt, da eben von weiteren Schutzvorkehrungen zu Gunsten der liberalen Freiheitsrechte nicht die Rede ist.

Zunächst scheint es in der Tat recht plausibel zu klingen, daß um der wirtschaftlichen Entwicklung willen, d. h. zur Sicherung der elementaren Lebensbedürfnisse, eine »Entwicklungsdiktatur« vonnöten sein könne. Bei näherem Hinsehen indes erweist sich diese These als wenig fundiert. Weshalb soll der Arme mehr Brot erhalten, wenn öffentliche Mißstände nicht mehr gerügt werden dürfen? Inwiefern sollen die materiellen Lebensgrundlagen einer Nation sich verbessern, wenn es gestattet ist, mißliebige Personen ohne ein geordnetes Verfahren ihrer Freiheit zu berauben? Die jüngsten Erfahrungen in Indien haben gezeigt, daß das solcherart »beglückte« Volk alles andere als einverstanden mit diktatorischen Praktiken ist, die elementare Freiheitsrechte als Preis für die Stärkung wirtschaftlicher und sozialer Rechte opfern wollen. In einem bemerkenswerten Aufsatz hat vor wenigen Jahren der Senegalese KEBA M'BAYE davor gewarnt, dem afrikanischen Menschen die europäischen Errungenschaften individueller Freiheitssicherung vorenthalten zu wollen. Eine derartige Reduzierung auf das wirtschaftliche und soziale Wohlergehen würde seines Erachtens einem Anschlag auf die menschliche Würde gleichkommen.[16] Gleichwohl bleibt, daß in dem vielfach antagonistischen Spannungsverhältnis zwischen den beiden großen Normgruppen die Akzente aus durchaus legitimen Gründen höchst verschiedenartig gesetzt werden können. Es gibt nicht nur eine einzige Auflösung in harmonischer Synthese, sondern vielfältige Wege, je nach Maßgabe der inneren Verhältnisse ein ausbalanciertes Gleichgewicht zu finden.

5. Selbst wenn man den Politischen Pakt für sich allein betrachtet, ist man doch von Eindeutigkeit weit entfernt. Es ist nachgerade selbstverständlich, daß die westlichen Staaten die Rechte und Freiheiten des Paktes ihrem Freiheitsverständnis entsprechend interpretieren, während die östlichen Staaten versuchen, den Pakt mit den Sinngehalten zu überziehen, wie sie ihn auch ihren eigenen Verfassungen un-

---

15 Archiv der Gegenwart 1978, S. 22046.
16 Les réalités du monde noir et les droits de l'homme, Revue des droits de l'homme 2 (1969), S. 382, 388; im gleichen Sinne M. NDOH, Violation of Human Rights in Africa, Background paper zur Konsultation „Menschenrechte und christliche Verantwortung", veranstaltet vom Weltkirchenrat in St. Pölten/Österreich, Oktober 1974, S. 20.

terlegen. Bei den Ländern der Dritten Welt gibt es keine geschlossene, einheitliche Konzeption. Je nach ihren politischen Präferenzen neigen sie teils mehr zu der westlichen, teils mehr zu der östlichen Auffassung. Die eigene, durch die Kolonisation unterbrochene Tradition hat bisher nirgendwo die Kraft gehabt, sich zu einer kohärenten eigenständigen Verfassungs-Doktrin zu entwickeln. Darüber, was eigentlich das spezifisch »Afrikanische« sei, sind sich auch die Afrikaner bisher nicht einig.

Wie läßt sich dem Dilemma entrinnen, daß jeder Staat nach eigenem Gutdünken, ja eigener Willkür den Politischen Pakt aus- und umdeutet? Um ganz konkret zu sprechen: In allen dem Ausschuß für Menschenrechte nach Art. 40 des Politischen Paktes vorgelegten östlichen Staatenberichten wird mit strenger Konsequenz die Auffassung vertreten, daß jedes garantierte Recht seine Grenzen an den Interessen der sozialistischen Gesellschaft finde. Das gelte insbesondere für sämtliche politischen Rechte, also die Meinungs- und Pressefreiheit, die Versammlungs- und Vereinigungsfreiheit.[17] Nur solche Meinungskundgaben werden demgemäß geduldet, welche mit der regierungsamtlichen Meinung in Einklang stehen. Widersprechende Auffassungen werden zwar nicht durchweg strafrechtlich verfolgt und zusätzlich mit Berufsverboten geahndet. Aber sie werden in die private, die familiäre Sphäre zurückgedrängt und nicht zur öffentlichen Diskussion zugelassen. Presse, Rundfunk und Fernsehen dürfen nur die regierungsamtliche Monotonie und harmonische Langeweile verbreiten. Die Samisdat-Schriften in der Sowjetunion, die Charta 77 in der Tschechoslowakei mußten in den Untergrund abwandern. All das entspricht einer Ideologie, welche bis heute ohne Schamröte verkündet, daß die sozialistische Gesellschaft ihre inneren Probleme gelöst habe und daß es demzufolge zu allem nur eine einzige, nämlich die richtige = herrschende Meinung gebe.

6. Einen Ausweg aus dem Dilemma vermag nur der Rückgriff auf die allgemeinen Regeln über die Auslegung völkerrechtlicher Verträge zu bieten. Selbstverständlich ist auch der politische Pakt ein multilateraler Vertrag, der nach völkerrechtlichen Grundsätzen zu interpretieren ist. Bekanntlich nun gibt es ein Grundaxiom, welches lautet, in erster Linie entscheide der Wortlaut. Dieses Axiom ist auch in Art. 31 der Wiener Vertragsrechtskonvention eingegangen, wenngleich dort auch der Kontext sowie Ziel und Zweck miterwähnt werden.[18]

Wendet man diese Prinzipien auf den Politischen Pakt an, so gelangt man zu der schlichten Feststellung, daß es offenbar Meinungsfreiheit – die ich hier als Paradigma für die Rechte des Politischen Paktes überhaupt behandeln will – geben soll. Sämtliche der Rechte des Paktes sind staatsgerichtet. Sinn und Bedeutung ent-

---

[17] Deutlich abzulesen auch am Text der neuen Sowjetverfassung vom Oktober 1977 (deutsche Übersetzung: Osteuropa 1/1978, S. A3, Art. 47, 50, 51).
[18] Bekanntlich spiegelt die Konvention insoweit im wesentlichen den Stand des völkerrechtlichen Gewohnheitsrechts wider, vgl. etwa R. BERNHARDT, Interpretation and Implied (Tacit) Modification of Treaties, ZaöRV 27 (1967), S. 491, 497/498; A. VERDROSS/B. SIMMA, Universelles Völkerrecht, 1976, S. 390.

falten sie erst dann, wenn die Meinung des Individuums von derjenigen der staatlichen Stellen abweicht. Würde man die Konformität der Meinung mit dem regierungsoffiziellen Standpunkt zum Kriterium ihrer Zulässigkeit machen, so verlöre die Meinungsfreiheit schlechthin ihren Sinn. Die Regierung zu loben und ihr beizupflichten, ist noch in keinem Lande verboten oder sonst problematisch gewesen. Der Politische Pakt will im Gegenteil Konfliktsregeln für den Fall aufstellen, daß das – von der Regierung behauptete – Gemeininteresse und das Individualinteresse miteinander in Konflikt geraten. Auch die sorgfältige Fassung des Einschränkungsvorbehalts in Abs. 3 spricht für ein restriktives Verständnis der staatlichen Einschränkungsbefugnisse. Wäre es den zuständigen staatlichen Stellen gestattet, mißliebig politische Meinungen einfach zu verbieten, so wäre nicht zu verstehen, weshalb man sich seinerzeit überhaupt die Mühe gemacht hätte, den Vorbehalt in unterschiedlichen Tatbestandsvoraussetzungen näher auszuformulieren. Kurzum, die östliche Interpretation des Art. 19 des Paktes läßt sich bei Anwendung der generellen völkerrechtlichen Auslegungsregeln schwerlich rechtfertigen.[19]

7. Die eigentliche Kernfrage lautet indes, auf welchem Wege und in welchen Verfahren die notwendige Korrektur erfolgen kann. Ich will für einen Moment die internationalen Kontrollverfahren beiseite lassen und die Probleme stattdessen von der innerstaatlichen Ebene aus untersuchen. Was soll gelten, wenn die Staatsorgane eines Landes dessen völkerrechtliche Verpflichtungen bewußt entgegen ihrem eigentlichen Sinn auslegen und sie damit umbiegen und wirkungslos machen? In einem freiheitlichen Rechtsstaat schlummern solche Untiefen unter der glatten Oberfläche der Normallage.[20] Wie die Interpretation des Rechts *überhaupt* den Gerichten anvertraut ist, so ist es *auch* die Aufgabe des Richters, die geltenden völkerrechtlichen Verträge auszulegen. Die Ergebnisse, zu denen er gelangt, sind für jedermann bindend. Was er für Recht erkannt hat, gilt. Niemand kann sich darauf berufen, daß die Gerichte falsch entschieden hätten. Allenfalls kann versucht werden, sie zu einer Revision ihres Standpunkts in einem künftigen Verfahren zu bewegen.

Muß man diese Sätze als ebenso unumstößlich hinnehmen, wenn die Gerichte als politisch kontrollierte Teile des Staatsapparats ihr Bestreben daran setzen, einen völkerrechtlichen Vertrag seines Inhalts zu berauben? Ganz offensichtlich ist eine qualitative Unterscheidung voranzuschicken. Gibt ein Staat sich eine Verfassung oder erläßt er ein sonstiges Gesetz, so ist dieses Gesetzeswerk sein eigenes Produkt, welches in Auslegung, Konkretisierung und Fortbildung seiner ausschließlichen und alleinigen Verfügungsmacht unterliegt. Mögen die Interpretationskünste auf den objektiven Beobachter auch noch so verwirrend wirken, mag er es auch als noch so

---

19 Vgl. dazu M. KRIELE, Die Menschenrechte zwischen Ost und West, 1977, S. 19 ff., 46 ff.; C. TOMUSCHAT, Die Bundesrepublik Deutschland und die Menschenrechtspakte der Vereinten Nationen, Vereinte Nationen 1978, S. 1, 5/6.
20 Grundsätzlich dazu jüngst E.-W. BÖCKENFÖRDE, Der verdrängte Ausnahmezustand, NJW 1978, S. 1881–1890.

befremdlich empfinden, daß aus einem X ein U wird – all das ist eigene Angelegenheit des Staates und kann von Außenstehenden de iure nicht beeinflußt werden. Ein völkerrechtlicher Vertrag hingegen hat seinen Geltungsgrund nicht in dem souveränen Alleinentscheidungsrecht, sondern in der Willenseinigung der jeweiligen Vertragspartner, deren gemeinsames Erzeugnis der einseitigen Disposition eines einzelnen unter ihnen entzogen ist. Wie bereits hervorgehoben, hat die Auslegung daher auch von den allgemein anerkannten Regeln auszugehen. Der Vertragskontrahent selbst braucht sich die *Umbiegung* der paktierten Bestimmungen durch die Gegenseite nicht gefallen zu lassen. Wie steht es aber mit dem Individuum, das ja von den Menschenrechtspakten angesprochen wird? Kann der Betroffene ebenfalls geltend machen, daß die ihm vorgesetzte offizielle Interpretation wegen ihrer bewußten Verfälschungstendenz für ihn nicht maßgebend sei? Müssen wir also ein staatliches Interpretationsmonopol anerkennen, oder hat das Individuum ebenfalls Anteil an dem Auslegungsprozeß?

Lassen Sie mich meine Überlegungen an einem Beispiel verdeutlichen. Bekanntlich verläuft zwischen der Bundesrepublik und der DDR eine Grenze, die ihresgleichen auf der Welt nicht mehr hat. Metallgitterzäune, ein Minengürtel, Schießautomaten, Wachtürme, freilaufende Hunde und Grenzpatrouillen machen sie zu einem schier unüberwindlichen Hindernis. Ganz offensichtlich gibt es einen engen Zusammenhang mit der generellen Verweigerung des Ausreiserechts. Nur wenigen Personen wird es gestattet, aus der DDR auch in westliche Länder zu reisen, insbesondere den gesinnungstreuen Funktionären und den Rentnern, die das Erwerbsalter bereits hinter sich liegen haben. Vor einigen Jahren nun – allerdings zu einem Zeitpunkt, als der Politische Pakt noch nicht in Kraft stand – verschaffte sich ein Angehöriger der Volksarmee (Weinhold) gewaltsam den Durchbruch in die Bundesrepublik. Bei seiner Flucht erschoß er zwei Grenzsoldaten der DDR.[21] Angenommen, der Fall hätte sich nach dem Inkrafttreten des Paktes zugetragen, so ließe sich argumentieren, daß die DDR die Vorschrift des Art. 12 mit seiner Garantie des Ausreiserechts verletzt habe und daß der Flüchtling deswegen das Recht der Notwehr auf seiner Seite gehabt habe. Die Rechtsauffassung der DDR-Behörden, daß die Nichtgewährung von Freizügigkeit aus Gründen der »öffentlichen Ordnung (ordre public)« im Sinne des Abs. 3 gerechtfertigt sei,[22] habe den Flüchtling, da sie rechtsirrig sei, nicht zu binden vermocht.

Man sieht, welche Sprengwirkung – im wörtlichen Sinne genommen – die hier zur Diskussion gestellten Überlegungen äußern könnten. Will man das Problem rechtstechnisch korrekt angehen, so bietet sich zunächst eine Unterscheidung an zwischen denjenigen Staaten, welche den Pakt in ihr innerstaatliches Recht über-

---

21 Wegen des Sachverhalts vgl. BGH, 9. 9. 1977, NJW 1978, S. 113.
22 Dazu der DDR-Vertreter H. HEILBORN am 31. 1. 1978 vor dem Ausschuß für Menschenrechte, UN Doc. CCPR/C/SR. 68, S. 6 Nr. 16. Vgl. ferner S. MAMPEL, Bemerkungen zum Bericht der DDR an das Menschenrechtskomitee der Vereinten Nationen, Recht in Ost und West 1978, S. 149, 152.

nommen haben, und denjenigen anderen, welche ihn auf der völkerrechtlichen Ebene belassen haben und ihren Verpflichtungen durch den Erlaß eigener nationalstaatlicher Rechtsakte nachkommen.[23] In dieser letzteren Alternative scheint es schon bei nur flüchtiger Betrachtung völlig ausgeschlossen zu sein, daß das Individuum sich unmittelbar auf den Pakt beruft, bildet dieser doch nicht einen Bestandteil der innerstaatlichen Rechtsordnung. Aber auch im ersten Falle wird man feststellen müssen, daß der Pakt seine innerstaatliche Geltung einem Akt des staatlichen Gesetzgebers verdankt. Daraus wird meistens abgeleitet, daß der Bürger nach wie vor mediatisiert sei: für ihn gelte die menschenrechtliche Substanz nur nach Maßgabe der Rechtsordnung des betroffenen Landes.[24] Er könne deswegen nicht unmittelbar geltend machen, daß die richtige Auslegung verfehlt worden sei.

Entgegen dieser etatistischen Grundeinstellung[25] möchte ich die Akzente etwas anders setzen. Meine erste Bemerkung lautet, daß ja wohl der Rechtsstatus des Individuums, das sich gegen seinen Staat stellt, nicht je nach der gewählten Erfüllungsmodalität – Transformation oder britisches Modell der Anpassung der innerstaatlichen Rechtsordnung – unterschiedlich sein kann. Wenn der Betroffene sich entgegen den Entscheidungen der Verwaltungsbehörden und Gerichte seines Landes unmittelbar auf den Pakt beruft, so wendet er sich gerade gegen die Zwangsjacke, welche der staatliche Transformationsakt dem Pakt übergestreift hat. Er macht also eine Norm geltend, welche auf der völkerrechtlichen Ebene, aber eben gerade nicht im innerstaatlichen Raum gilt. Eine solche Diskrepanz mit friedlichen Mitteln durch die Kundgabe der eigenen Meinung aufzeigen zu dürfen, muß als ein von allen Ausführungstechniken unabhängiges Minimalrecht des geschützten Individuums betrachtet werden. Das ergibt sich namentlich aus der Bestimmung des Art. 2 Abs. 3, wonach die Mitgliedstaaten gehalten sind, Beschwerdemöglichkeiten für den Fall bereitzustellen, daß jemand sich in seinen garantierten Rechten verletzt fühlt. Wenn diese Bestimmung irgendeinen Sinn haben soll, so setzt sie notwendig voraus, daß der einzelne sich frei und ungehindert über den seiner Meinung nach richtigen Normsinn äußern kann, um den ihn umklammernden staatlichen Wahrheitsanspruch von sich abschütteln zu können. Würde dem Bürger selbst dieses Minimum verwehrt, so wäre die Grenze zur Frustration des Vertragszwecks überschritten. Der Pakt könnte unter solchen Umständen seine Funktion nicht erfüllen, dem Individuum Schutz gegen menschenrechtswidriges staatliches Handeln zu gewährleisten. So läßt sich erkennen, daß der Pakt einen völkerrechtsunmittelbaren Status des Individuums jedenfalls insofern voraussetzt, als es um die Mitwirkung

---

23 Übersicht bei Tomuschat (Fn. 19), S. 9 Fn. 32.
24 So ausdrücklich J. A. Frowein, Europäisches Gemeinschaftsrecht und Bundesverfassungsgericht, in: Bundesverfassungsgericht und Grundgesetz, Bd. 2, 1976, S. 187, 192; vgl. auch H. Mosler, Das Völkerrecht in der Praxis der deutschen Gerichte, 1957, S. 7.
25 Das ist keineswegs abwertend gemeint, zumal die Betonung der staatlichen Rechtsbestimmungsmacht auf der völkerrechtlichen Ebene dem herkömmlichen soziologischen Befund entspricht.

an der Auslegung oder, negativ gewendet, das Recht zum Bestreiten der von den staatlichen Stellen zugrunde gelegten Interpretationsergebnisse geht.

Mit diesem Vorschlag wird ein Modell friedlicher Entwicklung angeboten. In der Tat ist es nicht angängig, jedermann eine mit dem Recht zur notfalls gewaltsamen Durchsetzung seiner Auffassung verbundene Eigeninterpretationsbefugnis zuzugestehen. Der Fall Weinhold kann kein Vorbild sein. Sonst würde im Zeichen des Menschenrechtsgedankens eine Ermächtigung zum Bürgerkrieg ausgestellt.[26] Ein Widerstandsrecht mag es in extremen Situationen geben – Stichwort »kolonialer Befreiungskampf« –, die hier aber bewußt ausgeklammert werden sollen. Gänzlich anders hingegen ist die Infragestellung offizieller Sprachregelungen zu beurteilen. So haben sich in der Tschechoslowakei die Verfasser der Charta 77[27] ausdrücklich auf die Verpflichtungen berufen, welche ihr Land durch die Ratifikation des Politischen Paktes übernommen hatte.[28] Gerade diese Argumentation ist von den gegenwärtigen Machthabern nicht nur als äußerst lästig, sondern offenbar sogar als systembedrohend empfunden worden, stellt der Pakt doch anders als die KSZE-Schlußakte nicht nur ein politisches Dokument, sondern ein echtes verbindliches Rechtsinstrument dar. Die darauf eingeleiteten Repressionsmaßnahmen[29] bedeuten einen elementaren Verstoß gegen den Pakt. Wie dargelegt, gibt es eine Mindestverpflichtung mit unmittelbarer rechtlicher Verpflichtungswirkung im innerstaatlichen Raum, dem Bürger die freie Meinungsäußerung zu allen Problemen des Paktes zu gestatten.

8. Kann die Interpretation des Paktes zumindest auf der völkerrechtlichen Ebene zusammengehalten werden? Bekanntlich ist zur Kontrolle der Durchführung des Paktes der Menschenrechtsausschuß eingesetzt worden, ein Gremium von 18 Personen, die keinerlei Weisungen unterworfen sind und insofern einen richterähnlichen Status genießen. Der Ausschuß prüft einerseits die von den Staaten nach Art. 40 des Paktes vorzulegenden Berichte und setzt sich andererseits mit Individualbeschwerden (Individualmitteilungen) gegen diejenigen Staaten auseinander, die das Fakultativ-Protokoll akzeptiert haben. Kraft dieser Amtsobliegenheiten fällt es dem Ausschuß als eine Daueraufgabe zu, den Pakt zu interpretieren. Andernfalls wäre es ihm nicht möglich, zu irgendwelchen Schlußfolgerungen zu gelangen. Die von dem DDR-Mitglied GRAEFRATH einmal verfochtene These, der Ausschuß habe gar nicht auf den sachlichen Inhalt der Berichte einzugehen, sondern lediglich zu würdigen, ob sie frist- und formgerecht abgegeben worden seien,[30]

---

26 Vgl. die mahnenden Worte von H. KRÜGER, Souveränität und Staatengemeinschaft, Berichte der Deutschen Gesellschaft für Völkerrecht 1 (1957), S. 1, 20.
27 Deutsche Übersetzung: Europa-Archiv 1977, S. D 355.
28 AaO (Fn. 27), S. 357, 3. Absatz.
29 Vgl. Amnesty International, Report 1977, S. 242–244, sowie jüngst den Bericht über den an UN-Generalsekretär WALDHEIM gerichteten offenen Brief der Charta-Anhänger, The Times, 8. 11. 1978, S. 9.
30 UN Doc. CCPR/C/SR. 50, S. 8 Nr. 20.

wurde von allen übrigen Mitgliedern als absonderlich empfunden und ist offensichtlich auch von GRAEFRATH selbst wieder aufgegeben worden.

Bisher ist noch zu keinem einzigen Staatenbericht eine abschließende Stellungnahme verfaßt worden. Es läßt sich also nicht absehen, ob es zu einer Synthese in den Grundfragen kommen kann. Die bisherigen Diskussionen lassen Hoffnungen als wenig begründet erscheinen. Keines der östlichen Mitglieder hat sich sichtbar von der östlichen Menschenrechtskonzeption abgewandt, wenn man auch auf der anderen Seite feststellen kann, daß die Vertreter der Dritten Welt im allgemeinen wenig Sympathie für den sozialistischen Standpunkt bezeugt haben. Allenfalls kann also erwartet werden, daß sich im Ausschuß eine Mehrheitskoalition zusammenfindet, die dem östlichen Konzept eine Absage erteilt. Damit ist freilich nicht viel gewonnen, besitzt doch der Ausschuß nicht das Recht, verbindliche Entscheidungen zu erlassen.[31] Wachsweich formuliert Art. 40 Abs. 4, daß der Ausschuß »allgemeine Bemerkungen« zu den Staatenberichten abgeben dürfe, während er zu den Individualbeschwerden seine »Auffassungen« mitteilen darf (FP Art. 5 Abs. 4). Nach diesem Wortlaut sind sogar Zweifel daran erlaubt, ob die Stellungnahmen des Ausschusses überhaupt als Empfehlungen formuliert sein dürfen – was ich persönlich allerdings bejahen möchte.[32] Gewiß darf das erhebliche politische Gewicht der Stellungnahmen des Ausschusses nicht übersehen werden. Aber, um es nochmals zu betonen, rechtlich verbindlich sind sie nicht und können daher von den Staaten auch als rechtsirrig zurückgewiesen werden.[33]

31 Insoweit herrscht Einigkeit im Schrifttum, vgl. etwa H.-J. BARTSCH, Die Entwicklung des internationalen Menschenrechtsschutzes, NJW 1977, S. 474, 476; A. MICHALSKA, Universalisme et régionalisme dans la protection internationale des droits de l'homme, Polish Yearbook of Internatiooal Law VII (1975), S. 169, 188.

32 Vgl. dazu aus der Entstehungsgeschichte die Debatten im 3. Ausschuß der Generalversammlung: Bulgarien, 1416. Sitzung, 8. 11. 1966, General Assembly, Official Records, S. 226 Nr. 10; Pakistan, 1426. Sitzung, 17. 11. 1966, ibid., S. 280 Nr. 14; Kanada, 1426. Sitzung, ibid., S. 281 Nr. 23; Irland, 1427. Sitzung, 18. 11. 1966, ibid., S. 285 Nr. 2; aus dem Schrifttum: H. GURADZE, Die Menschenrechtskonventionen der Vereinten Nationen vom 16. Dezember 1966, Jahrbuch für Internationales Recht 15 (1971), S. 242, 266; V. KARTASHKIN, Human Rights and Peaceful Coexistence, Revue des droits de l'homme 6 (1976), S. 5, 12; A. KHOL, Der Menschenrechtskatalog der Völkergemeinschaft. Die Menschenrechtskommissionen der Vereinten Nationen, 1968, S. 41 (wie hier); E. SCHWELB, Civil and Political Rights: The International Measures of Implementation, AJIL 62 (1968), S. 827, 842; F. VENDRELL, Diskussionsbeitrag, ASIL Proceedings 1976, S. 99, 102. – In Art. 70 Abs. 3 der Geschäftsordnung des Ausschusses für Menschenrechte heißt es: „If on the basis of its examination of the reports and information supplied by a State Party, the Committee determines that some of the obligations of that State Party under the Convenant have not discharged, it may, in accordance with ar- State Party under the Convenant have not been discharged, it may, in accordance with article 40, paragraph 4, of the Convennt, make such general comments as it may con-

33 Zumindest mißverständlich sind die Ausführungen von MICHALSKA (Fn. 31), S. 187, den Staaten stehe ein Recht der authentischen Interpretation zu. Gewiß trifft das für die Gesamtheit der Vertragsstaaten zu; einem einzelnen Mitgliedstaat fehlt aber selbstverständlich eine so weittragende Rechtsmacht.

9. So rückt die Gefahr nahe, daß der einheitliche Text in eine Vielzahl von divergierenden Ausdeutungen zerfällt. Unwillkürlich wird man an das Schicksal der Heiligen Schrift erinnert. Einer der maßgebenden theologischen Gründe für die Entstehung der Reformationsbewegung war es, daß Priester und Laien sich die ihnen verordnete Deutung der Bibel durch den römischen Klerus nicht mehr gefallen lassen wollten. In der jüngsten Vergangenheit insbesondere hat der Zerfall der Einheit noch raschere Fortschritte gemacht. Der Subjektivität kann kaum noch Einhalt geboten werden. Ähnlich radikale Konsequenzen brauchen bei den Pakten nicht befürchtet zu werden, die immerhin Rechtstexte darstellen, die im Hinblick auf juristische Bedürfnisse formuliert worden sind. In der prinzipiellen Frage wird man indes eine weitgehende Ähnlichkeit feststellen dürfen.[34] Ein Text, der Grundfragen der menschlichen Existenz betrifft und nicht durch eine Auslegungsinstanz zusammengehalten wird, findet sich einer tödlichen Zerreißprobe ausgesetzt. Positiv ist wiederum zu vermerken, daß die Pakte jedenfalls Kristallisationspunkte einer weltweiten Diskussion bilden werden, der kein Staat sich mehr entziehen kann.

Die aufgezeigten Schwächen kommen nicht von ungefähr. Man muß sich offen eingestehen, daß nur unter diesen wenig zufriedenstellenden Geltungsmodalitäten Pakte zustandezubringen waren, die auf universale Mitgliedschaft rechnen konnten. Die Einrichtung eines Menschenrechtsgerichtshofs, wie ihn die Bundesregierung auf der 31. UN-Generalversammlung vorgeschlagen hatte,[35] gehört gegenwärtig eher in den Bereich der utopischen Wunschvorstellung und nicht in den der praktischen Politik. Schon die bescheidene Individualbeschwerde nach dem Politischen Pakt ist bisher erst von 20 Staaten akzeptiert worden – bei 52 Vertragsstaaten insgesamt und 150 Mitgliedstaaten der Weltorganisation. Auf der anderen Seite bleibt aber festzuhalten, daß staatliche Verfügungsmacht über das geschriebene Wort nicht beliebig ist. Vor allem von ihren eigenen Angehörigen werden die Staaten zunehmend an die Verpflichtungen erinnert, zu denen sie sich in internationalen Dokumenten feierlich bekannt haben. Ihre entscheidenden Impulse muß die Realisierung der Menschenrechte wohl auch aus der innerstaatlichen Sphäre empfangen. Es bleibt zu hoffen, daß die Menschen, die ihr Recht fordern, von den verantwortlichen internationalen Gremien entschiedene Hilfe erfahren werden.

---

34 Zur Kontroverse um die Grundbegriffe der Politik vgl. jüngst K. D. BRACHER, Schlüsselwörter in der Geschichte, 1978, passim.
35 Bundesaußenminister H.-D. GENSCHER, Rede vor der UN-Generalversammlung am 28. 9. 1976, Vereinte Nationen 1976, S. 129, 132.

Der heutige Staat in einer kritischen Phase — unter dem Gesichtspunkt der Menschenrechte

Naoki Kobayashi, Tokyo/Japan

Einleitung

Der Staat von heute ist in einer außerordentlichen Wandlung, einem Umbruch, begriffen. Die Gegenwart wird charakterisiert als Zeitalter der Technik, des Atoms, der Rationalisierung, der Geschwindigkeit,[1] der Massenproduktion oder auch als Zeitalter der Übervölkerung, der Energiekrise, der Umweltverschmutzung oder der Waffenkultur[2] und nicht zuletzt als Zeitalter der Ungewißheit, nämlich einer sich immer rascher ändernden, kritischen Lage.

All diese Tatsachen, denen der Mensch vor diesem Jahrhundert nie begegnet war, verändern zwangsläufig die geschichtliche Situation der modernen Staaten radikal. Besonders eigentümlich ist, daß sich der heutige Staat, der den Forderungen der Zeit nachkommt, zum mächtigen Verwaltungsstaat entwickelt und daß viele Staaten zu Notstandsstaaten werden, wodurch sie internationale Spannungen verursachen oder bestehende vermehren.

Zweifelsohne führt diese Entwicklung zu einer Beeinträchtigung und sogar Gefährdung der Menschenrechte, insbesondere der geistigen und persönlichen Freiheit. Zwar werden die Menschenrechte auf breitester Basis heute – jedenfalls verbal – anerkannt; der mächtiger gewordene Staat tritt jedoch dem Menschen als furchtbarer Super-Leviathan gegenüber. Auch ist der Staat – trotz seiner Machtfülle – nicht nur nicht imstande, verschiedenste schwierige Probleme zu lösen, eher er-

---

1 Vgl. André Siegfried, Aspects du XXe Siècle, 1955. Er hat dort dieses Jahrhundert als „l'age administratif, l'age de la publicité, l'age de la rationalisation ménagère, l'age de la vitesse, l'age de la technique", usw. bezeichnet.

2 Das Wort „Waffen-Kultur" stammt aus Ralph Rupp's Buch: The Weapon Culture, 1969, in dem „the tyranny of weapons technology" über unser ganzes Gesellschaftsleben deutlich geschildert wird. Und ich möchte hier – von mehreren Büchern, die solche Probleme besprochen haben – als ein sehr beeindruckendes das Lester Brown's: The Twenty-Ninth Day, 1978, anführen, in dem er die Probleme der Übervölkerung, der Umweltverschmutzung, der Energie-Krise, u. a. vom Gesichtspunkt der Menschheit aus betrachtet.

schwert er bei Durchsetzung seiner eigenen Staatsinteressen die Problemlösungen oder macht sie sogar unmöglich. Wir aber, die heutigen Menschen, die an der Idee und dem Konzept des überkommenen nationalen Staates festhalten, haben noch kein System gefunden, in dem die gemeinsamen Schwierigkeiten unter dem Gesichtspunkt der einen Welt überwunden werden könnten.

Der Staat in seiner jetzigen Situation muß unter zwei Aspekten gründlich überprüft werden, nämlich ob und wie er den eigentlichen Sinn seiner souveränen Position erhalten kann und ob und wie in einem zukünftig aufzubauenden Weltsystem Rechtsform und -inhalt dieses Staates adäquat verändert werden müßten.[3]

Mit diesem Vortrag will ich versuchen, mich den Problemen anzunähern und zugleich Richtung und Voraussetzungen eines neuen supranationalen Systems untersuchen, in dem alle Staaten friedlich miteinander koexistieren könnten.
dene Antithese zu den liberalen Rechtsstaaten verstanden, waren vielmehr die Ursache dafür, daß die liberalen Staaten ihrerseits, in der Konfrontation mit den totalitären Staaten, zu starren Verwaltungsstaaten wurden.

I. Lenkungsstaat und Krise der Menschenrechte

1. *Allgemeine Tendenz zum Lenkungsstaat*

Wie bekannt, hat sich der moderne Staat seit dem Ende des 19. Jahrhunderts zum positivistischen Staat entwickelt, um eine Vielzahl von inneren und äußeren Problemen zu lösen. Nach dem Ersten Weltkrieg verstärkte sich diese Tendenz zunehmend. Das Emporkommen totalitärer Staaten linker und rechter Prägung war nicht nur ein Symptom dieser kritischen Zeit; diese Staaten, die sich als entschie-

---

3 Eigentlich müßte ich hier den Begriff des Staates etwas näher bestimmen. Ich muß mich damit begnügen, das Problem nur in Kürze anzusprechen:
Der Staat, den ich hier behandle, ist weder „die Wirklichkeit der sittlichen Idee", die „an und für sich vernünftige" Ganzheit (HEGEL), in der der Mensch erst ein wesentlich freies Dasein führen könnte, noch eine „Lebenstotalität" oder „ein geschlossener Kreis" als eine totale Einheit, wie ihn z. B. SMEND als „ein sinnvolles Gefüge menschlicher Beziehungen" darstellt. Der Staat, von dem hier die Rede ist, ist hauptsächlich ein mit monopolisierten Gewaltmitteln mehr oder weniger wirksam herrschendes, souveränes Machtgefüge. Meine Auffassung vom Staat steht vielmehr der soziologischen, instrumentalen Auffassung des Staates von MAX WEBER nahe. Ich weiß natürlich, daß eine solche Auffassung unzulänglich oder gar ungeeignet ist, die komplexen Lebensprozesse des Staates als eines „sinnvollen Gefüges" total zu begreifen; trotzdem muß es meines Erachtens eine wichtige Aufgabe der heutigen Staats- und Staatsrechtslehre sein, genau zu erkennen, daß die hier zu analysierenden Erscheinungen des instrumentalen Staatsgefüges nicht nur die ideale Idee des Staates als einer Ganzheit zerstören, sondern auch die heutige kritische Situation der ganzen Menschheit herbeiführen.

Nach dem Zweien Weltkrieg nahmen die staatlichen Verwaltungsaufgaben und -kompetenzen weiterhin erheblich zu – besonders durch die wachsenden Anforderungen an die Aufrechterhaltung des wirtschaftlichen Gleichgewichts und des sozialen Besitzstandes.[4] Da die wirtschaftlichen, sozialen und allgemeinpolitischen Gegebenheiten des modernen Staates den sogenannten »welfare-state« bzw. die Sozialstaatlichkeit dringend erforderten, hatte das fortschreitende staatliche Eingreifen in alle Bereiche des sozialen Lebens die notwendige Konsequenz, daß der Individualbereich des einzelnen Menschen eingeschränkt wurde. In einem extremen Wohlfahrtsstaat, in dem die staatliche Fürsorge vom einzelnen *»von der Wiege bis zur Bahre«* vollständig Besitz ergreift, könnte der Staat eine uneingeschränkte Lenkungsmacht beanspruchen.[5] In diesem äußersten Extrem wäre der moderne Lenkungsstaat eine Gegen-Utopie (»disutopia«) des liberalen Staates, in dem alle Staatsangehörigen unter der unbeschränkten und totalen Kontrolle durch die Staatsautorität ihre eigene »privacy« verlieren würden.[6]

Eine solche Gegen-Utopie bleibt allerdings nicht rein fiktiv, sondern tendiert immer mehr dazu, sich zu realisieren, wie es schon in vielen totalitären Staaten offenkundig ist. Wenn der Staat auch nicht dieses extreme Bild bietet, so wird heute doch ein allgemeiner Trend zum starken Bürokratismus offenkundig. Da die umfassende Bürokratisierung der Gesellschaft ein Charakterzug der modernen Zeit ist, entwickelt sich logischerweise auch der gesamte moderne Staatsapparat zu einem riesigen bürokratischen System. Dies ist nur konsequent, da der Staat für seine

---

[4] Also darf man über die Situation der heutigen Gesellschaft mit EDWARD H. CARR sagen, „we have reached a point in history where the process of transition from the nineteenth-century *laissez-faire* capitalist order offers us no alternative, short of annihilation in war, to a social and economic order which we can call the ‚welfare state', the ‚social service state', or simply ‚socialism'". E. H. CARR, The New Society, 1951.

[5] Ich bin nicht der Meinung, daß eine teilweise Kontrolle über das Sozial-Ökonomische notwendig eine weitere Kontrolle über andere Bereiche heraufbeschwören und auf diese Weise sich zur allseitigen Kontrolle über alle Prozesse der Gesellschaft verbreiten muß, wie es F. A. HAYEK – in seinen Schriften, „The Road to Serfdom", 1944, oder „The Constitution of Liberty", 1960 – vertreten hat. Aber vor der Tatsache, daß, je mehr die sozialstaatlichen Leistungen sich vermehren, die Tendenz zu allseitiger Kontrolle durch die Regierung umso stärker wird, muß man vielleicht – mit FORSTHOFF – darauf hinweisen: „Konfrontieren wir diesen Staat der Leistung und Verteilung zum Zwecke der notwendigen Daseinsvorsorge mit dem Staat als Herrschaftsverband, so ergibt sich ein beklemmender Aspekt: was wird, wenn der Staat die Abhängigkeit des Einzelnen von ihm zum Mittel der Beherrschung macht? Die Folge wäre eine Steigerung der Herrschaftsmacht bis zu einer äußersten, nicht mehr überbietbaren Intensität." ERNSTFORSTHOFF, Verfassungsprobleme des Sozialstaats, 1961 (In: Rechtsstaatlichkeit und Sozialstaatlichkeit, hrsg. von E. FORSTHOFF, 1968, S. 150).

[6] Soweit die Verbreitung der staatlichen Fürsorge im Sozialstaat, wie oben (Anm. 5) gesagt, die Lenkungsmacht der Regierung vergrößert, kann der Wohlfahrtsstaat in seiner schlechten Entwicklung als eine Gegen-Utopie erscheinen. In diesem Sinne darf man – selbst in den traditionellen „liberalen" Staaten – die Warnung aus GEORGE ORWELL's „1984" nicht außer Betracht lassen.

umfangreichen Planungsaufgaben und die Durchführung seiner zahlreicher werdenden Verwaltungsaufgaben zunehmend fachlich tüchtige Beamte in allen Behörden benötigt.

Die Bürokratie hat natürlich ihre Vorteile, die den Hauptgrund für ihr Vordringen bilden: So z. B. »Präzision, Schnelligkeit, Eindeutigkeit, Aktenkundigkeit, Kontinuierlichkeit, Diskretion, Einheitlichkeit«, kurz, mit MAX WEBER gesagt, die »rein technische Überlegenheit«.[7] Daher rührt einerseits der Gedanke, die Bürokratie könne die Freiheit des einzelnen zur Option vergrößern.[8] Andererseits aber hat das Beamtentum, wie längst vielfach erörtert, schwere Nachteile: So z. B. Formalismus, Legalismus, Leistungsunfähigkeit und besonders Seelenlosigkeit. So dürfte eher die Annahme zutreffen, daß die Übel des Beamtentums um so größer werden, je stärker die Bürokratie, je totalitärer die Gesellschaft wird.[9] Wir müssen dieser seelenlosen Herrschaft mit der größten Aufmerksamkeit begegnen, denn die mechanisierte Bürokratie – und erst recht der durch sie gelenkte Staat – führt zur Entfremdung und Verdinglichung des Menschen.

2. Widersprüche des Verwaltungsstaates bei einem ungebremsten Wachstum

Um den komplexen Anforderungen der gegenwärtigen Gesellschaft gerecht zu werden, übernimmt der Staat außerordentlich viele Aufgaben. Er ist nicht nur tätig als ein »protector of the people«, sondern auch als »ein Sozialarbeiter, ein Industriemanager, ein Aufsichtsbeamter in allen ökonomischen Fragen, ein Schiedsrichter«.[10] Bildlich gesprochen hat sich der Staat im Laufe dieses Jahrhunderts »vom Staat als Polizist zum Staat als Krankenschwester, Doktor, Chemiker, als Beschützer, Führer, Philosoph und als Freund von der Wiege bis zur Bahre« entwickelt.[11] Diese vielseitigen Funktionen sind ganz allgemein für den heutigen Staat charakteristisch.

---

7 „Der entscheidende Grund für das Vordringen der bürokratischen Organisation war von jeher ihre rein *technische* Überlegenheit über jede andere Form." MAX WEBER, Wirtschaft und Gesellschaft, 1947, S. 660.

8 Vgl. ANTHONY DOWNS, Inside Bureaucracy, 1967, p. 259. Trotz der Vergrößerung des Beamtentums, – sagt er – „it would be a gross error to conclude from this that bureaus have reduced individual freedom of choice", vielmehr „increased bureaucratic regulations are one of the causes of his greater freedom".

9 Die Bürokratisierung des sozialistischen Staates scheint besonders in Sowjet-Rußland ziemlich stark fortgeschritten zu sein. Dagegen haben die inneren Kritiker scharfen Einspruch erhoben; z. B. ANDREI D. SAKHAROV, Progress, Coexistence and Intellectual Freedom, 1968.

10 WOLFGANG FRIEDMANN, Law and Social Change in Contemporary Britain, 1951, pp. 298–299; Law in a Changing Society, 1959, p. 495 f.

11 Die Ausführungen von J. STAMP sind zitiert nach G. B. ADAM's Constitutional History of England, revised by R. L. SCHYLER, 1963, p. 560.

Die umfangreichen Staatsleistungen sollten daher uneingeschränkt anerkannt werden, denn eine planmäßige Verwaltung kann soziale und wirtschaftliche Stabilität garantieren und vor allem dem allgemeinen Wohl eines Volkes – und damit seinen sozialen Rechten – dienen. Deswegen ist die Berechtigung der Existenz einer positiven Staatsverwaltung zur Erledigung der gegenwärtigen Aufgaben anzuerkennen. Aber auch hier kann man nicht umhin, die »Kehrseite der Medaille« zu betrachten.

Der heutige Staat hat – in West und Ost gleichermaßen – eine unverhältnismäßig größere Macht als der altliberale Staat: er kann daher nicht unpassend als *Super-Leviathan* bezeichnet werden, da er – im Vergleich zum HOBBES'schen Staat der Neuzeit – erheblich mehr Kräfte und Machtbefugnisse auf sich konzentriert hat. Kennzeichen dieses Staates ist, daß der einzelne Mensch zu einem seelenlosen Rädchen im Getriebe eines übergroßen Behörden- und Machtapparates wird. Angesichts dieses neuen »Leviathans« dürfte die Befürchtung nicht grundlos sein, daß die Menschenrechte bedroht sind. Überdies scheint dieser Staat einem Naturtrieb oder einem inneren Zwang zu gehorchen, eine immer größere Machtfülle an sich zu ziehen. Äußere Bedrohungen, internationale Konflikte und Krisen sind die vorrangigen Ursachen, die zu zunehmender Machtentfaltung führen, was ich später noch darstellen werde. Die inneren politischen, wirtschaftlichen und sozialen Krisen tragen weiterhin dazu bei, den Staat als politisches Gebilde zu überspannen, wodurch er unelastisch, nicht mehr anpassungsfähig wird, erstarrt.

C. H. MACILWAIN, ein nachdrücklicher Befürworter des Konstitutionalismus, betonte z. B. in der kritischen Situation der Dreißiger Jahre, eine Ursache dieser Krise sei die schwächliche Regierung, und es gelte lediglich, eine wirklich starke Regierung zu bilden, die fähig sei, den Despotismus zu überwinden.[12] Auch G. RADBRUCH, ein Anhänger des Wertrelativismus, erklärte mit Rücksicht auf die bitteren Erfahrungen unter der Naziherrschaft, die Demokratie müsse, trotz ihrer absoluten Toleranz allen Meinungen gegenüber den intoleranten Absolutismus entschieden bekämpfen.[13]

12 C. H. MCILWAIN, Constitutionalism and the Changing World, 1939, p. 258. Über „die gegenwärtige Krisis" hat MCILWAIN so geschrieben: „The cause, in a word, is the feebleness of government. It must be strengthened. The present danger is despotism. It must be prevented, and by legal limitations on government. If weakness is the cause, no true remedy can lie in increasing that weakness; it can lie only in making government effective, in removing such ‚balances' as present prompt and decisive action." Er hat aber nicht vergessen zugleich hinzuzufügen, „but ... they (states) must never let this strength become the lawless usurpation, divorced from right, under which individual liberty is trampled under foot before our eyes in so many parts of the world today, and may in time become only a memory even here (U.S.A.)".
13 Vgl. GUSTAV RADBRUCH, Le relativisme dans la philosophie du droit (Archives de philosophie du Droit et de Sociologie juridique, 1936, pp. 105–110). Ein ähnlicher Gedanke findet sich z. B. in MAURICE DUVERGER: The Idea of Politics, 1964, p. 157.
Dies steht andererseits in tiefem Zusammenhang mit dem rechtsphilosophischen Problem des Widerstandsrechts, das ich aber hier nicht weiter diskutieren kann.

Diese Haltung der kämpferischen Demokratie, die z. B. vom Bonner Grundgesetz positiv übernommen worden ist, hat in sich selbst ihren rechtfertigenden Grund, weil sie – wie der Rechtsstaat insgesamt – nicht so schwach und tolerant sein darf, daß sie sich ohne Gegenwehr von Extremisten zerstören ließe.[14] Andererseits aber darf man die mögliche Gefahr nicht übersehen, daß eine solche kampfbereite Härte, wenn sie nicht konkret begrenzt wird, zu einer gewaltsamen Unterdrückung der Freiheit führen kann. Auch kann die Logik der streitbaren Demokratie von ehrgeizigen Herrschern sogar als Rechtfertigungsgrund für böse Absichten benutzt werden. Die Demokratie muß, wie schon gesagt, stark genug sein, sich vor Despotismus schützen zu können. Doch kommt es auf die Qualität ihrer Stärke an. Es wäre geradezu paradox, wenn die Demokratie – im Namen der Selbstverteidigung – mit einem ungebremsten Wachstum ihrer Machtorgane ihr eigenes Grundprinzip zerstören würde. Um zu gewährleisten, daß die Macht des Super-Leviathans prinzipiell nur zum Positiven der Menschenrechte eingesetzt wird, muß sie rational kontrolliert werden.

3. Auftreten von überstaatlichen Problemen

Unter dem Aspekt des oben dargestellten Phänomens eines unbegrenzten Wachstums der Staatsmacht hat meines Erachtens die sogenannte Theorie des Absterbens des Staates – eine Grundannahme des Marxismus – keine Grundlage mehr. Diese bekannte Doktrin, nach der der Staat mit dem Untergang der Klassen unter der sozialistischen Herrschaft von selbst abstirbt,[15] scheint heute durch den lebendigen Gegenbeweis der existierenden sozialistischen Staaten, in denen gerade die Staatsmacht besonders gestärkt und konzentriert wird, wiederlegt zu sein.

Es ist allerding eine andere große geschichtliche Ironie, daß der gegenwärtige Staat trotz seiner Machtfülle nicht nur unfähig ist, die schwierigen globalen Probleme zu lösen, sondern ganz im Gegenteil gerade wegen der Durchsetzung seiner egoistischen Staatsinteressen oft zur Ursache dieser globalen Probleme wird, jedenfalls die bestehenden internationalen Schwierigkeiten vermehrt. Wie allgemein be-

---

14 Das KPD-Verbot-Urteil des BVG vom 17. Aug. 1956 gründet auf derselben Logik. Obwohl dieser Idee der streitbaren Demokratie zwar überzeugende Kraft innewohnt, bringt aber die Kehrseite dieser Logik die gefährliche Möglichkeit, daß sie auch einem willkürlichen Herrscher einen guten Vorwand für seine Unterdrückungspolitik geben könnte.

15 Diese Doktrin, die von FRIEDRICH ENGELS (: Herrn Eugen Dühring's Revolution in Science, 1877) begründet wurde, hat V. I. LENIN weiterentwickelt (: Der Staat und die Revolution, 1917). Nach LENIN ist die Ersetzung des bürgerlichen Staates durch den proletarischen Staat ohne gewaltsame Revolution nicht möglich und kann der proletarische Staat, d. h. der Staat allgemein, nur durch den Prozeß des Absterbens aufgehoben werden (siehe LENIN's Selected Works II., 1963, pp. 301–302). Betrachtet man aber das ungeheure Ausmaß der Staatsmacht in den jetzigen sozialistischen Staaten, so entsteht der Eindruck, daß diese Doktrin – zumindest vorläufig – nicht ernst genommen wird.

kannt, gibt es heute zahlreiche überstaatliche Probleme, zu deren Lösung die unter dem Blickwinkel der Menschenrechte richtigen Maßnahmen möglichst schnell ergriffen werden müssen: So insbesondere das maßlose Wettrüsten (das im nächsten Abschnitt näher behandelt werden soll), Überbevölkerung, Umweltverschmutzung, Naturzerstörung, das Energieproblem, die Erschöpfung der Rohstoffe, der Nahrungsmangel und die weltweite Störung des wirtschaftlichen Gleichgewichts.

Unvermeidlich werden alle Völker *über kurz oder lang* mit diesen Problemen direkt konfrontiert sein. Sollte die Menschheit zu ihrer Lösung eine falsche Richtung einschlagen oder auch nur zögern, rechtzeitig die wirksamen Maßnahmen zu ergreifen, wird es zweifellos zu einer Katastrophe kommen. Nicht wenige Experten auf dem Gebiet für Bevölkerungsfragen bzw. Umweltschutz sehen bereits den jetzigen Zeitpunkt als einen sogenannten »29. Tag« – als letzte Sekunde vor 12.00 Uhr – vor dem globalen Zusammenbruch an. Jedenfalls sind sich alle einig: die Völker müssen – über alle Staatsgrenzen hinweg – zur Lösung dieser gemeinsamen Probleme zusammenarbeiten.

Der einzelne Staat allein ist nicht imstande, diese Probleme selbständig zu lösen. Vielmehr schlägt er den in der Regel für das Gemeinwohl der Menschheit falschen Weg gerade deshalb ein, weil er – seiner eigenen Staatsräson folgend – das *Optimum* für sich selbst und seine Bevölkerung erreichen will. Insofern muß das Konzept des souveränen Nationalstaates als zur Lösung dieser Probleme unzweckmäßig oder jedenfalls als nicht voll geeignet angesehen werden. Bedenkt man überdies das Bevölkerungswachstum oder die Begrenztheit der zur Verfügung stehenden Energiequellen und Nahrungsmittel oder weiterhin die Geschwindigkeit der Verkehrs- und Kommunikationsmittel, scheint die Erde selbst zu klein und eng geworden zu sein.[16] Unter diesem Gesichtspunkt verlieren der traditionelle Begriff der nationalen Souveränität und die auf den Staat konzentrierte, nationalistische Denkweise mehr und mehr ihre Berechtigung.

II. Pathologische »Überspanntheit« des heutigen Staates

1. Das Wettrüsten und dessen tragische Widersprüche

Die Fragwürdigkeit des heutigen Staatssystems resultiert hauptsächlich aus inneren und äußeren Spannungen, deren Ursache und zugleich auch Wirkung – vor allem

---

[16] Diese Erkenntnis und der Gedanke vom „space-ship Earth" setzt sich heute zunehmend durch. Die wesentliche Bedingung des Problems und die ernste Lage der Gegenwart sind schon von mehreren scharfsinnigen Verfassern deutlich gemacht worden, z. B. K. E. Boulding, „The meaning of the Twentieth Century", 1964; R. Taylor, „The Doomsday Book", 1970; D. H. Meadow et al., „The Limits to Growth", 1972; M. Mesarovic & E. Pestel, „Making at the Turning Point", 1974; L. Brown, op. cit. etc.

das maßlose Wettrüsten der verschiedenen Staaten – nicht nur in West und Ost, sondern auch in Nord und Süd – in die Sackgasse des Militarismus führen muß. Wegen der sich gegenseitig »hochschaukelnden« Politik zunehmender Aufrüstung leiden viele Staaten mehr oder weniger an einer pathologischen »Überspanntheit« und Überbeanspruchung.

Das jetzige Wettrüsten verwickelt sich unter mindestens fürf Aspekten in Widersprüche:

a) Rüstet ein Staat auf, so spornt er dadurch den anderen, besonders den verfeindeten, seinerseits zur Aufrüstung an, was wiederum den ersteren zum weiteren Wettrüsten anreizt – es kommt zu einem *circulus vitiosus*. Auf diese Weise kann das Wettrüsten unbegrenzt – bis zur möglichen Katastrophe – fortgesetzt werden, wobei jede Seite keinen anderen Erfolg als die ständige Zunahme gegenseitigen Mißtrauens und tiefer Angst für sich verbuchen kann.[17] Solch ein Wettrüsten ist höchst irrational.

b) Durch das Wettrüsten wurde die neue Rüstungstechnologie schon so weit entwickelt, daß viele Staaten die fatale Fähigkeit zum Massenmord erworben haben, wodurch beinahe jeder Kriegszweck ad absurdum geführt wurde. Obwohl aber durch die maßlose Anhäufung von Kernwaffen jeder der beiden Super-Staaten USA und UdSSR die Macht eines »over-kill« erreicht hat, will keiner von beiden den Kernwaffenwettbewerb stoppen. Die auf diese Weise erhaltene »Banlance des Terrors« stellt – um mit J. F. KENNEDY zu sprechen – die ganze Menschheit unter ein Damoklesschwert.[18] Dies ist eine wahrhaft tragische Lage.

c) Das gegenwärtige Wettrüsten nötigt den Staat, eine Massenproduktion sowie eine Massenanhäufung und sogar einen Massenverbrauch moderner Waffen voranzutreiben und große stehende Heere zu unterhalten. Das bedeutet nicht nur eine ungeheure Verschwendung der knappen Rohstoffe der Erde sowie der menschlichen Energie, sondern zugleich eine Reduzierung der Möglichkeiten zu einer friedlichen Lösung der internationalen Probleme.

d) Geht man von einer freien Entscheidungsmöglichkeit in der Politik aus, ist es wohl der größte Widerspruch, daß aus Gründen der Staatsräson kein Staat dieses Wettrüsten, dessen Schädlichkeit und Dummheit von den meisten Politikern und sogar Völkern uneingeschränkt anerkannt wird, aufgeben kann. Auf diesen »Sachzwang« möchte ich weiter unten noch näher eingehen.

---

17 Der tragische Widerspruch des Wettrüstens erscheint oft – durch rationale Berechnungen von beiden Seiten – als ein sog. „prisoner's dilemma", das prinzipiell nicht gelöst werden kann. Vgl. ANATOL RAPOPORT, Strategy and Conscience, 1964, pp. 48–57.

18 Vernünftige Staatsmänner in Ost und West – so ein KENNEDY oder ein CHRUSCHTSCHOW – haben schon diese gefährliche Lage genau erkannt. KENNEDY z. B. erklärte so: „No sane society chooses to commit national suicide", „both sides in this fateful struggle must come to know, sooner or later, that the price of running this arms race to the end is death – for both." JOHN F. KENNEDY, The Strategy of Peace, 1961, pp. 51–52. Trotzdem konnte auch er das Wettrüsten nicht stoppen; gerade das ist tragisch.

e) Die sich durch Wettrüsten steigernde Überbeanspruchung des Staates dürfte jedenfalls die Tendenz zur Aufrüstung verstärken und dadurch manche Staaten auf den Weg zum »warfare-state« lenken, der den militärischen Zwecken die Priorität einräumt.[19] Die Verhinderung einer solchen Entartung des Staates ist zur Erhaltung von Demokratie und Rechtsstaatlichkeit und damit zugleich auch zur Erhaltung des internationalen Friedens deswegen entscheidend wichtig, weil in diesem »warfare-state« – den man mit H. Lasswell auch »garrison-state« nennen kann[20] – das demokratische System zur Sicherung der Menschenrechte vollständig zerstört werden würde. Es gilt zu erkennen, daß der circulus vitiosus des Wettrüstens zum Kasernenstaat führen kann.

2. Der circulus vitiosus, der im »garrison-prison-state« mündet

Der Prozeß der oben dargestellten Aufrüstung entfaltet seine fatalen komplexen »vicious circles« in doppelter Weise. Einmal führt er auf der internationalen Bühne zum unbegrenzten Wettrüsten, wie oben dargestellt wurde. Zum anderen beeinflußt er die Entwicklung der inneren Verhältnisse der Staaten, was hier etwas näher am Modell der hochentwickelten kapitalistischen Staaten betrachtet werden soll. (In den sozialistischen Staaten verläuft der innere Prozeß selbstverständlich ganz anders, dort neigt man allerdings von vornherein zur Überspanntheit und zum »warfare-state«.)

Das mit modernen Waffen ausgerüstete Militär – mit seiner überwältigenden Machtkonzentration im Staatsgefüge – hat sowohl positiv als auch negativ einen großen Einfluß auf die Staatsordnung. Ist nur ein geringes Rechtsbewußtsein in einem Volk vorhanden, so daß die politische Kontrolle dem Militärapparat gegenüber nicht wirksam ist, kann dieser die politischen Entscheidungen ohne weiteres ausschlaggebend beeinflussen bzw. die politische Macht an sich ziehen. Auch wenn die »civilian control« dem Militär gegenüber greift, kann dieses für die Aufrechterhaltung der politischen Ordnung sowohl in friedlichen als auch in revolutionären

---

19 Unter der Herrschaft der „warlords" (nämlich „generals"), so sagt C. Wright Mills, the economies and the policies of international affairs are regularly defined in terms of the military metaphysic". C. W. Mills, The Causes of World War Three, 1958, p. 54. Die Bezeichnung „warfare state" entnehme ich dem Buch eines amerikanischen Journalisten, Fred J. Cook: The Warfare State, 1962, das von Bertrand Russell als „one of the most important and also one of the most terrifying documents" empfohlen wurde. In diesem „warfare state", muß nach Cook der militaristische Gedanke immer der Idee und Forderung des „welfare state" so entscheidend überlegen sein, daß die Doktrin herrschen soll: „more guns and bombers, yes; better education, medical care, disarmament decidedly no". Cook, ibid., p. 29.
20 Den militaristischen totalitären Staaten von 1940 hat Harold D. Lasswell kritisch den Namen „garrison state" gegeben, der heute auch noch als ein allgemeiner Begriff gebraucht werden kann. Vgl. Lasswell, „The Garrison State", in: American Journal of Sociology, 16, 1941.

Zeiten eine entscheidende Rolle spielen.[21] Unter dem Zwang des Wettrüstens wächst das Militär um so mehr, je mächtiger es ist. Dies ist in Kurzform das vereinfachte Schema der Aufrüstung, die sich tatsächlich wesentlich komplizierter entwickelt, was ich hier von zwei Seiten beleuchten möchte.

a) Sehr lehrreich ist, den Entwicklungsprozeß des sogenannten »military-industrial-complex« in den ursprünglich liberalen Staaten, wie z. B. den Vereinigten Staaten, zu betrachten.

aa) Die forcierte Aufrüstung und Rüstungsproduktion führen zu einer engen Verflechtung von Militär und Großkapital.

bb) Das Zusammenwirken dieser beiden übermächtigen gesellschaftlichen Kräfte führt zu einer entscheidenden Einflußnahme auf die gesamte Staatspolitik, so daß nicht nur die Grundrichtung sowohl der Außen- wie der Finanzpolitik dadurch bestimmt wird, sondern sogar die Erziehungspolitik vorbestimmt ist.

cc) Das Bündnis von Militär (besonders den Generälen), der Rüstungsindustrie und dem Waffenhandel setzt (in den USA) seinen großen Einfluß dahingehend ein, das Volk für seine Zwecke zu manipulieren und dadurch einer Aufrüstungspolitik dienstbar zu machen.

dd) Da die öffentliche Meinung dem Kult der Aufrüstung huldigt, werden tüchtige junge Leute ihre Berufslaufbahn im militärischen Bereich einschlagen, was wiederum der Aufrüstung dient und den Pazifismus und die Friedensbewegungen zurückdrängt, womit die Widerstandskräfte gegen die Aufrüstung geschwächt werden.

In dieser Situation, in der der Staat derart zum »warfare«- oder »garrison-state« entartet, verlieren die verfassungsmäßigen Organe des demokratischen Rechtsstaates, auch wenn sie formell bestehen bleiben, notwendigerweise ihre Sicherungsfunktion. Die Vernunft muß schweigen, die Rechte des Menschen verdorren – inter arma, silent leges.

b) Der Prozeß der Aufrüstung wird fast immer von seiner Tendenz zum Polizeistaat begleitet. Der moderne Staat hat, um anderen Staaten gegenüber einen Vorteil zu gewinnen, aber auch um die innere Sicherheit aufrechtzuerhalten, spezielle Informationsorgane geschaffen, die Geheimdienste, die für die Sammlung von geheimen Nachrichten anderer Staaten bzw. von internen, zur Aufrechterhaltung der öffentlichen Sicherheit notwendiger Nachrichten, zuständig und im Verborgenen tätig sind. In einer Zeit der Spannungen sind diese Organe ständig gewachsen, womit das abnormale Symptom offenkundig wird, daß der Staat durch seine Spitzel nicht nur andere Staaten ausspionieren, sondern auch sein eigenes Volk überwachen läßt und sich dadurch in einen Polizeistaat – im schlimmsten Fall in einen »prison-state«[22] – verwandelt.

---

21 Mit mehreren geschichtlichen Beispielen ist dies näher bewiesen worden von KATHARINE CHORLEY: Armies and the Art of Revolution. 1943.
22 Die geheimen Aktivitäten einer solchen Organisation nehmen immer mehr zu und sind umso gefährlicher für das demokratische System wie für das friedliche Leben aller Bür-

In mehreren Staaten wurde ein System der Geheimdienste ziemlich parallel zur Aufrüstung entwickelt. Es ist für den Bestand der Menschenrechte zu einer ungeheuren Bedrohung geworden. Unter ständiger Aufsicht durch eine Geheimpolizei können Freiheit und »privacy« eines Volkes nicht überleben. Überdies wirken das unsichtbare Netzwerk von Spionage sowie die sichtbaren Polizeieinsätze einschüchternd auf den gewöhnlichen Bürger – der sogenannte »chilling effect« (Einschüchterungseffekt) ist für die Demokratie sehr schädlich. Da das System und die Aktivitäten dieser Geheimdienste ihrem Wesen nach nur schwer durch demokratische Verfahren kontrolliert werden können, ist der unterdrückende Effekt – besonders für den Bestand des freiheitlichen Rechtsstaats – um so bedrohlicher.[23]

3. Zurücktreten des demokratischen Rechtsstaates

Verschiedene heutige Staaten zeigen Symptome des oben dargestellten, gefährlich überspannten »garrison-prison-state«. Paradoxerweise werden diese Phänomene gerade durch die außergewöhnliche Entwicklung des Verteidigungsapparates – nämlich von Militär und Geheimdiensten (»Informationsorgane«) – verursacht. Dieses Syndrom der Entartung des Staates habe ich als *politische Leukämie* bezeichnet, weil es der Leukämie sehr ähnelt; auch diese bedroht durch die patholo-

---

ger. Über das moderne Herrschaftssystem durch die Geheimpolizei vor dem II. Weltkrieg und seine erschreckenden Übel hat E. K. BRAMSTEDT in seinem Buch: Dictatorship and Political Police – The Technique of Control by Fear, 1945, vortrefflich geschildert. Vgl. auch JACQUES DELARUE, Histoire de la Gestapo, 1962. – Diese Erscheinung kann man heute nicht nur in den totalitären Staaten, sondern auch in den „liberalen" überall finden.
So stellten D. WISE & T. B. Ross mit Recht fest: „Since the end of World War II, powerful espionage establishments, often consisting of several interlocking yet competitive secret agencies, have grown up in every major country of the world." (The Espionage Establishment, 1967, p. 1); „No one living in the modern world can escape the impact of espionage." (ibid., p. 3); „There are two governments in the United States today. One is visible. The other is invisible. ... This second, invisible government gathers intelligence, conducts espionage, and plans and executes secret operations all over the globe." (The Invisible Government, 1964, p. 1).
23 Unkontrollierbarkeit ist charakteristisch für diese Organisation. So z. B. D. WISE & T. B. Ross: „The American People ... know virtually nothing about the Invisible Government. Its employment rolls are classified. Its activities are top-secret. Its budget is concealed in other appropriations. Congress provides money for the Invisible Government without knowing how much it has appropriated or how it will be spent. A handful of congressmen are supposed to be kept informed by the Invisible Government, but they know relatively little about how it works." Invisible Government, p. 3. Die Umstände sind beinahe dieselben in anderen Staaten. Über die geheimen Aktivitäten einer solchen Informations-Organisation siehe weiter: V. MARCHETTI & J. D. MARKS, The CIA and the Court of Intelligence, 1974; P. J. McGARVEY, C.I.A. – The Myth and the Madness, 1972; J. BARRON, KGB – The Secret Work of Soviet Secret Agents, 1973, usw.

gische Zunahme der Leukozyten, die den Körper gegen die Krankheitskeime verteidigen, gerade den Körper selbst tödlich.[24]

Die »Krise des Verfassungsstaates« – zugleich mit dem »Niedergang des Normativen« überhaupt – ist inzwischen wohl gründlich diskutiert worden.[25] Aber diesem oben dargestellten Syndrom gegenüber waren sowohl die Staatswissenschaft als auch die Staatsrechtslehre trotz seiner schwerwiegenden Bedeutung nahezu gleichgültig, was mir problematisch erscheint. Meines Erachtens müssen die Sozialwissenschaften (einschließlich der Staatsrechtslehre) daran mitarbeiten, dieses Syndrom zu analysieren und Hilfs- und Vorbeugungsmaßnahmen zu finden. Es besteht sonst die Gefahr, daß der demokratische Konstitutionalismus hieran zu Grunde geht.

Man muß auch bedenken, daß der Staat, auch wenn er nicht gleich der »politischen Leukämie« verfällt, doch in einem Notstand zu ähnlichen Symptomen neigen kann, etwa wenn in einer derartigen Situation getrennte Gewalten in *einem* Verfassungsorgan – z. B. dem Staatspräsidenten oder dem Oberbefehlshaber –, wenn auch nur vorübergehend, konzentriert werden und somit die konstitutionelle Sicherung der Menschenrechte suspendiert wird. Es gibt eine Tendenz, daß solche Krisenregierungen (»crisis-governments«), heute nicht mehr Ausnahme, sondern Regel werden.[26] In dieser angespannten Lage droht den Menschenrechten schwere Beeinträchtigung.

Angesichts einer fatalen Neigung des heuten Staates zum »warfare-state« bzw. zur »politischen Leukämie« sind seine Rechtsform und sein Inhalt – besonders die des Rechtsstaates – neu zu überprüfen. Diese Aufgabe zu vernachlässigen kann bedeuten, auf einen hoffnungslosen Irrweg zu geraten und den Menschenrechten zu entsagen.

III. Souveränität und Handlungsprinzip des Staates

1. Sinn und Tragweite der Machtpolitik und der Staatsräson

Jeder Staat gründet auf seiner eigenen Staatsräson und neigt deshalb zur Machtpolitik (»power-politics«). Aber inwiefern hat staatliche Machtpolitik in der heutigen Zeit noch einen realen Sinn?

---

24 Über diese Erscheinung habe ich schon Näheres in meinen Abhandlungen: Der Moderne Staat und die Menschenrechte, 1968; Freedom of Expression in Our Critical Time, (auf Englisch), 1969; Syndrom der Informations-Organisation, 1975, ausgeführt.

25 Vgl. WERNER KÄGI, Die Verfassung als rechtliche Grundordnung des Staates, 1945, S. 18 ff.

26 K. LOEWENSTEIN hat schon früher hierauf hingewiesen: „In großen Teilen der Welt bildet deshalb die Krisenregierung mehr die Regel als die Ausnahme. Sie ist eine Dauererscheinung auch des konstitutionell-demokratischen Staates, ... Für viele der jüngeren Rückbildungen bisher konstitutioneller Staaten in autokratische oder autoritäre Regime war die Erschütterung durch eine tatsächliche oder vermeintliche Krisenlage verantwortlich". KARL LOEWENSTEIN, Verfassungslehre, 1969, S. 222; derselbe Political Power and the Governmental Process, 1956, p. 218.

a) Für jeden vernünftigen Menschen – ohne Rücksicht auf unterschiedliche Ideologien und Nationalitäten – ist es selbstverständlich, daß die Dummheit eines totalen Vernichtungskrieges mit keinem Vorwand gerechtfertigt werden kann. Vor einer totalen Zerstörung der Welt durch Kernwaffen müssen die Menschen jenes unsinnige Wettrüsten möglichst bald einstellen und sich stattdessen positiv den gemeinsamen globalen Problemen stellen. Dies dürfte nach menschlichem Ermessen der einzige Weg sein zu überleben. In diesem Sinne mag die Zeit der nackten Machtpolitik und des engen Nationalismus schon der Vergangenheit angehören. »Das Axiom der Staatsräson ist heute«, so M. LERNER, »über den Bereich von Aufschwung und Niedergang der einzelnen Staaten hinweggegangen, es betrifft das Problem des Zusammenbruchs der Welt«.[27]

Diesem Vernunftgebot zum Trotz ist die Machtpolitik tatsächlich nicht beendet. Ganz im Gegenteil erfaßt sie heute nahezu alle Staaten – ohne Rücksicht auf die verschiedenen politischen Ideologien in West und Ost. Dementsprechend wird die Staatsräson zum ausschlaggebenden Handlungsprinzip erklärt, aus dem naheliegenden Grund, weil die Machtpolitik, die mit der Staatsräson identisch ist, heute wie früher auf abgeschlossenem Raum und in begrenztem Kreis mindestens für kurze Dauer wirksam funktionieren kann. Insofern dürfte das von MACHIAVELLI befürwortete Axiom: »Folge auf jeden Fall bloß der Staatsräson!« für die heutigen Politiker das Grundprinzip jedes politischen Urteils sein.[28]

b) Aber – dies müssen wir nochmals betonen – im Blick auf die ganze Welt und auf lange Sicht betrachtet dürfte die Staatsräson der einzelnen Staaten in den meisten Fällen eher schädlich wirken, wie das Wettrüsten klar beweist. Jedenfalls ist es ein schwerwiegender Widerspruch der heutigen Zeit, daß der Staat bei seinem Streben nach dem nationalen Optimum oft in einen Gegensatz zum Gemeinwohl der ganzen Menschheit kommt.

Bis in das 19. Jahrhundert hinein konnte der Staat – um mit HEGEL zu sprechen – als »das an und für sich vernünftige« und als »die Wirklichkeit der sittlichen Idee«[29] alle Probleme unabhängig und nach eigener Vorstellung absolut entscheiden. Man brauchte damals die über den geschlossenen Kreis des eigenen Staates hinausgehenden Probleme nicht zu bedenken, sondern durfte sie dem »vernünftigen« Prozeß der Weltgeschichte überlassen.

---

27 Vgl. MAT LERNER, The Age of Overkill, 1962, p. 20 ff.
28 Staatsräson und Machtpolitik werden – kann man mit F. MEINECKE feststellen, – „wohl niemals aus der Welt zu schaffen sein, weil sie mit der Naturseite des staatlichen Lebens untrennbar zusammengehören". FRIEDRICH MEINECKE, Die Idee der Staatsräson in der neueren Geschichte, Werke 1957, S. 505 – Gerade deswegen empfiehlt ein Rationalist auch heute dieses Axiom für Politiker, wie z. B. HANS MORGENTHAU: In Defence of the National Interest, 1951. Aber, obgleich oft aus Bösem Gutes emporwächst, „(ist) jede Ideolisierung dieser Tatsache zu vermeiden. Nicht eine List der Vernunft, sondern eine Ohnmacht der Vernunft zeigt sich in ihr." (MEINECKE, ibid.).
29 G. W. HEGEL, Grundlinien der Philosophie des Rechts, 1821, §§ 257–258.

Aber nach vielen geschichtlichen Ereignissen erkennen wir: »was vernünftig ist«, ist nicht immer verwirklicht, und umgekehrt, »was wirklich ist«, ist nicht immer richtig oder vernünftig. Wie oben ausgeführt, kann vielfach eine außerordentlich kluge Entscheidung des Staates zur Erzielung des optimalen nationalen Erfolges für die Menschheit das höchste Übel sein. Da wir in einer Zeit leben, in der man nicht mehr ohne weiteres an die »*List der Vernunft*« glauben kann, muß der praktischen Vernunft der heutigen Menschen – dem Gegenteil der Staatsräson – zum Durchbruch verholfen werden.

2. Prüfung der Souveränität des heutigen Staates

a) Jedes Volk hat wie das Individuum ein Recht auf Existenz und Selbstbehauptung, soweit es seinen Nachbarn nicht schädigt. Die Tendenz eines Volkes, mit gemeinsamer Sprache, Religion, Sitte und Gewohnheit, eine politische Gemeinschaft zu bilden, ist nur natürlich. Diesem politischen Gefüge, dem Nationalstaat, ist auch ein Anspruch auf Unabhängigkeit von außen und eine innere einheitliche Herrschaft zuzubilligen. Soweit die Souveränität als eine derartige »unabhängige und höchste Gewalt«[30] zu verstehen ist, dürfte sie selbst durch die Geschichte zur Genüge gerechtfertigt sein. Auch war die internationale Arena, auf der die einzelnen souveränen Staaten sich gegenüberstehen, seit langem nahezu eine Art *Halb-Naturzustand* im HOBBES'schen Sinne, wo nicht das Vernunftrecht galt, sondern das »Gesetz des Überlebens der Stärksten«. Der Schwächere fiel gewöhnlich dem Stärkeren zum Opfer. Da der Nationalsozialismus auch heute noch gedeiht, ist es kein Wunder, daß auch dieser Zustand in gewisser Weise noch andauert und daher kein Staat mit Rücksicht auf seine eigenen Interessen auf Machtpolitik vollständig verzichten kann.

Da der Staat einem Naturtrieb folgend immer weiter wächst und zu nationaler Verherrlichung neigt, kann die Souveränität leicht zur Machtpolitik mißbraucht werden. Während die Souveränität zu Beginn der Neuzeit, wie bekannt, als »ein polemischer Begriff« von negativer Natur war, wurde sie »zunächst defensiver, im weiteren Verlaufe aber offensiver Natur«.[31] Natürlich kann eine solche offensive, absolute Souveränität dazu führen, daß eine internationale »rule of law« scheitert.

Heute aber, im Zeitalter des Atoms, der Geschwindigkeit oder der Massenproduktion, haben sich die Umstände so verändert, daß der traditionelle Begriff der Souveränität nicht im bisherigen Sinne aufrechterhalten werden kann. Je mehr die gegenseitige Abhängigkeit der Staaten wächst und je stärker der Druck der globalen Probleme – besonders die Bedrohung durch Kernwaffen – zunimmt, um so gründlicher muß sich die Auffassung ändern, daß der Staat so etwas wie ein ge-

---

30 GEORG JELLINEK, Allgemeine Staatslehre, dritte Aufl., 1960, S. 475.
31 Ibid., S. 441.

schlossener Kreislauf wäre, eine als absolut vorgegebene Ganzheit einer schicksalhaften Gemeinschaft.

b) Der klassische Begriff der Souveränität, unter dem die Unabhängigkeit von anderen Staaten einerseits, die absolute Gewalt bzw. Höchstinstanzlichkeit im Inneren andererseits verstanden werden,[32] ist seit Beginn dieses Jahrhunderts immer mehr in Widerspruch zur Wirklichkeit geraten. Durch die internationale Zusammenarbeit und die völkerrechtlichen Absprachen und Vereinbarungen, die vor allem seit Ende des Zweiten Weltkriegs erheblich zunahmen, wurde die Substanz der Souveränität bereits tiefgreifend geändert. Aufkommen und Tätigkeit der über- bzw. zwischenstaatlichen Organisationen – besonders der Vereinten Nationen (UNO) und ihrer Unterorganisationen (UNESCO, WHO, ILO, IMF, GATT, ITO, FAO usw.) sowie regional beschränkter, internationaler Organisationen (NATO, OAS, WEU, EG, Warschauer Pakt usw.)[33] – beweisen dies zur Genüge.

Als Endpunkt dieser Entwicklungsrichtung darf man eine Weltgemeinschaft erhoffen, in der sich die Notwendigkeit einer Staatssouveränität – mit allen Staatsgrenzen – erübrigt. Es gibt Leute, sogenannte »world-federalists«, die ernsthaft davon überzeugt sind, daß früher oder später ein Weltstaat – eine Welt-Föderation – gegründet werden muß, um das »Leben und Lebenlassen« aller Menschen zu ermöglichen. Sicher würde sich in einem solchen Weltstaat bei Wegfall aller Souveränitäten und Staatsgrenzen der Krieg erübrigen.[34] Allerdings dürfte diese Idee trotz einiger bemerkenswerter Entwürfe zur Welt-Bundesrepublik heute noch *eine Utopie* sein.[35]

---

32 Vgl. RICHARD BÄUMLIN, Allgemeines Staatsrecht, 1972 (Vorlesungsbeilage, S. 224). Und HERMANN HELLER bezeichnet mit Souveränität „die Eigenschaft der absoluten Unabhängigkeit einer Willenseinheit von einer andern wirksamen universalen Entscheidungseinheit". (HELLER, Die Souveränität, 1927, S. 97). Aber vergleiche HERBERT KRÜGERS Allgemeine Staatslehre, 1964, (S. 186), wo er den Souveränitätsbegriff – als Unabhängigkeit „nach außen" und als Zu-Höchst-Sein „nach innen" – aus dem Gesichtspunkt seiner Wirksamkeit als ein Kriterium des Staates diskutiert.

33 Aber man muß die globalen Ordnungen, UN und ihre Subsysteme einerseits, die besonderen regionalen Militärorganisationen wie NATO, Warschauer Pakt Organisation u. a. andererseits, klar unterscheiden: die letzteren sollen nichts anderes als eine Vereinigung der mit der Staatsräson sich verbindenden, souveränen Staaten sein, also stehen sie sich als eine Metamorphose der sich verbindenden Staatsinteressen mit anderen gegenüber.

34 Vgl. z. B. EMERY REVES: "War takes place whenever and wherever nonintegrated social units of equal sovereignty come into contact." REVES, The Anatomy of Peace, 1945, p. 121. Nach REVES könnte also der Friede nie erreicht werden, solange überhaupt noch Souveränität besteht. Aber obwohl der Satz, daß der Krieg aufhöre, wenn die Staatssouveränität verschwinden würde, in sich ganz wahr ist, bleibt er nur eine Tautologie. Es geht gerade darum, wie man die Souveränität wirklich verschwinden lassen kann.

35 Es gibt ernsthafte Vorschläge für eine Weltbundesrepublik, die als ideale Pläne hoch geschätzt werden sollten; z. B. von G. CLARK & L. B. SOHN, World Peace through World Law, 1960, u. a. Aber keine Regierung der souveränen Staaten ist darauf ernstlich eingegangen.

Meines Erachtens muß diese Idee der »world-federalists« ernstgenommen und als ein oberstes Ziel der Menschheit positiv unterstützt werden. Trotzdem kann man nicht einfach in der heutigen Realität diese Utopie zu verwirklichen suchen. Ein solcher voreiliger Versuch dürfte wegen der starken Widerstände der existierenden Staaten unvermeidlich zum Scheitern verurteilt sein. Überdies ist anzuerkennen, daß die Souveränitätsidee mindestens auch heute noch insoweit eine Berechtigung hat, als sie dem Schutz der Selbständigkeit der kleineren und schwächeren Staaten vor willkürlichen Angriffen der großen Mächte und damit dem Prinzip der Selbstbestimmung der Völker dienen kann. Wenn auch der Aufbau der Staaten sich notwendigerweise ändern muß – dieser Sinn der Souveränitätsidee muß positiv erhalten bleiben.

Unsere Überprüfung der Souveränität führt zu folgenden Schlüssen: Erstens ist es notwendig, die traditionelle Vorstellung von der Souveränität radikal zu ändern, um die Willkür und den Egoismus jedes Staates rational beschränken und damit die internationalen Probleme friedlich lösen zu können. Dies bedeutet im Endergebnis, daß sich damit die künftige Weltgemeinschaft zu verwirklichen beginnt. Zweitens darf dieses Ziel nicht übereilt, sondern nur schrittweise angesteuert werden. Erste unabdingbare Aufgabe ist jedenfalls, möglichst schnell abzurüsten, um den oben genannten circulus vitiosus zu durchbrechen.

IV. Neue Internationale Ordnung für die ganze Menschheit

1. Notwendigkeit der Abrüstung zur Abschaffung des Krieges

a) Vor und zusammen mit der Planung eines neuen Weltsystems für die Menschheit muß notwendigerweise und vor allem die globale Abrüstung angestrebt werden. Natürlich ist dies eine ungeheuer schwierige – anscheinend beinahe hoffnungslose – Sache. Stichwortartig seien nur folgende Fragen angesprochen: wie kann die hochgerüstete, monströse Organisation des gesamten Militärapparates aufgelöst werden, ohne daß es zur Gefahr einer todbringenden Empörung unter seinen Angehörigen kommt!? Ist nicht z. B. in den Vereinigten Staaten die Koalition der von einem Missionsgefühl erfüllten Militärangehörigen mit den reichen Rüstungsunternehmern und den fanatischen Nationalisten unvergleichlich mächtiger als andere soziale Gruppen oder gar als die gewöhnlichen Bürger? Überdies stehen der Patriotismus, die selbstbezogene Tendenz des Staatsinteresses oder der nationale Volksegoismus – kurz die nationalistischen Gesinnungen – dem Streben nach Abrüstung entschieden entgegen.

Trotz dieser großen Schwierigkeiten ist die Abrüstung absolut notwendig und die wichtigste Aufgabe der Gegenwart – mindestens aus folgenden vier Gründen:

aa) zur Vermeidung eines Zusammenbruchs der gesamten Welt durch einen totalen Atomkrieg,

bb) zur friedlichen Lösung der internationalen Probleme,

cc) zur Verhinderung der oben dargestellten »politischen Leukämien«, oder zumindest zu deren Heilung, wenn sie schon nicht zu verhindern sein sollte,

dd) zum Stop der riesigen Verschwendung der materiellen und menschlichen Energien und zum sinnvollen Einsatz der vorhandenen Ressourcen für die Menschheit insgesamt.

Alle vernünftigen Menschen sind sich darüber einig, daß der Weg zum Selbstmord der Menschheit und zur »politischen Leukämie« unter allen Umständen vermieden werden muß.

Tatsächlich aber sind die vernünftigen Leute in jedem Staat in der Minorität. Sollten sich außerdem einmal die allgemein menschliche Vernunft einerseits und die konkrete Staatsräson oder auch nur der nationalistische Enthusiasmus andererseits widersprechen, kann nicht einfach der Sieg der Vernunft erwartet werden. Damit die Menschheitsräson, die Vernunft der Menschheit, über die Staatsräson den Sieg davontragen kann, ist es notwendig, daß die überwältigende Mehrheit aller Menschen der ganzen Welt dem Weg der Vernunft folgt. Solange die Masse jeden Volkes völlig von nationalistischen Gefühlen beherrscht ist und lediglich der eigenen Staatsräson treu folgt, besteht für die Menschheitsräson keine Hoffnung zu siegen.

Die vernünftigen Menschen müssen also – durch Friedensbewegung und Erziehung – die Majorität erlangen und an der Politik in jedem Staat immer stärker aktiv mitwirken. Nur dann besteht Hoffnung auf Einschränkung der Staatssouveränität dahingehend, daß alle Staaten die Abschaffung des Krieges gegenseitig anerkennen und die Abrüstung in großem Umfang durchführen. Dies ist aber – nach unseren geschichtlichen Erfahrungen – kaum zu erwarten. Andererseits ist allerdings glücklicher- oder unglücklicherweise die Drohung eines Atomkrieges so klar und ernst, daß man die Tragweite der heutigen Situation leicht erkennen kann, sofern man das Recht auf Information (Right to know) und etwas Phantasie besitzt.

b) Bisher sind mehrere Abrüstungspläne erarbeitet worden, die ich hier aber nicht näher diskutieren will. Stattdessen möchte ich einige notwendige Voraussetzungen für eine wirksame Abrüstung aufzeigen.

aa) Die Abrüstung kann nur unter gleichmäßiger Einbeziehung aller Staaten und nur stufenweise durchgeführt werden; auf der letzten Stufe sollte jeder Staat nichts anderes als eine Grenzschutzpolizei – zum Schutz des eigenen Landes und seiner Bevölkerung – besitzen, die dem Umfang nach der Größe des jeweiligen Landes entsprechen sollte.

bb) Zur Gewährleistung einer gerechten Durchführung der Abrüstung sollten alle Staaten von einem von den Vereinten Nationen spezifisch zu diesem Zweck zu errichtenden Inspektionsbüro überwacht werden.

cc) Soziale Konflikte und wirtschaftliche Krisen, die die Reduzierung bzw. Auflösung des Militärapparates und die Umwandlung der Rüstungs- in eine Friedensindustrie leicht begleiten können, müssen sorgfältig verhindert werden. Zu diesem Zweck wäre die Einrichtung einer Planungskommission zur kontrollierten Entwaffnung notwendig.

dd) Die UNO sollte eine eigene internationale Polizei der Größe besitzen, daß sie lokale Streitigkeiten bereinigen und vor allem ungerechte Eroberungen von vornherein verhindern könnte. Zur Errichtung dieser UN-Polizeiarmee sollte jeder Staat einen seinen Kräften angemessenen Beitrag leisten.

Die Durchführung all dieser Aufgaben setzt ein gut eingerichtetes supranationales System voraus, das aus der Anerkennung durch alle Nationen seine Kraft schöpft. Das dürfte zugleich der Beginn eines neuen Weltsystems sein, in dem die Souveränität des einzelnen Staates ihren traditionellen Sinn stark verändern würde.

2. Ein Beispiel für die Einschränkung der Militärhoheit
– »Verzicht auf Krieg« in Art. 9 der japanischen Verfassung –

Zur Verdeutlichung der dargestellten globalen Abrüstung ist hier der Ort, auf Art. 9 der japanischen Verfassung einzugehen.

Den ewigen Frieden erstrebend, hat das japanische Volk als seine Grundeinstellung den Pazifismus in der Präambel seiner Verfassung von 1947 proklamiert. Es erkennt an, daß »alle Völker der Erde ein Recht darauf haben, in Frieden, frei von Furcht und Not zu leben«, und hat beschlossen, seine »Sicherheit und Existenz zu wahren, im Vertrauen auf die Gerechtigkeit und Redlichkeit der friedliebenden Völker der Erde«. Auf dieser Grundanschauung basierend, erklärt Art. 9 den entscheidenden Verzicht auf den Krieg mit folgenden Worten:

»(1) Im aufrichtigen Streben nach einem auf Gerechtigkeit und Ordnung gegründeten internationalen Frieden verzichtet das japanische Volk für immer auf den Krieg als ein souveränes Recht der Nation und auf die Androhung und Anwendung von Gewalt als Mittel, internationale Streitigkeiten zu regeln.

(2) Um diesen Endzweck des vorangegangenen Absatzes zu erreichen, werden nie mehr Land-, See- und Luftstreitkräfte sowie weitere Kriegspotentiale unterhalten werden. Das Recht auf Kriegsführung wird nicht anerkannt.«

Es gab schon früher einige Verfassungen, die den Eroberungskrieg verboten oder auf den Krieg als Mittel der Staatspolitik verzichteten,[36] aber bis heute findet man keine Verfassung, die jedwedem Krieg gegen jedermann so radikal abschwören

---

36 Zum Bespiel die Französischen Verfassungen von 1791, Abschn. 6; von 1848, Präambel; von 1946, Präambel; Verfassung der Spanischen Republik, 1931, Art. 6; Verf. der Brasilianischen Republik 1967, Art. 7; Italienische Verf. von 1947, Art. 11; GG der Bundesrepublik Deutschland 1949, Art. 26; Verf. der DDR, 1968, Art. 8, usw.

würde wie die japanische. Gerade deswegen hat dieser Art. 9 heftigen Streit über das Für und Wider ausgelöst – nicht nur unter politischen und juristischen Fachleuten, sondern auch in der breiten Öffentlichkeit. Nach der herrschenden japanischen Rechtslehre[37] werden mit diesem Artikel der radikale *Verzicht auf jeden Krieg* erklärt und schlechthin *alle* Streitkräfte zur Kriegsführung verboten; Art. 9 wird also als epochemachendes und ernsthaft zu verwirklichendes Verfassungsgebot des absoluten Pazifismus verstanden.

Entgegen dieser klaren Bestimmung wagte die japanische Regierung seit 1950 – die Gelegenheit des Korea-Krieges nutzend –, wieder aufzurüsten, und hat die Streitkräfte – unter dem Namen einer »Selbstverteidigungstruppe« – stufenweise verstärkt. Die offizielle Ansicht der Regierung (allerdings nicht des Obersten Gerichts) ist, daß eine Verfassung, auch wenn sie epochemachend pazifistisch ist, das Recht zur Selbstverteidigung (bzw. das Recht zur Notwehr) niemals ausschließen kann und daß die Unterhaltung einer nur der Selbstverteidigung dienenden Streitmacht daher nicht verfassungswidrig ist.[38]

Durch diese unter realpolitischen Aspekten betriebene Wiederaufrüstung wurde die normative Kraft des Art. 9 stark eingeschränkt. Dennoch hat er seinen Sinn noch insoweit behalten, als die Mehrheit des japanischen Volkes sich gegen eine Änderung dieses Artikels gewandt und die Idee des radikalen Pazifismus unterstützt hat.[39] So kann man sagen, daß Art. 9 den Besitz von Kernwaffen, das Entsenden japanischer Truppen ins Ausland und die Einführung einer allgemeinen Wehrpflicht verhindert hat.

Art. 9 der japanischen Verfassung ist zwar ein zufälliges Kind einer abnormen Zeit, in der ein alter militaristischer Staat durch die bedingungslose Kapitulation zur völligen Auflösung seiner Armee gezwungen worden war. In einer Zeit des

---

37 Das Ergebnis einer Enquete von 1964, die unter japanischen Lehrern des öffentlichen Rechts (befragt wurden 373 Personen – von denen 194 antworteten) durchgeführt wurde, hat gezeigt, daß die überwältigende Mehrheit (169 Personen – 88 %) der Ansicht war, die Selbstverteidigungstruppen (SVT) seien „verfassungswidrig", und nur eine Minorität von 12 % vertrat die Meinung, sie seien „verfassungsmäßig".

38 Es gab in den unteren Instanzen gegensätzliche Urteile. Das Landgericht Sapporo (am 7. Sept. 1973) urteilte – im Verfassungsstreit bezüglich des Militärstützpunktes (in Naganuma) für die Nike-Boden-Luft-Raketen – daß die SVT verfassungswidrig sei. Auf die Beratung hin entschied demgegenüber der Höhere Gerichtshof Sapporo (am 5. Aug. 1976), daß das Gericht über ein solches „höchst politisches Problem" nicht die Urteilsbefugnis habe, die SVT für verfassungswidrig zu erklären.

39 Mehrere Meinungsumfragen haben dies positiv bewiesen. Obwohl die öffentliche Meinung in der letzten Hälfte der 60iger Jahre zur Anerkennung der Selbstverteidigungstruppen (SVT) tendierte, unterstützte die Mehrheit des Volkes trotzdem noch stark Art. 9, wie folgende Gegenüberstellung zeigt:

	1967 (NHK)	1968 (Asahi)	1970 (Yomiuri)	1970 (Asahi)
Für die Änderung des Art. 9	44 %	19 %	16 %	27 %
Gegen die Änderung	51 %	64 %	50 %	55 %

allgemeinen Wettrüstens kann wohl kein Staat einen derartigen Entmilitarisierungsartikel freiwillig in seine Verfassung aufnehmen. Aber sollte es zu einer gegenseitigen Anerkennung der Völker kommen, dürfte die Hoffnung doch nicht vergeblich sein, daß alle Staaten ihrer Militärhoheit und den Kriegsmitteln entsagen. Und sofern diese Entscheidung nicht nur in internationalen Abmachungen gefordert wird, sondern jeder Staat in seiner eigenen Verfassung diesen Verzicht klar erklärt, sollte der Frieden der Welt auch rechtlich gesichert sein.

3. Grundzüge eines neuen Weltsystems

Die Abrüstung ist die zuallererst notwendige, aber lediglich eine Bedingung der Koexistenz aller Völker. Um eine offene Weltgemeinschaft langsam aber sicher zu verwirklichen, sind auch andere notwendige Prinzipien zu beachten: die Realisierung der Idee einer Weltgemeinschaft erfordert vor allem Gerechtigkeit, Solidarität, Selbstbestimmung der Völker und Humanität bzw. Menschenliebe. Kernpunkt aller dieser Erfordernisse ist die Achtung der Würde des Menschen.

a) Das neue Weltsystem muß sich vor allem am Prinzip der Humanität orientieren. Achtung der menschlichen Würde ist die Grundidee des zukünftigen Weltsystems; hierauf aufbauend müssen die Menschenrechte überall möglichst umfassend gesichert werden. Nur auf dieser ideellen Grundlage kann sich eine offene Gemeinschaft der Völker voll entfalten.

Weitere Ziele sind:

aa) Die friedliche und schöpferische Koexistenz aller Völker. Konkrete Bedingung zur Erreichung dieses Ziels ist die Garantie der beiden Grundprinzipien einer Volksgemeinschaft: Solidarität und Selbstbestimmung der einzelnen Völker.

bb) Das Prinzip der Selbstbestimmung muß besonders den schwächeren Völkern erhalten bleiben. Zugleich aber muß der ehrgeizige Nationalismus, der die internationale Solidarität leugnet oder in Rassenvorurteilen befangen ist, überwunden werden. Dazu ist die Durchsetzung der Gleichheitsidee von großer Bedeutung.

cc) Der Geist der UNO, alle internationalen Streitigkeiten friedlich zu lösen, muß unabdingbar verwirklicht werden. Demgemäß muß der Staat nicht nur eine Beschränkung, sondern auch eine Wandlung seiner traditionellen Souveränität anerkennen und deren wichtigsten Teil, namentlich das Recht auf Kriegsführung, aufgeben und sich internationalen Organen unterwerfen. Anderseits muß das »*Recht in Frieden zu leben*« für alle Menschen gesichert werden.[40]

dd) Alle Völker – letztlich jeder Mensch – haben das gleiche Recht auf Existenz und persönliche Lebenschancen. Zur Verwirklichung dieser Rechte ist erforderlich, daß alle Staaten zusammenwirken und Energie und Nahrungsmittel unter den

---

40 Das ‚Recht in Frieden zu leben' (Heiwateki-Seizonken), das in der Präambel der japanischen Verfassung für alle Völker anerkannt ist, wird von den japanischen Pazifisten als eine erhabene politische Idee verfochten. Einige Verfassungslehrer sehen darin ein positives „Recht", das der Richter direkt anzuwenden habe.

Völkern gerecht verteilen, wobei aber nach wie vor primär jeder Staat selbst die Pflicht hat, für die Lebenschancen seiner Bürger Sorge zu tragen.

b) Es ist nicht Aufgabe dieses Vortrags, die konkreten Mechanismen eines neuen Weltsystems, das jetzt noch Utopie ist, näher zu diskutieren. Doch ist es notwendig, sein Strukturprinzip zu bedenken. Dazu möchte ich fünf Punkte kurz berühren:

aa) Sowohl um die internationalen Probleme friedlich lösen als auch um die Planung einer gerechten Verteilung der Ressourcen unter den Völkern durchführen zu können, müssen die UNO-Organisationen und der Internationale Gerichtshof erheblich verstärkt werden. Prinzip der beratenden Organisationen, besonders eines »Weltparlaments«, muß sein, daß sie alle Völker repräsentieren.

bb) Auch in einer zukünftigen Weltgemeinschaft muß eine Zentralisation absoluter Herrschaftsmacht verhindert werden. Die Welt-Souveränität muß also rational beschränkt werden, so daß sie mit dem Prinzip der Selbstbestimmung der Völker in Einklang gebracht werden kann.[41]

cc) Um die Grundrechte der Menschen überall wirksam garantieren zu können, müssen die Menschenrechts-Konvention allgemein ratifiziert und ausgebaut und die internationalen Behörden verstärkt werden.[42] Die Zuständigkeit des Internationalen Gerichtshofs müßte sich – unter spezifisch gesetzten Bedingungen – auch auf die Gewährleistung der Grundrechte des einzelnen erstrecken.

dd) Eine neue Methode zur gerechten Verteilung der erforderlichen Nahrungsmittel muß unter dem Aspekt der einen Welt entwickelt werden. Ein Volk, das trotz ernsthafter eigener Bemühungen zur Selbsthilfe noch schwere Not leidet, muß rechtzeitige Hilfe erhalten. Es darf nicht übersehen werden, daß das außerordentliche Gefälle in der Verteilung des Reichtums, besonders bei Nahrungsmitteln, nicht nur gegen den Gleichheitsgrundsatz verstößt, sondern auch die Hauptursache der internationalen Unruhen und Spannungen ist.

ee) Zur Errichtung eines neuen Weltsystems, in dem alle Menschen als Weltbürger friedlich miteinander verkehren könnten, ist die entsprechende Erziehung eine entscheidende Voraussetzung. Ohne eine allgemeine Erziehung zur Demokratie und zu Frieden kann nicht einmal die Abrüstung, geschweige denn der Aufbau einer Weltgemeinschaft erreicht werden. Jeder Staat und jede Kommune müßte sich zur Aufgabe bekennen, selbständige und vernünftige Individuen heranzubilden.

41 Vgl. Jan Tinbergen et al., Reshaping the International Order, 1976, Chap. 5. Tinbergen hat dort die merkwürdige Behauptung aufgestellt, daß zukünftig eine „dezentralisierte Welt-Souveränität" („decentralized planetary souvereignty") anzustreben sei, um eine gerechte soziale Ordnung zu verwirklichen (ibid., p. 84 und p. 190). Dieser Vorschlag mag der Idee der obengenannten „rational beschränkten" Welt-Souveränität entsprechen.
42 Dafür können die Ergebnisse der Europäischen Konvention für Menschenrechte sehr nützlich sein, obwohl sich die geschichtlichen Voraussetzungen in anderen Regionen der Welt von der europäischen prinzipiell unterscheiden.

V. Grundrichtung einer Umwandlung des Staates

1. Zur Wiederherstellung der »Community«

Die Umwandlung des souveränen Staates wird natürlich nicht nur durch internationale Abmachungen erreicht, sondern muß auch im Staate selbst betrieben werden. Verschiedene Staaten, die zum »warfare-state« entarten, üben einerseits schweren Druck auf die Grundrechte und die Freiheit ihrer Bürger aus, sie verursachen andererseits durch ihre egoistische Staatsräson internationale Spannungen, Wirren, ja selbst Kriege. Insoweit wie der heutige Staat auf diese Art und Weise den Menschen sich selbst entfremdet, muß man erneut nach seiner raison d'etre fragen. Zumindest ist klar, daß insbesondere unter humanitären Aspekten sowohl in West als auch in Ost die Umbildung des Staatsgefüges notwendig ist.

Wie oben ausgeführt, muß die traditionelle Vorstellung von der staatlichen Souveränität in Richtung auf eine Weltgemeinschaft hin radikal verändert werden. Dies bedeutet, daß die innere, allzu konzentrierte, absolute Macht des Staates um der freien Menschheit willen weitgehend beschränkt und dezentralisiert werden muß. Mit anderen Worten, während die souveräne Macht des Staates *nach oben* auf überstaatliche Organe stufenweise übertragen werden muß, müssen die außerordentlich konzentrierten Staatsbefugnisse und Geschäfte *nach unten* möglichst breit gestreut lokalen Selbstverwaltungskörperschaften übertragen werden. Die Diffusion der Staatsmacht nach zwei Seiten hin könnte nicht nur zur Rationalisierung der Staatsmacht, sondern zur weiteren Verwirklichung der Freiheit und Wohlfahrt aller Menschen beitragen.

Schlagwortartig zusammengefaßt, kann man wohl sagen: der Übergang von der »Zeit des Nationalsozialismus« zu einer »Zeit der einen Welt« und zugleich zu einer »Zeit der Gemeinde« (community) ist notwendig. Und die Aktivitäten nach diesen zwei Richtungen hin dürfen nicht gegensätzlich, sondern müssen von dialektischer Einheit sein, weil die Entwicklung in beide Richtungen sich vor allem an der Menschheitsidee orientiert. In der Realität könnten die Menschenrechte auch dadurch gestärkt werden, daß die konzentrierten Befugnisse eines zu stark gewordenen Staates auf kommunale und überstaatliche Gemeinschaftsorgane übertragen werden.

Es soll hier besonders hervorgehoben werden, daß die letztere Bewegung »nach unten« gerade für die gegenwärtige Staatslehre von Belang ist, denn der Staat kann durch die Verlagerung seiner Machtbefugnisse nach unten nicht nur ein ungebremstes Wachstum stoppen, sondern auch zum Gedeihen einer »grass-roots«-Demokratie beitragen. Außerdem darf man auf diese Art und Weise eine Neugründung und/oder Wiederherstellung der »community« erwarten, in der die Mitglieder unmittelbar, sozusagen »face to face«, miteinander verkehren und an der regionalen Politik und Verwaltung teilnehmen können. Da die »community« in dieser Zeit der zunehmenden Mechanisierung und Vergesellschaftung als kleinste Gemeinschaft, wie schon F. Tönnies richtig bemerkte,[43] unterzugehen droht, ist es um so bedeutsamer, daß die Mitglieder einer solchen »community« hier den Sinn ihres subjektiven Lebens und das in der großen anonymen Gesellschaft immer mehr verlorengehende »Mitgefühl« zurückbekommen.

Eine solche »community« muß allerdings als eine demokratische, zur Welt hin offene kleine Gemeinschaft neu aufgebaut werden. Obwohl es in der heutigen Situation für kleine geschlossene Einheiten schon längst unmöglich geworden ist, autark zu sein, müßte die »community« sich selbst regieren und in ihren Einrichtungen die Geschäfte zur Sicherung der Lebensvoraussetzungen ihrer Mitglieder als *eigene* übernehmen – wie z. B. Wohlfahrtspflege, Schulerziehung, öffentliche Hygiene, Wasserversorgung, Entwässerungsanlagen, Müllabfuhr und Aufrechterhaltung der regionalen Ordnung. Sollte die »grass-routs«-Demokratie in derartigen Körperschaften erfolgreich durchgeführt werden, wäre sie sicher eine Grundlage der Demokratisierung des Staates, die dann letzten Endes zum Frieden der Welt beitragen würde.

2. Zu einem neuen System der Kontrolle über die Staatsmacht

Wie zuvor ausgeführt, muß die allzu konzentrierte, starke Staatsmacht nicht nur »nach oben und unten« abgegeben, sondern sie muß in ihrem Gefüge selbst rational beschränkt werden. Wenn wir aber das Prinzip der Selbstbestimmung der Völker anerkennen wollen, muß jede Nation selbst aus freier Entscheidung eine derartige Reform verwirklichen. Dies dürfte freilich sehr schwierig sein, da in der Regel keine Regierung bzw. herrschende Macht jemals freiwillig eine sie schwächende Reform akzeptieren wird, und jedem Staat auch eher eine Tendenz oder Trägheit innewohnt, in seinem System zu verharren, Veränderungen abzulehnen. Besonders schwierig dürfte die Durchsetzung dieser Reform in den sozialistischen Staaten sein, wo die Staatsmacht sich und ihre Staatsphilosophie absolut setzt und eine ungeheure unbeschränkte Macht im zentralen Politbüro konzentriert ist. Unter einer langfristigen Perspektive dürfte aber die Umgestaltung des Staatsgefüges wohl selbst in den starren sozialistischen Staaten unvermeidlich sein, weil und insoweit auch dort die Entfremdung des Menschen von seinem Staatsprinzip überwunden werden muß.

---

43 Die Theorie über die Tendenz „von der Gemeinschaft zur Gesellschaft", die Ferdinand Tönnies schon früher – in „Gemeinschaft und Gesellschaft", 1887 – darstellte, ist heute noch immer – mutatis mutandis – gültig. Wegen der hochgradigen Verstädterung und der noch weiter zunehmenden Entpersönlichung der Gesellschaft hat der Mensch die Bindungen an die Gemeinschaft weitgehend verloren. Neue Gemeinschaften zu schaffen, die prinzipiell allen Menschen offenstehen, muß ein Anliegen der Gegenwart sein. Die Forderung nach „community" in Großstädten zeigt, in welche Richtung sich die künftige Gesellschaft notwendigerweise entwickeln muß.

Beschränken wir uns aber vorläufig auf den Verfassungsstaat, denn es ist nicht nur nützlich, sondern auch notwendig, die politische Weisheit der vergangenen Jahrhunderte nutzbar zu machen. Das Volk könnte demgemäß eine positive Wandlung und Beschränkung der staatlichen Machtstruktur in der Weise fordern, daß die rechtsstaatlichen Institutionen um der Menschenrechte willen neu konzipiert oder aktiviert werden müßten.

a) Erstens muß das Rechtsstaatsprinzip als positives Leitprinzip für den sich umbildenden Staat heute wieder anerkannt werden. Es kann und darf in der heutigen Situation keine »negativen, nur abwehrende oder hemmende, sondern (muß) eine positive« Funktion haben, um die materielle Gleichheit und Freiheit als Grundlagen einer neuen Gemeinschaftsordnung wirksam zu sichern.[44] Dazu aber muß der alte, nur formal verstandene Rechtsstaatgedanke mit materiellem Inhalt gefüllt werden, denn er hat sich in seiner traditionellen Form als wirkungslos erwiesen, als das Gesetz »zum Instrument des unbeschränkten Machtwillens« einer herrschenden (insbesondere totalitären) Partei oder Gruppe wurde. Wie U. SCHEUNER betonte, mußte »gegenüber dem Unrecht in Gesetzesform ... ein formales Rechtsstaatsprinzip notwendig versagen«.[45]

b) Im eben genannten Sinne muß das Prinzip der »rule of law« – vor allem zur Kontrolle der Staatsmacht durch das objektive und vernünftige Recht – aktiv wieder belebt werden. Die Bindung der Macht an das Recht (besonders an das Gesetz), die das Hauptziel des alten formalen Rechtsstaates war, ist heute durch die wachsende Zahl von Ermessensentscheidungen der Verwaltung und eine zunehmende Delegation der Rechtsetzung, oder allgemeiner gesagt durch die Tendenz zu einer überproportionalen Zunahme der Macht der Exekutive stark entartet. So genügt heute nicht mehr die formale Bindung an den Vorrang des Gesetzes oder die Einhaltung der Gesetzmäßigkeit der Verwaltung. Wenn »der Primat des Rechts gegenüber der Politik als immer wiederkehrendes Postulat rechtsstaatlichen Denkens erscheint«,[46] setzt sein Funktionieren notwendig sozio-politische Bedingungen voraus: mindestens eine angemessene Aktivität der gesetzgebenden Körperschaft (des Parlaments) und der rechtswahrenden Justiz sowie ein starkes Rechtsbewußtsein im Volk.

c) Auch das Gewaltenteilungsprinzip muß radikal überprüft werden. Die Tendenzen zum Lenkungsstaat oder »warfare-state«, zum überproportionalen Anwach-

---

44 KONRAD HESSE, Der Rechtsstaat im Verfassungssystem, 1962; Hier zitiert aus „Rechtsstaatlichkeit und Sozialstaatlichkeit" herausg. von E. FORSTHOFF, S. 579.
45 ULRICH SCHEUNER, Die neuere Entwicklung des Rechtsstaats, 1960, ibid., S. 463. Über den materiellen Rechtsstaat, den ich hier nicht näher diskutieren kann, siehe: E.-W. BÖCKENFÖRDE, Entstehung und Wandel des Rechtsstaatsbegriffs; derselbe, Staat, Gesellschaft, Freiheit, 1976, S. 65; R. BÄUMLIN, Die rechtsstaatliche Demokratie, 1954, S. 60 ff. S. 78 ff.
46 BÖCKENFÖRDE, a. a. O. S. 84. Über den „Primat des Rechts" siehe K. HESSE, Grundzüge des Verfassungsrechts der Bundesrepublik Deutschland, 1970, S. 79–82.

sen der Macht der Exekutive, die Forderung nach einer starken Regierung oder das Bestehen eines »crisis-government«, alle diese Tendenzen bergen die Gefahr in sich, das System der Gewaltenteilung aufzuheben. Um die seit Montesquieu geforderte Funktionsfähigkeit dieses Systems, nämlich die Einschränkung einer willkürlichen Herrschaftsmacht durch »checks and balances«, wiederherzustellen, muß vor allem die Exekutive durch das Gegengewicht von Parlament und Gericht in Schranken gehalten werden. Nachdem die Einhaltung der Verfassung unabhängigen Gerichten zur Überwachung anvertraut wurde, darf man von der Verfassungsgerichtsbarkeit viel erwarten. Als Beispiel für eine mögliche Maßnahme zur Verbesserung der Balance soll auf den Gedanken von SUN YAT-SEN, die Macht auf fünf Gewalten aufzuteilen, hingewiesen werden: SUN YAT-SEN will der traditionellen Gewaltenteilung von Gesetzgebung, Verwaltung und Rechtsprechung zwei weitere Gewalten zufügen: nämlich beamtenrechtliche Zulassungsprüfung und Disziplinarüberwachung (Inspektion) sowie Kontrolle der Gewalten.[47]

d) Zur Stärkung der Rechtsstaatlichkeit gibt es weitere Vorschläge, von denen ich hier auf drei kurz eingehen will. Erstens sei auf das skandinavische System des Ombudsman hingewiesen, das nach dem 2. Weltkrieg schon von einigen Staaten mit Erfolg übernommen wurde. Der Ombudsman hat – als unabhängiger Aufsichtsbeamter – die Befugnis zu untersuchen; er hört die Bürger an mit ihren Beschwerden über unzweckmäßige und unrechtmäßige Verwaltungsmaßnahmen und Handlungen. Der Ombudsman kann so als Protektor der Bürger tätig werden und zur Sicherung der Menschenrechte beitragen. Zweitens müßte die Einrichtung einer unabhängigen Behörde für Erziehung und wissenschaftliche Forschung gefördert werden, um diese kulturellen Aktivitäten vor Übergriffen der politischen Kräfte zu schützen, was, wie noch auszuführen sein wird, von großer Bedeutung zur Aufrechterhaltung des demokratischen Systems ist. Drittens ist in unserer Zeit der Information die institutionelle Sicherung des Rechts auf Information[48] sehr wichtig; nur durch die Verwirklichung dieses Rechts können die Bürger autonome und aktive Subjekte der Politik werden.

3. Erziehung und politisch-soziales Engagement für die Menschheit

Die institutionellen Einrichtungen sowie die rechtlichen Systeme zur Sicherung der Menschenrechte sind natürlich sehr bedeutend. Aber letzten Endes sind Institutionen und Systeme, obwohl unentbehrlich, leblose Dinge, die nur von Menschen

---

47 Vgl. SUN YET-SEN, SAN MIN CHU I, The Three Principles of the People, 1925. Hier kann ich leider dem Leser seine Gedanken nicht näher vorstellen; ich verweise auf meinen Vortrag: Freedom of Expression in Our Critical Time (1968).
48 Als ein positives Beispiel sei ein Gesetz aus den Vereinigten Staaten, der FOIA (the Freedom of Information Act) angeführt. Obwohl dieses Gesetz ziemlich viele Ausnahmen anerkennt – besonders hinsichtlich der Militärgeheimnisse –, hat es doch das Recht auf Information („Right to know") des Bürgers entscheidend vergrößert.

mit Leben erfüllt werden können. Ihre Funktionsfähigkeit hängt also hauptsächlich von der Höhe und dem Umfang der politischen Kultur eines Volkes (einschließlich seines Rechtsbewußtseins und seines politischen Interesses) und von sozio-ökonomischen Bedingungen ab, wie z. B. wirtschaftliche Stabilität, Lebensstandard und Ausbildungsstand der Bevölkerung.

Erziehung und Engagement lebendiger Menschen sind also entscheidende Voraussetzung sowohl für die Umbildung des Staates und den Schutz des demokratischen Verfassungswesens als auch besonders zur Errichtung einer Weltgemeinschaft. Um die heutige Krise überwinden und ein neues Weltsystem schaffen zu können, benötigt die Gegenwart die freie, von Gerechtigkeitsgefühl erfüllte, autonome und humane Persönlichkeit. Nur *demokratische Erziehung und Aktivitäten* können solche wahrhaft autonomen Menschen bilden.

Allerdings weiß jeder Staat (d. h. seine Machthaber), daß das Bestehen, der Aufstieg oder der Niedergang eines Staates größtenteils von der Erziehung abhängt, und ist eifrig bestrebt, ein ihm treu ergebenes und opferbereites Volk heranzubilden. Soweit eine eigene Kultur und eigene Grundwerte eines jeden Volkes berechtigt sind, muß auch die auf eigene nationale Werte bezogene Erziehung gerechterweise anerkannt werden. Tatsächlich aber wohnt der nationalistischen Erziehung eine starke Tendenz inne, dem Volk eine blinde Vaterlandsliebe einzupflanzen; oft hat diese Erziehung ein Volk – besonders in kritischen Situationen – zu nationalistischem Wahnsinn getrieben. Da ein derartiger nationaler Wahnsinn – wie jede extreme Ideologie – die ganze Welt in böses Unheil stürzen kann, ist es erforderlich, die staatlich gelenkte Erziehung zu demokratisieren. In der auf eine Weltgemeinschaft ausgerichteten Erziehung müssen Vaterlandsliebe und Menschenliebe auf einer höheren Ebene vereinigt werden. Sollten die beiden Leitbilder, nämlich das einer eng begrenzten nationalistischen Erziehung und das einer offenen humanen demokratischen Erziehung, miteinander in Konflikt geraten, müßte das letztere sich durchsetzen, was in der Realität allerdings wohl nur schwer erreichbar sein wird. Andernfalls aber müßten wir die Hoffnung aufgeben, daß sich der Mensch in dieser kritischen Zeit eine bessere Zukunft bahnen kann.

Was ich eben über die Erziehung gesagt habe, gilt auch – mutatis mutandis – für politische Aktivitäten. Da das Engagement der Bürger mehr oder weniger politisch begründet und wirksam ist, versucht der Staat dann, wenn es sich gegen ihn richtet, es zu unterdrücken, dagegen dann, wenn er es für Staatszwecke benutzen kann, es zu fördern. Man darf hierbei nicht vergessen, daß ein Nazi-Regime die demokratischen Bewegungen schonungslos unterdrückte, dagegen die regierungsfreundlichen zur nationalen Mobilmachung geschickt manipulierte bzw. sogar selbst organisierte. Andererseits neigt jede politische Bewegung leicht dazu, sich an extremen radikalen Ideologien oder wahnsinnigen Leidenschaften zu begeistern, deren pathologische Erscheinungen heute in einer Reihe von »revolutionären«, zerstörenden Gewalttätigkeiten von Radikalen deutlich wird. Eine Bewegung, die eine offene, friedliche Weltgemeinschaft anstrebt, muß sowohl demokratisch und vernünftig strukturiert sein als auch entsprechende Aktivitäten nach außen entfalten. Mit einer pathologischen Maßlosigkeit von Aktivitäten jedenfalls kann das hohe Ziel der Menschheit niemals erreicht werden. Man könnte nur sich selbst zerstörend enden.

Zusammenfassung

Die allgemeine Tendenz zum Lenkungsstaat, zum ungebremsten Wachstum des Verwaltungsstaates, zur »politischen Leukämie« – alle diese Erscheinungen, die ich in diesem Vortrag erwähnt habe, verdeutlichen die pathologische Überspanntheit des heutigen Staates und die kritische Situation der Menschenrechte.[49] Um aus dieser Sackgasse der Menschheit herauszukommen, müssen die Menschen sich dafür einsetzen, daß die traditionelle Existenzform des Staates und die internationale Struktur radikal umgebildet werden. Um dieses kritische Atomzeitalter überleben zu können, müssen alle Menschen an der Schaffung einer neuen Weltgemeinschaft mitwirken; lediglich dies ist die Schlußfolgerung meiner Ausführungen.

Meine Analyse der heutigen Lage oder der staatlichen Funktionen mag etwas düster und pessimistisch erscheinen, dagegen die Ausführungen über Lösungsmöglichkeiten etwas zu optimistisch. Doch bin ich offengestanden sowohl im Blick auf die nationalen als auch die internationalen Realitäten zwar nicht imstande, hoffnungsvoll einen Erfolg der humanen Bewegung für die Weltgemeinschaft zu erwarten. Hier finde ich vielmehr bloß eine Aufgabe für den Menschen als vernunftbegabtes Wesen. Doch ich verlasse mich auf die Fähigkeit der menschlichen Vernunft. Hier gilt KANT's Wort: Du kannst, denn du sollst!

---

49 Hier muß ich hinzufügen, daß ich in diesem Vortrag den Unterschied zwischen den »liberalen« kapitalistischen und sozialistischen Staaten nicht besonders in Betracht ziehe. Das bedeutet natürlich nicht, daß ich die wesentliche Verschiedenheit der beiden Staatsverfassungen ignoriere. Ich möchte hier nur das überwiegende Gewicht der heutigen globalen Probleme betonen, wovon der ideologische Zwiespalt zwischen Ost und West letzten Endes ein irgendwie zu überwindendes Problem der Übergangszeit sein müßte, obgleich die beiden Seiten sich heute als unversöhnliche Feinde gegenüberstehen.

International Terrorism – a Comparative Perspective

Leon Romaniecki, *Jerusalem/Israel*

1. Introduction

International terrorism as one of the most pressing present day problems, is not an entirely new phenomenon. In the past, as today, terrorist activity had its dynamic stages and, after reaching its peak, became an alarming international problem – for example in the 1930's.[1] However, the innovation of recent years is that international terrorism seems to have become a permanent feature of contemporary international reality.

According to predictions voiced not long ago, the strategies of terror-violence throughout the world are not likely to abate, but, on the contrary are certain to increase.[2] The reason is that such strategies seem to be decisively influenced and supported by Power policies. It is a well-known fact that countries which consider national liberation movements to be important factors in the world revolutionary process give systematic training to left-wing terrorist guerilla groups and provide them with arms.

In the present situation characterized by precarious nuclear balance of power, support given by these countries to national liberation movements constitutes a convenient way of pursuing a military power struggle, aimed at weakening the whole political and economic structure of the adversary bourgeois world. Therefore, a common interest exists between most of the national liberation movements with their terror-violence strategies and countries supporting them – this, notwithstanding their divergent motives and interests.

With this in mind, the crucial question becomes, whether it is possible to establish international legal controls against terrorism, under contemporary con-

---

1 40 years ago, Anthony Sottile began his lectures at the Academy of International Law at the Hague (1938) with: „The intensification of terroristic activity in the past few years has made terrorism one of the most pressing present day problems", see Recueil des Cours, 1938, T. 65, p. 91
2 M. Cherif Bassiouni, Methodological Options for International Legal Control of Terrorism, p. 490. In: Cherif Bassiouni, International Terrorism and Political Crimes, Springfield-Illinois, USA, 1975

ditions. Conflicting interests, differing ideological motives, opposing systems of values and divergent philosophies of law make it difficult to formulate an international acceptable definition of terrorism, which is the basic prerequisite for drafting an agreement to place terrorism under international legal control.

It has been said that the problem of defining terrorism is analogous to that of defining aggression.[3] It is true that ideological implications play a significant role in both definitions. However, the real issue is that international terrorism is a form of armed aggression. Consequently, a properly formulated definition of aggression could be helpful in achieving the international legal control of terrorism. However, a definition full of loopholes and »saving clauses« cannot achieve this aim. A definition which would allow many conflicting interpretations would provide those who employ terrorism as a form of armed force and those who support them in this, with a certain spurious political legitimacy; whereas under current international law their actions would be condemned as being unlawful.

2. Terrorism as Armed Aggression

Armed terrorism, which became an international problem in the wake of World War I, gained in importance in international relations and became increasingly evident after the October revolution as a result of Soviet diplomatic activity. This was due to the fact in the beginning of the 1920's, Soviet Russia was the object of terrorist attacks carried out by groups of White Guards who raided Russia from the territory of neighbouring countries. Due to the world balance of political forces which existed then, and the unconsolidated internal situation, Soviet Russia considered these attacks to be dangerous for that time and for the future. This helps to explain why Soviet Russia undertook measures in the international arena to eliminate armed terrorism.

International agreements then began to contain provisions prohibiting terrorist and subversive activity and the penetration of foreign states by organized armed groups. Clauses of this nature were first included in a number of agreements signed from 1920 to 1932, both between Soviet Russia and her neighbouring states and between other states.[4] Later documents expressly stated that sending terrorist groups into the territory of foreign states constituted a threat to peace.[5]

In 1933, the Soviet Union submitted a proposal for a definition of aggression to the Disarmament Conference then being held by the League of Nations. The Soviet definition, as amended by N. POLITIS described aggression as follows:

---

3 op. cit. p. 486
4 IAN BROWNLIE, „International Law and Activities of Armed Bands", International and Comparative Law Quarterly, vol. 7, 1958, pp. 720–1
5 J. DEGRAS, Soviet Documents on Foreign Policy, London 1951, vol. I, p. 296

»the provision of support to armed bands ... or the refusal to take all measures to deprive those bands of all assistance or protection.«[6]

Though the Soviet definition, as amended, was at that time not accepted by the Disarmament Conference, it found legal application in international agreements signed by the Soviet Union. From 1933 to 1934 the Soviet Union joined 11 other states in approving the London Conventions for the Definition of Aggression.[7]

These conventions contained the Soviet proposal concerning the definition of aggression, along with Politis' amendment relating to armed bands.[8]

In preparation for the San Francisco Conference of 1945, two initiatives were taken to incorporate a definition of aggression into the text of the United Nations Charter. Both proposals, that of the Philippines[9] and that of Bolivia,[10] included the activities of armed bands. The Soviet Union, however, showed a lack of interest in including a definition of aggression in the United Nations Charter.

Since the early 1950's, many attempts have been made to define aggression. The activities of armed terrorist groups assumed a prominent place in the drafts, including that of the Soviet Union[11] — submitted by various states to the Special Committee on the Question of Defining Aggression. These drafts were discussed by the Committee at its 1956 session.[12] When a new Special Committee began its activities in 1968, the outlawing of support for and toleration of terrorist activities carried out by groups was still fairly constant in the definitions of aggression.[13]

In a draft submitted to the Special Committee of 1969 by six western states,[14] »support for armed bands«, was considered to be an inseparable part of aggres-

---

6 League of Nations Publications, 1935, IX 4. pp. 683–4, Text in: L. B. SOHN, Cases on World Law, New York 1950, p. 798
7 M. HUDSON (ed.), International Legislation, Washington, D. C., 1934, vol. 6, pp. 410–19, League of Nations Treaty Series, vol. 153. p. 156
8 That the LITVINOV-POLITIS definition of aggression was of importance is confirmed by the fact that it was suggested as the basis for a discussion of a definition of aggression during the International Conference on Military Trials in London in 1945 (US Department of State Publications, No. 3080, 1949, pp. 273, 294).
9 Proposals in Third Committee Third Commission on 5 May 1945; United Nations Conference on International Organization (UNCIO), Doc. 2, G/14 (V) p. 577
10 Ibid. DOC. 2, G/14 (K), p. 538
11 A/AC. 77/L. 4
12 China submitted a working paper on arming organized bands; see Report of the Special Committee, Gen. Ass. Off. Rec., 9th Session, Suppl. No. 11, A/2638, paras. 25, 85; A/AC. 66/L.4/ Rev. 3, 12th Session, Suppl. No. 16. A/3574, Annex I, para 17. Mexico in its proposal adopted the Soviet clause relating to armed bands: see Report of the Special Committee, para 26, Gen. Ass. Off. Rec., 12 th Session. Suppl. No. 16. A/3574, Annex I, paras 16, 18; Paraguay in its proposed definition included „support for armed bands" among the acts constituting aggression; see A/C.6/L. 334/Rev. I; A/AC. 77/L. 7.
13 The draft proposal of Columbia, Ecuador and Uruguay, and the joint draft proposal of 13 States (A/AC. 134/L.4/Rev. I and Corr. I).
14 Australia, Canada, Italy, Japan, United States and United Kingdom, A/AC. 134/L. 17 and Corr. I and Add. I

sion. Among the means for achieving the aims of aggression, the draft drew attention to a very important issue: »other forms of armed force«, namely, »organizing, supporting, or directing armed bands«, »terrorism and subversive activities«.

The Soviet draft submitted to the Special Committee of 1969 minimized this anti-terrorist formulation by omitting any reference to »organizing, supporting or directing armed bands«. It limited »an act of indirect aggression« to *»sending* armed bands, mercenaries or saboteurs to the territory of another state«.[15] It is significant that during the debates in the Special Committee, it was stated that the distinction between »direct aggression« and »indirect aggression« introduced in the Soviet draft was both alien to the Charter of the United Nations and superfluous, since aggression, whether direct or indirect, had precisely the same legal consequences under the Charter – a definition of aggression should not suggest otherwise.[16]

An approach which excluded organizing, encouraging and assisting armed terrorist bands from the activities deemed illegal and which limited the condemned act to »sending« such bands to another state later found expression in the deliberations of the Special Committee in 1973 (Article 3 (g) defining aggression).

The United Staates wanted to expand the range of illegal activities and to stigmatize, not only the sending but also the organization of, the encouragement of the organization of, the assistance to, and the activities of armed bands, groups, irregulars, mercenaries and »volunteers«.[17] Other states also objected by stating that Article 3 (g) was »too narrow and omitted acts which should be covered«.[18] However states such as Syria, Iraq and Egypt wanted to remove »open and active participation therein« from the list of acts of aggression and have to be a mere »breach of peace«. Their aim, which they succeeded in achieving to a great extent, was to create doubts as to whether activities, other then »sending«, might be treated as being illegal under certain circumstances.

This tendency to minimize the scope of terrorist attacks by armed bands in the definition of aggression was expressed in Article 3 (g). This article qualified the range of guilt by requiring that the resulting terrorist acts of armed force directed against the target state must be »of such gravity as to amount to the acts of aggression listed above« (in the definition). Algeria minimized even further the extent of Article 3 (g) by framing the saving clause for self-determination »struggle« (later to be embodied in Article 7) in terms expressly overriding the »armed bands« stigmatization. The confrontation between selfdetermination »struggle« and the stigmatization of sending armed terrorist bands was preserved in the text

---

15 A/A.C. 134/L 12 and Corr. I
16 Gen. Ass. Off. Rec., 24 Session, Suppl. No. 20, A/7620, pp. 16–17
17 Report of the Special Committee on the Question of Defining Aggression, UN Doc. A/9019 (hereinafter cited as 1973 Report). p. 23
18 Comment of the Contacts and Drafting Groups, 1973 Report. p. 19

which finally achieved consensus and became the 1974 Definition of Aggression that was embodied in the General Assembly Resolution 3314.[19]

3. Terrorism and the Modern Concept of Force

This confrontation is of fundamental importance for the subject under consideration. The chief issue is whether »peoples« struggling for self-determination have the right to use armed force, including terrorist attacks, and whether third states have the right to support them.

The main difficulty in fighting terrorism as a problem of international concern, lies in the fact that not all states subscribe to the same evaluation. Many states, including those of the major communist powers and some minor ones, regard even indirect forms of struggle as inevitable. Soviet ideology regarding the world revolutionary process provides theoretical justification for this inevitability. The possibility of having unconventional methods of struggle in the framework of the national liberation movements is explained in the Soviet Union in terms of »two essentially irreconcilable lines of world development«. In this division of the world into two camps »all countries, classes, social strata and political currents become involved in their struggle directly and indirectly«. It is emphasized that these different forms of struggle of direct and indirect engagement or the national liberation movements, would have been impossible without the existence of the Soviet Union, and without the tremendous and irreplaceable political moral and material support which it gives to peoples fighting imperialism.[20]

The differences in the positions of various countries regarding terrorist and subversive activities or armed groups, found expression in another forum as well, namely in the principles contained in the United Nations Charter. Particular attention should be drawn to Article 2 (4) of the Charter, which clearly stipulates the unlawful nature of any unjustified use of force. Questions of force were among the issues which occupied the Special Committee on Principles of International Law Concerning Friendly Relations and Cooperation Among States.

In the course of the debates in the Special Committee of 1967 on the meaning of »force«, it was said that the increasingly frequent recourse in international relations to methods more subtle and clandestine than open armed attacks, made it necessary to condemn the organization of irregular forces or armed groups for incursion into the territory of another state, participation in civil strife, or the perpetration of acts of terrorism.[21]

---

19 UN Doc. A/9631 (1974), 69 American Journal of International Law (1975) p. 480. The resolution was adopted without vote at the 2319th plenary meeting, December 14, 1974.
20 Boris Ponomarev, Actual'nye problemy teorii mirovogo revolutsionnogo protsessa, „KOMMUNIST", 1971, No. 15
21 Gen. Ass. Off. Rec. Annexes, 22nd. Session, 1967, p. 14

These views were reflected in the Declaration on Principles of International Law Concerning Friendly Relations and Cooperation among States in accordance with the Charter of the United Nations, adopted in 1970 by the General Assembly as Resolution 2625 (XXV), at the twenty-fifth Anniversary meeting of the United Nations. In elaborating on the Declaration, the most active participants were the permanent members of the Security Council, including the Soviet Union. The document contained, among the complex formulations of principles of international law, a formula for the prohibition of the threat or use of force in international relations.[22]

Concerning the specific problem under discussion, the Declaration stated:

»Every state has the duty to refrain organizing or encouraging the organization of irregular forces or armed bands, including mercenaries, for incursion into the territory of another state.[23]

Every state has the duty to refrain from organizing, instigating, assisting or participating in acts of civil strife or terrorist acts in another state or acquiescing in organized activities within its territory directed towards the commission of such acts, when the acts referred to in the present paragraph involve a threat or use of force.«

This complex formulation regarding the prohibition of the threat or use of force in international relations was the result of long deliberations carried out by leading representatives of different schools of legal and political thought. The outcome was an international consensus that terrorist and subversive activities organized and supported by one state against another state are, in international relations, a form of force against the territorial integrity of the state which is the victim of this unlawful use of force.

As BOWETT correctly indicated, there can be no doubt that the right of territorial integrity may be protected against violation through the exercise of the right of self-defence.[24]

This right of self-defence against terrorist armed groups was used long ago by the Soviet Union itself. Crossing its frontier with China to act against terrorist groups operating out of Chinese territory, the Soviet government, in reply to a

---

22 The first principle of the Declaration
23 During the discussion by members of the 1969 Special Committee on Principles of International Law Concerning Friendly Relations and Cooperation Among States, the representatives of the United States said that it should be made clear that the word ‚encouraging' in an agreed statement on armed bands should also be taken to cover organization instigation, assistance and participation, and that acquiescence in the organization by alien sources of armed bands on national territory could be as much a violation of national responsibilities as acquiescence in civil strife and terrorist acts perpetrated by foreigners on and from the territory of the state. It is significant that this comment raised no objection on the part of the Soviet Union (A/AC. 125/SR. 109).
24 D. W. BOWETT, Self Defence in International Law (New York, 1958), p. 31.

United States note of 1929, stated that it had not violated the Pact of Paris because its action was taken in self-defence agains armed bands mobilized by the Nankin government along the Manchurian border.[25] In Soviet practise regarding armed bands, one instance of anticipatory self-defence is also to be found. When Soviet troops entered Mongolia in 1921, taking such action was justified on the grounds that despite repeated requests, the Chinese government had failed to liquidate White-Guard terrorist bands and organizations preparing to invade the Soviet Republics from Mongolia.[26]

Other countries also have exercised the right of self-defence against armed terrorist groups. During the Mexican civil war between 1916 and 1919, numerous incidents arose from the unlawful activities of armed bands of Mexicans in American territory.[27] Steps taken by the United States, which sent troops into Mexican territory, were recorded by OPPENHEIM and LAUTERPACHT as instances of the right of self-preservation.[28] LANSING, the US Secretary of State at the time declared that the United States was acting legally when it sent an American military force into Mexican territory following the crossing of the US frontier by armed bands led by Pancho Villa, and their attack on American positions.[29]

More recent precedents concerned incidents originating from the use of Moroccan, and more so of Tunisian territory as supply and military bases for the forces of the Algerian NLF. These forces would attack French military units, and then withdraw into these territories. Reacting to one of many such incidents[30] the Tunisian border village of Saket was bombed by 25 French aircraft. The French government based their actions on the right of self-defence.[31]

In each of these cases, the governments concerned (the USSR, the United States and France) justified their actions as the exercise of a right of self-defence against armed terrorist groups, in accordance with the rules of customary international law regarding the right of legitimate self-defence. These rules were based on the

---

25 I. BROWNLIE, International Law and the Use of Force by States (Oxford, 1963). pp. 241–2; Soviet Note 5 (3) December 1929, in U.S. Foreign Relations (US GPO, Washington, D. C., 1929), vol. II, p. 372.
26 Note from the Soviet government to China's Foreign Minister on the withdrawal of Soviet troops from Outer Mongolia, 6 March 1925 (Degras, op. cit. vol. II, p. 17).
27 Account of these cases in The American Journal of International Law, vol. 10, 1916, pp. 337, 890, and vol. II, 1917, p. 399, scc also C. C. HYDE, International Law.
28 L. OPPENHEIM and H. LAUTERPACHT, International Law, 8th edn. (London, 1955), p. 301.
29 Note of 20 June 1916 to the Foreign Secretary of the de facto Mexican government, text of the note in Hyde, op. cit. p. 242, no. 9.
30 For a record of such incidents, see the letter of 2 May 1960 addressed to the President of the Security Council by the French representative to the United Nations (Doc. S/4309).
31 The declaration of the French Prime Minister, F. GAILLARD, before the National Assembly on 11 February 1958, invoking a right of self-defence, in Journal Officiel Débats, A. N. 12 February 1958.

conditions justifying immediate self-defence action laid down by the US Secretary of State in the exchanges with Great Britain over the famous Caroline incident.[32] Immediate self-defense actions might be taken where there was a »necessity of self-defence, instant, overwhelming, leaving no choice of means, and no moment for deliberation«.[33] It is worth noting that this principle was approved by the International Military Tribunal at Nuremberg.[34]

BOWETT states:

»It is well recognized that an armed attack is by no means the only form of aggression imperilling a state's rights, so that it may be compelled to resort to the exercise of a right of self-defence«.[35]

The legal literature of the Soviet Union took a negative view of BOWETT's position.[36] According to the Soviet Union a state has a right to self-defence only if it has been a victim of armed aggression and is attacked first. Nevertheless, this did not prevent the Soviet Union from using BOWETT's argument to justify the Soviet invasion of Czechoslovakia in 1968. This justification, however, was in any case unfounded since Czechoslovakia had not threatened and had not committed an act of aggression against the Soviet Union. The Soviet Foreign Minister GROMYKO justified the invasion in the UN General Assembly in Ooctober 1968, by stating that in view of the »global significance« of »the interests of socialism ... there was nothing abrupt in the measures of self-defense taken by the socialist countries against imperialist intrigues«.[37] The record of this case unmistakably shows that, when its power interests are at stake, the Soviet Union, in spite of its negative approach to rules of customary international law,[38] does not hesitate to exercise its right of self-defence which is based on such rules.

McDOUGAL and FELICIANO[39] agree with POMPE when he says:

»Through indirect action ... by direct intimidation and political pressure, a state can put an end to the independent existence of another as effectively as with the classical external military aggression.«

The Soviet definitions of aggression, similar proposals by other states, as well as various definitions of the term »force«, indicate that terrorist and subversive ac-

---

32 See R. Y. JENNINGS, „The Caroline and McLeod Cases", The American Journal of International Law, vol. 32 (1938), p. 82.
33 The US Secretary of State, MR. WEBSTER, to the British Minister in Washington, Mr. Fox, 24 April 1841 (British and Foreign State Papers, vol. 29, p. 1138).
34 BOWETT, op. cit. p. 60.
35 BOWETT, op. cit. p. 192.
36 G. V. SHARMAZANASHVILLI, ‚Ponyatie samopomoshchi v mezhdunarodnom prave', Sovetskii szhegodnik mezhdunarodnogo pr va (M. 1960), p. 305–6.
37 General Assembly General Debate, 23rd Session, Meeting 1679, 3 October 1968.
38 See L. ROMANIECKI, „The Soviet Outlook on International Law, Hapraklit (Tel-Aviv), vol. 25, 1969, p. 664.
39 M. S. McDOUGAL and F. P. FELICIANO, Law and Minimum World Public Order (New Haven, 1961), p. 241.

tivity of armed groups supported by one state against another state constitutes an act of armed aggression. This affords the victim of such aggression the right of self-defence.

4. Terrorism and the Self-Determination Struggle

States supporting terrorist and guerilla organizations were fully conscious of the consequences of the existing definitions of aggression, United Nation's decisions[40] and of international practice regarding terrorist armed bands. Therefore, as previously stated, they endeavoured to add saving clauses overriding the »armed bands« stigmatization. This was to make it easier for them to justify their support of terrorist and guerilla organizations.

Among these moves is the Soviet Union's inclusion of such a saving clause in its 1969 draft proposal defining aggression. Article 6 of the proposal legalizes »the use of armed force in accordance with the Charter of the United Nations by dependent peoples in order to exercise their inherent right of self-determination«[41] The Soviet Union again voiced this position during the same year in which it referred to the Arab terrorist activity as a »liberation struggle« adding that this struggle »is motivated and just from the viewpoint of international law«.[42]

In excluding the »use of armed force in accordance with the Charter« by »dependent peoples«, from the principle of the prohibition of the threat or use of force, the Soviet Union was fully aware that this significantly affected the legal content of the principle as an instrument for settling international disputes. This aspect of the Soviet formulation must be emphasized. This is especially important since the Soviet Union concurred with the statement in the report of the Special Committee of 1968 that

»a threat or use of force constitutes a violation of international law and the Charter of the United Nations, and shall never be employed as a means of settling international issues«.[43]

The saving clause in its 1969 proposal was strongly critized by many delegates, particularly from Western States, as being in violation of principles of international law.

This trend towards employing saving clauses in definitions of aggression has

---

40 Declaration on Principles of International Law Concerning Friendly Relations and Cooperation among States in accordance with the Charter of the United Nations, General Assembly Resolution 2625 (XXV) 24 October 1970.
41 A/AC. 134/L. 12 and Corr. 1.
42 TASS statement, press release, Mission of the USSR to the United Nations, 28 February 1969.
43 Report of the Drafting Committee on Principles of International Law concerning friendly relations and cooperation among states. A/AC. 125/L. 65, 30 September 1968, para 1.

continued. In the 1973 deliberations of the Special Committee, the draft of Article 5 explicitly reserved a people's right to use force in self-determination struggles, and implied that they were entitled to receive assistance from third states in their use of this force. This right to use force was also to extend to »peoples under military occupation«. While these proposals were emphatically resisted by Western states, the Soviet Union and other communist states gave strong support to the claim that force may be used in struggles for self-determination. However they denied that anything in the definition could affect a state's right to take police action against dissident movements. The differences of opinion resulted in the Drafting Committee report that »there is no general agreement as to the text to be adopted«.[44]

The definition of aggression[45] which finally emerged (Article 7) excluded reference to the use of force by peoples under military occupation and substituted a vague reference to their »right ... to struggle«. The words »or to disrupt territorial integrity« were also added at the end of paragraph 6 of the Preamble which provides that every state should refrain from any action aimed at the disruption of the territorial integrity of any other State[46] Although any explicit license to use force in a self-determination »struggle« was deleted from Article 7, the issue as to the legality of armed force in self-determination struggles came to center upon conflicting interpretations of the word »struggle«.

The final result was to preserve all previously existing conflicts in the form of questions of interpretation – namely, *which* peoples are entitled to benefit from the saving clause in Article 7. The qualifying phrase inserted in this Article: »peoples under colonial and racist regimes or other forms of domination«,[47] does not resolve the doubts, for such terms as »colonialist«, »racist« oder »imperialist« are open to manipulation according to political motivation and criteria.

All these decisions and concepts regarding the right of »peoples« to pursue their »right of self-determination« are of basic importance in an analysis of armed terrorism, and it is obvious that these concepts are subject to different and sometimes arbitrary political and legal interpretations. Moreover, these differences are not only in the international arena. Within the communist world itself, there is no single approach to these concepts which are considered in the scope of the problem of the national liberation movement.

In accordance with the Soviet concept of the world revolutionary process – consisting of three main dements, namely, the world socialist system, the international working-class movement, and the national liberation movement – the de-

---

44 1973 Report, p. 19
45 Official Documents, United Nations General Assembly, Definition of Aggression, Resolution 3314 (XXIX). AJIL, vol. 69, 1975, p. 483.
46 op. cit. p. 481
47 op. cit. p. 483

cisive element is the world socialist system...⁴⁸ Not underestimating the importance of the other two elements, the Soviet Union jusified its position by asserting that the most significant contradiction of our epoch is, on the international scale, the contradiction between the forces of imperialism and socialism. According to the Soviet Union; the decisive force capable of opposing imperalism is, above all, the world socialist system.

The Chinese communists categorically oppose this Soviet concept. In their opinion, the main contradiction of our epoch is the contradiction between imperialism and the national liberation movement. Therefore, the decisive element in the world revolutionary process is the national liberation movement. It is a well-known fact that this Chinese concept concerning the decisive role of the national liberation movements found, and still finds, enthusiastic acceptance in the Third World and among armed terrorist organizations proclaiming struggle against imperialism.

However, apart from these different positions and Soviet-Chinese competition, there is a common platform regarding the permissibility of using terrorism as a form of revolutionary struggle. This common platform is the practice of selective support. If it is in the interest of the Soviet Union or China, terrorist and guerilla organizations are supported, and this is justified as being in the scope of national liberation movements acting »in pursuit of the exercise of the right to self-determination«. The conseqences of this position were evident in the international arena, namely, in the United Nations Special Committee established to consider international terrorism.⁴⁹

There the Soviet Union stated – and a similar statement was made by China –,⁵⁰ that it opposes »acts of terrorism... such as the murder and kidnapping of foreign citizens and aerial hijackings.«⁵¹ However in the 1973 Ad Hoc Committee on International Terrorism the Soviet Union stated that while it »has no objection to the elaboration and adoption of an international convention which would impose definite obligations on states to prevent such illegal acts«,⁵² it emphasized that such a convention »should exclude completely any possibility of the interests of individual states and peoples being jeopardized«.⁵³

Developing the content of this formulation, the Soviet Union concluded that »it is unacceptable to give a broad interpretation to the term »international terro-

---

48 A. M. Kovalev(ed.) Sovremennaya epokha i mirovoi revolyutsionnyi protsess (Moscow, 1970), p. 70.
49 UN General Assembly, A/AC. 160/2, 22 June 1973, Ad Hoc Committee on International Terrorism, 16 July – 10 August 1973, Observations of states submitted in accordance with General Assembly Resolution 3034 (XXVII).
50 UN General Assembly, 27th Session, A/C.6/SR. 1368, 27 November 1972, pp. 10–11.
51 UN General Assembly, 27th Session, A/C.6/SR. 1389, 13 December 1972, pp. 4–5.
52 UN General Assembly, A/AC. 160/1/Add. 1, 12 June 1973, Ad Hoc Committee on International Terrorism, 16 July – 10 August 1973, p. 26
53 Ibid.

rism« and to extend it to cover national liberation movements«.[54] In other words, terrorism applied by groups or organizations, which are considered by certain states as being in the scope of the national liberation movement, should not be covered by the convention against terrorism.

In conclusion, the increasingly common trend of excluding the actions of any terrorist band from the stigmatization of illegality, as long as any country believes that it is in its interest to label such actions as peoples' struggle within the framework of a national liberation movement, dooms to failure any international effort at establishing effective legal controls against terrorism. Only with an internationally accepted, all-embracing definition of terrorism – this is now nearly impossible to achieve – and with a definition of aggression, covering all acts of a terrorist nature, irregardless of the ideological position of those perpetrating them or of those supporting perpetrators, can the world hope to eradicate one of the most frightening and disruptive scourges of our age.

54 Ibid.

Internationaler Terrorismus und Auslieferungsrecht

Vojin Dimitrijević, Belgrad/Jugoslawien

I

1. Dem objektiv Suchenden verursacht der Ausdruck »Terrorismus« erhebliche Schwierigkeiten, da dieses Wort sehr oft und sehr undiszipliniert gebraucht wird und somit verschiedene Menschen unter verschiedenen Bedingungen jeweils etwas anderes darunter verstehen. Daneben wird häufig außer Acht gelassen, daß die Termini »Terror« und »Terrorismus« eine rein beschreibende, nicht wertende Bedeutung haben können und nicht immer gleichzeitig auch ein moralisches Werturteil des so bezeichneten Phänomens implizieren. Aus diesem Grunde haben sie auch diesen pejorativen Beiklang erhalten, der so weit geht, daß in den politischen Auseinandersetzungen und in der entsprechenden politischen Agitation dieselben Taten einmal als »Terrorakte« bezeichnet, dann aber, von anderen begangen, gewöhnlich mit schönen Worten umschrieben werden.

Somit wird jeder Versuch erheblich erschwert, eine allgemein akzeptable Definition für das Phänomen Terrorismus zu finden, egal ob sich, wie in der UNO-Generalversammlung, Staatsvertreter zu diesem Thema äußern[1] oder ob unabhängige Wissenschaftler darüber diskutieren. Obwohl wir uns hier auf Rechtsfragen konzentrieren, müssen wir doch zugeben, daß wir durch das Fehlen eines allgemein gültigen Begriffes »Terrorismus« fast in eine Sackgasse geraten sind. Eine ins Detail gehende Erörterung dieses Problems ist uns nicht möglich, und wir müssen uns daher darauf beschränken, bestimmte, bei der Festsetzung dieses Begriffs unter allen Umständen in Betracht zu ziehende Elemente zu bezeichnen.

In erster Linie ist festzustellen, daß ein Terrorakt, zumindest in den Augen desjenigen, der ihn ausführt, ein *politisches Kampfmittel* darstellt. Dies bedeutet, daß er ein politisches Ziel verfolgt und daß dementsprechend solche Taten, die zwar die übrigen Charakteristika terroristischer Akte aufweisen, aber andere Ziele ver-

---

[1] Zum Diskussionsverlauf in der Generalversammlung und deren verschiedenen Unterorganen siehe UNO Dokumente A/8969, A/9028 und A/C.6/ SR 1355 ff.

folgen, wie z. B. unrechtmäßige Schaffung eines Vermögensvorteils, persönliche Racheakte etc., von unseren weiteren Überlegungen ausgeschlossen bleiben müssen.[2] Ein weiteres, wesentliches Merkmal des Terrorismus ist die *Gewalt*. Als Mittel des politischen Kampfes basiert Terrorismus auf Gewalt und Gewaltandrohung vor allem beim Angriff gegen Leib und Leben. Die Art der Gewaltanwendung ist natürlich eine spezifische, die außerhalb *der* üblichen gesellschaftlichen Normen liegt, nach denen Bedingungen und Umstände festgesetzt werden, unter denen körperliche Gewalt angewandt werden kann. Diese Eigenart ist nur schwer bestimmbar, und keine der bestehenden Kennzeichnungen ist hierfür geeignet. Manche Autoren bedienen sich des Ausdrucks »extra normale Mittel«,[3] während sich die internationalen Verträge lieber auf »Illegalität« berufen.[4] Die Schwierigkeit liegt jedoch darin, daß der Begriff »Legalität« nicht unbedingt an den in einem bestimmten Staat und für dessen Rechtsordnung geltenden Maßstäben gemessen werden kann, da es durchaus möglich ist, daß diese Rechtsordnung Terror und Terrorismus legalisiert, sondern an der Übereinstimmung mit gewissen anderen Normen zu messen ist, die in besagter Gesellschaft respektiert werden, wenn es sich um Formen von Gewaltausübung handelt: Gemeint ist hier die Übereinstimmung mit dem eingebürgerten politischen Prozeß. Dem wäre vielleicht noch hinzuzufügen, daß eine politische Tat auch ungeachtet des Elements der Gewalt illegal sein kann, und zwar immer dann, wenn sie ein politisches Ziel mit Mitteln zu erreichen trachtet, die mit den positiven Rechtsnormen entweder deshalb kollidieren, weil die Täter es ablehnen, einen »normalen«, erlaubten Weg zu beschreiten, oder weil die Möglichkeiten dafür nicht gegeben sind.[5] Der farbigen Mehrheit der Südafrikanischen Republik ist es nicht einmal theoretisch möglich, an die Macht zu kommen. Auf welche Art auch immer – sei es auch die friedlichste – dieser Versuch unternommen würde, er ist immer illegal. Dieser Umstand darf bei der Beurteilung von politischen Kräften, die beim Terrorismus Zuflucht gesucht haben, niemals außer Acht gelassen werden.

Ein weiteres Wesensmerkmal terroristischer Akte ist das *Auslösen von Angst*. Charakteristisch ist dabei jedoch, daß Angst nicht so sehr bei dem bedrohten Individuum hervorgerufen wird, vor allem dann nicht, wenn es sich um einen Überraschungsangriff mit tödlichem Ausgang handelt. Die Absicht besteht vielmehr darin, eine größere Personengruppe einzuschüchtern, indem man sie davon unter-

---

2 Diese Meinung ist nicht unumstritten. Vgl. UNO Dok. A/AC. 160/1 S. 36 und I. PRPIC: Teror i politika, Pitanja (Zagreb), IX (1977), Heft 10, S. 11
3 TH. P. THORNTON: Terror as a Weapon of Political Agitation, in: H. ECKSTEIN: Internal War, London 1964, S. 73, 75–76
4 Z. B. das Übereinkommen zur Bekämpfung der widerrechtlichen Inbesitznahme von Luftfahrzeugen (Den Haag, 16. 12. 1970), Art. 1, Abs. a – ICAO Dok. 8920 und das Abkommen zur Bekämpfung von illegalen Akten gegen die Sicherheit der zivilen Luftfahrt (Montreal, 23. 9. 1971), Art. 1, Abs. 1 – ICAO Dok. 8966. Deutsche Übersetzungen in K. HAILBRONNER: Luftpiraterie in rechtlicher Sicht, Hannover 1972, S. 110 ff.
5 UNO Dok. A/C.6/418, Annex I

richtet, daß sie das nächste Angriffsziel folgender Terrorakte sein wird. Der Angriff verfolgt somit einen doppelten Zweck: dem unmittelbar Betroffenen wird ein größerer Personenkreis zugeordnet, der dann seinerseits bedroht wird. Dies ist gerade dort am augenfälligsten, wo das Opfer nach allgemeiner Ansicht »unschuldig« ist, selbstverständlich nicht im Hinblick auf irgendeine rechtliche oder ethische Schuld, sondern in dem Sinne, daß es nicht aktiv am politischen Kampf beteiligt war und für dessen Ausgang unbedeutend ist.[6]

Diese verhältnismäßige Unwichtigkeit der Opfer berechtigt uns dazu, den Terrorakt als symbolischen zu bezeichnen. Seine Bedeutung liegt vielmehr in der mittelbaren als in der unmittelbaren Wirkung, und das um so eher, als die Handlung als solche allgemein nicht nur als Geschehnis, sondern als eine von jemandem aus politischen Motiven begangene Tat bekannt geworden ist. So darf es dann auch nicht verwundern, wenn terroristische Vereinigungen sich nicht nur zu ihren Taten bekennen, sondern sogar noch die von anderen begangenen für sich in Anspruch nehmen wollen. Eine unbekannt gebliebene Tat, über deren Motive man nichts weiß, erzielt keine echte Terrorwirkung.

2. Ist eine solche Aufzählung derartiger für den Terrorismus kennzeichnender Elemente oder eine ähnliche politologische Definition des Terrorismus überhaupt für die Rechtsprechung brauchbar? Kann eine rechtlich erschöpfende Definition gegeben werden, die eine praktische Grundlage für das Vorgehen von Gerichten und sonstigen Behörden liefern würde?

Wirft man einen Blick auf die verschiedenen nationalen Gesetzgebungen, gelangt man zu folgenden vorläufigen Schlußfolgerungen:

a) Das nationale Strafrecht einiger Länder behandelt terroristische Akte noch immer nicht als besondere Straftaten;

b) Solche Strafgesetze, die terroristische Akte als besondere Straftaten werten, fassen unter diesem Begriff nicht alle Akte zusammen, die im zuvor erwähnten Sinn als terroristisch zu bezeichnen wären, sondern sie beziehen sich nur auf einige davon, und zwar in der Regel auf solche, die eine allgemeine Gefahr darstellen.

c) Grundsätzlich berücksichtigt das nationale Strafrecht nur solche Terrorakte, die gegen die eigene Staatsordnung gerichtet sind.

d) Daraus ist jedoch nicht zu schließen, daß der überwiegende Teil der nationalen Strafgesetze die Handlungen an sich, die meist Bestandteil eines terroristischen Delikts sind, wie Totschlag, gesetzwidrige Freiheitsberaubung, etc., *nicht* als strafbare Taten werten würde. Es fehlen dabei jedoch Kriterien, aufgrund derer solcherart inkriminierte Handlungen als terroristisch zum Unterschied zu den nicht unter diesen Begriff fallenden bezeichnet würden.

Auf internationaler Ebene ist zu bemerken, daß in dem bekanntlich niemals in

---

6 Siehe z. B. P. Mertens: L'„introuvable" acte de terrorisme, in: Réflexions sur la définition et la répression du terrorisme, Actes du Colloque, Université Libre de Bruxelles, 1974, S. 31 ff.

Kraft getretenen Genfer Abkommen zur Verhinderung und Ahndung von Terrorismus vom 16. Nov. 1937 versucht worden ist, einen solchen Maßstab mit Art. 1, Abs. 2 zu liefern, der wie folgt lautet:

»Dans la présente Convention, l'expression »actes de terrorisme«, s'entend des faits criminels, dirigés contre un Etat et dont le but ou la nature est de provoquer la terreur chez des personalités déterminées, des groupes de personnes ou dans le public«.

Das Abkommen geht jedoch noch weiter und zählt Akte auf, die als Terrorakte infrage kommen können, wenn sie die angegebenen allgemeinen Kennzeichen aufweisen. Es sind dies Tötung oder schwere Körperverletzung eines Staatsoberhauptes bzw. einer Person, die dieses Amt ausübt, deren Erben und Ehepartner sowie von Personen, die eine öffentliche Funktion bekleiden (wenn die Tat gegen sie in ihrer Eigenschaft als Person des öffentlichen Lebens gerichtet war), Vernichtung oder Beschädigung von öffentlichem Eigentum des anderen Vertragsstaates, ferner eine vorsätzlich der Gefährdung des öffentlichen Lebens dienende Tat, der Versuch, eines der aufgezählten Delikte zu begehen, die Herstellung, Verschaffung, Weitergabe oder der Besitz von Waffen, Munition, Explosiva und anderer schädlicher Substanzen zum Zwecke, eines der angegebenen Delikte auszuführen.

Wie man sieht, genügte die allgemeine Definition nicht und mußte durch Aufzählen derjenigen terroristischen Erscheinungsformen ergänzt werden, über die sich die Vertragsstaaten einigen konnten. Sie ist daher auch leicht anfechtbar, und es genügt schon, auf solche nicht inbegriffene Terrorakte wie Geiselnahme etc. hinzuweisen.

Ähnliche Methoden mußten auch die Verfasser des Europäischen Übereinkommens zur Bekämpfung des Terrorismus vom 27. Jan. 1977[7] zuhilfe nehmen. Mit der Einschränkung, daß die Gründe für die Definition lediglich mit dem Auslieferungsabkommen zwischen den Vertragsstaaten in Zusammenhang stehen, bedient man sich in dieser Konvention hauptsächlich der Enumeration auslieferungsfähiger Taten. Neben den Hinweisen auf bereits in anderen internationalen Abkommen definierte Delikte (wie Luftpiraterie, Überfall auf ein Luftfahrzeug) werden noch folgende Taten aufgezählt:

» ... c) a serious offence involving an attack against the life, physical integrity or liberty of internationally protected persons, including diplomatic agents;[8]

d) an offence involving kidnapping, the taking of a hostage or serious unlawful detention;

7 International Legal Materials, XV (1976), S. 1272 ff. Deutsche Übersetzung in Europa-Archiv XXXII (1977), S. D 139 ff.
8 Es könnte hier auf das Abkommen zur Verhütung, Verfolgung und Bestrafung von Straftaten gegen völkerrechtlich geschützte Personen, einschließlich Diplomaten (New York, 14. 12. 1973) verwiesen werden, doch geht es dort nur um die im Ausland weilenden Personen – Art. 1, Abs. 2 (Deutscher Wortlaut im BGBl 1976, Teil II, S. 1745). Ist ein Staatsoberhaupt im eigenen Lande und gegenüber dessen Bevölkerung völkerrechtlich geschützt?

e) an offence involving the use of a bomb, grenade, rocket, automatic firearm or letter or parcel bomb, if this use endangers persons.«

Es handelt sich hierbei um solche Delikte, bei denen die Vertragsstaaten im allgemeinen die Täter trotz des Prinzips der Nichtauslieferung von politischen Verbrechern ausliefern müssen. In der Konvention selbst ist kein allgemeiner Wertmaßstab zu erkennen, warum gerade diese Delikte als terroristische Akte bezeichnet wurden. Doch vielleicht ist ein solcher Maßstab gerade im Art. 13 enthalten, demzufolge es sich jeder Vertragstaat ausbedingen kann, die vorabgenannten Taten als nicht auslieferungsfähig anzusehen, wenn er sie als politische Straftaten wertet; bei ihrer Beurteilung soll der Vertragsstaat jedoch die nachfolgend aufgezählten, schwerwiegenden Merkmale mit in Erwägung ziehen:

»a) that it created a collective danger to the life, physical integrity or liberty of persons; or

b) that it affected persons foreign to the motives behind it; or

c) that cruel or vicious means have been used in the commission of the offence.«

Damit ist zwar die dehnbare, allgemeine Definition aus dem Abkommen von 1937 vermieden worden, doch sie erstreckt sich nun auch auf solche Taten, die keinesfalls als terroristisch zu betrachten sind, sofern man Terrorismus als politisches Kampfmittel ansieht. Alles wird von der Art der Tatausführung abhängig gemacht, die brutal und für einen größeren Personenkreis gefährdend sein muß etc., wahrscheinlich deshalb, um dadurch heikle Diskussionen über Ziele und Motive zu vermeiden. Leider kommen diese Fragen sofort wieder im selben Art. 13 zur Sprache, in welchem die Bedrohung »unschuldiger Personen« dergestalt beschrieben wird, daß diese den Motiven, die hinter den Taten stecken, fremd gegenüberstehen. Trotz ernster Kritik an ihr[9] kann eine derartige Definition zwar unmittelbar ihrer eigentlichen Bestimmung, die Auslieferung zu erleichtern, dienen; sie ist aber weit davon entfernt, eine rechtlich befriedigende Definition des Terrorismus zu geben.

Die meisten Rechtsgelehrten vermeiden ebenfalls eine doktrinäre Definierung des Terrorismus. Den Grund dafür werden wir gleich erfahren, wenn wir einen der scharfsinnigsten unter ihnen als Beispiel zitieren:

»Terrorism is ... the purposive use of violence or the threat of violence by the precipitators against an instrumental target in order to communicate to a primary target a threat of future violence so as to coerce the primary target into behaviour or attitudes through intense fear or anxiety in connection with a demanded (power) political outcome.«[10]

---

9 Siehe z. B. J. SALMON: La Convention européenne pour la repression du terrorisme: un vrai pas en arrière, Journal des Tribunaux, 24. 9. 1977

10 J. J. PAUST: Some Thoughts on „Preliminary Thoughts" on Terrorism, American Journal of International Law, 1974, S. 502

Es wird somit auch verständlich, warum sich die Juristen unschlüssig zwischen zwei extremen Auffassungen bewegen. Eine davon kommt bei R. BAXTER zur Geltung:

»... We have cause to regret that a legal concept of »terrorism« was ever inflicted upon us. The term is imprecise; it is ambiguous; and above all, is serves no operative legal purpose«.[11]

Eine andere wiederum ist bei dem amerikanischen Richter zu finden, der behauptet, daß man zwar nicht imstande sei, Terrorismus als solchen zu definieren, aber einen Terrorakt dennoch sehr leicht erkennen könne, wenn man sich ihm gegenübersehe.[12] Es scheint, daß die zuletzt genannte Meinung die allgemeine Tendenz trifft, derzufolge das Phänomen Terrorismus diskutiert werden muß, auch wenn es nicht zufriedenstellend definiert werden kann.[13]

3. Hält man sich die heute in der Welt tatsächlich herrschende Situation sowie die gegenwärtigen internationalen Beziehungen vor Augen, so ist es wahrscheinlich nicht einmal angezeigt, auf einer präzisen, »jede Art von Terrorismus« umfassenden Definition zu bestehen. Die moralische Begründung hierfür, die sich im Völkerrecht widerspiegelt, wurde bereits zu Anfang gegeben. Es kann über die Reaktion eines Bürgers seinem Regime gegenüber nicht geurteilt werden, wenn Natur und Methoden dieses Regimes nicht bekannt sind. Derartige Gründe sowie das Prinzip der Nichteinmischung in die inneren Angelegenheiten eines Staates verlangen eine Trennung von nationalem und internationalem Terrorismus.

Die Aufteilung in diese beiden Typen von Terrorismus gründet auf der Annahme, daß die politischen Prozesse und Auseinandersetzungen in einem Staate dessen Bevölkerung überlassen werden können und überlassen werden müssen. Jegliche Einmischung des Auslandes in diese Prozeßbildung ist zu vermeiden, die aber wiederum auch durch das Verüben solcher terroristischer Akte zustande kommt, die nicht innerhalb der Grenzen und auf die Zuständigkeit eines Staates beschränkt bleiben. Somit stellt der internationale Terrorismus bei internationalen Organisationen und bei multilateralen Vertragsregelungen ein echtes Diskussionsthema dar.

Wann kann aber nun von einem internationalen Terrorakt gesprochen werden? Man kann bei der Beantwortung dieser Frage auf zweierlei Arten vorgehen. Die erste sieht vor, daß bei der Tat ein ausländisches oder internationales Element vorhanden ist. Ein Beispiel hierfür ist im Entwurf des »Übereinkommens zur Verhütung und Ahndung gewisser Akte des internationalen Terrorismus« zu finden, der am 25. September 1972 der UNO-Generalversammlung vom damaligen Außen-

---

11 A Skeptical Look at The Concept of Terrorism, Akron Law Review, VII (1974), S. 380
12 Richter STEWART im Fall Jacobellis v. Ohio, 378 US 184, 197 (1964), angeführt bei: R. B. LILLICH – J. M. PAXMAN: State Responsibility for Injuries to Aliens Occasioned by Terrorist Activities, The American University Law Review, XXVI (1977), S. 219, Anm. 1
13 Vgl. W. LAQUEUR: Terrorism. Boston-Toronto 1977, S. 6 f.

minister der USA Rogers vorgelegt wurde und als »Rogers-Entwurf« bekannt geworden ist.[14] Danach gelten als ausländische Elemente:

a) wenn die Tat außerhalb des Hoheitsgebietes begangen wurde, dessen Staatsangehöriger der Täter ist,

b) wenn die Tat außerhalb dieses Staates Folgen verursachte.

Diese können jedoch nicht für sich allein bestehen, sondern müssen mit noch einem der nachstehenden Elemente verbunden sein, d. h. daß die Tat vollbracht wurde oder Folgen hervorgerufen hat:

a) außerhalb des Hoheitsgebietes des Staates, gegen den sie gerichtet war, oder

b) innerhalb des Hoheitsgebietes des Staates gegen den sie gerichtet, deren Opfer jedoch ein Ausländer war (Art. 1).[15]

Wenn von den einzelnen Erscheinungsformen des Terrorismus die Rede ist, wird ein solches Element im Falle von Luftpiraterie darin gesehen, daß die Flugzeugentführung erst dann internationale Bedeutung erlangt, wenn der Lande- oder Abflugort des Luftfahrzeugs außerhalb des Hoheitsgebietes des Eintragungsstaates liegt.[16]

Diese Lösungen beziehen sich auf die engere Materie oder auf eine konkrete diplomatische Situation, so daß selbstverständlich auch noch andere ausländische Elemente aufgezählt werden können, wie das der Vertreter Sambias beim VI Ausschuß der UN-Generalversammlung ganz einfach getan hat, als er die Meinung äußerte, ein Fall von internationalem Terrorismus läge dann vor, wenn die Tat von einem Ausländer begangen wurde, das Opfer ein ausländischer Staatsbürger ist, der Ort der Tat im Ausland liegt oder die Tat Folgen im Ausland hat.[17]

Die zweite Möglichkeit, die oben gestellte Frage zu beantworten, ist bereits in der Haltung des Expertenausschusses des Völkerbundes zu erahnen, wo als Umstände, durch die terroristische Akte internationaler Bedeutung erlangen, Beeinträchtigung der internationalen Beziehung und Flucht des Täters ins Ausland angesehen werden.[18] Das eine wie das andere Element ist unglücklich formuliert, denn von der Tat selbst hängt es nicht zwingend ab, ob dadurch die internationalen Beziehungen beeinträchtigt werden oder nicht, und vor allem nicht, ob es dem Täter gelingen wird, sich ins Ausland abzusetzen. Hinter dem Suchen nach Elementen steckt in Wirklichkeit die Tatsache, daß bestimmte terroristische Delikte, ebenso wie andere Straftaten, nicht nur nationale, sondern universelle Werte bedrohen und aus diesen Gründen als Akte des internationalen bzw. transnationalen Terrorismus zu werten und gemeinsam zu bekämpfen seien.

---

14 UNO Dok. A/C.6/L.850
15 Der Artikel enthält noch zwei Punkte. Sie bestimmen aber keine internationalen Elemente.
16 Art. 3, Abs. 3 des Übereinkommens zur Bekämpfung der widerrechtlichen Inbesitznahme von Luftfahrzeugen. Siehe Anm. 4
17 UNO Dok. A/C.6/SR 1370, S. 6
18 J. Waciorski: Le terrorisme politique, Paris 1939, S. 126

Das Verschleiern des wesentlichen Tatmerkmals hinter dem durchsichtigen Begriff »ausländisches Element« ist auch beim Montrealer Abkommen zur Bekämpfung von illegalen Akten gegen die Sicherheit der Zivilen Luftfahrt vom 23. September 1971 zu bemerken. Ebenso wie das Haager Abkommen über widerrechtliche Inbesitznahme von Luftfahrzeugen, bezieht sich auch das Montrealer Abkommen in erster Linie auf Taten, die ausgeübt wurden, wenn sich das Luftfahrzeug über dem Hoheitsgebiet eines Staates befand, in welchem es nicht registriert ist, oder von dort aus abgeflogen ist bzw. von dort aus hätte abfliegen oder dort landen sollen (Art. 4, Abs. 2). Bei schweren Fällen wird das Abkommen aber auch dann zur Anwendung gelangen, wenn sich der Täter außerhalb des Hoheitsgebietes des Eintragestaates befand (Art. 4, Abs. 3). Das heißt aber offenbar nicht, daß das Anbringen von Bomben in einem Luftfahrzeug nur dann von internationaler Relevanz ist, wenn der Täter ins Ausland flieht; die Vertragsstaaten bewerten vielmehr eine derartige Bedrohung der zivilen Luftfahrt als Angriff auf Güter von allgemeinem Interesse und sind daher der Ansicht, diese international schützen zu müssen. Hier ist ohne weiteres eine Ähnlichkeit mit internationalen Verbrechen wie z. B. Genozid festzustellen, die auch dann weiterhin als solche betrachtet werden, wenn sie mit all ihren Elementen innerhalb eines Staates bleiben.

Statt sich nach Elementen zu richten, die ein im Wesen gleiches Delikt, wie z. B. Geiselnahme, international relevant oder irrelevant machen, kann die Grenze in der Natur der Tat gesucht werden, durch die sie international bedeutsam wird. Vielleicht wäre es sogar angebracht, die Terminologie zu ändern und mit ausländischen Elementen versehene terroristische Akte anders zu benennen, z. B. als solche, die für die Menschheit insgesamt gültige Werte angreifen.

Im Hinblick auf den Zweck dieses Vortrages können wir uns hier auf weitere Unterscheidungen nicht einlassen. Es genügt, auf die Möglichkeit hinzuweisen, daß sich das Problem der Auslieferung von der Terrorakte bezichtigten Personen auch dann stellen kann, wenn die ihnen zur Last gelegte Tat entweder ein »inländischer Terrorakt« oder ein mit bestimmten internationalen Elementen versehener Akt oder aber eine Tat des internationalen Terrorismus ist.

II

1. Es erübrigt sich, auf die Bedeutung der Auslieferung bei der Durchführung einer wirkungsvollen Bekämpfung der Kriminalität gesondert hinzuweisen. Es versteht sich von selbst, daß diese Bedeutung dann besonders groß ist, wenn die Auslieferung nicht nur von außen kommende Hilfe einem anderen Staat gegenüber darstellt, seine Rechtsordnung zu schützen, sondern wenn sie Bestandteil der gemeinsamen Bekämpfung von Taten ist, die für die gesamte internationale Gemeinschaft eine Gefärdung bedeuten.

Ein generelles Vorhersehen sämtlich möglicher Situationen, in die Staaten bei einem Auslieferungsersuchen gegenüber Personen geraten können, denen die Verübung eines terroristischen Aktes zur Last gelegt wird, ist jedoch nicht möglich. Dies hängt alles von zahlreichen Umständen ab, bei denen rechtlich gesehen das Bestehen oder Nichtbestehen eines bilateralen Auslieferungsvertrages bzw. eines für beide Seiten verbindlichen, Auslieferungsbestimmungen enthaltenden multilateraten Vertrages von primärer Bedeutung ist, sowie außerdem vom Vertragsinhalt bzw. von den darin enthaltenen Bestimmungen. Was die Verpflichtung eines Staates betrifft, Straftäter an den anderen Staat auszuliefern, so besteht eine solche nur, wenn dies vertraglich festgelegt wurde. Bei Fehlen eines Vertrages erfolgt die Auslieferung nach der Gesetzgebung des ersuchten Staates, die ja von dessen Organen aus innerrechtlichen Gründen befolgt werden muß.[19] Innerhalb des vertraglich festgesetzten Rahmens fallen in der Regel unter die Auslieferungspflicht einige, wenn nicht alle terroristische Taten, da sie, wie bereits gesagt, die Wesensmerkmale eines gewöhnlichen Verbrechens aufweisen.

Multilaterale Verträge, die sich mit gewissen, insbesondere internationalen Erscheinungsformen des Terrorismus befassen, sind im allgemeinen bestrebt, *die Lücken in den bilateralen Verträgen auszufüllen*, aufgrund derer diese auf derartige terroristischen Erscheinungsformen nicht anwendbar wären. Typisch für dieses Bemühen ist Art. 8 des Haager Übereinkommens zur Bekämpfung der widerrechtlichen Inbesitznahme von Luftfahrzeugen vom 16. 12. 1970, wo es heißt:

»Die strafbare Handlung (beschrieben im Art. 1 – Anm. d. Verf.) gilt als eine in jeden zwischen Vertragsstaaten bestehenden Auslieferungsvertrag einbezogene, der Auslieferung unterliegende strafbare Handlung. Die Vertragsstaaten verpflichten sich, die strafbare Handlung als eine der Auslieferung unterliegende strafbare Handlung in jeden zwischen ihnen zu schließenden Auslieferungsvertrag aufzunehmen.«

2. Es ist ein offenes Geheimnis, daß eine Regierung, sofern sie dies wünscht, im konkreten Fall die Auslieferungspflicht umgehen kann, obwohl diese unzweifelhaft fällig wäre, indem sie ein scheinbar technisches Detail im Auslieferungsvertrag *mala fide* auslegt.[20] Im entgegengesetzten Fall kann sie – im Bestreben, dem Aus-

---

19 Dazu I. A. Shearer: Extradition in International Law, Manchester 1971, S. 23 ff.; V. Dimitrijevic: Utociste na teritoriji strane drzave – teritorijalni azil, Beograd 1969, S. 26 ff.

20 Eine Möglichkeit, der Auslieferungspflicht auszuweichen, enthält sogar das Haager Übereinkommen (Anm. 4). Nach Art. 8, Abs. 1 wird die strafbare Handlung für die Zwecke der Auslieferung so behandelt, als sei sie in den Hoheitsgebieten aller Staaten begangen worden, die verpflichtet sind, nach Art. 4, Abs. 1 ihre Gerichtsbarkeit zu begründen. Nach Art. 4, Abs. 1 b ist auch derjenige Staat verpflichtet, seine Gerichtsbarkeit zu begründen, in dessen Hoheitsgebiet das Luftfahrzeug landet, mit dem noch am Bord befindlichen Verdächtigen. Dieser Staat kann also die Auslieferung verweigern, weil das Delikt in seinem Hochheitsgebiet begangen worden ist (Territorialprinzip). Dazu B. Zlataric: Otmice aviona, Zagreb 1974, S. 41

lieferungsbegehren nachzukommen – sämtliche Rechtsgarantien, die der Verdächtige nach dem Auslieferungsvertrag geltend machen könnte, außer Acht lassen und ihn ohne irgend ein Verfahren geradezu den Sicherheitsorganen des ihn verfolgenden Staates aushändigen.[21] Die Gründe hierfür sind in jedem Fall interessant, können aber bei Überlegungen, die sich im Rahmen von Rechtsfragen bewegen wollen, nicht in Betracht gezogen werden.

Für derartige Erwägungen ist vor allem ein Auslieferungshindernis wichtig, das mit großer Wahrscheinlichkeit bei jeglichem Terrorakt gerade wegen der Natur einer solchen Tat in Erscheinung treten wird. Wie bereits ausgeführt wurde, ist der Terrorakt ein Mittel des politischen Kampfes. Der Täter hat ein politisches Motiv, so daß man im alltäglichen Sprachgebrauch wohl kaum zögern wird, so gut wie jeden Terrorakt als politische Tat zu bezeichnen. Diese Eigenschaft des terroristischen Delikts hat zur Folge, daß sich Terroristen, um der ihnen drohenden Auslieferung zu entgehen, regelmäßig auf das Prinzip der Nichtauslieferung politischer Täter berufen. Angefangen von der Revision des französisch-schweizerischen Auslieferungsvertrages durch die Erklärung vom 30. September 1833 und dem Erlaß des belgischen Auslieferungsgesetzes vom 1. Oktober desselben Jahres, ist in die Mehrzahl derartiger zwischenstaatlicher Abkommen eine Bestimmung eingedrungen, die es dem ersuchten Staat gestattet, dem Auslieferungsbegehren bei jedem Delikt, das nach seinem Ermessen eine politische Straftat ist oder mit einer solchen in Verbindung steht, nicht zu entsprechen.[22]

Das Vorsehen einer solchen Ausnahmebestimmung hat derartig um sich gegriffen, daß einige Theoretiker der Ansicht sind, es handle sich hierbei um einen allgemeinen, nichtvertraglichen Bestandteil des Auslieferungsrechts. Dies trifft jedoch nicht zu, weil solche Staaten, die sich ideologisch, sozial und politisch nahestehen, schon immer die Tendenz erkennen ließen, sich gegenseitig bei der Auslieferung politischer Täter zu unterstützen. Eine der Möglichkeiten dafür bestand und besteht immer noch darin, derartige Klauseln in den Auslieferungsverträgen gleichartiger Staaten ganz einfach wegzulassen, wie das z. B. bei den Warschauer-Pakt-Staaten der Fall ist.[23]

Eine andere, viel häufiger vorkommende und für uns hier interessantere Art drückt sich in einem allmählichen Wandel des Auslieferungsbegriffes »politisches Verbrechen« gegenüber der tatsächlichen Bedeutung dieser Wortverbindung aus, in-

---

21 Dazu K. Buschbeck: Verschleierte Auslieferung durch Ausweisung, Berlin 1973
22 Dazu L. Deere: Political Offenses in The Law and Practice of Extradition, American Journal of International Law, 1933, S. 250 ff.
23 Dazu H. Ostman: Die Rechtshilfeverträge der Deutschen Demokratischen Republik, Neue Justiz, 1958 S. 548. Die Auslieferungsverträge zwischen diesen Staaten und Jugoslawien enthalten die Ausnahme für politische Verbrecher. In einigen Verträgen (mit der UdSSR, Polen und der Tschechoslowakei) ist sie indirekt enthalten, durch Verweisung auf die Auslieferungsgesetze der Vertragsstaaten. Nach dem jugoslawischen Strafprozeßgesetz ist die Auslieferung politischer Täter nicht gestattet (Art. 533, Abs. 2) – Sluzbeni list SFRJ 4/1977.

dem in einem engeren oder weiteren Kreis von Staaten, durch internationale Verträge, Gesetze, Gerichtspraxis und Doktrine ursprünglich politische Straftaten von diesem Begriff nunmehr ausgeschlossen bleiben und ihren Tätern somit die Privilegien entzogen werden, die sie als politische Verbrecher bei der Auslieferung genießen würden. Die bekanntesten in dieser Richtung unternommenen Schritte sind folgende:

Durch die sog. »Attentatsklausel«, die erstmals im belgischen Auslieferungsgesetz auftauchte und danach in zahlreiche internationale Verträge übernommen wurde, wird die Tötung eines Staatsoberhauptes (später auch eines Regierungschefs, der Regierungsmitglieder sowie deren Familienangehöriger) nicht als politische Straftat gewertet.[24]

Eine andere, potentiell vollständigere Art bestand darin, das sog. »Sozialverbrechen« *(crime social)* zu konstruieren, wobei eine Unterscheidung zwischen einem Angriff gegen eine bestimmte Regierung oder eine konkrete Staatsordnung und einem Angriff gegen »die Grundfesten der gesamten Gesellschaftsordnung« verlangt wurde. In der vom Institut de Droit international auf einer Tagung in Genf 1892 verbaschiedeten Auslieferungsresolution heißt es:

»... ne sont point réputés délits politiques ... les faits délicteux qui sont dirigés contre les bases de toute organisation sociale, et non seulement contre tel Etat déterminé ou contre telle forme de gouvernement.«[25]

Die dritte Richtung unterscheidet sich von den beiden vorgenannten dadurch, daß sie das Delikt wegen der Art der Ausführung und nicht wegen der Eigenschaften der Opfer oder wegen des Angriffziels als unpolitisch qualifiziert.

Soweit sich das Gericht nicht wie in der schweizerischen Gesetzgebung[26] die Freiheit vorbehält, das Überwiegen des politischen oder nicht politischen Aspekts der Tat selbst zu ermessen, oder wie in den angelsächsischen Entscheidungen nach dem Präzedenzfall *Castioni*[27] nicht wertet, ob die Tat geeignet war, politische Ziele zu verfolgen, wird analog dem Kriegsrecht verfahren, wie z. B. im nachfolgend zitierten Absatz der bereits erwähnten Resolution des Instituts für Völkerrecht:

»Elle (die Auslieferung – Anm. d. Verf.) ne sera admise non plus pour infractions mixtes ou connexes à des crimes ou délits politiques, aussi appelées délits politiques rélatifs, à moins, toutefois, qu'il ne s' agisse des crimes les plus graves au point vue de la morale et du droit commun, tels que l'assassinat, le meutre, l'empoisonement, les mutilations et les blessures graves volontaires et préméditées, les tentatives des crimes de ce genre et les attentats aux propriétés, par incendie,

---

24 Siehe Research in International Law under the Auspices of the Faculty of the Harvard Law School, I. Extradition, II. Jurisdiction with Respect to Crime, American Journal of International Law, 1935, Suppl. 1–2, 3, S. 114 Anm. 4, 363
25 Art. 4. Annuaire de l'Institut de Droit International, XII (1892–1894), S. 182
26 Dazu H. SCHULTZ: Das schweizerische Auslieferungsrecht, Basel 1953
27 J. B. SCOTT: Cases on International Law, St. Paul 1922, S. 420 ff. I. A. SHEARER, a. a. O. (Anm. 19), S. 169 ff.

explosion, inondation, ainsi que les vols graves, notamment ceux qui sont commis á main armée et avec violences.

En ce qui concerne les actes commis dan le cours d'une insurrection ou d'une guerre civile... ils ne pourront donner lieu á l'extradition que s'ils constituent des actes de barbarie odieux et de vandalisme défendus suivant les lois de la guerre...«[28]

Bei der vierten Möglichkeit der Einschränkung handelt es sich um eine offene Darlegung derjenigen Motive, die sich hinter den zuvorgenannten Arten verbergen. Es geht hier nämlich um die Tätereigenschaft bzw. in erster Linie um dessen Gesinnung. Gehört er nämlich einer Bewegung an, die nach Ansicht der interessierten Staaten für sie insgesamt eine gemeinsame Gefahr darstellt, d. h. ihre gesellschaftlich-politische Ordnung bedroht, respektive feindlich gegenüber ihnen allen eingestellt ist, wird ein von ihm begangenes Delikt nicht als politisch gewertet. Zu Beginn dieses Jahrhunderts, der durch verstärkte Aktivitäten von Anarchisten und der daraus resultierenden, immer stärker um sich greifenden Furcht vor ihnen gekenzeichnet war, wurden internationale Verträge abgeschlossen, die vorsahen, daß solche Delikte unter keinen Umständen als politische Straftaten zu betrachten sind.[29] Später übernahmen die Kommunisten diese Rolle. Hierfür charakteristisch ist Art. 3 des zwischen dem Königreich Jugoslawien und Ungarn abgeschlossenen Auslieferungsvertrages vom 22. Februar 1928, in welchem es heißt:

»... Es versteht sich, daß als politische Straftat oder als mit einer solchen in Verbindung stehend nicht ein gegen menschliches Leben, persönliche Sicherheit oder persönliches Eigentum gerichtetes Delikt, das mit der kommunistischen Bewegung in Verbindung steht, anzusehen ist.«[30]

3. Diese allgemeinen Ausnahmen erhalten neben den vielen anderen in den einzelnen internationalen Verträgen und Auslieferungsgesetzen vorhandenen noch mehr Gewicht, wenn man im Auge behält, daß der Begriff »politische Straftat« in den nationalen und internationalen Rechtsquellen, in welchen er erwähnt wird, in der Regel nicht definiert ist.[31]

In Anbetracht der Tatsache, daß der Terminus »politisches Delikt« auf dem Gebiet des Auslieferungsrechts offensichtlich seine lexikalische Bedeutung verliert, erhebt sich die Frage, inwieweit es überhaupt noch sinnvoll erscheint, ihn als Bezeichnung von Gründen beizubehalten, deretwegen die Auslieferung abgelehnt werden kann, oder ob man nicht direkt auf solche Gründe verweisen sollte. Es erscheint uns an dieser Stelle angebracht, den anderen Weg zu beschreiben und auf

---

28 Art. 2 und 3. Siehe Anm. 25
29 Beispiele bei L. DEERE, a. a. O. (Anm. 22), S. 255
30 N. PAHORUKOV: Zbirka ugovora i konvencija o pravnoj pomoci u gradjanskim i krivicnim stvarima, Beograd 1932, S. 216
31 Die einzige Ausnahme ist wahrscheinlich im Art. 3, Abs. 2 des deutschen Auslieferungsgesetzes vom 23. 12. 1929. RGBl I, S. 239, enthalten.

die wirklichen Hindernisse hinzuweisen, die bei der Auslieferung auftreten können, insbesondere, wenn es sich um Straftäter handelt, die terroristische Akte ausführen.

a) »Politische« Güter. –

Der Hauptgrund für eine Nichtauslieferung kann darin liegen, daß das verfolgte Individuum Güter eines Staates angegriffen hat, denen gegenüber sich der ersuchte Staat gleichgültig verhält bzw. nicht die gleiche Haltung einnimmt, wie der ersuchende Staat. Das Adjektiv »politisch« soll hier auf die Differenzierung zwischen Staat und Regime sowie der Gesamtbevölkerung und einer an der Macht befindlichen Gruppe verweisen. Der fremde Staat will und darf sich nicht einmischen, welche politische Gruppe die Macht im anderen Staat ergreifen wird. Die politische Ordnung eines Staates ist zwar in höchstem Maße nationales, nicht aber auch gleichzeitig internationales Gut. Aufgrund der Klassenstruktur des Staates umfaßt ein derart definiertes Gut aber auch Werte, die vielen Ländern gemeinsam sind. Bei den bürgerlichen Staaten drückte sich diese Gemeinsamkeit in der Schaffung des sog. »sozialen Verbrechens« aus. An den Grundfesten einer vorrangig auf wirtschaftlichen und vermögensrechtlichen Prinzipien beruhenden Gesellschaftsordnung, die sich außerhalb einer liberalen Demokratieauffassung bewegte, durfte nicht gerüttelt werden.[32]

Andererseits liegt es nicht im Interesse der sozialistischen Länder, einen neutralen Begriff »politisches Gut« anzuerkennen, der dann von einer nichtvorhandenen Indifferenz dem gegenüber ausgeht, was dieses Gut in Wirklichkeit bedeutet: Indifferenz gegenüber den Gegnern des Sozialismus in anderen Ländern.[33] In dem durch die Bündnispolitik geschaffenen Zustand hört die äußere Sicherheit, nachdem sie zu einem gemeinsamen Verteidigungsgegenstand geworden ist, auf, Teil des »politischen Gutes« zu sein. In der Zeit des »kalten Krieges« ist dies eine um so gewaltigere Ausnahme gewesen, als die ideologische Zugehörigkeit häufig mit Sympathie gegenüber einer bestimmten Gruppe von Staaten gleichgesetzt wurde.[34]

Im Gegensatz dazu ist in den bilateralen Beziehungen zwischen Staaten mit unterschiedlicher sozio-politischer Struktur die Tendenz festzustellen, daß sich der Begriff »politisches Gut« auch auf solche Gebiete ausdehnt, die nach traditioneller Anschauung nicht unter die Machtverhältnisse fallen. Eine solche Begriffserwei-

---

32 Dazu M. Lerner: Political Offenders, In: Encyclopaedia of the Social Sciences, XI (1953), S. 202
33 Vgl. M. D. Schargorogskij: Nekotorie voprosy mezhdunarodnogo ugolovnogo prava, Sovetskoe gosudarstvo i pravo, 1947, Heft 3, S. 29; F. J. M. Feldgrubbe: Strafrecht und politische Solidarität zwischen den Staaten Osteuropas, in: O. Wolff von Amerongen (Hrg.): Rechtsfragen der Integration in Ost und West, Berlin 1976, S. 213 ff.
34 Dazu M. R. Garcia-Mora: International Law and Asylum as a Human Right, Washington 1956, S. 70 f.; C. H. R. Thornberry: Dr. Soblen and the Alien Law of the United Kingdom, The International and Comparative Law Quarterly, XII (1963), S. 414 ff.

terung wird formell mit der immer stärkeren Einflußnahme des Staates auf die Wirtschaft begründet, so daß Straftaten aus dieser Sphäre einen Angriff gegen das Regime bedeuten.[35]

Damit zeigt sich nur, daß die Qualifizierung von Delikten als nicht auslieferungsfähige politische Taten im Hinblick auf das breite Spektrum poltischer Interessen ihren Sinn verliert und daß Werte aus den Bereichen, in denen sich die einzelnen Gesellschaftsordnungen am stärksten unterscheiden, deshalb als »politische« gelten, weil ein Angriff gegen sie in einem Staat mit einem anderen politischen System eher auf Zustimmung als auf Ablehnung stoßen muß.

b) *Charakter des Angriffes gegen ein »politisches Gut«.* –

Über Hindernisse dieser Art haben wir bereits gesprochen, als von der Verengung des Begriffes »politische Straftat« die Rede war. Wir haben sie bei dieser Gelegenheit aber nicht als Hindernis, sonder als Auslieferungserleichterungen bezeichnet. Bestimmte Arten von Angriffen gegen »politische Güter« verdienen ihrer selbst willen und nicht der Natur des »politischen Gutes« wegen, allgemein verurteilt zu werden. Damit aber ein solcher Angriff gegen ein »politisches Gut« dennoch die Auslieferung verhindert, müssen gewisse Spielregeln beachtet werden. Dieses Problem haben Gerichte und sonstige zuständige Behörden meistens mittels sog. relativer, konnexer bzw. komplexer politischer Straftaten gelöst, die dadurch gekennzeichnet werden, daß außer dem »politischen Gut« auch solche Werte verletzt worden sind, denen der ersuchte Staat nicht gleichgültig gegenübersteht. (Und gerade Terrorakte sind solche Taten.)

Bei dieser Einschätzung lassen sich drei grundlegende Kriterien feststellen. Eines ist die Angemessenheit (Verhältnismäßigkeit), und stützt sich darauf, ob die Tat wirklich geeignet ist, ein politisches Gut zu gefährden. Als Muster einer solchen Haltung gilt der klassische englische Präzedenzfall *Castioni*, bei dem verlangt wird, daß die begangene Tat ein angemessenes Mittel im Verhältnis zum Zweck war, daß ein größerer innerstaatlicher Konflikt besteht und daß eine organisierte politische Bewegung, die mit dieser Tat in Verbindung steht, vorhanden ist.[36]

In Anbetracht dessen, daß viele, insbesondere marxistische Kritiker dem sog. »revolutionären Terrorismus« häufig Unangemessenheit in bezug auf das zu erreichende Ziel absprechen, wäre diese Konstruktion durchaus ernst zu nehmen, wenn sie nicht in der Praxis unter dem Einfluß anderer Umstände zu unterschiedlichen Ergebnissen führen würde. Dies war schon vor der großen zeitgenössischen Blockspaltung der Fall. So gestattete der Schweizerische Bundesgerichtshof 1908 die Auslieferung von Sozialrevolutionären an Rußland, die aufgrund eines »Urteils«

---

35 Vgl. H. SCHULTZ, a. a. O. (Anm. 26), S. 461
36 Siehe oben, Anm. 27. In der Rechtsprechung des schweizerischen Bundesgerichts ist der Maßstab des angemessenen Mittels stark vertreten: siehe z. B. die Entscheidungen in den Fällen Kaphengst (Annual Digest, 1929, S. 292) und Nappi (International Law Reports, 1952, S. 376).

ihrer Partei den Polizeikommandanten einer Stadt liquidiert hatten, nachdem er (der Bundesgerichtshof) befunden hatte, daß die ungebührliche Verhaltensweise des Polizisten durch eine Beschwerde an seine übergeordnete Stelle hätte korrigiert werden können. Kurz zuvor hatte aber dasselbe Gericht die Auslieferung von drei Georgiern abgelehnt, die einen Banküberfall verübt hatten, um ihrer sozial-föderalistischen Partei Geldmittel zu beschaffen. Der Vergleich dieser beiden Fälle veranlaßt KIRCHHEIMER zu der ironischen Bemerkung, daß nach dem Schweizer Gericht ein Banküberfall das geeignetere Mittel zur Stürzung des Regimes sei als die Vollstreckung des Todesurteils einer illegalen oppositionellen Organisation.[37]

Nach dem 2. Weltkrieg haben Flüchtlinge, die straffällig wurden, um sich das Verlassen des Landes, mit dessen Regime sie nicht einverstanden waren, zu ermöglichen, große Verwirrung gestiftet. Während derartige Taten einschließlich Luftpiraterie, auf den Osten beschränkt blieben, bestand im Westen die starke Tendenz, diese als »geeignet« zum Angriff gegen ein politisches Gut zu betrachten.[38] Man ging sogar so weit, flüchtige Täter auch bei mehrfachem Mord nicht nur nicht auszuliefern, sondern sie im Zufluchtsstaat nicht einmal gerichtlich zur Verantwortung zu ziehen.[39]

Das nächste Kriterium ist vorwiegend moralischer Natur. Ein Angriff gegen ein politisches Gut muß bestimmte ehrenhafte, ritterliche Merkmale aufweisen. Davon legt bereits die angeführte Haltung des Instituts de Droit international und deren Analogie zum Kriegsrecht Zeugnis ab. In dieser Hinsicht ist ganz besonders Mord in die Schußlinie geraten, der nicht toleriert wird, wenn es sich beim Opfer um einen hohen Staatsvertreter handelt (Attentatsklausel) bzw. wenn er heimtückisch, nicht in offenen Kampf ausgeführt worden ist, wie dies das deutsche und finnische Auslieferungsgesetz vorsehen. Solche Lösungen sind auch in einigen bilateralen Auslieferungsverträgen enthalten.[40] Die Analogie mit dem Kriegsrecht wurde auch in das französische Auslieferungsgesetz von 1929 aufgenommen (Art. 5, Abs. 2),

---

37 O. KIRCHHEIMER: Asylum, American Political Science Review, LIII (1959), S. 1006 f.
38 Z. B. die Entscheidungen in den Fällen Kavic, Bjelanovic, Arsenijevic (Schweizerisches Bundesgericht – International Law Reports, 1952, S. 371 ff.) und Regina v. Governor of Brixton Prison ex parte Kolczynski and Others (Queen's Bench Division – International Law Reports, 1954, S. 240 ff.).
39 H. SCHULTZ berichtet über eine Flugzeugentführung im Jahre 1948 aus Bulgarien in die Türkei, wobei zwei Personen getötet und eine schwer verletzt wurden. Die Täter wurden nicht ausgeliefert und später vom zuständigen türkischen Gericht freigesprochen wegen der politischen Natur des Verbrechens. A. a. O. (Anm. 26), S. 461, Anm. 284. Anders das österreichische Bundesgericht im Falle Pfeil (7 Os 303/58 vom 30. 12 1959): ein ungarischer Soldat, der, um die eigene Flucht ins Ausland zu ermöglichen, einen anderen Soldaten erschossen hatte, wurde nicht ausgeliefert, aber seine Tat wurde wegen der nicht angemessenen Mittel nicht als politisches Delikt anerkannt, so daß er nach österreichischem Recht wegen Totschlags verurteilt werden konnte.
40 Z. B. Art. 3 Abs. 2 a des Vertrags zwischen der S.F.R. Jugoslawien und der Bundesrepublik Deutschland über die Auslieferung vom 26. November 1970, Bundesgesetzblatt Teil II, 1974, S. 1259.

fand aber kein großes Echo. Angesichts der Bestrebungen, innerstaatliche Konflikte zu humanisieren, wie das in den gemeinsamen Bestimmungen der Genfer humanitären Konventionen von 1949 zum Ausdruck gekommen ist, sowie im Hinblick auf die zahlreichen, durch Terrorakte ausgelösten moralischen Einwände, behält dieser Maßstab auch weiterhin seine Gültigkeit.

Die dritte Art, eine Verbindung zwischen Tat und »politischem Gut« herzustellen, kommt in der sog. »Subjektiv-Theorie« zur Geltung, derzufolge Motive und Absichten des Täters seinen Akt »veredeln«, d. h. ihn zu einer politischen Straftat machen, sofern er auf diese Weise versucht, ein »politisches Gut« anzugreifen. Eine solche Konnexion besteht lediglich in der Täterpsyche, kann also objektiv nicht erforscht werden. Wenn im Zusammenhang mit einer Auslieferung nur solche Tätereigenschaften gewertet werden, die bei Begehung der Straftat, gegen die sich das Auslieferungsbegehren richtet, zum Ausdruck kamen, soll damit festgestellt werden, ob der Täter nur für die ihn verfolgende Regierung staatsgefährdend oder ob er in einem weiteren Sinne asozial ist. Bezüglich der Motive sind aber in der Praxis – wegen der Beweisschwierigkeit – gewisse objektive Beurteilungsmaßstäbe zuhilfezunehmen, während andererseits die objektiven Merkmale durch das Hereinnehmen politischer Beweggründe ergänzt werden mußten. Das Fehlen eines politischen Motivs kann nämlich den politischen Charakter einer Tat sogar dann infrage stellen, wenn sämtliche vorgesehenen »objektiven« Bedingungen gegeben sind.[41]

c) Merkmale des flüchtigen Täters. –

Wenn angenommen wird, gewisse, mit dem begangenen Delikt nicht in Verbindung stehende Tätermerkmale würden dessen Auslieferung vollständig ausschließen, ist in Wirklichkeit gar nicht mehr von einer politischen Straftat die Rede. Die entscheidenden Tätermerkmale werden außerhalb der begangenen bzw. im Auslieferungsantrag angeführten Tat ermittelt.

Der Status des verfolgten Individuums verhindert dessen Auslieferung. Daher liefern die meisten Länder ihre eigenen Staatsangehörigen nicht aus. In der Vergangenheit waren abolitionistische Staaten nicht gewillt, flüchtige Sklaven auszuliefern, ungeachtet der ihnen zur Last gelegten Straftaten.[42] Heute ist die Nichtauslieferung von Personen, die Asylrecht genießen oder Flüchtlingsstatus haben, aktuell.

Wenn wir einmal Asyl in der Bedeutung von Auslieferungsasyl, d. h. als Folge eines Nichtauslieferungsbeschlusses, beiseite lassen, kann diese Einrichtung mit der Straftäterauslieferung und somit auch mit der Auslieferung terroristischer Täter in Kollision geraten, wenn die Rechtsprechung des ersuchten Staates eine Ausliefe-

---

41 Vgl. die Entscheidung der argentinischen Camara nacional especial im Falle Peyre, International Law Reports, 1955, S. 525 ff.
42 Nach der Entscheidung im Falle Creole (1841). J. B. Scott, a. a. O. (Anm. 27), S. 273. Siehe H. Donnedieu de Vabres: Les principes modernes de Droit pénal international, Paris 1928, s. 262

rung von Ausländern nicht gestattet, die auf seinem Territorium Zuflucht vor der Verfolgung im eigenen Land gefunden haben.

Asylgewährung ist souveränes Recht eines jeden Staates. Wenn trotzdem eine internationale Auslieferungspflicht besteht, kann diese nicht durch das Bestehen innerstaatlicher Beschlüsse über Asylgewährung und durch innerstaatliche Rechtsvorschriften aufgehoben werden, die eine Auslieferung des Asylanten verbieten. In der Rechtspraxis der Bundesrepublik Deutschland wird aber eine solche Möglichkeit der Unterlassung von Hilfeleistung bei der Strafverfolgung gar als Resultat des unbegrenzten Rechtes eines Staates angesehen, einem Ausländer den Sonderstatus eines Asylanten zu verleihen, der ihn vor der Auslieferung ohne Rücksicht auf die begangene Straftat schützt.[43]

Nachdem Art. 16, Abs. 2 des Bonner Grundgesetzes dahingehend ausgelegt wird, daß er dem Einzelnen Anspruch auf Asylgewährung sichert, der von keinem wie auch immer gearteten Beschluß einer zuständigen Behörde abhängig gemacht werden darf, wird klar, daß damit Abweichungen möglich werden und Auslieferungsbegehren solcher Regierungen abgelehnt werden können, die mit politischen Vorurteilen behaftet sind. Es wurde sogar gestattet, daß der Verbrecher erst *nach* seiner Flucht in der Bundesrepublik Deutschland Handlungen begeht, die ihn im Heimatstaat möglicherweise einer Verfolgung aussetzen könnten, um ihn sich auf diese Weise für die Asylgewährung und damit eine Auslieferungsablehnung qualifizieren zu lassen.[44]

Als Auslieferungshindernis ist ferner der Umstand zu betrachten, daß dem Täter Flüchtlingsstatus im Sinne des Abkommens über den Rechtsstatus von Flüchtlingen aus dem Jahre 1951 zugebilligt wird. Obwohl Art. 33 dieses Abkommens ein Abschieben von Flüchtlingen in den Herkunftsstaat »in welcher Form auch immer« verbietet,[45] ist zu beachten, daß sich die Verfasser dieses Abkommens ausdrücklich von der Absicht distanziert haben, damit an den zwischen den Unterzeichnerstaaten bestehenden Auslieferungsverträgen zu rühren.[46] Außerdem spricht Art. 1, F, b dieses Abkommens einer Person ausdrücklich den Flüchtlingsstatus ab, die eine schwerwiegende nichtpolitische Straftat »außerhalb des Zufluchtsstaates« und ehe sie in diesem Aufnahme gefunden hat, begangen hat.

d) Merkmale des ersuchenden Staates. –

Aus den bisherigen Beispielen ging bereits hervor, daß die Interpretation eines so unpräzisen Begriffs wie »politisches Delikt« vielfach von der Haltung gegenüber

---

[43] Siehe den Beschluß des Bundesgerichtshofs im Falle Lestrel, International Law Reports, 1953, S. 370. Kritik in METTGENBERG-DOERNER: Deutsches Auslieferungsgesetz, 2. Aufl., Berlin–Frankfurt 1953, S. 269

[44] Beschluß des Bundesverfassungsgerichts vom 4. 2. 1959. Juristenzeitung, 1959, S. 283 ff.

[45] Dazu H. GRÜTZNER, Stichwort „Auslieferung" in: STRUPP-SCHLOCHAUER: Wörterbuch des Völkerrechts, I, S. 119

[46] Siehe UNO Dok. A/Conf. 2/SR 24, 29

dem ersuchenden Staat abhängig ist. Wie bei jeder anderen Rationalisierung, ist auch hier der Einfluß mittelbar und verbirgt sich hinter scheinbarer Unvoreingenommenheit. Doch das Mißtrauen gegenüber einem bestimmten Staat wird auch offen gezeigt und die Befürchtung gehegt, daß dieser das Spezialitätsprinzip mißachtet, demzufolge die ausgelieferte Person nur für die im Auslieferungsbeschluß angeführten Taten belangt werden darf, für alle anderen Taten aber erst aufgrund einer nachträglichen Billigung des ersuchten Staates oder nach Ablauf einer angemessenen Frist; während dieser Frist muß dem Beschuldigten die Möglichkeit geboten worden sein, sein Land zu verlassen, oder aber er muß, indem er im Lande verblieb, damit einverstanden sein, sich einem gerichtlichen Verfahren zu unterziehen. Solch ein Ausdruck des Mißtrauens tauchte schon eher, als man annehmen sollte, nämlich im britischen Auslieferungsgesetz von 1870 auf, das dem Verfolgten ermöglichte, der Auslieferung zu entgehen, falls er die »zuständigen Behörden« überzeugen konnte, daß der Auslieferungsantrag in Wirklichkeit nur mit der Absicht gestellt worden war, ihn wegen eines politischen Vergehens strafrechtlich zu verfolgen.[47] Ihrem Inhalt nach hatte diese Bestimmung in viele internationale Verträge Eingang gefunden, besonders, wenn Großbritannien oder die Vereinigten Staaten eine der Vertragsparteien waren; man war jedoch mit der praktischen Anwendung äußerst zurückhaltend, weil sonst die Gerichte in die undankbare Lage gebracht wurden, sich nachteilig über Regierungen zu äußern, mit denen ihr Land diplomatische Beziehungen unterhielt. In diesem Sinne lehnte es schon 1896 die *Queen's Dench Division* ab, einen solchen Einwand in Betracht zu ziehen, denn »das Gericht kann Ihnen nicht gestatten, zu beweisen, ein befreundeter Staat handle nicht in gutem Glauben, wenn er einen Auslieferungsantrag stellt. Das ist eine Frage, mit der sich dieses Gericht nicht befassen kann.«[48]

Zuzeiten des »Kalten Kriegs« und der damit verbundenen scharfen Trennung zwischen den einzelnen Ländern mit unterschiedlichen politischen Systemen stellte dies das größte Auslieferungshindernis dar. Es kam so weit, daß Regierungen, Gerichte und Rechtsautoren davon ausgingen, daß die Auslieferungsanträge gewisser Länder *a priori* gewissenlos auf eine politische Abrechnung mit dem Flüchtling zielten, und deshalb ungeachtet bestehender Vertragspflichten jegliche Hilfeleistung bei der Bekämpfung von Kriminalität ablehnten.[49]

---

47 Extradition Act 1870, Art. 3, Abs. 1. Research in International Law (Anm. 24), S. 393
48 Entscheidung im Fall Arton (No. 1) – L. C. Green: Political Offences, War Crimes, and Extradition, International and Comparative Law Quarterly, XI (1962), S. 352. Ähnlich das schweizerische Bundesgericht im Fall Stephany (1906), H. Schultz, a. a. O. (Anm. 26), S. 442
49 Vgl. die in Anm. 44 erwähnte Entscheidung (Auslieferung an Jugoslawien) mit dem Beschluß des Bundesgerichtshofs vom 11. 1. 1961 (Auslieferung an Frankreich) – Archiv des Völkerrechts X (1962–3), S. 467. Der australische Premier Menzies formulierte 1956 folgendermaßen den Standpunkt seiner Regierung: „In present circumstances the Australian Government must be convinced before agreeing to an extradition that an application from an Eastern European country was bona fide and not a pretext to

Multilaterale Verträge, wie beispielsweise das lateinamerikanische Abkommen über Territorialasyl (Caracas 28. März 1954 – Art. 4), die Europäische Auslieferungskonvention vom 13. Dezember 1957 (Art. 3, Abs. 3), oder das Europäische Abkommen zur Bekämpfung des Terrorismus vom 27. Januar 1977 (Art. 5), enthalten ähnliche Lösungen. Eine Zurückweisung des Auslieferungsbegehrens wird dann gestattet, wenn Zweifel bestehen, ob dem Antrag nicht die tatsächliche Absicht zugrundeliegt, das verfolgte Individuum wegen seiner Rasse, seiner Religionszugehörigkeit, Nationalität oder politischen Überzeugung zu verfolgen oder zu bestrafen, oder wie im Fall der europäischen antiterroristischen Konvention, sich aus den gleichen Gründen die Lage des Ausgelieferten verschlechtern würde.

Wir haben bereits erwähnt, wie schwierig es ist, Beweggründe und Absichten einer Person festzustellen. Man kann sich leicht vorstellen, wie schwer das erst bei diesbezüglichen Regierungsentscheidungen ist. Abgesehen davon werden die Organe des ersuchten Staates gezwungen, sich zu Fragen, die sie nicht vollständig untersuchen können, äußern zu müssen und über einen anderen Staat zu urteilen, der sich selbstverständlich nicht in der Lage sieht, sich vor diesen Organen hinsichtlich der an seiner Korrektheit geäußerten Zweifel zu rechtfertigen. Anstatt die internationalen Beziehungen von Reperkussionen innerstaatlicher politischer Kämpfe freizuhalten, was ja der Zweck des Ausschusses politischer Straftäter von der Auslieferungspflicht ist, werden diese Beziehungen durch die jetzige Lösung eher noch mehr belastet.

4. Nimmt man zu der Tatsache, daß eine allgemein gültige Definition des Begriffs »terroristischer Akt« fehlt, noch das Bestehen des unklaren Begriffs »politische Straftat« hinzu, einschließlich einer weiteren Anzahl von Hinderungsgründen, die bei der Terroristenauslieferung auftreten können, so gelangt man in bezug auf Möglichkeiten einer weltweiten Zusammenarbeit bei der Bekämpfung des internationalen Terrorismus, der ja *per definitionem* internationale Werte gefährdet, zu einer pessimistischen Schlußfolgerung. Es dürfen jedoch auch gewisse andere, theoretisch weniger ehrgeizige, gemäßigte Lösungen nicht außer acht gelassen werden, die dadurch ermöglicht werden, daß viele Erscheinungsformen des Terrorismus allgemeiner Art und nicht an eine bestimmte Gruppe von Saaten gebunden sind.

Unter Berücksichtigung dessen, daß es schon theoretisch unmöglich ist, das Phänomen Terrorismus allgemein gültig zu definieren, und daß dies noch viel weniger in einem Forum möglich ist, an dem über 150 Staaten teilnehmen würden, ging man, ohne das bewußte Wort zu erwähnen, zu einer multilateralen Regelung der Bekämpfung und Ahndung gewisser terroristischer Erscheinungsformen über, bei

---

procure the custody of an individual for other purposes". The Times (London), 14. 4. 1956. Siehe F. Franz: Asylanspruch der politisch Verfolgten, Heilsbronn-Colloquium, 1963, Schriftenreihe der Deutschen Nansen-Gesellschaft, Heft 3, München–Augsburg 1963, S. 83; E. Hambro: Extradition and Asylum, Festschrift für Rudolf Laun, Jahrbuch für internationales Recht, XI (1962), S. 180 Anm. 2; H. Meyer: Die Einlieferung, Bonn 1953, S. 92 ff.

denen die allgemeine Übereinstimmung bestand, daß sie eine Bedrohung universeller Werte darstellen.[50] Dies trifft in den bereits erwähnten Abkommen zu, die sich mit Luftpiraterie und Angriffen gegen völkerrechtlich geschützte Personen befassen, und dasselbe wird auch von der Bundesrepublik Deutschland mit einer Initiative zum Abschluß eines Abkommens gegen Geiselnahme versucht.[51]

Die von den bislang ratifizierten Konventionen angebotenen Auslieferungslösungen sind im allgemeinen uniform und bestehen wie erwähnt darin, auf bereits existierende Verträge zu verweisen. Neue Verträge müssen die erfaßten Straftatsbestände obligatorisch mit einbeziehen und die Auslieferungsmöglichkeit vorsehen. Außerdem sind die Vertragsstaaten unter Beachtung des Prinzips *aut dedere, aut judicare,* verpflichtet, den Täter den eigenen Gerichten zu überantworten, falls sie aus irgendeinem Grund die Auslieferung verweigern.

Damit werden selbstverständlich die beschriebenen Auslieferungshindernisse nicht behoben, denn bisher ist noch kein Vorschlag akzeptiert worden, den inkriminierten Erscheinungsformen des Terrorismus von vornherein die Eigenschaft des politischen Verbrechens im Sinne der Auslieferung zu nehmen. Entsprechend dem Bedürfnis nach einer gemeinsamen Bekämpfung des internationalen Terrorismus, das in der heutigen weltweiten Verflechtung das Bestehen von zweierlei Standards nicht gestattet, können die Unzulänglichkeiten in den internationalen Abkommen in einem engeren Staatenkreis sowie auch zwischenstaatlich durch bilaterale und regionale Verträge ausgemerzt werden. Einige dieser Hindernisse sind zwischen den Mitgliedsstaaten des Europarates durch Art. 1, Abs. a des Europäischen Abkommens zur Bekämpfung des Terrorismus beseitigt.

In bilateralen Verträgen kann eine noch allumfassendere, allgemein gültige Lösung gefunden werden, derzufolge eine Tat nicht als politisches Delikt anzusehen wäre, wenn beide Staaten aufgrund von multilateralen Verträgen verpflichtet sind, diese strafrechtlich zu ahnden.[52]

Obwohl allgemeine Bestrebungen nach einer erschöpfenden Definition des internationalen Terrorismus sicher Vorteile hätten, ist anzunehmen, daß man auch in Zukunft Schritt für Schritt auf dem bereits begangenen Weg fortfahren wird; er entspricht mehr den realen politischen Gegebenheiten und ermöglicht es den

---

50 Dazu R. Lagoni: Die Vereinten Nationen und der internationale Terrorismus, Europa-Archiv, XXXII (1977), S. 171 ff.; V. Dimitrijevic: Aktuelna pravna pitanja medjunoradnog terorizma, Jugoslovenska revija za medjunarodno pravo 1974, S. 55 ff.Ders. in: Report of the Fifty-Sixth Conference, International Law Association, London 1976, S. 164 ff.
51 Report of the Ad Hoc Committee on the Drafting of an International Convention Against the Taking of Hostages, UNO Dok. A/33/39
52 Solche Klauseln enthalten die Auslieferungsverträge Jugoslawiens mit der Bundesrepublik Deutschland (Art. 3, Abs. 2 b – siehe Anm. 40) und Bulgarien (Art. 71, Abs. 2 des Rechtshilfevertrags vom 23. 3. 1956 – Sluzbeni list FNRJ, Dodatak, 1/1957). Für die früheren Auslieferungsverträge der Bundesrepublik Deutschland siehe H. Meyer, a. a. O. (Anm. 49) S. 101

Staaten außerdem, Ländern gegenüber, in die sie kein Vertrauen haben, überhaupt keine Auslieferungsverpflichtungen einzugehen, anstatt zu versuchen, übernommene Verpflichtungen nicht einzuhalten. Diese Art des Vorgehens wird jedoch nur dann Erfolg haben, wenn sich die Staaten streng an einmal übernommene Auslieferungsverpflichtungen halten, und, sollten solche Verpflichtungen nicht bestehen, von sich aus die für die ganze Völkergemeinschaft eine Bedrohung darstellenden Täter des internationalen Terrorismus strafrechtlich verfolgen. Es ist die Pflicht eines jeden Staates, den Mißbrauch seines Hoheitsgebietes zum Zwecke von terroristischen Angriffen gegen andere Staaten zu verhindern. Diese Pflicht ist abermals in der Deklaration der Vereinten Nationen über freundschaftliche Beziehungen und Zusammenarbeit zwischen Staaten vom 24. Oktober 1970 von den Mitgliedstaaten der Weltorganisation einstimmig bestätigt worden. Um seine völkerrechtliche Verantwortung wahrzunehmen, muß der territoriale Staat entsprechende präventive und repressive Maßnahmen ergreifen. Unter letzteren versteht sich die Bestrafung der für die im Inland ausgeübten und vorbereiteten terroristischen Taten verantwortlichen Personen, die aus irgendeinem Grund nicht ausgeliefert wurden.

Europäische Integration und das deutsche Grundgesetz

THOMAS OPPERMANN, Tübingen

I. Zu Entstehung und Entwicklung der Europäischen Integration

1. Zum Begriff der Europäischen Integration

Das Vorstellungsbild der Europäischen Integration hat sich nach 1945 entwickelt. Man kann im Rückblick bis heute von einer doppelten Bedeutung des Begriffes sprechen.[1] Zum einen wird damit in einem mehr zeitgeschichtlich/politischen Sinne das Bemühen der westeuropäischen Staaten und Völker nach dem 2. Weltkrieg um einen engeren organisatorischen Zusammenschluß dieser Staaten mit dem Ziel einer vertieften wirtschaftlichen, sozialen, militärischen, kulturellen und allgemeinpolitischen Zusammenarbeit angesprochen. Europäische Integration wird so weitgehend synonym mit »Europabewegung«.[2] In diesem Sinne zählen zur Europäischen Integration so unterschiedliche Verwirklichungen wie etwa der Straßburger Europarat, die Westeuropäische Union, die OECD – in einem weitesten Sinne auch der östliche Rat für gegenseitige Wirtschaftshilfe –, daneben natürlich die drei Integrationsgemeinschaften EGKS, EWG und EAG.

Im engeren juristischen Sinne, dem aber auch eine unübersehbare Realität des organisatorischen Eigenlebens entspricht, ist Europäische Integration jedoch das Schlüsselwort für eben die »Europäische Gemeinschaft« (EG) jener drei letztgenannten Organisationen geworden. Sie unterscheiden sich von der sonst üblichen internationalen Organisationsbildung durch eine quantitativ viel weitergehende, definitiv gemeinte Übertragung staatlicher Funktionen und Befugnisse auf eben eine »Gemeinschaft« (OPHÜLS), die mehr sein will als eine Internationale Organisation klassischen Zuschnittes.[3] Kennzeichnend für die drei Gemeinschaften der

---

1 Näher OPPERMANN, Europäisches Gemeinschaftsrecht, in: Wörterbuch der Jurisprudenz, 1978, S. 117 ff.
2 LIPGENS, Die Anfänge der europäischen Einigungspolitik 1945–1950, 1977.
3 Hierzu etwa IPSEN, Europäisches Gemeinschaftsrecht, 1972, bes. S. 182 ff.; CONSTANTINESCO, Das Recht der EG, I, 1977, bes. S. 200 ff.

heutigen EG ist ferner, daß sie in einer Finalität zu einer »Europäischen Union« stehen, wie seit den siebziger Jahren das allgemeinpolitische Endziel der Teilintegrationen etwas undeutlich umschrieben wird. Im folgenden Zusammenhang der Probleme, die sich aus dem Verhältnis der Europäischen Integration zum deutschen Grundgesetz ergeben, wird Europäische Integration in diesem zweiten, präziseren Verständnis verwendet.

2. Beweggründe für die Europäische Integration

Es war das Erlebnis der Schrecken und der Sinnlosigkeit der Zerfleischung Europas in den beiden Weltkriegen, vor allem 1939–1945, das die dauernde Einheit nahelegte. Die Europabewegung nach dem 2. Weltkrieg konnte dabei von dem Grundtatbestand jahrhundertealter geistiger Gemeinsamkeiten in Europa ausgehen, wie sie sich aus der humanistischen Überlieferung ebenso wie aus der christlichen speisten. Auch an gewissen praktisch-politischen Ausprägungen hatte es in früherer Zeit nicht gefehlt, vom Römischen Imperium über die ihrerseits »supranationalen« Ideen des mittelalterlichen Kaisertums bis zum europaweiten monarchischen Legitimismus einer Heiligen Allianz 1815 ff. oder des mehr machtpolitischen Interessenausgleichs im »Europäischen Konzert« im 19. Jahrhundert. In seiner modernen Ausprägung, der mit Kriegsächtung und wirtschaftlicher Zusammenarbeit eng verbunden ist, manifestierte sich der Europagedanke erstmals in den 20er Jahren neben dem Völkerbund in der deutsch-französischen Kooperation ab Locarno 1925 und in dem gescheiterten BRIAND-Plan einer Föderativen Union von 1930.[4]

Nach 1945 tat in Westeuropa die damals lebhaft empfundene Sorge vor weiterer Expansion der Sowjetunion ein übriges, die Antriebskräfte der Europäischen Integration zu stärken. Das war erfreulich für den Fortschritt der Einigungsbemühungen, bedeutet aber gleichzeitig die geographische Beschränkung der Europäischen Integration auf Westeuropa. Hier kam es seit 1950 zunächst zu einer weiteren Eingrenzung. Während CHURCHILL in Zürich sich 1946 bei seinem Appell zur Gründung der »Vereinigten Staaten von Europa« noch an den ganzen westlichen Teil des Kontinents gewandt hatte, appelierte ROBERT SCHUMAN 1950 bei der Gründung der Montanunion bereits an den engeren Kreis, der wirklich zur »Integration« im vollen Sinne des Wortes bereit war.[5] Dazu gehörten als Kern zunächst nur die drei ehemaligen Großstaaten des westlichen und mittleren Europas Deutschland, Italien und Frankreich, sowie der ihnen eng verbundene belgisch/niederländische Raum. Bei Deutschland und Italien ergab sich ein natürliches starkes Interesse an der Beteiligung an einem europäischen Verbund aus der Ver-

---

4 Zur Geschichte des Europagedankens FOERSTER, Europa. Geschichte einer politischen Idee, 1967; BEUTLER u. a., Die EG, 1979, S. 27 ff.
5 Eingehende Schilderung wieder bei MONNET, Mémoires, 1976, S. 373 ff.

lierersituation von 1945. Die europäische Integration war für sie gleichbedeutend mit einem Abbau der nicht gleichberechtigten Lage, in die man geraten war. Andererseits konnte Frankreich sein Interesse an einer dauerhaften Sicherheit gegen ein Wiederaufleben machtpolitischer Ambitionen vor allem Deutschlands sehr gut in einer Organisation verwirklichen, in der als erstes die beiderseitige Wirtschaft gemeinsam verwaltet und damit indirekt kontrolliert wurde.[6] Neben dieser glücklichen Konvergenz partikularer Interessen stand der gemeinsame Wille der Selbstbehauptung eines unabhängigen Westeuropas – freilich in enger Verbindung mit den Vereinigten Staaten.

3. Entwicklung der Europäischen Integration 1950 – Ende der siebziger Jahre

Alles in allem bietet die Europäische Integration seit ihren Anfängen in der EGKS ab 1950 ein Bild des Voranschreitens und des mindestens wirtschaftlichen Erfolges. Rückschläge, ja Krisen gehören freilich immer wieder zum Gesamtbild, ebenso wie scheinbar endlose Zeiten der Stagnation. Vergleicht man jedoch den Anfang mit dem heutigen Stand, ist die Bilanz dennoch eindeutig positiv. Auf wirtschaftlich/sozialem Gebiet sind im Gemeinsamen Markt Fakten geschaffen worden – Zollunion, Freizügigkeit, gemeinsame Außenhandelspolitik und vieles andere, vielleicht auch bald die Währungsunion –, die wohl noch nicht endgültig unwiderruflich genannt werden können, eine Umkehr auf dem eingeschlagenen Wege aber bereits als sehr unwahrscheinlich erscheinen lassen.[7] Außerhalb der Integration steht seit dem Scheitern der EVG 1954 allerdings der militärische Bereich, dessen Strukturen durch die NATO-Lösung »atlantisch« geworden sind. Dagegen befindet sich die allgemeinpolitische Integration seit den siebziger Jahren wieder in der Entwicklung, nachdem sie die »Tiefs« des Scheiterns der Europäischen Politischen Gemeinschaft (EPG) – ebenfalls 1954 – und die lähmende Auseinandersetzung mit der gaullistischen Doktrin des »Europas der Vaterländer« in den sechziger Jahren allmählich überwunden hat. Die teilweise gut funktionierende Europäische Politische Zusammenarbeit (EPZ) gegenüber der Außenwelt, die Schaffung des Europäischen Rates der Regierungschefs 1974 und vor allem die Perspektive der Direktwahlen zum Europäischen Parlament ab 1979 mit ihrer Integration nunmehr auch der Parteistrukturen sind wichtige Etappen.[8] Ein zuverlässiger Gradmesser des Erfolges der EG war und ist ihre Anziehungskraft auf andere Staaten. Der 1973 vollzogene 1. Beitritt von England, Dänemark und Irland und die sich abzeich-

---

6 Vgl. u. a. die Schilderung dieser Zeit in BRUGMANS, L'idée européenne 1920–1970, 3. Aufl. 1970.
7 Gesamtdarstellung des erreichten Integrationsstandes u. a. bei HALLSTEIN, Die EG, 5. Aufl. 1979.
8 ALLEN-WALLACE, Die EPZ, 1977; LAUWAARS, The European Council, CMLRev 1977, S. 25 ff.; OPPERMANN, Parlamentarisierung der EG?, FS v. d. Heydte, 1977, I, S. 449 ff.

nende 2. Erweiterung nach Süden (Griechenland, Portugal, Spanien) sprechen insoweit ebenso für sich wie die zahlreichen Assoziationsverbindungen in alle Welt.[9]

4. Das Ziel der EG

Bei aller Expansion ist das endgültige Ziel der Europäischen Gemeinschaft eher undeutlicher geworden. Den »Vätern« ADENAUER, DE GASPERI, MONNET, SCHUMAN, SPAAK u. a. schwebte ein europäischer Bundesstaat vor, für den die stufenweise wirtschaftliche Integration nur erste Schritte sein sollten.[10] DE GAULLE brachte mit seiner Verteidigung der Staatensouveränität diese Vision in Verzug und Mißkredit. Bei der Wiederaufnahme der politischen Zusammenarbeit in Den Haag 1969 erfand man bald das Stichwort von der »Europäischen Union«, die angeblich bis 1980 verwirklicht werden sollte. Inzwischen sieht es nicht danach aus, als ob dieser Zeitplan eingehalten würde. Vor allem wurde nie klar, was das Wort »Union« überhaupt bedeutete, eine vorsichtige Wiederaufnahme der föderalen Pläne oder – wahrscheinlicher – die stärker völkerrechtlich verbleibende Qualität eines Staatenbundes.[11] Man kann sich fragen, ob solche traditionellen Begriffsbildungen dem besonderen Charakter der Europäischen Integration überhaupt gerecht werden. Nach heutigem Stand ist eine Qualität und Intensität der Zusammenarbeit zwischen den Mitgliedstaaten und die Gewährung von persönlichen Rechten an die EG-Bürger erreicht worden, die es verbietet, nur an völkerrechtliche Beziehungen zu denken. Man kann von einer staatsähnlichen Zusammenarbeit sprechen, die freilich noch in den Anfangsstadien steckt (»Parastaatliche Superstruktur«).[12] Man mag sich darüber streiten, ob ein »Point of no return« dieser Verbindung erreicht wurde. Praktisch gesehen ist die Interessenverflechtung wohl bereits so dicht, daß der Sinn einer Auflösung der EG schwer zu erkennen wäre.[13] Bisher sieht es so aus, als ob der weitere Fortschritt sich wie bisher in einzelnen konkreten Schritten vollziehen wird und nicht in dem neuen »Grand design« einer europäischen Konstituante o. ä., das die Gemeinschaft ab einem bestimmten Zeitpunkt in eine neue Phase ihrer Entwicklung überführen würde. In diesem Sinne dürfen die nächsten schrittweisen Integrationsvertiefungen über die Direktwahlen

---

9 Hierzu etwa EVERLING, Die EG nach den Gipfelkonferenzen, Integration 1978, S. 131 ff.
10 Klassisch entwickelt von einem Hauptbeteiligten bei HALLSTEIN, Der unvollendete Bundesstaat, 1969, inzwischen umgewandelt in: Die EG, 5. Aufl. 1979.
11 Der leider folgenlos gebliebene „TINDEMANS-Bericht" an den Europäischen Rat (Die Europäische Union = EG-Bulletin 1/1976) spiegelte diese Ambivalenz deutlich wieder. Vgl. inzwischen etwa ZELLER, Die Strukturkrise der Europäischen Union, EA 1978, S. 205 ff.
12 Näher hierzu OPPERMANN, Die EG als parastaatliche Superstruktur, FS Ipsen, 1977, S. 685 ff.
13 Zur Fragwürdigkeit solcher Vorstellungen DAGTOGLOU, Recht auf Rücktritt von dem Römischen Verträgen?, FS Forsthoff, 1972, S. 77 ff.

und vielleicht auch mit den Auswirkungen eines dauerhaften Währungsverbundes erhofft werden. Die EG bedarf gerade gegenwärtig derartiger Impulse, weil nur mit ihnen die evtl. 2. Erweiterung institutionell bewältigt werden kann. Deren Gefahr liegt darin, daß eine 12-Mitglieder-EG mit dem gegenwärtigen, schwerfälligen Entscheidungsmechanismus unregierbar werden und so zwangsläufig in eine Art lockeren Organisationsverbund zurückverfallen könnte.[14]

II. Zum Rechtscharakter der Integrationsgemeinschaften

WALTER HALLSTEIN, einer der bekanntesten Staatsmänner innerhalb der Europäischen Integration und gleichzeitig eminenter Theoretiker der Gemeinschaftsordnung, hat immer wieder die besondere Bedeutung des Rechtes für Bestand und Entwicklung der EG betont.[15] Die EG ist viel mehr, als ein Staat notwendig Rechtsstaat ist, eine Rechtsgemeinschaft. Das hat seinen Grund darin, daß der Staat kraft vielfältiger Souveränitäts- und Durchsetzungsmittel (Militär, Polizei, Gerichte usf.) seine Existenz notfalls auch einmal in einer außerrechtlichen Situation behaupten kann. Die Gemeinschaften sind dagegen »nur« Rechtsgemeinschaften, d. h. für ihre Existenz auf den Befolgungswillen der Mitgliedstaaten essentiell angewiesen. Hieraus ergibt sich zugleich eine ganz besondere Position für den Gerichtshof der EG. Sein Spruch ist für die Gemeinschaft gewissermaßen die Ultima ratio, die sie einsetzen kann, wenn es darum geht, ein Mitglied von gemeinschaftswidrigem Verhalten abzubringen. Ähnlich ist die Gemeinschaft auf eine zuverlässige Verankerung ihres Rechtes in der Ordnung der Mitgliedstaaten dringend angewiesen. Daher erklärt sich die besondere Bedeutung des Verhältnisses zwischen den Gemeinschaftsverträgen, oft die »Gemeinschaftsverfassung« genannt, und den nationalen Verfassungen. Davon soll hier anhand des Verhältnisses Europäische Integration – Grundgesetz die Rede sein.

1. Die Gemeinschaften als Rechtsschöpfung

Die Gemeinschaften sind – wiederum nach HALLSTEIN – in einem dreifachen Sinne Rechtsgemeinschaft: als Rechtsschöpfung, als Rechtsquelle und als Rechtsordnung.[16]

Rechtsschöpfung sind die EG insofern, als die drei Rechtspersönlichkeiten der EGKS, EWG und EAG durch das (»Verfassungs«-)Recht der Gründungsverträge

---

14 An einem konkreten Fall zeigt dies MUSTO, Spanien und die EG, 1977, bes. S. 184 ff.
15 Z. B.: Die EWG – Eine Rechtsgemeinschaft (Rede 12. 3. 1962), in: HALLSTEIN, Europäische Reden, 1979, S. 341 ff.
16 HALLSTEIN, Die EG, 5. Afl. 1979, S. 51 ff.

geschaffen wurden. Freilich erscheint es wohl doch etwas europa-optimistisch, den Charakter der »Verfassungsgebung« durch einen »Pouvoir européen« zu sehr zu betonen. Richtig ist, daß sich die Gemeinschaftsverträge von normalen völkerrechtlichen Organisationsgründen wesentlich unterscheiden. Sie enthalten neben der Regelung des Organisationsstatuts und z. T. entwicklungsfähigen (Art. 235 EWGV!) Kompetenznormen auch eine ganze Reihe individual-rechtlicher Positionen, die zusammen gesehen dem EG-Bürger eine Art »europäischen Status« (z. B. vor dem EuGH) verleihen.[17]

Die Kompetenzen, die der EG übertragen wurden, gehen weiter als diejenigen klassischer Internationaler Organisationen (z. B. unmittelbar im Mitgliedstaat wirksames VO-Recht). Dennoch sind die Gemeinschaften im Kern auf völkervertragsrechtlicher Grundlage geschaffen worden, und es können diese Verträge mindestens vorläufig noch nach völkerrechtlichen Regeln ergänzt, geändert und vielleicht auch aufgelöst werden. Stellt man die Souveränitätsfrage, bleiben die Mitgliedstaaten in einem letzten Sinne die »Herren der Verträge«.[18]

2. Die Gemeinschaften als Rechtsquelle

Wie es das deutsche BVerfG mehrfach ausgedrückt hat, fließt das Gemeinschaftsrecht aus einer »autonomen Rechtsquelle«, nämlich aus den der Gemeinschaft auf Dauer übertragenen Kompetenzen.[19] Diese sind allerdings nicht unbegrenzt bzw. »souveräner« Ergänzungen durch die EG fähig. Abgesehen von dem auch der Gemeinschaft bekannten, letztlich aber eingegrenzten Problem der »implied powers« (Art. 235 EWGV), beschränkt sich die Gemeinschaftsaktion auf die Befugnisse, die den EG über die Verträge mitgegeben worden sind (»System der enumerativen Einzelermächtigung«).[20] Das bedeutet nicht nur eine Begrenzung nach den Sachbereichen, so daß z. B. die EWG kein militärisches Recht setzen kann. Die Kompetenz ist vielmehr sowohl nach dem Verfahren eingegrenzt, das zum Erlaß gültigen Gemeinschaftsrechts zu beachten ist, als auch nach der Art des Rechtsaktes, der erlassen werden kann. Auf diese Weise liegt nach dem im Vordergrund stehenden EWG-Recht die Gesetzesinitiative wesentlich bei der Kommission, der abschließende Erlaß (Sanktion) beim Ministerrat. In den einzelnen Bestimmungen regelt sich konkret, daß die EWG z. B. nach Art. 43 EWGV im Agrarbereich Verordnungen, Richtlinien und Entscheidungen erlassen darf, bei der Rechtsanglei-

---

17 Dazu GRABITZ, Europäisches Bürgerrecht zwischen Marktbürgerschaft und Staatsbürgerschaft, 1970.
18 CARSTENS, Die kleine Revision des Vertrages über die EGKS, ZaöRVR 21 (1961), S. 1 ff.
19 BVerfGE 22, 292 ff. st. Rspr.
20 Statt vieler RUNGE, Einführung in das Recht der EG, 2. Aufl. 1975, S. 25 ff.; BLECKMANN, Europarecht, 2. Aufl. 1978, S. 48 f.

chung gemäß Art. 100 dagegen auf das Instrument der Richtlinie verwiesen ist, die der Umsetzung in nationales Recht durch die Parlamente der Mitgliedstaaten bedarf. Ausdruck der Autonomie der Gemeinschaftsgewalt ist andererseits, daß über die Gültigkeit des Europäischen Gemeinschaftsrechts nur eine Gemeinschaftsinstanz entscheidet, nämlich der Europäische Gerichtshof in Luxemburg.

3. Die Gemeinschaften als Rechtsordnung

Bei aller Begrenztheit der Gemeinschaftsgewalt im Verhältnis zu den Mitgliedstaaten bleibt zu betonen, wie es das BVerfG und der EuGH übereinstimmend tun, daß die Gemeinschaftsrechtsordnung eine eigenständige Ordnung darstellt.[21] Sie kennt unabhängig von der Frage ihres Verhältnisses zum nationalen Recht der Mitgliedstaaten in sich ihre eigene Rangordnung.[22] In ihr unterscheidet man im wesentlichen zwei Schichten und eine ergänzende Art von Rechtssätzen:

a) Die Gemeinschaftsverträge bilden das sog. primäre Gemeinschaftsrecht im Sinne der »Gemeinschaftsverfassung«. Es geht grundsätzlich dem abgeleiteten, aufgrund der Verträge gesetzten Recht vor. Wie die Rechtsprechung des EuGH herausgearbeitet hat, ist das primäre Gemeinschaftsrecht aber nicht nur ein allgemeiner Rahmen, der erst durch die weiteren Gemeinschaftsakte konkretisiert wird. Die Verträge enthalten vielmehr eine ganze Reihe unmittelbar anwendbarer Vorschriften (»self executing«), die sich gleichermaßen an die Mitgliedstaaten und den EG-Bürger wenden und diese berechtigen bzw. verpflichten (z. B. Art. 12, 52, 85 ff. EWGV).[23]

b) Das von den Organen der Gemeinschaft erlassene Recht wird als das sekundäre Gemeinschaftsrecht bezeichnet, da es im Verhältnis zu den Verträgen nachrangigen Charakter hat und diesen nicht widersprechen darf. Das sekundäre Gemeinschaftsrecht ergeht im Formen- und Typenzwang der Verträge, also im EWG-Bereich als unmittelbar anwendbare VO, als von den Mitgliedstaaten durchzuführende Richtlinie oder als an Mitgliedstaaten oder einzelne gerichtete Entscheidungen.

c) Eine interessante Verzahnung zwischen mitgliedstaatlichem und gemeinschaftlichem Bereich bringt schließlich das sog. ungeschriebene Gemeinschaftsrecht.[24] Der

---

21 Grundlegend EuGHE 1964, S. 1251 ff., RS 6/64 („Costa/ENEL") st. Rspr. und andererseits von deutscher Seite BVerfGE 22, 292 ff. st. Rspr.
22 Umfassende Behandlung bei IPSEN (Anm. 3), S. 255 ff. Ferner etwa BLECKMANN, GG und Völkerrecht 1975, S. 277.
23 Gemeinschaftsrechtlich entwickelt seit EuGHE 1963, S. 3 ff., RS 26/62 („Van Gend & Loos"). Dazu etwa OPHÜLS, Le problème des dispositions directement applicables (self-excuting) des traités internationaux et son application aux traités instituant les Communautés, in: Deuxième Colloque International de Droit Européen Den Haag, 1963, S. 203 ff.
24 Hierzu OPPERMANN-FEIGE, Europäisches Gemeinschaftsrecht, Jus 1974, S. 484 ff.

EuGH sucht diese z. B. in Art. 215 EWGV bei der außervertraglichen Gemeinschaftshaftung ausdrücklich angesprochene Rechtsschicht im Wege der wertenden Vergleichung der den Mitgliedstaaten gemeinsamen allgemeinen Rechtsgrundsätze aufzufinden. Es handelt sich dabei um ein methodisch ebenso schwieriges wie für die Fortentwicklung der Gemeinschaftsrechtsordnung wichtiges Unternehmen. Auf diese Weise hat der EuGH einem besonders in Deutschland als bedenklich empfundenen Mangel der Gemeinschaftsrechtsordnung an Grundrechten und allgemeinen rechtsstaatlichen Grundsätzen abgeholfen.[25] Ebenso werden die allgemeinen Verwaltungsrechtsgrundsätze des EGR (Regeln über den Widerruf von Verwaltungsakten, Rückwirkungsverbot usf.) über die Entwicklung solch ungeschriebenen Gemeinschaftsrechts gefunden.

III. Das Grundgesetz als deutscher Ansatzpunkt der Europäischen Integration

Läßt man die so umrissene Gemeinschaftsrechtsordnung in ihrer Fülle und in ihrem Durchsetzungsanspruch auch im mitgliedstaatlichen Raum auf sich wirken, stellt sich rasch die »Verfassungsfrage«, d. h. die Überlegung, wie wohl die nationalen Verfassungen der souveränen Mitgliedstaaten beschaffen sein müssen, daß sie einen so umfänglichen Transfer an öffentlicher Gewalt auf eine außerhalb des unmittelbaren staatlichen Einwirkungsbereichs liegende Einrichtung zulassen können. In der Tat müssen die nationalen Verfassungen »modern« genug sein für einen solchen Entäußerungsakt, der klassischem Souveränitätsdenken in vielem fragwürdig erscheinen muß. Das deutsche GG, in der besonderen Situation der frischen Niederlage und unter Besatzungsgewalt 1949 geschaffen, hatte es insoweit vielleicht leichter für neuartige »Durchbrüche« als andere Verfassungen. Bedeutete doch die Teilnahme am europäischen Einigungswerk im Augenblick der Verfassungsgebung weniger Verzicht als eine unerhörte Chance des Neubeginnes. Davon finden sich im GG deutliche Spuren.

1. Die Präambel des GG

Die ganze Bedeutung des europäischen Gedankens für die Auslegung des GG zeigt sich darin, daß die Verfassung in der Präambel mit dem allerersten Satz unmittelbar nach dem Appell an die nationale Einheit dem politischen Willen des Deutschen Volkes Ausdruck gibt, daß es »als gleichberechtigtes Glied in einem vereinten Europa dem Frieden der Welt dienen« wolle. In Anlehnung an die andere Be-

---

25 So mit Recht jetzt FROWEIN u. a., Die Grundrechte in der EG, 1978 (insbes. a. a. O. HILF, Der Gerichtshof der EG als Integrationsfaktor, dargestellt anhand der Rspr. zu den Grundrechten, S. 23 ff. und MEESSEN, Europäische Grundrechtspolitik, S. 35 ff.)

kundung der Präambel zur deutschen Einheit, die vom BVerfG nicht nur als beliebige »declaration of policy« gewertet worden ist, sondern als ein verpflichtender Verfassungsauftrag, wird man wohl auch eine grundsätzlich der Europäischen Integration aufgeschlossene Politik als bindenden Auftrag des GG an jede Bundesregierung anzusehen haben.[26] Diese grundlegende Bekundung der Präambel ist für die Einzelauslegung der weiteren europabezogenen Verfassungsbestimmungen von Bedeutung. Sie »setzt gewissermaßen den Ton« für jene Interpretationen.

2. Die »Integrationsgewalt« des Art. 24 Abs. 1 GG

Das entscheidende »Ausfallstor« im GG für die Möglichkeit der freiwilligen Selbstentäußerung deutscher öffentlicher Gewalt zugunsten europäischer Institutionen ist der Art. 24 Abs. 1 GG mit der Freistellung, daß der Bund »durch Gesetz Hoheitsrechte auf zwischenstaatliche Einrichtungen übertragen kann«.[27]

Mit diesen kurzen Worten hat das GG zunächst in einer über Europa hinausreichenden Bedeutung seine Entscheidung für eine internationale Zusammenarbeit und für die Öffnung der Staatlichkeit nach außen eindeutig bekräftigt. In einem praktischen Sinne kann dabei durchaus von Souveränitätseinschränkung, Bereitschaft zur Anerkennung der Geltung außerstaatlichen Rechts im eigenen Staat und von einer Anpassung an die Formen moderner internationaler Zusammenarbeit gesprochen werden.

Verfassungsrechtlich gesehen ist Art. 24 Abs. 1 nicht nur Programmsatz, sondern enthält die rechtliche verbindlich gemeinte »Verzichtsqualität« im Sinne einer Integrationsgewalt.[28]

Auch wenn Art. 24 die europäische Intergration nicht besonders erwähnt, unterliegt keinem Zweifel, daß sie sogar den Hauptanwendungsfall der Bestimmung darstellt. In der Staatspraxis der Bundesrepublik Deutschland ist denn Art. 24 Abs. 1 auch hauptsächlich im Zusammenhang mit dem Beitritt bzw. bei der Gründung der drei Integrationsgemeinschaften praktisch geworden. Zwar vollzieht sich der Vertragsschluß auch in »Integrationsfällen« über die normale Verfassungstechnik des Art. 59 GG. Art. 24 Abs. 1 GG stellt jedoch in diesen Fällen zum einen klar, daß es keinen materiellen Einwand aus der Staatssouveränität gegen ein »Kompetenzopfer großen Stiles« geben kann, wenn diese der internationalen

---

26 BVerfGE 5, 85 ff. st. Rspr. So ausdrücklich auch für die europäische Option der Präambel MAUNZ in: MAUNZ/DÜRIG/HERZOG/SCHOLZ, GG, Präambel, RdNr. 24.
27 ERLER/THIEME, Das GG und die öffentliche Gewalt internationaler Staatsgemeinschaften, VVDStRL 18 (1961), S. 7 ff., 50 ff.; KAISER/BADURA, Bewahrung und Veränderung demokratischer und rechtsstaatlicher Verfassungsstruktur in den internationalen Gemeinschaften, VVDStRL 23 (1966), S. 1 ff., 34 ff.; RUPPERT, Die Integrationsgewalt, 1969.
28 Vgl. etwa HESSE, Grundzüge des Verfassungsrechts der BRD, 11. Aufl. 1978, S. 41 ff.

Zusammenarbeit dient. Technisch stellt die Klausel »durch Gesetz« klar, daß nur ein einfaches und nicht etwa ein verfassungsänderndes Zustimmungsgesetz nötig ist. Dies erleichtert die Handlungsfähigkeit der Bundesrepublik Deutschland in der europäischen Einigungspolitik in beträchtlichem Maße. Schließlich ist inzwischen auch die bundesstaatliche Bedeutung des Art. 24 Abs. 1 GG in dem Sinne anerkannt, daß er die Übertragung nicht nur von Bundes- sondern auch von Länderkompetenzen an die zwischenstaatliche Einrichtung ermöglicht (z. B. Diplomregelungen des Art. 57 EWGV).

Sehr wichtig für das Verhältnis zwischen Europäischem Gemeinschaftsrecht und Deutschem Recht ist es, den Vorgang der »Übertragung« der Hoheitsrechte von der Bundesrepublik Deutschland auf die Gemeinschaft richtig zu verstehen. Hierbei sind allzu mechanischistische Vorstellungen einer Cessio legis o. ä. im zivilrechtlichen Sinne fehl am Platze. Bei der Europäischen Integration muß Ausgangspunkt die doppelte Überlegung sein, daß sowohl dem Charakter der Bundesrepublik Deutschland als (»letztlich doch noch«) souveräner Staat als auch der Qualität der Gemeinschaft als einer im Aufbau befindlichen, ihrerseits nicht starr vorstellbaren öffentlichen Gewalt neuer Art Rechnung getragen werden muß. Das bedeutet zum einen die Fähigkeit der Bundesrepublik Deutschland zu einer Rücknahme des staatlichen Ausschließlichkeitsanspruches und der gleichzeitigen Einräumung nichtstaatlicher Hoheitsentfaltung auf dem deutschen Territorium.[29] Damit ist noch nicht unbedingt ein unwiderruflicher Souveränitätsverzicht gemeint, der die Staatlichkeit der Bundesrepublik Deutschland definitiv in Mitleidenschaft zöge. Auch in diesem Zusammenhang bleiben die Mitgliedstaaten wie hier die Bundesrepublik Deutschland bei Art. 24 zunächst einmal noch die »Herren« der vertraglich/gesetzlichen Selbstäußerung und schließen ihre Revokation nicht a priori aus. Wohl aber wird in einem dauerhaften nichtbefristeten Sinne die Duldung einer in ihrem Umfang nicht von vornherein scharf abgegrenzten, sondern ihrerseits als entwicklungsfähig anerkannten Gemeinschaftsgewalt über Art. 24 Abs. 1 ermöglicht. Mit anderen Worten ist Art. 24 Abs. 1 GG irgendwie auch eine »politische Klausel«, deren letzter Sinn vom Schicksal und Erfolg der zwischenstaatlichen Einrichtung mit abhängig bleibt. Würde die EG tatsächlich eines Tages den »Point of no return« einer eigenen Bundesstaatlichkeit erreichen, wäre es der Grundintention des Art. 24 Abs. 1 GG gemäß vorstellbar, dann den »Revokationsfaden« als »gerissen« anzusehen, so daß die Souveränitätsübertragung definitiv wird. Dann wären freilich gleichzeitig die Konsequenzen für die noch verbleibende nationale Reststaatlichkeit in einem gliedstaatlichen Sinne zu bedenken.

Ein weiteres Sonderproblem liegt darin, welche Anforderungen Art. 24 Abs. 1 GG an die Grundstruktur der zwischenstaatlichen Einrichtung stellt, d. h. ob Analogien der zwischenstaatlichen Einrichtung mit den eigenen staatlichen Strukturen Voraussetzung für die Übertragung von Hoheitsrechten sind (Gebot der »struk-

---

29 So richtig IPSEN (Anm. 3) S. 51 f.

turellen Homogenität«). Die Frage ist – in einem allerdings sehr flexiblen Sinne – zu bejahen.[30]

IV. Zum Verhältnis zwischen dem Europäischen Gemeinschaftsrecht und der deutschen Verfassungs- und Rechtsordnung

Die sich in der Präambel und in Art. 24 Abs. 1 GG manifestierende Integrationsfreundlichkeit darf bei der Hauptfrage des Verhältnisses zwischen Europäischer Integration und Grundgesetz nicht aus den Augen verloren werden. Damit ist die Rangordnung zwischen dem Europäischen Gemeinschaftsrecht und dem deutschen Recht gemeint, wobei letzteres nur als pars pro toto der verschiedenen nationalen Rechtsordnungen der Mitgliedstaaten steht. Diese Rangfrage, die vor allem in Kollisionsfällen zwischen nationalem und Europäischem Gemeinschaftsrecht aktuell wird, ist bei näherer Betrachtung sehr komplex, da beide Rechtsordnungen in sich geschichtet sind (Primäres/Sekundäres Gemeinschaftsrecht, Deutsches Verfassungsrecht, Einfaches Gesetzesrecht, Bundes- und Länderrecht). Hier können nur die leitenden Grundsätze der Rangfrage behandelt werden.

1. Allgemeiner Denkansatz bei der Rangfrage

Wie schon die Sonderstellung der »Integrationsgewalt« des Art. 24 Abs. 1 GG innerhalb des GG neben dessen völkerrechtlichen Aussagen (Art. 25, 59 GG) zeigt, muß die Rangfrage in einer eigenständigen, dem besonderen Charakter der EG angemessenen Weise beantwortet werden. Einfache Anlehnungen an die Lehren des Verhältnisses zwischen Völkerrecht und Landesrecht führen hier vom Wege ab.[31]

Essentielle für ein sachgerechtes Verständnis der Rechtsqualität des Europäischen Gemeinschaftsrechts, von der her die Rangfrage letztlich zu entscheiden ist, sind drei Punkte:[32]

a) Autonomie des Europäischen Gemeinschaftsrechts: Das Europäische Gemeinschaftsrecht fließt aus autonomer Rechtsquelle. Das ist für das sekundäre Euro-

---

30 Vgl. unten IV, 3.
31 Für Deutschland zuletzt PARTSCH, Die Anwendung des Völkerrechts im innerstaatlichen Recht, Ber. DGVöR 6 (1964) und RUDOLF, Völkerrecht und deutsches Recht, 1967.
32 Entscheidend für den „eigenständig europarechtlichen" Denkansatz in der Rangfrage wurde die oben Anm. 21 genannte Rspr. des EuGH. Wesentliche Beteiligungen der deutschen Theorie etwa bei IPSEN/BÜLOW, Das Verhältnis des Rechts der Europäischen Gemeinschaften zum nationalen Recht, 1965 (= H. 25 Abh. aus dem Ges. Bürg. Recht, HandelsR. und WirtschaftsR.).

päische Gemeinschaftsrecht heute offensichtlich. Aber auch das primäre Europäische Gemeinschaftsrecht ist zwar aus einem vertraglichen Akt entstanden, dessen Ergebnis aber jene nationale Selbstentäußerung in dem von Art. 24 Abs. 1 GG zugelassenen und gewollten Sinne war, die zur Existenz einer neuen autonomen Einrichtung außerhalb der Mitgliedstaaten führte. Die Gemeinschaftsrechtsordnung steht so zum nationalen Recht weder im Verhältnis der Abhängigkeit noch der Ableitung.

b) Unmittelbare Geltung des Europäischen Gemeinschaftsrechts: Der größte und wichtigste Teil des Europäischen Gemeinschaftsrechts (VOen der EWG/EAG i. S. Art. 189 Abs. 2 EWG, 161 Abs. 2 EAGV, ähnlich Entscheidungen der EGKS nach Art. 14 Abs. 2 EGKSV, aber auch eine Reihe von »self executing«-Bestimmungen des primären Gemeinschaftsrechtes nach der Rechtsprechung des EuGH) gilt in den Mitgliedstaaten ohne jeden Umsetzungsakt unmittelbar.

c) Gleichmäßige Geltung des Europäischen Gemeinschaftsrechtes: Da die Mitgliedstaaten sich zu einer umfassenden und nichtdiskriminierenden Erfüllung der Vertragsverpflichtungen bekannt haben (Art. 5, 7 EWGV), muß das Europäische Gemeinschaftsrecht in allen Mitgliedstaaten in gleicher Weise gelten und angewendet werden. Das verlangt u. a. eine möglichst gleichmäßige Prozedur seiner Durchsetzung im nationalen Bereich.[33]

2. Der »völkerrechtliche Irrweg«

Sehr rasch zeigt sich, wenn man die obengenannten Besonderheiten des Gemeinschaftsrechts berücksichtigt, daß eine Anwendung der zum Verhältnis Völkerrecht/Landesrecht entwickelten klassischen Regeln (Dualismus/Monismus) hier nicht zu befriedigenden Ergebnissen führt, weil so den essentiellen Kriterien des Europäischen Gemeinschaftsrechts nicht hinreichend Rechnung getragen werden kann.

– Zum einen sind die Lehren des Monismus/Dualismus in sich unterschiedlich, so daß sich der Rang des Europäischen Gemeinschaftsrechts in den Mitgliedstaaten von vornherein nicht eindeutig bestimmen ließe (bei gemäßigtem Dualismus bzw. gemäßigtem Monismus wohl einfacher Gesetzesrang, bei striktem Monismus Vorrang vor dem nationalen Recht einschließlich der Verfassung).[34]

– Bei Kollision zwischen Europäischem Gemeinschaftsrecht und deutschem Recht ergäben sich wiederum unterschiedliche und wenig befriedigende Ergebnisse. Käme den Gemeinschaftsverträgen nach der Transformation über Art. 59 Abs. 2 GG einfacher Gesetzesrang zu, wären sie durch spätere nationale Gesetze innerstaatlich

---

33 Das betont bes. CONSTANTINESCO (Anm. 3), S. 661 ff.
34 Zu den Konsequenzen der verschiedenen völkerrechtlichen Ranglehren etwa SEIDL-HOHENVELDERN, Völkerrecht, 3. Aufl. 1975, S. 114 ff.; MENZEL-IPSEN, Völkerrecht, 2. Aufl. 1979, S. 49 ff.

nach der lex-posterior-Regel zu ändern, bei Überverfassungsrang wäre jede Änderung ausgeschlossen. Die Einordnung des sekundären Gemeinschaftsrechts, das doch wohl nicht »besser« behandelt werden könnte als das primäre, bliebe im Dunkeln. Die unmittelbare Geltung verhinderte die Anwendung des Art. 59 Abs. 2 GG. Würde aber das spätere nationale Gesetz nicht auch hier nach der lex-posterior-Regel vorgehen müssen? So ergeben sich auf dem völkerrechtlichen Wege viele Unklarheiten und Ungereimtheiten.[35]

3. Der eigenständig begründete Vorrang der Europäischen Gemeinschaft vor dem nationalen Recht

Schon die Sonderstellung des Art. 24 Abs. 1 neben Art. 25, 59 GG deutet grundsätzlich an, daß die Rangfrage beim Europäischen Gemeinschaftsrecht auf eigenen, nicht völkerrechtlichen Wegen gesucht werden muß. Die »Übertragung« der Hoheitsgewalt i. S. des Art. 24 GG auf die Gemeinschaft hat zu einer neuartigen, autonomen Rechtsmasse geführt, die kraft des Willens der »Gründer« unmittelbar und gleichmäßig im Geltungsbereich der EG gelten soll. Das geht nur, wenn als »Grund-Ansatz« für die Rangfrage von dem Prinzip der vorrangigen Geltung des Europäischen Gemeinschaftsrechts im nationalen Bereich ausgegangen wird. Dieser Vorrangsgedanke läßt sich dann im einzelnen verschiedenartig begründen und vertiefen, etwa wie bei GRABITZ bundesstaatlich in Analogie zu Art. 31 GG[36] oder funktional im Sinne IPSENS: »Prinzip der Sicherung der Funktionsfähigkeit der Gemeinschaften«, wobei besonders auf Art. 189 Abs. 2 EWGV (»Integrationsnebel«) abgehoben wird.[37] Hintergrund dieser Überlegungen ist aber letzten Endes immer wieder jener o. g. dreifache Denkansatz, der sich nahezu a-priorisch aus der von ihren Gründern so gewollten Rechtsgestalt der EG ergibt. Die Gemeinschaft läßt sich nur in Anerkennung eines grundlegenden und vollverwirklichten Vorranges ihres Rechtes gegenüber demjenigen ihrer Glieder ins Werk setzen. (Wer »A« sagt, muß auch »B« sagen). Zu dieser Konsequenz haben sich mittlerweile sowohl der EuGH als auch das deutsche BVerfG bekannt.[38]

Im wesentlichen unproblematisch in Praxis und Theorie ist mittlerweile die Vorrangfrage im Verhältnis des primären und sekundären Gemeinschaftsrechts zum einfachen deutschen Gesetz. Auch im Verhältnis der Gemeinschaftsverträge zum GG haben sich zumindest noch keine praktischen Probleme gezeigt, die hier einen

---

35 Auf diese Schwierigkeiten weist verschiedentlich ZULEEG, Das Recht der EG im innerstaatlichen Bereich, 1969, hin.
36 So GRABITZ, Gemeinschaftsrecht bricht nationales Recht, 1966.
37 Das ist die Sicht bei IPSEN (Anm. 3), S. 255 ff.
38 Vgl. die oben Anm. 21 genannten Entscheidungen des EuGH und des BVerfG, ferner etwa BVerfGE 31, 145 ff.

Zweifel am Vorrang nahelegten. Am weitestgehenden ist natürlich die Konsequenz des Vorrangs, daß auch sekundäres Gemeinschaftsrecht, also z. B. eine EWG-Agrarverordnung, Vorrang vor deutschem Verfassungsrecht erheischen soll. Nimmt man jedoch den o. g. dreifachen Denkansatz ernst, der zur Anerkennung des Vorranges nötigt, so ist er auch hier unentbehrlich, wollte man nicht eine disparate Geltung von Europäischem Gemeinschaftsrecht in den einzelnen Mitgliederstaaten zulassen wollen. Das BVerfG hat in solchen Fällen allerdings die Fortgeltung wenigstens der Grundrechte des GG gegenüber dem sekundären Gemeinschaftsrecht reklamiert, »solange« nicht auf Gemeinschaftsebene ein vergleichbarer Grundrechtsstandard gewährleistet sei. Die Entscheidung hat mit Recht in Deutschland und seitens der Gemeinschaft herbe Kritik erfahren.[39] Sie ist schon deswegen nicht tragbar, weil das BVerfG nicht hinreichend gewürdigt hat, daß der von ihm vermißte Gemeinschaftsrechtsschutz auf europäischer Ebene bereits durch die seit 1970 eingeleitete Rechtsprechung des EuGH gewährleistet ist, der einen grundrechtlich/rechtsstaatlichen Schutz der EG-Bürger vor der Gemeinschaftsgewalt durch die Findung ungeschriebenen Gemeinschaftsrechts im Sinne allgemeiner Rechtsgrundsätze im nationalen Recht der Mitgliederstaaten entwickelt hat. Selbst wenn man daher das Prinzip einer jedenfalls grundlegenden »strukturellen Homogenität« zwischen nationaler und Gemeinschaftsebene mit dem BVerfG aufstellt (wofür sich manches sagen läßt), ist diese Forderung hier erfüllt und für eine Ausnahme vom Vorrang des Europäischen Gemeinschaftsrechts kein Raum. Die vom BVerfG demgegenüber erhobene Forderung nach einem kodifizierten Gemeinschaftsrechtskatalog der EG ist dagegen eindeutig national überzogen. (»Am deutschen Grundrechtswesen soll Europa genesen«), weil, wie etwa das Beispiel Englands zeigt, die Niederschreibung der Grundrechte in der Verfassung nicht der einzige Weg zum wirksamen Gemeinschaftsrechtsschutz darstellt. Im Ergebnis ist also der Vorrang des Europäischen Gemeinschaftsrechts im Verhältnis zu den nationalen Verfassungen lückenlos aufrechtzuerhalten.

V. Art. 24 als Bestandsschutz der Verfassung

Meist wird weniger beachtet, daß Art. 24 GG nicht nur »Ausfalltor« für die Übertragung nationaler Kompetenzen an die EG darstellt, sondern daß diese Norm gleichzeitig durch die ihr immanenten Schranken den Bestand des Grundgesetzes schützt. Dies geschieht in zweifacher Weise, nämlich sowohl gegenüber den Gemeinschaften als auch gegenüber der eigenen Staatsgewalt anläßlich des Übertragungsaktes.

---

39 BVerfGE 37, 271 ff. („Solange-Beschluß"). Zur Kritik etwa FROWEIN, Europäisches Gemeinschaftsrecht und BVerfG, in: FS BVerfG, Bd. 2, 1976, S. 187.

1. Bestandsschutz gegenüber den Gemeinschaften

Art. 24 ermöglicht zwar einerseits den geschilderten Transfer von Hoheitsrechten an zwischenstaatliche Einrichtungen. Als Bestandteil einer rechtsstaatlichen Verfassung darf aber ein solcher Transfer nur in seinerseits rechtsstaatlicher Form, d. h. voraussehbar, meßbar und begrenzt, möglich sein. Art. 24 Abs. 1 GG gibt keinen »Blankoscheck« einer beliebigen und in sich nicht abgegrenzten Hoheitsübertragung. So gesehen ist das Prinzip der begrenzten Einzelermächtigung, das die Verträge beherrscht, nicht eine frei gewählte Konstruktion, sondern trägt den Voraussetzungen des geregelten Souveränitätstransfers Rechnung. In diesem Lichte sind dann auch die verschiedenen Abweichungsmöglichkeiten vom Prinzip der begrenzten Einzelermächtigung zu verstehen. Art. 235 EWGV insbesondere braucht zwar nicht im allerengsten Sinne der reinen »Lückenfüllungsklausel« verstanden zu werden, sondern darf auch der »Kompetenzabrundung« dienen. (So die Praxis besonders seit 1972.)[40] Voraussetzung bleibt aber immer eine plausible Verbindung mit einem bereits anerkannten Vertragsziel; Art. 235 ist keine allgemeine Vertragsergänzungsklausel. Das untersagt nicht nur die Abgrenzung zur Vertragsänderung nach Art. 236 EWGV, sondern ergibt sich aus deutscher Sicht bereits aus den rechtsstaatlichen Erfordernissen bei der Hoheitsübertragung im Sinne von Art. 24 GG. Die Gemeinschaft besitzt im Gegensatz zum souveränen Staat (noch?) keine Kompetenz-Kompetenz.

Würde die EG dennoch »ultra vires« ohne hinreichende Kompetenzgrundlage handeln, wären die entsprechenden Akte gemeinschaftsrechtlich nicht gültig zustandegekommen. Dies festzustellen wäre in erster Linie der EuGH berufen. Da sich hier die Auslegung des Europäischen Gemeinschaftsrechts und des nationalen Rechtes eng berühren, wäre es aber nicht ausgeschlossen, daß mindestens in Evidenzfällen nationale Stellen solches »Schein-Gemeinschaftsrecht« von vornherein außer Anwendung lassen oder daß sich auch nationale Gerichte mit dieser Frage befassen.

Ob im Falle künftiger »Kompetenzanmaßungen« eines direkt gewählten Europäischen Parlamentes infolge dessen demokratischer Legitimation eine Lockerung der Bestandsschutzfunktion des Art. 24 GG geboten sein könnte, ist im voraus schwer abzuschätzen. Der Gedanke ist jedenfalls nicht auszuschließen. Dabei geht es natürlich nur um die Fälle einer Einbeziehung neuer Sachbereiche und Gemeinschaftsziele in die kommunautäre Aktion durch Willensakt des EP. Soweit das EP lediglich gesteigerte Mitsprache im Legislativprozeß der EG bei bereits gegebenen EG-Kompetenzen anstrebt, berührt dies Art. 24 GG nicht, da der Transfer insoweit bereits vollzogen ist.

---

40 EVERLING/SCHWARZ TOMUSCHAT, Die Rechtsetzungsbefugnisse der EWG in Generalermächtigungen, insbesondere in Art. 235 EWGV, EuR 1976 (Sonderheft).

2. Bestandsschutz gegenüber der deutschen Staatsgewalt

Art. 24 GG ermöglicht, wie bereits gesehen, materiell verfassungsändernde Zustimmungsgesetze zu Integrationsverträgen durch einfaches Bundesgesetz. Hierbei bleibt als weitere Frage, ob die Integrationsgewalt des Art. 24 so weit geht, daß die Bundesrepublik Deutschland bei einem Hoheitstransfer nach Art. 24 auch von den »Unantastbarkeiten« des Art. 79 Abs. 3 GG dispensiert wäre. Praktisch käme wohl am ehesten die Beteiligung an einer so intensiven Integration in Betracht, welche die föderale Struktur der Bundesrepublik aushöhlte. Insoweit wird man Art. 24 Abs. 1 mit seiner Ermächtigung zu »stillen« Verfassungsänderungen keine weitergehende Kraft zubilligen können, wie sie der »offenen« Verfassungsänderung des Art. 79 Abs. 2 GG eigen ist, d. h. auch sie müßte vor Art. 79 Abs. 3 GG Halt machen.[41] In beiden Fällen handelt es sich um Akte von Pouvoirs constitués, denen Art. 79 Abs. 3 letzte Grenzen setzen soll. Allenfalls eine europäische Konstituante, die sich aus der zwischenstaatlichen Einrichtung entwickeln sollte, zu der Art. 24 beitrug, könnte möglicherweise in der vollen Ungebundenheit eines politisch-kreativen Aktes gegenüber dem GG neue europäische Strukturen schaffen. Bis dahin bleibt es bei einem doppelten Verfassungsbestandsschutz durch Art. 24 GG, nämlich sowohl gegenüber der EG als auch im Verhältnis zum deutschen Gastgeber.

VI. Wandlungen des GG durch die Tätigkeit der EG

Schließlich ist noch zu bedenken, daß als Konsequenz der Hoheitsübertragungen von der BRD auf die EG nach Art. 24 Abs. 1 GG sich allmählich gewisse Wandlungen des Verfassungsgehalts des GG ergeben (»Mutationen« – Ipsen). Besonders in der Wirtschaftskompetenz im weitesten Sinne, wie sie das GG nach Art. 70 ff. großen Umfanges dem Bund zuweist, ergeben sich dadurch »Einbrüche«, daß die Gemeinschaft in breitem Umfang in die Lage versetzt worden ist, auf dem gleichen Gebiet vorrangig zu legiferieren wie der Bundesgesetzgeber. (Z. B. Landwirtschaft, Verkehr, Zollrecht u. a. m.) Spätestens bei der Ausübung der Kompetenz durch die Brüsseler Organe wird kraft des Vorranges des Europäischen Gemeinschaftsrechts die nationale Zuständigkeit »gesperrt«. (Nach besserer Ansicht im Sinne der zeitlichen »Blockade« jeweils so lange, wie die Gemeinschaftsregelung besteht. Eine definitive Sperre wäre wohl übermäßig und nicht sachgerecht.)[42] Abzulehnen ist dagegen die Auffassung, daß bereits mit der Eröffnung der Gemeinschaftskompetenz das nationale Recht auf dem betreffenden Sektor verdrängt würde, d. h. sowohl die nationale Zuständigkeit als auch die insoweit erlassenen

---

41 So wohl auch die Sicht bei Maunz/Dürig in: Maunz/Dürig/Herzog/Scholz, GG, Art. 79 Abs. 3.
42 So etwa auch Ipsen (Anm. 3), S. 277 ff.

Rechtsakte. Unter dem Gesichtspunkt der Belange der EG besteht zu einer so radikalen Deutung keine Notwendigkeit. Sie wäre auch angesichts des in jedem Falle bestehenden Regelungsbedarfes in vielen wirtschaftlichen Bereichen völlig unrealistisch und widerspräche dem Verhältnismäßigkeitsgedanken.

Ist die »Sperre« durch Aktivität des Gemeinschaftsgesetzgebers jedoch eingetreten, bewirkt sie eine zumindest zeitlich nicht begrenzte Minderung der nationalen Verfassungsposition. In diesem Sinne können sowohl Bundeszuständigkeiten durch die Europäische Integration in »Mitleidenschaft« gezogen werden als auch Länderkompetenzen, da der Bund auch zu deren Transfer über Art. 24 Abs. 1 GG befugt war.

Man darf sich den Verlust der bisher nationalen Befugnisse durch solche Wandlungen des GG jedoch nicht zu absolut vorstellen. Das Verhältnis EG/BRD ist ja nicht ein beziehungsloses Nebeneinander, sondern die BRD ist Glied der Gemeinschaft und so auch institutionell und personell in deren Entscheidungsprozeß, besonders im Rat, mit »integriert«. Allerdings ergeben sich auch insoweit gewisse Verschiebungen des Gewaltenteilungsprinzips des GG, als an der Ausübung der EG-Legislativgewalt bisher im wesentlichen nur die Bundesregierung partizipiert. Die Versuche anderer Instanzen, vor allem von Bundestag und Bundesrat, aber auch z. T. der Bundesländer, sich in diesen Prozeß mit einzuschalten, konnten nur einen geringen »symbolischen« Erfolg haben (Unterrichtung von Bundestag und Bundesrat über Art. 2 des deutschen Zustimmungsgesetzes zum EWGV, Länderbeobachter in Brüssel u. a.).[43] Derartige Minderungen bisher im nationalen Rahmen verfassungsmäßig verbriefter Befugnisse durch »Abwanderungen« an die EG sind aber letztlich zwangsläufig Konsequenzen der in der Präambel und in Art. 24 Abs. 1 von derselben Verfassung gewollten »Öffnung nach Europa«. Im Sinne der grundsätzlich zu fordernden strukturellen Homogenität beider öffentlicher Bereiche bleibt die richtige Entwicklungsperspektive daher nicht die partielle Restauration des nationalen Verfassungszustandes, sondern Einwirkungen auf die Gemeinschaftsgewalt, sich ihrerseits stärker rechtsstaatlich/demokratisch zu formieren.[44] Auch aus diesem Blickwinkel ist die Direktwahl des EP eine ganz wichtige Etappe in der Entwicklung nicht nur der EG als solcher, sondern auch künftiger sinnvoller Beziehungen zwischen der deutschen Verfassungsordnung und der Gemeinschaftsgewalt.

---

43 Einiges hierzu bei Ipsen, Als Bundesstaat in der Gemeinschaft, FS Hallstein, 1966, S. 248 ff.
44 Nassmacher, Demokratisierung der EG, 1972; Oppermann (Hrsg.), In welches Europa führen die Direktwahlen? (Tübinger Europa-Colloquium), 1978. – Verf. ist bei der Vorbereitung dieses Artikels Herrn U. Mack sehr zu Dank verpflichtet.

Europäische Integration und italienische Verfassungsordnung

MASSIMO PANEBIANCO, Salerno/Italien

Art. 11 der am 1.1.1948 in Kraft getretenen italienischen Verfassung lautet wie folgt: »Italien stimmt unter der Bedingung der Gleichstellung mit den anderen Staaten den Souveränitätsbeschränkungen zu, die für eine Ordnung notwendig sind, welche den Frieden und die Gerechtigkeit unter den Nationen sichern soll; es fördert und begünstigt die auf dieses Ziel ausgerichteten internationalen Organisationen.« Auf der Grundlage dieser Vorschrift sind die Gesetze über die Billigung und den Vollzug der Verträge zur Gründung der EGKS, der EWG und der EAG sowie der späteren Abänderungs- und Ergänzungsverträge erlassen worden.[1]

Auf Grund seiner weiten und generellen Fassung umschließt Art. 11 der Verfassung Typen internationaler Organisationen, die unter sich höchst verschiedenartig sind, von den weltweiten Organisationen (UNO und deren Sonderorganisationen) über die Regionalorganisationen (NATO, OECD, Europarat, Westeuropäische Union) bis zu den Europäischen Gemeinschaften im engeren Sinne (»supranationale« Gemeinschaften). Dieser Eigenheit wegen läßt sich die Vorschrift zur Verfolgung mannigfacher politischer Zielsetzungen verwenden, je nach dem unterschiedlichen Typus der Organisation und ihrer konkreten historischen Entwicklung. Die Geschichte der Europäischen Gemeinschaften und insbesondere der EWG erscheint insgesamt am aufschlußreichsten und hat zu der am weitesten ausgreifenden politisch-kulturellen Debatte über die Folgen des Art. 11 Verf. geführt, wie sie niemals zuvor in unserem Lande mit gleichem Interesse geführt worden war.

Zwar hat die Diskussion mittlerweile einige Punkte abgeklärt, doch zeichnet sich das Thema im übrigen noch durch eine stark ausgeprägte Offenheit aus, eben

---

[1] Zur gemeinschaftlichen Doktrin vgl. MONACO, *Lezioni di Organizzazione internazionale* II, *Diritto dell'integrazione europea*, Torino, 1975 (dort weitere bibliographische Hinweise). Zur Verfassungsdoktrin vgl. BARILE, *Istituzioni di diritto pubblico*, Padova, 1978, S. 30, 46, 279; BISCARETTI DI RUFFIA, *Diritto costituzionale*, Napoli, 1974, S. 609 ff.; CRISAFULLI, *Lezioni di diritto costituzionale*, Padova, 1976, II, S. 127 ff.; LAVAGNA, *Istituzioni di diritto pubblico*, Torino, 1973, S. 391 ff.; MORTATI, *Istituzioni di diritto pubblico*, Padova, 1976, II, S. 1497 ff.; VIRGA, *Diritto costituzionale*, Milano, 1975, S. 40 ff.

wegen des weiten Umfangs und des stufenweisen Voranschreitens des noch in der Entwicklung begriffenen verfassungspolitischen Prozesses. Es wäre offensichtlich gewagt, bereits jetzt ein Schlußergebnis festzustellen. Die großen Linien einer so verlockenden und noch unvollständigen Seite der italienischen Verfassungsgeschichte nachzuzeichnen, mag indes ein klärender Beitrag zur weiteren Entwicklung des europäischen Gedankens sein.

2. Die Vorschrift des Art. 11 Verf. gliedert sich in zwei höchst unterschiedliche Bestandteile:

a) Der italienische Staat definiert sich selbst als Staat mit beschränkter Souveränität, indem er seine grundsätzliche Zustimmung zu internationalen Ordnungen erklärt, welche sich durch die Wesensmerkmale »Gleichberechtigung«, »Friedlichkeit« und »Gerechtigkeit« auszeichnen. Art. 35 Abs. 3 Verf. nimmt überdies Bezug auf soziale Zielsetzungen, d. h. internationale Organisationen, die der »Sicherung und Ordnung des Rechts der Arbeit« dienen.

b) Der italienische Staat definiert sich ferner als Förderer und Befürworter entsprechender, auf dieses Ziel ausgerichteter internationaler Organisationen, d. h. er ist bereit, seine Souveränität auf der völkerrechtlichen Ebene im Hinblick auf die drei angegebenen Ziele zu organisieren.

Es läßt sich leicht erkennen, daß der Inhalt der Vorschrift in erster Linie negativ (»Souveränitätsbeschränkung«) und formalistisch (»fördert und begünstigt«) ist. Nichts wird nämlich positiv darüber ausgesagt, in welchen Formen und innerhalb welcher Grenzen die italienische Souveränität begrenzt und die Förderung der internationalen Organisationen durch Übertragung von Hoheitsrechten und eigenen staatlichen Aufgaben an sie verwirklicht werden soll; ebenso fehlt eine Bestimmung der Organe, die intern zuständig sein sollen, jene fördernde Tätigkeit in den verfassungsmäßigen Formen durchzuführen. Mit anderen Worten, der Verfassunggeber hat es der Gesamtlogik des Verfassungssystems (und seiner Weiterentwicklung) überlassen festzulegen, wie ein derart definierter Staat gleichzeitig Hüter der eigenen Souveränität und der damit verknüpften Formen der Souveränitätsausübung durch das Volk sein kann (Art. 1, 5, 3 Verf.).

Nicht aus dem Text der Verfassung, sondern eher aus den verfassungspolitischen Leitbildern der in der verfassunggebenden Nationalversammlung tätig gewesenen Parteien lassen sich genauere Rückschlüsse auf die Art und Weise der Verbindung von »Volkssouveränität« (Art. 1 Verf.) und »beschränkter Souveränität« (Art. 11 Verf.) sowie von »demokratischer Mitbestimmung« (Art. 3, 5 Verf.) mit der Tätigkeit zur »Förderung und Begünstigung« der internationalen Organisationen gewinnen. Es handelt sich um eine geschichtliche Untersuchung, die durch eine Analyse der Dokumentarquellen jener Epoche durchzuführen ist. Ihr Gegenstand ist die Theorie der internationalen Organisation und des Staates, wie sie in der Gedankenwelt der verfassunggebenden Nationalversammlung vorherrschend war (liberaldemokratischer Internationalismus, katholischer Internationalismus, sozialistischer Internationalismus). Diese Tendenzen, von denen hier nicht weiter die Rede sein kann, stellen die Basis der Integration Italiens in die Gemeinschaft und seiner Teilnahme am Leben der Gemeinschaft dar.²

3. Heute ist die Funktion des Art. 11 Verf. als Grundnorm für die Stellung Italiens in der europäischen Integrationsgemeinschaft von der italienischen Lehre und Rechtsprechung weitgehend anerkannt. Man stimmt im allgemeinen darin überein, daß Art. 11 Verf. den verfassungsrechtlichen Positionen entspricht, wie sie von den Verfassunggebern der Nachkriegszeit in einigen Ländern (Frankreich, Italien, Deutschland) höchst mutig, mit größerer Vorsicht von den Verfassunggebern späterer Zeit bezogen worden sind. Gemeinsamer Wesenszug ist jedenfalls der »föderative« oder »unionistische« Charakter. Für Italien spiegelt sich in Art. 11 Verf. nicht nur – wie man allgemein sagt – die Existenz der UNO wider, vielmehr ist die Vorschrift die Resultante der verschiedenen politisch-ideologischen Leitbilder, die sich zur Zeit der Neuschaffung der europäschen Verfassungen und der starken Wiederbelebung des Europagedankens, der politisch-ökonomischen Tradition des Universalismus sowie des ökonomischen Regionalismus als amtlicher politischer Konzeption von Staaten und Regierungen miteinander verbanden.

Betrachtet man die Dinge stärker vom rechtstechnischen Standpunkt, so erscheint Art. 11 Verf. als eine »Kompetenznorm«, da die Bestimmung durch die Festlegung und Verteilung von Kompetenzen einerseits als die italienische Souveränität einschränkende Norm fungiert, andererseits die Öffnung hin zu den internationalen Organisationen zuläßt. Eine derartige Vorschrift scheint von den praktischen Konsequenzen her insgesamt zwei Wirkungen zu äußern. Zunächst (a) wird die italienische Souveränität beschränkt, was zu verstehen ist als eine umfassende Form

2 Vgl. die geschichtliche Rekonstruktion, PANEBIANCO, *Dalla Società delle Nazioni all'ONU*, Napoli, 1977; PANEBIANCO, *Il Mercato Comune Europeo*, Napoli, 1977. Zum Gedanken des katholischen Internationalismus: STURZO, *La comunità internazionale ed il diritto di guerra*, Londra, 1928 (1954); DE ROSA, *Luigi Sturzo*, Roma, 1977. Über die Ursprünge des italienischen Föderalismusgedanken, die man auf die nunmehr berühmte Spinelli- und Rossi-Botschaft (Manifesto di Ventotene, 1942) zurückführt, vgl. BUCCI-OLIVI, *L'Europa incompiuta*, 1970, S. 68. Weitere Wortführer der föderalistischen Bewegung, wenn auch aus anderen Gründen, waren: CALAMANDREI, *Scritti politici*, a cura di Bobbio, Firenze, 1966, Band 1, 2, S. 407 ff.; und EINAUDI *La guerra e l'unità europea*, 1948, part. S. 35 ff., *Lo scrittoio del Presidente*, 1956, S. 62 ff., *Il buon governo*, 1973, S. 633 ff. Vgl. auch BOBBIO, *Il federalismo nel dibattito politico e culturale della Resistenza*, in L'Italia e l'Europa, 1975, S. 19 ff. Über die Thesen des sozialistischen Internationalismus, siehe: LOMBARDI, *Scritti politici*, 1978, Band 1, S. 279 ff., und, anläßlich der Hinwendung der PCI zum gemeinschaftlichen Europäismus, AMENDOLA, *I Comunisti italiani e l'Europa*, Roma, 1971, (sowie eine CESPE's Zusammenkunft vom selben Jahr und mit dem gleichen Titel). Schließlich, über die gesamte Einstellung italienischer politischer Kräfte: WALKER, *Dal confronto al consenso – I partiti politici italiani e l'integrazione europea*, Bologna, 1976; ROY WILLIS, *Italy chooses Europe*, New York, 1971; IRVING, *Italy's Cristian Democrats and European Integration*, in International Affairs, 1976, S. 400 ff.; idem, *The European Policy of the French and Italian Comunists*, in International Politics, 1977, S. 404 ff.; LEONARDI, *L'Europa ed il movimento socialista*, 1977.

der traditionellen Beschränkungen von Hoheitsrechten, wie sie dem klassischen Völkerrecht bekannt sind. Genauer gesprochen handelt es sich um eine Beschränkung der italienischen Legislativgewalt, Exekutivgewalt und rechtsprechenden Gewalt in allen Bereichen, die Gegenstand der Übertragung von Hoheitsrechten zugunsten der Europäischen Gemeinschaft sind. Auf Grund dieser Souveränitätsbeschränkungen werden die entsprechenden Kompetenzen oder staatlichen Aufgaben begrenzt oder durch die Verpflichtung gebunden, die durch die Verfassung geschützten oder gewährleisteten Gemeinschaftskompetenzen zu respektieren. Ferner (b) wird die italienische Souveränität hinsichtlich aller Sachbereiche oder Funktionen vorbehalten, die außerhalb der verfassungsrechtlichen Schutzgarantie zugunsten der Europäischen Gemeinschaft geblieben sind, da sie nicht Gegenstand der Übertragung von Funktionen sind und daher von den italienischen Verfassungsorganen autonom, sei es auch gegebenenfalls in Zusammenarbeit mit den Gemeinschaftsorganen, wahrgenommen werden können. Wegen dieser verschiedenartigen Rechtsfolgen läßt sich wohl davon sprechen, daß Art. 11 Verf. das Rechtsverhältnis zwischen den Europäischen Gemeinschaften und Italien als gemischtes festlegt, dessen Bestandteile eine Kompetenzübertragung und ein Kompetenzvorbehalt, eine ausschließliche und konkurrierende Kompetenz bilden.

Aber Art. 11 Verf. enthält nicht nur eine Norm über die Aufteilung von Gemeinschafts- und nationalen Kompetenzen in den jeweiligen Anwendungsbereichen. Er stellt sich gleichzeitig als eine die Integrationsgemeinschaften begünstigende Norm dar, indem er erklärt, daß Italien »die internationalen Organisationen fördert und begünstigt«. Das heißt einerseits eine Politik der Begünstigung und der Förderung zugunsten der vielfältigen internationalen Zusammenschlüsse, bedeutet aber noch mehr. Jene zweite Norm – die weit weniger als die erste Aufmerksamkeit gefunden hat und bisher fast mit Stillschweigen übergangen worden ist – schließt eine Koordinierungsverpflichtung in sich ein, d. h. die staatliche Verpflichtung, mit allen Verfassungsorganen an der Bildung des Gemeinschaftsrechts teilzunehmen und dessen Vollzug innerhalb seiner Rechtsordnung zu sichern. Dies gilt insbesondere für den Fall, daß die italienische Rechtsordnung gemeinschaftsrechtswidrige Normen enthält. Insoweit muß hier eine Präferenzregel zugunsten des Gemeinschaftsrechts angenommen werden, die für alle Rechtssubjekte und -instanzen der italienischen Rechtsordnung gilt (und daher auch für die ordentlichen Gerichte).

Auch die rechtspolitischen Hintergründe der Vorschrift sollten der Aufmerksamkeit nicht entgehen. Der Verfassunggeber wollte im wesentlichen einen Typus der Anpassung an das Gemeinschaftsrecht (und das Recht der internationalen Organisationen) zulassen, der sich qualitativ von dem für das Recht der klassischen internationalen Gemeinschaft gültigen abhebt (Art. 10 Verf.). Diese Anpassung setzt, wie bereits ausgeführt, ein gemischtes Rechtsregime zwischen Gemeinschaftsrechtsordnung und nationaler Rechtsordnung und daher auch zwischen den entsprechenden Strukturen, Kompetenzen, Funktionen und Verfahren voraus. Sie wird erleichtert und vollzieht sich auf dem Wege über eine funktionale Interdependenz, die einerseits Garantie der Unabhängigkeit, andererseits Garantie der institutionellen Nichtwidersprüchlichkeit der beiderseitigen Kompetenzbereiche bedeutet, wohlgemerkt vom Standpunkt der italienischen Rechtsordnung aus betrachtet.

4. Es war bisher vom Grundsatz der beschränkten Souveränität (mit seinen Gegenstücken, dem Vorbehalt der Souveränität und der Entscheidung [»favor«] für die Integration) die Rede. Einzugehen ist nunmehr auf die Beteiligung Italiens am Leben der Gemeinschaft durch Ausübung der Kompetenzen der Verfassungsorgane bei der Entwicklung der italienischen Gemeinschaftspolitik von 1957 bis heute. In diesem Zusammenhang läßt sich eine Reihe von Phasen unterscheiden:

a) die ministerielle oder Regierungsphase;

b) die parlamentarische Phase;

c) die regionale Phase (es gibt noch keine Wählerphase, die sich auf das Engagement der politischen Parteien und der Wählerschaft zurückführen ließe).[3]

Die souveräne Beteiligung Italiens – die sich als Gegenstück zu den Souveränitätsbeschränkungen darstellt – war vom Beginn des Gemeinschaftslebens an im Jahre 1957 durch zwei Aspekte, einen externen und einen internen, gekennzeichnet. Extern äußerte sich die Mitwirkung Italiens durch die Vertretung in bestimmten Gemeinschaftsinstitutionen, d. h. dem Rat und dem Europäischen Parlament. Intern äußerte sie sich in der Festlegung politischer Leitlinien für die italienischen Vertreter in den Gemeinschaftsinstitutionen durch die italienischen Organe (Regierung und Parlament).

In diesem doppelten Sinne zeigte sich von Anfang an sehr deutlich die Existenz einer doppelten Form der Beteiligung, einer externen (Delegationen der Regierung und des Parlaments in den Gemeinschaftsorganen) und einer internen (Bestimmung der Leitlinien der Politik durch Parlament und Regierung).

In der *ersten Phase* war man sich über die Neuartigkeit der Aufgabe, an der Gestaltung der Gemeinschaftspolitik mitzuwirken, weder im Hinblick auf die Rolle des Parlaments noch diejenige der Regierung voll im klaren. Man meinte, den üblichen verfassungsrechtlichen Weg wie bei allen vorangegangenen völkerrechtlichen Verträgen beschreiten zu können, wonach das Parlament in der Regel das zuständige Verfassungsorgan für die Billigung der Übernahme völkerrechtlicher Verpflichtungen zur Änderung der Gesetzgebung ist, ohne daß im weiteren seine Beteiligung an den bereits getroffenen Entscheidungen notwendig wäre. Man war also der Ansicht, daß die Tätigkeit der gesetzgebenden Gewalt beschränkt sei und daß die Beachtung der aus den Verträgen fließenden Verpflichtungen von der Regierung sichergestellt würde (Art. 10-87 Verf.). Dieses Modell nachzuahmen, hieß der Sache nach, der Regierung carte blanche in einem unvergleichlich viel

---

3 Als erster Umriß dieser Fragen: *Integrazione comunitaria dell'Italia e riordinamento dei poteri costituzionali*, in Studi di diritto europeo in onore di R. Monaco, 1977, S. 535 ff.

ausgedehnteren Sachgebiet als sonst bei einem völkerrechtlichen Vertrag üblich zu erteilen. Es entstand somit das Modell der ministeriellen Regierungsbeteiligung, wonach das Parlament sich lediglich darum bekümmerte, eine (bis 1969 niemals erneuerte) Delegation in die europäische Parlamentarische Versammlung zu entsenden. Im übrigen ging das Parlament der Regierung »zur Hand« und erteilte Ermächtigungen (Gesetze vom 14. 10. 1957, Nr. 1503; 13. 7. 1965, Nr. 871; 13. 10. 1969, Nr. 740). Die Regierung oder die einzelnen Minister prägten die italienische Gemeinschaftspolitik und führten sie dann innerhalb des Landes aus.

In dieser ersten Phase kam es innerhalb der Regierung durch fortschreitende Spezialisierung der einzelnen *Ministerien* (insbesondere der mit wirtschaftlichen und sozialen Angelegenheiten betrauten) zu einer Konzentration der Gemeinschaftsangelegenheiten. Diese Ministerien (Landwirtschaft, Industrie, Außenhandel, Finanzen, Haushalt, Verkehrswesen, Arbeit) schufen bei sich besondere Abteilungen oder Ämter. Gleichzeitig sorgte man für eine Koordinierung zwischen den verschiedenen an der Gemeinschaftspolitik interessierten Ministerien, zunächst über den *Ministerpräsidenten* (1. 10. 1960: Interministerieller Ausschuß für die Koordinierung des auswärtigen Handelns auf dem Gebiet der Wirtschaftspolitik), sodann über das Außenministerium (Interministerieller Koordinierungsausschuß für die EWG). In der Folgezeit ging man über zu sektorenweise gegliederten *Interministeriellen Ausschüssen* (zuerst im Zuständigkeitsbereich des Interministerialen Ausschusses für die Wirtschaftsplanung: Art. 16 des Gesetzes vom 27. 2. 1967, Nr. 48; dann mit dem Interministeriellen Ausschuß für die Auswanderung: Gesetz vom 18. 3. 1976, Nr. 64; mit dem Interministeriellen Ausschuß für die Industriepolitik: Gesetz vom 12. 8. 1977, Nr. 675; mit dem Interministeriellen Ausschuß für die Landwirtschafts- und Industriepolitik: Gesetz vom 27. 12. 1977, Nr. 984). Auf der Grundlage dieser organisatorischen Neuerungen ergaben sich bessere Möglichkeiten zur Zusammenstellung der nationalen Delegationen im Europäischen Rat, in den verschiedenen spezialisierten Räten und im Ausschuß der Ständigen Vertreter und zur Festlegung koordinierter Leitlinien für die in jenen Gremien zu verfechtende Politik. Insgesamt kam es zu einer Art der »Europäisierung« der Tätigkeit der Regierung als der zentralen Einrichtung der italienischen Gemeinschaftspolitik und als der ständigen Entscheidungsinstanz für das Verhältnis zwischen nationaler Souveränität und europäischer Integration. Die Rolle, welche von der Regierung anfänglich weitgehend allein, wenn nicht sogar ausschließlich wahrgenommen worden ist, hat im Laufe der Zeit nicht an Umfang verloren. Heute läßt sich von einem System der Mitentscheidung und nicht mehr von einem Präferenz- oder Subsidiärsystem im Verhältnis zu den sonstigen in der italienischen Verfassungsordnung bestehenden Kompetenzen sprechen. Tatsächlich aber spielt die Regierung noch eine zentrale Rolle, weil von Rechts wegen die Verhandlungsgewalt in Gemeinschaftsangelegenheiten bei der Regierung liegt und da tatsächlich die europäische Politik auch weiterhin der hohen Ministerialbürokratie und den Regierungsspitzen »gehört«.

Die *zweite* parlamentarische Phase fällt mit der Reform der Geschäftsordnungen des Abgeordnetenhauses und des Senats zusammen (15. 2. 1971). Mit der neuen Geschäftsordnung schreitet das Parlament von einer Neutralitätsfunktion zu einer politischen Richtlinienfunktion voran. Man hatte allmählich bemerkt, daß der Integrationsprozeß am Parlament vorbeilief und daß der Gemeinsame Markt tiefgreifende Änderungen unserer Gesetzgebung nach sich zog, und zwar mit einer Weite des politischen Ermessens, die zum Zeitpunkt des Abschlusses der Verträge von Rom nicht vorgesehen worden war und auch nicht vorhergesehen werden konnte. Dies war bereits anläßlich der letzten der Regierung erteilten Ermächtigung (1969) ins allgemeine Bewußtsein getreten, als sich nicht unbeträchtlicher Widerstand regte und als vor allem ein Korrekturmechanismus, der sog. »Rückverweisung an das Parlament« geschaffen wurde für alle diejenigen Fälle, wo nach Ansicht einer parlamentarischen Kommission die von der Regierung behandelte Sachmaterie den Rahmen der Ermächtigung zu überschreiten scheinen würde.[4]

Nach den beiden genannten parlamentarischen Geschäftsordnungen werden die Richtlinien der Politik von parlamentarischen Ausschüssen festgelegt, und zwar innerhalb des Senats von dem »Ausschuß für die Angelegenheiten der Europäischen Gemeinschaften« (Art. 23) und im Abgeordnetenhaus von den allgemeinen Fachausschüssen (Art. 126), soweit nicht ein Sonderausschuß gebildet wird (Art. 126 Abs. 2). Dies bezieht sich sowohl auf die Vorschläge der EWG-Kommission wie auch auf die in die Tagesordnung des Rates zur Beschlußfassung aufgenommenen Angelegenheiten. Von diesen neuen Instrumenten einer präventiven parlamentarischen Kontrolle im Hinblick auf die Gemeinschaftätigkeit der Regierung ist allerdings seit 1971 kein starker Gebrauch gemacht worden. Dies erklärt sich wohl aus einer gewissen Abneigung der Kammern gegenüber den Gemeinschaftsangelegenheiten. Die kommende Direktwahl des Europäischen Parlaments sollte diesem Mißstand auf Grund einer allgemeinen Belebung des Interesses abhelfen.[5]

Die *dritte* Phase, nämlich die Regionalphase, stellt den Zeitraum dar, wo sich die Debatte am stärksten belebt und wo das Interesse an den Gemeinschaftsangelegenheiten auf seiten der staatlichen italienischen Organe am stärksten zugenommen hat. Die Unzuständigkeit der grundlegenden politischen Einheiten (Wählerschaft, lokale Körperschaften) für Gemeinschaftsangelegenheiten war die unmittelbare Folge der »internationalen« Natur der Gemeinschaft gewesen und hatte auch den Ausschlag für das weitgehende Desinteresse der politischen Parteien gegeben. Gerade aber die politischen Grundeinheiten, und insbesondere die territorialen Grundeinheiten, stellen ein wesentliches Element der für das politische Denken in Italien kennzeichnenden und in der Verfassung (Art. 1–11) verankerten »föderalistischen« Zielvorstellung eines Aufbaues mit drei Stufen dar (Internationale Organisationen – Nationalstaat – Regionen und lokale Körper-

---

4 Bericht über die Senatsdebatte in Riv. Dir. Int. Priv. e Proc., 1969, S. 850 ff.
5 Siehe MANZELLA, *Il Parlamento*, 1977; CHIMENTI, *Un bilancio dei primi anni di attuazione del nuovo regolamento del Senato*, in Il Politico, 1977, S. 405 ff., 417 ff.

schaften). Zur Zeit der Errichtung der Regionen (Übertragungsdekrete vom 15. 1. 1972) glaubte man, die Regionen nicht an der Durchführung (und schon gar nicht an der Konzipierung) der italienischen Gemeinschaftspolitik beteiligen zu können. Man hielt für den dominierenden Gesichtspunkt gegenüber den Erfordernissen der Regionalautonomie die Notwendigkeit eines einheitlichen Verhaltens. Gegen diese Tendenz wurde eingewandt, daß die aus unserer Beteiligung an der EWG fließende Souveränitätsbeschränkung das Gleichgewicht zwischen Staat und Regionen nicht aufhebe und den Regionen keine der ihnen von der Verfassung zugewiesenen Befugnisse (Art. 117 ff. Verf.) entziehe. Aber auch abgesehen von diesen Erwägungen kritisierte man die »Enteignung« der Regionalkompetenzen in Gemeinschaftsangelegenheiten und stellte fest, daß man die Führungsgruppen der Parteien auf regionaler und lokaler Ebene vom europäischen Aufbauprozeß nicht fernhalten dürfe, schon weil die Gemeinschaftspolitik sich in vielerlei Hinsicht auf das gesamte Leben der örtlichen Gemeinschaften auswirke (Beschäftigung, Freizügigkeit der Arbeitnehmer und Auswanderung, Politik der industriellen und landwirtschaftlichen Entwicklung usw.). Die umstrittene Durchführung der Gemeinschaftsrichtlinien zur Reform der Landwirtschaft stellte die erste Gelegenheit für eine erfolgreiche Wiedergewinnung von Regionalkompetenzen dar. Die Regionen forderten mit Erfolg ihr »natürliches Recht« zurück, die Gemeinschaftspolitik auf einem Gebiet, das für sie selbst von vitaler Bedeutung sei, unmittelbar durchführen zu dürfen (Gesetze vom 9. 5. 1975, Nr. 153, und vom 10. 5. 1976, Nr. 352).[6]

Im Gefolge dieser Auseinandersetzungen hat man für die Beteiligung Italiens an der Gemeinschaftspolitik vom internen Standpunkt aus im Gesetz vom 22. 7. 1975, Nr. 382, und im späteren Dekret vom 24. 7. 1977, Nr. 616 (Art. 4, 6, 11) eine recht originelle Gesamtlösung gefunden. a) Die Regionen nehmen an der Festlegung der politischen Richtlinien in Gemeinschaftsangelegenheiten durch Absprachen mit der Regierung teil. b) Verordnungen und Direktiven der EWG auf den an die Regionen übertragenen oder an sie delegierten Gebieten werden von den Regionen ausgeführt. c) Staatliche und regionale Tätigkeit werden miteinander koordiniert, entweder in der Weise, daß der Staat an Stelle der Regionen handelt, falls diese die gemeinschaftsrechtlichen Verpflichtungen nicht erfüllen, sei es in der Weise, daß der Ministerpräsident zur Koordinierung Richtlinien festlegt im Hinblick auf die keiner spezifischen Rechtsbindung unterliegende Verwaltungstätigkeit der Regionen auf den genannten Gebieten. Diese Koordinierungsmechanismen sind vor kurzem auf dem Gebiet von Landwirtschaft und Ernährung bekräftigt worden (z. B.: Art. 4 Abs. 2 des Gesetzes vom 27. 12. 1977, Nr. 984, wo es heißt, daß bei mangelndem Einvernehmen mit den Regionen der Ministerrat nach An-

---

[6] Über diese umstrittene Frage vergleiche aus der reichen Publizistik das Dokument: *Le Regioni e la revisione della politica comunitaria,* in Città e Regioni, 1977, S. 297 ff., und in der Doktrin, letztlich, MORVIDUCCI, *The international Activities of the Italian Regions,* in the Italian Yearbook of International Law, 1976, S. 201 ff.

hörung des Parlamentsausschusses für Regionalfragen entscheidet; Dekret vom 13. 1. 1978 mit der Ermächtigung an den Interministeriellen Ausschuß für die Wirtschaftsplanung, die Vereinbarkeit zwischen staatlichen Programmen und regionalen Programmen auf dem Gebiet der Verbesserung der Voraussetzungen für die Verarbeitung und den Vertrieb von Agrarprodukten im Sinne der EWG-Verordnung Nr. 355/1977 zu überprüfen).

Zusammengefaßt: Betrachtet man die dargestellten drei Phasen der Entwicklung der italienischen Beteiligung an der Gemeinschaftspolitik in ihrer Gesamtheit, so scheint nunmehr als Neuerung die Beteiligung des Parlaments und der Regionen an einer »Regierungs«politik gesichert zu sein, die sonst auf Gleichgültigkeit oder, im ungünstigeren Falle, an verschiedenen Stellen sogar auf Widerstand stoßen könnte. Man hat in dieser Hinsicht auch von einem »italienischen Weg« – einem parlamentarischen und regionalen Weg – zum Europa der Gemeinschaft gesprochen. Dieser Weg stellt wohl auch ein Mittel dar, um eine Mobilisierung der Wähler zu erreichen, ohne die die europäischen Wahlen ein bloßes emotionales oder gar schädliches Ereignis darstellen würden, das jedenfalls nur wenig Widerhall finden würde und nicht geeignet wäre, die politische Debatte zu beleben oder neu in Gang zu bringen.[7]

5. Zu handeln ist schließlich vom Vollzug des Gemeinschaftsrechts innerhalb der italienischen Rechtsordnung.

In Italien war man sich (vgl. das Gesetz vom 15. 10. 1957, Nr. 1203 über die Billigung und den Vollzug des EWG-Vertrages) sofort der Notwendigkeit bewußt, sich an das Gemeinschaftsrecht anzupassen, indem man die Durchführung der Gemeinschaftsakte nicht nur mittels der Anerkennung ihrer unmittelbaren Wirkung (Kompetenzeinschränkung), sondern auch durch den Erlaß geeigneter Ausführungsmaßnahmen und, noch allgemeiner gesprochen, Kooperationsmaßnahmen (Kompetenzvorbehalt, obligatorischer oder fakultativer Art) sicherstellte. Die maßgebende Gesetzgebung wurde schrittweise erlassen in zwei Übergangsphasen der Erteilung von Ermächtigungen an die Regierung und der Anerkennung einer gemischten Gewalt von Parlament und Regionen.[8]

In der ersten Phase befolgte man die traditionelle, für Verträge ganz allgemein kennzeichnende verfassungsrechtliche Tendenz, wonach dem Parlament in der Regel die Zuständigkeit obliegt für die Zustimmung zur Übernahme internationaler Verpflichtungen, die Änderungen der Gesetzgebung nach sich ziehen (Art. 80

---

[7] Zur Debatte anläßlich der Ratifikation des Direktwahlgesetzes in Frankreich: VOLPE, L'elezione del Parlamento europeo al vaglio del »Conseil Constitutionnel«, in Il Foro Italiano, 1978, IV, S. 36 ff. Eine orthodoxe und der gemeinschaftlichen Perspektive durchaus gewidmete Einsicht: BIBLIOTECA DELLA LIBERTA, Verso un Parlamento europeo, 1977, n. 64.

[8] Über die legislative Richtung auf gemeinschaftlichem Gebiet vgl.: PANEBIANCO, Integrazione comunitaria, op. cit. S. 535 ff. Auch PANEBIANCO, Codice del mercato comune – Raccolta di provvedi menti italiani di excuvene del Trattato istitutio e degli attidella CEE, Milano, 1974 (2 vell); Appendici 1975–1976.

Verf.), während es der ausführenden Tätigkeit der Regierung überlassen bleibt, die Beachtung der aus den Verträgen fließenden vielfältigen Verpflichtungen zu gewährleisten. Dieses Modell auch hier zugrunde zu legen, bedeutete, der Regierung »carte blanche« zu erteilen auf einem Gebiet, das nicht nur sehr viel ausgedehnter war, sondern sich auch qualitativ mit dem üblichen Regelungsgegenstand der völkerrechtlichen Verträge kaum vergleichen ließ. In dieser Phase hat das Parlament seine Ermächtigung an die Regierung in Bezug auf die Beachtung des Gemeinschaftsrechts und der Sekundärakte wie folgt definiert: A) »Vollzug der Verpflichtungen«, die sich aus dem EWG-Vertrag ergeben (Art. 3 des Gesetzes vom 14. 10. 1957, Nr. 1203); B) »Im Einklang mit Art. 5 des EWG-Vertrages Gewährleistung des fristgerechten Vollzugs der Verpflichtungen,[9] die sich aus den von den Organen der EWG erlassenen Verordnungen, Richtlinien und Entscheidungen ergeben« (Art. 1 Buchst. d) des Gesetzes vom 13. 7. 1965, Nr. 871; Art. 1 Buchst. b) des Gesetzes vom 13. 10. 1969, Nr. 740).

In der zweiten Phase ließ sich leicht erkennen, daß eine genaue Durchführung der Gemeinschaftsakte im Einklang mit den Art. 5 und 189 des EWG-Vertrages eine zweifache verfassungsrechtliche Schwierigkeit aufwarf. Denn die Ausübung der der Regierung erteilten Ermächtigung zur Durchführung des Gemeinschaftsrechts mußte zu tiefgreifenden Änderungen unserer Gesetzgebung führen, mit einer weitgehenden Entscheidungsfreiheit, die weder vorhergesehen worden war noch hatte vorhergesehen werden können, wobei jedenfalls nachteilige Auswirkungen auf die Legislativbefugnisse des Parlaments auftraten. Gleichzeitig ergab sich auch eine gemeinschaftsrechtliche Schwierigkeit, weil die Ausnutzung der Ermächtigung wegen ihrer außerordentlichen Automatik schließlich zu mehr als einer bloßen Ausführungs- oder Ergänzungsgesetzgebung führte. Es entstand ein echtes italienisches Regelwerk (»corpus«), welches das Gemeinschaftsrecht als Parallele begleitete. Dieses Regelwerk war nicht immer nur »Abbild und Spiegelbild« des Gemeinschaftsrechts, sondern beruhte auf einer eigenen Interpretation, führte demgemäß über die der Gemeinschaft garantierte Rechtssphäre hinaus, behinderte damit die unmittelbare Wirksamkeit der Verordnungen und stellte die gleichförmige zeitliche und persönliche Anwendung des Gemeinschaftsrechts in Frage.[10] Nachdem dies erkannt worden war, wurde die Gesetzgebung über die Ausführung des Gemeinschaftsrechts erheblich umgestaltet, indem man einerseits von dem obligatorischen Erlaß eines italienischen Ausführungsaktes zu jedem Gemeinschaftsakt Abstand nahm und andererseits genauer unterschied zwischen der Eigensphäre der Gemeinschaft und dem nationalen Vorbehaltsbereich.

So wurde bei der Reform der parlamentarischen Geschäftsordnungen die »Eventualität« der Durchführungsakte und ihr Folge- (oder Sekundärcharakter) festge-

---

9 Der Formel des G. 1969/740 nach »in der Staatsrechtsordnung, laut Art. 189 EWG-Vertrag, schon wirkenden«.
10. Siehe Riv. Dir. Int., 1973, S. 578 ff.

legt. A) Die Senatskommissionen »können« die vom Ministerrat und der Kommission der Europäischen Gemeinschaft erlassenen und im Amtsblatt der Gemeinschaft veröffentlichten Rechtsakte, soweit sie in ihre Zuständigkeit fallen, prüfen, um schriftlich ihre Meinung über die Zweckmäßigkeit von *möglichen* anschließenden Initiativschritten seitens des Parlaments oder der Regierung kundzutun« (Art. 144 der Geschäftsordnung des Senats vom 17. 2. 1971). B) Die Ausschüsse der Abgeordnetenkammer prüfen den »*rechtlichen Wortlaut*« der Rechtsakte der Gemeinschaft (Verordnungen, Richtlinien, Entscheidungen), um »in einem Schlußdokument ihre Ansicht über die Zweckmäßigkeit möglicher Initiativschritte« zum Ausdruck zu bringen (Art. 127 Abs. 2 der Geschäftsordnung der Abgeordnetenkammer vom 18. 2. 1971). Auf diese Weise hat das italienische Parlament einige allgemeine Grundsatzregeln über die Art und Weise der Anpassung des italienischen Rechts an das Gemeinschaftsrecht festgelegt. Diese Grundsätze sind in der nachfolgenden Gesetzgebung, insbesondere derjenigen über die Art und Weise der Anpassung des Regionalrechts (d. h. das Recht der Regionen) bestätigt worden, wie sich aus den Art. 1 und 5 des bereits erwähnten Gesetzes vom 22. 7. 1974, Nr. 382, ergibt.

6. Nach diesen allgemeinen Vorbemerkungen ist nun einzugehen auf das System der gerichtlichen Überprüfung der Rechtmäßigkeit einzelner italienischer Gesetze (oder von Akten mit Gesetzeskraft) in Hinblick auf das europäische Gemeinschaftsrecht (sog. Gemeinschaftsrechtsmäßigkeit der Gesetze). Bekanntlich besteht die gemeinschaftsrechtliche Rolle des nationalen Richters in der Nachprüfung der Anwendung des Gemeinsaftsrechts und seines Vorranges gegenüber der internen Rechtsordnung, sofern die unmittelbare Wirkung (Verordnungen) oder die mittelbare Wirkung (Richtlinien) im Verhältnis zwischen Privatpersonen oder gegenüber der öffentlichen Verwaltung sichergestellt werden muß. Diese Kontrolle setzt daher auch die Überprüfung der Verfassungsmäßigkeit der Ausübung der Befugnisse zur Durchführung des Gemeinschaftsrechts voraus (Art. 2 Verf.) und damit des italienischen Rechts, welches das Gemeinschaftsrecht durchführt oder mit ihm im Widerspruch steht.

Hinzuweisen ist auf verschiedene Urteile des italienischen Verfassungsgerichtshofs.[11] Der Gerichtshof unterscheidet die Sphäre der »unmittelbaren Wirkung« der Gemeinschaftsrechtsakte von demjenigen Bereich, welcher »dem nationalen Vollzug

---

11 Wegen ihres enormen Umfanges sind die doktrinären Hinweise absichtlich ausgelassen. Auf dem Gebiet der der nationalen Vollziehung auferlegten Beschränkungen hatte sich der Corte Costituzionale schon eher als das bekannte *Frontini*-Urteil 183/1973 in den Streitfällen: 20-1-1971 n. 3 *Brancesco g. Presidenza Consiglio Ministri* und 19-6-1973 n. 86, *Soc. Biscotti Colussi Perugia g. Ministero Commercio Estero*, sowie in manchen Streitfällen auf dem Gebiet der regionalen Vollziehung und der Überwindung gemeinschaftlicher Begrenzungen (vgl. Urteile 1963 n. 49; 1969 n. 120; 1971 n. 72; 1972 n. 142: in STARACE-DE CARO, *La giurisprudenza costituzionale in materia internazionale*, Napoli 1977) ausgesprochen.

vorbehalten ist«, während er sich selbst die Befugnis zuerkannt hat, die Verfassungswidrigkeit der mit dem Gemeinschaftsrecht unvereinbaren Gesetze festzustellen. Es handelt sich insbesondere um das Urteil Società industrie chimiche dell'Italia centrale (vom 30. 10. 1975, Nr. 232), das sehr bekannt geworden und von der italienischen Doktrin lebhaft bekämpft worden ist.[12] Nachdem auch der Gerichtshof der Europäischen Gemeinschaften im Falle Simmenthal (Entscheidung vom 9. 3. 1978 in der Rechtssache 106/77) zu dieser Kontroverse Stellung bezogen hat, sind nun zahlreiche besorgte Stimmen laut geworden, die überwiegend Anpassungsvorschläge unterbreitet haben. Empfohlen worden ist, geeignete Interpretationshilfen einzusetzen oder gar eine gesetzliche Neuregelung herbeizuführen.[13] Nur wenige negative Reaktionen waren zu verzeichnen; sie klammern sich im übrigen an bereits bekannte gegenteilige Grundsatzpositionen.[14]

Wegen des Ungleichgewichts der miteinander im Kampf liegenden Kräfte läuft man das begründete Risiko, daß die beiden höchsten Gerichte, der EuGH und der italienische Verfassungsgerichtshof, auf einen Verlust der gegenseitigen Verständnismöglichkeit hinsteuern, wobei man vielleicht ein Nachgeben oder einen Rückzug auf der einen oder anderen Seite erwartet. Diese Lösung ist aber aus zwei Gründen wenig wahrscheinlich. Denn die Entscheidung des EuGH im Fall *Simmenthal* öffnet nicht, sondern schließt ein Kapitel der Rechtsprechung in bezug auf Italien

---

12 Vgl. STARACE-DE CARO, *La giurisprudenza costituzionale in materia internazionale*, Napoli, 1977, S. 414 ff.

13. Vgl. RICCIOLI, *Preoccupanti contrasti fra Corte comunitaria e Corte costituzionale*, Foro Italiano, 1978, IV, S. 204 ff.; CATALANO, *I mezzi per assicurare la prevalenza dell'ordinamento comunitario sull'ordinamento interno*, Giustizia Civile, 1978, I, S. 816 ff.; FRANCHINI, *Il diritto comunitario tra Corte di Giustizia e Corte costituzionale*, ivi, IV, S. 116 ff.; MIGLIAZZA, *Il giudizio di legittimità costituzionale e la Corte di Giustizia delle Comunità europee*, Riv. dir. process., 1978, S. 328« PAU, *Sui limiti di rilevanza del diritto comunitario nel sistema giuridico italiano*, Riv. dir. internaz., 1978, S. 277 ff. In einer weiteren Perspektive CAPPELLETTI, *Giustizia costituzionale soprannazionale (Il controllo giudiziario delle leggi e la guirisdizione delle libertà a livello internazionale)*, Riv. dir. process., 1978, S. 1 ff.; SPERDUTI, *Il primato del diritto internazionale nel sistema del diritto interno*, Riv. dir. internaz., 1978, S. 205 ff.; ID: *Sulle »limitazioni di sovranità« secondo l'art. 11 della Costituzione*, Riv. trim. dir. pubbl., 1978, S. 474 ff. Unter komparativen Gesichtspunkten: GANSHOF VAN DER MERSCH, *L'arrêt du 9 mars 78 de la Cour de Justice des Communautés européennes et la règle de l'application directe du droit communautaires dans le droit interne des Etats membres*, Rév. droit internat. et dr. comparé, 1978, S. 24 ff.; PANEBIANCO, *Sovranità limitata, sovranità riservata, favour comunitario e controllo giurisdizionale*, Milano 1978 (volume collettaneo a cura del CENSIS); ID, *L'integrazione europea e latino-americana fra internazionalismo e costituzionalismo* (Relazi one al 1º Convegno italo-centroamericano di diritto comparato, Tegucicalpa 31. 7.–5. 8. 1978, im Druck).

14 BERRI, *Preteso potere del giudice ordinario di disapplicare leggi interne costituzionalmente illegittime, perchè riproduttive di regolamenti comunitari direttamente applicabili*, in Studi di dir. europeo in nore di D. Monaco, Milano, 1977, S. 13 ff. ed il commento di PAU (citato *antea* in nota 2).

und erscheint als der Schlußstein eines Prozesses, der mit der Entscheidung *Costa/ Enel* (vom 15. 7. 1964) eingeleitet und mit der Entscheidung *Kommission/Italienische Republik* (vom 7. 2. 1973) fortgesetzt worden war. Als Epilog einer bekannten Kontroverse setzt die Entscheidung *Simmenthal* einen Prolog voraus, gewiß jedenfalls ein auf Distanz geführtes Gespräch, das über 15 Jahre hinweg über die Entwicklung der legislativen, administrativen und gerichtlichen Praxis Italiens im Hinblick auf das Verhältnis zum Gemeinschaftsrecht geführt worden ist. Trotzdem halte ich ein Nachgeben für wenig wahrscheinlich, auch aus einem zweiten einfachen Grunde, weil nämlich die beanstandete Auffassung des italienischen Verfassungsgerichtshofs (Urteil *Società industrie chimiche Italia centrale* von 1975) sich ebenfalls in jenem Zeitpunkt bereits erschöpft hatte, während man in der Folgezeit eine ganz ähnliche Orientierung wie später der EuGH (und auch der italienische Kassationshof)[15] einschlug. Die Gesamtorientierung der italienischen Rechtsprechung befindet sich also nicht mehr auf dem vorübergehenden Stande von 1975, und die Entscheidung *Simmenthal* trifft nicht etwa ihr gegenüber eine autoritative Rechtsfeststellung, sondern spiegelt lediglich eine Übergangsphase der italienischen Rechtsprechung wider.

Kurzum: will man schlecht gestellte Fragen und leichthin vorgenommene Generalisierungen vermeiden, so muß man die Rechtsprechung der beiden höchsten Gerichte im Rückblick und langfristig betrachten. In diesem Lichte betrachtet erscheint die Kontrolle des Verfassungsgerichtshofs über die Gemeinschaftsrechtmäßigkeit der Gesetze nicht als eine Anomalie – gleichsam ein »capriccio italiano« –, das mit der Entscheidung des Gemeinschaftsrechts zugunsten einer dezentralisierten Kontrolle im Widerspruch steht, sondern als ein für die Rechtsbeziehungen zum nationalen Recht unentbehrliches Mittel. Man muß also diese komplexe Auseinandersetzung historisch und rechtlich rekonstruieren, um das feste Fundament der sich aus der Praxis ergebenden allgemeinen Prinzipien zu gewinnen, anstatt sich auf die sehr viel gefährlichere Ebene der mit Emotionen und fragmentarischen richterlichen Kasuistik zu begeben.

7. Im bekannten Fall *Costa/Enel* (6/64)[16] hat sich der EuGH das große Verdienst erworben, eine Rechtstheorie der Gemeinschaftsrechtsordnung aufzustellen. Er bezeichnete sie als eine autonome Rechtsordnung, die sich von der völkerrechtlichen und der staatlichen Rechtsordnung unterscheide und die sich auszeichne durch die Innehabung von durch die Mitgliedstaaten übertragenen hoheitlichen Befugnissen, die gegenüber der legislativen, ausführenden und richterlichen Gewalt sowie den Bürgern in den Mitgliedstaaten auszuüben seien. Diese Rechtstheorie machte sich auch der italienische Verfassungsgerichtshof zu eigen, allerdings in langsamen

---

15 Corte cost., 28. 7. 1976 n. 205, *Amministrazione delle finanze c. Ditta Fratelli Grassi;* Corte cost. ord., 28. 7. 1976 n. 206, *De Rossi c. Prefetto di Roma;* vgl. auch STARACE-DE CARO, *op. cit.*, S. 452 ff., 457 ff.; Cass. – sez. un. – 4. 8. 1977, n. 3461, *Min. agricoltura e foreste c. Sandrini,* in *Foro Italiano,* 1977, S. 1148 ff.
16 Giustizia civile, 1964, I S. 1893 ff.

Teilschritten und mit gewissen Abschwächungen.[17] Ein ganz ähnliches Bewußtsein setzte sich auch im italienischen Parlament durch (s. vorstehend Abschnitt 5), das sich ursprünglich an die historische Theorie des *Ausführungsbefehls zu den Verträgen* gehalten hatte, der als einziges gültiges Rechtsinstrument zur Sicherstellung der vollen und ungeteilten Wirksamkeit der – wie die Gemeinschaftsverträge – auf Änderungen in der staatlichen Rechtsordnung abzielenden völkerrechtlichen Verträge angesehen wurde (s. Gesetz vom 14. 10. 1957, Nr. 1203, über die Billigung der Ratifikation und die Erteilung des Vollzugsbefehls zum EWG-Vertrag und zum Euratom-Vertrag im Einklang mit Art. 80 Verf.). Trotz des in dieses Instrument gesetzten Vertrauens waren die ersten Jahre der Durchführung des EWG-Vertrages in Italien durch eine gewisse Trägheit gekennzeichnet, die »Anlaß gab zu erheblichen Mißständen und Klagen innerhalb der Gemeinschaft, die auf die Anschuldigung hinausliefen, auf seiten Italiens bestehe kein Interesse an der Ausführung der sich aus dem Vertrag ergebenden Verpflichtungen.«[18]

In der Folgezeit herrschte im italienischen Parlament eine innovatorische Tendenz vor, die bereits dargestellt worden ist (vgl. vorstehend Abschnitt 6). Zu den Gemeinschaftsrechtsakten wurde auf Grund von der Regierung erteilten gesetzlichen Ermächtigungen jeweils ein spezifischer Ausführungsbefehl erlassen. Abgesehen von den bereits untersuchten verfassungsrechtlichen Schwierigkeiten ergaben sich kaum geringere gemeinschaftsrechtliche Schwierigkeiten. Denn in der Tat wurde der zu den Gemeinschaftsrechtsakten erteilte Ausführungsbefehl verstanden als dezentralisierte und punktuelle Ausübung der gesetzlichen Ermächtigung durch die Regierung, die nun Rechtsakte mit Gesetzeskraft (Gesetzesdekrete) erließ, um jeden einzelnen Akt oder Gruppen von namentlich bezeichneten Gemeinschaftsrechtsakten zu vollziehen. Diese Methode des »namentlichen Vollzugs« führte schließlich zur Entstehung eines »Regelwerks« nationaler Rechtsvorschriften, die zu den gemeinschaftsrechtlichen Akten parallel liefen, teilweise als deren »Abbild und Spiegelbild« (»Verdoppelungsnormen«), bisweilen als abweichende Re-Interpretation (»Reproduktionsnormen«), bald nur in untergeordneter Eigenschaft (»Durchführungs- oder Ausführungsnormen«), bald mit widersprechendem Inhalt (»unvereinbare Normen«).[19]

8. Konfrontiert mit den Ergebnissen dieses in Italien vorherrschenden Systems, gelangte der EuGH zu einem harten Tadel des zu den Gemeinschaftsrechtsakten

---

17 Corte Cost., 27. 12. 1965 n. 98, *Acciaierie S. Michele* c. Ceca, in Starace-de Caro, *op. cit.*, S. 158 ff.; Corte Cost., 19. 6. 1973 n. 86, *Soc. Biscotti Colussi Perugia*, c. *Min. commercio estero*, ivi, S. 338 ff.; Corte Cost., 27. 12. 1973 n. 183, *Frontini* c. *Amministrazione delle finanze*, ivi, S. 364 ff.

18 Zusammenfassende Bewertung, wie man sie bei einem zeitgenössischen Autor liest: Nini, *Profili di diritto delle Comunità europee*, Napoli (s. d.), p. 236.

19 Panebianco, *Codice del mercato comune (Raccolta di provvedimenti italiani di esecuzione del Trattato istitutivo e degli atti della CEE*, Milano, 1974 (con appendici).

erteilten Ausführungsbefehls, und zwar wegen der fehlenden institutionellen Unterscheidung zwischen dem Bereich der Direktwirkung des Gemeinschaftsrechts und der dem nationalen Vollzug überlassenen Sphäre (Urteil vom 7. 2. 1973, *Kommission/Italienische Republik,* wo der häufige Erlaß von rechtswidrigen Vorschriften gerügt wird, welche Gemeinschaftsrechtsnormen wiederholen, die schon für sich allein unmittelbare Anwendbarkeit besitzen oder solche Normen in einer mit ihrem Inhalt unvereinbaren Weise ergänzen).[20] Kurz gesagt, der EuGH mißbilligte diese Praxis als Verletzung des Gemeinschaftsrechts, weil entweder das Gemeinschaftsrecht unter dem Vorwand der authentischen Interpretation durch italienische Rechtsvorschriften ersetzt und damit der Kontrolle des EuGH nach Art. 177 EWG-Vertrag entzogen worden sei, oder weil es in italienische Rechtsvorschriften einbezogen worden sei unter Lähmung oder Zurückdrängung seiner normativen Wirkung oder jedenfalls einer Verfälschung seiner Eigenständigkeit.

Der italienische Verfassungsgerichtshof machte sich diese Konzeption im Urteil *Frontini* (vom 21. 12. 1973, Nr. 183)[21] zu eigen. Das Urteil ist wegen seiner »Gemeinschaftsfreundlichkeit« bedeutsam, die auf eine stärkere Ausschöpfung von Art. 11 Verf. als Grundlage der Koexistenzbeziehungen zwischen Gemeinschaftsordnung und italienischer Rechtsordnung zurückzuführen ist. Insbesondere besitze Art. 11 Verf. die Funktion eines echten *verfassungsrechtlichen Ausführungsbefehls,*

---

20 *Riv. dir. internaz.,* 1973, S. 578 ff., vgl. auch: MONACO, *Diritto delle Comunità europee e diritto interno,* Milano, 1967; MATTIONI, *La rilevanza degli atti comunitari nell ordinamento italiano,* Milano, 1971; AA.VV., *Diritto delle Comunità europee e diritto degli Sati mombri* (a cura di G. TREVES, *L'ordinamento italiano),* Milano, 1969; SORRENTINO, *Corte Costituzionale e Corte di Giustizia delle Comunità europee,* Milano, 1970 (vol. I), 1973 (vol. 2°); FERRARI BRAVO, *European Communities and the Italian legal System,* in *Mélanges pour Wengler,* Berlin, 1973, I, S. 153 ff.; CAPURSO, *Le ideologie giuridiche dello Stato nazionale moderno e l'ordinamento comunitario nella giurisprudenza italiana,* in *Studi parlamentari e politica costituz.;* IDEM, *Criteri ermeneutici in ordine all'applicazione di norme comunitarie convenzionali e derivate confliggenti con norme primarie in diritto interno,* in *Riv. trim. dir. pubbl.,* 1975, S. 1057 ff.; IDEM, *Normativa nazionale e normativa comunitaria: analisi della giurisprudenza italiana,* in *Diritto comunitario e degli scambi internazionali,* 1977, S. 429 ff. In generale v. anche CAPOTORTI, *Il diritto comunitario dal punto di vista del giudice nazionale,* in *Riv. dir. internaz. priv. e process.,* 1977, S. 497 ff.
Die Probleme einer aufgehobenen Anpassung der Urteile des Gerichtshofes der Europäischen Gemeinschaft sind Gegenstand einer besonderen Prüfung folgender Urteile des Verfassungsgerichtshofes gewesen: *Frontini* (1973) und *Società industrie chimiche Italia Centrale* (1975) – schon vorher zitiert –, aus denen sich eine reichhaltige Fachliteratur entwickelt hat (vgl. 1a in STARACE-DE CARO, op. cit., S. 364 f. u. 414 f.). Diesbezüglich vergleiche eine interessante Auseinandersetzung mit der Rechtsprechung des *Bundesverfassungsgerichts:* FEUSTEL, *Diritto comunitario e diritto interno nella giurisprudenza costituzionale italiana a tedesca,* in *Riv. dir. europeo,* 1976, S. 167 ff. (Der Wortlaut eines Vertrages, der am 26. März 1976 an der Universität Salerno gehalten wurde.)
21 Vgl. Fußnoten 17–20.

denn die Bestimmung gehe dem traditionellen Ausführungsbefehl zu den Verträgen sowie dem Ausführungsbefehl zu den Gemeinschaftsrechtsakten vorher. Die vom Verfassungsgerichtshof aufgestellten Grundsätze lassen sich kurz wie folgt zusammenfassen:

a) Auf Grund des Art. 11 Verf. (und des Gesetzes über die Billigung und den Vollzug des EWG-Vertrages vom 14. 10. 1957, Nr. 1203) hat sich in unserer Rechtsordnung eine stillschweigende Verfassungsänderung vollzogen, die sich ergibt aus der Zustimmung zur Schaffung der Gemeinschaftsrechtsordnung, die sich wiederum auf eigenständige Kompetenzen der Gemeinschaftsorgane und auf die damit einhergehende Beschränkung der italienischen Souveränität und der entsprechenden Legislativ-, Exekutiv- und Judikativbefugnisse stützt. In der Tat ist gerade Art. 11 Verf. diejenige Vorschrift, die unseren Staat im Gefolge einer in der Geschichte der modernen Staaten einmaligen verfassungshistorischen Bewegung als ein Gemeinwesen mit »beschränkter Souveränität« definiert, ganz ähnlich wie in anderen europäischen Verfassungen, die gleichzeitig mit der italienischen Verfassung oder später als sie entstanden sind. Es ist eben diese Verfassungsbestimmung, die eine strukturelle Anpassung an die Rechtsordnung der internationalen (und europäischen) Organisationen erlaubt, ganz anderes als die normative Anpassung und Verfassungsgewährleistung, welche Art. 10 Verf. lediglich im Hinblick auf die »allgemein anerkannten Rechtsgrundsätze« der klassischen internationalen Gemeinschaft verbürgt.

b) Abgesehen von den auf die Gemeinschaft übertragenen Befugnissen verbleiben den internen Staatsorganen vorbehaltene Befugnisse oder institutionelle Eigenbefugnisse. Diese letzteren können lediglich ausgeübt werden, um *notwendige Ausführungs- oder Ergänzungsnormen* zu erlassen, d. h. solche, die sich aus dem Erfordernis ergeben, einen den nationalen Behörden auf Grund von Ermächtigung oder freiwilliger Beschränkung seitens der Gemeinschaftsorgane oder jedenfalls wegen einer nicht abschließenden Regelung durch die Gemeinschaftsverordnungen überlassenen freien Raum auszugestalten. (Die Gemeinschaftsverordnungen haben, sofern sie unvollständig oder lückenhaft sind, eine gemischte Wirkung, sie wirken teilweise direkt und teilweise indirekt wie die Richtlinien des Art. 189 EWGV).

c) Den italienischen Rechtsetzungsorganen ist es daher verboten, Ausführungsvorschriften zu erlassen, die nicht notwendig oder nicht strikt unentbehrlich sind. Solche Normen werden Reproduktions- oder Substitutionsnormen genannt. Sie nehmen Gemeinschaftsverordnungen mit unmittelbarer Wirkung auf oder passen sich an sie an (Art. 189 EWGV). Es läßt sich feststellen, daß sie sog. Reproduktions- oder Substitutionsvorschriften in Wirklichkeit feststellende oder interpretierende Bestimmungen sind, denen infolgedessen die Eignung zukommt, die Natur und die Tragweite der entsprechenden Gemeinschaftsbestimmungen zu verfälschen und sich mithin mit derogierender Wirkung an deren Stelle zu setzen. Für den Erlaß solcher italienischer Normen fehlt es an einer Zuständigkeit, obwohl sie auf eine angebliche normative Residualgewalt, die sog. *potestas interpretandi*, gestützt werden, die in Wahrheit an die Gemeinschaftsorgane übergegangen ist (*eius est interpretari cuius est condere*). Diese Vorschriften, die sich künstlich zwischen die Gemeinschaftsrechtsvorschriften und die italienischen Bürger schieben, sind auch von Verfassungs wegen ungültig, weil sie die von der Verfassung gewährleistete Eigensphäre der Gemeinschaft verletzen (wegen Art. 11 Verf.).

d) Eine zweite Kategorie von nicht notwendigen Ausführungsbestimmungen wird in der Sprache des Gerichts von jenen dargestellt, die von der Gemeinschaft nicht genehmigt worden oder die jedenfalls nicht strikt unentbehrlich für die Durchführung des Gemeinschaftsrechts sind. Sie unterscheiden sich von den Reproduktions- oder Substitutionsnormen insofern, als sie nicht in die Gemeinschaftssphäre übergreifen, sondern sich innerhalb des nationalen Vorbehaltsbereichs bewegen, wobei die Rechtmäßigkeit der vom italienischen Staat mit ihrem Erlaß ausgeübten Befugnisse außer Streit steht. Obwohl also solche Normen auf ein zuständiges Rechtsetzungsorgan zurückzuführen sind, gehen sie doch über ihre Eigenschaft als Vorschriften mit »begrenzter Kompetenz« insofern hinaus, als sie im Widerspruch zum Inhalt des Gemeinschaftsrechts erlassen worden sind und daher eine Überschreitung der Gesetzgebungsgewalt bedeuten. Man kann also kurzgefaßt sagen, daß solche Rechtsvorschriften zur Ausführung des Gemeinschaftsrechts nicht geeignet sind, weil sie einen persönlichen oder materiellen Anwendungsbereich aufweisen, der nicht mit dem vom Gemeinschaftsrecht vorgesehenen im Einklang steht.

9. Die Unterscheidung zwischen den beiden Kategorien der Reproduktions- oder Substitutionsvorschriften und der nicht notwendigen Durchführungs- oder Ergänzungsvorschriften dient auch als Basis für eine Differenzierung zwischen den gerichtlichen Rechtsmitteln zur Lösung des Konflikts zwischen Gemeinschaftsrechtsvorschriften und späteren italienischen Rechtsvorschriften. Die Rechtsmittel wurden vom Verfassungsgerichtshof in den beiden Urteilen *Società chimiche dell'Italia centrale* (30.10.1975, Nr. 232) und *Administrazione delle finanze / Ditta Fratelli Grassi* (28.7.1976, Nr. 205)[22] angegeben. Die beiden Urteile sind wegen ihrer engen Komplementarität wichtig. Das erste läßt eine beschränkte Verfassungskontrolle hinsichtlich der Gemeinschaftsrechtmäßigkeit der Reproduktions- oder Substitutionsnormen zu, während das zweite Urteil die Nachprüfung der Gemeinschaftsrechtmäßigkeit der im Hinblick auf das Gemeinschaftsrecht nicht notwendigen Durchführungs- oder Ergänzungsvorschriften ausschließt.[23]

Dem Verfassungsgerichtshof zufolge sind die in Ermangelung der Legislativ-

---

22 Vgl. Fußnote 15 mit Hinweis auf Kommentare, die die Wende nicht wahrnehmen, die bereits in der Rechtsprechung des Gerichtshofes feststellbar ist.
23 Das Urteil des Gerichts in Susa, dessen Wirkung vom Gerichtshof aufgehoben wurde, gibt eine einzigartige Übersicht über die Urteile des Gerichtshofes von 1975 und 1976 (vgl. dec. SIMMENTHAL 9.3.1978 sueni AA.VV., *Il fumato de diritto comunitazio e i giudici italiani*, Milano, 1978).

befugnis auf seiten Italiens erlassenen und künstlich dazwischengeschobenen Vorschriften mit einem schweren Rechtsfehler behaftet (Kompetenzmangel). Dieser Mangel begründet die Verfassungswidrigkeit, weil die italienische Regierung oder das italienische Parlament eine ihnen nicht zustehende, nämlich auf die Gemeinschaftsorgane übertragene und als solche durch eine spezifische Verfassungsgarantie gewährleistete Befugnis ausüben (Art. 11 Verf.). Allein der Verfassungsgerichtshof kann solche Bestimmungen aus der italienischen Rechtsordnung eliminieren, während den ordentlichen Gerichten eine Verwerfungsbefugnis nicht zusteht (Art. 134 Verf.).

Zahlreiche Entscheidungen des Verfassungsgerichtshofs sind im übrigen, wie dies voraussehbar war, zum Ergebnis der Verfassungswidrigkeit gelangt, was sich wiederum aus der hohen Zahl der Reproduktions- und Substitutionsnormen erklärt. Diese Schwierigkeiten haben den Verfassungsgerichtshof nicht von seiner Grundhaltung abgebracht, obwohl er selbst den Wunsch geäußert hatte, »daß Regierung und Parlament so weit wie möglich dafür sorgen sollten, daß die internen Maßnahmen beseitigt würden, welche Vorschriften der unmittelbar anwendbaren Gemeinschaftsverordnungen wiederholen oder mit ihnen im Widerspruch stehen, und daß die Verfassungsorgane in der Zukunft es unterlassen sollten, Maßnahmen in Kraft zu setzen, die für die Anwendung der Verordnungen nicht unbedingt erforderlich sind«.

Die Normen des zweiten Typs, d. h. die nicht notwendigen Durchführungs- oder Ergänzungsvorschriften gehen ihrerseits, obwohl sie in Ausübung ordnungsgemäßer Legislativgewalt erlassen worden sind, über ihre Natur als Bestimmungen auf Grund begrenzter Kompetenz hinaus (Überschreitung der Legislativgewalt). Ihre Fehlerhaftigkeit stellt sich als gewöhnliche Rechtswidrigkeit dar, weil die italienischen Rechtssetzungsorgane von der ihnen durch die Gemeinschaftsorgane delegierten oder der ihnen kraft Eigenrechts zustehenden Durchführungsbefugnis einen unkorrekten Gebrauch machen. In diesen Fällen dürfen die ordentlichen Gerichte die rechtswidrigen Bestimmungen – die im übrigen gültiger Bestandteil der italienischen Rechtsordnung bleiben – unangewendet lassen. Im hier erörterten Falle hat der Verfassungsgerichtshof den Geltungsbereich seines Nachprüfungsrechts unterstrichen und umgrenzt, indem er die »Abweichung der internen Normen« von der rechtswidrigen »Reproduktion und Substitution der Gemeinschaftsrechtsnormen« abgehoben hat mit der Bemerkung, daß die Nachprüfung im Hinblick auf Mängel des ersten Typs »ganz offensichtlich über eine Entscheidung zur Verfassungsmäßigkeit hinausgeht«.[24]

10. Der Kassationshof hat eben diese Unterscheidung, wie sie vom Verfassungsgerichtshof vorgeschlagen worden ist, mit anderen Worten, aber derselben Rechtswirkung bekräftigt (Großer Senat *Ministero Agricoltura e Foreste / Sandrini*, 4. 8. 1977, Nr. 3461). Der Kassationshof unterscheidet die »rechtswidrigen Ergän-

---

24 Vgl. Fußnote 17 und STARACE-DE CARO, *op. cit.*, S. 456.

zungsnormen« von den »rechtmäßigen Ergänzungsnormen«. Die ersteren, für deren Erlaß die Zuständigkeit gefehlt habe, könnten nicht in Konkurrenz zu den gemeinschaftsrechtlichen Vorschriften treten. Die zweite Gruppe hingegen weise zwar keinen Zuständigkeitsmangel auf, besitze aber einen begrenzten Anwendungsbereich, der hinter dem Anwendungsbereich der Gemeinschaftsvorschriften – denen sie unterworfen sei – zurückbleibe oder sich davon unterscheide. Da es sich um eine Beziehung zwischen »lex specialis« und »lex generalis« handele, könne der italienische Richter den Anwendungsbereich der italienischen Vorschrift korrigieren und die insoweit berichtigen, daß sie sich innerhalb der ihr gezogenen Grenzen halte, ohne daß die zwingende Notwendigkeit bestehen würde, sie ein für allemal zu verwerfen und aus der italienischen Rechtsordnung zu eliminieren.

Im Hinblick auf die erstgenannte Konstellation hat der Kassationshof festgestellt, daß, wenn auf einem von einer Gemeinschaftsverordnung geregelten Sachgebiet eine Bestimmung erlassen wird, welche die Verordnung lediglich wiederholt, dem ordentlichen Gericht keine andere Möglichkeit verbleibt, als ein konkretes Normenkontrollverfahren im Hinblick auf das staatliche Gesetz einzuleiten, »welches sich als eine auch im Wege der Interpretation nicht zu beseitigende Trennschicht der unmittelbaren Anwendung der Gemeinschaftsvorschrift in den Weg stellt«. Anders, so der Kassationshof, im Hinblick auf Gemeinschaftsverordnungen, die keine vollständige Regelung enthalten und daher zur Gewährleistung einer konkreten Detailregelung durch Vorschriften des italienischen Rechts ergänzt werden müssen. In diesem Falle reiche es aus, die Funktion der italienischen Vorschrift in dem Sinne zu interpretieren, daß sie »außerhalb des von der gemeinschaftsrechtlichen Quelle beherrschten Bereichs wirksam werden und dessen Schwelle nicht überschreiten können«. Insoweit lassen sich daher im Hinblick auf Art. 11 Verf. keine Zweifel an der Verfassungsmäßigkeit solcher italienischer Rechtsvorschriften anmelden, denn es wird keineswegs der Versuch unternommen, eine Gemeinschaftsrechtsverordnung mit vollständig abgeschlossenem Regelungsgehalt zu ergänzen.[25]

Es hat sich somit eine übereinstimmende Haltung der höchsten nationalen Gerichte herausgestellt, die in keiner Weise die Absicht hegen, den ordentlichen Gerichten das ihnen von Verfassungs wegen zustehende Recht zu nehmen, die allgemeine Vereinbarkeit der italienischen Rechtsvorschriften mit Gemeinschaftsrechtsnormen nachzuprüfen. Da es mithin im hier relevanten Sachbereich kein generelles Übergewicht des Verfassungsgerichtshofs (Zentralisierung der Normenkontrolle) gegenüber den ordentlichen und örtlichen Gerichten gibt (Dezentralisierung der Normenkontrolle), ist wohl die dem Gemeinschaftsrichter vom Amtsrichter in Susa vorgelegte Frage nicht korrekt gestellt. Sachgemäß umformuliert, wäre sie daher korrekt wie folgt zu stellen: Kann dem Verfassungsgerichtshof eine be-

---

25 Vgl. Fußnote 17. Im selben Sinne vgl. schon vorher das Urteil des Tribunals von Alba, 21.5.1976 *Imp. Rispoli*, in *La guistizia penale*, 1978, II, S. 543 ff.

schränkte Nachprüfung der Gemeinschaftsrechtsmäßigkeit der Gesetze vorbehalten sein, und zwar von solchen, die effektiv und ausschließlich mit dem Mangel der Verfassungswidrigkeit behaftet sind, unter Ausschluß all jener Gesetze, die unter einem sonstigen Rechtmäßigkeitsmangel leiden (und ganz offensichtlich der Nachprüfung durch die ordentlichen Gerichte unterliegen)?

(Dieser Beitrag wurde aus dem Italienischen übersetzt von Prof. Christian Tomuschat, Bonn.)

2. Teil

Verfassungsrecht

Verfassung und Verfassungsgerichtsbarkeit

Bericht der Arbeitsgruppe »Verfassungsrecht«

Peter Badura, München

Die Abteilung für Verfassungsrecht des Symposiums hat 17 vorbereitete Beiträge zu den verschiedensten Themen gehört und diskutiert. Nur durch eine sehr gute Kooperation aller Beteiligten war es möglich, diese Fülle von Gegenständen in der kurzen zur Verfügung stehenden Zeit aufzunehmen und zu erörtern. Einige der Teilnehmer hatten erheblich längere Beiträge vorbereitet und mußten diese nachträglich, z. T. in mühevoller Arbeit soweit kürzen, daß die Zeit eingehalten werden konnte. Ich möchte mich besonders dafür bedanken, daß alle Teilnehmer bereit gewesen sind, diese zusätzliche Mühe auf sich zu nehmen und ihre Referate für den mündlichen Vortrag in die leider erforderliche kürzere Form zu bringen. Der Vorteil der Kürze zeigte sich allerdings darin, daß die Diskussion durch die manchmal so gewonnene gewisse Zuspitzung, die Diskussionsbeiträge geradezu herausforderte, sich besonders lebhaft und fruchtbar gestaltete. Wir haben insgesamt etwa 80 Diskussionsbeiträge zu verzeichnen gehabt, die z. T. den Charakter von Korreferaten angenommen haben.

Wenn man Fragen des Verfassungsrechts zwischen den Vertretern verschiedener Rechtsordnungen, verschiedener sozialer und politischer Ordnungen diskutiert und zu einem weiterführenden Ziel gelangen will, ist es die Voraussetzung, daß die Bedingungen des Verfassungsstaates als der gemeinsame Boden der Erörterungen zugrunde gelegt werden. Auch wenn die materiellen Voraussetzungen der verschiedenen Verfassungen und Rechtsordnungen durchaus verschieden sind, erweist sich die Ausbreitung des Verfassungsstaates als die denkbare Reichweite einer verfassungsrechtlichen *Rechtsvergleichung,* sei es auch nur derart, daß eine Verfassungsurkunde besteht und sei es auch unter Vernachlässigung der durchaus unterschiedlichen Wirkungskraft des Verfassungsgesetzes.

Die Unterschiedlichkeit der hier aufeinander treffenden Rechtsvorstellungen und Rechtsordnungen war besonders auffällig bei dem Beitrag unseres afrikanischen Kollegen, der über die jüngsten Entwicklungen in den afrikanischen Rechtsordnungen gesprochen hat. Aus diesem Beitrag wurde, wie ich glaube, mit großer Deutlichkeit die Schwierigkeit erkennbar, die für die Installierung stabiler demokratischer und verfassungsstaatlicher Verhältnisse in einem Kontinent besteht, der nicht durch eigene Schuld allein zerrissen ist. Dieser Beitrag hat uns für diesen Bereich ein interessantes Anschauungsmaterial liefern können.

Im übrigen möchte ich besonders unterstreichen, daß die sicher vorhandenen großen politischen und juristischen Meinungsunterschiede unsere Erörterungen zu keinem Zeitpunkt daran gehindert haben, mit großem Ernst das gegenseitige Verständnis zu suchen und, wenn auch nicht zu einer Übereinstimmung der Ansichten, so doch jedenfalls zu einer Übereinstimmung darüber zu gelangen, ob und in welcher Weise die Auffassungen auseinandergehen.

Ein großer Teil der Themen, etwa die Hälfte, hatte Probleme der *Verfassungsgerichtsbarkeit* zum Gegenstand. Der Vortrag von Herrn GEIGER, der am Anfang stand und die Gegenwartsprobleme der Verfassungsgerichtsbarkeit aus *deutscher* Sicht behandelte, ist besonders ausführlich und heftig diskutiert worden. Herr GEIGER hat sich zu einigen Hauptentscheidungen des Gerichts, aber auch zu der öffentlichen Debatte über das Bundesverfassungsgericht in Deutschland klar und kritisch geäußert. Hierüber ist gestern ein Zeitungsbericht erschienen, der allerdings um der Schlagzeile willen Vereinfachungen und Vergröberungen enthält.

Von Herrn HALLER aus Wien haben wir Näheres über die *österreichische* Verfassungsgerichtsbarkeit erfahren können, die der deutschen in manchem zwar ähnelt, dennoch aber deutliche Unterschiede in der Stellung des Gerichts und in der Grenzbestimmung der Verfassungsgerichtsbarkeit aufweist.

Über den *türkischen* Verfassungsgerichtshof, der seit 1961 besteht, sind wir durch drei Beiträge unserer türkischen Kollegen unterrichtet worden. Dieser Verfassungsgerichtshof ähnelt dem deutschen Bundesverfassungsgericht insofern, als auch er ein Organ einer selbständigen Verfassungsgerichtsbarkeit darstellt und als seiner Jurisdiktion zugrunde liegt, daß die Verfassung als oberstes Gesetz des Landes auch den Gesetzgeber zu binden vermag. Die Möglichkeit eines individuellen Zuganges zu diesem Gericht besteht allerdings nicht in derselben Weise wie in der Bundesrepublik Deutschland. Unsere türkischen Kollegen haben uns darüber berichtet, daß eine ganze Anzahl vor allem auch vorkonstitutioneller Gesetze durch die Tätigkeit des Verfassungsgerichtshofes als verfassungswidrig kassiert worden sind, bis hin zu einem Gesetz über das Verbot der Verschwendung bei den Hochzeitsfeiern, das aus mir unerfindlichen Gründen für verfassungswidrig angesehen wurde. In der Diskussion spielte die Eigentümlichkeit eine besondere Rolle, daß aufgrund des Art. 147 der türkischen Verfassung in der 1971 geänderten Fassung eine materielle Normenkontrolle gegenüber verfassungsändernden Gesetzen nicht stattfinden darf.

Der Oberste Gerichtshof *Japan*s ist kein Verfassungsgericht, aber er hat verfassungsgerichtliche Zuständigkeiten. Wir haben hier also den andersartigen Typ der Verfassungsgerichtsbarkeit vor uns, wie er auch in den Vereinigten Staaten besteht, bei dem die Normenkontrolle gegenüber Gesetzen im Rahmen einer Inzidentprüfung erfolgt. Der japanische Oberste Gerichtshof huldigt der Lehre von der *political question*, was den Vorteil hat, daß das Gericht einen verhältnismäßig großen Spielraum darüber behält, worüber es eine sachliche Entscheidung fällen will. Von den japanischen Kollegen ist insoweit auch Kritik geäußert worden. Wir haben dann auch anhand des Beitrages von Herrn KURIKI eine theoretisch sehr vertiefte Erörterung geführt über das Problem der Volkssouveränität und der Verfassungsgerichtsbarkeit. Zu diesem bekannten und auch in den Vereinigten Staaten lange diskutierten Problem, wie eigentlich eine Herrschaft des Rechtes mit der Herrschaft des Volkes in Einklang gebracht werden kann oder ob nicht eigentlich die konsequente Demokratie letzten Endes dem Willen des Volkes den Vorrang geben müßte, hat der Referent einen selbständigen Lösungsversuch unterbreitet.

Von ganz anderer Art waren die beiden Beiträge, die von Rednern aus dem *angelsächsischen* Rechtskreis vorgetragen worden sind. Hier existiert eine Verfassung in dem Sinne eines vorrangigen Gesetzes entsprechend der englischen Tradition nicht, abgesehen von Dokumenten, die aus der kolonialen Situation stammen. Dennoch ist gerade England auf besondere Weise und schon sehr früh ein Rechts- und Verfassungsstaat gewesen. Im Falle Australiens besteht allerdings die Besonderheit, daß sich durch die Abhängigkeit von einem englischen Stiftungsgesetz die Möglichkeit ergibt, Gesetze an höherrangigem Recht zu messen.

Aus ganz anderen Gründen haben die sozialistischen Staaten keine Verfassungsgerichtsbarkeit. Ein Beitrag aus *Polen* hat uns über die verfassungsrechtliche Stellung des polnischen Obersten Gerichts unterrichtet. Die sozialistischen Staaten sind gegenüber einer Verfassungsgerichtsbarkeit wohl nicht nur deswegen skeptisch, weil sie von der Einheit der Gewalten ausgehen und die in den westlichen Verfassungsstaaten richtunggebende Herauslösung der Richter aus dem politischen Prozeß nicht akzeptieren, sondern auch deswegen, weil überhaupt die Frage von Recht und Verfassung hier unter einem anderen Blickwinkel betrachtet wird und die Vorstellungen der westlichen Staaten über das Verfassungsrecht, das hier häufig eine verhältnismäßig starke Ausbildung aufweist, nicht notwendig von einem Staat geteilt wird, für den das Recht ein Instrument der Entwicklung und Fortbildung, insbes. der Programmatik, ist. An dieser Stelle zeigt es sich, daß es nicht möglich ist, bei einem formalen Vergleich stehen zu bleiben, und daß es eigentlich notwendig gewesen wäre, die ideologischen und politischen Unterschiede genauer zu betrachten.

Im ganzen aber glaube ich, daß überall dort, wo eine selbständige Autorität des Rechts besteht, wo das Recht überhaupt eine Anerkennung findet, auch eine Chance der Gerichtsbarkeit und dementsprechend der Verfassungsgerichtsbarkeit vorhanden ist. Mich hat, über alle sozialen und kulturellen Grenzen hinweg, besonders der japanische Ausdruck beeindruckt, den Herr TAKADA nannte, als er von dem japanischen Wort »ho-tschi-koku« sprach. »Ho« heißt Recht und zwar – ich hoffe, ich gebe dies richtig wieder – im Sinne des objektiven Rechts. Der andere Teil des Wortes heißt Herrschaft im Interesse und zum Wohl des Volkes im Sinne der konfuzianischen Tradition. Die Fülle des Sinns, die in dieser Verbindung zutage tritt, hat mich besonders beeindruckt. Denn eigentlich steckt da alles das drin, was wir unter einem Verfassungsstaat zu verstehen haben.

Wir haben uns dann außerhalb des Themenkreises der Verfassungsgerichtsbarkeit mit einer Anzahl recht heterogener Themen befaßt. Wir haben über die Entwicklung der *Grundrechte* gesprochen, einmal in *Japan*, insbes. im Hinblick auf Meinungsfreiheit und Medienrecht. Hierzu haben wir einen juristisch sehr durchgearbeiteten Vortrag gehört, der die Einzelheiten der heutigen Probleme vor Augen führte und der zeigte, daß bei der Auslegung der Meinungs- und Pressefreiheit in Japan ganz ähnliche Vorkehrungen gesucht und gefunden wurden, wie wir sie in unserer Gerichtspraxis haben, nämlich im Sinne einer Objektivierung und Institutionalisierung dieses Freiheitsrechts. Dies geschieht, um auf diesem Wege Fragen der Art, wie etwa, wie ist der Rundfunk zu organisieren? Gibt es ein Gegendarstellungsrecht der Presse? Haben die Redakteure ein Zugangsrecht zu allen sie interessierenden Informationen? um diese Fragen überhaupt unter die Reichweite des Grundrechtes zu bringen.

Es ist dann auch über die *deutsche* Entwicklung im Grundrechtsverständnis in der Rechtsprechung des Bundesverfassungsgerichts, insbes. am Beispiel des Rechts auf Leben und körperliche Unversehrtheit gesprochen worden, wozu einer unserer deutschen Kollegen am Ende unserer Beratungen einen Vortrag gehalten hat. Dieses Referat hat zu einer ziemlich kontroversen Debatte über die Belastbarkeit der verschiedenen Grundrechtsformulierungen in Richtung auf die Entwicklung von Teilhaberechten geführt, etwa in Richtung der Frage, ob es ein Recht auf sauberes Wasser gäbe und ähnliches.

Ein Beitrag in der klassischen europäischen Rechtstradition wurde von unserem *italienischen* Kollegen vorgelegt, der sich dem *Gewohnheitsrecht* unter besonderer Berücksichtigung des Verfassungsrechts zugewandt hat. Seine Ausführungen gelangten zu dem Ergebnis, daß das moderne Verfassungsrecht dem Gewohnheitsrecht eigentlich feindlich ist. Das Gewohnheitsrecht, das im 19. Jahrhundert als der Höhepunkt der Rechtsentwicklung betrachtet wurde, war eine Bewegung gegen die bloße Positivität des Rechts. Hier verbanden sich Vorstellungen der Kultur, der Geschichtlichkeit des Rechts und des Juristenrechts. Auch der Gedanke kam zur Geltung, daß das Recht nicht einfach disponibel ist, daß es nicht schlechterdings zur Verfügung einer Mehrheit stehen kann. Der Gedanke des Gewohnheitsrechts wird beiseite geschoben durch die Tatsache, daß die modernen Verfassungen sehr juridisch sind, sehr perfektionistisch, und daß sie genaue Verfahrensregeln über die Änderung des Verfassungsgesetzes enthalten, so daß man eigentlich als Jurist kaum bestreiten kann, daß, wenn die Verfassung ihre Änderung selbst regelt, eben andere Verfahren der Änderung von der Verfassung mißbilligt werden.

Es ist dann schließlich über einige Punkte verhandelt worden, bei denen sehr deutlich die Berührung mit der deutschen Verfassungsrechtsordnung und Rechtspraxis in den Vordergrund rückte. Es waren Vorträge unserer *japanischen* und *koreanischen* Kollegen. Dabei ging es einmal um die Fragen der *Verfassungsinter-*

pretation. Das deutsche Verfassungsrecht hat ja eine ungeheure Menge von nicht immer leicht, auch für uns nicht immer leicht verständlichen Arbeiten hervorgebracht, die sich sehr theoretisch mit der Frage befassen, was man eigentlich tut, wenn man eine Verfassung liest und aus ihr Folgerungen ableitet, oder wie man dabei richtigerweise vorzugehen habe. Es gibt in Deutschland darüber einen umfangreichen Methodenstreit, dessen Fronten im Nebel des Gefechtsfeldes nicht immer klar erkennbar sind, was aber hinreichenden Stoff für Diskussionen liefert. Das haben wir hier also auch ausgiebig getan.

Es ist dann ein Vortrag über das Problem vorgelegt worden, speziell wieder vom deutschen Recht aus denkend, inwieweit die *Sozialstaatlichkeit* mit der Freiheit in Verbindung steht, oder nicht vielmehr die Voraussetzung der Freiheit sei. Dabei betonte der Redner, daß es hier nicht so sehr um die alte Kontroverse Staat gegen Freiheit ginge, sondern daß das Augenmerk darauf zu richten sei, daß der Staat durch sein Handeln und durch die Schaffung von Möglichkeiten, eben durch sozialstaatliches Handeln, die Freiheit erst zu ermöglichen und zu sichern habe. Dementsprechend wäre die abstrakte Gegenüberstellung von Staat und Freiheit entsprechend der verschiedenen berührten Ebenen aufzulösen, um auf diese Art und Weise zu fruchtbaren Fragestellungen zu gelangen. Hier, wie auch vielfach sonst, ist eine sehr genaue und fast subtile Kenntnis nicht nur des deutschen Rechts, sondern auch der deutschen Doktrin hervorgetreten. Ich möchte das vor allem auch für den letzten Vortrag betonen, über den ich hier zu berichten habe, nämlich das Referat über die Aufnahme deutscher *Rechtsstaatstheorien* in Japan, aus dem auch das vorhin zitierte Wort ho-tschi-koku stammt. Der deutsche Rechtsstaatsgedanke ist ja durchaus ein Spezifikum, der mit der deutschen verfassungsrechtlichen Entwicklung in einer innigen Verbindung steht. Er wird von den Engländern nicht einfach akzeptiert, was sich daran zeigt, daß dort das deutsche Wort »Rechtsstaat« einfach übernommen wird, ebenso etwa wie das Wort »Kindergarten«. Dieses Spezifikum der deutschen Verfassungsentwicklung scheint dennoch geeignet zu sein, in ganz fremden Kulturkreisen Wurzeln zu schlagen und dort, angepaßt an die Verhältnisse, gewissermaßen japanisiert, aber dennoch in Parallelität zu der deutschen Weiterentwicklung des Rechtsstaatsgedankens, seine Bedeutung zu bewahren. Auch dort, wie in Deutschland, ist die Entwicklung von dem ursprünglich eingeengten, mehr formellen Rechtsstaatsbegriff im Sinne der Legalität zu dem heute allgemein üblichen Gedanken zu beobachten, daß der Rechtsstaat nicht nur dazu da ist, Polizei- und Steuerbeamte zu haben und der elementare Hüter des einzelnen und seiner Sicherheit nach innen und außen zu sein, sondern auch eine Art umfassender Sozialverantwortung wahrzunehmen hat. Es ist das die Entwicklung zum sozialen Rechtsstaat.

Ich glaube im ganzen sagen zu können, daß hier nicht die einzelnen sozusagen mit Scheuklappen von ihrem Recht sprachen und die anderen zuhören mußten, sondern daß alle sich darum bemüht haben, dem Umstand Rechnung zu tragen, daß wir hier verschiedenen Rechtsordnungen angehören und daß eine Rechtsvergleichung mehr sein sollte, als der gegenseitige Vortrag der jeweils eigenen Verhältnisse und Meinungen. Die Voraussetzung dafür ist nun eben, daß der Lehrende sich genau so bemüht wie der Lernende.

Ich darf mich sehr herzlich bei allen denen bedanken, die die Mühe der Vorbereitung der Referate auf sich genommen haben und die Initiative der Diskussion ergriffen haben. Diese sind es, die zuerst für den inhaltlichen Erfolg unserer Tagung verantwortlich sind.

Gegenwartsprobleme der Verfassungsgerichtsbarkeit aus deutscher Sicht

WILLI GEIGER, Karlsruhe

Wirklich neue Probleme der Verfassungsgerichtsbarkeit gibt es nicht. Aber es gibt Probleme der Verfassungsgerichtsbarkeit, die plötzlich eine überraschende Aktualität gewinnen, und Probleme der Verfassungsgerichtsbarkeit, die neue Perspektiven eröffnen. Von einigen dieser Probleme will ich, soweit es die Zeit gestattet, reden.

Ich klammere dabei Probleme aus, die eines besonderen Vortrags bedürften, um sie angemessen zu behandeln; ich spreche also beispielsweise nicht von der Suche nach der systematisch sauberen und einheitlich durchzuhaltenden Auslegungsmethode des Bundesverfassungsgerichts gegenüber einer Verfassung, ihren Prinzipien und ihren einzelnen Vorschriften. Ebensowenig äußere ich mich aus demselben Grund hier über die vielschichtige, so beliebte und immer fragwürdiger gewordene formelhafte Unterscheidung von Verfassungsrecht und Politik.

1. Zu zwei aktuellen Entwicklungen, die unter dem Stichwort »Verfassungsgericht und Politik« Aufsehen erregen sollten, will ich einige Bemerkungen machen:

a) Es ist in den letzten Jahren immer üblicher geworden, die Kritik am Bundesverfassungsgericht und an seinen Urteilen mit dem Vorwurf zu verbinden, das Gericht habe seine Kompetenzen überschritten. Natürlich hat jedermann – haben vor allem Parteien, Politiker und Professoren – die Freiheit, sich in dieser Weise mit dem Gericht auseinanderzusetzen. Mir geht es hier nur darum, einmal deutlich zu machen, wie wenig die Behauptung, das Gericht habe seine Kompetenzen überschritten, als Argument juristisch ernst zu nehmen ist.

Wenn man eine Entscheidung des Bundesverfassungsgerichts juristisch zu kritisieren unternimmt, so kann man monieren, das Gericht habe den ihm unterbreiteten Sachverhalt verändert, habe sich nicht innerhalb der gestellten Anträge gehalten, habe Fragen der Zulässigkeit und des Rechtsschutzinteresses falsch entschieden, habe eine Verfassungsvorschrift überinterpretiert, huldige einem Methodensynkretismus bei der Auslegung von Verfassungssätzen und Verfassungsgrundsätzen, habe entscheidungserhebliche Sätze und Grundsätze der Verfassung übersehen, habe verfassungsrechtliche Kompetenzen des Gesetzgebers oder der Regierung oder eines Landes mißachtet. Und jedes dieser Monita wäre dann näher zu begründen. Lassen wir einmal den Fall beiseite, daß das Gericht wirklich etwas übersehen und deshalb eine Fehlentscheidung getroffen hat, so steht die sachlich juristisch fundierte Kritik mit ihrer Auffassung der Rechtsauffassung des Gerichts, wie sie sich aus seinem Urteil ergibt, gegenüber – immerhin mit dem Unterschied, daß die Auffassung des Gerichts die verbindliche ist. Bei einer solchen Situation kann einer die Meinung haben, aus seiner juristisch begründeten Kritik ergebe sich, aus seiner juristisch begründeten Kritik folge, daß das Bundesverfassungsgericht seine Kompetenzen überschritten habe. Aber diese Folgerung entbehrt aus sich heraus jeder argumentativen Kraft. Sie fügt kein neues, weiteres Argument zu den in der Begründung der Kritik enthaltenen Argumenten hinzu. Die der Kritik beigefügte Behauptung, das Gericht habe seine Kompetenzen überschritten, kann also, wenn überhaupt, nur einen polemischen Sinn haben. Und regelmäßig soll sie diesen polemischen Sinn haben.

Das ändert sich auch nicht, wenn Mitglieder des Gerichts sich in letzter Zeit gelegentlich des selben Sprachgebrauchs bedienen. Ich finde allerdings, es ist ein schlechter Stil; es wertet jene nichtssagende polemische Kritik in der Öffentlichkeit unnötig auf und es mindert in den Augen von Nichtjuristen die Autorität des Gerichts, weil Richter den Anschein erwecken, die Verbindlichkeit der Entscheidung des Gerichts und seiner tragenden Gründe erleide eine Einbuße.

Davon abgesehen sollte dem Verfassungsjuristen klar sein: Wenn die Verfassung dem Verfassungsorgan Bundesverfassungsgericht die Kompetenz zuweist, die Verfassung für alle verbindlich zu interpretieren, auch soweit sie die Kompetenz des Verfassungsgerichts fixiert, und keine verfassungsrechtliche Zuständigkeit zur Kontrolle des Bundesverfassungsgerichts kennt und kennen kann, dann ist es nicht mehr möglich, juristisch eine Kompetenzüberschreitung des Verfassungsgerichts zu definieren oder aus dem Grundgesetz zu deduzieren. Das Bundesverfassungsgericht hat mit der Selbstbestimmung der Grenze seiner Kompetenzen immer recht; – den theoretischen Fall der offenbaren verfassungspolitischen Willkür des Verfassungsgerichts ausgenommen!

b) Nicht neu, aber in letzter Zeit auffällig stark geworden ist eine *amtliche Kritik* von Mitgliedern der Bundesregierung an der Rechtsprechung des Bundesverfassungsgerichts.

Zu Beginn der Tätigkeit des Bundesverfassungsgerichts haben einmal der Bundesminister der Justiz und sein Staatssekretär gemeinsam im Zusammenhang mit einer für die Beteiligten überraschenden Entscheidung zu einem für alle neuen Problem – dem Verhältnis einer gutachtlichen Äußerung des Bundesverfassungsgerichts zu seiner rechtsprechenden Tätigkeit – massiv das Bundesverfassungsgericht angegriffen. Das Gericht hat ihnen durch seinen Präsidenten unverzüglich eine würdige, entschiedene, in die Öffentlichkeit hinein gesprochene Antwort erteilt. Später hat sich zweimal Bundeskanzler Adenauer nachträglich zu bestimmten Entscheidungen des Gerichts namens des Kabinetts kritisch geäußert. Daraus ist in letzter Zeit eine allgemeine amtliche Kritik – vor allem des Justizministers und des Bundeskanzlers – an der Rechtsprechung des Bundesverfassungsgerichts geworden mit dem Unterton, das Gericht überschreite seine Kompetenzen, und einer unüberhörbaren Warnung, auf dem bisherigen Weg weiterzuschreiten. Das ist in der Öffentlichkeit zusätzlich dahin verstanden worden, daß die Warnung auch auf eine noch ausstehende Entscheidung des Gerichts zu einem ganz bestimmten, beim Gericht anhängigen Verfahren gemünzt sei.

Der Tatbestand ist gravierend. Ich sage freimütig, daß ich mich wundere, daß das Gericht bisher nicht – wie in dem ersten Fall in seiner Geschichte – ganz offiziell und öffentlich dieser Kritik entgegengetreten ist und sie zurückgewiesen hat. Solche Angriffe vornehm hinter den Kulissen zu bereinigen, führt nicht weiter. Und einen Vorgang ähnlicher Art innerhalb eines Podiumsgesprächs spontan als ungehörig zurückzuweisen, scheint mir nicht auszureichen.

Das Gericht und seine Rechtsprechung kann von jedermann – von jeder Partei, jeder Gruppe, jedem politisch Interessierten, von jedem Lehrer des Rechts zumal – kritisiert und attackiert werden, ebenso wie es von den Betroffenen mißverstanden oder auch positiv gewürdigt werden kann. Die Form, der Zusammenhang, das Motiv ist für die Zulässigkeit solcher Kritik völlig ohne Belang; dies alles steht allein in der Verantwortung des Kritikers und fällt, wenn es unqualifiziert ist, auf ihn zurück. Das Gericht muß diese Kritik – sei sie berechtigt oder unberechtigt, fair oder unfair, sachkundig oder billig polemisch – ertragen, mit ihr leben und mit ihr fertig werden. Da gibt es überhaupt kein Wenn und Aber.

Es ist aber etwas völlig anderes, wenn der Bundeskanzler oder ein Minister nicht als ein Jedermann (also beispielsweise im Wahlkampf als Parteipolitiker auftretend und für seine Partei werbend), sondern unter Inanspruchnahme seiner Amtsautorität, seiner amtlichen Verantwortung, in seiner Eigenschaft als Bundeskanzler oder Minister, als Verfassungsorgan gegenüber einem gleichrangigen anderen Verfassungsorgan dieses selben Staates öffentlich eine Schelte betreibt. Man braucht das, was geschehen ist, nur einmal umzudrehen oder sich allgemein vorzustellen, daß in dieser Weise alle Verfassungsorgane miteinander verkehren, um sich die politische Unmöglichkeit solchen Verhaltens klarzumachen.

Aber die Sache hat auch ihre rechtliche Seite: Das Gericht hat den verfassungsrechtlichen Grundsatz entwickelt, daß die obersten Verfassungsorgane, denen im gewaltengeteilten Rechtsstaat ein Stück der einen Staatsgewalt zur Ausübung übertragen ist, rechtlich verpflichtet sind, bei der Wahrnehmung ihrer Verantwortung wechselseitig auf einander Rücksicht zu nehmen, zu kooperieren, insbesondere nichts zu tun, was dem anderen Organ schadet. Wenn diese Rechtsprechung nicht zu einer bloßen Deklamation werden soll, dann gehört es zur Pflicht der Bundesregierung gegenüber dem Bundesverfassungsgericht, das als Gericht in besonderem Maße wehrlos ist, daß sie dem anderen Verfassungsorgan gegenüber ihre Beschwer, ihre kritische Auffassung, ihre Bedenken intern, sei es informell, sei es förmlich in einer Note mitteilt und auf Wirkung in der Öffentlichkeit verzichtet. Verfassungsrechtliche Auseinandersetzungen zwischen obersten Verfassungsorganen gehören nicht in die Öffentlichkeit, sondern sind intern zu bereinigen, allenfalls im Wege des von der Verfassung ausdrücklich vorgesehenen verfassungsgerichtlichen Prozesses. Politische Auseinandersetzungen lassen sich zwischen *politischen* Verfassungsorganen auch öffentlich führen. Genau dies verbietet sich für ein Gericht und dem muß das politische Organ bei politischen Auseinandersetzungen Rechnung tragen. Ich kann auch kürzer formulieren: Der Bundesregierung fehlt die Kompetenz, sich darüber zu äußern, wie richtig oder falsch das Bundesverfassungsgericht seine Kompetenz versteht.

Es besteht im Augenblick, soweit ich sehe, nicht die Gefahr, daß die Richter des Bundesverfassungsgerichts sich durch eine Äußerung der Bundesregierung beeindrucken lassen. Aber darauf kommt es gar nicht an. Schlimm genug ist, daß der böse Schein entsteht, die Bundesregierung versuche, auf eine noch ausstehende Entscheidung des Gerichts Einfluß zu nehmen, und der böse Schein, das Gericht könnte diesen Einflüssen erliegen. Wie die Dinge liegen, ist überhaupt nicht mehr vermeidbar, daß eine Entscheidung, die – ich unterstelle – den Vorstellungen und Erwartungen der Bundesregierung entspricht, von den einen kommentiert wird: »Na also, man muß nur nachhelfen, dann spurt das Gericht«, von den anderen: »Das Gericht hat sich dem Druck gebeugt; was soll man denn noch von der Unabhängigkeit dieses Gerichts halten?« Es ist kein Wort mehr darüber zu verlieren, welche negativen Wirkungen entstehen, wie das Vertrauen in die Verläßlichkeit der verfassungsmäßigen Ordnung und in die demokratischen Institutionen dieses Landes Schaden nimmt.

2. Viele Jahre lang war es ein nicht hoch genug einzuschätzender Vorzug unserer politischen Verhältnisse, daß aus den Entscheidungen des Bundesverfassungsgerichts, gleichgültig, ob sie dem Parlament und der Regierung politisch gelegen oder ungelegen kamen, unverzüglich die nötigen Konsequenzen gezogen wurden, um die politische Praxis und die Rechtslage mit dem in der Entscheidung fixierten, verfassungsrechtlich Gebotenen in Einklang zu bringen. Das war so selbstverständlich, daß der Gedanke, es könnte einmal der Vollstreckung eines verfassungsgerichtlichen Urteils bedürfen, nicht ernsthaft verfolgt, allenfalls als eine theoretische Möglichkeit erwogen wurde. In den letzten Jahren kann man nicht mehr so vorbehaltlos sagen, daß der Gesetzgeber mit dem gebotenen Ernst dem verfassungsgerichtlichen Spruch nachkommt. Was früher gelegentlich an verbaler Geringschätzung der Verbindlichkeit verfassungsgerichtlicher Entscheidungen für den Gesetzgeber zu hören war (etwa: »Ihr könnt in Karlsruhe entscheiden; wir machen in Bonn doch, was wir für richtig halten«), hat sich nun – ich betone: in Ausnahmefällen! – verdichtet zu einem faktischen Ignorieren, Minimalisieren, Aushöhlen oder Mißbrauchen einer verfassungsgerichtlichen Entscheidung.

Um es an Beispielen zu konkretisieren:

In der Landschaft der audio-visuellen Medien bewegt sich nichts; im Gegenteil: Alle Beteiligten (einschließlich der Bundespost und der Länder) tun alles, um das Rundfunkmonopol der bestehenden Anstalten nicht nur zu erhalten, sondern es auch zu denaturieren und zu verstärken. Die Entscheidung des Bundesverfassungsgerichts vom 28. Februar 1961 (BVerfGE 12, 205) scheint vergessen zu sein; sie wird einfach ignoriert.

Der Entscheidung des Gerichts, wonach die Beamten mit kinderreicher Familie nach der gegenwärtigen Rechtslage nicht mehr amtsangemessen alimentiert sind (BVerfGE 44, 249), soll durch eine allgemeine und deshalb natürlich relativ geringe Anhebung der Kindergeldzuschläge Rechnung getragen werden, die nicht im Entferntesten ausreicht, um den vom Bundesverfassungsgericht festgestellten verfassungsrechtlichen Mangel zu beseitigen. Der politische Hintergrund ist klar: Obwohl die besondere Verfassungsgarantie des Art. 33 Abs. 5 GG für Beamte nicht in ähnlicher Weise auch für andere Bedienstete der öffentlichen Hand oder der Privatwirtschaft gilt, soll aus Gründen der sozialstaatlichen Fürsorge die Existenzsicherung kinderreicher Familien in einer inhaltlich gleichen und einheitlichen Regelung erreicht werden. Die Begrenztheit der öffentlichen Haushalte verbietet innerhalb dieser politischen Konzeption »große Sprünge«. Was danach alle in gleicher Weise erhalten, ist unter der verfassungsrechtlichen Garantie des Art. 33 Abs. 5 GG beamtenrechtlich unzureichend und läuft auf eine Minimalisierung des vom Gericht Geforderten hinaus. Dabei hatte das Gericht ausdrücklich gesagt, daß sich das den kinderreichen Beamtenfamilien Geschuldete innerhalb des Volumens der Ausgaben für Beamte und Pensionäre durch entsprechende Umgestaltung der Besoldungsordnung freimachen lasse; aber auch dies erschien aus naheliegenden Gründen – kinderreiche Familien innerhalb der Beamtenschaft sind eine Minderheit! – dem Gesetzgeber kein politisch empfehlenswerter Weg.

Die kontroversen Bemühungen zu verhindern, daß in den öffentlichen Dienst Kräfte gelangen, die darauf ausgehen, die bestehende verfassungsmäßige Ordnung zu bekämpfen und allmählich zu zerstören, haben zu der sogenannten Radikalen-Entscheidung des Bundesverfassungsgerichts vom 22. Mai 1975 (BVerfGE 39, 334) geführt. Man kann auch nach dieser Entscheidung noch über einige Grenzfragen, die in der Praxis der Verwaltung auftreten, streiten. Aber es ist völlig unvereinbar mit dieser Entscheidung, die Kontrolle des Zugangs in den öffentlichen Dienst auf bestimmte sogenannte sicherheitsempfindliche Tätigkeitsbereiche zu beschränken. Das heißt nichts anderes, als die in jenem Beschluß fixierte verfassungsrechtliche Lage auszuhöhlen.

Das augenfälligste Beispiel eines nicht mehr ganz verständlichen, großzügigen und eigenwilligen Umgangs des Parlaments mit einer Entscheidung des Gerichts bildet das sogenannte Diäten-Urteil (BVerfGE 40, 296), das die meisten, die sich darüber ärgern, nicht einmal genau gelesen haben. Drei der in den neuen Regelungen des Bundes und der Länder enthaltenen »Folgerungen« aus dem Urteil stehen in offenem Widerspruch zur Entscheidung: (a) Die Prämisse, alle Länder *müßten* ebenso wie der Bund die Regelung auf der Grundlage treffen, daß die Tätigkeit des Abgeordneten ein Hauptberuf sei, der ihn und seine Arbeitskraft voll in Anspruch nehme, (b) die Einführung der Staatspension für Abgeordnete und (c) die Pauschalierung der Aufwandsentschädigung, die sich nicht an die im Urteil gezogenen

Grenzen hält: nämlich Beschränkung auf den besonderen mit dem Mandat verbundenen Aufwand, auf den angemessenen Aufwand und die Pauschalierung dieses Aufwands streng orientiert an dem tatsächlichen Aufwand des einzelnen Abgeordneten.

An diesem letzten Beispiel wird klar, daß die Korrektur des neuen Rechts durch das Bundesverfassungsgericht seine Schwierigkeiten hat. Es ist nicht damit zu rechnen, daß ein Abgeordneter die geltende Regelung angreift, weil sie mit der Entscheidung des Bundesverfassungsgerichts in Widerspruch steht. Es ist auch unwahrscheinlich, daß ein Finanzamt die Steuererklärung eines Abgeordneten beanstandet, weil seine Einkünfte auf einer verfassungswidrigen gesetzlichen Regelung beruhen, so daß über den Streit vor den Finanzgerichten im Wege der Vorlage das Bundesverfassungsgericht Gelegenheit erhält, die gesetzliche Regelung als verfassungswidrig zu erklären. Den Weg, daß ein Steuerbürger in seiner Verfassungsbeschwerde geltend macht, er sei in seinem Grundrecht auf Gleichbehandlung dadurch verletzt, daß er und die Abgeordneten nicht nach denselben Steuervorschriften behandelt werden, hat das Bundesverfassungsgericht versperrt, indem es entschied, dieser Steuerbürger habe nicht schlüssig darzulegen vermocht, daß er selbst, unmittelbar und gegenwärtig in seinem Grundrecht auf Gleichbehandlung verletzt sein könne. Diese Situation drängt natürlich, die Frage aufzuwerfen, ob mit einer Vollstreckung des Diätenurteils gemäß § 35 BVerfGG Remedur geschaffen werden kann. Der Zweite Senat hat von dieser Möglichkeit schon einmal in einem aufsehenerregenden Fall Gebrauch gemacht; das Verbot der KPD im Saarland erging am 21. März 1957 als Vollstreckungsmaßnahme zum Urteil des Bundesverfassungsgerichts vom 17. August 1956 (BVerfGE 6, 300). Es kann hier nicht meine Aufgabe sein, die Problematik eines solchen Schrittes im einzelnen darzustellen.

3. Eine aktuelle Bedeutung hat in den letzten Jahren wieder (ich sage wieder; denn in den fünfziger Jahren waren schon einmal einige Verfahren dieser Art anhängig geworden) die Zuständigkeit des Gerichts zur Prüfung der Verfassungsmäßigkeit internationaler Verträge erhalten, diesmal allerdings in Fällen, die besonders eindringlich die spezifischen Schwierigkeiten dieser Kompetenz offenbart haben. Ich meine die Verfahren, die die Verfassungsmäßigkeit des Deutschland-Vertrages, des Warschauer Vertrages und des Moskauer Vertrages betrafen (BVerfGE 36, 1; 40, 141). Es kann nicht der Sinn dieses Referats sein, die Entscheidungen samt ihren Nebenentscheidungen unter die Lupe zu nehmen und über die richtige, unrichtige oder zweifelhafte Inanspruchnahme der Entscheidungskompetenz in diesen Fällen zu reflektieren.

Wichtig ist hier nur die Erfahrung, daß das Gericht leicht in eine Situation geraten kann, in der es nicht imstande ist, von sich aus alle Intentionen, außenpolitischen Implikationen und Folgen, die mit dem Vertrag und der Entscheidung des Gerichts verbunden sind, zutreffend und zuverlässig einzuschätzen, daß nicht ausgeschlossen ist, daß die Entscheidung des Gerichts nicht rechtzeitig, das heißt nicht vor dem Eintritt der völkerrechtlichen Verbindlichkeit des Vertrags ergehen kann, mit allen unliebsamen Folgen einer so verspäteten Entscheidung, und schließlich, daß die Entscheidung des Gerichts nur wählen kann zwischen den gleichermaßen radikalen Alternativen: Der Vertrag ist gültig oder der Vertrag ist nicht gültig (daß der Deutschland-Vertrag verfassungskonform ausgelegt werden durfte, war eine Ausnahme, die der dem Vertrag vorangestellte offene Dissens über unüberbrückbare verschiedene Grundpositionen der Vertragspartner möglich machte), ohne die größere oder geringere Chance einer Neuverhandlung und Inhaltsveränderung des Vertrags berücksichtigen zu können.

Man kann nicht ausschließen, daß alle diese schwer wägbaren Besonderheiten auch ihre Bedeutung haben für den Gang der Beratung im Gericht und für die Bewertung der rechtlichen Argumente, unter denen die Entscheidung getroffen werden muß.

Mir scheint es unter dem Eindruck der Erfahrungen, die das Gericht mit seiner Kompetenz zur verfassungsrechtlichen Überprüfung von internationalen Verträgen gemacht hat, mehr und mehr zweifelhaft, ob das gerichtliche Verfahren dieser Art rechtspolitisch das den Verträgen angemessene Mittel der Kontrolle ist. Für diesen Bereich – und nur für ihn – erschiene mir heute das geeignetere Kontrollinstrument für die Überprüfung der Verfassungsmäßigkeit von Verträgen ein von der Regierung rechtzeitig vor der Paraphierung der Verträge anzuforderndes Gutachten des Bundesverfassungsgerichts, das die etwaigen verfassungsrechtlichen Bedenken aufzuzeigen hätte. Dieses Instrument könnte geschmeidiger gehandhabt werden; das Gutachten könnte insbesondere schon in der entscheidenden Phase der Aushandlung des Vertragswerks der Regierung nützlich sein.

4. Ein anderes Problem betrifft die Zuständigkeitsabgrenzung zwischen dem Bundesverfassungsgericht und dem Europäischen Gerichtshof in Luxemburg. Sie kennen die Kontroverse, die die Entscheidung des Bundesverfassungsgerichts vom 29. Mai 1974 (BVerfGE 37, 271) ausgelöst hat. Sie hat sogar zu einem förmlichen Protest der Brüsseler Kommission bei der Bundesregierung geführt, in dem die Rede von Vertragsverletzung war, – ein Protest, auf den die Bundesregierung, wie ich finde, windelweich reagiert hat. Ich habe großes Verständnis für diplomatische Formen und liebenswürdige Formulierungen, aber Politik, die darauf reduziert ist, ist in meinen Augen keine Politik mehr.

Was Europa angeht, hat es die Bundesregierung nicht nötig zu versichern, daß sie die Verwirklichung und den Ausbau der Europäischen Gemeinschaft nach Kräften unterstützt. Alle Welt weiß, daß sie es tut und von keinem anderen Mitglied dieser Gemeinschaft darin übertroffen wird. Das bedeutet aber nicht die Selbstaufgabe, die Abdankung der Bundesrepublik Deutschland und ihrer Verfassung vor dem werdenden Europa. Und ich meine das jetzt juristisch:

Die These, die auch von vielen deutschen Juristen vertreten wird, die Europäische Gemeinschaft setze sich mit ihrem Recht gegenüber dem nationalen Recht ihrer Mitglieder vorbehaltlos, total durch, halte ich für falsch. Da ist doch nicht einfach ein »neues Wesen« entbunden worden, das sein eigenes Leben lebt und seiner

Eltern spotten könnte; da ist auch nicht ein Flugkörper, der elektronisch gesteuert und aus der Kontrolle der NASA entlassen durch die Welt fliegt. Am Anfang steht ein völkerrechtlicher Vertrag, dessen Geltungsgrund und dessen Inhalt sich aus dem übereinstimmenden erklärten Willen der Kontrahenten ergibt. Inhalt des Vertrags sind nicht nur, wie es die Regel ist, Verpflichtungen, sondern auch die Konstituierung einer Organisation. Mit ihr tritt ein Gebilde, das auf Dauer angelegt und berechnet ist (die Gemeinschaft) neu neben die verschiedensten anderen juristischen Gebilde. In dieser Beziehung macht die Erfassung des Vertrags keine Schwierigkeiten, weil wir Verträge dieser Art auch sonst kennen, in einfachster Form beispielsweise den Vertrag zweier Länder im Bundesstaat über eine gemeinsame Einrichtung, etwa die Errichtung eines gemeinsamen Gerichtshofs. Jener Vertrag über die Europäische Gemeinschaft räumt ihr – und das unterscheidet ihn von den eben genannten Verträgen – nun auch noch die Kompetenz ein, Recht aus eigener Wurzel zu setzen und danach zu leben. Ursprung und Wurzel dieser Kompetenz ist und bleibt aber jener Vertrag, das heißt jener erklärte Wille der Gemeinschaftsglieder, wie er im Vertragswerk zum Ausdruck kommt. In keinem der Mitgliedstaaten enthält die Verfassung eine Kompetenz irgendeines Verfassungsorgans, die Essentials der Verfassung preiszugeben. Das haben die Unterhändler der Vertragsstaaten auch hinreichend deutlich gemacht. Nebenbei bemerkt: Unser Grundgesetz enthält selbst für den Fall der Wiedervereinigung ausdrücklich einen Vorbehalt! Und jeder Vorbehalt der Wahrung der Essentials der nationalen Verfassung ist dauernder Bestandteil des Vertragswerks. Durch ihn wird die im Vertrag eingeräumte Kompetenz zur Rechtsetzung begrenzt, so daß es Fälle eines Handelns der Gemeinschaftsorgane ultra vires geben kann. Sekundäres Gemeinschaftsrecht muß also nicht nur mit den Vorschriften des Vertragswerks vereinbar sein und im Lichte dieses Vertragswerks ausgelegt werden, es muß auch daraufhin geprüft werden, ob es mit jenem Vorbehalt, den die Vertragsschließenden entsprechend ihrer Verfassung machen mußten, vereinbar ist. So sicher also die Gemeinschaft zur Rechtsetzung befugt ist, und so gewiß dieses kompetenzgerecht gesetzte Recht dem nationalen Recht einschließlich dem nationalen Verfassungsrecht vorgeht, so entschieden muß darauf bestanden werden, daß die Gemeinschaft nicht souverän ist, sondern unter jenem – ich wiederhole es – rechtlichen Vorbehalt der Wahrung der Essentials der nationalen Verfassung ihrer Mitgliedstaaten lebt. Das ist der Ansatz dafür, daß es neben der Zuständigkeit des Europäischen Gerichtshofs in Luxemburg zur Rechtskontrolle des sekundären Gemeinschaftsrechts auf seine Vereinbarkeit mit dem Primärrecht der Gemeinschaft eine Zuständigkeit des nationalen Verfassungsgerichts zur Wahrung der Essentials der nationalen Verfassung gegenüber dem Gemeinschaftsrecht geben kann.

Wie dies rechtlich de lege lata bei uns in der Bundesrepublik Deutschland in die bestehende Verfassungsgerichtsbarkeit einzuordnen ist, ist ausschließlich Sache des nationalen Verfassungsgerichts. Innerhalb dieses – eng begrenzten – Raumes gibt es weder eine für die Bundesregierung maßgebliche, rechtliche verbindliche Auffassung der Kommission, daß eine Vertragsverletzung durch das deutsche Gericht vorliege, noch eine Zuständigkeit des Luxemburger Gerichtshofs, für die Bundesrepublik Deutschland verbindlich zu entscheiden, daß eine Maßnahme, die sich auf Gemeinschaftsrecht stützt, hinzunehmen ist. Die zum Teil komplizierten Folgerungen aus dieser These dazustellen ist hier nicht möglich, aber auch nicht nötig. Denn mir lag nur daran, ein Problem der deutschen Verfassungsgerichtsbarkeit deutlich zu machen, das in Zukunft wahrscheinlich noch seine Bedeutung haben wird.

5. Mich bekümmert immer mehr, aber vielleicht geht es vielen anderen ebenso, daß der Staat in immer größerem Umfang die für sein Verwaltungshandeln entscheidenden Regeln, die der Bürger zu spüren bekommt, nicht in Gesetzen, sondern in Erlassen ohne normativen Charakter fixiert. Gelegentlich tut er es sogar auf Schleichwegen. Um Beispiele zu nennen: Der Deutsche Normenausschuß entscheidet, die Zählung der Woche beginnt mit dem Montag als erstem Tag, nicht mehr, wie Generationen lang üblich, mit dem Sonntag als erstem Tag der Woche. Und die Bundesregierung beschließt für den Bereich der Bundesverwaltung, künftig ist nach diesem Beschluß des Normenausschusses zu verfahren. Was bleibt der Wirtschaft und am Ende der Bevölkerung anders übrig, als sich ebenfalls daran zu halten?

Niemand kann mit Behörden unter anderen Bedingungen Verträge abschließen, als sie in den Vergabevorschriften usw. enthalten sind.

Für den Inhalt und das Maß von Sicherheitsvorkehrungen gelten die ebenso einseitig festgesetzten Richtlinien für Hoch- und Tiefbau, für Installation und für Druckbehälter usw. usf.

Das sind alles relativ harmlose Beispiele. Bedrohlicher wird es, wenn es sich um Verwaltungsvorschriften handelt, die den Umgang mit und den Zugang zu elektronischen Datenspeichern und die Voraussetzungen der Weitergabe von gespeicherten Daten regeln.

Allgemein bekannt geworden ist die Bedeutung der sogenannten Rahmenrichtlinien und Kurrikula im öffentlichen Schulwesen.

Für den Steuerzahler sind wichtiger als die Steuergesetze die Verwaltungsvorschriften und Erlasse der Finanzverwaltung.

Man könnte die Reihe beliebig fortsetzen. Allen Regeln der genannten Art ist gemeinsam, daß sie der Idee nach – ich könnte auch sagen »angeblich« – nicht mehr sein wollen als Konkretisierungen des Gesetzes, Stützen der Verwaltung zur Erleichterung und Vereinheitlichung der Praxis. Die Gesetze sind in der Regel verfassungsrechtlich nicht angreifbar; ihr Inhalt ist mit der Verfassung vereinbar. Jene Konkretisierungen, die zwar keine rechtlich verbindliche Kraft haben, aber faktisch und mit einer Kraft, als wären sie rechtlich verbindlich, die Grundlage für das Verwaltungshandeln bilden, sind durchaus nicht selten verfassungsrechtlich bedenklich, manchmal offensichtlich verfassungswidrig. Der Bürger, der sich wehren will, kann sich nichts davon versprechen, die Gesetze anzugreifen. Er hätte nur Aussicht auf Erfolg, wenn er die Verwaltungsvorschriften, die allgemeinen Erlasse, die Richtlinien angreifen könnte. In manchen der genannten Beispiele ergehen nach

Maßgabe der Verwaltungsvorschriften Verwaltungsakte, die angegriffen und am Ende auf ihre Verfassungsmäßigkeit überprüft werden können. Aber in anderen Fällen fehlt es an einem anfechtbaren Verwaltungsakt, beispielsweise im Falle der Weitergabe von Computerdaten oder im Falle der Rahmenrichtlinien der Schulverwaltung, obwohl es unmittelbar Betroffene gibt.

Mir scheint, daß ein Bedürfnis besteht, diese allgemeinen Vorschriften, die unterhalb und außerhalb der Normenhierarchie stehen, aber den Bürger belasten, einer verfassungsgerichtlichen Überprüfung zuzuführen. Das geht mit dem gegenwärtig zur Verfügung stehenden Instrumentarium der Verfassungsgerichtsbarkeit nicht, es sei denn, das Bundesverfassungsgericht entschlösse sich, in seiner Rechtsprechung jene wie eine gesetzliche Regelung wirkenden Vorschriften auch prozessual und materiell wie eine gesetzliche Regelung zu behandeln.

6. Noch auf eine weitere Defizienz unserer Verfassungsgerichtsbarkeit ganz anderer Art möchte ich aufmerksam machen: Die Bundesrepublik Deutschland gewährt Hunderttausenden von Ausländern Aufenthalt und Arbeit. Ihre Lage ist alles andere als befriedigend oder gar erfreulich. Insbesondere die Situation der Kinder dieser Ausländer ist, sobald sie schulpflichtig werden oder später einer Arbeitsstelle bedürften, so schlimm, daß sie in die Gefahr geraten, in ein asoziales Milieu abzusinken und kriminell zu werden. Am schlimmsten ist die Lage der Türken, die sich nur schwer assimilieren lassen und von ihrer Heimat kaum eine Betreuung erfahren. Allen ist gemeinsam, daß sie in der Furcht vor deutschen Behörden leben, daß sie keine Ahnung von ihren Rechten in Deutschland haben, daß sich kaum jemand ihrer Rechte annimmt. Kurz: Diesen Minderheiten in der Bundesrepublik Deutschland sind im allgemeinen dieselben Grundrechte des Grundgesetzes garantiert wie den deutschen Bürgern. Sie werden in diesen ihren Grundrechten von den deutschen Behörden häufiger verletzt als es unseren Mitbürgern gegenüber geschieht. Hier läuft die Verfassungsgerichtsbarkeit leer, solange nicht, was rechtsstaatlich geboten wäre, durch Gesetz eine Einrichtung und ein Weg angeboten wird, der effektiv die Wahrung der Grundrechte jener bei uns lebenden Minderheiten gewährleistet.

7. Lassen Sie mich zum Schluß einer unvollständigen Reihe von Gegenwartsproblemen der Verfassungsgerichtsbarkeit noch eines herausgreifen, das in die Rechtsprechung der Landesverfassungsgerichte fällt und eine prinzipielle Bedeutung hat:

Ich meine die Judikatur vor allem der Landesverfassungsgerichte von Nordrhein-Westfalen, Rheinland-Pfalz und Baden-Württemberg zur verfassungsrechtlichen Überprüfung von Gesetzen über die gebietliche Neugliederung der genannten Länder. Da wird nicht nur das Gesetz unter dem Gesichtspunkt der Willkürfreiheit überprüft, sondern auch daraufhin, ob es dem Gemeinwohlgebot genügt; und zu diesem Zwecke werden die Erwägungen, die Bewertungen, die Abwägungen bis hin zu einer Nutzen/Schaden-Analyse einer konkreten geographischen Neuumschreibung einer Gemeinde oder eines Kreises nachgeprüft. Eine ebenso umständliche, zeitraubende, wie im Ergebnis regelmäßig die gesetzliche Regelung bestätigende Kontrolle, von der Literatur überwiegend gelobt und argumentativ unterstützt, sei es durch den Hinweis auf die in diesen Fällen angeblich notwendige Kontrolldichte der Prüfung, sei es durch den Hinweis auf die Verwandtschaft des Gesetzesinhalts mit einem Organisations- und Verwaltungsakt.

Ich halte diese Rechtsprechung für eine ebenso große wie großartige juristische Fehlleistung. Es ist ihr völlig die Rolle des Gesetzgebers im demokratisch verfaßten Staat aus dem Blick geraten. Wenn dem Gesetzgeber in einem Gesetz oder in einer Verfassungsvorschrift aufgegeben wird, eine Regelung (beispielsweise die Neugliederung des Staatsgebietes) am Gemeinwohl auszurichten, dann wiederholt eine solche Vorschrift nur, was jedem rechtsstaatlichen und demokratischen Gesetzgeber bei allen seinen Entscheidungen von Verfassungs wegen aufgegeben ist. Das heißt ihm (dem Gesetzgeber) kommt es zu, das Gemeinwohl zu konkretisieren; er bestimmt, was hier und jetzt bei dieser Regelung gemeinwohladäquat ist. Seine (des Gesetzgebers) Entscheidung ist das Grundmaß für das, was das Gemeinwohl verlangt, der Ausgangspunkt für jeden anderen Träger von Staatsgewalt, auch für die Gerichte, wenn allgemein das Erreichen des Gemeinwohls entscheidungserheblich ist. Die Kontrolle des Verfassungsgerichts kann deshalb nicht im Korrigieren der Gemeinwohlauffassung des Gesetzgebers bestehen, sondern nur in der Kontrolle, ob der Gesetzgeber seine Kompetenz zur Konkretisierung des allgemeinen verfassungsrechtlichen Gemeinwohlgebots mißbraucht hat; das geht auf in der Formel von der evidenten Verletzung des Willkürverbots und bleibt, solange unser demokratisches System funktioniert, eine theoretische Frage.

Die von mir kritisierte Rechtsprechung verkennt auch die Natur eines Reformgesetzes, das eine allgemeine Neugliederung des Staatsgebietes zum Gegenstand hat. Das ist nicht ein Organisationsakt, den man, wie die Änderung der Grenzen einer einzelnen Gemeinde oder den Zusammenschluß von nur zwei Gemeinden unter tausend anderen in die Nähe eines Verwaltungsakts in Gesetzesform bringen kann, sondern eine eminent politische Grundentscheidung des Staates mit einer Vielzahl von Implikationen. Eine solche Entscheidung gehört in der Demokratie von Haus aus zur Kompetenz des Gesetzgebers und ist ein materielles Gesetz, unbeschadet dessen, daß in ihm auch Organisationsentscheidungen enthalten sind. Kein Organ in der Demokratie kann mit dem Gesetzgeber rechten oder gar es besser wissen wollen als der Gesetzgeber, ob diese konkrete Verwirklichung einer Reform dem Staat frommt oder nicht. Auch unter diesem Gesichtspunkt hat ein Verfassungsgericht nur die Kompetenz zu prüfen, ob ein offenbarer Mißbrauch der Kompetenz des Gesetzgebers vorliegt, also nachgewiesen werden kann, daß die gesetzliche Regelung sich als Willkürakt darstellt.

Und ein drittes ist an dieser Rechtsprechung falsch: Der Gesetzgeber schuldet den Verfassungsorganen und Organen im Staat, auch den Verfassungsgerichten, nichts als das Gesetz. Er schuldet ihnen weder eine Begründung noch gar die Darlegung aller seiner Motive, Erwägungen und Abwägungen. Eine Begründung zum Entwurf des Gesetzes ist üblich, auch nützlich; Protokolle über die Beratungen der

Ausschüsse können Erklärungen der Abgeordneten festgehalten haben. All dies geschieht aber nicht, weil irgend jemand darauf einen Anspruch hätte, weil es etwa Gerichte fordern könnten oder weil es objektiv rechtlich geboten wäre. Das ist alles aus gutem Grund anders als bei einem einen Bürger belastenden Verwaltungsakt. Das Verfassungsgericht hat das Gesetz auf seine Verfassungsmäßigkeit zu prüfen, nicht die Motive, die Erwägungen, die Prognosen, die Wertungen und Akzentuierungen, die Präferenzen und Abwägungen des Gesetzgebers. Bei der Prüfung der Verfassungswidrigkeit eines Gesetzes kommt es auf den im Gesetz objektivierten Willen des Gesetzgebers oder kurz auf den objektivierten Willen des Gesetzes an, nicht auf irgendeinen Willen des Gesetzgebers, den Willen der Fraktionen und den Willen der Abgeordneten oder was man sonst für den Willen des Gesetzgebers halten mag. Und dieses Gesetz ist unabhängig von den bei seiner Entstehung wirksamen Einflüssen der verschiedensten Art Objekt der Prüfung, und gemäß seinem objektiven Inhalt verfassungsmäßig, wenn es mit den Vorschriften der Verfassung, die als Prüfungsmaßstab einschlägig sind, vereinbar ist. Willkürlich, also unvereinbar mit Art. 3 GG ist es nur, wenn sich für die in der inhaltlichen Regelung steckende Entscheidung überhaupt kein vernünftiger, kein vertretbarer, kein sachlich zureichender Grund erkennen läßt, gleichgültig, ob der Grund im Gesetzgebungsverfahren eine Rolle oder die entscheidende Rolle gespielt hat, vom Gesetzgeber nachträglich erkannt und bei der gerichtlichen Überprüfung vorgetragen worden ist oder erst vom Gericht bei seiner Überprüfung »entdeckt« worden ist.

Ich halte diese Überlegungen zum Verhältnis zwischen dem demokratischen Gesetzgeber und dem den Gesetzgeber kontrollierenden Verfassungsgericht für so wichtig, weil sie nicht nur für Neugliederungsgesetze, sondern allgemein gelten, wenn nur am allgemeinen Gemeinwohlgebot und Willkürverbot gemessen wird, also andere, engere, konkretere, die Freiheit des Gesetzgebers einschränkende Verfassungsvorschriften nicht als verletzt in Betracht kommen.

Zur Verfassungsgerichtsbarkeit in Österreich

HERBERT HALLER, Wien

Die Humboldt-Terrasse auf dem Mönchsberg ist nicht nur für mich als Stipendiaten der Alexander-von-Humboldt-Stiftung der schönste Aussichtspunkt auf die herrliche Altstadt Salzburgs. Vielleicht war diese Terrasse auch der Punkt, an dem Humbodt selbst zu der Feststellung hingerissen wurde, die sich dort auf einer Marmortafel eingraviert findet: »Die Gegenden von Salzburg, Neapel und Konstantinopel halte ich für die schönsten der Erde«. In freier Analogie zu dieser Feststellung und beeindruckt von den Ausführungen unseres Kollegen SAGLAM über den positiven Einfluß der türkischen Verfassungsgerichtsbarkeit darf ich mich auf die österreichische juristische Landschaft beziehen: Ich halte die österreichische Verfassungsgerichtsbarkeit nicht nur für eine der ältesten, sondern immer noch für eine der besten der Erde.

Ich will diese Aussage hier nicht des Näheren erhärten, denn die in die österreichische Verfassungsgerichtsbarkeit einführende Literatur werden Sie in der schriftlichen Fassung dieses Diskussionsbeitrages finden.* Sie ist in der Ihnen allen zugänglichen deutschen Sprache verfaßt und ich kann mich deshalb hier kurz fassen. Meine Aufgabe ist es lediglich, Ihre Aufmerksamkeit auf diese österreichische Verfassungsgerichtsbarkeit zu lenken. Sie ist es wert, daß man sich mit ihr beschäftigt.

Die österreichische Verfassungsgerichtsbarkeit ist bereits über 100 Jahre, genau 111 Jahre alt. Der Vorgänger des heutigen Verfassungsgerichtshofes, das Reichsgericht, ist im Jahre 1867 geschaffen worden. Es war ein von dem in Zivil- und Strafsachen zuständigen Obersten Gerichtshof verschiedenes Gericht, dem der Schutz der im gleichen Jahr neu geschaffenen Verfassung in drei entscheidenden Punkten übertragen war. Das Reichsgericht entschied erstens Kompetenzkonflikte zwischen Gerichten und Verwaltungsbehörden, zwischen Verwaltungsbehörden der Zentralgewalt und der Ländergewalten und zwischen den Verwaltungen der Länder. Es entschied zweitens über finanzielle Ansprüche an Gebietskörperschaften, soweit sie nicht vor den ordentlichen Gerichten geltend zu machen waren. Und drittens entschied das Reichsgericht über Beschwerden der Staatsbürger wegen Verletzung ihrer politischen Rechte durch Verwaltungsbehörden.

Es ist dem Reichsgericht in kurzer Zeit gelungen, sich als Verfassungsgericht zu bewähren und die gewonnene Wertschätzung war mit ein Grund, daß die neue republikanische Verfassung im Jahre 1920 wieder einen »Verfassungsgerichtshof« vorsah und diesem weitere wichtige Kompetenzen zuwies, für die bisher zum Teil eigene, besonders zusammengesetzte Gerichtshöfe vorgesehen waren. Als äußeres Zeichen dieses Vertrauens in das alte Reichsgericht und die Integrität seiner Mitglieder sei erwähnt, daß einer seiner ehemaligen Referenten, Dr. Paul von Vitorelli, zum Präsidenten des neuen republikanischen Verfassungsgerichtshofes ernannt wurde, obgleich er zuletzt sogar Justizminister des Kaisers war.

Zu den bereits genannten Kompetenzen des Reichsgerichtes trat eine Kompetenz in Wahlsachen; der Verfassungsgerichtshof wurde berufen, die wichtigsten Wahlen in Österreich zu kontrollieren und bei Mängeln, die auf das Ergebnis von Einfluß sein konnten, die Wahl aufzuheben. Diese Kompetenz wurde im Laufe der Jahre weiter ausgebaut und hat große praktische Bedeutung. Nicht nur Wahlen in kleinen Gemeinden, sondern beispielsweise auch eine Wahl zum Nationalrat, der entscheidenden parlamentarischen Kammer des Bundes, wurden bereits aufgehoben. Der Verfassungsgerichtshof wurde ferner berufen, über Anklagen zu entscheiden, mit denen die staatsrechtliche Verantwortlichkeit der obersten Verwaltungsorgane des Bundes und der Länder geltend gemacht wird. So können beispielsweise der Bundespräsident oder Regierungsmitglieder wegen Verfassungs- bzw. Gesetzesverletzung angeklagt werden; bereits zweimal wurde nach dieser Bestimmung gegen einen Landeshauptmann die Anklage erhoben.

Besondere Bedeutung erlangte der Verfassungsgerichtshof jedoch durch zwei weitere Kompetenzen. Im Jahre 1920 wurde die Befugnis, über die Verletzung politischer Rechte zu erkennen, erweitert und er entscheidet seither über Beschwerden gegen nicht weiter bekämpfbare individuelle Akte der Verwaltung, durch die der Beschwerdeführer in seinen verfassungsgesetzlich gewährleisteten Rechten verletzt zu sein behauptet. Über 90 % der vor den Verfassungsgerichtshof gebrachten Fälle sind derartige Beschwerden wegen Verletzung von Grund- und Freiheitsrechten; der Gerichtshof hat damit reiche Gelegenheit, diesen wichtigen Bereich durch seine Judikatur auszugestalten. Zahlenmäßig an Fällen geringer, jedoch ebenso bedeutsam ist die im Jahre 1920 neu geschaffene Kompetenz zur repressiven Normenkontrolle. Der Verfassungsgerichtshof hat seither in stetig erweiterter und verfeinerter Form Verordnungen auf ihre Gesetzmäßigkeit und Gesetze, darunter auch Verfassungsgesetze, auf ihre Verfassungsmäßigkeit zu prüfen. Fällt diese Prüfung negativ aus, so hat der Gerichtshof die Verordnung oder das Gesetz im Umfang der Fehlerhaftigkeit aufzuheben. Zu dieser Normenkontrolle, und zwar zur Prüfung von Gesetzen als der hervorstechendsten Befugnis, darf ich Ihnen im Folgenden einige kurze Bemerkungen vortragen.

Die Bundesverfassung des Jahres 1920 hat den Gerichten die Prüfung gehörig kundgemachter Gesetze verwehrt. Mit einer Ausnahme: »Der Verfassungsgerichtshof erkennt über die Verfassungsmäßigkeit von Landesgesetzen auf Antrag der

Bundesregierung, über die Verfassungsmäßigkeit von Bundesgesetzen auf Antrag einer Landesregierung, sofern aber ein solches Gesetz die Voraussetzung eines Erkenntnisses des Verfassungsgerichtshofes bildet, von Amts wegen.«

Das Verhältnis von Bundes- zu Landesgesetzen war damit weder nach dem Grundsatz Bundesrecht bricht Landesrecht gestaltet, noch galt letztlich im wechselseitigen Verhältnis dieser Gesetze der Grundsatz vom Vorrang der lex posterior. Dieser ist dahingehend abgewandelt, daß ein verfassungswidriges Gesetz vom Verfassungsgerichtshof beseitigt und damit die Verfassung wieder in volle Wirksamkeit gesetzt werden kann. Mit der Bundes-Verfassungsnovelle 1929 kam hinzu, daß – falls das Erkenntnis nichts anderes ausspricht – auch die einfachgesetzlichen Bestimmungen wieder in Wirksamkeit treten, die durch das vom Verfassungsgerichtshof als verfassungswidrig erkannte Gesetz aufgehoben worden waren.

Das von der Verfassung ohne weitere Voraussetzungen eingeräumte Antragsrecht der Regierungen auf Prüfung von Gesetzen einer gegenbeteiligten Gebietskörperschaft zeigt deutlich, daß die Gesetzesprüfung in erster Linie im Dienste des Bundesstaates zu stehen bestimmt war. Die verfassungsgesetzlich festgelegte Kompetenzverteilung soll den festen Bezugspunkt für die wechselseitige Abstimmung der Teilrechtsordnungen von Bund und Ländern bilden. Anstelle des präventiven Sanktionsrechtes des Monarchen trat ungleich wirksamer die repressive Kontrolle des Verfassungsgerichtshofes in einem justizförmigen Verfahren.

Mit dieser Stellung des Verfassungsgerichtshofes hatte man es für unvereinbar gehalten, ihn in seinen übrigen Kompetenzen so zu begrenzen wie seinerzeit das Reichsgericht, dem wie allen anderen Gerichten die Prüfung gehörig kundgemachter Gesetze durch eine eigene Bestimmung verwehrt war. Dem Verfassungsgerichtshof wurde deshalb die Gesetzesprüfung nicht nur über Regierungsantrag, sondern auch von Amts wegen eingeräumt, allerdings nur, wenn ein Gesetz die Voraussetzung einer seiner Entscheidungen bildet, es für einen seiner Fälle »praejudiziell« ist. Damit war jedoch nicht nur ein verstärkter Schutz der bundesstaatlichen Kompetenzverteilung erreicht, sondern dem Verfassungsgerichtshof aufgetragen, auch andere Verfassungswidrigkeiten aufzugreifen. Mit diesem amtswegigen Verfahren stand es den beteiligten Parteien offen, die Verfassungswidrigkeit von Bundes- oder Landesgesetzen geltend zu machen. Diese nur ansatzweise, weil auf den Kompetenzbereich des Verfassungsgerichtshofes begrenzte, Ausbildung individuellen Rechtsschutzes wurde mit der Bundes-Verfassungsnovelle 1929 durch die Einräumung des Anfechtungsrechtes an den Verwaltungsgerichtshof und den Obersten Gerichtshof erweitert. Für diese Gerichtshöfe wurde die absolute Bindung an verfassungswidrige Gesetze beseitigt und damit auch den Parteien im Verfahren vor diesen Gerichtshöfen die Gelegenheit gegeben, eine Gesetzesprüfung anzuregen. Den vorläufigen Abschluß dieser Verfeinerung der Gesetzesprüfung zu einer auch individualistischen Rechtsschutzeinrichtung brachte schließlich die Bundes-Verfassungsnovelle 1975: Es sind nunmehr auch die in zweiter Instanz zur Entscheidung berufenen Gerichte zur Antragstellung im Gesetzesprüfungsverfahren ermächtigt und selbst der einzelne Rechtsunterworfene kann einen Prüfungsantrag beim Verfassungsgerichtshof einbringen, wenn er durch ein Gesetz unmittelbar betroffen ist und ihm ein anderer Weg zu seiner Bekämpfung nicht zugemutet werden kann.

Die Bundes-Verfassungsnovelle 1975 hat weiters ein Drittel der Abgeordneten zum Nationalrat ermächtigt, bei Bundesgesetzen den Antrag auf Prüfung beim Verfassungsgerichtshof zu stellen. Vorbehaltlich landesverfassungsgesetzlicher Regelung ist diese Möglichkeit bei Landesgesetzen einem Drittel der Abgeordneten zu jedem Landtag eingeräumt. Damit ist für Parlamentsmehrheit und Opposition der Weg eines rechtlichen Ausgleiches im politischen Streit über die Grenzen der Gesetzgebungsbefugnisse gewiesen und eine wirksame Prüfungsinitiative für außerhalb der primär bundesstaatlich bestimmten Interessen der Regierungen gelegene Fragen geschaffen. Insgesamt zeigt dieser Ausbau der Antragsbefugnisse, daß nicht mehr nur die Verteilung der Gesetzgebungskompetenzen im Bundesstaat gesichert werden soll, sondern, daß der Verfassungsgerichtshof in die Lage versetzt ist, die Rechtsstaatlichkeit auf Gesetzgebungsebene in fast jeder Hinsicht zu wahren.

Diese verstärkte Rechtsstaatlichkeit zeigt sich auch in verschiedenen Details, so in der durch die Bundes-Verfassungsnovelle 1975 eingeführten Möglichkeit der Aufhebung eines Gesetzes über den präjudiziellen Bereich hinaus oder in dem gleichfalls neuen Gebot der Fortführung eines amtswegig eingeleiteten Prüfungsverfahrens auch für den Fall, daß es im Anlaßfall vor dem Verfassungsgerichtshof zu einer Klaglosstellung kommt. Rechtsstaatlichen Erwägungen entspricht aber auch die bereits seit 1920 bestehende Verpflichtung des Bundeskanzlers oder Landeshauptmannes zur unverzüglichen Kundmachung der Aufhebung eines Gesetzes, die – wenn der Gerichtshof hierfür nicht eine Frist setzt – mit dem Tag der Kundmachung in Kraft tritt. In sachgerechter Form kommt damit zum Ausdruck, daß bei einem Erkenntnis des Gerichtshofes mit gesetzesgleicher Wirkung die Zustellung an die Verfahrensparteien allein nicht genügt. Die Möglichkeit zur Fristsetzung für das Inkrafttreten der Aufhebung schließlich erwächst aus den Problemen, die eine Aufhebung mit sich bringt, deren Urheber nicht die volle Gestaltungskraft des Gesetzgebers zur Verfügung steht. Es wird dem Gesetzgeber dann eine Anpassungsfrist gegeben, wenn die durch die Aufhebung entstehende Lücke verfassungsrechtlich negativer zu bewerten ist als der befristete Fortbestand der als verfassungswidrig erkannten Regelung.

Neben der repressiven Normenkontrolle findet sich auch die Kompetenz des Verfassungsgerichtshofes zu einer präventiven Kontrolle: Auf Antrag der Bundesregierung oder einer Landesregierung prüft der Gerichtshof, ob ein Gesetz – es muß im Entwurf vorgelegt werden – in die Kompetenz des Bundes oder der Länder fallen würde. Das Erkenntnis wird in einen Rechtssatz gefaßt, der im Bundesgesetzblatt zu veröffentlichen ist. Er gilt als authentische Interpretation der entsprechenden Kompetenzbestimmungen der Verfassung – ein ausdrücklich normierter Fall der Entstehung von Verfassungsrecht durch Richterspruch.

Dieser kurze Blick auf die Gesetzesprüfung mag Ihnen einige Aspekte oder Fragen gezeigt haben, die sich vielleicht auch im Bereich Ihrer Verfassungsgerichtsbarkeiten zeigen. Die österreichischen Lösungen zu Fragen des Gegenstandes, des Maßstabes der Prüfung, zum Prüfungsthema, zu den Begrenzungen der Prüfung oder zur Art und Umfang der Entscheidung im Prüfungsverfahren sind in aller Regel Ausfluß eines sinnvollen Ausgleichs zwischen rechtsstaatlichem Richtigkeitsgebot und ebenso rechtsstaatlichem Erfordernis der Rechtssicherheit. Detailprobleme finden Sie in reicher Fülle; sie sind literarisch eingehend abgehandelt und in einer jahrzehntelangen Judikatur ausgelotet. Für rechtsvergleichende Arbeit bietet sich damit reiches und interessantes Material. Die klare Konzeption der österreichischen Verfassungsgerichtsbarkeit – ich darf hier insbesondere auf die Lehre Merkels vom Stufenbau der Rechtsordnung verweisen – und die einzelnen, dem Verfassungsgerichtshof zugewiesenen Kompetenzen, ermöglichen einen guten Einstieg in die Probleme und einen auch bloß auf Einzelfragen abstellenden Vergleich.

Ich möchte meine Ausführungen freilich nicht schließen, ohne darauf hinzuweisen, daß auch in Österreich eine sehr interessante Diskussion über eine Reihe von Problemen der Verfassungsgerichtsbarkeit geführt wird. Österreichs Verfassungsgerichtshof ist ein Nebenberufsgericht. Die Verfassungsrichter sind alle als Professoren, Richter oder Rechtsanwälte tätig – lediglich zu Verfassungsrichtern ernannte Verwaltungsbeamte sind aus Gründen der Gewaltenteilung außer Dienst gestellt. Unter verschiedenen Aspekten – dem der allzugroßen Belastung des Gerichtshofes, dem der Unabhängigkeit und dem Wunsch nach Herausbildung eines verstärkten richterlichen Bewußtseins gegenüber den anderen Staatsgewalten wird die Frage erörtert, ob der Gerichtshof nicht als Gericht mit hauptberuflich tätigen Mitgliedern eingerichtet werden sollte. Als andere Variante bietet sich an, einen Teil der Kompetenz, die als »Sonderverwaltungsgerichtsbarkeit« bezeichnete Prüfung von individuellen Verwaltungsakten auf ihre Vereinbarkeit mit den verfassungsgesetzlich gewährleisteten Rechten, an den österreichischen Verwaltungsgerichtshof abzugeben. Daneben steht sowohl die zum Teil durch die jeweilige Bundesregierung zu stark beeinflußbare Bestellung der Mitglieder als auch etwa die Einführung der Möglichkeit eines Minderheitenvotums (dissenting opinion) zur Diskussion. Schließlich ist eine auf zunehmend höherer Ebene geführte Diskussion zur Frage der Verfassungsinterpretation zu nennen; die Tendenz geht hier zumindest in der Lehre deutlich von einer allzusehr formalen zu einer stärker rechtsinhaltlich bestimmten Auslegung.

Anmerkungen

Einen ersten wie eingehenden Überblick über die rechtlichen Regelungen zur Verfassungsgerichtsbarkeit vermitteln
WALTER, Robert – MAYER, Heinz, Grundriß des österreichischen Bundesverfassungsrechts, 2. Auflage, Verlag Manz, Wien 1978, Seite 266 ff.

Einen guten Einblick in die Relevanz der Verfassungsgerichtsbarkeit im politischen System gibt

WELAN, Manfried, Der Verfassungsgerichtshof – eine Nebenregierung? in: FISCHER (Herausgeber), Das politische System Österreichs, 2. Auflage, Europaverlag, Wien 1977, Seite 271 ff.

Zum aktuellen Problemstand in Hinblick auf Reformen vergleiche

WENGER, Karl, Gedanken zur Reform der Verfassungsgerichtsbarkeit, Schriftenreihe Niederösterreichische Juristische Gesellschaft Nr. 13, Verlag Niederösterreichisches Pressehaus, St. Pölten–Wien 1978 und

HALLER, Herbert, Der Entwurf einer Verfassungsnovelle betreffend die Beschwerdeführung vor den Gerichtshöfen des öffentlichen Rechts, Österreichische Steuer Zeitung, Verlag Orac, Wien 1978, S. 161 ff.

Als Gesetzestexte sind vor allem zu empfehlen

KLECATSKY, Das österreichische Bundesverfassungsrecht, 2. Auflage, Verlag Manz, Wien 1973 (mit hervorragend verarbeiteter Judikatur) und Ergänzungsband KLECATSKY, Das Bundes-Verfassungsgesetz, 2. Auflage, Verlag Manz, Wien 1977 und

SPEHAR, Herbert, Die Verfassungs- und Verwaltungsgerichtsbarkeit (Gerichtsbarkeit des öffentlichen Rechts), 2. Auflage, Juridica Verlag, Wien 1979.

Zur Vertiefung jedenfalls nötig

WALTER, Österreichisches Bundesverfassungsrecht (System mit Literatur- und Judikaturhinweisen bis in die wichtigsten Detailfragen) Verlag Manz, Wien 1972.

Zur Normenkontrolle siehe aus der im Zusammenwirken mit ANTONIOLLI, Walter von WINKLER, Günther herausgegebenen Reihe Staat und Recht die beiden Bände

NOVAK, Richard, Die Fehlerhaftigkeit von Gesetzen und Verordnungen, Zugleich ein Beitrag zur Gesetzes- und Verordnungskontrolle durch den Verfassungsgerichtshof, Springer Verlag, Wien–New York 1967 und

HALLER, Herbert, Die Prüfung von Gesetzen, Ein Beitrag zur verfassungsgerichtlichen Normenkontrolle, Springer Verlag, Wien–New York 1979 (vgl. hier auch das auf dem neuesten Stand befindliche Literaturverzeichnis) sowie

HALLER, Herbert, Die Prüfung von Verordnungen in: RILL (Redaktion), Allgemeines Verwaltungsrecht, Verlag Orac, Wien 1979, Seite 553 ff.

Die laufende Judikatur des Verfassungsgerichtshofes wie auch des Verwaltungsgerichtshofes findet sich in den Judikaturbeilagen der auf ihrem Gebiet führenden Zeitschriften

Österreichische Steuer Zeitung, Herausgeber und Redaktion HASSLER, Paul, DORALT, Peter und DORALT, Werner, Verlag Orac, Wien (Steuerrechtliche Judikatur)

Zeitschrift für Verwaltung, Herausgeber und Schriftleiter RILL, Heinz Peter, Verlag Orac, Wien (Administrativrechtliche Judikatur)

und wird dort jährlich in einem Index nach Schlagworten, Rechtsquellen und Geschäftszahlen ausgewiesen.

Die ältere Judikatur findet sich in der jährlichen, bzw. halbjährlichen amtlichen Entscheidungssammlung, derzeit

Erkenntnisse und Beschlüsse des Verfassungsgerichtshofes im Auftrag des Verfassungsgerichtshofes herausgegeben von MELICHAR, Erwin, Verlag der Österreichischen Staatsdruckerei, Wien.

Zusammenstellungen von Leitsätzen finden sich in

Die Judikatur des Verfassungsgerichtshofes 1919–1964, herausgegeben vom Verfassungsgerichtshof, bearbeitet von HIRSCH, Johann – KALTENBERGER, Alfred, Verlag der Österreichischen Staatsdruckerei, Wien 1966 (vergriffen) sowie *Die Judikatur 1965–1969,* HIRSCH, Johann – EGGER, Gerhard, 1971, sowie *Die Judikatur 1970–1974,* MELICHAR, Erwin – OSTERMANN, Eleonore, 1975.

Einige Bemerkungen zur Verfassungsgerichtsbarkeit

Servet Armagan, Istanbul

I. Zweck und Ziel der Verfassungsgerichtsbarkeit

Es gibt verschiedene Verfassungsgerichtsbarkeitssysteme auf der Welt. Die Verfassungen weisen verschiedene Alternativen darin auf, wie der Umfang der Überprüfung und die Kompetenz der Verfassungsgerichte geregelt wird. Das System in der Bundesrepublik Deutschland ist m. E. das umfassendste.

Welchen Zweck erfüllt bzw. welches Ziel verfolgt die Verfassungsgerichtsbarkeit? Im allgemeinen kann man sich auf zwei Ziele beschränken:

1. Schutz der Grundrechte und der Freiheiten

Ein freiheitlich-demokratisches Leben kann nur infolge der Garantie und der freien Anwendung von Grundrechten und Freiheiten, der Entfaltung der materiellen und geistigen Persönlichkeit des einzelnen entstehen und aufrecht erhalten bleiben. Verletzt die öffentliche Gewalt diese Grundrechte und Freiheiten durch die von ihr erlassenen Gesetze, kann sich das freiheitlich-demokratische Leben nicht mehr fortsetzen und Wurzeln schlagen. Die Verfassungsgerichtsbarkeit hat die Aufgabe, derartige Verstöße zu verhindern.

2. Errichtung des Rechtsstaates

Mit der Verfassung zu vereinbarende Gesetze bilden die Maßnahmen, die die Souveränität des Rechts verwirklichen und die den Rechtsstaat begründen. Dank dieser Konformität wird auch die Fortsetzung des Rechtsstaates garantiert sein. Die Verfassungsgerichtsbarkeit soll die Verwirklichung dieser beiden Ziele anstreben. Erst dann spielt das Verfassungsgericht seine Rolle als »Hüter der Verfassung«.

II. Verfassungsändernde Gesetze

Das Verfassungsgericht soll nicht die verfassungsändernden Gesetze daraufhin überprüfen, ob sie mit der Verfassung zu vereinbaren sind. Das gesetzgebende Organ hat das Recht, da es durch die gültige Verfassung nicht für immer gebunden ist, manche in der Verfassung geregelten Organe aufzuheben bzw. neue hinzuzufügen. Denn eine Änderung ist neuen Situationen und Bedürfnissen des Lebens gegenüber notwendig, dafür sollte in besonderem Maße das gesetzgebende Organ in seiner Eigenschaft als Vertreter des Volkes zuständig sein. Die Ansicht, daß eine Verfassung nur von einem verfassungsgebenden Organ geändert werden dürfe, halte ich nicht für richtig.

Nach der umfangreichen Änderung der türkischen Verfassung von 1961 im Jahre 1971 darf das türkische Verfassungsgericht die verfassungsändernden Gesetze »materiell« (inhaltlich) nicht überprüfen, es darf dies nur »formal«, d. h. nur eine Prüfung darüber vornehmen, ob bei der Änderung die in der Verfassung vorgesehenen Verfahrensvorschriften eingehalten wurden (Art. 147 der Verfassung).

a) Bei den Verfassungsänderungen geht es im wesentlichen darum, den Rechtsstaat nicht anzutasten und die Grundrechte und Freiheiten nicht zu verletzen. Es ist hinzuzufügen, daß Änderungen aufgrund künstlich, d. h. überflüssig ausgedehnter Interpretationen der Grundrechte und Freiheiten nicht im Namen des Rechtsstaates herangezogen werden können. Dies hat man in einigen Entscheidungen des türkischen Verfassungsgerichts versucht und sich dafür zuständig erklärt, im Namen der formalen Kontrolle auch materiell verfassungsändernde Gesetze zu überprüfen. (Siehe die Entscheidung des Verfassungsgerichts Nr. 1973/19-1975/87: Amtsblatt vom 26. 2. 1976-15,511.)

b) Von »verfassungswidrigen Verfassungsnormen« und einer »Rangordnung unter den Verfassungsnormen«[1] zu sprechen, kann dem Verfassungsgericht für seine Normenkontrolle keinen praktischen Nutzen bringen. Wenn ein Verfassungsgericht eine Unvereinbarkeit zwischen hochrangiger und neueingefügter niedriger Norm feststellt und die zweite für nichtig erklärt, bedeutet das, daß die gültige Verfassung das gesetzgebende Organ zeitlich unbegrenzt binden soll, und daß die Vertreter des Volkes kein Recht haben, die Verfassung zu ändern. Obwohl das Bundesverfassungsgericht und das türkische Verfassungsgericht diese Theorie schon für richtig gehalten haben, haben sie dennoch keine Normen für nichtig erklärt.

---

1 Siehe Otto Bachof, Verfassungswidrige Verfassungsnormen, Tübingen, 1951, S. 7 ff.

III. Verfassungsgericht und Politik

Das Verfassungsgericht ist ein Justizorgan. Es strebt danach, durch seine objektiven Entscheidungen die obengenannten Prinzipien durchzusetzen. Während seiner Tätigkeit kann das Gericht politisiert sein.

a) Vor allem handelt es sich um die Politisierung wegen der Beschäftigung des Gerichts mit politischen Problemen. Z. B.: infolge einer Entscheidung des Gerichts könnte der Staat gezwungen sein, aus einem politischen internationalen Abkommen auszuscheiden. Eine solche Entscheidung würde uns (bzw. Organisation) einigermaßen die politische Anschauung der Entscheidungsrichter über diesen Vertrag andeuten.

Der türkischen Verfassung nach kann das Verfassungsgericht die internationalen Abkommen nicht kontrollieren (Art. 65).

Ebenso bedeutet eine Entscheidung, die das Verbot politischer Parteien betrifft, bis zu einem gewissen Grad eine politische Bevorzugung der Parteien, die die Richter im politischen Leben des Staates wissen wollen. Das Verfassungsgericht darf die ihm vorgelegten Gesetze nur rein »juristisch« auf ihre Vereinbarkeit mit der Verfassung hin überprüfen. Die Einflüsse, die auf einen Richter von außen einwirken, darf man nicht aus den Augen verlieren. Obwohl ein Verfassungsrichter die Unvereinbarkeit oder Vereinbarkeit eines Gesetzes mit der Verfassung untersucht und feststellt, kann er sich jedoch von seinem politischen Denken und der politischen, auch ideologischen Atmosphäre im Staat nicht distanzieren. Dabei spielen auch Massenmedien eine indirekte Rolle.

Das Verbot der KPD und SRP verursachte in der Bundesrepublik Deutschland unter diesem Aspekt Auseinandersetzungen. Ähnliches entstand in der Türkei nach dem Verbot einer linksgerichteten (Die türkische Arbeiterpartei) und einer rechtsgerichteten Partei (Die nationale Ordnungspartei) im Jahre 1971.

Diese Auseinandersetzungen sind unvermeidbar, solange das Verfassungsgericht in einem Staat tätig ist.

b) Auch bei der Anfechtung eines Gesetzes über finanzielle Unterstützung der politischen Parteien aus dem Haushalt äußert sich in gewissem Maße eine politische Tendenz bzw. Bevorzugung des Gerichts dahingehend, ob es sich seiner Ansicht nach lohnt, politische Parteien staatlich zu unterstützen.

Das türkische Verfassungsgericht hat ein solches Gesetz im Jahre 1969 auf eine Klage der türkischen Arbeiterpartei, die im Parlament 14 von insgesamt 450 Sitzen innehatte, für nichtig erklärt. Danach haben die Vorsitzenden der politischen Parteien in der Türkei an das Gericht scharfe und bittere Attacken gerichtet und die Entscheidung kritisiert, weil sie wegen dieser Entscheidung ihre bedeutendste finanzielle Quelle verloren hatten.

Ein anderes Beispiel aus der Türkei bildet das Gesetz über private Hochschulen. Aufgrund dieses Gesetzes durften private Hochschulen mit Universitätsniveau gegründet werden. Die Linken waren im wesentlichen gegen dieses Gesetz, da es große Vorteile für das Kapital bringen würde und die Gleichheit der Bildungschancen zwischen reichen und armen Studenten abschaffe. Das Verfassungsgericht hat dieses Gesetz für nichtig erklärt. Danach haben die Träger der privaten Hochschulen die Entscheidung wegen angeblicher ideologischer Tendenzen des Gerichts kritisiert, die noch studierenden Studenten vor dem Gerichtsgebäude demonstriert. Die Linken haben dagegen die Entscheidung mit großer Ovation begrüßt. (Die Entscheidung vom 12. 1. 1971, 1969/31-1971/3; Amtsblatt vom 26. 3. 1971-13.790.)

c) Die politische, philosophische, moralische und religiöse Anschauung bzw. das Bekenntnis eines Verfassungsrichters spielt beim Erkennen der Entscheidung eine nicht zu unterschätzende Rolle. Wenn eine bestimmte Periode eines Gerichts als Muster genommen wird und die Tendenzen der in ihr amtierenden Richter festgestellt werden, kann im allgemeinen eine Richtung (Tendenz) der in diesem Zeitraum gefallenen Entscheidungen bestimmt werden. Dies trifft besonders auf die USA zu, deren Supreme Court eine lange Vergangenheit besitzt.

Handelt es sich hier um »Politik im justizförmigen Gewand«? Zu der Verfassungsgerichtsbarkeit ist von jeher unter diesem Aspekt Stellung bezogen worden: OTTO V. BISMARCK sagte: »Wenn ... ein Gericht berufen würde ..., die Frage zu entscheiden: ist die Verfassung verletzt oder ist sie es nicht? so wäre damit dem Richter zugleich die Befugnis des Gesetzgebers zugewiesen; es wäre berufen, die Verfassung authentisch zu interpretieren oder materiell zu vervollständigen...«[2]

Ebenso hat CARL SCHMITT seine Stellung so artikuliert: »Statt einer Juridifizierung der Politik tritt eine das Ansehen der Justiz untergrabende Politisierung der Justiz ein«.[3] Diese und ähnlich negative Ausdrücke sind zuweilen aufgestellt worden: »government of judges«, »unkontrollierte Macht der roten Roben von Karlsruhe« usw.

Abschließend kann man sagen: »Mehr noch als der Richter anderer Sparten der Gerichtsbarkeit kann und darf deshalb der Verfassungsrichter die *Folgen* – die oft eminent *politischen* Folgen – seines Spruches nicht aus dem Blick verlieren.«[4] »... er darf, wenn er einen völkerrechtlichen Vertrag, der politische Beziehungen des Bundes regelt (Art. 59, Abs. 2 des Grundgesetzes), am Grundgesetz messen soll, die politische Ausgangslage, aus der der Vertrag erwachsen ist, die politischen Realitäten, die dazu zu gestalten oder zu ändern er unternimmt, nicht aus dem Blick verlieren.«[5]

---

2 OTTO VON BISMARCK, Die politischen Reden des Fürsten Bismarck, 1892, Bd. II, S. 170.
3 CARL SCHMITT, Verfassungslehre, 1929, S. 119; Verfassungsrechtliche Aufsätze, S. 63 ff., Hüter der Verfassung, 1931.
4 OTTO BACHOF, Der Verfassungsrichter zwischen Recht und Politik, in: Summum Ius Summa Iniuria, 1963, Tübingen (J. C. Mohr), (41–57), S. 43.
5 BVerfGE, 4, 157 (168). Das Staatsrecht läßt sich, wie schon Heinrich Triepel in seiner berühmten Rektoratsrede über Staatsrecht und Politik, in Auseinandersetzung

IV. Verfassungsgerichtsbarkeit und Entwicklungsländer

Ich möchte nun kurz über die Beziehungen zwischen Verfassungsgerichtsbarkeit und Entwicklungsländern sprechen: Entwicklungsländer haben sich um ihre wirtschaftliche und soziale Entwicklung zu kümmern und zu diesem Zweck eine Reihe gesetzlicher Regelungen und Maßnahmen zu treffen. Sie erwarten davon eine Erhöhung des wirtschaftlichen und sozialen Niveaus ihres Landes. Dadurch können sie wirtschaftliche Fortschritte erzielen, damit die ökonomische und soziale Lage der Bürger sich bessert. Solche Fortschritte sind für sie unerläßlich, und deshalb müssen die dafür notwendigen Maßnahmen getroffen werden.

a) Wenn die jeweiligen Regelungen in einem Entwicklungsland der Kontrolle des Verfassungsgerichts unterstellt werden, können dann bestimmte Ziele nur mit Verzögerung oder gar nicht erreicht werden:

Das Verfassungsgericht überprüft die ihm vorgelegten Gesetze rein unter juristischem Aspekt, nämlich, ob sie mit der Verfassung zu vereinbaren sind oder nicht, trifft dann seine Entscheidung, obwohl das gesetzgebende Organ das jeweilige Gesetz – abgesehen einmal von evidenten und absichtlichen Verletzungen der Verfassung – in Anbetracht der Landesbedingungen hat annehmen und erlassen müssen. Wenn eine negative Entscheidung (Anfechtung des jeweiligen Gesetzes) gefällt wird, können dadurch grundsätzlich Fortschritte in einem Entwicklungsland verhindert werden. Diese Behinderung des Fortschritts zeigt sich auch in Ländern, deren Parlamente nach dem Verhältniswahlsystem entstanden sind, wie z. B. in der Türkei, in denen viele Parteifraktionen vorhanden sind, und die Regierungen immer Koalitionsregierungen sind. In solchen Ländern werden Gesetze nur nach langen Vereinbarungsverhandlungen zwischen den Koalitionspartnern erlassen.

Dazu möchte ich ein Beispiel aus der Türkei bringen:

In der Türkei kommt ein Gesetz wie folgt zustande: Vorschlag, Debatte in den betreffenden Ausschüssen, ggf. im Verfassungsausschuß, in der Nationalversammlung, im Senat der Republik, anschließend Gegenzeichnung durch den Präsidenten der Republik und Veröffentlichung im Amtsblatt. Wenn der Präsident binnen zehn Tagen nicht gegenzeichnet, weist er den Gesetzentwurf zur Wiedererörterung und Wiederaufnahme an das Parlament zurück (Art. 93 der Verfassung). Dafür braucht man normalerweise einen Monat. Nach all diesem beginnt das Verfassungsgericht mit der Überprüfung. Das Gericht ist an keine Frist gebunden, seine Entscheidung zu fällen.

insbesondere mit Hans Kelsen, dargelegt hat, nicht „ohne Rücksicht auf das Politische betreiben", siehe Heinrich Triepel, Staatsrecht und Politik, Berlin u. Leipzig, 1927, S. 19. Zu diesem Thema ist das Buch von Herrn Gerd Roellecke empfehlenswert: „Politik und Verfassungsgerichtsbarkeit, über immanente Grenzen der richterlichen Gewalt des Bundesverfassungsgerichts" 1961, Heidelberg, Verlagsgesellschaft „Recht und Wirtschaft".

Nach der Klage ist ein Gesetz suspendiert. Wegen dieser Gesetzgebungsprozedur und der Überprüfung durch das Verfassungsgericht können zahlreiche notwendige und sowohl von Parteien als auch vom Volk gewünschte Gesetze nicht schnell genug, bzw. rechtzeitig erlassen werden: darunter sind Gesetze über »Gerichte für Staatssicherheit«, »Agrarreform« etc. zu zählen.

Das türkische Verfassungsgericht kann anordnen, daß die ablehnende Entscheidung erst nach einer bestimmten Frist (höchstens ein Jahr) in Kraft tritt (Art. 152 der Verfassung). Die ratio legis besteht hier darin, dem Gesetzgeber eine Möglichkeit zur Ausfüllung der wegen der Anfechtung einer Vorschrift entstandenen Lücke zu geben. Das Verfassungsgericht ordnete z. B. im Jahre 1975 und 1977 nach der Nichtigkeitserklärung von Gesetzen über die »Gerichte für Staatssicherheit« und »Agrarreform« an, die Entscheidung nach einem Jahr in Kraft treten zu lassen. Das Parlament konnte in beiden Fällen ein neues Gesetz nicht rechtzeitig erlassen. Neben anderen Motiven spielte dabei die obengenannte Gesetzgebungsprozedur auch eine Rolle.

Wir haben kein Vertrauen ins Parlament und in Parlamentsmitglieder: Man sagt, sie seien Politiker, sie dächten nur an ihre Zukunft und verfolgten politische Interessen, statt an die Verfassung zu denken. Deshalb könnten sie sich um ihrer politischen Laufbahn willen auch für verfassungswidrige Gesetze einsetzen und für sie stimmen. Theoretisch kann dies auch für Verfassungsrichter gelten. Sie könnten auch politische Tendenzen haben und aus ihrem politischen Denken heraus ihre Stimme bei der Normenkontrolle für oder gegen ein Gesetz gebrauchen, weil sie auch Menschen sind. Es kommt also nicht auf Organe an, sondern auch auf Personen. Enge Verbundenheit mit Gesetz und Recht ist ein Bekenntnis, das jeder Politiker wie Richter oder Verfassungsrichter haben sollte. Aber auch die negative Seite, d. h. die Unverbundenheit kann sich hier zeigen.

b) Entwicklungsländer brauchen Stabilität mehr als Rohstoffe, Energie und Arbeitskräfte. Denn die Stabilität gewährt ihnen erst Zeit, Ruhe, Arbeitswunsch und Arbeitskraft. Das gesetzgebende Organ, insbesondere das vollziehende Organ, braucht nicht immer daran zu denken, daß ein gewünschtes und deshalb erlassenes »Notgesetz« eines Tages vom Verfassungsgericht für nichtig erklärt werden kann. Ein erlassenes Gesetz muß durchgeführt werden, so daß das Land einen bestimmten Weg verfolgen und in einer bestimmten Richtung eine Strecke zurücklegen kann.

Eine Harmonie zwischen der Rechtsgebundenheit von Gesetzen und den Maßnahmen für ein Entwicklungsland ist zwar ideal. Entwicklungsländer haben aber das zweite zu bevorzugen, weil sie sich aus Armut und Elend retten wollen. Dieses Wollen ist für ihre Zukunft erforderlich. Es läßt sich weiter nichts tun.

Obwohl die Bundesrepublik Deutschland ein entwickeltes Land ist und ein ziemlich stabiles politisches Leben hat, haben die Spitzenrepräsentanten, Bundespräsident WALTER SCHEEL, Bundestagspräsident KARL CARSTENS, Bundeskanzler HELMUT SCHMIDT und Bundesverfassungsgerichtspräsident ERNST BENDA bei einer Podiumsdiskussion in Tutzingen am 1. 10. 1978 über die Zukunft der Demokratie, insbesondere über die Verfassungsgerichtsbarkeit in der Bundesrepublik Deutschland diskutiert und dabei ihre Stellungnahmen vorgebracht, bzw. ihre Bedenken artikuliert: Bundespräsident SCHEEL stellte die Frage nach den Grenzen einer vernünftigen Verfassungsgerichtsbarkeit. Und auch er ließ erkennen, daß er diese Grenzen von der Karlsruher Spruchpraxis für überschritten hält. Sein Beispiel: das Urteil über die Abgeordnetendiäten und die darauf fußenden »Selbstbedienungsgesetze« der Parlamentarier in Bund und Ländern.

Der Bundeskanzler knüpfte in diesem Zusammenhang an die grundsätzliche Kritik des Bundespräsidenten an und empfahl allen Staatsorganen »Zurückhaltung bei der Ausübung ihrer Kompetenzen«. Bundesverfassungsgerichtspräsident ERNST BENDA reagierte darauf scharf: »Es kann nicht Aufgabe des Chefs der Bundesregierung sein, dem obersten Gericht des Landes Zensuren zu erteilen«.[6]

Aus dieser Diskussion kann man für unser Thema folgende Schlußfolgerungen ziehen: Die Regierenden des Staates empfinden Unbehagen über die Einwirkungen des Bundesverfassungsgerichts auf alle Sektoren des Lebens und sehen mit dessen Entscheidungen die Grenze für überschritten. Die Regierenden leiten den öffentlichen Dienst mit einem Gefühl des Unbehagens, sie trafen erforderliche Regelungen zögernd und unsicher, da die Entscheidungen des Bundesverfassungsgerichtes vielfach Gesetzeskraft besitzen und unanfechtbar sind. Solche Bedenken haben Funktionäre eines Entwicklungslandes mehr noch als Funktionäre eines Staates, der ein bestimmtes wirtschaftliches Wachstum schon erreicht hat. »Sakrosankt ist das Gericht nicht. Seine Mitglieder sind keine Könige, die niemandem außer sich selbst Rechenschaft schuldig wären.«[7, 8]

c) Im Zusammenhang mit diesem Punkt möchte ich abschließend noch anmerken, daß sozialistische und kommunistische Länder sich der Verfassungsgerichtsbarkeit nicht unterwerfen. Neben anderen Faktoren können sie deswegen ihre Innen- und Außenpolitik lange Zeit stabil durch- und weiterführen. Die Verfassungsgerichtsbarkeit ist nur in freiheitlich demokratischen Ländern angenommen worden und in Funktion. Ich darf daran erinnern, daß während der Verabschiedung des Grundgesetzes im parlamentarischen Rat Kommunisten gegen die Vorschriften über die Verfassungsgerichtsbarkeit gestimmt hatten. Jugoslawien, das sui generis ist und ein Verfassungsgerichtsbarkeitssystem im engeren Sinne bzw. mit geringer (eng gefaßter) Kompetenz hat, bildet eine Ausnahme.

---

6 Einzelheiten, siehe Tageszeitungen vom 2. 10. 1978 und „Die Zeit" vom 6. 10. 1978.
7 HANS SCHÜLER, in: „Die Zeit" vom 6. 10. 1978, nach der Podiumsdiskussion in Tutzingen am 1. 10. 1978.
8 „Daß etwa Begriffe wie Rechtsstaat, Sozialstaat, Freiheit, Gleichheit, Menschenwürde, Persönlichkeit u. v. a. nicht ohne Rückgriff auf die gesellschaftlichen und politischen Vorstellungen der jeweiligen Rechtsgemeinschaft interpretiert werden können, liegt auf der Hand." (Otto Bachof, a.a.O., S. 45.)

V. Summum Ius Summa Iniuria

Verfassungsgerichte sind während der Normenkontrolle in manchen Fällen so minutiös, daß sie durch ihre Entscheidungen wohl eine Verfassungsantinomie möglicherweise beseitigen, daß sie aber gleichzeitig ein Unrecht verursachen können. Ein Beispiel aus der Türkei: In der Türkei stehen die Geschäftsordnungen unter der Kontrolle des Verfassungsgerichts. Das türkische Verfassungsgericht stellt aber zuweilen Kleinigkeiten fest, d. h. etwas, das keine Wirkungseigenschaft auf die Parlamentstätigkeit hat, und erklärt das Gesetz für nichtig, weil während seiner Verabschiedung im Parlament unrelevante Kleinigkeiten in der Geschäftsordnung versehentlich nicht eingehalten wurden. Ein anderes Beispiel: Das türkische Verfassungsgericht hat eine Verhaltensweise des Parlaments als eine »Geschäftsordnungsregelung« bezeichnet und sie für nichtig erklärt.

Dank dieser Regelung konnten die Parlamentsarbeiten Fortschritte machen. Auch in den Entscheidungen anderer Verfassungsgerichte sind solche Beispiele anzutreffen. Zum Schutz der Grundrechte und Freiheiten und des Rechtsstaates verursacht das Verfassungsgericht ab und zu selbst Unrecht. Mittels einer künstlich ausgedehnten Interpretation einer Vorschrift der Verfassung oder eines Gesetzes kann jederzeit eine Antinomie festgestellt werden. Aber man muß dabei berücksichtigen, daß diese Vorschrift z. B. für die Parlamentsarbeiten nützlich sein kann. Aufgrund dieser Vorschrift erlassene Gesetze könnten für das jeweilige Land viel leisten. Es dreht sich also darum, keinen Gesetzesrigorismus zu betreiben, sondern jegliche Auslegung und Anwendung des Gesetzes zu erlauben, die eine nicht nur gesetzestreue, sondern zugleich billige Entscheidung ermöglicht.[9]

VI. Zusammenfassung

Es kommt mir vor, als ob Verfassungsgerichtsbarkeit nur in den Ländern, die politische Stabilität haben, die schon entwickelt sind, wo es keine tiefen politischen und ideologischen Auseinandersetzungen gibt und die Bürger Respekt gegenüber Gesetzen haben, gut funktioniert und mehr leisten kann. Wir brauchen nicht unbedingt die Verfassungsgerichtsbarkeit. Die Verfassungsgerichtsbarkeit stellt gegen Mißbräuche der öffentlichen Gewalt eine Maßnahme dar. Diejenigen, die öffentliche Gewalt ausüben, neigen dazu oder können dazu neigen, ihre Kompetenz zu mißbrauchen. Was damals auch Montesquieu sagte,[10] ist richtig. Man darf aber

---

9 So auch OTTO BACHOF, a.O., S. 41.
10 De L'esprit des Lois. Livre XI, Chap. IV.

auch nicht vergessen, daß ein Verfassungsgericht auch öffentliche Gewalt besitzt, und daß die Verfassungsrichter auch Personen sind.

Es ist wirklich erstaunenswert, daß die Menschheit jahrelang eine Erfindung (wie die der Atomwaffe) anstrebt, etwas erfindet, aber nach einer Weile selbst zur Beseitigung der Nachteile ihrer Erfindung tendiert.

Errare humanum est.

Die Auswirkungen der Verfassungsgerichtsbarkeit auf die Entwicklung des Öffentlichen Rechts und der politischen Ordnung

Fazil Saglam, Ankara

Einleitung

In seinem Lehrbuch »Grundzüge des Verfassungsrechts der Bundesrepublik Deutschland« schreibt Konrad Hesse, daß »die geschriebene Verfassung im Leben des Gemeinwesens eine weit höhere Bedeutung gewinnt als in einer Ordnung ohne Verfassungsgerichtsbarkeit.«[1] Ähnlich heißt es im »Staatsrecht« von Ekkehart Stein: »Durch tiefes Eindringen in die politischen Zusammenhänge hat es (BVerfG) die allegemeinen Normen des Grundgesetztes so konkretisiert, daß sie zu einem lebendigem Bestandteil der politischen Wirklichkeit werden konnten.«[2]

Die Effektuierung der Verfassung gehört zur eigentlichen Funktion der Verfassungsgerichte. In dieser Arbeit geht es jedoch weniger darum, die Auslegung und Konkretisierung der Verfassung durch das Verfassungsgericht darzulegen. Es geht hier vielmehr um die Auswirkungen der Verfassungsgerichtsbarkeit. Die Arbeit sucht eine Antwort auf folgende Fragen: Welche charakteristischen Wandlungen hat die 15jährige Praxis des türkischen Verfassungsgerichts im öffentlichen Recht hervorgebracht? Wie sieht die politische Ordnung nach der Einführung der Verfassungsgerichtsbarkeit aus? Diese Fragen werden grundsätzlich auf dem Boden der türkischen Verfassungspraxis untersucht. Die Verfassungspraxis anderer Rechtsordnungen wird nur herangezogen, wenn das für die Erläuterung bestimmter Fragen als notwendig erscheint.

Die Untersuchung der türkischen Verfassungspraxis zeigt, daß das öffentliche Recht sowie die politische Ordnung durch die Errichtung des Verfassungsgerichts sich erheblich gewandelt hat. Bevor aber diese Wandlungen untersucht werden, be-

---

1 Hesse, K., Grundzüge des Verfassungsrechts der Bundesrepublik Deutschland, 10. Aufl., Heidelberg 1977, S. 226.
2 Stein, Ek., Staatsrecht, 5. Aufl., Tübingen 1976, S. 59.

darf es einer Erklärung, durch welche Voraussetzungen ein Verfassungsgericht in einem Entwicklungsland eine solche einflußreiche Stellung gegenüber anderen Staatsgewalten gewinnen konnte.

I. Voraussetzungen für die einflußreiche Stellung des türkischen Verfassungsgerichts

Die starke Stellung des türkischen Verfassungsgerichts hängt vor allem von der Entwicklung der politischen Machtverhältnisse ab. Aber darauf wird hier nicht eingegangen. Hier wird nur versucht, zu erklären, mit welchen Mitteln die türkische Verfassung die Stellung des Verfassungsgerichts verstärkt hat.

Die türkische Verfassung ist gekennzeichnet durch eine strenge Gewaltenteilung zwischen der Legislativen und Exekutiven einerseits und der Rechtsprechung andererseits. Die die Gerichtsbarkeit betreffenden Vorschriften umfassen 20 Artikel. Sie regeln bis in die Einzelheiten die Sicherung des Richterberufes, die Unabhängigkeit der Gerichte sowie die Organisation der Oberen Gerichte und ihren Aufgabenkreis (Art. 132–152 TVerf.). Das Verfassungsgericht nimmt hier eine Sonderstellung ein. Ihm selbst sind 8 ausführliche Artikel (Art. 145–152) gewidmet. Auf die Einzelheiten dieser Vorschriften wird hier nicht eingegangen, es sei auf den Beitrag von TIKVESLI verwiesen. Folgende Punkte sind hervorzuheben:

1. Die türkische Verfassung räumt dem Verfassungsgericht eine eigene Stellung ein. Die Organisation des Verfassungsgerichts, seine Aufgaben, sowie Inhalt und Wirkung seiner Entscheidungen sind von der Verfassung selbst geregelt. Es ist damit als ein eigentliches Verfassungsgericht mit weitgehenden originären Zuständigkeiten ausgestattet.[3]

2. Nach Art. 145 TVerf. werden 8 von 15 Mitgliedern des Verfassungsgerichts durch die Oberen Gerichte gewählt, während die weiteren Mitglieder von der Nationalversammlung (3), vom Senat der Republik (2) und vom Staatspräsidenten (2) gezählt werden.[4] Durch die Mehrzahl der von den Oberen Gerichten gewählten Mitglieder erhält das Gericht im Vergleich zu den deutschen, österreichischen und italienischen Verfassungsgerichten eine stärkere Unabhängigkeit gegenüber Legislative und Exekutive.

3. Abstrakte sowie konkrete Normenkontrolle gehört zum wichtigsten Aufgabenbereich des Verfassungsgerichts. Insbesondere durch abstrakte Normenkontrolle kommt das Verfassungsgericht in eine unmittelbare Konfrontation mit der Legisla-

---

3 Vgl. ZWEIGERT, K., »Einige rechtsvergleichende und kritische Bemerkungen zur Verfassungsgerichtsbarkeit« in: Bundesverfassungsgericht und Grundgesetz Bd. I, S. 66.
4 Hinzu kommt, daß der Staatspräsident das eine Mitglied aus den vom Militärkassationshof gestellten Kandidaten zu wählen hat.

tiven.⁵ Beide Verfahrensarten können mit Nichtigkeitserklärung enden. Außerdem sind die Entscheidungen des Gerichts endgültig und binden alle Staatsorgane sowie alle Personen (Art. 152 TVerf.).

4. Daneben bilden die ausführlichen Normen, die für die türkische Verfassung charakteristisch sind, geeignete Anhaltspunkte, eine Entscheidung mit weniger Zurückhaltung zu fassen. Insebsondere die eingehende verfassungsrechtliche Regelung über das Zustandekommen der Gesetze und die Mitwirkung beider Häuser des Parlaments gibt dem Verfassungsgericht die Möglichkeit, Gesetze aus formellen Gründen für nichtig zu erklären.⁶ Dies eröffnet einen Ausweg, ohne auf politisch heikle Fragen eingehen zu müssen, Gesetze aus formellen Gründen für nichtig zu erklären, wovon das Verfassungsgericht in zahlreichen Fällen Gebrauch gemacht hat.⁷

II. Die Auswirkungen des türkischen Verfassungsgerichts auf die Entwicklung des öffentlichen Rechts und der politischen Ordnung

1. Beseitigung zahlreicher verfassungswidriger Bestimmungen aus der Zeit vor Errichtung des Verfassungsgerichts

Auch die vorkonstitutionellen Gesetze unterliegen der abstrakten sowie konkreten Normenkontrolle. Nach Übergangsartikel 9 II 2 muß hinsichtlich dieser Gesetze eine Nichtigkeitsklage innerhalb von 6 Monaten erhoben werden. Diese Frist beginnt mit der Bekanntmachung über den Beginn der Tätigkeit des Verfassungsgerichts im Amtsblatt, also am 28. 8. 1962.

Die Gesamtzahl der von den Parteien bis Ende 1977 beim Verfassungsgericht erhobenen Klagen beträgt 215. Davon wurden 145, also mehr als die Hälfte im Jahre 1963 erhoben.⁸ Diese Klagen betreffen zum größten Teil die vorkonstitutionellen Gesetze. Außerdem kann die Verfassungswidrigkeit solcher Gesetze im konkreten Normenkontrollverfahren jederzeit geprüft werden. Auf diese Weise konnte das Verfassungsgericht zahlreiche verfassungswidrige Bestimmungen aus vorkonstitioneller Zeit beseitigen. Zwar gehört diese Bereinigung auch zur eigentlichen Funktion des Verfassungsgerichts, gewinnt aber, insgesamt bewertet, eine darüber hinausgehende Bedeutung, die einer Justizreform gleichkommt.

---

5 Vgl. ZWEIGERT, aaO., S. 66 f. und 72.
6 Vgl. ZWEIGERT, aaO., S. 67.
7 Beispiele aus letzterer Zeit: AMKD (Zeitschrift der Entscheidungen des türkischen Verfassungsgerichts) Bd. XIII, S. 483 ff.; XIV, S. 301 ff.; XII, S. 259 ff.
8 ÜNSAL, A., Siyasal Sistem Teorisi Acisindan Türk Anayasa Mahkemesi, Basilmamis Docentlik Tezi, Ankara 1978, S. 274.

Folgende Beispiele sollen davon überzeugen:

— Bestimmungen, nach welchen die Haft gesetzlich vorgeschrieben und nicht in das richterliche Ermessen gestellt ist.[9]
— Zwangsweise Versetzung in den Ruhestand unter Ausschluß des Rechtsweges.[10]
— Streikverbot des Arbeitsgesetzes von 1936.[11]
— Bestimmungen des Gesetzes über Grundstücksmiete, wonach die Höchstmiete auf den Stand von 1953 fixiert wurde.[12]
— Heiratsverbot für Beamte mit Ausländern.[13]
— Die mit der Menschenwürde unvereinbaren Strafen.[14]
— Gesetz über das Verbot der Verschwendung bei Hochzeitsfeiern.[15]
— Zwangsmitgliedschaft in den gesetzlich vorgesehenen Sportklubs für Leibeserziehung in der Freizeit.[16]
— Gesetz über die Rückgabe des durch ungerechtfertigte Bereicherung erworbenen Vermögens der Republikanischen Volkspartei.[17]

2. Wandlungen als Folge der Nichtigkeitserklärung und der Bindungswirkung der Entscheidungen

a) Gesetzeslücken

Als direkte Folge der Nichtigkeitserklärung erweisen sich in der türkischen Rechtsordnung zahlreiche Gesetzeslücken. Wird eine Bestimmung für nichtig erklärt, so tritt sie mit der Veröffentlichung der Entscheidung im Amtsblatt außer Kraft (Art. 152 II TVerf.). Nach Art. 152 III TVerf. ist der Nichtigkeitsbeschluß nicht rückwirkend (ex nunc – Wirkung). Sie ist also konstitutiv.[18]

Das Verfassungsgericht kann die Nichtigkeitsfolge bis zu einem Jahr hinausschieben, um dem Gesetzgeber Gelegenheit zu geben, die eintretende Lücke recht-

---

9 AMKD I, S. 323 ff., 523 ff., 538 ff.; II, S. 41 ff., 256 ff., 282 ff.; III, 217 ff.; IV, S. 175 ff.
10 AMKD I, S. 86 ff.
11 AMKD I, S. 115 ff.
12 AMKD I, S. 147 ff.
13 AMKD I, S. 457 ff.; dagegen hat das Gericht die Bestimmungen über das Heiratsverbot für Reserveoffiziere mit Ausländern sowie über die Eheschließung der Gendarmeriefeldwebel nur mit Erlaubnis des Kommandanten nicht als verfassungswidrig bewertet, AMKD II, S. 294 ff. und III, S. 133 ff.
14 AMKD V, S. 129 ff.; dagegen hat das Gericht die militärstrafrechtliche Haft nur mit Wasser und Brot nicht als verfassungswidrig bewertet, AMKD IV, S. 3 ff.
15 AMKD IV, S. 175 ff.
16 AMKD II, S. 246 ff.
17 AMKD I, S. 422 ff.
18 Vgl. ACHTERBERG, N., »Bundesverfassungsgebot und Zurückhaltungsgebote«, DÖV 1977, S. 653 f.

zeitig auszufüllen. Nicht aber die Entstehung der Lücke ist hier allein entscheidend, sondern »die Gefährdung der öffentlichen Ordnung« durch diese Lücke (Art. 50 IV des Gesetzes über Verfassungsgericht). Die Zahl der aufgeschobenen Nichtigkeitsentscheidungen bildet daher den Mindestmaßstab für die durch Nichtigkeit entstandenen Gesetzeslücken. Eine vollständige Feststellung dieser Gesetzeslücken konnte im Rahmen dieser Arbeit nicht gemacht werden. Aber einige auffallende Beispiele genügen, diese Problematik zu verdeutlichen. Wie BALTA richtig festgestellt hat, hat sich die Möglichkeit der Aufschiebung bis jetzt zum Erlaß eines lückenausfüllenden neuen Gesetzes nur in wenigen Fällen als nützlich erwiesen.[19] Die Schwerfälligkeit des Parlaments ist einerseits eine Folge des Zweikammersystems, andererseits der schwachen Koalitionsregierungen, sowie des durch die Verfassung und durch die Geschäftsordnungen der beiden Häuser streng formalistisch aufgebauten Gesetzgebungsverfahrens.

Eine andere Seite der Lückenproblematik liegt in der ex nunc – Wirkung des Nichtigkeitsbeschlusses. Wird eine gesetzliche Bestimmung durch eine neue ersetzt, und tritt die neue Bestimmung durch den Nichtigkeitsbeschluß außer Kraft, so wird die ursprüngliche Fassung auch nicht fortgelten können. Diese Problematik wird um so ernster, wenn ein ganzes Gesetz durch ein neues Gesetz ersetzt wird. So wurde zum Beispiel das Arbeitsgesetz von 1936 durch das neue Arbeitsgesetz von 1967 aufgehoben. Dieses Gesetz wurde am 14. 5. 1970 vom Verfassungsgericht wegen Verstoßes gegen Formvorschriften für nichtig erklärt. Die Nichtigkeitsfolge wurde bis zum 12. 11. 1970 hinausgeschoben. Das neue Gesetz kam aber mit 9-monatiger Verspätung. Das Arbeitsleben blieb also 9 Monate lang ohne Arbeitsgesetz, was später mit einer Rückwirkungsbestimmung korrigiert wurde. Glücklicherweise hat das Verfassungsgericht die ex nunc – Wirkung bei der Nichtigkeit der Verfassungsänderung nicht angenommen.[20]

Folgende Beispiele können die durch Nichtigkeitsbeschluß entstandenen Gesetzeslücken veranschaulichen:

— Art. 2 und 3 des Gesetzes über Grundstücksmiete wurde am 26. 3. 1963 für nichtig erklärt, weil zwar die Höhe der Miete im öffentlichen Interesse beschränkt, aber nicht auf den Stand einer bestimmten Zeit fixiert sein dürfe.[21] Die Nichtigkeitsfolge wurde bis zum 26. 9. 1963 hinausgeschoben. Seither hat jedoch der Gesetzgeber keine lückenfüllende Bestimmung erlassen.
— Gesetz Nr. 1317 über die Veränderung des Gesetzes über Berufsverbände: Viele Bestimmungen dieses Gesetzes (Art. 5 Ziffer I, Art. 9 Ziff. 2 a und b, Art. 11 Ziff. I und III Abs. 1, Art. 14 Ziff. I Abs. j, Art. 23 Ziff. II) wurden am 19. 10. 1972 teilweise

---

19 BALTA, T. B., Das türkische Verfassungsgericht, Sonderdruck aus der Festschrift »Hundert Jahre Verfassungsgerichtsbarkeit — Fünfzig Jahre Verfassungsgerichtshof in Österreich«, Wien, S. 60.
20 AMKD VIII, S. 313 ff.; s. auch HIRSCH, E. E., »Verfassungswidrige Verfassungsnormen« AöR 1973, S. 65 ff.
21 AMKD I, S. 152, 154.

oder ganz für nichtig erklärt.²² Weitergeltungsfrist: ein Jahr, seit 19. 10. 1973 keine gesetzliche Regelung.
— Universitätsgesetz: Zahlreiche Bestimmungen (Art. 5 und in Verbindung damit Art. 6, 22, 38, 43, 53, 56, 74, Art. 30, Art. 61 Abs. 7, Art. 69, Art. 73) ganz oder teilweise für nichtig erklärt.²³ Weitergeltungsfrist: ein Jahr, seit 3. 6. 1976 keine gesetzliche Regelung.
— Gesetz über Bodenreform ist wegen Verstoßes gegen Formvorschriften für nichtig erklärt (10. 5. 1977).²⁴ Weitergeltungsfrist: ein Jahr, seit 10. 5. 1978 keine gesetzliche Regelung.

b) Verstärkte Einflußnahme auf die Gesetzgebung durch die in der Begründung enthaltenen obiter dicta

Im deutschen Verfassungsrecht hat das Bundesverfassungsgericht die Bindungswirkung seiner Entscheidungen nach § 31 I BVerfGG auf die tragenden Gründe ausgedehnt. Außerdem hat es sich mehrfach von der konkreten Fallfrage gelöst und Richtlinien für den Gesetzgeber aufgestellt.²⁵

Im türkischen Recht ist die Bindungswirkung durch die Verfassung selbst geregelt. Nach Art. 152 V sind die Entscheidungen des Verfassungsgerichts im Amtsblatt unverzüglich zu veröffentlichen. »Sie binden die Gesetzgebenden, Vollziehenden und Rechtsprechenden Organe sowie die Verwaltungsbehörden und alle natürlichen und juristischen Behörden.« Hierbei ist die Bindung der Legislative hervorzuheben, weil die Bindungswirkung auf andere Staatsorgane nur durch andere Gerichte erzielt werden kann. Da die Entscheidungen anderer Gerichte der Kontrolle durch das Verfassungsgericht nicht unterliegen, kommt hier also nur eine indirekte Bindungswirkung in Frage, was aber angesichts des hohen Ansehens des Verfassungsgerichts auch nicht zu unterschätzen ist. Eine direkte Bindungswirkung richtet sich also nur auf die Legislative.

Aus den verfassungsrechtlichen Vorschriften geht hervor, daß die Bindungswirkung der Entscheidungen sich auf die tragenden Gründe erstreckt. Es ist auch der Auslegung offen, daß die in den Entscheidungen enthaltenen obiter dicta an dieser Bindungswirkung teilnehmen. Denn nach Art. 152 I dürfen die Entscheidungen des Verfassungsgerichts nicht verkündet werden, bevor ihre Begründung schriftlich abgefaßt worden ist. Abs. II des Art. 152 sieht vor, daß die für nichtig erklärten Gesetze zu dem Zeitpunkt außer Kraft treten, in dem sie mit ihrer Begründung im Amtsblatt veröffentlicht werden. Daraus läßt sich schließen, daß die Verfassung die Entscheidungsformel und ihre Begründung als eine untrennbare Einheit betrachtet. Daraus entsteht auch dieselbe Problematik wie im deutschen Recht, nämlich die Verwischung der Aufgabenkreise zwischen Gesetzgeber und Verfassungsgericht.

---

22 AMKD X, S. 111 ff.
23 AMKD XIII, S. 58 ff., 214 ff.
24 AMKD XIV, S. 301 ff.
25 Eckertz, R., »Die Kompetenz des Bundesverfassungsgerichts und die Eigenheit des Politischen«, Der Staat, 17. Band 1978, Heft 2, S. 183.

In der Tat geht die Entwicklung dahin, daß sich der Gesetzgeber von den Entscheidungen des Verfassungsgerichts immer mehr beeinflussen läßt. In den parlamentarischen Beratungen wird öfters darüber diskutiert, wie sich das Verfassungsgericht in der behandelten Frage verhalten würde. Dabei kommen die in den Entscheidungen enthaltenen obiter dicta zum Ausdruck. Der Entscheidungsspielraum der Legislative wird dadurch begrenzt.[26]

Dagegen fühlt sich das Verfassungsgericht an seine Entscheidungen nur in bezug auf das betreffende Verfahren gebunden. Das Gericht begründet das mit der Notwendigkeit der Anpassung an die wechselnden Zeitbedürfnisse.[27] Das Verfassungsgericht hat z. B. eine Vorschrift, wonach gegen die Entscheidungen des Rechnungshofes eine Klage beim Verwaltungsgericht ausgeschlossen war, in vier Entscheidungen für verfassungsmäßig gehalten.[28] In einer fünften Entscheidung jedoch wurde dieselbe Vorschrift für verfassungswidrig erklärt.[29]

Ein Beispiel für die Auswirkung der obiter dicta auf die Gesetzgebung bildet die Entscheidung vom 16. 6. 1970.[30] Dabei handelte es sich um die abstrakte Normenkontrolle eines verfassungsändernden Gesetzes. Das Gericht kam zur Auffassung, daß seine Zuständigkeit hierbei nicht nur auf Formvorschriften beschränkt, sondern daß damit auch ein materielles Prüfungsrecht beinhaltet wird.[31] Das Verfassungsgericht stützte seine Meinung auf Art. 9 TVerf., wonach die Verfassungsbestimmung über die Republik als Staatsform (Art. 1 TVerf.) nicht geändert, ein diesbezüglicher Antrag noch nicht einmal eingebracht werden darf. Der Ausdruck »Republik« ist nach dem Verfassungsgericht keine mit beliebigem Inhalt ausfüllbare Form. Vielmehr muß sie bestimmte Merkmale enthalten, die in Art. 2 festgelegt sind. Auf diese Weise hat sich das Verfassungsgericht die Möglichkeit vorbehalten, eine Verfassungsänderung auch materiellrechtlich zu prüfen. Davon hat das Gericht aber in der genannten Entscheidung keinen Gebrauch gemacht, weil es die Verfassungsänderung schon aus formellen Gründen für nichtig erklärt hat. Dieser Vorbehalt des materiellen Prüfungsrechtes hat jedoch die Gesetzgebung dazu veranlaßt, eine dahingehende Zuständigkeit des Verfassungsgerichts bei erster Gelegenheit durch eine Verfassungsänderung zu beschränken. Die neue Fassung des Art. 147 enthält nun zusätzlich folgende Bestimmung: »Das Verfassungsgericht wacht ... bei Änderungen der Verfassung über die Einhaltung der in der Verfassung festgelegten formellen Bedingungen.«

---

26 Vgl. STARCK, Ch., Das Bundesverfassungsgericht im politischen Prozeß der Bundesrepublik, Tübingen 1976, S. 16 ff., der dasselbe Problem unter dem Titel »Nachwirkung und Vorwirkung« aufgreift.
27 BALTA, aaO., S. 59.
28 AMKD VII, S. 158 ff.; VIII, S. 197 ff.; Entscheidungsnummer (K): 1971/55 in Amtsblatt (RG) vom 27. 4. 1972; K: 1972/55 in RG vom 30. 4. 1973.
29 AMKD XI, S. 126 ff.
30 AMKD VIII, S. 313 ff.
31 Vgl. dazu ausführlich HIRSCH, AöR 1973, S. 57 ff.

3. Schwächung der Gesetzgebung und Erweiterung des eigenen Zuständigkeitsbereichs

Die oben dargelegte Situation deutet schon auf eine Schwächung der Gesetzgebung und auf einen Kompetenzzuwachs des Verfassungsgerichts hin. Dieses Verhältnis ist nun näher zu untersuchen.

a) Es scheint zunächst, daß der Gesetzgeber diese Situation ohne großen Widerstand hingenommen hat.[32] Zwar läßt sich als politische Demonstration ein gewisser Widerstand feststellen. So haben bestimmte Regierungsparteien in der Öffentlichkeit heftige Angriffe gegen das Verfassungsgericht gerichtet. Sie sahen sich in ihrer Arbeit durch das Verfassungsgericht behindert. Aber ihre Reaktion war nur verbal. Auch die letzte Änderungsnovelle von 1971 hat die Zuständigkeit des Verfassungsgerichts nur in geringem Maße berührt (vgl. oben II 2 b). Zu erwähnen wäre jedoch eine der türkischen Gesetzgebung eigentümliche extreme Form des Widerstandes, nämlich die Verfassungsänderung: Einige von dem Verfassungsgericht für nichtig erklärte Vorschriften wurden später durch eine Verfassungsänderung in die Verfassung aufgenommen (z. B. Art. 82 III, Art. 30, Übergangsart. 21).

Abgesehen davon, ist die Zurückhaltung der Gesetzgebung innerhalb ihres eigentlichen Funktionsbereiches weiterhin auffallend.

b) Diese Situation scheint nicht nur eine Ohnmacht der Gesetzgebung zu sein. Verbindet man die demonstrativen politischen Angriffe der Regierungsparteien mit ihrer gesetzgeberischen Zurückhaltung, so erscheint uns dieses Verhalten in einem anderen Licht. In zahlreichen Fragen fühlen sich die führenden Politiker durch die Verhinderung des Verfassungsgerichts entlastet. Die Verantwortung wird dabei dem Verfassungsgericht zugeschoben.[33] Ein gutes Beispiel hierfür liefert uns die oben erwähnte Lücke im Gesetz über Grundstücksmiete. Seit 14 Jahren liegt die Last der Feststellung der Mieten auf den Schultern der Gerichte.

Ein anderes Beispiel bildet das Amnestiegesetz anläßlich des 50. Gründungsjahres der Republik. Es handelt sich um eine Vorschrift, wonach bestimmte politische Gefangene, die gemäß Art. 141 und 142 TStGB (also aufgrund kommunistischer Propaganda oder Bildung kommunistischer Organisationen) verurteilt worden sind, von der Amnestie ausgeschlossen wurden. Das Verfassungsgericht hat diese Bestimmung aufgrund einer Nichtigkeitsklage wegen Verstoßes gegen Formvorschriften für verfassungswidrig erklärt.[34] Damit wurden alle diese Gefangenen von der Amnestie miterfaßt. Der Streit über diese politisch so heikle Frage dreht sich nun um das Verfassungsgericht.

c) Nicht selten wird das Verfassungsgericht dahingehend kritisiert, daß es öfters gesetzgeberische Funktionen ausübt. Das oben erwähnte Amnestiegesetz ist ein Bei-

---

32 Vgl. Eckertz, aaO., S. 191.
33 Vgl. Eckertz, aaO., S. 191 und 202.
34 Entscheidung vom 2. 7. 1974, K. 1974/31 in RG vom 12. 7. 1974; vgl. dazu ausführlich Hirsch, E. E., »Verfassungsgericht und politische Gewalt in der Türkei«, AöR, Bd. 100, 1975, S. 56 ff.

spiel dafür. In der Tat wirkt die erwähnte Entscheidung wie ein neues Amestiegesetz, das mit dem Willen des eigentlichen Gesetzgebers nicht identisch ist.

Ein anderes Beispiel bildet die Bestimmung über die Sperrklausel im Verhältniswahlsystem (Art. 32 Abs. 4 und 5 des Wahlgesetzes). Danach werden die innerhalb eines Wahlkreises abgegebenen gültigen Stimmen durch die Zahl der zu wählenden Abgeordneten dieses Kreises dividiert. Kann eine Partei diese Zahl nicht erreichen, so darf sie an dem Höchstzahlenverfahren nach D'HONDT nicht teilnehmen. Diese Klausel wurde vom Verfassungsgericht für nichtig erklärt.[35] Es entstand dadurch ein neues Wahlverfahren, was vom Gesetzgeber nicht vorgesehen war.

d) Es wurde oben erwähnt, daß das Verfassungsgericht sich vorbehalten hat, eine Verfassungsänderung auch materiellrechtlich zu prüfen. Trotz der Beschränkung dieser Zuständigkeit auf formelle Nachprüfung kam das Verfassungsgericht durch einen Interpretationstrick erstaunlicherweise zum selben Ergebnis. Das Gericht argumentiert in folgender Weise: Die Unabänderlichkeit der Staatsform ist eine *Formvorschrift*. Werden die in Art. 2 aufgezählten Wesensmerkmale der Republik durch eine Verfassungsänderung verletzt, so widerspricht das dieser Formvorschrift. Eine solche Änderung ist daher nichtig. Mit dieser Argumentation hat das Verfassungsgericht zwei Verfassungsbestimmungen für nichtig erklärt:

aa) Nach der veränderten Fassung des Art. 138 Abs. 2 heißt es: »In den Militärgerichten muß die Mehrheit der Mitglieder die Befähigung zum Richteramt besitzen. Diese Voraussetzung wird jedoch im Kriegszustand nicht verlangt.« Die Bestimmung des zweiten Satzes wurde wegen Verstoßes gegen die Formvorschrift über die Unabänderlichkeit der Staatsform (d. h. gegen die Rechtsstaatlichkeit der Republik) für nichtig erklärt.[36]

bb) Auch Art. 38 Abs. II und III, wonach der für die Enteignung zu zahlende Gegenwert den Steuerwert, den der Eigentümer entsprechend der gesetzlich vorgesehenen Verfahrensweise und -form angegeben hat, nicht übersteigen darf, wurden für nichtig erklärt, weil diese Bestimmungen angeblich den Wesensgehalt des Rechtes auf Eigentum antasten und aus diesem Grunde das auf Menschenrechte beruhende Merkmal der Republik verletzen.[37]

4. Verstärkte Einflußnahme der kleineren Parteien auf die Gesetzgebung

Als letzter Punkt wird eine andere Auswirkung der Verfassungsgerichtsbarkeit, nämlich die verstärkte Einflußnahme der kleineren Parteien auf die Gesetzgebung kurz erwähnt.

---

35 AMKD VI, S. 147—153.
36 AMKD XIII, S. 403 ff.
37 AMKD XIV, S. 252 ff.; dagegen hatte das Gericht in einer anderen Entscheidung die Verfassungswidrigkeit derselben Bestimmung abgelehnt, AMKD XIV, S. 118 ff.; für eine Kritik der beiden Entscheidungen siehe SAGLAM, F., »Mevzuata Uygun Anayasa«, Cumhuriyet Gazetesi, 17. 3. 1977.

Diese Einflußnahme beruht auf zwei Umständen:

a) Ursprünglich konnten alle politischen Parteien, die bei den letzten allgemeinen Wahlen zur Nationalversammlung mindestens ein Zehntel der gültigen Stimmen erhalten haben oder in der Türkischen Großen Nationalversammlung vertreten sind, unmittelbar vor dem Verfassungsgericht eine Nichtigkeitsklage erheben. Nach der Änderungsnovelle von 1971 ist diese Befugnis insoweit beschnitten worden, als Parteien, welche bei den allgemeinen Wahlen zehn Prozent der Stimmen nicht auf sich vereinigen können oder weniger als die zehn zur Fraktionsbildung notwendigen Sitze erlangen, nun keine Klagebefugnis mehr besitzen.[38] Trotz dieser Beschränkung stellt diese Klagebefugnis die Möglichkeit dar, daß politische Minderheiten mehr Einfluß gewinnen. 80 von 215 Nichtigkeitsklagen wurden von kleineren Parteien erhoben, wovon 25 Klagen mit Erfolg endeten.[39]

b) Ein anderer Grund des Einflußzuwachses der kleineren Parteien liegt in der oben erwähnten Entscheidung über das Wahlsystem. Man kann behaupten, daß dadurch das Verhältniswahlsystem fast zum Verfassungsgrundsatz erhoben worden ist. Dieser manifestiert sich in den zahlreichen Koalitionsregierungen der letzten Zeit, bei denen die kleineren Parteien, sogar die unabhängigen Abgeordneten über ihre wirkliche Stärke hinaus an der Regierungsmacht teilgenommen haben.

---

38 Hirsch, E. E., Staatsverfassungen der Welt, Bd. 7 a (Ergänzungsband), Verfassungsänderung in der Türkei 1971, Hamburg 1973, S. 53 f.
39 Ünsal, aaO., S. 285.

(Für die Übersetzung der türkischen Verfassungstexte wurde »Die Staatsverfassungen der Welt, Bd. 7: Türkei, Berlin 1966« von E. E. Hirsch sowie die in »Die Verfassungen Europas«, 2. Aufl., München 1975, S. 728—786 enthaltene Übersetzung von ihm zugrunde gelegt.)

Die Verfassungsgerichtsbarkeit in der türkischen Republik unter rechtsvergleichendem Gesichtspunkt

ÖZKAN TIKVES, Izmir

§ 1 Einleitung

Das Verfassungsgericht in der Türkei ist erstmals durch die Verfassung der Türkischen Republik vom 27. Mai 1961 begründet worden.[1]

Diese Verfassung bestimmt selbst die Grundzüge der Zusammensetzung, Aufgaben, Zuständigkeiten und Grundzüge der Verfahren des Verfassungsgerichts.[2] Sie überläßt die nähere Regelung der Organisation und der Verfahrensbestimmungen einem einfachen Gesetz.[3]

Dieses Gesetz überläßt »die Arbeitsweise des Gerichtes sowie die Geschäftsverteilung unter den Mitgliedern« einer vom Gericht selbst zu erlassenden Geschäftsordnung.[4]

Es ist daher verständlich, daß im Laufe der ersten Jahre des Verfassungsgerichts einige Schwierigkeiten sowohl bei der Wahl der Mitglieder des Verfassungsgerichts als auch im Verfahren deutlich geworden sind, die durch die Abänderung und Ergänzung der Art. 56, 57, 145, 147, 148, 149, 151 und 152 der türkischen Verfassung behoben werden sollen. Die Änderungen zu Art. 56 beruhen auf der Verfassungsänderung vom 30. 6. 1971.[5] Die Änderungen zu Art. 57 und 148 beruhen auf der Verfassungsänderung vom 15. 3. 1973.[6] Die Änderung und Ergänzung der übrigen Bestimmungen auf der Verfassungsänderung vom 20. 9. 1971.[7]

In der vorliegenden Abhandlung, welche »die Verfassungsgerichtsbarkeit in der Türkischen Republik« zum Gegenstand hat, werden die verschiedenen Ansichten (einschließlich der richterlichen Kontrolle der politischen Parteien durch das türkische Verfassungsgericht) über den rechtlichen Sachverhalt untersucht.

---

1 Verkündet nach der Volksabstimmung am 9. 7. 1961 in *T. C. Resmî Gazete*, Nr. 10859 vom 20. 7. 1961.
2 Siehe Art. 19, 57, 65, 81, 140, 145—152 und Übergangsart. 4.
3 Veröffentlicht in *T. C. Resmî Gazete*: Nr. 11091 vom 25. 4. 1962.
4 Veröffentlicht in *T. C. Resmî Gazete*: Nr. 11171 vom 3. 8. 1962.
5 Veröffentlicht in *T. C. Resmî Gazete*: Nr. 13883 vom 2. 7. 1971.
6 Veröffentlicht in *T. C. Resmî Gazete*: Nr. 14482 vom 20. 3. 1973.
7 Veröffentlicht in *T. C. Resmî Gazete*: Nr. 13964 vom 22. 9. 1971.

Erster Abschnitt

Überblick über die Entwicklung der Verfassungsgerichtsbarkeit

§ 2 Die Verfassungsgerichtsbarkeit vor dem Beginn der Tätigkeit des Verfassungsgerichts

Gemäß Art. 103, Abs. 2 der ersten Verfassung der Türkischen Republik von 1924, welche bis zur Militär-Revolution vom 21. Mai 1960 gegolten hatte und seit 1961 durch die neue Verfassung ersetzt wurde, darf kein Gesetz erlassen werden, dessen Bestimmungen der Verfassung zuwiderlaufen.[8]

Rechtsätze, die zur Verfassung in Widerspruch stehen, können nur durch ausdrückliche Verfassungsänderung Gesetzeskraft erlangen.[9]

Die Rechtsprechung zeigt sich in den Jahren 1924–1960 gegenüber der Prüfungsbefugnis über die Verfassungsmäßigkeit von Gesetzen abgeneigt. Obwohl einige untere Instanzen der ordentlichen Gerichtsbarkeit die Prüfungsbefugnis bejaht hatten, entschied sich der Kassationshof dagegen. Insbesondere in einer im Jahre 1952 durch die Vereinigten Zivilsenate getroffenen, eingehend begründeten Entscheidung, machte er sich die ablehnende Auffassung zu eigen.[10]

Was die Verwaltungsgerichte betraf, hat auch der Staatsrat, ihre oberste Instanz, die Prüfungsbefugnis abgelehnt.[11] Die Bedürfnisse und der politische Kampf um die Verfassungsgerichtsbarkeit bürgerte sich dadurch in der öffentlichen Meinung so fest ein, daß bei der Ausarbeitung der neuen Verfassung in den Jahren 1960 bis 1961 über die Errichtung eines Verfassungsgerichtes prinzipielle Übereinstimmung geherrscht hat.

Dementsprechend sieht die neue Verfassung, welche am 27. Mai 1961 von der Verfassunggebenden Versammlung der Türkischen Republik – einer aus zwei Kammern bestehenden Versammlung – verabschiedet und sodann (9. Juli 1961) durch eine Volksabstimmung angenommen worden ist, die Errichtung eines Verfassungsgerichtshofes vor.[12]

§ 3 Die Verfassungsgerichtsbarkeit nach der Türkischen Republik von 1961

Die neue Verfassung sieht (besonders Art. 145–152) die Schaffung eines Verfassungsgerichtes vor. Denn die Gesetze dürfen nicht gegen die Verfassungsbestimmungen verstoßen.

---

8 Schon die Verfassung der Osmanischen Monarchie von 1876 enthielten eine ähnliche Bestimmung (Art. 115).
9 Pritsch, S. 234.
10 Siehe A. Recai Seckin, S. 35 ff.
11 Balta, Die Verfassungsgerichtsbarkeit in der Türkei, S. 552—554.
12 Balta, Die Verfassungsgerichtsbarkeit, S. 554.

Die Bestimmungen der Verfassung sind die für die Gesetzgebungs-, Vollzugs- und Rechtsprechungsorgane sowie für die Verwaltungsbehörden und die einzelnen verbindlichen grundlegenden Rechtsprinzipen (Art. 8, Abs. 2).

Die Verfassung betrachtet das Verfassungsgericht als Teil der rechtssprechenden Gewalt. Dadurch ist es sowohl den legislativen wie auch den exekutiven Organen gegenüber unabhängig. Dies ist auch durch seine unter (4) geschilderte Zusammensetzung verstärkt.

Das türkische Verfassungsgericht begann mit seiner Tätigkeit am 28. August 1962 in der Hauptstadt *(Ankara)*.

Was die anderen Gerichtsbarkeiten betrifft, kommt dem Verfassungsgericht wegen seiner Aufgaben eine ranghöhere Stellung zu.

Das Verfassungsgericht besitzt jedoch keine Finanzautonomie. Es hat nur einen eigenen Haushalt im Rahmen des allgemeinen Haushalts. Seine finanziellen Ausgaben werden durch die Finanzabteilung des Justizministeriums besorgt.

Wie oben dargestellt, obliegt nach der Verfassung (Art. 148, Abs. 1) die Organisation des Gerichtes im allgemeinen einem einfachen Gesetz (Nr. 44), dagegen bleibt seine Arbeitsweise sowie die Geschäftsverteilung unter seinen Mitgliedern einer von ihm zu erlassenen Geschäftsordnung vorbehalten.

Zweiter Abschnitt

Die türkische Verfassungsgerichtsbarkeit
unter dem rechtsvergleichenden Gesichtspunkt

Im Folgenden möchte ich die türkische Verfassungsgerichtsbarkeit unter dem rechtsvergleichenden Gesichtspunkt darstellen. Im ersten Teil werden die organisatorischen und im zweiten die funktionalen Probleme der türkischen Verfassungsgerichtsbarkeit erörtert.

§ 4 Zur Bildung des türkischen Verfassungsgerichts unter dem rechtsvergleichenden Gesichtspunkt

In den meisten Ländern ist die Mitgliederzahl des Verfassungsgerichts in den Verfassungen nicht ausdrücklich festgelegt. Gewöhnlich besteht es aus 8 bis 9 Richtern. Die anderen Länder neigen dazu, die Mitgliederzahl herabzusetzen. Z. B. bestand anfänglich jeder Senat des deutschen Bundesverfassungsgerichts aus 12 Richtern, und die Zahl wurde im Jahre 1957 auf 10 und im Jahre 1963 auf 8 verringert.

Das türkische Verfassungsgericht weist demgegenüber nicht den selben Aufbau auf wie ihn das Bundesverfassungsgericht hat. Es setzt sich nämlich lediglich aus 15 ordentlichen Richtern und 5 Ersatzmitgliedern (Ersatzrichtern) zusammen, die ein Kollegialorgan bilden. Dies halte ich nicht für glücklich. Denn diese hohe Mitgliederzahl behindert freie Diskussionen und Übereinstimmung bei den entscheidenden Rechtsfragen. So hat z. B. das türkische Verfassungsgericht viele von seinen wichtigen Entscheidungen mit einer knappen Mehrheit von 7 zu 8 getroffen. So ein Stimmenverhältnis kommt dagegen bei Entscheidungen des Verwaltungs- und Kasationshofs nicht vor, welche aus von 5 Richtern gebildeten Senaten bestehen. Bei eventuellen Änderungen der Struktur des türkischen Verfassungsgerichtshofs muß man diese Erwägungen in Betracht ziehen und die Versammlungs- und Entscheidungsmehrheit verringern. Zu empfehlen wäre, die Mitgliederzahl auf 7 oder 9 herabzusetzen.

Der Umstand, daß das türkische Verfassungsgericht nur bei Anwesenheit von 15 Richtern beschlußfähig ist, bringt einige Schwierigkeiten mit sich. Anstelle der Mitglieder, die bei der Vorprüfung einer Verfassungsklage anwesend waren und wegen eines Hinderungsgrundes an den späteren Sitzungen nicht teilnehmen können, werden Ersatzmitglieder hinzugezogen; somit ist die Vereinheitlichung der Rechtssprechung nicht immer gewährleistet.

In diesem Zusammenhang taucht das Problem auf, daß die vom Parlament zu wählenden Richterstellen meistens unbesetzt bleiben. Das führt dazu, daß die Ersatzmitglieder fast bei allen Sitzungen des Verfassungsgerichts eingesetzt werden müssen. Aus diesem Grund kann man wohl mit Recht sagen, daß sich die wahre Mitgliederzahl des Verfassungsgerichts in der Tat nicht auf 15, sondern auf 20 (15 ordentliche und 5 Ersatzmitglieder) beläuft.

Meiner Meinung nach müssen die türkischen Verfassungsrichter die in dem § 3 des deutschen Verfassungsgerichtsgesetzes vorgesehenen Eigenschaften besitzen. Es empfiehlt sich, solche Maßnahmen zu treffen, um sicherzustellen, daß die Richter entsprechend qualifiziert sind, obwohl dies im türkischen Verfassungsgerichtsgesetz nicht ausdrücklich vorausgesetzt ist. In dieser Hinsicht weist das türkische Recht Lücken auf.

Nach meiner Ansicht müssen anstatt der von Legislative, Militärgerichtshof, Rechnungshof, Staatspräsident gewählten Richter, für die keine Kenntnisse in dem Bereich des öffentlichen Rechts gesetzlich vorausgesetzt sind, noch mehr Richter von Staatsrat und Rechnungshof zum Verfassungsgericht bestellt werden. Außerdem sollten Universitätsprofessoren kandidieren können, wobei sie gleichzeitig nicht auf ihre Ämter an der Universität zu verzichten brauchen, was in der BRD der Fall ist. Somit werden die Rechtswissenschaften beim Verfassungsgericht angeregt.

Der Regelung, daß der Status des türkischen Verfassungsgerichts durch kein Gesetz sondern durch die Verfassung selbst in allen Einzelheiten geregelt ist, ist nicht zuzustimmen. Somit räumt die Verfassung der Gesetzgebung keinen Spielraum ein, die Verfassungsgerichtsbarkeit an die sich ändernden Lebensverhältnisse anzupassen. Deshalb wäre es de lege ferenda zu empfehlen, daß die innere Struktur des Verfassungsgerichts durch ein einfaches Gesetz bestimmt wird, weil im Bedarfsfall die Änderung von Gesetzen keiner qualifizierten Mehrheit bedarf, wie es bei der Verfassungsänderung der Fall ist.

§ 5 Zur Funktion des türkischen Verfassungsgerichts unter rechtsvergleichendem Gesichtspunkt.

Hierzu ist besonders erwähnenswert, daß die verfassungsgebende Versammlung das Verfassungsgericht als Fundament und Garantie für das demokratische Regime betrachtet und es unter besonderen Schutz gestellt hat. Deswegen werden fast alle Einzelheiten der Verfassungsgerichtsbarkeit in der Verfassung selbst geordnet.

Obwohl die materielle Normenkontrolle der verfassungsändernden Gesetze durch Änderung des Art. 147 der türkischen Verfassung im Jahre 1971 außerhalb des Kompetenzbereichs des türkischen Verfassungsgerichts gestellt ist, sieht sich das Verfassungsgericht doch dafür zuständig, wenn solche Verfassungsänderungen gegen die fundamentalen Grundsätze der Verfassung verstoßen. So hat z. B. das Verfassungsgericht die Änderung des Art. 38 der türkischen Verfassung (Eigentumgarantie) in seiner Entscheidung von 1976 für nichtig erklärt, weil es den Artikeln 1 und 9 zugrundeliegenden republikanischen Grundsätzen widerspreche, die man nicht abschaffen oder ändern wollen dürfe. Meiner Meinung nach überschreitet das türkische Verfassungsgericht dadurch seine Kompetenzen.

Während rechtsvergleichend z. B. in Österreich die Tendenz in Richtung auf eine Erweiterung der Kompetenzen des Verfassungsgerichts geht, wurden die Befugnisse des türkischen Verfassungsgerichts durch Verfassungsänderung von 1971 eingeschränkt, indem man die Kompetenzbereiche des Verfassungsgerichts für die Verfassungsmäßigkeitskontrolle nur auf den Gesichtspunkt des Änderungsverfahrens beschränkt und eine entsprechende materielle Kontrolle in Art. 147 ausdrücklich ausgeschlossen hat. Aber andererseits sind die Kompetenzen des Verfassungsgerichts durch die genannte Änderung hinsichtlich der Normenkontrolle durch das Verfassungsgericht erweitert worden, weil nach dieser Änderung die Normenkontrolle auf die Verordnung mit Gesetzeskraft ausgedehnt worden ist.

Es gibt weder in der Verfassung noch im Verfassungsgericht ausreichende Vorschriften in bezug auf das Verfassungsverfahren. Dieser Umstand gewinnt besonders an Bedeutung in den Fällen, wo das Verfassungsgericht als oberster Gerichtshof für die Anklage gegen den Staatspräsidenten, Ministerpräsidenten und gegen Minister zuständig ist. Die verfahrensrechtlichen Probleme des Verfassungsgerichts sind durch Verweisung auf das Strafprozeßgesetz nicht beseitigt, weil auch darin den Verfassungsrichtern keine Vorschriften zur Verfügung stehen, mit Hilfe derer es möglich wäre zu entscheiden, unter welchen rechtlichen Voraussetzungen das

Amt dem angeklagten Staatspräsidenten, dem Ministerpräsidenten oder den Ministern entzogen werden kann, oder ob sie wieder in ihre Ämter zurückkehren dürfen, wenn sie freigesprochen worden sind. Ohne Verzögerung soll man diese verfahrensrechtlichen Fragen in der Geschäftsordnung des Verfassungsgerichts niederlegen.

Es sind zwar die Verordnungen als eine exekutorische Rechtsverfügung anzusehen, es ist aber die Einführung einer Nichtigkeitsklage in das türkische Recht wie in Österreich und Italien unter Beschränkung auf ihre Vereinbarkeit mit der Verfassung zu empfehlen, um die Wirksamkeit des Verfassungsgerichts zu intensivieren. Ein anderes Rechtsmittel zur Stärkung des Verfassungsgerichts ist die Anerkennung der Verfassungsbeschwerde wie in der Bundesrepublik Deutschland, in der Schweiz und in Österreich. In den letzten 20 Jahren (1951-1971) wurden in der Bundesrepublik Deutschland 20 000 Verfassungsbeschwerden erhoben, von denen nur 1 % mit Erfolg abgeschlossen ist. Dagegen wurden beim türkischen Verfassungsgericht in 15jähriger Arbeitsperiode (1962-1977) nur 11 000 Verfassungsklagen eingelegt. Daran läßt sich erkennen, wie wenig Beschäftigung das türkische Verfassungsgericht im Vergleich mit anderen Verfassungsgerichten hat. Wenn man immer noch die Notwendigkeit der Verfassungsbeschwerde anzweifelt, dann sollte dieses Institut um die unmittelbar klageberechtigten Personen und die öffentlichen Anstalten unbedingt erweitert werden.

Es ist auch nicht akzeptabel, daß das türkische Verfassungsgericht auch exekutorische Aufgaben wie z. B. Richterwahl zum Staatsrat oder Wahl des Präsidenten des Kompetenzkonfliktsgerichts wahrnimmt, welche mit seinen Funktionen nicht vereinbar sind. Die Wahl des Präsidenten dieses Gerichts aus den Mitgliedern des Verfassungsgerichts bringt in der Praxis große Schwierigkeiten mit sich, weil das Verfassungsgericht nur in Anwesenheit von 15 Richtern beschlußfähig ist. Deswegen empfiehlt sich die Gründung eines selbständigen Kompetenzkonfliktsgerichts.

Nach der türkischen Verfassung von 1961 werden Prozesse über das Verbot politischer Parteien vor dem Verfassungsgericht geführt, und die Entscheidung über ein Verbot kann allein von diesem Gericht gefällt werden.

Die Grundzüge dieser Vorschriften sind dem GG der Bundesrepublik Deutschland entnommen.

Für die Beurteilung der Frage, wann der materielle Tatbestand der Verfassungswidrigkeit einer Partei im Sinne der türkischen Verfassung von 1961 gegeben ist, haben die Art. 83-107 des Parteiengesetzes vom 13. 7. 1965 folgende leitende Grundsätze aufgestellt:

Statuten, Programme und Tätigkeit der politischen Parteien müssen den auf Menschenrechten und Freiheiten beruhenden Idealen der demokratischen und laizistischen Republik und der Grundnorm der Unteilbarkeit des Staatsgebietes und des Staatsvolkes entsprechen. Parteien, die sich nicht danach richten, werden *für immer verboten*. Das Verfahren des Verfassungsgerichts bei dem Verbot politischer

Parteien ist durch das Gesetz Nr. 44 über die Organisation und das Verfahren des Verfassungsgerichts geregelt.

Das Verfassungsgericht entscheidet, soweit es nicht als Staatsgerichtshof tätig wird oder über das Verbot politischer Parteien zu befinden hat, aufgrund der Akten. Gemäß Art. 148, Abs. 2 kann es jedoch, wenn es dies für notwendig erachtet, die Beteiligten zur Abgabe von mündlichen Erklärungen vorladen. Wenn das Verfassungsgericht es für erforderlich hält, lädt es nämlich die Beteiligten zur mündlichen Verhandlung.

Bei Prozessen, die gemäß Art. 20/4 wegen des Verbots von politischen Parteien angestrengt werden, ist das Strafprozeßgesetz anzuwenden.

Die Vorschriften über das Verbot der politischen Parteien befindet sich in Art. 19 und 57 der Verfassung und in einigen Art. des Verfassungsgerichtsgesetzes und in den oben genannten Art. des Parteiengesetzes.

Diese Vorschriften sind zum ersten Mal am 15. 10. 1968 auf eine kleine politische Partei angewandt worden und diese Partei ist für immer durch das Verfassungsgericht verboten worden. Danach sind im Jahre 1971 zwei wichtige Prozesse bezüglich des Verbotes politischer Parteien vor dem Verfassungsgericht geführt worden und die beiden Parteien sind ebenfalls endgültig verboten worden.

Die Vorschriften über das Verbot der politischen Parteien befinden sich in Art. sind aus Art. 21 GG nebst der Rechtssprechung des Bundesverfassungsgerichts übernommen und aufgrund der Erfahrungen des türkischen politischen Lebens geregelt worden. Außerdem hat man Art. 10 der Universellen Menschenrechts-Deklaration von 1948 und Art. 17 der Europäischen Menschenrechts-Deklaration berücksichtigt.

Nun möchte ich »die Kontrolle der Einkommensquellen und Ausgaben der politischen Parteien durch das Verfassungsgericht« untersuchen:

Gemäß Art. 57, Abs. 2 der türkischen Verfassung haben die politischen Parteien ihre Geldquellen und ihre Ausgaben offenzulegen und durch das Verfassungsgericht kontrollieren zu lassen. Deshalb ist Art. 28 des Vereinsgesetzes, wonach die Ortsbehörden jederzeit die Geschäfte, Bücher und Rechnungsunterlagen der Vereine prüfen und kontrollieren dürfen, auf politische Parteien nicht anzuwenden. Diese Bestimmungen stehen in Art. 130 des Gesetzes über die politischen Parteien. Zusammenfassend kann man folgendes sagen:

Die politischen Parteien sind verpflichtet, alljährlich im April die Schlußabrechnung über ihre Einnahmen und Ausgaben während des abgelaufenen Kalenderjahres und ihre Bilanz bei dem Generalstaatsanwalt und dem Präsidium des Verfassungsgerichts einzureichen. Der Generalstaatsanwalt kann jederzeit binnen eines Jahres nach Einreichen der Unterlagen die erforderlichen Nachweise und Unterlagen verlangen und nötigenfalls an Ort und Stelle Ermittlungen und Prüfungen veranlassen. Kommt er hierbei zu der Überzeugung, daß ein Teil der Einnahmen und des Vermögens der politischen Partei als der Staatskasse verfallen erklärt werden muß, so stellt er beim Verfassungsgericht einen entsprechenden Antrag. Das Verfassungsgericht tritt nach Eingang des schriftlichen Berichts des Staatsanwalts aufgrund der Akten in eine Prüfung ein, kann erforderlichenfalls Unterlagen verlangen, in den Parteizentralen oder sonstigen Organisationen der Parteien unmittelbar oder durch einen beauftragten Verfassungsrichter Erhebungen und Prüfungen vornehmen bzw. vornehmen lassen und unabhängige, nichtbeamtete und vereidigte Sachverständige hinzuziehen.

Auch Mitglieder des Lehrkörpers oder Hilfskräfte einer Universiät können als Sachverständige hinzugezogen werden. Das Verfassungsgericht kann von dem Vertreter der betroffenen politischen Partei und vom Generalstaatsanwalt schriftliche Stellungnahmen verlangen und sie erforderlichenfalls auch persönlich hören. Nach Abschluß der Prüfung und Untersuchung beschließt das Verfassungsgericht über die Ordnungsmäßigkeit oder Gesetzwidrigkeit der Einkommensquellen oder Ausgaben der betroffenen politischen Parteien und ordnet gegebenenfalls hinsichtlich der gesetzwidrigen Einnahmen den Übergang an die Staatskasse an.[13]

§ 6 Schlußbetrachtungen

In meinen bisherigen Ausführungen habe ich versucht, die Entwicklung der türkischen Verfassungsgerichtsbarkeit und ihre wichtigen Probleme von 1962 bis zur heutigen Zeit unter Berücksichtigung der Rechtsvergleichung zusammenfassend darstellen.

Zum Schluß möchte ich betonen, daß mehr als 1200 Entscheidungen des türkischen Verfassungsgerichts in den amtlichen Gesetzesblättern der türkischen Republik veröffentlicht waren, als ich diese meine Untersuchung am 27. 7. 1978 beendet habe.

Die 17jährige Arbeitsperiode (1962–1978) des türkischen Verfassungsgerichts hat uns gezeigt, daß es außerhalb der Politik und überparteilich geblieben ist.

Das als oberstes Gericht der türkischen Verfassungsgerichtsbarkeit nach der Revilation vom 27. Mai 1960 gegründete Verfassungsgericht hat im politischen und sozialen Leben der Türkei unter verschiedenen Gesichtspunkten eine ausgleichende Rolle bei der Lösung rechtlicher Streitigkeiten zwischen politischen und sozialen Kräften gespielt. Anderseits braucht das türkische Verfassungsgericht wie alle staatlichen Organe und öffentlichen Anstalten das Vertrauen und die Unterstützung der Bürger, nämlich der Öffentlichkeit. Das türkische Verfassungsgericht hat mit seiner 17jährigen Arbeitszeit Vertrauen und Unterstützung seiner Bürger verdient und dies bisher auch erhalten.

---

13 Siehe: Ernst E. HIRSCH, Die Verfassung der türkischen Republik, S. 126. Die Kontrolle der Einkommensquellen und Ausgaben der politischen Parteien durch Verfassungsgericht fand im türkischen Recht nach Maßgabe des PG. seit dem 5. 5. 1966.

Statistische Übersichten über das türkische Verfassungsgericht
Nr. 1

Politische Parteien	Die oberen Gerichte	Der hohe Richterausschuß	Universitäten	Die Mitglieder des Parlaments	Die Prozeßgerichte	Die unbefugten Personen	Gesamtzahl
204 % 20,4	6 % 0,6	6 % 0,6	12 % 1,2	37 % 3,7	342 % 34,2	393 % 39,3	1000 %100

Erläuterung: Die Zahlen schließen die ersten 1000 Nichtigkeitsklagen ein (seit 28. 8. 1962, dem Beginn der Tätigkeit des Verfassungsgerichts)

Nr. 2
(Die politischen Parteien, die Nichtigkeitsklage erheben, sind:)

Republikanische Volks-Volkspartei		Gerechtigkeitspartei		Türkische Arbeitspartei		Republikanische Sicherheitspartei		Die anderen Parteien		Gesamtzahl	
	für nichtig erklärt		für nichtig erklärt		für nichtig erklärt		für nichtig erklärt		für nichtig erklärt		für nichtig erklärt
20	30	24	56	1	4	36	1	–	5	18	64 140

Erläuterung: Die Zahlen schließen die ersten 1000 Nichtigkeitsklagen ein (seit 28. 8. 1962, dem Beginn der Tätigkeit des Verfassungsgerichts)

Anmerkungen

Aksoy, Muammer, Anayasa Mahkemesinin üyelerinin seçimi konusundaki tartisma (ve bunun ortaya çikardigi kamu hukuku meseleleri), Diskussion über die Wahl der Mitglieder des Verfassungsgerichts und die dadurch aufgeworfenen Fragen des öffentlichen Rechts) Ankara Üniversitesi Siyasal Bilgiler Fakültesi Yayini, 1962; Armagan, Servet, Anayasa Mahkememizde kazaimurakebe sistemi (Das richterliche Prüfungssystem vor dem türkischen Verfassungsgerichtshof), Istanbul üniversitesi Hukuk Fakültesi yayini, 1967; Azrak, A. Ülkü, „Verfassungsgerichtsbarkeit in der Türkei", Jahrbuch des öffentlichen Rechts der Gegenwart, Neue Folge / Band 11, S. 74 ff.; Azrak, A. Ülkü, Der türkische Verfassungsgerichtshof und seine Rechtsprechung, Annales de la faculté de droit D'Istanbul, Tome 15, No: 20 (1964), S. 99 ff.; Balta, Tahsin Bekir, „Das türkische Verfassungsgericht" in: Hundert Jahre Verfassungsgerichtsbarkeit, Fünfzig Jahre Verfassungsgerichtshof in Österreich, Herausgegeben von Felix Ermacora/Hans Klecatsky/René Marcic, Europa Verlag, Wien 1968, S. 47–72; Balta, Tahsin Bekir, „Die Verfassungsgerichtsbarkeit in der Türkei", in: Verfassungsgerichtsbarkeit in der Gegenwart (Länderberichte und Rechtsvergleichung), Max-Planck-Institut für ausländisches öffentliches Recht und Völkerrecht, Herausgegeben von Hermann Mosler, Köln–Bonn Carl Heymann's Verlag 1962, S. 550–568 (Abkürzung: Balta, Die Verfassungsgerichtsbarkeit in der Türkei); Erem, Faruk, Anayasa Mahkemesinin Yüce Divan olarak Incelenmesi (Das Verfassungsgericht als Staatsgerichtshof), Ankara 1963; Feyzioglu, Turhan, Kanunlarin anayasaya uygunlugunun kazai murakabesi (Die richterliche Prüfung der Gesetze auf ihre Verfassungsmäßigkeit), Ankara Üniversitesy Siyasal

Bilgiler Fakültesi yayini, 1951; HIRSCH, Ernst E., Die Verfassung der türkischen Republik, Die Staatsverfassungen der Welt in Einzelausgaben, Herausgegeben von der Forschungsstelle für Völkerrecht und ausländisches öffentliches Recht der Universität Hamburg, Band 7, Alfred Metzner Verlag Frankfurt am Main – Berlin 1966; Verfassungsänderung in der Türkei, Ergänzungsband, Band 7 a, Alfred Metzner Verlag, Frankfurt am Main–Berlin 1973; HIRSCH, Ernst E., „Die Änderungen der türkischen Verfassung", von 1961, Jahrbuch des öffentlichen Rechts der Gegenwart, Neue Folge/Band 23; HIRSCH, Ernst E., „Das Verfassungsgericht und politische Gewalt in der Türkei", Archiv des öffentlichen Rechts, 100. Band, Heft 1, März 1975, S. 55 ff.; HIRSCH, Ernst E., „Verfassungswidrige Verfassungsänderung", Archiv des öffentlichen Rechts, 98. Band, Heft 1, März 1973, S. 53 ff.; HOCAOGLU A. Seref/Ismet OCAKÇIOGLU, Anayasa ve Anayasa Mahkemesi (Die Verfassung und das Verfassungsgericht), Ankara 1971; KIRATLI, Metin Anayasa Yargisinda somut norm denetimi (Die konkrete Normenkontrolle in der Verfassungsgerichtsbarkeit), Ankara Üuniversitesi Seasal Bilgiler Fakültesi yayini, 1966; PRITSCH, Erich, „Geschichtliche und systematische Übersicht nebst Anmerkungen zur Verfassung von 1924", in: Mitteilungen des Seminars für Orientalische Sprachen zu Berlin, zweite Abteilung (1924), S. 164–253 (Abkürzung: PRITSCH); SEÇKIN, A. Recai, Yargitay, Tarihçesi, kurulusu ve isleyisi, Yargitay yayini, Ankara 1967; TIKVES, Özkan, Mukayeseli Hukukta ve Türk Hukukunda anayasa yargisi (Die Verfassungsgerichtsbarkeit in der Rechtsvergleichung und im türkischen Recht), Ege Üniversitesi yayini, Izmir 1978: TIKVES, Özkan, Türkiye Cumhuriyeti Anayasasi Serhi ve Uygulamasi (Kommentar der Verfassung der türkischen Republik) Istanbul 1969 (Ergänzungsband zum Hauptwerk, Istanbul 1973; Verfassung der türkischen Republik vom 27. Mai 1961, in: Die Verfassungen Europas, Herausgegeben von P. C. Mayer-Tasch, Alfred Kröner Verlag, Stuttgart 1966, S. 561–611.

Verfassungsgerichtsbarkeit und Volkssouveränität

Hisao Kuriki, Osaka

I. Sind Verfassungsgerichtsbarkeit und Volkssouveränität ein Gegensatz?

Es gab und gibt eine Tendenz, die eine solche Gegensätzlichkeit betont und wegen der Volkssouveränität die Verfassungsgerichtsbarkeit verneint oder bestrebt ist, sie auf ein Minimum zu beschränken.[1] Aber sowohl aus der Erforschung der Theoriegeschichte der Volkssouveränität[2] als auch aus der der Idee der Verfassung getreuen Interpretation des Volkssouveränitätsprinzips[3] muß es sich ergeben, daß im Hinblick auf die Volkssouveränität die Verfassungsgerichtsbarkeit nicht nur sinnvoll, sondern auch notwendig ist.

Die Volkssouveränität hat zwei Momente, nämlich das reale Moment oder Moment der Geltendmachung des realen oder aktuellen Volkswillens und das ideale Moment oder Moment der Verwirklichung des wahren Interesses aller Volksmitglieder.

Zwar besteht in der Gegenwart eine starke Tendenz der Demokratisierung des Volkssouveränitätsprinzips, d. h. der Verstärkung oder Verlebendigung seines

---

[1] Z. B. hat R. Marcic auf das Vorhandensein dieser Tendenz hingewiesen und sie kritisiert. Nach Marcic besteht der Dienst, den die Theorie von Kelsen und Merkl auf institutionellem Gebiet geleistet hat, in der Betonung des Wesenszusammenhangs zwischen Demokratie und Verfassungsgerichtsbarkeit: R. Marcic, Verfassung und Verfassungsgerichtsbarkeit, 1963, S. 192. In der Gegenwart ist diese Tendenz z. B. im Referat von G. Roellecke auf der Augsburger Staatsrechtslehrertagung bemerkbar geworden: G. Roelecke, Die Bindung des Richters an Gesetz und Verfassung, in: VVDStRL 34, 1976, S. 7 ff.

[2] Zur Theoriegeschichte der Volkssouveränität z. B. P. Graf Kielmansegg, Volkssouveränität, 1977; U. Scheuner, Volkssouveränität und Theorie der parlamentarischen Volksvertretung in Deutschland 1815–1848, in: Der moderne Parlamentarismus und seine Grundlagen in der ständischen Repräsentation, 1977, S. 297 ff.; H. Hofmann, Repräsentation, 1974, S. 406 ff. R. Schottky, Die staatspolitische Vertragstheorie als Theorie der Legitimation des Staates, in: Legitimationsprobleme politischer Systeme, PVS, Sonderheft 7, 1976, S. 81, ff. Es ist bemerkenswert, daß J. C. Bluntschli zwischen dem Volk der Erscheinung und dem Volk der Idee unterscheidet und dem letzteren die Souveränität zuschreibt: J. C. Bluntschli, Das Volk und der Souverän, 1834, S. 75.

[3] Zur Idee der der Verfassung getreuen Interpretation des Volkssouveränitätsprinzip z. B. M. Kriele, Einführung in die Staatslehre, 1975, S. 224 ff.

realen Moments in den verschiedenen Formen der unmittelbaren Teilnahme der Bürger an den politischen Entscheidungen. Aber das schließt nicht die Notwendigkeit der Bewahrung und sogar Verstärkung des idealen Moments der Volkssouveränität aus.

Die gegenwärtige Bedeutung der Volkssouveränität besteht gerade darin, ihre beiden Momente optimal zu verwirklichen oder zu aktivieren.[4]

II. Während die durch die Volkswahl legitimierten politischen Staatsleitungsorgane (die Legislative und die Regierung) und die verschiedenen Formen der Volksbeteiligung hauptsächlich das reale Moment der Volkssouveränität zur Geltung bringen, aktivieren die Gerichte, besonders das Verfassungsgericht, hauptsächlich das ideale Moment der Volkssouveränität.[5]

Was ist das ideale Moment der Volkssouveränität? Das ist, wie gesagt, die optimale Verwirklichung des menschenwürdigen Daseins oder der Grundrechte aller Volksmitglieder, das bedeutet, anders ausgedrückt, das Gemeinwohl im objektiven Sinn.

Dabei ist besonders zu berücksichtigen, daß das Gemeinwohl zwar auf das Wohl aller abzielt, aber die praktische Funktion des Gemeinwohlprinzips besonders darin besteht, das Wohl derjenigen Menschen zu verwirklichen, deren Wohl durch die politischen Staatsleitungsorgane nicht oder nicht genügend vertreten oder berücksichtigt ist. Praktisch gesehen besteht das reale Moment im Mehrheitsprinzip, das ideale Moment der Volkssouveränität im Minderheitenschutz.[6] Der Minderheitenschutz hat konstitutive Bedeutung für das Gemeinwohl und die Volkssouveränität. Das Volk besteht nicht nur aus der Mehrheit, sondern auch aus der Minderheit. Durch den Schutz der Minderheit das Wohl der Gesamtheit einschließlich der Minderheit zu verwirklichen, ist die Aufgabe der Gerichte, besonders des Verfassungsgerichts.[7]

Dabei ist es wichtig, das Gemeinwohl als *rechtliches* Prinzip zu verstehen. Das Gemeinwohl ist für das Verfassungsgericht nicht nur nicht fremd, sondern sogar zentral. Der Dualismus zwischen Recht und Gemeinwohl ist zu überwinden.[8] Als

---

[4] Diese Idee wurde besonders durch den Aufsatz von ERNST FRAENKEL „Die repräsentative und plebiszitäre Komponente im demokratischen Verfassungsstaat" (jetzt in: E. FRAENKEL, Deutschland und die westlichen Demokratien, 1964, S. 69 ff.) angeregt. Auch die Versuche von P. GRAF KIELMANSEGG (Volkssouveränität, 1977) und von H. H. v. ARNIM (Gemeinwohl und Gruppeninteressen, 1977, S. 43 ff.) haben mich darin bestärkt.

[5] Z. B. H. H. v. ARNIM, a. a. O., S. 241.

[6] Zum Mehrheitsprinzip und seinen Grenzen z. B. U. SCHEUNER, Das Mehrheitsprinzip in der Demokratie, 1973; W. STEFFANI, Demokratischer Entscheidungsprozeß, in: Verfassungsgerichtsbarkeit, herausgegeben von P. HÄBERLE, 1976, S. 380 ff.

[7] Z. B. P. HÄBERLE, Grundprobleme der Verfassungsgerichtsbarkeit, in: Verfassungsgerichtsbarkeit, herausgegeben von P. HÄBERLE, 1976, S. 29 f.

[8] Z. B. H. H. v. ARNIM, a. a. O., S. 278 ff.; P. HÄBERLE, Öffentliches Interesse als juristisches Problem, 1970.

rechtliches Prinzip hat das Gemeinwohl erstens die den Staat beschränkende Funktion, insofern es den Staat nur zur im Hinblick auf das Gemeinwohl notwendigen Beschränkung der Grundrechte berechtigt, und das Gemeinwohl hat zweitens die den Staat verpflichtende Funktion, insofern es den Staat zu den zur Verwirklichung des Gemeinwohls unerläßlichen Leistungen verpflichtet. Nach beiden Richtungen muß das Verfassungsgericht den Staat, genauer gesagt, die politischen Staatsleitungsorgane am Maßstab des Gemeinwohls kontrollieren.

III. Nach alledem sind nicht nur die politischen Staatsleitungsorgane (die Legislative und die Regierung), sondern auch die Gerichte, besonders das Verfassungsgericht, verpflichtet, das Gemeinwohl als das ideale Moment der Volkssouveränität optimal zu verwirklichen. Auch das Verfassungsgericht ist ein Glied im Prozeß der Verwirklichung des Gemeinwohls. Für diesen Zweck müssen die politischen Staatsleitungsorgane und die Verfassungsgerichtsbarkeit zusammenwirken.[9]

Was dieses Zusammenwirken anlangt, sind folgende Gesichtspunkte zu berücksichtigen.

1. Bei diesem Zusammenwirken kritisiert, korrigiert und hemmt das Verfassungsgericht die politischen Staatsleitungsorgane.[10] In dieser Form trägt das Verfassungsgericht zur optimalen Verwirklichung des Gemeinwohls bei.

2. Bei diesem Zusammenwirken garantiert das Verfassungsgericht das Funktionieren der politischen Staatsleitungsorgane, indem es den zu deren Funktionieren unbedingt notwendigen Grundkonsens des Volkes aufrechterhält. Das Bestehen des Grundkonsenses des Volkes beruht nämlich auf der Existenz der Grundwerte, deren Bewahrung besonders durch das Verfassungsgericht geschieht.[11]

3. Bei diesem Zusammenwirken ist es notwendig, daß jedes Organ wechselseitig die Entscheidung der anderen Organe achtet.[12] Für das Verfassungsgericht bedeutet das den judicial self-restraint. Aber der self-restraint des Verfassungsgerichts ist seinerseits gerade durch das Ziel der optimalen Verwirklichung des Gemeinwohls oder die Aufgabe der Bewahrung des Grundkonsenses des Volkes begrenzt.[13]

4. Das Verfassungsgericht kann bei diesem Zusammenwirken auch zur Aktivierung des realen Moments der Volkssouveränität beitragen, und zwar in folgender Weise:

---

9 Z. B. H. H. v. ARNIM, a. a. O., S. 235; P. HÄBERLE, a. a. O., S. 677; N. ASHIBE, Theorie des Verfassungsprozesses (in japanischer Sprache), 1973, S. 365.
10 Zur Uminterpretation des Gewaltenteilungsprinzips wegen der Verfassungsgerichtsbarkeit z. B. R. MARCIC, a. a. O., S. 205.
11 Z. B. G. MÜLLER, Die Bedeutung der Verfassungsgerichtsbarkeit für das Verständnis des Grundgesetzes, in: Verfassungsgerichtsbarkeit, herausgegeben von P. HÄBERLE, S. 400. Zum Konsens-Problem z. B. U. SCHEUNER, Konsens und Pluralismus als verfassungsrechtliches Problem, in: Rechtsgeltung und Konsens, herausgegeben von GÜNTHER JACOBS, 1976, S. 33 ff.
12 Z. B. K. HESSE, Grundzüge des Verfassungsrechts der Bundesrepublik Deutschland, 10. Auflage, 1977, S. 228.
13 Z. B. N. ASHIBE, a. a. O., S. 245 ff., S. 428 f.

A) Das Verfassungsgericht trägt durch seine Urteile über die Akte der Staatsleitungsorgane zu der eigenen politischen Urteilsbildung des Volkes bei. Das Urteil des Verfassungsgerichts gibt den Stoff für die eigene Urteilsbildung des Volkes und den Anstoß zur besseren Urteilsbildung des Volkes.

B) Wenn das Gemeinwohlprinzip ein rechtliches Prinzip ist, muß nicht nur der in seinem Rechte verletzte Bürger, sondern auch jeder Bürger als der Vertreter des Gemeinwohls eine Klage beim Verfassungsgericht anstellen können. Das ist eine Art Bürgerbeteiligung im Bereich der Verfassungsgerichtsbarkeit.[14]

5. Bei diesem Zusammenwirken müssen das reale und ideale Moment der Volkssouveränität trotz der Spannung doch koexistieren. Zur spannungsvollen Koexistenz der beiden Momente muß gerade die Verfassungsgerichtsbarkeit beitragen. Dazu müssen vielfältige Methoden und Techniken der gerichtlichen Überprüfung gefunden werden.[15]

A) Innerhalb einer bestimmten Grenze muß man zwar die Technik der Vermeidung des Urteils über die Verfassungsmäßigkeit von Akten der Staatsleitungsorgane anwenden. Aber das Verfassungsgericht muß, auch wenn es zur Lösung eines Falls nicht notwendig, aber aus dem Gesichtspunkt der Aufrechterhaltung der Verfassungsordnung wichtig ist, doch über die Verfassungsmäßigkeit von Akten der Staatsleitungsorgane urteilen können.

B) Durch die Technik der verfassungskonformen Auslegung des Gesetzes muß das Verfassungsgericht einerseits das Gesetz selbst bestehen lassen, andererseits muß es den die Grundrechte verletzenden Sinngehalt des Gesetzes begrenzen und damit die Grundrechte des Einzelnen im konkreten Fall schützen können.

C) Durch die Technik der Unterscheidung zwischen der Verfassungswidrigkeit des Gesetzes selbst und der Verfassungswidrigkeit der Anwendung des Gesetzes muß das Verfassungsgericht zwar das Gesetz selbst bestehen lassen, aber dessen Anwendung im konkreten Fall für verfassungswidrig erklären und damit die Grundrechte des Einzelnen im konkreten Fall schützen können.

D) Das Verfassungsgericht muß zwar dem Ermessen der Legislative einen breiten Spielraum lassen, aber es durch die entwickelte Technik der Tatsachenfeststellung (legislative fact) begrenzen können. Durch die Technik der Tatsachenfeststellung muß besonders geprüft werden, ob der Zweck der Gesetzgebung angesichts der sozialen Wirklichkeit hinreichend begründet ist, und ob der Zweck der Gesetzgebung in der sozialen Wirklichkeit mit den durch das Gesetz vorgesehenen Mitteln erreicht werden kann.

---

14 Das ist als rechtspolitisches Postulat gemeint. Zum Beispiel kommen die Popularklage und die Verbandsklage in Frage. Zur Beteiligung des Bürgers im Bereich der Verfassungsgerichtsbarkeit z. B. R. MARCIC, a. a. O., S. 90; H. H. v. ARNIM, a. a. O., S. 308.
15 Folgende Andeutung beruht besonders auf Arbeiten von N. ASHIBE (in japanischer Sprache): Theorie des Verfassungsprozesses, 1973; Theorie der Grundrechte in der Gegenwart, 1974; Theorie und Technik vom Verfassungsprozeß, in: Zeitschrift „Koho-Kenkyu", Heft 37, 1975, S. 1 ff.

Locus Standi in Constitutional Litigation in Australia, the United States and Canada

Peter Edvard Nygh, North Ryde, Australien

In order to understand the question of standing in constitutional litigation in common law federations, one must appreciate one of the fundamental aspects of the common law system as it developed in England and was received in its settlements beyond the seas. The common law developed primarily as a procedural law, not by reference to doctrine. Until 1875 in England and even later in some parts of Australia and the United States, a plaintiff who wished to bring an action had to plead a recognised cause of action: it was not sufficient to allege that something was unlawful or harmful. The old forms of action have gone, but the effect of many centuries of their discipline still remains.

In constitutional law this principle is well stated by Chief Justice Latham of the High Court of Australia in *Arthur Yates & Co. Ltd. v. The Vegetable Seeds Committee* (1945) 72 CLR at 64:

»The enactment of a law cannot in itself give any cause of action to a person who is injured by the operation of the law. All members of the community are subject to the risk of a law being made, altered or repealed to their detriment, and they have no remedy for any injuries consequentially suffered unless the law provides for some form of compensation. This is obviously the case where the law is valid. If a pretended law is invalid, it is still the case that there is no remedy in respect of the mere making of the supposed law. If, however, acts are done under the supposed authority of an invalid law and those acts costitute a wrong or a breach of contract, then the invalid law does not provide any defence to the person acting in pursuance of it, and the ordinary rules of law with respect to tort or breach of contract are applicable.«

Hence a private individual who wishes to complain of a breach of the Constitution must be able to point to a breach of a private right which occurred in consequence of a breach of the Constitution, such as unlawful arrest, a trespass by government officials on his land, the unlawful seizure of his property etc. The United States Supreme Court had expressend the same views some years earlier in *Frothingham v. Mellon* 262 US 447 (1923):

»We have no power per se to review and annul Acts of Congress on the ground that they are unconstitutional. That question may be considered only when the justification for some direct injury suffered or threatened, presenting a justiciable issue, is made to rest upon such an Act. Then the power exercised is that of ascertaining and declaring the law applicable to the controversy. It amounts to little more than the negative power to disregard an unconstitutional enactment, which otherwise would stand in the way of the enforcement of a legal right. The party who invokes the power must be able to show not only that the statute is invalid but that he has sustained, or is immediately in danger of sustaining, some direct injury as the result of its enforcement, and not merely that he suffers in some indefinite way in common with people generally.«

The situation therefore remains that in common law countries private individuals only have standing to complain of an infringement of their private rights, but have no standing to complain of the infringement of a public right. The distinction was clearly drawn recently by the House of Lords in England in *Gouriet v. Union of Post Office Workers* [1977] 3 WLR 300. In that case the Union of Post Office Workers had announced a total ban on communication with the Republic of South Africa. This was in breach of the criminal law which imposed penalties for failure to deliver mail. Mr. Gouriet was a concerned citizen who sought a declaration from the courts that this action was illegal. He produced no evidence that his own personal mail had suffered as a consequence of the ban. Even if he had so suffered, both the Post Office and the Union enjoyed immunity from private action under English law. Mr. Gouriet, therefore, had no personal right to the services of the Post Office in respect of which an action in contract or in tort might lie. He asserted a public interest that postal workers should observe their legal obligations. But the House of Lords held that as a private individual, he could not assert such a public interest. In other words, he lacked standing.

The United Kingdom is not a federation, and it may seem absurd to outsiders that rules developed in a unitary jurisdiction which does not even have a written constitution, should be so slavishly followed in federations with rigid constitutions. To a certain extent the limitations of the traditional English approach have been overcome in the three federations.

In the United States there has been a softening of the old requirement that the plaintiff should complain of a legal wrong suffered by him to a demand that he show that he has »a personal stake in the outcome of the controversy« as Justice Brennan put it in *Baker v. Carr* 369 US 186 at 204 (1962). As a result of this, electors have been given standing to complain of unequal apportionment of constituencies in *Baker v. Carr* and a taxpayer was given standing to complain of the spending of federal funds on religious schools in *Flast v. Cohen* 392 US 83 (1968). However, further development was arrested more recently in *United States v. Richardson* 418 US 166 (1974) where the majority of the Supreme Court reasserted the traditional principle of *Frothingham v. Mellon* treating *Flast v. Cohen* as a special exception.

In Canada the taxpayer/citizen action has been given a considerable boost by the Supreme Court of Canada in *Thorson v. Attorney-General of Canada* (1974) 43 DLR (3rd) 1 and *Nova Scotia Board of Censors v. McNeill* (1976) 55 DLR (3rd) 632. In the former case the Supreme Court held that it had a discretion to allow a taxpayer standing to challenge the constitutionality of the Dominion's Official Languages Act 1968–1969 which, since it imposed no sanctions and merely authorised increased expenditure on bi-lingual services throughout Canada, affected all taxpayers alike. The majority of the Court considered it relevant that there was no private individual or public official willing or able to bring action with the result that under traditional English rules no one would be able to challenge the unconstitutionality of the statute. As Laskin J. (as he then was) said speaking for the majority at p. t18: »... where all members of the public are affected alike, as in the present case, and there is a justiciable issue respecting the validity of legislation, the Court must be able to say that as between allowing a taxpayer's action and denying any standing at all when the Attorney-General refused to act, it may choose to hear the case on its merits«.

In *Nova Scotia Board of Censors v. McNeill* a member of the public was allowed to complain of the unconstitutionality of a provincial censorship statute because it directly affected him, as a member of the public in what he might view in the theatre or in places of public entertainment.

The argument which found favour with the Canadian Supreme Court, namely that standing must be found to permit someone to challenge the constitutionality of a statute if no public official or private individual is able or willing to do so, was expressly repudiated by the House of Lords in *Gouriet v. Union of Post Office Workers*. The very basis of that decision is that a breach of the law can go without remedy because a proper plaintiff is lacking or unwilling to complain.

In Australia, as in England, the prevailing opinion of the justices of the High Court is that a private individual cannot have standing to assert a public right. In order to have standing the plaintiff must show that he has »an interest greater than that of an ordinary member of the public« per Gibbs J. in *Robinson v. Western Australian Museum* (1977) 16 ALR 623 at 641. Of the present seven justices, only Justice Murphy has positively advocated an extension of standing to taxpayers and citizens as such: *Victoria v. Commonwealth* (1975) 134 CLR 338 at 425. Stephen J. has indicated that he has an open mind on the subject: *Victoria v. Commonwealth, supra*, at 388. On the other hand, Chief Justice Barwick in *Attorney-General for the Commonwealth, ex relation McKinlay v. Commonwealth* (1975) 7 ALR 593 at 607, Gibbs J. in *Robinson v. Western Australian Museum, supra*, at 641 and Mason J. in *Victoria v. Commonwealth, supra*, at 402, all indicated their continued adherence to the traditional position.

Australia has, however, developed another ancient English institution as a federal instrument: the relator action. This action was described by Lord Wilberforce in *Gouriet v. The Union of Post Office Workers* at 310 as follows:

»A relator action — a type of action which has existed from the earliest times — is one in which the Attorney-General, on the relation of individuals (who may include local authorities or companies) brings an action to assert a public right. It can properly be said to be a fundamental principle of English law that private rights can be asserted by individuals, but that public rights can only be asserted by the Attorney-General as representing the public. In terms of constitutional law, the rights of the public are vested in the Crown, and the Attorney-General enforces them as an officer of the Crown. Just as the Attorney-General has in general no power to interfere with the assertion of private rights, so in general no private person has the right of representing the public in the assertion of public rights. If he tries to do so his action can be struck out.«

In Australia the Attorney-General of a State has been allowed to assert the interests of the citizens of a state collectively to be free from unconstitutional federal interference. This has not been permitted in Canada, see *Thorson v. Attorney-General for Canada, supra,* at 12, or in the United States: *Massachusetts v. Mellon* (1923) 262 US 447. One of the earliest Australian relator actions of this kind is found in *Attorney-General for New South Wales v. the Brewery Employees' Union of New South Wales* (1908) 6 CLR 469, where the Attorney-General for New South Wales on the relation of certain brewery owners of that State successfully objected to federal legislation which gave the right to the defendant trade union to place a union label on beer brewed in union shops to the possible detriment of those brewers who did not employ union labour. As the High Court explained in a later case, *Attorney-General for Victoria v. Commonwealth* (1946) 71 CLR 237 at 277 per Williams J., »the right alleged to be infringed is the public right of the citizens of the State of Victoria no to be subjected to legislation which the Parliament of the Commonwealth has no authority to enact«.

Furthermore, it has been held that a State may sue in its own right if its rights and privileges are infringed. Indeed, Mason J. in *Victoria v. Commonwealth* at 401, 402, goes so far as to assert that a State has standing to complain of any excess of Commonwealth power, even if no detriment to the State can be established, because of the right of the State to manage a certain area exclusively free from federal interference. In that case the Commonwealth sought to distribute federal funds directly for public works within the State without going through State agencies. It was argued that there was no detriment to a State in its citizens enjoying federal largesse. Some of the justices accepted this argument, but Mason J. felt that the mere exercise of federal powers within the State was a cause for complaint, however beneficial that exercise of power might otherwise have been.

The problem with the relator action, however, is that, as the House of Lords reiterated in *Gouriet's case,* the granting of a fiat in a relator action is exclusively within the discretion of the Attorney-General who may refuse it for any reason whatsoever and without having to give his reasons. The Attorney-General is a political officer, a member of the State Cabinet, and may have some good reasons for not challenging a controversial matter, such as federal aid to religious schools which could lose his party a strong segment of the popular vote. Hence there are some issues where a concerned citizen or group of citizens may be without a remedy in Australia even if the constitution is actively violated, because he cannot find a state Attorney-General willing to support him.

Die südafrikanische Verfassung und Verfassungsgerichtsbarkeit in rechtsvergleichender Sicht

Marinus Wiechers, Pretoria

Es soll nicht der Zweck dieses Vortrages sein, die Entwicklung der südafrikanischen Verfassung in allen Einzelheiten darzulegen,[1] sondern die verfassungsrechtliche Entwicklung der südafrikanischen Republik in breiten Zügen zu erläutern und den Werdegang dieser Entwicklung in rechtsvergleichender Sicht zu illustrieren. Südafrika nimmt eine Sonderstellung in der heutigen Welt ein und ist in vieler Hinsicht – wegen der besonderen Regierungspolitik der Rassentrennung – der Gegenstand weltweiten Interesses, wenn nicht gar starker Ablehnung. Obwohl ich die politischen Aspekte des südafrikanischen Verfassungsrechts nicht in erster Linie behandeln will, werden sie natürlich zur Diskussion stehen, um ein vollständiges Bild der Dynamik der südafrikanischen Staatsordnung zu erhalten.

Die erste südafrikanische Verfassung, das Südafrika Gesetz (South Africa Act 1909) war ein Gesetz des britischen Parlamentes. Dieses Gesetz beinhaltete ein Abkommen der Nationalversammlung der Vertreter der vier Provinzen, Transvaal, Oranje Freistaat, Natal und Kapland. Zwei dieser Provinzen, Transvaal und der Oranje Freistaat, waren ehemals unabhängige Republiken, die im Jahre 1902 nach dem Anglo-Burenkrieg unter britische Kolonialherrschaft gefallen waren. Die Bereitwilligkeit der britischen Regierung, der damaligen südafrikanischen Union, die Selbstregierung kaum zehn Jahre nach der Unterwerfung der Burenrepubliken zuzustehen, ist vielsagend. Obwohl die Union der britischen Staatsgewalt noch in vieler Hinsicht unterstand,[2] wurden die Grundsteine selbständiger Staatsinstanzen

---

[1] Es ist unmöglich, hier eine Bibliographie der wichtigsten Werke über die südafrikanische Verfassung zu geben. Die bedeutendsten zwei Bücher sind aber J. P. Verloren van Themaat, *Staatsreg.*, 2. Auflage, Butterworths Durban 1967 und H. R. Hahlo und Ellison Kahn, *South Afrika: The Development of this Laws and Constitution*, Juta Kapstad 1960. Vgl. auch John Dugard, *Human Rights and the South African Legal Order*, Princeton University Press, Princeton 1978 S. 403, wo er eine ausführliche Liste solcher Werke und Bibliographie anbietet.

[2] Werner Morvay, *Souveränitätsübergang und Rechtskontinuität im Britischen Commonwealth*, Beiträge zum ausl. öff. Recht und Völkerrecht 65, 1974 ss. 15–16.

schon im South Africa Act gelegt. Durch das Westminster Statut von 1931 wurde die Union in dem Sinne unabhängig, daß kein englisches Gesetz mehr in Südafrika automatisch galt, und 1961 konnte das Parlament Südafrikas durch Verabschiedung des heutigen Grundgesetzes die völlig unabhängige Republik bestätigen. Auffallend ist die südafrikanische Verfassung dadurch, daß sie auch im Namen der Königin von Großbritannien verabschiedet wurde, um dadurch die Kontinuitätskette zwischen der alten und der neuen Regierung zu bestätigen.[3]

Die südafrikanische Staatsordnung ist streng nach britischem Vorbild aufgebaut in der Hinsicht, daß der South Africa Act ein Zwei-Kammer gesetzgebendes und parlamentarisches Regierungssystem schuf. Eines der wichtigsten Merkmale der Staatsordnung stellen die provinzialen Landtage dar, die ein starkes Maß der Dezentralisierung der Staatsgewalt einführten. Vielfach meinte man, ein föderales Element in dieser Staatsordnung zu entdecken, weil die Vertretung der Provinzen im Senat (der 1. Kammer) in den ersten zehn Jahren nicht geändert werden durfte; dem ist aber nicht so: die südafrikanischen Provinzen hatten der zentralen Regierung gegenüber keine Autonomie, und obwohl das Grundgesetz heute noch bestimmt, daß die Provinzgrenzen und deren Befugnisse nicht ohne Einwilligung der Provinzen geändert werden dürfen, sind diese Bestimmungen nicht verschanzt, und es ist schon vielfach geschehen, daß die Zentralregierung ohne Einwilligung der Provinzen die Befugnisse derselben einschränkte oder die Grenzen änderte. Das Provinzialsystem ist jedoch ein wichtiges historisches Faktum, welches einen wesentlichen Anhaltspunkt für die Dezentralisierung der Staatsgewalt bieten kann, vor allem, da die vier Provinzen heute noch viele demographischen und soziopolitischen Unterschiede aufweisen. Verfassungsrechtlich sind die Provinziallandtage als »ursprüngliche Gesetzgeber« anerkannt worden, mit dem praktischen Erfolg, daß, obwohl Gesetze (»Ordinnances«, Verordnungen) der Provinziallandtage nicht mit Gesetzen der zentralen Regierung kollidieren dürfen, sie doch nicht als gewöhnliche untergeordnete Gesetzgebung betrachtet werden können. Rechtlich bedeutet diese Tatsache, daß Verordnungen (»Ordinnances«) aufgrund einer stillschweigenden Ermächtigung nicht auf eine ausdrückliche parlamentarische Ermächtigung zurückgeführt werden brauchen. Die provinziale Exekutive unterscheidet sich auch in der Hinsicht von der Zentralregierung, daß der provinziale Verwalter (»Administrator«) als Beamter der Zentralregierung nicht dem provinzialen Gesetzgeber gegenüber verantwortlich ist (wie der Ministerpräsident und sein Kabinett dem zentralen Parlament), und das provinziale Exekutivkomitee sich auch nicht aus den Führern des Provinziallandtages zusammenzustellen braucht. Man muß das südafrikanische Provinzialsystem als ungewöhnliches Element der heutigen (britischen) Staatsordnung anerkennen, welches eher analog zu dem niederländischen Modell ist, weil – wie ich später ausführen werde – aus diesem System wichtige zukünftige Entwicklungen keimen können.

3 MORVAY *op. cit.* ss. 80, 105, 109.

Allgemein wird angenommen, daß die heutige südafrikanische Regierungsform ein Ebenbild des britischen Westminstersystems ist. Äußerlich und formell ist dem auch wirklich so: wie Großbritannien hat die Republik ein parlamentarisches System, in welchem das Kabinett dem Parlament gegenüber verantwortlich ist; ein Staatsoberhaupt mit nominellen Funktionen, welches seine Exekutivgewalt im Auftrag des Kabinetts ausüben muß; ein Regierungsoberhaupt, der Premierminister, der eine konventionelle Position bekleidet und Führer der stärksten Gruppe in der 2. Kammer, dem Volksrat, ist; die gesetzgebende Autonomie des Parlaments ist absolut; eine elastische Verfassung, die mit Ausschluß eines einzigen Paragraphen mit einfacher Mehrheit geändert werden kann, und einem Wahlsystem, das auf einfacher Mehrheit in jedem Wahlkreis beruht. Dieses Wahlsystem führt dazu, daß wie in Großbritannien, die Stärke der regierenden Partei keine dementsprechende Stärke des Wählerkorps reflektiert. Die Gerichte sind unabhängig, können aber keine Gesetze der Zentralregierung überprüfen (in dieser Hinsicht besteht wohl ein Unterschied, der unten besprochen wird). Obwohl der amerikanische Konstitutionalismus starke Einflüsse auf die früheren Burenrepubliken ausübte,[4] hat der South Africa Act keines dieser Prinzipien eingeführt. Eigenartig ist auch, daß trotz der Tatsache, daß der South Africa Act, in gewisser Hinsicht ein Volksabkommen in der Form eines *Pactum Unionis*, keine Möglichkeit der Volksinitiative oder Referendum in das Gesetz aufgenommen hat. Die Überzeugung der Wähler wurde wohl durch Volksabstimmung im Jahre 1960 hinsichtlich der Frage der Gründung der Republik festgestellt, aber dieses einzige Beispiel der direkten Volksbefragung muß als einmalige Beratung der Regierung eher als aktive Teilnahme der Wähler an dem gesetzgebenden oder Exekutivprozeß gesehen werden.

Trotz ihrer äußerlichen Westminsterzüge hat jedoch die südafrikanische Verfassung bei ihrem Wandel und ihrer Entwicklung geistig und inhaltlich völlig andere Wege als das britische liberal-demokratische Modell eingeschlagen. Der hauptsächlichste Grund dieser Entwicklung ist zweifelsohne, daß das Wahlrecht im Verlauf der Jahre und in immer exklusiverem Maße dem weißen Teil der Bevölkerung zuerkannt wurde. Das begrenzte Maß der direkten schwarzen Vertretung wurde schon 1936 durch das Parlament beendet, und 1955 verschwand die direkte Vertretung der Farbigen ganz. Indirekte Vertretungen dieser Bevölkerungsgruppen wurden 1969 abgeschafft. Das südafrikanische Parlament hat sich also nie als große vertretende Instanz aller Bevölkerungsgruppen entwickelt, im Gegenteil wurde das Parlament mit seiner gesetzgebenden Autonomie die endgültige Burgwehr der weißen Machtausübung.[5]

Das südafrikanische System unterscheidet sich weiterhin in der Rolle und Bedeutung seiner Instanzen wesentlich von dem Westminstermodell. Das Oberhaus,

---

[4] Dugard *op. cit.* s. 18.
[5] Anthony Mathews, *The Darker Reaches of Government*, Juta Kapstad 1978.

der Senat, besteht nicht aus Resten einer ehemals privilegierten Klasse wie das britische House auf Lords, sondern ist eine bloße Verlängerung der regierenden Partei in der 2. Kammer, dem Volksrat, mit dem Ergebnis, daß der Kollisionsmechanismus für die Beseitigung etwaiger Konflikte zwischen Ober- und Unterhaus, welcher in der Verfassung noch besteht, alle praktische Bedeutung verloren hat. Der Senat verschwand als unabhängige Instanz und Revisionskammer im Jahre 1955, als die Regierung durch Ernennung weiterer regierungstreuer Senatoren die Zahl der Mitglieder so ausbreitete, daß sie die nötige Zwei-Drittel-Mehrheit in gemeinsamer Sitzung beider Kammern erlangen konnte, um die Farbigenvertretung zu beenden. Auch hat das Amt des Staatsoberhauptes, obwohl formell dem britischen Modell angeglichen, seinen überparteilichen Charakter verloren, da die Wünsche der regierenden Partei bei der Ernennung und Wahl des Staatspräsidenten ausschlaggebend sind.

Wahrscheinlich lassen sich aber die größten Unterschiede zwischen der südafrikanischen Verfassung und dem Westminstersystem in der Sphäre der verfassungsrechtlichen Dynamik aufweisen. Im Gegensatz zu Großbritannien, wo politische Parteien einander regelmäßig als Regierung und Opposition abwechseln und politische Gegensätze in einem bestimmten verfassungsrechtlichen Rahmen ausgetragen werden, ist die südafrikanische Parteipolitik seit dem Regierungsantritt der Nationalen Partei in den vergangenen dreißig Jahren immer mehr erstarrt. Die immer kleiner werdenden Oppositionsparteien bleiben wohl noch der Tradition des loyalen Oppositionspartners der Regierung treu, aber die Kluft der politischen Alternativen zwischen Regierung und Opposition hat sich im Laufe der Jahre so erweitert, daß allgemeine Wahlen für den Bürger keine Entscheidung zwischen alternativen Regierungen und im gleichen Staatssystem, sondern die Wahl zwischen verschiedenen Verfassungsformen bedeutet. Die regierende Nationale Partei hat sich auf dem Regierungsprinzip der weißen Vorherrschaft verankert, während die Oppositionsparteien ein Konsozialmodell befürworten, welches auf Machtteilung und durch Verhältniswahl gebildete Vertretung fußt. Da es den Oppositionsparteien nicht gelang, mittels ihrer politischen Programme die weiße Furcht der schwarzen Übernahme und des Radikalismus zu beschwören, hat sich der südafrikanische Wähler mehr und mehr hinter die Regierung gescharrt, um seine Privilegien und Rechte zu sichern. Diese Entwicklung hat die notwendige Folge, daß sich die politische Lage für den kritischen Beobachter mehr und mehr in eine Manifestation der weißen Belagerungsmentalität gestaltete.

Auf der Grundlage der Ideologie weißer Macht und Alleinherrschaft erscheinen die weißen südafrikanischen Organe augenblicklich monolithisch und undurchdringbar. Das bedeutet jedoch nicht, daß die Regierung nicht versucht hat, auf gesetzgebendem Weg über das weiße Parlament eigene Organe für die anderen, nichtweißen Teile der Bevölkerung zu schaffen. Diese Institutionen wurden gemäß der Ideologie bestimmt, daß Bürger, und nicht unbedingt Staaten, ihr Selbstbestimmungsrecht vor dem südafrikanischen Parlament erlangen. Demnach sind ein Parlament für Farbige, ein gesetzgebender Rat für die Inder und Gesetzgeber und Regierungen für die schwarzen Heimatländer geschaffen worden.[6] Die Tatsache, daß über 50 % der Schwarzen nicht mehr in Heimatländern wohnen, hat die Regierung nicht davon abgehalten, alle schwarzen Einwohner gesetzlich in acht verschiedene ethnische Gruppen einzuteilen und ihnen eine Bürgerschaft der Heimatländer zuhängiger souveräner Staaten innerhalb der Republik, deren Bürger insgesamt ihre hängiger souveräner Staaten innerhalb der Republik, deren Bürger insgesamt ihre südafrikanische Staatsbürgerschaft mit dem Eintritt der Unabhängigkeit verloren haben. Das Ziel dieser Politik ist vollkommen deutlich, nämlich die schwarzen Bürger den Heimatländern zuzuweisen und dadurch die zahlenmäßige Mehrheit der Schwarzen in Südafrika derart zu vermindern, daß die Gefahr des endgültigen allgemeinen Wahlrechts und der schwarzen Vorherrschaft gebannt wird. Für Farbige und Inder, die nicht in eigenen geographischen Gebieten leben, sind Vertretungsorgane geschaffen worden, die hauptsächlich auf der Personalbasis Gesetze für diese Bevölkerungsgruppen machen dürfen; da diese Gesetze aber keine Territorialwirkung haben, haben die gesetzgebenden Funktionen dieser Legislative der Farbigen und Inder noch kaum Gestalt angenommen.

Verfassungsrechtlich gesehen ist es ironisch, daß die südafrikanische Regierung, die sich schon immer empört gegen die Beschuldigung gewehrt hat, eine Kolonialmacht zu sein, sich in der Emanzipation der anderen Bevölkerungsgruppen ausschließlich als Kolonialherrscher gezeigt hat. Durch die Ausübung seiner gesetzgebenden Souveränität hat das südafrikanische Parlament versucht, die Nichtweißen der Republik auf persönlicher und territorialer Ebene »unabhängig« zu machen, ohne daß dieser Prozeß in einem traditionellen Einheitsstaat durchgeführt werden konnte. Das Ergebnis war eine umfassende Struktur der Rassentrennung mit vertretenden Organen, ohne daß diese Instanzen selbständige gesetzgebende und exekutive Funktionen im Rahmen des größeren südafrikanischen Staatssystems finden konnten. Diese Entwicklung hat sich durchaus im politischen Leben breit gemacht, als das gefährliche Prinzip der repräsentativen aber unverantwortlichen Regierung schwarzen Radikalismus und Anti-Regierungsstimmung in der schwarzen Bevölkerung angefacht hat. Sowohl verfassungs- als auch völkerrechtlich hat die heutige Regierungspolitik noch keine Lösung der Probleme des Zusammenlebens der verschiedenen Gruppen in Südafrika geboten, aber allgemein gesehen hat sie wohl die Dezentralisierung der Regierungsmacht und die begrenzte Entwicklung einheimischer Regierungsformen mit sich gebracht.

Im großen und ganzen gesehen ist die heutige südafrikanische Verfassung die monolithische Vergestaltung weißer Vorherrschaft mit verschiedenen Formen der

---

6 Die Bevölkerung Südafrikas besteht aus beinahe 26 Millionen Menschen, davon 18 600 000 Schwarze, 4 300 000 Weiße, 2 400 000 Farbige und 746 000 Inder. Die sechs Heimatländer der Schwarzen sind Ciskei, kwaZulu, Lebowa, Gazankulu, Venda und Qwaqua. Im Oktober 1976 wurde die Transkei unabhängig und im Dezember 1977 Bophuthatswana.

institutionalisierten Apartheid. Aus rechtsvergleichender als auch aus politischer Sicht kann der Zyniker argumentieren, daß die südafrikanische Staatsordnung insoweit ein Spiegelbild der Lage im restlichen Afrika ist, als der herrschende Stamm (die Weißen) sich die Vorherrschaft reserviert hat und daß der Mehrheit der Bevölkerung, wie im restlichen Afrika mit seinen Einparteiregierungen, Diktaturen und autokratischen Regierungsformen, keine Möglichkeit geboten wird, sich an demokratischen Prozessen zu beteiligen.[7] Sieht man die südafrikanische Verfassung aber in weiterer Perspektive, wird die Schlußfolgerung klarer: die weiße Regierung versucht anhand eines überholten liberal-demokratischen Modells, ihre eigene Zukunft unter Anwendung traditioneller Dekolonisationsmethoden im eigenen Staat zu sichern. Da ein solcher Mechanismus notwendigerweise von einer weißen Vorherrschaft ausgehen muß, mit der dazugehörigen Rassendiskriminierung, muß das System sowohl zeitlich als auch räumlich als Anachronismus in der Dritten Welt gedeutet werden: zeitlich, weil es die weltweite anti-rassistische Überzeugung der Nachkriegsjahre verkennt, und räumlich, weil Afrika den Ausbau ehemaliger Dekolonisationspraktiken nach seiner Befreiung nicht länger dulden will.

Im südafrikanischen Verfassungsrecht bekleidet die Verfassungsgerichtsbarkeit keine zentrale Stellung, weil die Gerichte traditionell dem Parlament unterstehen und nicht über die Gültigkeit der Gesetze entscheiden dürfen. Eine historische Eigentümlichkeit, die wohl noch praktische Bedeutung haben mag, ist jedoch in der südafrikanischen Verfassung enthalten. Der ursprüngliche South Africa Act gestand einigen schwarzen und farbigen Wählern im begrenzten Maße das allgemeine Wahlrecht zu. Dieses Wahlrecht konnte nur durch eine Zwei-Drittel-Mehrheit beider Kammern des Parlaments in gemeinsamer Sitzung geändert oder entfernt werden. Im Jahre 1936 wurde das Wahlrecht schwarzer Wähler auf diese Weise beendet.[8] Nach und nach entstand jedoch der Gedanke, die Zwei-Drittel-Klausel habe ihre Gültigkeit verloren, da sie in einem britischen Gesetz verfaßt sei und daher nach dem Statut von Westminster ihre Bindungskraft verloren habe. 1952 wurde dieser Standpunkt jedoch in einer Entscheidung des höchsten südafrikanischen Gerichts abgelehnt.[9] Das Berufungsgericht entschied nämlich, daß trotz der parlamentarischen Souveränität die verankerte Zwei-Drittel-Bestimmung ihre Gültigkeit nicht verloren habe, da sie nicht die Befugnisse, sondern die Art und Zusammenstellung des Parlaments betrifft. Das Gericht entschied somit, daß hinsicht-

---

7 Vgl. S. A. DE SMITH in B. O. NWABUEZE, *Constitutionalism in the Emergent States* im Vorwort s. ix: „When ... the principal divisive factors in the state are communal-religious, racial, tribal, or linguistic – the prospects for constitutionalism are never bright, even in a developed country, as the recent history in Northern Ireland has underlined"; auch NWABUEZE auf s. 306: „the existence of so many military régimes on the African continent is like a malignant excresence which needs to be excised".
8 Diese Entfernung des Wahlrechts der Schwarzen wurde mit Zwei-Drittel-Mehrheit in einer Gesamtsitzung des Parlaments verabschiedet und vom Gericht ratifiziert: *Ndlwana v Hofmeyr* 1937 A. D. 229.
9 *Harris v Minister of the Interior*, 1952 (2) S. A. 418; vgl. MORVAY *op. cit.* 68.

lich dieser Paragraphen das Parlament nur *qua* Parlament fungieren konnte, wenn es in gemeinsamer Sitzung und mit einer Zwei-Drittel-Mehrheit auftrat. Augenblicklich gibt es in der südafrikanischen Verfassung nur einen Paragraphen, der eine Sitzung beider Kammern und einen Beschluß der Zwei-Drittel-Mehrheit erfordert, und zwar handelt es sich hier um den Schutz der Amtssprachen Afrikaans (wobei Holländisch inbegriffen ist) und Englisch.

Obwohl die Kontroverse über die soeben erörterte Frage heute in großem Maße akademisch geworden ist, bietet sie doch einen wichtigen Einblick in Art und Wesen des südafrikanischen Parlaments. Auch hat diese Entwicklung das Fundament für eine formelle Verfassungsgerichtsbarkeit gelegt, welche den Gerichten die Möglichkeit bietet, formell den Ausdruck des parlamentarischen Willens zu überprüfen, obwohl die materielle Gültigkeit des Gesetzes nicht in Frage gezogen werden kann. Dieses Kontrollrecht der formellen Willenserklärung des Parlaments stellt eine Entwicklung dar, die möglicherweise einen außerordentlichen Schutz der parlamentarischen Institution bietet, weil das Parlament seine eigene Zusammenstellung nicht mit einfacher Mehrheit ändern kann.

Weil die Verfassungsgerichtsbarkeit in Südafrika außerordentlich begrenzt und formell geblieben ist, ist es nötig, sie in breitem Rahmen zu analysieren, um feststellen zu können, wie das Verhalten der Gerichte die verfassungsrechtliche Entwicklung beeinflußt hat. In dieser Hinsicht stehen die Gerichte vollkommen in der englisch-rechtlichen Tradition der starken Zurückhaltung der Gerichte gegenüber der Exekutive, die auf einer starken Betonung der parlamentarischen Immunitätslehre und der rückhaltlosen Anerkennung der Handlungsfreiheit und Selbstverantwortung der Verwaltung fußt. Da es keine Erklärung der Menschenrechte in der südafrikanischen Verfassung gibt, ist es im Laufe der Jahre auch geschehen, daß die Gerichte eine immer kleinere Rolle in den Sphären spielten, in welchen das Parlament durch die Apartheidsgesetzgebung auf Grundrecht und fundamentelle Freiheiten der Bürger übergriff.[10] Trotz dieser Einschränkung der Verwaltungsgerichtsbarkeit trifft man in den Entscheidungen der Gerichte noch viele Anhaltspunkte einer gerichtlichen Befugnis, die Legalität der Verwaltungshandlung zu prüfen. Diese oft latente Kraft, die noch in der Verwaltungsgerichtsbarkeit liegt, besteht aufgrund der Tatsache, daß in Südafrika ein einfaches allgemeines Gerichtsverfahren der verwaltungsrechtlichen Kontrolle besteht, und kein kompliziertes System besonderer, nach der Sachlage bestimmten Verfahren wie in England; und auch daran, daß das römisch-holländische Recht, das gemeine Recht Südafrikas, eine Vielzahl von Bestimmungen gegen unbilliges Auftreten der Obrigkeit und die Beeinträchtigung bestehender Rechte durch dieselben aufweist. Obwohl der heutige Stand der Verwaltungsgerichtsbarkeit als unterentwickelt bezeichnet werden muß,

---

10 Dazu die ernste Anklage Dugards *op. cit.* s. 324: „... „the attitude of South African courts towards racial discrimination has not ... attempted to assess the degree of humanity or racial injustice shown in individual cases".

hat sie dennoch die Möglichkeit, durch Einführung einer Erklärung der Menschenrechte eine höchst effektive Rechtskontrolle zu werden.

Die politischen Zustände haben sich in Südafrika im Laufe der Jahre so entwickelt, daß der Verfassungsrechtler sein Fachgebiet nicht mehr in der Neutralität der Hochschule ausüben kann. Es wird heute allgemein anerkannt, daß Südafrika seine Verfassung radikal wird anpassen müssen, um eine demokratische Staatsordnung zu schaffen. Auch die Regierung hat im vergangenen Jahr Pläne für ein neues Grundgesetz vorgelegt, die getrennte Parlamente für Weiße, Farbige und Inder beinhalten, wobei sich diese Parlamente dann auf der Exekutivebene in einem gemeinsamen Kabinettsrat zusammenschließen, um Gesetzgebung und gemeinsame Interessen zu koordinieren. Diese auf einer Art Rassenföderation beruhenden Vorschläge haben jedoch ernste Mängel, worunter der wichtigste ist, daß sie versuchen, Interessenkonflikte zwischen den Bevölkerungsgruppen zur Basis der institutionalisierten Trennung zu erheben, während die Interessenkonflikte weder territorial noch soziologisch zu rechtfertigen sind und ihnen im Wesen ein nicht akzeptabler Rassismus zugrunde liegt. Auch beziehen die neuen Pläne die staatsrechtliche Zukunft der Schwarzen nicht mit ein, weshalb sie schon aus diesem Grunde praktisch undurchführbar sind.

Die verfassungsrechtliche Zukunft der südafrikanischen Republik erfordert die Lösung seiner politischen Probleme. Diese Lösungen können jedoch gegenwärtig dadurch schneller herbeigeführt werden, die südafrikanische Staatsordnung einerseits einer kritischen Analyse zu unterziehen und die sich daraus ergebenden Möglichkeiten für eine zukünftige friedliche Entwicklung hervorzuheben, und andererseits auf die verfassungsrechtlichen Erfahrungen zu achten, die in anderen Ländern, vor allem in Afrika, gesammelt wurden.

Was die südafrikanische Staatsordnung selber betrifft, können verschiedene Aspekte aufgewiesen werden, die den Keim der möglichen grundlegenden Änderung in sich tragen: die südafrikanische Verfassung ist elastisch und kann leicht ohne eine Unterbrechung der Kontinuität geändert werden; sie beruht auf der besten Tradition der britischen Liberal-Demokratie, aus der sie hervorgegangen ist und deren stärkste Merkmale das Gleichgewicht zwischen Gesetzgeber und Exekutive, als auch Ehrfurcht vor den Staatsinstanzen sind; die heutige Staatsordnung weist infolge der Existenz der Provinzen und der autonomen Heimatländer ein großes Maß an Dezentralisierung auf, welche in eine breitere pluralistische Ordnung, wie z. B. einer Föderation oder einer Staaten-Assoziation, entwickelt werden kann; auf dem Gebiet der Verfassungs- und Verwaltungsgerichtsbarkeit haben die südafrikanischen Gerichte die Einführung eines spezialisierten Systems der gerichtlichen Kontrolle der Obrigkeitshandlung auf dem Grundsatz einer Erklärung der fundamentalen Menschenrechte ermöglicht; das bekannte und gut funktionierende System der Gemeinderäte kann ausgedehnt werden, um örtliche und größere Regionalregierungsinstanzen zu gründen, wodurch örtlichen Gemeinschaften und Gruppierungen die Gelegenheit geboten werden kann, sich selbst zu regieren; und das Prinzip der parlamentarischen Souveränität kann der verfassungsrechtliche stabilisierende Faktor oder sogar »force moteur« sein, diese großen verfassungsrechtlichen Änderungen, aufs gesündlichste geplant, herbeizuführen.

Südafrika kann vor allem aus der verfassungsrechtlichen Erfahrung anderer Länder lernen, die föderale oder konsoziale Regierungs- und Staatsformen haben, wie z. B. die Schweiz, USA, Österreich und die Niederlande, wie auch aus der Entwicklung der Verwaltungs- und Verfassungsgerichtsbarkeit in Deutschland, Frankreich und letzten Endes in der europäischen Wirtschaftsgemeinschaft. Außerdem können die Erfahrungen hinsichtlich anderer Wahlsysteme der freien Welt, die nicht auf einfacher Mehrheitswahl beruhen, sondern die Gruppen-, Interessen- und proportionelle Vertretung aufweisen, die Furcht vor der einfachen schwarzen Mehrheitsregierung und schwarzen Vorherrschaft bannen. Der Gedanke, daß die verfassungsrechtliche Zukunft Südafrikas auf dem Boden der geographischen Trennung mit einem einheitlichen Überrest eines weißen Heimatlandes geregelt werden sollte,[11] hatte eine bestimmte logische Attraktivität, übersieht aber die komplexe Wirklichkeit der gegenseitigen wirtschaftlichen Abhängigkeit der Bevölkerungsgruppen, als auch den Aufgang des schwarzen Nationalismus und den internationalen Druck zugunsten nationaler Selbstbestimmung.

Es gibt in Südafrika keine einfache Lösung für die bestehende Diskriminierung und den Rassismus. Vergleichende verfassungsrechtliche Modelle können jedoch dem heutigen Grundgesetz neuen Ansporn verleihen, diese Übel zu entfernen und ein neues und besseres, demokratisches Zusammenleben aller Einwohner der Republik zu schaffen.

---

11 Vgl. KLAUS VON DER ROOP „Frieden oder Krieg im südlichen Afrika?" Außenpolitik 1977 Oktober auf s. 437.

Die verfassungsrechtliche Stellung des polnischen Obersten Gerichts

Leszek Garlicki, Warszawa (Warschau)

1. Theoretische Bemerkungen

Die verfassungsrechtliche Stellung des Obersten Gerichts wird gegenüber anderen Staatsorganen durch grundsätzliche Prinzipien der Gesellschaftsordnung eines sozialistischen Staates und insbesondere durch das Prinzip der Einheit der Staatsgewalt und das Prinzip der Gesetzlichkeit bestimmt. Das erstere Prinzip formuliert die generelle Direktive für die Organisation des Staatsapparates, indem es verlangt, dem Parlament, also dem Sejm und dem Staatsrat die höchste Position zuzuerkennen. Das Prinzip der Einheit der Staatsgewalt ist also auf andere doktrinäre Voraussetzungen gestützt als das Prinzip der Gewaltenteilung. Es verwirft die Idee des Systems der »checks and balances«, die es der Exekutive oder den Gerichten erlaubt, sich den Entscheidungen des Parlaments entgegenzustellen, und gleichzeitig umfaßt es als Funktionsbereich des Parlaments nicht nur die Kompetenz zur Gesetzgebung sondern auch zu allen wichtigen Entscheidungen des Staates.

Das Prinzip der Einheit der Staatsgewalt findet seinen Ausdruck in der Unterordnung anderer Staatsorgane dem Parlament und dem Staatsrat gegenüber, die von der Verfassung als oberste Organe der Staatsgewalt bezeichnet werden. Dem Parlament bzw. dem Staatsrat steht das Recht zu: 1. Rechtsnormen zu beschließen, die absolut für die anderen Staatsorgane verbindlich sind und die Struktur, die Form und die Handlungsweise dieser Organe bestimmen, 2. Berufung dieser Organe, 3. Kontrolle der Tätigkeit dieser Organe und Gestaltung der Richtungen dieser Tätigkeit.

Das Prinzip der Einheit der Staatsgewalt gebietet es also, Formen der Unterordnung des Obersten Gerichts gegenüber dem Parlament und dem Staatsrat zu suchen. Andererseits fordert dieses Prinzip eine von anderen Staatsorganen, d. h. von Verwaltungsorganen und der Staatsanwaltschaft, unabhängige Position für das Oberste Gericht.

Die obigen Konklusionen könnten sich theoretisch auf die Position jedes der Organe eines sozialistischen Staates beziehen. Die Position des Obersten Gerichts hat jedoch aufgrund der aus dem Gesetzlichkeitsprinzip hervorgehenden Konsequenzen einen besonderen Charakter. Eines der notwendigen Elemente dieses Prinzips ist das Bestehen der Gesetzlichkeitsgarantien, denn es kann keine Rede sein von der Gesetzlichkeit, losgelöst von ihren materiellen und formellen Garantien. Unter den Letztgenannten spielt das Prinzip der richterlichen Unabhängigkeit die Hauptrolle. Es bestimmt auf besondere Weise die Stellung des Richters und gebietet somit die Verleihung der besonderen Position für die Gerichte als aus unabhängigen Richtern bestehenden Organen im Staatsapparat.[1]

Diese – in größter Abkürzung skizzierten – theoretischen Voraussetzungen erlauben es, eine Konklusion über die Eigenart der Stellung des Obersten Gerichts im System der Organe eines sozialistischen Staates zu formulieren. Dieses Gericht kann nicht gänzlich außerhalb der Obrigkeit der Hauptorgane der Staatsgewalt (Prinzip der Einheit der Gewalt) verbleiben, jedoch muß diese Obrigkeit gleichzeitig so gestaltet sein, daß die richterliche Unabhängigkeit nicht gefährdet wird (Gesetzlichkeitsprinzip).[2]

2. Das Oberste Gericht und die obersten Organe der Staatsgewalt

2.1. Das Oberste Gericht und der Staatsrat

Die Position des Obersten Gerichts gegenüber den obersten Organen der Staatsgewalt wird von Art. 61 Abs. 3 und 4 der polnischen Verfassung von 1952 (i. d. F. vom 10. Februar 1976) bestimmt, in dem es heißt, daß der Staatsrat das Oberste Gericht für den Zeitraum von 5 Jahren bestellt und den Ersten Präsidenten des Obersten Gerichts aus den Reihen der Richter dieses Gerichts beruft und abberuft. Diese Bestimmungen sind die Grundlage zur Formulierung des Verfassungsgrundsatzes der allgemeinen Aufsicht des Staatsrates über das Oberste Gericht. Dieses Prinzip bedeutet, daß nur dem Staatsrat die grundsätzlichen Kompetenzen gegenüber dem Obersten Gericht zustehen sollen. Es findet seine Erweiterung im Gesetz vom 15. Februar 1962 über das Oberste Gericht, das dem Staatsrat die Funktionen zur Organisation und Kontrolle des Obersten Gerichts anvertraut. Der allgemeine Charakter dieser Aufsicht bedeutet, daß dem Staatsrat keine Befugnisse zur Aufhebung oder Änderung der individuellen Gerichtsentscheidungen zustehen dürfen. Die einzige Ausnahme bildet das Begnadigungsrecht.

---

1 Zur allgemeinen Darstellung der polnischen Gerichtsverfassung siehe: Z. RESICH: The Organisation of Courts in the Polish Peoples' Republic, Droit Polonais Contemporain Nr. 3 (1964), J. JODLOWSKI Organisation judiciaire (in:) Introduction à l'Etude du Droit Polonais, Warszawa 1967, S. 331–381, S. LAMMICH: Das Justizrecht der Volksrepublik Polen, Berlin 1976.
2 Siehe M. RYBICKI: Die Garantien der Gesetzlichkeit in der Tätigkeit von Gerichten und der Staatsanwaltschaft (in:) Probleme der Gesetzlichkeit im Staatsapparat der Volksrepublik Polen, Hrsg. von R. SCHNUR, Berlin 1977, S. 71 und folgende.

Die Funktionen des Staatsrates im einzelnen: 1. beruft er das Oberste Gericht in seiner vollen Besetzung sowie die Richter des Obersten Gerichts auf frei gewordene Stellungen während der Amtsperiode, 2. organisiert er die Arbeit des Obersten Gerichts, indem er die Geschäftsordnung des Obersten Gerichts erläßt, die Anzahl der Richter und Präsidenten des Obersten Gerichts festlegt und die Stellungen des Ersten Präsidenten und der Präsidenten des Obersten Gerichts besetzt, 3. entscheidet er in bestimmten Sachen, die mit den Rechten und Pflichten der amtierenden Richter des Obersten Gerichts verbunden sind, z. B. Abberufung eines Richters,[3] Berufung zum Präsidenten, Prüfung einiger Disziplinarentscheidungen, 4. kontrolliert er die Tätigkeit des Obersten Gerichts und erteilt diesem Richtlinien für die weitere Tätigkeit.

Der begrenzte Rahmen des Referates erlaubt es nicht, alle diese Kompetenzen zu besprechen[4] und daher befasse ich mich mit nur zwei von ihnen, die vom Standpunkt des Prinzips der richterlichen Unabhängigkeit am wichtigsten erscheinen: mit der Art und Weise der Berufung des Obersten Gerichts und der Kontrolle seiner Tätigkeit durch den Staatsrat.

Das Oberste Gericht wird – wie ich schon erwähnt habe – vom Staatsrat für die Dauer von fünf Jahren berufen. Dies ist eine Lösung, die im polnischen Gerichtssystem eine Ausnahme bildet. Denn die Richter aller sonstigen Gerichte werden nämlich vom Staatsrat auf unbegrenzte Zeit ernannt, d. h. bis zur Erreichung der Altersgrenze, die auf 65/70 Jahre festgelegt wurde. Das Prinzip der Ernennung der Richter der niedrigeren Gerichte auf unbegrenzte Zeit wurde deutlich in der Novelle von 1976 zur Verfassung festgehalten. Ein ähnliches System der Besetzung der Richterstellungen besteht in Ungarn. In den verbleibenden sozialistischen Staaten werden die Richter für mehrere Jahre gewählt. Die fünfjährige Amtsdauer der Richter des Obersten Gerichts gebietet die Gestaltung der Berufungsart, die eine besonders starke Garantie der Unabhängigkeit bildet. Gemäß dem Gesetz von 1962 (Art. 17) umfaßt der Kreis der Richterkandidaten für das Oberste Gericht: 1. alle Richter des bisherigen Obersten Gerichts, 2. die vom Justizminister vorgeschlagenen Personen – wenn es sich um die Richter der Militärkammer des OG handelt, im Einverständnis mit dem Verteidigungsminister 3. die vom Staatsrat vorgeschlagenen Personen. Jeder Richter des Obersten Gerichts hat also die Garantie, daß seine Kandidatur vom Staatsrat in Betracht gezogen wird. In der Regel werden die Richter erneut berufen. Ein Richter, der nicht für die nächste

---

3 „Der Staatsrat beruft einen Richter des OG während der Amtsperiode ab, wenn der Richter: a) auf seine Stellung verzichtet, b) das siebzigste Lebensjahr überschritten hat, c) wegen Krankheit, Gebrechlichkeit oder Kräfteverfalls dauernd unfähig geworden ist, die Pflichten eines Richters am OG zu erfüllen, d) keine Gewähr für die Erfüllung der Pflichten eines Richters am OG bietet" (Abs. 20 des Gesetzes über das Oberste Gericht).

4 Siehe: L. GARLICKI: Sad Najwyzszy a naczelne organy wladzy panstrowej w PRL (Das Oberste Gericht und die obersten Organe der Staatsgewalt in der VR Polen), Warszawa 1977, Kapitel II.

Fünf-Jahres-Periode des Obersten Gerichts berufen wurde, hat das Recht, auf sein vorher innegehabtes Richteramt in einem niedrigeren Gericht zurückzukehren oder kann – auf eigenen Antrag – in die Liste der Anwälte eingetragen werden. Auf keinen Fall verliert ein Richter, der nicht wieder zum Obersten Gericht berufen wird, das Recht, sein Richteramt weiterhin auszuüben.

Art. 13 des Gesetzes von 1962 verpflichtet den Ersten Präsidenten des Obersten Gerichts, dem Staatsrat einen Rechenschaftsbericht über die Tätigkeit des Obersten Gerichts zu erstatten. Aufgrund dieser Bestimmung legt der Erste Präsident dem Staatsrat alljährlich eine sogen. »Information über die Tätigkeit des Obersten Gerichts« vor, die Angaben über die Richtungen der Rechtsprechung des Obersten Gerichts, über gesellschaftliche Probleme, die der Lösung bedürfen, über die Notwendigkeit der Änderungen der geltenden Gesetze usw. enthalten. Übereinstimmend mit dem Prinzip der richterlichen Unabhängigkeit haben die »Informationen« einen allgemeinen Charakter und befassen sich nicht mit den einzelnen Gerichtsentscheidungen. Die Aufgabe der »Informationen« ist es, dem Staatsrat die Probleme der Politik der Rechtspflege vorzustellen. »Die Informationen« des Ersten Präsidenten werden auf einer Sitzung diskutiert, jedoch werden die Ergebnisse dieser Diskussion in der Regel nicht in Form eines Beschlusses des Staatsrates festgehalten. Es hat sich jedoch die Praxis herausgebildet, daß der Staatsrat das fünfjährige Programm der Tätigkeit des Obersten Gerichts unmittelbar nach dessen Berufung erörtert. Auf dieser Grundlage darf der Staatsrat die Richtlinien der Tätigkeit des Obersten Gerichts bestimmen. Die Lehre und die Praxis stehen hier auf dem einheitlichen Standpunkt, daß – übereinstimmend mit dem Prinzip der richterlichen Unabhängigkeit – diese Richtlinien einen allgemeinen Charakter haben müssen und in keinem Fall die Entscheidung konkreter, am Obersten Gericht anhängiger Sachen, beeinflussen können. Die Richtlinien betreffen also allgemeine Probleme der Rechtspflege, administrative Fragen der Tätigkeit des Obersten Gerichts usw. Im Bereich der Rechtsprechung werden sie als wesentliche, *politische* Hinweise behandelt, dagegen haben sie im juristischen Sinne keine bindende Kraft. Sie sind übrigens zu allgemein formiert, um sich direkt auf die Art und Weise den Entscheidungen in einzelnen Sachen zu beziehen.

2.2 Das Oberste Gericht und das Parlament

Die polnische Verfassung und das Gesetz über das Oberste Gericht verbinden dieses Gericht unmittelbar nur mit dem Staatsrat und erst über dessen Vermittlung mit dem Parlament. Dies ist eine Lösung, die vor allem aus der Tradition hervorgeht und keinen Äquivalent in den anderen europäischen sozialistischen Ländern findet. Dieses bedeutet natürlich nicht, daß das Oberste Gericht außerhalb der Machtsphäre des Sejms verbleibt. Der Sejm übt die gesetzgebende Funktion aus und kann über Gesetze sowohl den materiellen Inhalt der Rechtsprechung des Obersten Gerichts bestimmen, als auch die Stellung dieses Gerichts im System der Staatsorgane gestalten. Ausschließlich der Sejm beschließt den Haushalt des Obersten Gerichts und kontrolliert dessen Durchführung. Schließlich muß betont werden, daß nach Art. 30 Abs. 2 der Verfassung, der Staatsrat in seiner ganzen Tätigkeit dem Sejm untersteht. Das Parlament kann also mittels der ihm gegenüber dem Staatsrat zustehenden Befugnisse die Politik der Realisierung aller Kompetenzen des Staatsrates gegenüber dem Obersten Gericht bestimmen und deren Durchführung kontrollieren. Dagegen haben weder das Parlament noch seine Organe unmittelbare Kontrollkompetenzen gegenüber dem Obersten Gericht – es besteht kein Recht, den Ersten Präsidenten zu Parlamentssitzungen oder zu Sitzungen der Parlamentsausschüsse herbeizuzitieren, kein Ausschuß kann einen Beschluß (Resolution) an das Oberste Gericht richten, die Abgeordneten können keine Interpellationen oder Anfragen an das Oberste Gericht richten.[5] Diese Beschränkungen sind u. a. durch das Prinzip der richterlichen Unabhängigkeit diktiert.

In der Praxis haben sich gewisse Formen des unmittelbaren Kontakts zwischen dem Obersten Gericht und dem Parlament herausgebildet. Übereinstimmend mit dem Haushaltsrecht wird der Entwurf des Haushaltsplanes des Obersten Gerichts alljährlich vom Parlamentsausschuß für Innere Angelegenheiten und Rechtspflege überprüft. Dies bildet eine Gelegenheit, kurze Informationen über die Tätigkeit des Obersten Gerichts zu erhalten und sie im Parlamentsausschuß zu diskutieren. Die Berücksichtigung des Prinzips der richterlichen Unabhängigkeit und die konstitutionelle Aufteilung der Kompetenzen zwischen dem Sejm und dem Staatsrat bewirkt, daß diese Kontakte keinen Erweiterungen unterliegen.

2.3. Der Einfluß des Obersten Gerichts auf den Prozeß der Gesetzgebung

Die Tätigkeit des Obersten Gerichts besteht vor allem in der Auslegung der Gesetzesnormen und deren Anwendung auf konkrete, gesellschaftliche Verhältnisse. Die ständige Konfrontation mit individuellen Streitfällen gibt dem Obersten Gericht die Möglichkeit, die Diskrepanz zwischen den gesellschaftlichen Bedürfnissen und dem Inhalt des geltenden Rechtes aufzudecken; hohe juristische Qualifikationen ermöglichen es, formelle Lücken und Widersprüche in unserem Rechtssystem zu ermitteln. Es ist also festzustellen, daß dem Obersten Gericht Instrumente zur Einwirkung auf den Gesetzgebungsprozeß verliehen wurden und dies sowohl im Bereich der Verabschiedung neuer Gesetze, als auch in demjenigen der Verifikation des geltenden Rechtes.

Das Oberste Gericht besitzt nicht das Recht der Gesetzgebungsinitiative, die in

---

[5] Vgl. M. Rybicki: Les Problemes de l'Administration de la Justice à la Lumière de la Constitution en Date du 10 Février 1976, Droit Polonais Contemporain Nr. 3 (35), 1977, S. 5–9.

Polen nur dem Staatsrat, der Regierung und den Abgeordneten zuerkannt wurde. Dies ergibt sich aus dem Bestreben, die Gesetzgebungsinitiative in den Händen der parteilich-politischen Subjekte zu konzentrieren und das Oberste Gericht außerhalb der politischen Sphäre zu belassen. Die Bewertung des geltenden Rechtes und die Suggestion in bezug auf die gewünschte Richtung der Änderungen und Ergänzungen werden in den »Informationen« für den Staatsrat über die Tätigkeit des Obersten Gerichts zum Ausdruck gebracht. Aufgrund dessen kann die Gesetzgebungsinitiative durch eines der dazu berechtigten Organe ausgeübt werden. In der Praxis können Beispiele angegeben werden, wo das Oberste Gericht auf diese Weise zukünftige Gesetze inspiriert hat. Das Oberste Gericht wird auch in die Arbeiten an den Gesetzesentwürfen, bevor noch die Gesetzgebungsinitiative der Regierung durchgeführt wird, einbezogen.

Eine bedeutende Rolle spielt das Oberste Gericht auch im Prozeß der Auslegung der Gesetze, die von den Gerichten angewandt werden. Die Formen und Methoden dieser Auslegung werden im letzten Teil des Referats besprochen; hier sollte nur bemerkt werden, daß die Grenzen zwischen der Gesetzesinterpretation und der Umgestaltung der Bedeutung mancher Rechtsnormen sich mit der Zeit verlieren. Die Lehre bezeichnet diese Erscheinung als sog. rechtsbildende Tätigkeit des Obersten Gerichts, die in der Praxis einen verhältnismäßig weitgehenden Charakter annimmt. Das Oberste Gericht greift auf diese Weise in den dem Gesetzgeber vorbehaltenen Bereich ein, was nicht ohne Einfluß auf das gesamte Bild der Beziehungen zwischen dem Gericht und dem Parlament bleibt.

Die polnische Verfassung – ähnlich wie die Verfassungen der anderen sozialistischen Staaten – verleiht dem Obersten Gericht (auch keinem anderen Gerichtsorgan) kein Recht zur Kontrolle der Verfassungsmäßigkeit der Gesetze. Obwohl man gegenwärtig nicht der Ansicht ist, daß die Institution der gerichtlichen Kontrolle der Verfassungsmäßigkeit im Grunde genommen nicht mit dem sozialistischen Parlamentarismus in Einklang zu bringen wäre,[6] so wird dennoch die Übereinstimmung der Gesetze mit der Verfassung dem Parlament selbst und dem Staatsrat anvertraut. Es werden auch Zweifel erhoben, ob die gerichtliche Kontrolle der Verfassungsmäßigkeit nicht eine zu starke Politisierung der Rechtspflege nach sich ziehen würde. Die Verfassung (Art. 62) unterwirft also die Richter den Gesetzen, aber diese Unterordnung beschränkt sich nur auf Akte mit Gesetzeskraft. Die Gerichte können also die Übereinstimmung von Rechtsverordnungen und anderen Normativakten, die von den Verwaltungsorganen erlassen werden, mit den Gesetzen prüfen. In der Praxis gibt es Entscheidungen des Obersten Gerichts, die die Anwendung solcher, mit den Gesetzen in Widerspruch stehenden Normen untersagen.

---

6 Vgl. zum Beispiel: W. Sokolewicz: Konstytucja PRL po zmianach z 1976 roku (Die Verfassung der VR Polen nach den Änderungen vom Jahre 1976), Warszawa 1978, S. 109–110 mit weiteren Nachweisen.

3. Das Oberste Gericht und andere Hauptorgane des Staates

Das Prinzip der allgemeinen Aufsicht des Staatsrates über dem Obersten Gericht schließt die Möglichkeit aus, dieses Gericht den Verwaltungsorganen oder der Staatsanwaltschaft unterzuordnen. Dies bedeutet aber natürlich nicht ein Verbot aller Verbindungen zwischen diesen Organen – sie sind notwendig für die richtige Realisierung der Verfassungsnormen, die die Aufgaben der Regierung und des Generalstaatsanwalts bezeichnen. Die Verbindungen können jedoch nicht einseitig das Oberste Gericht diesen Organen unterordnen; ähnliche Schlüsse ergeben sich auch aus dem Prinzip der Einheit der Staatsgewalt.

Die Tätigkeit des Obersten Gerichts betrifft vor allem die Aufgaben des Justizministers als vor dem Parlament verantwortliches Organ für die richtige Politik der Rechtspflege. Dem Justizminister obliegt auch die Aufsicht über die administrative Tätigkeit der niedrigeren Gerichte – im Obersten Gericht werden diese Funktionen vom Ersten Präsidenten ausgeführt. Das Gesetz über das Oberste Gericht erteilt dem Justizminister das Recht, in Kadersachen des Obersten Gerichts Anträge zu stellen – manchmal im Einvernehmen mit dem Verteidigungsminister – und auch das Recht, manche seiner Entscheidungen in die Wege zu leiten (Siehe Pkt. 4.3.). Ähnliche Initiativrechte besitzt der Generalstaatsanwalt und – in kleinerem Bereich – auch der Minister für Arbeit, Löhne und Sozialfragen. Alle diese Berechtigungen haben jedoch ausschließlich den Charakter der Initiative, das Recht zur Entscheidung liegt beim Staatsrat, bzw. beim Obersten Gericht selbst. Dank dessen bleibt die unabhängige Position dieser Organe aufrechterhalten. Übrigens zeichnet sich in den sozialistischen Ländern die Tendenz zur Einschränkung dieser Initiativ-Kompetenzen des Justizministers und deren Übertragung auf den Ersten Präsidenten des Obersten Gerichts ab.[7]

4. Das Oberste Gericht im System der Gerichte

4.1. Verfassungs-Grundsätze

Die polnische Verfassung – Art. 61 Abs. 1 – bezeichnet das Oberste Gericht als das höchste Gerichtsorgan, das die Aufsicht über die Tätigkeit aller anderen Gerichte im Bereich der Rechtsprechung ausübt. Aus dieser Bestimmung können drei Grundsätze abgeleitet werden. Erstens – die Verfassung gebietet die Bildung *eines* Obersten Gerichts, das im Bereich der Rechtsprechung den anderen Gerichten übergeordnet ist. Also unabhängig von der in der Verfassung – Art. 56 Abs. 1 – vorgesehenen Aufteilung der Gerichte in ordentliche Gerichte und besondere Gerichte,

---

[7] Siehe L. GARLICKI: Aktuelle Entwicklungstendenzen der Gerichtsordnung in den europäischen sozialistischen Ländern, Der Staat nr. 1/1977, S. 65–66.

muß das Oberste Gericht für diese eine gemeinsame höchste Instanz bilden. Dieser Grundsatz findet seinen Ausdruck in der Organisation des Obersten Gerichts, das in vier Kammern eingeteilt ist: die Zivilkammer, die Strafkammer (diese üben die Aufsicht über die Rechtsprechung der ordentlichen Gerichte aus), die Kammer für Arbeits- und Sozialversicherungssachen (Aufsicht über die Rechtsprechung der Arbeits- und Sozialversicherungsgerichte) sowie die Militärkammer (Aufsicht über die Militärgerichte).

Zweitens kann die oberste Aufsicht über die Rechtsprechung der Gerichte *nur* durch das Oberste Gericht ausgeübt werden. Diese Aufsichtskompetenzen können also keinem anderen Gericht und auch keinem anderen Staatsorgan zuerkannt werden. Dies schließt jedoch nicht aus, daß anderen Organen die Aufsicht über die administrative Tätigkeit der niedrigeren Gerichte anvertraut wird. Solche Kompetenzen besitzt vor allem der Justizminister.

Drittens wird die Aufsicht des Obersten Gerichts über die Rechtsprechung der Gerichte *aller* Stufen ausgeübt. Diese Aufsicht darf sich demnach nicht auf die Befindung über die Rechtsmittel gegen die in der ersten Instanz ergangenen Entscheidungen der Gerichte der mittleren Stufe (Woiwodschaftsgerichte) beschränken, sondern sie muß sich auch auf Entscheidungen der niedrigeren Gerichte (Kreisgerichte) erstrecken, von denen die Parteien die Rechtsmittel nicht beim Obersten Gericht einbringen können. Entsprechend werden in der Tätigkeit des Obersten Gerichts instanzliche Aufsichtsmittel und außerinstanzliche Aufsichtsmittel unterschieden. Die Aufsicht des Obersten Gerichts betrifft vor allem die gerichtliche Rechtsprechung, sie umfaßt aber auch Entscheidungen der Organe für Erfindungswesen, der Anwaltsdisziplinarkommission, der richterlichen Disziplinargerichte und auch Entscheidungen der nichtgerichtlichen Organe, die der Kontrolle der niedrigeren Gerichte unterstellt sind.[8]

4.2. Instanzliche Aufsicht

Das Oberste Gericht tritt hier als Gericht der zweiten Instanz (Berufungsinstanz) auf, indem es über die Rechtsmittel gegen: 1. die in erster Instanz ergangenen, nicht rechtskräftigen Entscheidungen (Urteile und Beschlüsse) der Woiwodschaftsgerichte, 2. die Entscheidungen aller Militärgerichte und 3. – ausnahmsweise – die Entscheidungen der Arbeits- und Sozialversicherungsgerichte befindet. Ausnahmsweise kann das Oberste Gericht auch eine Sache übernehmen, in der das Woiwodschaftsgericht als zweite Instanz zuständig ist.

Das Oberste Gericht kann auch – unabhängig von der meritorischen Entscheidung in der gegebenen Sache – das niedrigere Gericht auf offensichtliche Verstöße gegen die gesetzlichen Bestimmungen oder auf Fehler bei der Entscheidung in der

---

[8] Siehe S. WLODYKA: Funkcje Sadu Najwyzszego (Die Funktion des Obersten Gerichts), Kraków 1965.

ersten Instanz verweisen. Dies hat keinen Einfluß auf die Entscheidung in der Sache, aber es ist eine Form der präventiven Aufsicht über das Funktionieren der niedrigeren Gerichte.

4.3. Außerinstanzliche Aufsicht

Das Oberste Gericht tritt hier als Hauptorgan der Rechtspflege auf und die ihm gegebenen Kompetenzen stehen ihm aufgrund der Exklusivität zu. Die außerinstanzlichen Aufsichtsmittel betreffen die Rechtsprechung aller Gerichte und haben entweder einen individuellen Charakter — sind also mit der Entscheidung in einer bestimmten Sache verbunden — oder sie haben einen allgemeinen Charakter, indem eine alle Gerichte bindende Rechtsauslegung festgelegt wird.

Ein Aufsichtsmittel von individuellem Charakter ist die außerordentliche Revision, die eingereicht werden kann gegen jedes rechtskräftige Urteil eines ordentlichen Gerichts, eines besonderen Gerichts oder des Obersten Gerichts und auch gegen Entscheidungen einiger anderer Staatsorgane. Die außerordentliche Revision ermöglicht eine erneute Verhandlung in der Sache und Aufhebung beziehungsweise Änderung der früheren Entscheidung. Nicht zulässig ist im Grunde genommen die Berücksichtigung der außerordentlichen Revision, die nach Ablauf von sechs Monaten nach Eintritt der Rechtskraft der Entscheidung eingereicht wurde. Die außerordentliche Revision kann nur vom Ersten Präsidenten des Obersten Gerichts, vom Generalstaatsanwalt und vom Justizminister eingereicht werden und — in engem Sachenkreis — auch von anderen Staatsorganen.

Mit der Verhandlung individueller Sachen ist auch die Institution der Beantwortung der von Gerichten der zweiten Instanz gestellten Fragen durch das Oberste Gericht verbunden. Die Initiative gehört hier ausschließlich dem niedrigeren Gericht, aber die Antwort des Obersten Gerichts bindet dieses Gericht bei der Entscheidung der gegebenen Sache; das Oberste Gericht kann die Sache ausnahmsweise zur eigenen Verhandlung übernehmen.

Einen gemischten Charakter hat die Institution der vom Obersten Gericht festgelegten Rechtsgrundsätze, die zur Aufklärung von Zweifeln dienen, die während der Verhandlung konkreter Gerichtssachen entstanden sind. Wenn bei der Entscheidung einer solchen Sache durch das Oberste Gericht ein Zweifel hervorrufendes Rechtsproblem auftaucht, so kann das Richterkollegium eine entsprechende Frage an das Sieben-Richter-Kollegium richten und das Urteil erst nach Erhalt der Antwort auf diese Frage fällen. Das Sieben-Richter-Kollegium kann beschließen, den gefaßten Beschluß in das sog. Buch der Rechtsgrundsätze eintragen zu lassen. In einem solchen Fall bezieht sich der gefaßte Beschluß nicht nur auf die Sache, wegen der das Prinzip formuliert wurde, sondern es nimmt einen allgemeinen Charakter an und ist zukünftig für das Oberste Gericht bindend. Ein Rücktritt von diesem Grundsatz ist nur möglich durch Beschluß einer Kammer, mehrerer Kammern bzw. der Vollversammlung des Obersten Gerichts. Die in das

Buch der Rechtsgrundsätze eingetragenen Rechtsgrundsätze binden – formell gesehen – nur die Richterkollegien des Obersten Gerichts, sie werden aber in der Praxis auch von anderen Gerichten eingehalten.

Die Formulierung eines Rechtsgrundsatzes durch das Oberste Gericht, kann auch unabhängig von der Entscheidung in einer individuellen Sache erfolgen; dieser dient dann der allgemeinen Erläuterung der Zweifel hervorrufenden Rechtsprobleme. Rechtsfragen in diesem Bereich können vom Justizminister, vom Generalstaatsanwalt, vom Ersten Präsidenten und den Präsidenten des Obersten Gerichts – in engerem Bereich auch von anderen Organen – gestellt werden. Die Antwort erteilt ein Sieben-Richter-Kollegium, eine Kammer in voller Besetzung, mehrere Kammern gemeinsam oder die Vollversammlung des Obersten Gerichts. Ein so festgelegter Rechtsgrundsatz wird in das Buch der Rechtsgrundsätze eingetragen und seine Geltungskraft und die Art des Rücktritts von diesem Grundsatz sind analog zu den Rechtsgrundsätzen, die auf Initiative eines Richterkollegiums gefaßt wurden.

Die höchste Form der Erteilung von Interpretationsdirektiven sind die Richtlinien der Rechtsprechung und der Gerichtspraxis. Ihre Funktion ist, mangelhaften Entscheidungen in der Zukunft vorzubeugen, Sicherung der richtigen Anwendung des Rechtes sowie die Vereinheitlichung der Rechtsprechung der der judikativen Aufsicht des Obersten Gerichts unterliegenden Organe. Die Richtlinien werden auf Antrag des Justizministers, des Generalstaatsanwalts oder des Ersten Präsidenten des Obersten Gerichts festgelegt, die Initiative ihrer Festlegung hat einen abstrakten Charakter und ist mit keiner konkreten Gerichtssache verbunden. Ein Antrag wegen Festlegung von Richtlinien wird – abhängig von der Entscheidung des Ersten Präsidenten – zur Beratung einer Kammer, mehrerer Kammern bzw. der Vollversammlung des Obersten Gerichts übergeben. Die beschlossenen Richtlinien werden im Amtsblatt der VR Polen »Monitor Polski« veröffentlicht. Die Richtlinien binden alle Gerichte, und ein Verstoß gegen diese Richtlinien kann die Aufhebung oder die Änderung der Entscheidung begründen. In der Art der Fassung und der Veröffentlichung ähneln die Richtlinien den Normativakten, obwohl ihr formeller Inhalt nur die Auslegung der geltenden Bestimmungen ist. Sie spielen eine wichtige Rolle sowohl bei der Leitung der Rechtsprechung der niedrigeren Gerichte als auch bei der Auslegung des geltenden Rechtes.

Das Gewohnheitsrecht unter besonderer Berücksichtigung des Verfassungsrechts

Claudio Rossano, Neapel

1. Die Gewohnheit als Quelle sozialer Verhaltensnormen. Entstehungsvorgang der Gewohnheit. Die Gewohnheitsnormen und das organisatorische System der Gesellschaftsgruppe

Zur Klärung des Begriffes der normativen Rechtsgewohnheit als ein Rechtsnormen erzeugendes Phänomen ist es erforderlich, zunächst die Wesensart der Gewohnheit als ein soziale Vorschriften erzeugendes Phänomen näher abzugrenzen.

In der Tat äußert sich die als ein soziales Phänomen aufgefaßte Gewohnheit vor allem in der Form von Bräuchen, die in einem gewissen gesellschaftlichen Kreis überkommen sind und auf eine gewisse soziale Gruppe bezogen werden. Sie bezeichnet jene Phänomene, die bestimmte, allgemein verbreitete Verhaltensweisen, d. h. gesellschaftliche Grundsätze hervorbringen, welche infolge der Gewohnheitsmäßigkeit und Beharrlichkeit, mit denen einzelne Handlungen im Laufe der Zeit von den Mitgliedern der sozialen Gruppe wiederholt werden, die Voraussetzung rechtfertigen, daß sie unter denselben Umständen wiederkehren werden.

Innerhalb des Entstehungsvorganges der Gewohnheitsnormen können wir zwei Phasen unterscheiden.

Die erste Phase ist diejenige, in welcher das Wiederkehren eines bestimmten Verhaltens für die Anbahnung des Entstehungsvorganges selbst ausschlaggebend ist. Der Mensch neigt seiner Tendenz nach dazu, das bei seinen Mitmenschen beobachtete Verhalten unter denselben Umständen und in gleichen Situationen nachzuahmen. Zwar trifft es zu, daß ein Individuum sich im allgemeinen deshalb an eine bestimmte, entweder auf ethischen oder utilitaristischen Werten begründete Ordnung bezieht. Wenn sich jedoch dieselben Umstände einstellen, anläßlich derer zuvor nicht nur von ihm selbst, sondern auch von seinen Mitmenschen gewisse Verhaltensweisen befolgt wurden, nötigt ihn seine Tendenz zur Nachahmung dazu, die frühere Verhaltensweise aus keinem anderen Grund als dem, daß zuvor so gehandelt wurde, zu wiederholen. Im Ablauf der Zeit wird die Tendenz zur freien, auf gewisse Werte abgestimmten Wahl immer schwächer, während das Präzedens immer mehr in den Vordergrund rückt; so kommt es dazu, daß man sich unter der Voraussetzung, daß eine bereits vorher befolgte Verhaltensweise schon auf einem Werturteil begründet sei, das man hingegen selbst erst fällen müßte, mit bereits früher getroffenen Wahlen begnügt.

In der zweiten Phase bildet sich infolge zunehmender Objektivierung, Verallgemeinerung und Entpersönlichung der den einzelnen, im Laufe der Zeit immer gleichförmig wiederholten Handlungen zugrundeliegenden Werturteile eine wahre Verhaltensnorm heraus. Die Tatsache, daß eine Verhaltensweise wiederholt wird hat zur Folge, daß das Werturteil von ihrer individualistischen Bezugnahme auf den einzelnen Gegenstand abläßt und im Gegenteil objektive Züge anzunehmen beginnt. Es beginnt sich als allgemeine, praktische und geschichtliche Vernunft zu entfalten. Die Existenz der fortlaufenden Serie einzelner wiederholter Handlungen und die durch die Wiederholung begründete Voraussehbarkeit der Erneuerung eines bestimmten Benehmens bei Eintreten derselben Umstände erwecken in der Gemeinschaft die überkommene Überzeugung, daß jenes und kein anderes das zu befolgende Verhalten sei. In diesem Zusammenhang ist nicht an die Handlungsweisen einzelner Mitglieder der sozialen Gruppe zu denken, sondern an ein einheitliches Verhalten, das in der gesamten Gesellschaftsgruppe Wurzeln schlägt. Denn nur wo dies geschieht, kann der Objektivierungsvorgang des dem Verhalten zugrundeliegenden Werturteils als vollendet gelten und darf demnach angenommen werden, daß eine Vorschrift entstanden ist, ein von den einzelnen wiederholten Verhalten abstrahiertes und deshalb unabhängiges Leitbild. Nachdem die Gewohnheit in einer gewissen Gesellschaftsgruppe Wurzeln gefaßt hat, hat sie dort auch die Kraft sich zu behaupten, indem sie auf eine – den zeitlichen und räumlichen Umständen entsprechend – mehr oder weniger tiefgreifende Weise die Fähigkeit der Gruppe selbst zum Ausdruck bringt, einen Zwang aufzuerlegen. Falls wir es nun als begründet erachten, der als subjektives Wesen einheitlich genommenen Gesellschaftsgruppe einen ihr selbst anrechenbaren Willen zuzusprechen, und falls dieser Wille sich als Durchsetzung der eigenmächtig geschaffenen Vorschriften entfaltet, folgt daraus, daß die Annahme gerechtfertigt ist, daß die Gewohnheitsnorm dem Willen der Gesellschaftsgruppe selbst Ausdruck verleiht. Dieser Wille, der nicht mit dem den repetierten Handlungen der einzelnen Gesellschaftsmitglieder innewohnenden Willen verwechselt werden darf – letzterer bezieht sich ja auf einzelne, konkrete Verhaltensweisen – ist ein normativer Wille, der nur insofern von Belang ist, als er das Zusammenstreben der die Gruppe bildenden, sozialen Kräfte in bezug auf jene spezifische Vorschrift ausdrückt. In dieser Hinsicht kann also von Zustimmung oder Einverständnis der sozialen Kräfte gesprochen werden, da ja eine Vorschrift offensichtlich nur insofern als die Vorschrift einer gewissen Gruppe gelten wird, als man von ihr behaupten kann, daß sie durch die Gruppe (oder die in der Gruppe vorwiegenden, sozialen Kräfte) übernommen wird.

Im allgemeinen kann eine Vorschrift dann als übernommen gelten, wenn sie sich in ein organisatorisches System eingliedert; mit anderen Worten, falls sie dermaßen in der Gruppe verwurzelt ist, daß sie deren für gewisse Verhältnisse als zwingend empfundenen Regelungsbedürfnissen gerecht wird und mit den anderen, bereits überkommenen Vorschriften zusammenpaßt. Im besonderen müssen die spezifische *Struktur* und *Organisation* in Rechnung gestellt werden. Reine Vorschrift kann nämlich keinesfalls als etwas von dem sozialen Kreis, in dem sie entstanden ist, Losgelöstes oder Gesondertes aufgefaßt werden. Ungeachtet dessen, was immer die Verhältnisse ihres Entstehens, ihrer Umwandlung und Aufhebung sein mögen, muß sie stets auf eine Gemeinschaft bezogen werden, die durch eine spezifische Struktur und Organisation gekennzeichnet ist. Letztere weisen in der Tat Entwicklungen auf, die sich – ob nun rasch oder langsam – zwangsläufig in den einzelnen, aus der Gewohnheit hergeleiteten Normen niederschlagen. Übrigens ist die Übernahme der Regeln nur auf die gesamte, einheitlich aufgefaßte Gruppe zu beziehen und nicht etwa auf einzelne, von den anderen losgelöste und gesonderte Teile. Demnach haben die einzelnen Normen die, *für sich genommen*, deshalb unbegreiflich bleiben, weil sie in Wahrheit überhaupt nicht existieren, nur dann einen Sinn, wenn sie mit der Gesamtstruktur der Gemeinschaft, innerhalb welcher sie Geltung haben, in Verbindung gesetzt werden. Man kann bei ihrer Beurteilung nicht von der Gesamtheit des Systems absehen, weil jede einzelne von ihnen in sich das gesamte System einheitlich wiederspiegelt.

Auch der den Gewohnheiten innewohnende Zwang hängt von der organisatorischen Struktur der Gesellschaftsgruppe ab. Das Ausmaß des durch die Normen auferlegten Zwanges wird an den sozialen Reaktionen auf ihre Befolgung oder Verletzung – letztere kann die verschiedenartigsten Sanktionen zur Folge haben – gemessen; und das ungeachtet dessen, ob diese Reaktionen nun positiv oder negativ sind (d. h. ob sie ein günstiges Ergebnis ermöglichen oder mit ungünstigen Effekten verbunden sind), also nur vorausgesetzt, daß sie dazu fähig sind, die Wirksamkeit der Norm zu gewährleisten. In dem obenerwähnten Zwang kommt letztlich das Bewußtsein zum Ausdruck, daß das Prinzip der Gewohnheitsnormbefolgung im Falle von Verhaltensweisen, die von dem in den Normen enthaltenen Vorbild abweichen, durchgesetzt und wiederhergestellt werden kann.

2. Rechtlichkeit der Gewohnheit und Rechtsordnung.
Die Gewohnheitsnormen und der normative Wille der Rechtsordnung

Von der Existenz solcher, für die Gesellschaftsglieder verbindlicher Gewohnheitsregeln Kenntnis zu nehmen, heißt jedoch nicht, sie auch als rechtlich hinzustellen, nur weil sie bindend sind. Im Gegenteil ist es erforderlich, die rechtliche von der nur auf soziale Vorschriften bezogenen Bindungsfähigkeit zu unterscheiden. Die Identifizierung der Rechtsgewohnheiten und ihre Unterscheidung von den bloß sozialen Gewohnheiten setzt zwangsläufig eine Bezugnahme auf die der Gesellschaft zugrundeliegende Rechtsorganisation und Rechtsstruktur voraus. Denn nur letztere verleihen der Rechtsverbindlichkeit ihren typischen rechtlichen Charakter und rechtfertigen zugleich deren konkrete Existenz.

Das Problem der Rechtlichkeit der Gewohnheit läuft demnach auf das Problem der Beziehungen zu einer spezifischen Rechtsordnung hinaus (nicht ausschließlich zu der staatlichen Ordnung, sondern auch zu jeder anderen Ordnung, die als rechtlich gelten kann), denn nur dieses Verhältnis gewährleistet in einem wahren Sinne ihre Fähigkeit, Rechtsnormen hervorzubringen.

Diese Annahme beruht auf der Voraussetzung, daß es in keiner Ordnung Vorschriften geben kann, die eine eigenmächtige, und als solche unabhängige und von nichts hergeleitete Schaffenskraft hätten. Unter keinen Umständen kann die Schaffenskraft des Rechtes als eine ursprüngliche Eigenschaft einzelner, für sich genommener Vorschriften aufgefaßt werden; denn sie ist im Gegenteil ein Etwas, das diesen Vorschriften nur von der als Gesamtheit betrachteten Ordnung, in der sie enthalten sind, zukommt.

Was nun die Schaffenskraft der als eine, in einer bestimmten Ordnung geltende Norm aufgefaßten, rechtlichen Gewohnheitsnorm betrifft, sieht man sich zu der Erkenntnis gezwungen, daß auch diese die von jener Rechtsordnung ausgestrahlte Schaffenskraft ausdrückt. Wie alle anderen Rechtsquellen, ist auch die Rechtsgewohnheit etwas, das von der Ordnung, wo sie in Erscheinung tritt, nicht gesondert oder losgelöst sein könnte. Entweder sie tritt als eine Gewohnheit jener bestimmten Ordnung auf, mit jener spezifischen, ihr von eben der Ordnung verliehenen Schaffenskraft, oder sie ist überhaupt keine Rechtsgewohnheit, d. h. sie existiert als solche nicht.

Kaum entstanden, drückt sie schon jenen normativen Rechtswillen aus, der den Willen der Rechtsordnung ausmacht. Es handelt sich um den Willen, daß ein von stest wiederholten Verhaltensweisen hergeleiteter Brauch rechtsverbindlich werde.

3. Die »opinio iuris et necessitatis«, der normative Wille der »Benutzer«, der normative Umstand sowie die autonome Rechtsgewohnheitsordnung als überholte Theorien

Aus dem Gesagten geht die Fälschlichkeit jener Auffassung hervor, nach welcher die Rechtlichkeit der Gewohnheit von den Individuen herzuleiten sei, die jene Ordnung bilden: z. B. von ihrem Benehmen als solchem, ob nun *uti singuli* oder als Gemeinschaft; oder auch von der Annahme – dem Glauben, der Überzeugung oder dem Willen – der in ihnen bestünde, daß das von ihnen Befolgte etwas Rechtens sein müsse.

In diesem Zusammenhang ist die Anmerkung angebracht, daß die Überzeugung als solche nicht als Grundlage einer Rechtsnorm betrachtet wnrden kann. Denn falls man von der Existenz einer Norm überzeugt ist, kann diese Überzeugung sowohl auf eine bestehende als auch auf eine nicht bestehende Norm bezogen sein. In dem einen sowie in dem anderen Fall ist das Bestehen oder Nicht-Bestehen der Norm von dieser Überzeugung unabhängig.

Dementsprechend ist auch dem sog. normativen Willen der sog. »Benützer« (sowohl einzeln als auch gemeinschaftlich genommen) jegliche Bedeutung abzusprechen. Ihr Wille kann zwar in Hinsicht eines einzelnen Verhaltens von Belang sein, aber für das normative Ergebnis bleibt er belanglos. Falls die »Benützer« die Fähigkeit hätten, durch eigenmächtige und primäre Willensäußerungen Vorschriften zu schaffen, die für ihre Mitmenschen bindend wären, müßte man sie nicht mehr als einfache »Benützer«, sondern vielmehr als öffentliche, mit Hoheitsbefugnis ausgestattete Rechtsträger betrachten.

Die Tatsache, daß die Rechtlichkeit der Gewohnheit zwangsläufig von der Rechtlichkeit der Ordnung abhängt, in der sie besteht, beweist auch die Fälschlichkeit der Annahme, daß ihre Rechtlichkeit auf die normative Gewohnheit als solche zurückzuführen sei.

Letzteres nötigt uns dazu, auszuschließen, daß die Gewohnheit als solche eine selbständige Rechtsordnung schaffen könnte. Um als Rechtsquelle gelten zu können, muß die Gewohnheit – und dasselbe gilt übrigens für alle anderen Rechtsquellen, wie z. B. das Gesetz – unbedingt das Bestehen einer Rechtsordnung voraussetzen.

4. Gewohnheit und Verfassungsordnung. Die Bestätigung der Organe und Subjekte des Verfassungsrechts

Die eben gezogenen Erwägungen gestatten uns, auf das Problem der Bedeutung einzugehen, die der Gewohnheit im Bereich des Verfassungsrechtes zuzuweisen ist. Das Verfassungsrecht bildet einen Sektor der staatlichen Rechtsordnung, welcher vereinbarungsgemäß die primäre Organisation der Staatsstruktur, die darin enthaltenen Grundeinrichtungen, wie auch die den verschiedenen Rechtszweigen zugrundeliegenden Grundsätze umfaßt.

Der Entstehungsvorgang der Gewohnheit stimmt in seinem Ablauf mit dem schon im allgemeinen umrissenen Vorgang überein. Es trifft öfters zu, daß das Organ oder Subjekt – das an dem Verfassungs-Rechtsleben teilhat, indem es Tätigkeiten in Gang setzt, die innerhalb des Verfassungs-Rechtslebens von Belang sind – nachdem es einmal bezüglich der Ausübung gewisser Funktionen eine bestimmte Entscheidung getroffen hat, die Neigung dazu entwickelt, die bereits vorher befolgte Verhaltensweise bei Eintreten derselben Umstände zu wiederholen. Das gewohnheitsmäßige Verfahren kann dann als dauerhaft eingeführt gelten, sobald eine Berufung auf den Präzedenzfall – oder auf die Präzedenzien – für die kommenden Handlungen des Organs oder des Subjekts als eine wahre, bindende Richtlinie empfunden werden.

Das heißt jedoch keineswegs, daß es als unbedingt notwendig zu erachten sei, daß diese Aktivität auf Subjekte oder Organe zurückzuführen sei, die verfassungsrechtlich institutionelle Funktionen ausüben. Denn, wie wir später feststellen werden, kann eine Gewohnheit auch aus Subjekten hervorgehen, die sich nur faktisch und in einem bestimmten historischen Zeitraum betätigen, indem sie Verhaltensweisen befolgen, die sogar *extra ordinem* oder gar zu den zu jenem Zeitpunkt geltenden, gesetzlichen Grenzen widrig sein könnten. In solchen Fällen setzt die Existenz von Rechtsgewohnheiten voraus, daß das verfassungsmäßige System selbst eine Umänderung im Sinne der von den handelnden Subjekten ausgeübten Tätigkeit erfahren habe. Diese Umänderung betrifft zuweilen nur Normen, die spezifischen Kompetenzen und Mächten zugrundeliegen; andere Male betrifft sie hingegen gesamte Bereiche des Systems und kommt demnach auf eine Art langsame Revolution heraus.

Von diesen Erwägungen abgesehen, läuft der Entstehungsvorgang der verfassungsmäßigen Gewohnheit mit denselben Phasen ab, die wir schon anläßlich unserer allgemeinen Erörterung der Gewohnheit festgelegt haben; dieser Vorgang erreicht seinen Reifepunkt, sobald er ein wahres Verhaltensmodell geschaffen hat, das im spezifischen Bereich des Verfassungsrechtes von den darin wirkenden Subjekten und Organen für die Ausübung ihrer Befugnisse als bindend betrachtet wird. Und letzteres ungeachtet dessen, was immer die wahre Kraft und Wirksamkeit des Zwanges in Anbetracht der Beziehungen zu den anderen Rechtsquellen sein mögen.

Wir müssen jedoch hier auch folgendes hervorheben: indem man von der Existenz von Normen gewohnheitsmäßigen Ursprungs Kenntnis nimmt, die, was immer auch ihre Herkunft – Verhaltensweisen die sowohl auf institutionelle Organe als auch auf Organe und Subjekte *extra ordinem* zurückzuführen sein mögen – jedenfalls den spezifischen normativen Willen der Ordnung in die sie eingefügt sind, ausdrücken, ist man gezwungen, gleichzeitig die Existenz eines wahrhaftig effektiv geltenden, strukturellen Grundsatzes anzunehmen, in dem der wahre Wille der Ordnung zum Ausdruck kommt, der Gewohnheit als Rechtsquelle in ihrem eigenen Bereich Wirksamkeit zu gewährleisten. Dieser Grundsatz muß nicht unbedingt ausdrücklich in einer schriftlichen Bestimmung über die Quellen enthalten sein, sondern er kann auch aus dem als Gesamtheit aufgefaßten Rechtssystem implizite hervorgehen.

In diesem Zusammenhang erscheint jedoch ein Hinweis darauf angebracht, daß schriftliche Quellenbestimmungen, dort wo es deren gibt, zweifellos von Belang sind. Als Bestandteil der Struktur jener Ordnung haben sie die Fähigkeit, die Wirksamkeit der einzelnen, sowohl schriftlichen als nicht schriftlichen Mittel zur Schaffung des Rechtes zu regeln und demgemäß auch zu beschränken. Da sie jedoch stets in einem Abhängigkeitsverhältnis zu den grundlegenden, strukturellen

Prinzipien der Ordnung stehen, darf ihnen dennoch keine absolute Bedeutung zugesprochen werden. In der Tat kann in jeder Ordnung ein Kern von Grundsätzen erkannt werden, die die Grundlage bilden, auf der die Ordnung selbst ruht. In diesem Kern ist der Faktor eingebettet, der dieser Ordnung einen einheitlichen Charakter verleiht. Ob nun diese Grundsätze alle zusammen in einer Urkunde enthalten sind, deren feierliche Form ihnen eine besondere, von dem Akt, in den sie einverleibt sind hervorgehende Kraft und Bedeutung verleiht, oder ob sie aus der Überlieferung, eventuell *ab himmemorabili* stammen, ist belanglos. Das Ausschlaggebende ist ihre Existenz, da sie Kohäsion und Einheit der Ordnung geben, als Gesamtheit aufgefaßt. Folglich hat die Anerkennung aller sowohl schriftlichen als nicht schriftlichen Rechtsquellen ihre Grundlage eben in diesem Grundkern von Prinzipien. Diese Grundsätze haben auch gegenüber spezifischen schriftlichen Quellenbestimmungen den Vorrang, mit der einzigen, naheliegenden Ausnahme des Falles, daß sie eventuell in eben diesen Quellen enthalten seien und letztere also als das Mittel zu betrachten seien, dem sie ihre förmliche Äußerung verdanken.

5. Relativität der normativen Bedeutung der Rechtsgewohnheit. Gewohnheit und schriftliche Quellenbestimmungen. Bedeutung der grundlegenden strukturellen Prinzipien

Die zwangsläufig herzustellende Verbindung zur verfassungsmäßigen Ordnung bringt u. a. mit sich, daß die Relevanz der Gewohnheit im Verhältnis zu den verschiedenen Gesichtspunkten, unter denen die einzelnen verfassungsmäßigen Ordnungen betrachtet werden, unterschiedlich sein wird; sowie daß auch ihre Bewertung von einem rechtlichen Gesichtspunkt aus im Verhältnis zu der stets wandelnden Verfassungswirklichkeit, in ihrer Effektivität genommen, wechselnd sein wird.

Der Versuch, das Problem der Bedeutung der Gewohnheit im Rahmen des Verfassungsrechtes zu lösen, indem man absolute Maßstäbe heranzieht wie z. B. die Behauptung, daß die Gewohnheit (den Grundsätzen der historischen Schule gemäß) stest als die Hauptquelle der Ordnung zu betrachten ist und als solche dem schriftlichen Recht immer unterzuordnen sei, erscheint demnach als abwegig.

Auch das Problem des Vorwiegens einer dieser beiden Quellenkategorien ist nur unter Berücksichtigung der besonderen Beschaffenheit der Gesamtstruktur jeder einzelnen Ordnung in einem bestimmten historischen Zeitraum lösbar.

Der Ermittlung der konkreten Wirkungskraft der Gewohnheit innerhalb der einzelnen verfassungsmäßigen Ordnungen stehen demnach große Hindernisse im Weg, und diese Schwierigkeiten wachsen sogar beträchtlich, wenn man eine Erklärung für die Tatsache sucht, daß Gewohnheiten sogar in Anwesenheit von schriftlichen Quellenbestimmungen existieren, die deren Wirksamkeit ausgesprochen oder auch implizite beschränken. Denn falls z. B. in einer verfassungsgemäßen Ordnung Vorschriften auftreten, wo die Betätigungsbereiche, denen vom rechtlichen Gesichtspunkt aus Belang zuweisbar ist, schon im voraus streng schematisch und normativ festgelegt werden und es demnach ausgeschlossen ist, daß außerhalb dieses Bereiches liegende Tätigkeiten Anerkennung finden oder Wirksamkeit haben können, besteht offensichtlich vom Standpunkt der bestehenden Rechtsordnung aus keinerlei Möglichkeit für das Entstehen einer verfassungsgemäßen Rechtsgewohnheit. Von eben diesem Standpunkt der bestehenden Rechtsordnung aus könnte eine solche Wahrheit nur insofern bestehen, als spezifische normative Verweisungen in diesem Sinne bestünden. Handlungen, die sich eventuell außerhalb der vorherbestehenden Schemen oder gar diesen zuwider entfalten, und die jedenfalls als rechtlich belanglos erscheinen sollten, müßten entweder als gesetzwidrig betrachtet werden und demnach mit eventuellen, in Übereinstimmung mit den bestehenden normativen Vorschriften verhängten Sanktionen verbunden sein, oder überhaupt als belanglos und rechtlich unproduktiv gelten.

Auch wenn es sich trotz offensichtlicher Gesetzwidrigkeit dieser Gewohnheiten infolge der »Nicht-Institiabilität« einiger Verfassungsnormen als unmöglich herausstellen sollte, Sanktionen zu verhängen, oder falls überhaupt keine Sanktionen vorgesehen wären, würde eine solche Tatsache in sich den Gegensatz zu der bestehenden Rechtsordnung keineswegs ausschließen. Bei Bestehen der Gesetzwidrigkeit eines obgleich nicht mit Sanktionen verbundenen Verhaltens könnte demnach auf ihm keine gewohnheitsrechtliche und, als solche, verbindliche Norm begründet werden, da die Einreihung letzterer in das Rechtssystem, das sie als gesetzwidrig betrachtet, unmöglich ist.

Diese Schlußfolgerungen haben übrigens nur innerhalb des tatsächlichen Wirkungskreises des jeweils in Anbetracht gezogenen Verfassungssystems Geltung. Denn in Wahrheit ist es als durchaus möglich zu erachten, daß sich Gewohnheitsnormen, die auf ein Verhalten begründet sind, das außerhalb oder gar, im äußersten Fall, im Gegensatz zu dem stehen, was bis zu einem gewissen Zeitpunkt der normale, mit den vorherbestehenden Rechtsschemen übereinstimmende Ablauf der Aktivität der Verfassungssubjekte und -organe gewesen war, dennoch als wirksam und bindend erweisen und demnach Gewohnheiten hervorbringen, die im Verhältnis zur bestehenden Ordnung *contra legem* sind. Sollte man solchen Normen die Eigenschaft der Rechtlichkeit zusprechen wollen, müßte man gleichzeitig implizite annehmen, daß in dem Rechtssystem, in dem sich die Normen herausgebildet haben, eine Umwandlung erfolgt sei. Voraussetzung für die rechtliche Wirksamkeit der Gewohnheitsnormen ist nämlich zweifellos die Tatsache, daß im Zusammenhang mit den einzelnen, de facto eintretenden Umänderungen auch die gesamte Struktur oder einzelne ihrer Teile eine Umwandlung erfahren haben. Das eben angedeutete ist ein Verhältnis zwischen einem Teil eines gegebenen Systems und dem System als Ganzem, das auch im Falle von plötzlichen, von Revolutionen hervorgerufenen und *extra ordinem* erfolgenden Veränderungsvorgängen zu beobachten ist. Gleichartige Überlegungen sind auch in bezug auf Gewohnheiten anzustellen, die eventuell unter Beteiligung von Subjekten und Organen herausgebildet wurden, welche infolge der Tatsache, daß sie überhaupt keine Beziehung zu den vorherbestehenden Rechtsschemen haben, als vollends außerhalb der Rechtsordnung zu betrachten sind.

Wie bereits erwähnt, kann es nämlich vorkommen, daß sich Subjekte zu betätigen beginnen, die im Bereich der Verfassung als vollends neu erscheinen; deren Aktivität somit von keinerlei spezifischer Rechtsdisziplin geregelt wird, oder denen sich, im äußersten Fall, das in einem bestimmten historschen Zeitraum bestehende, verfassungsrechtliche System sogar ausgesprochen widersetzt.

Auch in solchen Fällen ist es unbedingt notwendig, eine wahre und ausgesprochene Neuerung auf verfassungsmäßigem Gebiet vorauszusetzen; eine Neuerung, die zuerst de facto auftritt und dann, nachdem sie sich innerhalb eines effektiv geltenden Rechtssystems stabil behauptet hat, gleichfalls einen rechtlichen Charakter annimmt.

Man wird demnach zuerst eine vom Standpunkt des jeweils in Anbetracht gezogenen Systems aus verfassungswidrige Neuerung beobachten und später, mit zunehmender Stabilisierung der Neuerung, eine Anerkennung *ex post* der auf nunmehr neuen Verfassungswirklichkeit begründeten Rechtsgültigkeit derselben.

Die Anerkennung der Rechtsgültigkeit solcher gewohnheitsmäßiger Phänomene unterscheidet sich in Wahrheit in nichts von der Anerkennung der Rechtsgültigkeit, die den im wahren Sinne des Wortes revolutionären Erscheinungen zugesprochen wird.

6. Die Gewohnheit in bezug auf starre und unstarre Verfassungen

Demnach muß auch erwähnt werden, daß das unterschiedliche Ausmaß an Bedeutung, das Gewohnheiten in einer verfassungsmäßigen Ordnung gewinnen können, davon abhängt, ob es sich um eine starre oder unstarre Verfassung handelt.

Im Falle einer unstarren Verfassung wird das Entstehen von Gewohnheitsnormen mit ungemein größerer Wahrscheinlichkeit beobachtet werden als im Falle einer starren Verfassung. Dies trifft ohne Zweifel zu, falls keinerlei schriftliche Quellenbestimmungen auftreten, in denen das Wirken der Rechtsgewohnheit ausgesprochen verboten würde. Wie bereits hervorgehoben, kann aber auch in solchen Fällen, wo Gewohnheitsquellen entweder ausgeschlossen oder beschränkt würden, nicht behauptet werden, daß jegliche Wirkungsfähigkeit der Gewohnheit absolut auszuschließen sei. Es muß nämlich in Erwägung gezogen werden, daß auch Verbote und Beschränkungen auf eine Grenze stoßen, nämlich die der Effektivität; denn nur diese ist imstande, den Wirkungskreis sowohl eines als Ganzes betrachteten Rechtssystems als auch insbesondere der die Quellen bestimmenden Vorschriften zu gewährleisten. Obwohl die Sonderstellung, die der legislatorischen gegenüber der gewohnheitsmäßigen Quelle im Rahmen der rationalisierten Rechtsordnungen der Gegenwart zukommt, auf die Wirksamkeit des Verbotes schließen läßt, kann dennoch die Relativität des Verbotes selbst nicht bestritten werden. Und dies setzt die Ermittlung seiner Wirksamkeit in facto voraus.

Sowohl aufgrund der Tatsache, daß für die Schaffung sowie auch für die Umänderung von Verfassungsnormen ein besonderes, förmliches Verfahren vorgesehen ist, als auch aufgrund der Erkenntnis, daß die verfassungsgesetzgebende Gewalt gleichzeitig nur bestimmten, von denen der ordentlichen Gesetzgebung verschiedenen Organen zugewiesen ist, wird man im Falle des Bestehens einer starren Verfassung die Schlußfolgerung ziehen müssen, daß auch in Abwesenheit von spezifischen normativen Vorschriften in diesem Sinne jegliche solche Gewohnheiten als verboten zu erachten sind, die Änderungen innerhalb von Bereichen einführen, deren Regelung durch starre Verfassungsnormen erfolgt. In diesem Zusammenhang erweist es sich als offensichtlich, daß der Wirkungsfähigkeit der Gewohnheitsquelle nicht so sehr das Bestehen von spezifischen, solche Verbote enthaltenden Vorschriften im Wege steht, als hauptsächlich die Struktur der Verfassungsordnung.

In der Tat könnten die Handlungen, auf denen die Gewohnheit zu begründen wäre, nur entweder einen vom verfassungsrechtlichen Standpunkt aus unwirksamen Brauch zur Folge haben, oder in einer der bestehenden Verfassung entgegengesetzten Richtung ablaufen und somit eventuell in verfassungswidrigen Brauch selbst auslaufen.

Solange eine Verfassung von der Effektivität bekräftigt wird, kann zwar die Möglichkeit nicht ausgeschlossen werden, daß sich Bräuche herausbilden, die vom rechtlichen Gesichtspunkt aus belanglos oder gar der starren Verfassung widrig und demnach eventuell mit Rechtssanktionen verbunden sein mögen; was hingegen durchaus auszuschließen ist, ist, daß sich diese Bräuche bei Fortbestehen des Verfassungssystems in rechtlich bindende, normative Gewohnheiten wandeln.

Das heißt jedoch nicht, daß das Verbot, verfassungsrechtliche Normen (sowohl solche, die eine Änderung, als auch solche, die eine Ergänzung der förmlichen Verfassung zur Folge haben) zu schaffen, infolge der Relativität der Rechtssysteme bei Bestehen einer starren Verfassung einen absoluten Wert hat. Falls man demnach zu der Erkenntnis genötigt würde, daß sich in einem starren effektiv geltenden verfassungsrechtlichen System Gewohnheiten herausgebildet hätten, die der Verfassung selbst widrig wären, müßte man gleichzeitig zugeben, daß eine Verfassungsänderung erfolgt sei. Nicht nur wäre in diesem Falle eine Neuerung vorauszusetzen, die entweder gewisse Bereiche oder einige Grundsätze oder auch einige Verfassungsnormen beträfe, sondern eine Änderung der Verfassungsstruktur schlechthin; denn das Grundprinzip, auf dem die starre Verfassung ruht, d. h. die Tatsache, daß sie nur bei Befolgung eines bestimmten förmlichen Verfahrens umgeändert werden könne, ist somit umgestürzt. Demnach versteht es sich, daß in einem solchen Falle die Erkenntnis von gewohnheitsgemäßen Neuerungen häufig eine Umwandlung nicht nur der schriftlichen Quelle der Verfassungwirklichkeit, sondern auch der die Grundlage des Rechtssystems bildenden, politischen Realität selbst voraussetzt.

7. Die Gewohnheit und ihre Bedeutung als Quelle der Exekution von Verfassungsnormen

Was wir bis jetzt in bezug auf das Entstehen von Gewohnheiten hervorgehoben haben, die im Bereich der schriftlichen Verfassung von Belang sind, schließt keineswegs aus, daß sich im Rahmen von umfangreicheren normativen Tatbeständen des Verfassungsgesetzes Gewohnheiten herausbilden können, die eine spezifischere und detailliertere Disziplin für bereits von der Verfassung geregelte Verhältnisse und Situationen gewährleisten. Dies trifft vor allem dann zu, wenn es sich um Gebiete handelt, auf denen keine normativen Privilegien zugunsten anderer Rechtsquellen (z. B. Gesetze oder Verordnungen) vorgesehen sind. In solchen Fällen läuft es darauf hinaus, daß die Gewohnheit in bezug auf die Verfassungsnormen einen exekutiven Wert gewinnt.

Das Entstehen von Gewohnheiten wird natürlich mit weit größerer Wahrscheinlichkeit innerhalb solcher Bereiche der verfassungsmäßigen Ordnung zu beobachten sein, deren Regelung nicht im einzelnen durch Bestimmungen aus anderen normativen Quellen erfolgt und dort, wo ein genügend breiter Spielraum für zusätzliche Regelungen offensteht. In diesem Zusammenhang ist auch der Hinweis angebracht, daß Institutionen und Organe im Bereich des Verfassungsrechtes im Gegensatz zu jenen der anderen rechtlichen Bereiche nicht auf Schemen von einer solchen Starrheit stoßen, daß sie keinerlei Spielraum für eine eigenmächtig gestaltete Aktivität fänden. Demnach sind es hauptsächlich diese, der autonomen Entscheidung des Organs oder des Subjekts überlassenen Spielräume, die mit größerer Wahrscheinlichkeit Gewohnheiten hervorbringen. Im Bereich der öffentlichen Organisation hat übrigens der Grundsatz Geltung, daß die Art und Weise, mit welcher ein Subjekt die ihm zukommende Macht ausübt, im Falle des Mangels an vorherbestehenden Regelungen durch das Subjekt selbst zu bestimmen sei, wann immer dieses dazu berufen sei, seine Befugnisse auszuüben.

Die Aufnahme deutscher Rechtsstaatstheorien in Japan

BIN TAKADA, Osaka

I. Einleitung

1. Die erste moderne japanische Verfassung, die Meiji-Verfassung von 1889 (MV), entstand unter dem Einfluß deutscher Verfassungen und deutschen Verfassungsdenkens. Als Folge wurden auch die moderne Rechtswissenschaft und die Wissenschaft vom öffentlichen Recht Japans vom deutschen Vorbild geprägt. Es war deswegen nur natürlich, daß die deutschen Theorien des Rechtsstaats, der das moderne Staatsrecht begründet und das Verwaltungsrecht erzeugte, in Japan übernommen wurden. Dies wird auch durch die Tatsache aufgezeigt, daß der erste Gebrauch des Wortes »Rechtsstaat« in Japan im Protokoll zu finden ist, das MIYOJI ITO abfaßte, als er mit dem späteren japanischen Ministerpräsidenten HIROBUMI ITO u. a. 1882 nach Europa fuhr, um die Schaffung der oktroyierten Verfassung, MV, vorzubereiten, und zu diesem Zweck die Vorlesungen ALBERT MOSSES bei RUDOLF VON GNEIST in Berlin und LORENZ VON STEINS in Wien besuchte.

Die Japanische Verfassung von 1946 (JV) richtete sich nach dem amerikanischen Muster. Entsprechend änderten sich die der MV zugrundeliegenden Rechtsstaatstheorien. Dennoch zeigen die neueren japanischen Rechtsstaatstheorien weiterhin Gemeinsamkeiten mit den dem deutschen GG zugrunde liegenden. Die Gründe hierfür liegen in der Gemeinsamkeit der Systematik und der Begriffe der japanischen Wissenschaft vom öffentlichen Recht mit denen der deutschen seit der Meiji-Zeit, der Ähnlichkeit der neuen deutschen und japanischen Verfassungen, die in einer vergleichbaren politischen und wirtschaftlichen Situation entstanden und einen allgemeinen Grundsatz der Menschheit aufnahmen, und der Ähnlichkeit des gegenwärtigen Staates mit dem demokratischen Regierungssystem zu sehen.

2. Mein heutiges Thema, ist »die Aufnahme deutscher Rechtsstaatstheorien in Japan«. Das Thema »Rechtsstaatstheorien«, zu dem der Grundsatz der gesetzmäßigen Verwaltung, die Verwaltungsgerichtsbarkeit, die richterliche Unabhängigkeit u. a. m. gehören, ist so umfangreich, daß es in der zur Verfügung stehenden

Zeit schwer zu behandeln scheint. In meinem Vortrag beschränke ich mich deshalb auf das elementarste Problem, die Darstellung der Übernahme des deutschen Rechtsstaatsbegriffs. Dabei behandle ich die Entwicklung der Vorstellungen über den Rechtsstaat in Deutschland und in Japan, d. h., was man sich dort unter dem Wort »Rechtsstaat« vorstellte und heute vorstellt.[1] Keinen Gegenstand meiner Betrachtung bilden die Rechtsstaatstheorien, die die sog. Rechtsstaatstheoretiker, z. B. KANT, der junge FICHTE, W. v. HUMBOLDT u. a. beschrieben, ohne das Wort »Rechtsstaat« zu verwenden.

II. Die Logik der Entwicklung der deutschen Vorstellungen des Rechtsstaates

1. Nach der herrschenden Meinung hat der deutsche Rechtsstaat sich vom frühen materiellen zum formellen Rechtsstaat und anschließend zum materiellen Rechtsstaat der Gegenwart entwickelt. Dabei bezeichnet der frühe materielle Rechtsstaat den des ausgehenden 18. und beginnenden 19. Jahrhunderts, der von KANT, dem jungen FICHTE, W. v. HUMBOLDT, R. v. MOHL u. a. formuliert wurde. Der formelle Rechtsstaat bezeichnet einen Rechtsstaat, der von F. J. STAHL 1846 zum ersten Mal beschrieben wurde und dessen Theorie in der 2. Hälfte des 19. Jahrhunderts allmählich zur herrschenden Meinung wurde und bis hinein in die Weimarer Zeit gültig war. Schließlich bezeichnet der materielle Rechtsstaat den Rechtsstaat, der in der 2. Hälfte des 19. Jahrhunderts zunächst beschrieben und nach dem 2. Weltkrieg verwirklicht wurde. Die Form bedeutet die Gesetzmäßigkeit der Verwaltung, die Materie die Gewährleistung der Grundrechte u. a.

Ich bin der Meinung, daß die Entwicklung des Rechtsstaates vom formellen zum materiellen zwar richtig, aber dennoch nicht vollkommen ist. Dies betrifft vor allem die Entwicklung der Vorstellungen des Rechtsstaates: Diese haben sich entwickelt aus den Vorstellungen des Rechtsstaates als einer Bezeichnung des Staatszwecks zu der Vorstellung des Rechtsstaates als einer Bezeichnung des Mittels zur Verwirklichung des Staatszwecks und ferner zu der, die Zweck und Mittel bezeichnet und beide verbindet.

In der ersten Hälfte des 19. Jahrhunderts nannte man den Staat, der einem liberalen Zweck dient, »Rechtsstaat«.[2] (Das Wort »Rechtsstaat« wurde also damals ge-

---

[1] Die Entwicklung des Rechtsstaatsgedankens in Japan ist kurz behandelt in: BIN TAKADA und Mitarbeiter, Hauptprobleme des japanischen Verwaltungsrechts, Verwaltungsarchiv Bd. 69 Heft 1, 1978, S. 34 ff.
[2] JOH. CHRISTOPH VON ARETIN, FRIEDRICH MURHARD, ROBERT VON MOHL u. a. Auch in der zweiten Hälfte des 19. Jahrhunderts nannten C. FRANTZ, HEINRICH VON TREITSCHKE, HEINRICH ZOEPFL, FERDINAND WALTER, CARL V. KALTENBORN, HEINRICH ESCHER, VICTOR CATHREIN u. a. den liberalen Staat „Rechtsstaat".

wöhnlich im Abschnitt über »Zweck des Staats« gefunden.) Dagegen verwandelte F. J. Stahl das Merkmal des Rechtsstaates in »nicht Ziel und Inhalt des Staates, sondern nur Art und Charakter, dieselben zu verwirklichen«.[3] Die wissenschaftliche Lehre soll nach der Logik ihrer Entwicklung das Mittel zur Verwirklichung des Zwecks behandeln, nachdem sie den Zweck behandelt hat. Ein Grund dafür, daß die Lehre Stahls später zur herrschenden Meinung wurde, lag meiner Meinung nach darin, daß er das »Mittel«, das sich niemand als einen Inhalt des Rechtsstaates vorstellte, zum ersten Mal aufnahm. Nach der Logik der Lehre hätte sie jedoch dann »Zweck und Mittel« behandeln müssen. In Deutschland war dies jedoch nicht möglich. Daher verwandelte sich das Mittel in Selbstzweck. Die Lehre, die Zweck und Mittel gleichzeitig aufnahm, blieb damals im Hintergrund[4] und wurde erst unter dem GG eine allgemeine akzeptierte Meinung.

2. »Materie (bzw. Inhalt) und Form« liegen auf einer anderen Ebene als »Zweck und Mittel«. Der Rechtsstaat als eine Bezeichnung der Mittel ist deswegen nicht mit dem formellen Rechtsstaat gleichzusetzen. Meines Erachtens ist als formeller Rechtsstaat der Rechtsstaat zu bezeichnen, bei dem die Mittel zur Verwirklichung des Staatszwecks Selbstzweck wurden.

Die Lehre Stahls ist deswegen keine formelle Rechtsstaatstheorie. Nach Stahl sei der Staat zwar ein sittliches Reich, indem er sittliche Ideen realisiere. Allein er realisiere diese sittlichen Ideen nur in der Weise des Rechts. Sonach bedingen sich der Gedanke des Rechtsstaates und der Gedanke des Staates als sittlichen Reiches wechselseitig.[5] Der Rechtsstaat Stahls ist also das einzige Mittel zur Verwirklichung des Staatszwecks als »sittliches Reich«, und keineswegs Selbstzweck. Der Begriff des formellen Rechtsstaates in meinem Sinne wurde erst Ende des 19. Jahrhunderts festgelegt, als die Gesetzmäßigkeit der Verwaltung, die ursprünglich ein Mittel zur Verwirklichung des Staatszwecks war, sich in Selbstzweck verwandelte.

Was ist dann der materielle Rechtsstaat? Der Begriff des Rechtsstaates als eine Bezeichnung des Staatszwecks ist dem materiellen Rechtsstaat nicht gleichzusetzen. Im materiellen Rechtsstaat sind der Zweck und das für dessen Verwirklichung passende Mittel zu stärken. Der »Zweck« soll, wie die Geschichte des Rechtsstaates und der Rechtsstaatstheorien zeigt und wie die heutigen Verfassungen bestimmen, die Gewährleistung der Grundrechte sein. Art und Charakter dieser Gewährleistung der Grundrechte sind nach der Geschichte und der Verfassung zu bestimmen und in der Gegenwart als Problem des sozialen Rechtsstaates zu behandeln. Das »Mittel« soll für die Verwirklichung dieses Zwecks passend sein und ist bei der Behandlung des sozialen Rechtsstaates zu erwähnen.

---

3 Friedrich Julius Stahl, Die Philosophie des Rechts, 2. Bd. 2. Abt., 2. Aufl. 1846, S. 106 (5. Aufl. 1978, S. 138).
4 Joseph Held, Heinrich Maurus, Ludwig Gumplowicz, Stier-Somlo (im Bismarckschen Reich), Carl Schmitt, Hermann Heller (in der Weimarer Republik) u. a.
5 Stahl, a. a. O., 2. Aufl., S. 104 f., 107 f.; 5. Aufl., S. 136, 139.

III. Der Begriff des Rechtsstaats unter der Meiji-Verfassung

Der japanische Ausdruck »Hochikoku« (Hoh-tschi-koku) bzw. »Hochikokka« ist die Übersetzung des deutschen Begriffs »Rechtsstaat« und kam während der Entstehungszeit der MV (1881–1889) auf, was aus den anfangs erwähnten Gründen nur natürlich war. Sein Sinn wurde zu Beginn bis zu einem gewissen Grad »japanisiert«, um dem japanischen Sprachgebrauch zu entsprechen. (Darüber näher unter VI). Diese »Japanisierung« ist eine Eigentümlichkeit der japanischen Rechtsentwicklung; sie erfolgte in der Regel bei Übernahme fremder Rechtsgedanken.

Der Ausdruck »Rechtsstaat« war bald ein fester Begriff der Wissenschaft und etwa seit der Jahrhundertwende, genauer gesagt seit den dreißiger und vierziger Jahren der Meijizeit (1897–1912), wurde er ein formeller Begriff, dessen Inhalt die Gesetzmäßigkeit der Verwaltung und die sie garantierenden Einrichtungen, insbesondere die Verwaltungsgerichtsbarkeit waren. Dieses formelle Verständnis des Rechtsstaates, so wie es Ende des 19. Jahrhunderts in Deutschland herrschend geworden war, beruhte auf folgendem: Die Aufgaben der Rechtswissenschaft bewegten sich von der Rechtspolitik hin zur Auslegung des Rechts, als das moderne Rechtssystem in Japan in ausreichendem Maße eingeführt war; das formelle Verständnis paßte zum Gesetzesvorbehalt bei Eingriffen in Rechte und Freiheiten der »Untertanen« (vgl. 2. Abschnitt der MV, Art. 18–32). Z. B. lautete Art. 29 der MV: »Japanische Untertanen genießen im Rahmen der Gesetze die Freiheit der Rede, der schriftlichen Äußerung, der Veröffentlichung, der Versammlung und der Vereinsbildung«.

Diese Vorstellung des Rechtsstaates als ein formeller blieb unter der MV bis zum Ende des zweiten Weltkriegs bestehen, da die MV die damaligen politischen und sozialen Verhältnisse widerspiegelte. Das Rechtsstaatsprinzip wurde deswegen etwa ab Beginn der Taishozeit, d. h. ab 1912, hauptsächlich in der Verwaltungsrechtswissenschaft behandelt. Der Begriff »nationaler Rechtsstaat« konnte sich in Japan allerdings auch während des zweiten Weltkriegs nicht durchsetzen.

IV. Der Begriff des Rechtsstaates unter der Japanischen Verfassung

Die Japanische Verfassung von 1946 (JV) führte den Gedanken der Regierung des Staates im Auftrag des Volkes ein. Dieser Gedanke gründete sich auf die Lehre des Gesellschaftsvertrages (»contrat social«) als quaestio juris und nahm zusammen mit demokratischen Ideen die Garantie unverletzlicher Grundrechte an (Art. 11, 97 JV). Diese Grundrechtsgarantie ist ranghöchste Rechtsvorschrift. Gegen sie verstoßende Gesetze und Bestimmungen sind nichtig (Art. 98 I JV). Um dies zu sichern, wurde den Gerichten die Überprüfung der Verfassungsmäßigkeit von Gesetzen, Verordnungen, anderen Bestimmungen und Verfügungen übertragen (Art. 81 JV).

Die Wandlung der Verfassungsstruktur führte zu einem Spannungsverhältnis mit dem formellen Rechtsstaatsbegriff unter der MV. Da in den ersten zehn Jahren nach dem zweiten Weltkrieg der Rechtsstaat weiterhin größtenteils formell verstanden wurde, bezweifelte man verstärkt, ob das Rechtsstaatsprinzip mit der JV in Einklang zu bringen sei. Insbesondere verwies man in diesem Zusammenhang auf das anglo-amerikanische Institut der »rule of law«, die man in der JV verwirklicht sah. Dabei ging man davon aus, die Gleichsetzung der »Gesetzmäßigkeit der Verwaltung« mit dem Rechtsstaatsprinzip sei der MV immanent gewesen und daher für die JV unpassend. Andere hingegen sahen den der JV entsprechenden Rechtsstaat als einen materiellen, der auch mit der »rule of law« in Einklang gebracht werden kann. Dies führte dazu, daß die japanische öffentlich-rechtliche Wissenschaft seit etwa der zweiten Hälfte der fünfziger Jahre als Kern des Rechtsstaats die Grundrechtsgarantie verstand. Der Rechtsstaatsbegriff im materiellen Sinn ist bisher noch herrschend in der Wissenschaft. Allerdings ist sein Inhalt nicht immer klar. Zur Klärung müssen daher der Zweck des Rechtsstaates und die dazu passenden Mittel verdeutlicht werden, denn dies könnte die Theorien des öffentlichen Rechts entscheidend beeinflussen. Geschehen soll dies nun näher im V. Abschnitt bei der Behandlung des sozialen Rechtsstaats.

V. Der Begriff des sozialen Rechtsstaates

1. Der den heutigen Rechtsstaat kennzeichnende Ausdruck »sozialer Rechtsstaat« wurde in Japan etwa ab Mitte der 50er Jahre aus Deutschland übernommen. Grund hierfür war, daß die JV neben der Gewährleistung der rechtsstaatlichen Grundsätze als »soziale Grundrechte« das Recht auf ein Mindestmaß an gesundem und kultiviertem Leben (Art. 25 JV), das Recht auf Erziehung (Art. 26 JV), das Recht auf Arbeit (Art. 27 JV) und das Recht der Arbeitnehmer (Art. 28 JV) garantiert. Andererseits werden die Freiheit der Berufswahl und das Eigentum durch das Gemeinwohl begrenzt (Art. 22 I, 29 II JV).

Der Begriff »sozialer Rechtsstaat« wird jedoch in Japan nur in der Rechtswissenschaft benutzt, und auch dort nicht sehr häufig. Man gebraucht vielmehr den Begriff »Wohlfahrtsstaat«, da er in Japan nie den Polizeistaat bezeichnet. Wenn man auch den Begriff des sozialen Rechtsstaates verwendet, herrscht doch in Japan keine genaue Einmütigkeit darüber, was unter diesem Begriff zu verstehen ist. Eine Theorie sieht zwischen der Freiheitsgarantie des Rechtsstaates und dem Sozialstaatsprinzip ein Spannungsverhältnis, während andere dies verneinen. Doch ist dieses Problem nicht Gegenstand heftiger Diskussionen. Ein Grund hierfür wäre, daß der Streit in Deutschland über das Verhältnis zwischen Rechts- und Sozialstaat in Japan gewissermaßen durch den Streit über das Verhältnis zwischen den Grundrechten und dem Gemeinwohl ersetzt wurde.

Die JV gebraucht den Terminus »Gemeinwohl« viermal, nämlich in Art. 12, 13, 22 I und 29 II. Dabei ist der Begriff des Gemeinwohls in den Art. 12 und 13 ein anderer als in den Art. 22 I und 29 II. Im ersteren Fall bedeutet er die Schranke der Grundrechte. Art. 12 verpflichtet den Staatsbürger, die Grundrechte zum Gemeinwohl zu nutzen; Art. 13 verpflichtet den Staat, das Recht eines jeden Bürgers auf Leben, Freiheit und Verfolgung seines Glücks als obersten Grundsatz zu achten, soweit dies nicht dem Gemeinwohl entgegensteht. Im letzteren Fall bedeutet er den Grundsatz des öffentlichen Charakters der Berufswahl (Art. 22 I) und des Eigentums (Art. 29 II).

Die – möglicherweise herrschende – Lehre sieht im Gemeinwohl des Art. 12 und 13 eine immanente Schranke der Grundrechte, während andere es als äußere Schranke auffassen. Diese verschiedenen Auffassungen scheinen ihr Gegenstück in den deutschen Lehren der 50er Jahre über das Verhältnis von der im Rechtsstaat gewährleisteten Freiheit und dem Sozialstaatsprinzip zu haben. Wenn man im Gemeinwohl in Art. 22 I und 29 II einen sozialen Vorbehalt der wirtschaftlichen Freiheit sieht, bedeutet das Gemeinwohl dann das Sozialstaatsprinzip, wie es von der in Deutschland an Einfluß zunehmenden Lehre immer mehr verstanden wird, nämlich als Gewährleistung eines menschenwürdigen Daseins für alle und als Anpassung der wirtschaftlichen Grundrechte an diese Gewährleistung.

Weiterhin werden folgende Fragen diskutiert: Wie verhalten sich die wirtschaftlichen Grundrechte zur Gewährleistung des menschenwürdigen Daseins des Volkes? Welcher dieser beiden soll man unter der JV Priorität erteilen? Hierzu gibt es konträre Ansichten. Einerseits ist die Tendenz zu bemerken, den Umfang des menschenwürdigen Daseins zu erweitern und z. B. das Recht auf eine menschenwürdige Umwelt als neues Grundrecht anzuerkennen. Andere wiederum erörtern das Ausmaß der Gewährleistung eines menschenwürdigen Daseins und die Änderung des Charakters des Eigentums. Diese Tendenzen könnten in zahlreichen Diskussionen über die angemessene Entschädigungsregelung beobachtet werden. Ich bin der Ansicht, daß das »besondere Opfer« nach dem Grad des Gemeinwohls in Art. 29 II JV zu klassifizieren ist, d. h. der Grad des besonderen Opfers sich umgekehrt proportional zum Grad des Gemeinwohls verhält und die Entschädigung direkt proportional zum Grad des besonderen Opfers sein muß.

2. Die Problematik des sozialen Rechtsstaates ist meines Erachtens nicht lediglich zum Standpunkt »formeller oder materieller Rechtsstaat« her zu beleuchten, vielmehr müssen auch Zweck des Rechtsstaates und die Mittel zu seiner Verwirklichung in die Überlegungen einbezogen werden. Zweck des Rechtsstaates ist die Gewährleistung der Grundrechte, die Bezeichnung »sozial« zeigt Art und Charakter ihrer Garantie. Gegenüber dem bürgerlich-liberalen Rechtsstaat, der als Kern

die Freiheitsrechte garantiert, gewährleistet der soziale Rechtsstaat neben der Freiheit auch die sozialen Grundrechte. Ergebnis ist, daß die wirtschaftliche Freiheit (Eigentumsgarantie, Gewerbefreiheit u. a.) durch die Garantie der sozialen Grundrechte gewandelt wird. Dagegen gibt es keine Spannung zwischen den sozialen Grundrechten und den Freiheiten des Innenlebens bzw. denen der Person. Selbstverständlich bewirkt in einem solchen Rechtsstaat ein Wechsel des Zwecks auch eine Änderung der Mittel. Die diesem Zweck entsprechenden Mittel sind alsdann zu untersuchen und zu überprüfen. Vor allem wichtig ist hierbei die Erforschung der diesem geänderten Zweck entsprechenden Mittel der Verwaltung. Diese Erforschung gehört zur Aufgabe der Verwaltungsrechtswissenschaft.

Beispielsweise kann gefragt werden, welches das zur Gewährung der Grundrechte passende Rechtsschutzmittel der Gegenwart ist, da der Grad der Abhängigkeit des Lebens der Bürger von der Verwaltung immer weiter steigt. Meiner Ansicht nach sollten zu diesen Mitteln gehören die Erweiterung der Klagetypen, der Gegenstände der Anfechtungsklage, der Klagebefugnis u. a.

VI. Vorstellungen des Rechtsstaates in und außerhalb der Wissenschaft

In Japan besteht eine Spannung bei den Vorstellungen über den Rechtsstaat in und außerhalb der Wissenschaft. Während der Rechtsstaat in der Wissenschaft unter der Meiji-Verfassung als die »Gesetzmäßigkeit in der Verwaltung« und unter der Japanischen Verfassung im materiellen Sinne verstanden wurde, versteht man außerhalb der Wissenschaft in Japan manchmal den »Rechtsstaat« dahin gehend, es sei Pflicht des Bürgers, sich dem Recht zu unterwerfen. Meines Erachtens beruht diese Vorstellung darauf, daß man sich den Rechtsstaat in Japan nicht im deutschen Sinn, sondern unter dem japanischen Begriff »Hochikoku« vorstellt. Bei Übernahme des Rechtsstaatsbegriffs in Japan stellte man sich ursprünglich darunter »ho«, d. h. Recht im objektiven Sinn, und »chikoku« vor. »Chikoku« war dabei ein konfuzianischer Begriff und bedeutet »zu regieren dergestalt, daß es dem Volk wohl ergeht«. Die Vorstellung war zu einem gewissen Grad vom damaligen deutschen Rechtsstaatsbegriff verschieden.

Nachdem nun die konfuzianische Idee einflußlos geworden war, betonte man nicht länger die Begriffskombination »chikoku«, sondern »hochi«, was bedeutet »mit den Rechten im objektiven Sinn zu regieren«, und »koku«, später »kokka«, welche beide »Staat« bedeuteten. Rechtsstaat bedeutet dabei also den Staat, der mit dem Recht im objektiven Sinn zu regieren ist. In Verbindung mit den damaligen politischen und sozialen Gegebenheiten wandelte dies sich aber dergestalt, daß Rechtsstaat der Staat ist, in dem das Recht herrscht und »das Volk« sich dem Recht unterwirft. Diese Vorstellung war etwa ab Beginn der Showazeit, d. h. seit

1926, insbesondere aber während des zweiten Weltkrieges von Bedeutung. Die Wissenschaft bekämpfte sie allerdings heftig. Nach ihr bedeutet »Rechtsstaat«, daß in ihm der Staat die Gesetze beobachtet.

Nach 1946, nach der Entstehung der JV, machte man in der Wissenschaft den materiellen Rechtsstaat geltend. Außerhalb der Wissenschaft wurde er aber vielfach weiterhin so verstanden, es sei Pflicht des Bürgers, sich dem Gesetz zu unterwerfen. Außerhalb der Wissenschaft sind die Vorstellungen des Rechtsstaates also kein Ergebnis der Verfassungsauslegung, während sie in der Wissenschaft das Ergebnis der Verfassungsauslegung sind. Diese Vorstellung ist allerdings meiner Ansicht nach aufzugeben und zu ändern. Vielmehr muß sich die Bestimmung des Rechtsstaatsbegriffs an der gegebenen Verfassung ausrichten.

Die japanische Verfassungsgerichtsbarkeit in rechtsvergleichender Sicht

TERUYA ABE, Kyoto

In den folgenden Ausführungen möchte ich die vergangene 30jährige Entwicklung und die jetzige Situation der Verfassungsgerichtsbarkeit in Japan überdenken und ihre Aufgabe für die weitere Entwicklung skizzieren. Dabei will ich besonders die Leistungen und Schwächen des Obersten Gerichtshofs (OGH)[1] der Kritik der ausländischen Kollegen stellen. Ich werde daher in erster Linie vom japanischen OGH sprechen und die Verfassungsgerichtsbarkeit in der Bundesrepublik Deutschland nur gelegentlich miteinbeziehen.

I. Verfassungsrechtliche Stellung des Obersten Gerichtshofs

Die gerichtliche Kontrolle der gesetzgebenden Gewalt hinsichtlich ihrer Verfassungsmäßigkeit ist erst durch die Verfassung von 1946 in Japan eingeführt worden. Zwar wurde sie schon vor dem Krieg theoretisch oder de lege lata von einigen Autoren gefordert. Diese Forderung hat aber keine praktische Bedeutung erlangt.

Der Grund dafür, daß die Verfassung eine verfassungsrechtliche Kontrolle aller Staatstätigkeit durch den OGH eingeführt hat, liegt natürlich in den Erfahrungen mit der totalen Mißachtung der Freiheitsrechte in der jüngeren Vergangenheit. Dies gilt wohl ebenso für die Gründe, die zur Entstehung des Bundesverfassungsgerichts geführt haben. In der Bundesrepublik tritt noch ihre Konstruktion als föderativer Staat als weiterer wichtiger Grund hinzu.

In der organisatorischen Stellung der Verfassungsgerichtsbarkeit bestehen zwischen der Bundesrepublik und Japan große Unterschiede. Eine wichtige Abwei-

---

1 Vgl. SH. KIYOMIYA, Verfassungsgerichtsbarkeit in Japan, in: Verfassungsgerichtsbarkeit in der Gegenwart, 1962; H. WADA, The Supreme Court of Japan as Adjudicating Agency and Its Functions, JöR Bd. 23, 1974.

chung besteht darin, daß in Japan der OGH ein oberstes ordentliches Gericht ist und gleichzeitig in inzidenter Weise die Funktion eines Verfassungsgerichts wahrnimmt, während in der Bundesrepublik das BVerfG als ein unabhängiges und besonderes Gericht über und neben den übrigen ordentlichen und Fachgerichten steht.

Daß der japanische OGH kein besonderes Verfassungsgericht ist, steht nicht außer allem Zweifel. Die Verfassung bestimmt: »Der OGH ist ein Gericht der letzten Instanz mit der Befugnis, über die Verfassungsmäßigkeit aller Gesetze, Verordnungen, Bestimmungen und Hoheitsakte zu entscheiden« (Art. 81). Ob obige Ansicht mit der ursprünglichen Konzeption des Verfassungsgesetzgebers zu vereinbaren ist, erscheint daher zweifelhaft. Damals entstand ein lebhafter Meinungsstreit, ob der OGH auch mit der abstrakten Normenkontrollbefugnis ausgestattet ist. Deshalb kann es offen bleiben, ob diese Anwendung des Art. 81 rechtslogisch die allein mögliche ist oder ob die Verfassung dem einfachen Gesetzgeber Freiheit zur Gestaltung eines selbständigen Verfassungsgerichts gelassen hat. Von der letzteren Möglichkeit hat der Gesetzgeber keinen Gebrauch gemacht.

Der OGH hat 1952 über diese Frage wie folgt entschieden[2]: »Die diesem Gericht nach dem geltenden Recht zugewiesene Befugnis ist die Ausübung der rechtsprechenden Gewalt. Die Vorlage eines konkreten Streitfalles ist erforderlich, um als rechtsprechende Gewalt tätig zu werden.« Danach hat die Sozialistische Partei Japans erfolglos einen Gesetzentwurf eingebracht, der dem OGH die Stellung eines Verfassungsgerichts geben sollte. Daher ist der OGH funktionell als letzte Revisionsinstanz tätig, und seine Rechtsprechung beschränkt sich auf die rechtliche Entscheidung über konkrete Konfliktsfälle. Demgegenüber ist das BVerfG funktionell nicht als Revisionsinstanz tätig, deren Kompetenz gegenüber den Tatsacheninstanzen abzugrenzen wäre, d. h. die Verfassungsrechtsprechung beschränkt sich nicht auf die rechtliche Entscheidungsfindung über konkrete, in der Vergangenheit entstandene Konfliktsfälle.

In Japan haben alle Richter das Prüfungsrecht. Dem OGH steht ein Verwerfungsmonopol nicht zu. Jedes Gericht kann also sowohl die Vereinbarkeit eines Gesetzes mit der Verfassung bejahen, als auch verneinen, wobei dem OGH das Recht vorbehalten ist, die Streitigkeiten bezüglich der Verfassungsmäßigkeit in letzter Instanz zu überprüfen.[3]

II. Verfassungsprüfungsverfahren

Während das BVerfG sehr weitgehende Zuständigkeiten hat und man sagt, daß fast alle verfassungsrechtlichen Auseinandersetzungen entweder von der Verfas-

---

2 8. 10. 1952, OGHE in Zivilsachen (Z.), Bd. 6, Heft 9, S. 783.
3 1. 2. 1950, OGHE in Strafsachen (S.), Bd. 4, Heft 2, S. 73.

sungsrechtsprechung ausgehen oder auf sie hinzielen, ist der OGH lediglich die letzte mit dem Verfassungsprüfungsrecht gestattete Revisionsinstanz.

Für die durch jedes Gericht auszuübende inzidente Verfassungsgerichtsbarkeit besteht kein Sonderverfahren. Voraussetzung für die Prüfung ist, daß alle sonstigen Zulässigkeitsvoraussetzungen der Klage im Straf-, Zivil- oder Verwaltungsprozeß vorliegen und die Sache spruchreif ist.

Wer ein Gesetz als verfassungswidrig angreifen will, muß erst einen Anwendungsakt provozieren, um dann das Gesetz mittelbar anfechten zu können. Im Laufe eines Prozesses kann die Verfassungswidrigkeit einer Norm in der Regel nur von dem dadurch Beschwerten gerügt werden. Ausnahmsweise wurde einmal die für einen Dritten erhobene Rüge der Verfassungswidrigkeit zugelassen, weil er, ohne Prozeßpartei zu sein, ein schutzwürdiges Interesse am Verfahren hatte.[4]

Außer diesen Bedingungen wird diskutiert, ob die Prüfung der Verfassungsmäßigkeit für die Entscheidung des Falles notwendig sein muß. Eine Verfassungskontrolle kann nur eingeleitet werden, wenn das Schicksal des konkreten Falles davon abhängig ist. So war die Entscheidung[5] nicht problematisch, in der ein Richter das Prüfungsrecht nicht ausübte und die Angeklagten freisprach, weil die Tatbestandsmäßigkeit nicht festgestellt werden konnte. Das Gericht hat in dieser Entscheidung die Prüfung der entscheidungserheblichen Norm sogar für unzulässig gehalten.

Angesichts des Prüfungsmaßstabs hat in Japan die Einrichtung einer Verfassungsgerichtsbarkeit nicht dazu geführt, daß die verfassungsrechtlichen Grundrechte nicht lediglich proklamativ, sondern auch effektiv funktionieren.

Der OGH hat das Recht auf ein Mindestmaß an gesundem und kultiviertem Leben (Art. 25 Abs. 1) als sog. Programmsatz angesehen, der lediglich die politischen Staatsorgane verpflichtet, sozialpolitisch tätig zu werden.[6] Das Gericht kommt zu diesem Ergebnis, da es in der Wirtschaftsfähigkeit des Staatsganzen, der Haushaltsverantwortung des Parlaments, dem Rechtsgefühl der Mitbürger, dem nationalen Lebensstandard und den relativ vagen Maßstäben des Art. 25 Abs. 1 funktionsrechtliche Grenzen für die Anwendung der Verfassung durch den Richter sieht. Es hat nämlich Art. 25 Abs. 1 die Qualität als subjektiv-öffentliches Recht abgesprochen. In der Verfassung Japans fehlt eine Bindungsvorschrift wie Art. 1 Abs. 3 GG.

Die bisherige Rechtsprechung des OGH ist insgesamt von Zurückhaltung gegenüber der Verantwortung des Gesetzgebers zur Gestaltung der Verfassungspolitik gekennzeichnet. Ein Beweis dafür bietet die Rechtsprechung des OGH zum gesetzlichen Verbot des Beamtenstreiks. Die Untergerichte und viele Juristen haben sich

---

[4] 28. 11. 1962, OGHE (S.) 16, 11, 1593.
[5] 29. 3. 1967, UGE (S.) 9, 3, 359.
[6] OGHE (S.) 2, 10, 1235; (Z.) 21, 5, 1043.

bemüht, den Beamten das Streikrecht insoweit einzuräumen, als es mit ihrer konkreten Berufstätigkeit noch zu vereinbaren ist. Infolgedessen hat der OGH seine langjährige Rechtsprechung wie folgt geändert: »Da die Gewährleistung des Grundrechts der Arbeitnehmer ein wichtiges Mittel sei, das Existenzminimum des Arbeitnehmers zu garantieren, soll die Beschränkung dieses Grundrechts auf ein Mindestmaß herabgesetzt werden«.

In einem berühmten Urteil[7] hat der OGH 1966 zwar die Auffassung zurückgewiesen, daß ein allgemeines Verbot des Streikrechts verfassungswidrig sei. Er hat jedoch versucht, die Grenzen des Streikrechts zu bestimmen. Nach seiner Auffassung können lediglich solche Beschränkungen Geltung beanspruchen, die aus Notwendigkeit folgen, die existentiellen Bedürfnisse der Arbeitnehmer mit den Interessen des Gemeinwohls in Einklang zu bringen, da die Interessen des Gemeinwohls ihrerseits in anderen Sätzen der Verfassung geschützt seien. Die Bestimmung des Gemeindebeamtengesetzes, die die Aufwiegelung zu einem Streik der Gemeindebeamten unter Strafe stellt, sollte nach dem Grundsatz der verfassungskonformen Gesetzesauslegung möglichst einschränkend interpretiert werden. Deshalb sollten diese Bestimmungen nur auf den besonders rechtswidrigen Streikaufruf wie etwa den Aufruf zum politischen Streik oder auf den Streik mit Gewalt oder Gewaltandrohung angewandt werden und nicht auf die Handlungen anläßlich eines rechtmäßigen Streiks, der von den Gewerkschaftsführern ausgerufen wird.

1973 hat der OGH seine Entscheidung zum Beamtenstreik neu umrissen.[8] Er hat nunmehr die völlige Aberkennung des Streikrechts für Beamte nicht zuletzt mit folgender Begründung gerechtfertigt:

Die verfassungskonforme Auslegung des Gesetzes, die jeweils auf den Einzelfall abstellt, führe zur Rechtsunsicherheit und verletze damit die Garantiefunktion der Bestimmtheit eines Deliktstatbestandes, wie sie in Art. 31 (»nulla poena sine lege« oder »due process of law«) anerkannt sei. Mit dieser Entscheidungsvariante usurpiere das Gericht die gesetzgeberische Gestaltung und ersetze sie.

Dieser mit sehr knapper Mehrheit gefällten Entscheidung steht die Rechtsprechung der Untergerichte gegenüber, die die frühere Rechtsprechungstendenz des OGH fortführen. In Japan wird die verfassungskonforme Auslegung als unzulässiger Eingriff in den Entscheidungsbereich des Gesetzgebers für verboten gehalten, während sie in der Bundesrepublik als Ausdruck der Zurückhaltung gegenüber dem Gesetzgeber gewertet wird, weil mit Hilfe dieser Auslegung viele für verfassungswidrig gehaltene Vorschriften in ihrem Bestand gerettet werden könnten.[9]

---

7 OGHE (S.) 20, 8, 901; (S.) 23, 5, 305.
8 OGHE (S.) 27, 4, 547.
9 K. Hesse, Grundzüge des Verfassungsrechts der Bundesrepublik Deutschland, 8. Aufl., 1976, S. 32 f.

III. Wirkung der für verfassungswidrig erklärten Norm

Ein japanisches Gericht spricht die Nichtigkeit des Gesetzes nicht in der Entscheidungsformel (Tenor), sondern in den tragenden Gründen ohne Gesetzeskraft aus. Die Wirkung der Nichtigerklärung ist nur auf den konkreten Fall bzw. auf die Parteien beschränkt. Die Nichtigerklärung führt nicht zur sofortigen formellen Kassation der Norm. Die Auswahl aus mehreren Wegen zur Beseitigung des festgestellten Verfassungsverstoßes bleibt dem Gesetzgeber vorbehalten. Die durch den OGH für nichtig erklärten oder als verfassungswidrig ausgelegten Normen werden nicht mehr von Gerichten oder Behörden angewandt.[10]

Man kann sagen, daß den Ausführungen des OGH im allgemeinen gefolgt wird. Es kommt aber nicht selten vor, daß ein Gericht eine vom OGH für verfassungsmäßig erklärte Norm überprüft und für verfassungswidrig erachtet. In diesen Fällen müßte die Gerichtsentscheidung vor dem OGH keinen Bestand haben, es sei denn, daß der OGH selbst seine bisherige Rechtsprechung ändert.

Sowohl die Gültigerklärung wie die Nichtigerklärung eines Gesetzes und die Verfassungsauslegung durch den OGH wirken tatsächlich weit über den konkreten Fall hinaus. Der OGH verfügt aber nicht über ein eigenes Mittel der politischen Macht. Daher beruht die Durchsetzung seiner Entscheidungen auf der überzeugenden Kraft der Urteilsbegründung und letzten Endes auf dem in ihn von den Bürgern gesetzten Vertrauen.

Darf sich der OGH auf die Feststellung der Verfassungswidrigkeit des Gesetzes beschränken, wenn eine Nichtigerklärung der verfassungswidrigen Norm unter besonderen Umständen zu einer wesentlichen Verschlechterung der Verhältnisse, z. B. zur Funktionsfähigkeit des Parlaments führen würde? Der OGH hat in einer Entscheidung[11] 1976 zum ersten Mal praktisch im Sinne dieser Entscheidungsvariante entschieden. In dieser Entscheidung hat er zu der Vereinbarkeit von ungleichen Wahlkreisen mit dem Gleichheitsgrundsatz der Verfassung Stellung genommen. Das Gericht führte aus:

»Die Gleichheit vor dem Gesetz« im Sinne des Art. 14 der Verfassung fordere in bezug auf das Wahlrecht nicht nur die Erweiterung und Verallgemeinerung des Wahlrechts durch die Abschaffung von Beschränkungen der Wahlberechtigung, sondern darüber hinaus auch die Gleichheit des Wahlrechtsgehalts, nämlich die Gleichheit des Erfolgswertes, d. h. der Einwirkungskraft der Abstimmung auf die Folgen der Wahl. Die Bestimmung des japanischen Wahlgesetzes über die Verteilung der Mandate auf die einzelnen Wahlkreise verstoße somit gegen die von der Verfassung geforderte Gleichheit des Wahlrechts. Diese Bestimmung sei insoweit verfassungswidrig, als durch die Bevölkerungsverschiebung erhebliche Diskre-

---

10 Vgl. OGHE (S.) 27, 3, 265; JöR Bd. 26, S. 616.
11 OGHE (Z.) 30, 3, 223.

panzen in der Bevölkerungszahl pro Mandat der einzelnen Wahlkreise eingetreten seien, wodurch im Extremfall in einzelnen Wahlkreisen etwa fünfmal mehr Stimmen zur Erzielung eines Mandats erforderlich seien als in ländlichen Wahlkreisen.

Die betreffende Wahl selbst sollte jedoch deswegen aufrechterhalten werden, weil der verfassungswidrige Zustand nicht sofort zu beseitigen sei, auch wenn man die Wahl wegen der Verfassungswidrigkeit als nichtig erklären würde. Solch eine rückwirkende Nichtigerklärung würde vielmehr schwerwiegende Folgen herbeiführen, die vermutlich von der Verfassung nicht in Rechnung gestellt seien.

Dagegen ist bei uns die vom BVerfG entwickelte Appellentscheidung[12] noch nicht bekannt, in der das Gericht das zu prüfende Gesetz für noch verfassungsmäßig erklärt, aber den Gesetzgeber verpflichtet, die beanstandete Norm binnen einer bestimmten Frist aufzuheben oder zu ändern.

IV. Justizfreie Regierungsakte

Gegenstände der Prüfung sind Gesetze, Verordnungen und Bestimmungen aller Art sowie Gerichtsentscheidungen und Verwaltungsmaßnahmen. Da zwischenstaatliche Verträge in Art. 81 nicht aufgezählt werden, bleibt die Frage nach der Möglichkeit der Prüfung der Vereinbarkeit eines derartigen Vertrages mit der Verfassung offen. Der OGH hat nicht ausdrücklich verneint, daß völkerrechtliche Verträge zum Gegenstand einer inzidenten Normenprüfung werden können.

Eine weitere Zurückhaltung des OGH kommt vor allem darin zum Ausdruck, daß er die Theorie der justizfreien Regierungsakte (political questions) annahm. Im allgemeinen ist noch lebhaft umstritten, ob das Prüfungsrecht seine Begrenzung an hochpolitischen Akten der Staatsführung findet, und wie weit diese Regierungsakte reichen. In seiner Entscheidung[13] des Sunagawa-Falls hat der OGH – von der materialrechtlichen Konstruktion einmal abgesehen – mit der Begründung nicht über die Verfassungsmäßigkeit des Japanisch-Amerikanischen Sicherheitspaktes entschieden, er stehe »in engem Zusammenhang mit dem Daseinsgrund des souveränen Staates und besitze hohe politische Bedeutung. Deshalb stehe er außerhalb der juristischen Prüfung, solange er nicht eindeutig verfassungswidrig und nichtig sei.«

Noch ausdrücklicher hat der OGH in seiner Entscheidung[14] von 1960 die Kontrolle der Verfassungsmäßigkeit der Auflösung des Unterhauses abgelehnt und berief sich auf den Grundsatz der Gewaltenteilung, den hochpolitischen Charakter der Unterhausauflösung, der Natur des Gerichts als Rechtsprechungsorgan, sowie

---

12 BVerfGE 15, 337; 16, 130; 21, 12.
13 OGHE (S.) 13, 13, 3225.
14 OGHE (Z.) 14, 7, 1206.

auf die technischen Schwierigkeiten des Gerichtsverfahrens, ohne jedoch zu zeigen, wo die Grenzen für justizfreie Regierungsakte verlaufen.

Die Befürworter dieser Doktrin der justizfreien Regierungsakte berufen sich immer auf die Rechtspraxis in den Vereinigten Staaten. Dagegen wird behauptet: Während dem Supreme Court das Prüfungsrecht nicht von der Verfassung ausdrücklich übertragen ist, ist in Japan das Prüfungsrecht einer – wenn auch entscheidungserheblichen – Norm auf Verfassungsmäßigkeit in der Verfassung enthalten. Für die Gegner der Theorie der justizfreien Regierungsakte ist auch die Stellungnahme des BVerfG wegweisend. In Deutschland ist es in der Regel nicht von Belang, ob ein politischer Rechtsstreit im einzelnen hochpolitische Wirkung hat, weil auch eine Frage von politischer Bedeutung dadurch, daß sie an einer Verfassungsnorm meßbar ist, zum Gegenstand der Verfassungsrechtlichen Beurteilung werden kann.[15]

Eine weitere diesbezügliche Frage ist die Begrenzung der justizfreien Regierungsakte. Hier handelt es sich insbesondere um das Problem der Verteidigung des Landes.

Über die Verfassungsmäßigkeit der zur Verteidigung des Landes aufgerufenen Streitkräfte gibt es immer noch Meinungsverschiedenheiten. Im sog. Naganuma-Fall hatte das Landgericht Sapporo im September 1973 erstmals die Verfassungswidrigkeit der Verteidigungsstreitkräfte ausgesprochen.[16] Im Prozeß führte die Regierung aus, die Entscheidung über Aufstellung und Größe der Verteidigungsstreitkräfte sei aus hochpolitischen Gründen Parlament und Regierung vorbehalten. Gerichte dürften diese Entscheidung selbst nicht treffen, da es sich um gerichtsfreie Hoheitsakte handle.

Das Landgericht hat diese Behauptung der Regierung zurückgewiesen. Es führte in Anlehnung an die herrschende Meinung in der Wissenschaft aus:

Art. 9 der Verfassung lehne nicht nur den Krieg als ein Mittel zur Beilegung internationaler Streitigkeiten ab, sondern Japan habe darüber hinaus in dieser Bestimmung ohne Vorbehalt auf jegliches Kriegspotential verzichtet, um den auf Gerechtigkeit und Ordnung beruhenden internationalen Frieden zu sichern. Die bestehenden japanischen Selbstverteidigungsstreitkräfte seien aber die nach Art. 9 der Verfassung verbotenen Land-, See- und Luftstreitkräfte im Sinne dieser Vorschrift.

Das Oberlandesgericht Sapporo hat jedoch in seinem Beschluß vom 5. August 1976 dieses Urteil des Landgerichts aufgehoben und zugunsten der Regierung entschieden.[17] Dabei führte es aus:

---

15 Vgl. G. LEIBHOLZ, Der Status des Bundesverfassungsgerichts, in: Das Bundesverfassungsgericht 1951–1971, Karlsruhe 1971, S. 37 ff.
16 HANREI-JIHO 712, S. 26. Vgl. auch Urteil des Distriktgerichts von Sapporo vom 7. September 1973 zur Frage der Verfassungsmäßigkeit der japanischen Selbstverteidigungsmacht, in: Demokratie und Recht, 1974, S. 101 ff.
17 VerwRechtsprechung 27, 8, 117.

Es bleibe weiterhin umstritten, ob Art. 9 eine Streitmacht auch zum Zweck der Selbstverteidigung verbiete. Die Frage, ob die Selbstverteidigungstruppen und die entsprechenden Gesetze verfassungswidrig seien, könne vom Gericht als Träger der rechtsprechenden Gewalt nicht entschieden werden. Dies sei eine rein politische Frage. Die Entscheidung darüber sei ein sogenannter Regierungsakt, der dem Parlament bzw. der Regierung, und im Grunde dem souveränen Volk selbst vorbehalten sei. Keinesfalls seien hierfür die Gerichte zuständig, selbst wenn es möglich wäre, ein richterliches Urteil darüber zu fällen.

Im Naganuma-Fall, der jetzt beim OGH anhängig ist, hat dieser seine erste schwere Belastungsprobe gegenüber verfassungspolitischen Fragen zu bestehen. Kann aber unter der pazifistischen Verfassung die Entscheidung über die Wehrpolitik justizfreier Regierungsakt sein? Eine verfassungsmäßige Zurückhaltung, Streitfragen mangels der Zulässigkeitsvoraussetzungen für ein verfassungsrechtliches Prüfungsverfahren nicht anzunehmen, dürfte für alle Seiten beunruhigend wirken.

V. Organisation des Obersten Gerichtshofs

Der Entscheidung über die personelle Zusammensetzung des OGH kommt im Hinblick auf seine Rechtsprechung höchste Bedeutung zu. Der Präsident des OGH wird auf Vorschlag der Regierung vom Kaiser (Art. 6 Abs. 2), die anderen Richter von der Regierung ernannt (Art. 79 Abs. 1). Weder das Parlament noch der OGH selbst haben Einfluß auf die Berufung seiner Mitglieder. Man vermutet, daß bei der Ernennung der Richter politische Gesichtspunkte eine nicht geringe Rolle spielen.

Man unterscheidet in Japan zwischen »Tauben«, die mehr für die Menschenrechte eintreten, und »Falken«, die mehr die Grundsätze der öffentlichen Ordnung vertreten. Von 1966 bis 1969 herrschten die »Tauben«. Es wäre verständlich, wenn wegen der in diesen Jahren vom OGH gefällten arbeitsrechtlichen Entscheidungen die Regierung nunmehr die »Falken« bei der Berufung zu Richtern am OGH stärker bevorzugen würde.

In diesem Zusammenhang erscheint es bedeutsam zu erwähnen, daß der OGH 1973 seine Rechtsprechung von 1966 zum Streikrecht der Beamten änderte.[18] Der OGH ist berechtigt, eine solche Änderung vorzunehmen. Eine Änderung kann durch das Auftauchen neuer Lebenssachverhalte oder eines Wandels des allgemeinen Bewußtseins notwendig werden. Es ist jedoch verfassungsrechtlich bedenklich, wenn ein solcher Umschwung durch eine gezielte Berufungspolitik – vor

---

18 OGHE (S.) 27, 4, 547.

allem unter parteipolitischen Gesichtspunkten – der Richter am OGH herbeigeführt wird.

Gegenüber dieser Praxis wird von seiten der Oppositionsparteien und der öffentlichen Meinung die Gefahr einer Politisierung der Richterberufung betont und die Einsetzung eines Wahlgremiums vorgeschlagen, das die Richterkandidaten nach deren persönlicher und beruflicher Qualifikation auszuwählen vermag. Die Regierung will aber den jetzigen Besetzungsmodus keinesfalls ändern.

Es ist angebracht, in diesem Zusammenhang das Institut der sog. Volksprüfung der OGH-Richter zu erwähnen. Nach der Verfassung wird die Ernennung der OGH-Richter bei der ersten dieser Ernennung folgenden allgemeinen Wahl zum Unterhaus sowie nach weiteren zehn Jahren erneut durch das Volk überprüft (Art. 79 Abs. 2). Wenn die Mehrheit der Abstimmenden für die Entlassung eines Richters eintritt, geht er seines Amtes verlustig (Art. 79 Abs. 3).

Das Verfahren dieser Überprüfung regelt das Gesetz über die Volksprüfung der Richter des OGH vom 20. November 1947. Nach diesem Gesetz wird ein Richter entlassen, wenn die Mehrheit der Abstimmenden den Namen des Richters auf dem Stimmzettel mit einem »X« gekennzeichnet hat. Tatsächlich wurde dieses Verfahren bisher bereits zehnmal durchgeführt, ohne daß allerdings ein Richter entlassen wurde. Der bisher höchste Prozentsatz der die Entlassung eines Richters befürwortenden gültigen Stimmen lag bei 15,17 Prozent, sonst sind es in der Regel ungefähr 10 Prozent.[19]

Dieses Institut spielt jedoch eine nicht zu unterschätzende Rolle im Verfassungsleben, und zwar nicht nur in dem Sinne, daß es überhaupt ein Volksprüfungssystem der Richter des OGH gibt, sondern vielmehr darin, daß eine direkte Prüfungsbefugnis des Volkes gegenüber der die Richter ernennenden Regierung besteht.

VI. Schlußbemerkung

Der Inhalt der japanischen Verfassung ist zu idealistisch gefaßt, um juristisch aktualisiert zu werden. Trotzdem muß man sagen, daß der OGH sowohl zur Durchsetzung der Grundrechte als auch zur lebendigen Entwicklung der politischen Organisation kaum beigetragen hat.

Das Bild des OGH in der japanischen Öffentlichkeit ist nicht so positiv, wie das des BVerfG in Deutschland. Man hat in Japan den Eindruck, daß sich der OGH, der sich aus alten, konservativ gesonnenen Richtern zusammensetzt, bemüht, dem Gesetzgeber zu folgen und dessen Entscheidungen aufrechtzuerhalten. Es ist be-

---

19 Vgl. JöR Bd. 26, S. 610.

dauerlich, daß sich der OGH bislang einer Einschränkung des richterlichen Prüfungsrechts aufgrund eines falsch verstandenen Demokratieprinzips nicht widersetzt hat. Angesichts dieser Situation bedeutet richterliche Selbstbeschränkung nicht Verzicht auf politischen Einfluß, sondern nachträgliche Bestätigung der politischen Entscheidungen und die gerichtliche Duldung einer Beschränkung von Grundfreiheiten. KRIELE sagt: »Der Richter soll unparteilich, aber nicht neutral sein.«[20] Der OGH Japans ist häufig im Ergebnis parteilich, indem er sich neutral verhält. In diesem Sinne erscheint es mir zweifelhaft, ob der OGH als »Hüter der Verfassung« bezeichnet werden kann.

Dagegen hört man so gut wie keine Kritik von seiten anderer Staatsorgane an der Judikatur des OGH. Der OGH hat bisher nur dreimal eine Gesetzesbestimmung für verfassungswidrig erklärt. Zwischen dem Parlament und dem OGH gibt es keine wesentlichen Spannungen. Bei den parlamentarischen Auseinandersetzungen zwischen Regierung und Mehrheitspartei auf der einen, sowie der Opposition auf der anderen Seite spielt die Judikatur des OGH keine große Rolle.

Die vielerorts erhobene Kritik kommt jedoch nicht zum Ergebnis, daß die Verfassungsgerichtsbarkeit überhaupt schädlich oder unnötig sei, sondern richtet sich auf Reformwünsche zur wirksameren Ausgestaltung der Verfassungsgerichtsbarkeit. Die vergangenen 30 Jahre zeigen den OGH als entwicklungsfähige Einrichtung, die durchaus in der Lage sein könnte, bei entsprechenden Bemühungen Fehler der Vergangenheit rechtlich zu vermeiden.

---

20 M. KRIELE, Recht und Politik in der Verfassungsrechtsprechung, NJW 1976, S. 777.

Neuere Entwicklungen der Grundrechte in Japan, vor allem in bezug auf Meinungsfreiheit und Medienrechte

ZENJI ISHIMURA, Fukuoka

I. Einleitung – Fragestellung

1. Sind die Grundrechte, vor allem die Meinungsfreiheit und die Medienrechte, in den heutigen industriellen Gesellschaften verletzt?
2. Welche sozialen und rechtlichen Abwehrmittel könnte man dagegen finden?
3. Der Vortrag legt den Teilnehmern am Symposium Materialien darüber aus Japan dar, damit sie Tatsachen und Meinungen austauschen und darüber diskutieren können.

II. Entstehung und Entwicklung der Grundrechte in Japan

1. Die Idee der Grundrechte in Japan vor der Meiji-Verfassung (1889) wurde von den europäischen Grundideen der Menschenrechte aus England, den USA und Frankreich beeinflußt.[1] Im Jahr 1889 wurde die Verfassung, jetzt unter dem Einfluß der preußischen Verfassung, promulgiert. Diese Verfassung sollte die des »Scheinkonstitutionalismus« genannt werden.[2] Bis 1945 wurde die Freiheit der Bürger durch verschiedene repressive Maßnahmen streng unterdrückt.[3]
2. Entstehung der neuen Japanischen Verfassung (1947) und Medienrechte. Unter dem Potsdamer Abkommen (1945) und den Weisungen der Besatzungs-

---

[1] Z. B. der »Entwurf der japanischen Verfassung« (»Nippon kokken an«) 1881 von EMORI UEKI, dem damaligen bekannten Theoretiker der »politischen Bewegung der bürgerlichen Freiheit und Rechte des Volkes« (»Jiyuu minken undou«), der den Artikel Revolutionsrecht« (Au. 71 und 72) bestimmte. In den siebziger Jahren des vorigen Jahrhunderts wurden die verschiedenen europäischen Bücher über die politischen Systeme sowie Idee der Menschenrechte öfter auf japanisch übersetzt und ziemlich im weiteren Bereiche gelesen, z. B. »On Liberty« von J. S. MILL (übersetzt 1871), »Freedom of Press« von TOCQUEVILLE (übersetzt 1873), »Esprit des Lois« von MONTESQUIEU (übersetzt 1875).

[2] Meiji Verfassung hat den Januskopf von der Modernisierung und Traditionalismus der japanischen Staat und Gesellschaft. Zu einem war die Festlegung des kaiserlichen Systems (Tennou sei), der wichtigsten kaiserlichen Gewalt und Prärogativen von der

mächte wurden die unterdrückenden Gesetze und Maßnahmen abgeschafft.⁴ Die Verfassung gewährleistet die Menschenrechte als die »unverletzbaren und ewigen Rechte« (Art. 97). Art. 21 der Verfassung garantiert die Freiheiten der »Versammlung, der Vereinigung, der Rede, der Presse und aller anderen Meinungsäußerungen«. Als neue Grundrechte, die nicht ausdrücklich in dieser Verfassung normiert sind, bezeichnet man neuerlich sowohl auf der Grundlage von rechtswissenschaftlichen Ansätzen, als auch auf der Basis neuer Problemfelder der sozialen und rechtlichen Praxis, etwa das Recht auf Umweltschutz, das Recht auf Information (»Right to know«), Recht auf Lernen, Recht auf Privacy usw.⁵

III. Meinungsfreiheit und Medienrechte in der Japanischen Verfassung im Hinblick auf die geschichtliche Entwicklung (Stichwörtlich)⁶

1. Besatzungsperiode (1945–1952). a) Befreiung von den repressiven Maßnahmen und die Demokratisierung der Massenmedien, und zugleich b) Maßnahmen der Unterdrückung gegen Gruppen und Personen, die sich gegen die Besatzungsmächte wandten, durch die japanische Regierung und die Besatzungsmächte.⁷

> Polizei (Art. 9), der Organisation der Behörden und der Nennung der Beamten (Art. 10) mit seinen starken Regierungskompetenzen, zum anderen war die breitere Beschränkung der Grundrechte der Untertanen mit schwächeren Kompetenzen des Abgeordnetenhauses.
> 3 Z. B. »Polizeigesetz für innere Ordnung« (»Chian keisatsu hou«) 1900; »Gesetz für polizeiliche Vollstreckung« (»Gyousei shikkou hou«) 1900; »Gesetz für Erhaltung der inneren Ordnung« (»Chian iji hou«) 1925, 1928 reformiert, 1941 erhöht bis zur Todesstrafe. »Chian iji hou« war das stärkste von den Unterdrückungsmaßnahmen gegen die Meinungsfreiheit und Pressefreiheit bis 1945, und zwar wegen der Erhaltung des »Tennou« system und »Privateigentums«, d. h. des Kapitalismus.
> 4 Die Abschaffung der Unterdrückungsmaßnahmen von den Weisungen der Besatzungsmächte (»Memorandum concerning further steps toward freedom of press and speech« vom 27. 9. 1945): »Zeitungsgesetz« (»Shinbun shi hou«), »Allgemeines Staatsmobilisierungsgesetz« (»Kokka soudouin hou«), »Verordnung der Beschränkung der Veröffentlichung der Artikel der Zeitungen (Shinbun tou keisai seigen rei) usw.
> 5 Vgl. NAOKI KOBAYASHI, Die Entwicklung der Menschenrechte in der Gegenwart (»Gendaihou no tenkai«) (Iwanami 1976) S. 58—101. N. KOBAYASHI behandelt dort als die neueren Menschenrechte das Recht auf friedliche Existenz, Umweltschutzrecht — Recht auf Gesundheit, das Recht auf Information, das Recht auf Lernen und das Recht der Bevölkerung in Selbstverwaltungskörpern auf die Autonomie.
> 6 Zur Geschichte der Meinungsfreiheit in Japan nach dem zweiten Weltkrieg vgl. meinen Aufsatz (Z. ISHIMURA), »Freiheit der Meinungsäußerung« (»Hyougen no jiyuu«) in: »Jurist« No. 638 (3. 5. 1977), S. 296—305, 296 ff.
> 7 Zur Kontrolle der Presse- und Gedankenfreiheit unter Besatzungsmächte vgl. SOUZOU MATSUURA, »Unterdrückung der Presse unter Besatzungsmächte« (»Senryou ka no genron danatsu«) (Gendai jouralism shuppan 1969) und ROKUROU HITAKA (Hrsg.), »Materialien zu den Massenmedien nach dem zweiten Weltkrieg« (»Sengo shiryou — masu komi —«) (Nippon hyouron sha 1970).

2. Zweite Periode (1952–1960). Vom Abschluß des einseitigen Friedensvertrags mit den liberalen westlichen Ländern sowie des Sicherheitsvertrags zwischen USA und Japan (1952) bis zum Abschluß des zweiten reformierten Sicherheitsvertrags (1960).

a) Stärkung der Sicherheitsmaßnahmen und gesetzliche Regelungen für die innere Ordnung sowie Entwicklung der Wiederaufrüstung, z. B. Gesetz über die Vorbeugung von Zerstörungsaktionen (1952), Gesetz über die Einrichtung der Sicherheits- und Untersuchungsbehörde (1952), die Entstehung der »Polizei-Reserve«, die später »Sicherheitstruppe« und dann »Selbstverteidigungstruppe (»Jieitai«) genannt wurde (1952), b) Beginn der Ausstrahlung von Fernsehsendungen (1953) und Gesetzgebung für Hörfunk und Fernsehen. c) Erhebungen der politischen Bewegungen und Demonstrationen gegen den Abschluß des zweiten Sicherheitsvertrags und Sturz des Kabinetts »Kishi« (1960)[8] sowie Urteil des Obersten Gerichtshofs über repressive Maßnahmen gegen die politischen Demonstrationen (vom 20. Juli 1960).[9]

3. Dritte Periode (1960–1970). Der in den sechziger Jahren immer heftiger geführte Vietnam-Krieg hat auch auf die Massenmedien und die Meinungsfreiheit in Japan einen schwerwiegenden Einfluß ausgeübt.

a) Terrorismus der Rechtsradikalen gegen einen Journalisten wegen Beleidigung des Kaiserhauses (Affäre um die Zeitschrift »Chuu-ou-kou-ron« oder »Fuu-ryuumu-tan« von SCHICHIROU FUKAZAWA) (1960–1961),[10] b) Suspendierung von Fernsehsendungen durch die japanische Regierung, die Streitkräfte oder wirtschaftliche Kreise und die amerikanische Botschaft (»Selbstkontrolle der Massenmedien«), z. B. die der Darbietung des Dramas, »Das einzige Kind«, das sich gegen die Streitkräfte richtet (November 1962) und eines Dokumentarfilms über den Viet-

---

8 Damals hatten die sieben großen Zeitungen in Japan (»Asahi«, »Mainichi«, »Yomiuri« usw.) die gemeinsame Erklärung gegen die politischen Demonstranten proklamiert. »Abgesehen von den Ursachen zum Unfall war die Affäre von Blutvergießen vor dem Gebäude des Parlaments wegen des Streits der Demonstranten mit Polizisten in der Nacht des 15. Juni eine äußerst bedauernswürdige Sache, die Parlamentarismus in Japan in die Krise bringen soll.« Gegen diese Erklärung hatten die Gewerkschaften von Massenmedien (»Shinbun rouren«, »Nippourou« und »Minpou rou ren«) protestiert: »Wenn die Presse in Japan, die anders als die in Korea und Türkei sein sollen, gegen die despotischen Maßnahmen der Regierung nicht vollständig die Pressefreiheit ausführten, wäre diese Freiheit bedeutungslos.« JIROU KOWADA schrieb, daß die Presse in Japan 1960 als Angelpunkt wieder nach Richtung nicht der Regierungskritik, sondern der Unterstützung zurückgekehrt hätten, als ob es »Bumerang« sei. In: »Taschenbuch eines Journalisten« (»Desuku nikki« 5) (Misuzu 1969) S. 234.
9 Urteil des Obersten Gerichtshofs (UOG) vom 20. 7. 1960, Entscheidungen des Obersten Gerichtshofs in Strafsachen (EOGSt) 14 - 9 - 1243.
10 Vgl. S. MATSUURA, »Tennou und Massenmedien« (»Tennou to masu komi«) (Aoki 1975).

namkrieg wegen »Grausamkeit« (Mai 1965),[11] c) Der Entwurf eines Rundfunk- und Fernsehgesetzes (1966),[12] d) Die Verstärkung der Öffentlichkeitsarbeit der Regierung, unter anderem die Einrichtung des »Zentrums für public relation«, das von der Regierung und wirtschaftlichen Kreisen finanziert wird (Juni1967) und danach Vermehrung der Finanzierung der Öffentlichkeitsarbeit der Regierung.[13]

4. Vierte Periode (1970 bis heute). a) Weiterlaufen der Konzentration, Monopolisierung und der Eingliederung der einzelnen Medien und zugleich der Protestbewegungen der Journalisten, der Gewerkschaften der Massenmedien und der Bürger, vor allem der sogenannte »Verkaufskrieg« der Zeitungen und der letzte »Krieg« zwischen den Zeitungen »Asahi« und »Yomiuri«.[14] Niederlage der dritten großen Zeitung »Mainichi« und zugleich Versuche der Demokratisierung der inneren Struktur der Zeitung unter dem Slogan »die geöffnete Zeitung nach außen sowie nach innen«,[15] b) Behauptung des Rechts auf Information (»right to know«), das auch durch den Obersten Gerichtshof anerkannt worden war (Beschluß des Obersten Gerichtshofs vom 26. November 1969[16] in der »Hakata-Bahnhof-Affäre«, in dem die Vorlage von TV-Filmmaterial angeordnet wurde.[17]) Heftige Diskussionen über das Staatsgeheimnis einerseits und das Recht auf Information wie die »Beschaffungsfreiheit« andererseits (Geheimtelegramme über die »Okinawa-Rück-

---

11 Zur Selbstkontrolle der Massenmedien in Japan vgl. meine Abhandlung »Freiheit der Rede und Selbstkontrolle der Massenmedien« (»Genron no jiyuu to masu media no jishu kisei«) in: »Jubiläumsschrift für den 30. Stiftungstag an der Universität Fukuoka, Heft von Jura Fakultät« (»Fukuoka daigaku souritsu 30 shuunen kinen ronbun shuu — hougaku hen« (1964) S. 29—79, später in: »Bunken sensyuu. Nipponkokukenpou 6. Jiyuu ken shisou hyougen no jiyuu« (Sanseido 1977). Gegen diese Suspendierung von Fernsehsendung entstanden die politische Bewegung vom Sammeln der Namenunterschriften sowie die protestierenden Versammlungen.

12 Zum Entwurf vgl. »Materialien« von R. Hitaka (Hsrg.) S. 315 ff.; Yukio Oumori, »Reformentwurf des Rundfunkgesetzes und des Gesetzes für elektronische Wellen« (»Housou hou, denpa hou kaisei«) in: »Shinbun kenkyu« No. 181 (August 1966).

13 Über die Öffentlichkeitsarbeit der Regierung vgl. »Die aktive Öffentlichkeitsarbeit der Regierung« (»Sekkyokuka shita seifu katsudou«) in: »Shinbun kenkyu« No. 204 (Juli 1968). Der Etat von der »Abteilung Öffentlichkeitsarbeit der Behörde des Premierministers« (»Sourifu kouhou shitsu«) wurde von Yen 175 970 000 (100 Yen = ca. 1 DM) 1960, Yen 336 386 000 im Jahr 1961, Yen 1 615 839 000 im Jahr 1970 bis zu Yen 11 152 383 000 im Jahr 1978 erhöht, in Masao Horibe, »Was ist ›the Right of Access‹?« (»Akusesuken towa nani ka«) (Iwanami 1978) S. 14.

14 Über Monopolisierung der Massenmedien in Japan vgl. Kyouten Takaki, »Entwicklung der Monopilisierung der Industrien von Massenmedien (1) (2) (»Masumedia sangyou ni okeru dokusen no shinkou«) in: »Kagaku to shisou« No. 19, No. 21 (1976).

15 Über Redaktionsstatut der Zeitung »Mainichi« vgl. JCP (»Nippon journalist kaigi«) (Hrsg.), »Studien über Zeitung ›Mainichi‹« (»Mainichi shinbun kenkyu«) (Choubun sha 1977).

16 Beschluß des Obersten Gerichtshofs vom 26. 11. 1969, EOGSt. 23 - 11 - 1490.

17 Über diese Affäre von Hakata-Bahnhof vgl Z. Iishimura und F. Saitou (Hrsg.), »Die befragte Freiheit der Berichterstattung« (»Towareta houdou no jiyuu«) (Houritsu bunka sha 1971) S. 332.

gabeverhandlungs-Affäre« oder »Journalist Nishiyama-Affäre«) und der Beschluß des Obersten Gerichtshofs darüber (vom 31. Mai 1978).[18] c) Prozeß über den Gegendarstellungsanspruch (Urteil des Tokio-Distrikt-Gerichtshofs vom 13. Juli 1977),[19] die erste Entscheidung über einen solchen Anspruch in Japan. d) Die neuere Entwicklung der Technologie der Massenmedien, z. B. Kabelfernsehen, Videotext, Bildschirmtext, Faksimilezeitung, Fernsehsendung mit Multiplizierung von Stimmen, sowie Fernsehuniversität (die Ausstrahlung von Fernsehsendungen mit duplizierten Stimmen hat am 1. Oktober 1978 begonnen). e) Die Darlegung der Planung der Verteidigungsbehörden sowie der Regierung über die Gesetzgebung für den Ausnahmezustand und die Protestbewegung dagegen in neuester Zeit (seit August 1978).

IV. Rechtliche Aufgabe der Meinungsfreiheit und Medienrechte

1. Die Rede- und Meinungsfreiheit war eines der politischen und rechtlichen Ziele der modernen bürgerlichen Revolution und bleibt Kernpunkt der Bestimmungen der Grund- und Menschenrechte in den modernen Verfassungen. In modernen Industriegesellschaften sind die Ausdrucksmittel vor allem durch die elektronische Welle ungeheuer entwickelt worden, und die Gegenstände der Meinungsfreiheit sollten daher entsprechend immer mehr erweitert werden. Weil die japanische Verfassung keine klare Bestimmung über die modernen Massenmedien enthält, bleibt es unsere Aufgabe, durch die dogmatische Auslegung des Wortlautes des Artikel 21 der Verfassung, d. h. des Begriffs »alle andere Meinungsäußerungsfreiheit«, diese Lücke zu füllen. Ausführlichere Bestimmungen wie in Artikel 5 I (2) GG »Die Pressefreiheit und die Freiheit der Berichterstattung durch Rundfunk und Film werden gewährleistet«, sollten auf die Rechtspraxis und -theorien in Japan Einfluß haben. Die rechtlichen Aufgaben der Meinungsfreiheit und der Medienrechte sind unter drei Punkten zu betrachten:
  a) Welche Prozesse der sozialen Kommunikation, d. h. der Beschaffung, Verarbeitung und Verbreitung von Informationen,[20]
  b) welche Ausdrucksmittel oder »chanells of communication« gibt es, und

---

18 Beschluß des Obersten Gerichtshofs vom 31. 5. 1978 (»Hanrei jihou«) No. 887.
19 Urteil des Tokio-Distrikt-Gerichtshofs vom 13. 7. 1977 (»Hanrei jihou«) No. 857. Zum Dokument vgl. Presseabteilung des Zentralkomitees der kommunistischen Partei Japans, »Die Redefreiheit und ›Sankei‹-Affäre« (»Genron no jiyuu to ›Sankei‹ mondai«) 1977; Sankei-Zeitung, »Sankei vs. KPJ — Rechtsprechung über Redefreiheit —« (»Sankei-Nikkyou genron saiban«) 1977. Meine Rezension über dieses Urteil in »Jurist« No. 666, Juni 1978.
20 Über die Teilung der Kommunikationsprozesse vgl. meinen Aufsatz in OKUDAIRA und SUGIHARA (Hrsg.), »Verfassungsrechtslehre 2. Die Hauptprobleme der Menschenrechte« (»Kenpougaku 2. Jinken no kihon mondai II) (Yuuhikaku 1976) S. 50 ff.

c) in welchen inhaltlichen Grenzen soll die freie Kommunikation gewährleistet und wie sollen entsprechende Regelungen ausgestaltet werden?

Hier beschränke ich mich jedoch nur auf die ersten beiden Probleme, nämlich auf den allgemeinen Teil der Meinungsfreiheit und der Medienrechte in Japan.

2. Die Garantie der Meinungsfreiheit in den klassischen liberalen Verfassungen bedeutet hauptsächlich die der Freiheit der Meinungsäußerung, und es handelt sich dabei um den Gegensatz der Staatsgewalt einerseits und der Individuen andererseits, vor allem um die Emanzipation der individuellen Meinungsäußerung von der Unterdrückung der Presse durch die Staatsgewalt, d. h. von der »Zensur«. Dieser Aspekt der Freiheit ist jedoch nur einer aus der Gesamtheit des sozialen und politischen Kommunikationsprozesses. Daher ist es unbedingt notwendig, den gesamten gesellschaftlichen Kommunikationsprozeß zu berücksichtigen, damit die heutigen Probleme der Medienrechte besser theoretisch erfaßt werden können.

Zu IV 1 a:

1. »Beschaffungsprozeß« der sozialen Kommunikation

Zunächst hatte der japanische Oberste Gerichtshof zum Recht auf Beschaffung von Informationen nur negativ Stellung genommen. Es war der Meinung, Artikel 21 der japanischen Verfassung bedeute, daß jeder Mensch frei das sagen dürfe, was er will, sofern seine Meinungsäußerung nicht dem öffentlichen Wohl zuwiderlaufe. Daher sei dieser Artikel nicht dahin auszulegen, daß er ein Recht der Journalisten auf Zeugnisverweigerung garantiert. Journalisten sind danach verpflichtet, über die Quellen ihrer Berichte vor Gericht umfassend Auskunft zu erteilen – was natürlich eine Erschwerung der journalistischen Informationsbeschaffung zur Folge hat –, weil diese Pflicht einerseits für das öffentliche Wohl unerläßlich sein soll, andererseits das, was man sagen will, noch nicht bei Beschaffung der Materialien feststehe. (Affäre der Berichterstatter Ishii der Zeitung »Asahi«. Urteil des Obersten Gerichtshofs vom 6. August 1952.)[21]

Der Oberste Gerichtshof hat jedoch später die Beschaffungsarbeit der Journalisten als die Voraussetzung der Berichterstattung der Presse anerkannt (Beschluß des Obersten Gerichtshofs vom 17. Februar 1958).[22] Ferner hat der Gerichtshof im Jahr 1969 positiv ausgesprochen, daß die »Freiheit der Beschaffungsarbeit mit derjenigen der Berichterstattung verbunden ist und in Hinsicht auf die Grundidee des Artikels 21 der japanischen Verfassung hinreichend beachtet werden soll« (»Hakata-Bahnhof-Affäre«). Diese Affäre und der Beschluß des Obersten Gerichtshofs vom 26. November 1969 haben in Japan einen Anstoß zur weiteren Diskussion

---

21 Urteil des Obersten Gerichtshofs vom 6. 8. 1952, EOGSt. 6 - 8 - 974.
22 Beschluß des Obersten Gerichtshofs vom 17. 2. 1958, EOGSt. 12 - 2 - 253.

über Informationsfreiheit oder »right to know« gegeben,[23] weil der Beschluß zudem ausgesprochen hatte, »die Berichterstattung der Presse soll in den demokratischen Gesellschaften dem Recht des Volkes auf Information (»Kokumin-no-shirukenri«) dienen, indem sie dem Volke die wichtigsten Materialien vorlegt, die ihm bei der Teilnahme an den öffentlichen Angelegenheiten unentbehrlich sind«. Dieser Beschluß, der den Zusammenhang zwischen der Berichterstattung der Presse und der Teilnahme an der Politik betont, hat für die spätere Entwicklung der Rechtsprechung sowie für die sozialen Initiativen für das Recht auf Information eine große Rolle gespielt. Man sollte vor allem die Rechtsprechung und die rechtswissenschaftlichen Arbeiten über das Staats-, Militär-, Amts- und diplomatische Geheimnis beachten. Beispielhaft sei hier auf die Rechtsprechung zu der Affäre um die Geheimtelegramme bei den Okinawa-Zurückgabeverhandlungen zwischen Japan und den USA hingewiesen.[24] Der angeklagte Journalist Nishiyama, der sich durch eine Sekretärin des Außenministeriums die betreffenden Kopien der Telegramme beschafft hatte, wurde schließlich durch Beschluß des Obersten Gerichtshofs (vom 31. Mai 1978) wegen Anstiftung zum Verrat dieser Telegramme nach dem »Gesetz der Staatsbeamten« zu 4 Monaten Gefängnis verurteilt, während die Sekretärin in der ersten Instanz nach demselben Gesetz zu 6 Monaten Gefängnis verurteilt wurde und nicht mehr an die höhere Instanz appellierte. Das Urteil der ersten Instanz des Tokio-Distrikt-Gerichtshofs ist jedoch für die Auslegung des Begriffes des Staatsgeheimnisses und der Freiheit der Beschaffungsarbeit bemerkenswert, weil es zum einen das Prinzip der Öffentlichkeit der Staatstätigkeiten geradezu erst bekannt und zum anderen die Ausnahmefälle dazu aufgezählt hat. Der Gerichtshof hat das demokratische Prinzip anerkannt, daß das Volk beständig die Staatstätigkeit beaufsichtigen und diese Tätigkeit auf dem Forum der Öffentlichkeit kritisieren oder unterstützen soll und darf. Dieses Öffentlichkeitsprinzip sei nur dann beschränkt, wenn 1. öffentliche Diskussionen sowie die Beaufsichtigung des Volkes einem Vorrang unangemessen seien, (z. B. bei Gegenständen aus dem Bereich der »privacy«), 2. ein Ziel der öffentlichen Verwaltung durch die Offenbarung dieser Tätigkeit vereitelt werde (z. B. beim Erlaß eines Haftbefehls), 3. die Kontrolle durch die öffentliche Diskussion und Beaufsichtigung zwar einstweilen zugunsten einer effektiven und erfolgreichen staatlichen Geschäftsführung zurücktreten muß, eine nachträgliche öffentliche Erörterung und Kritik aber möglich sein soll (z. B. bei geheimen Verhandlungen bestimmter Kommissionen und

---

23 Über »Right to know« in Japan vgl. Z. Ishimura und Okudaira (Hrsg.), »› The Right to know‹ — Massenkommunikation und Recht« (»Shirukenri — masukomi to hou«) (Yuuhikaku 1974). Darunter sind die verschiedenen konkreten Probleme über »the right to know« behandelt. Z. B. »Die moderne Gesellschaft und right to know«, »Staatstätigkeit und right to know«, »Betriebstätigkeit und right to know«, »Betriebskompetenz und Redaktionskompetenz« usw.
24 Über diese Affäre rezensierte ich in »Jurist« vom 30. 6. 1975; »Masu komi shimin« No. 105 (August 1976), No. 127 (Juli 1978).

Behörden, etwa zur Vorbereitung völkerrechtlicher Verträge) und 4. in anderen Fällen, die, so ist kritisch zur Entscheidung anzumerken, von dem Gericht nicht präzise benannt werden.

Dieses Urteil hat in Japan erstmals auch den Begriff »illegales Geheimnis« verwandt, wie er von dem deutschen Recht und von der Rechtsprechung, vor allem im Pätsch-Affäre-Urteil des BGH vom 8. November 1965 sowie in Paragraph 93 II StGB, ausgearbeitet wurde.[25] Das Urteil des Tokio-Distrikt-Gerichtshofs ist nach meiner Meinung nicht vollständig gerechtfertigt, weil der Begriff des Geheimnisses in ihm nicht präzise definiert ist.[26] Das Urteil sollte jedoch für die spätere Entwicklung der Medienrechte eine um so größere Bedeutung haben, als das Urteil des Obersten Gerichtshofs sich in bezug auf das Öffentlichkeitsprinzip zurückhielt und ferner dieses Öffentlichkeitsprinzip in Japan noch nicht hinreichend durch die Gesetzgebung normativ geregelt ist. Die Realisierung und Ausgestaltung des Öffentlichkeitsprinzips durch gesetzliche Regelung der Ansprüche auf Information, durch welche die staatliche Tätigkeit transparent gemacht werden kann, ist für die weitere Entwicklung des Medienrechts in Japan von entscheidender Bedeutung. Dabei können entsprechende Bestimmungen aus dem Recht des Auslands als Vorbilder dienen.

In der nächsten Zukunft sollte man auch in Japan ein allgemeines Gesetz über dieses Prinzip verabschieden, wie »Freedom of Information Act« (1966) in den USA, einen Informationsanspruch der Presse in den Landespressegesetzen in der Bundesrepublik und »Freedom of Press Law« in Schweden. Wir haben bei uns bis heute nur einige Bestimmungen in einzelnen Gesetzen, wie die allgemeine Erklärung des Öffentlichkeitsprinzips in der Atomenergiepolitik (§ 2 AtomenergieG.), das allgemeine Einsichtsrecht der Bürger und die Öffentlichkeitspflicht der Behörden in bezug auf Stadtbaupläne (§ 17 StadtbauplanG., § 39 UnfallverhütungG.). Ferner gibt es im japanischen Prozeßrecht mehrere Möglichkeiten, unter bestimmten Voraussetzungen die Veröffentlichung von Behördenakten zu erwirken (z. B. nach § 28 VerwaltungsbeschwerdeG., nach § 33 II VerwaltungsprozeßG., nach § 31 II ZPR und nach §§ 103, 104 StrafprozeßG.).[27] Da die Regierung und

---

25 Über illegasel Geheimnis in Deutschland erörterte ich schon vor diesem Urteil der ersten Instanz in: »Die Freiheit der Berichterstattung und Staatsgeheimnis in Weimarer Republik und Westdeutschland« (»Houdou no jiyuu to kokka himitsu«) in: »Houritsu jihou« Bd. 43—11 (Sept. 1971).

26 Über Staats- und Amtsgeheimnis behandelte ich auch öfter z. B. in »Staatsgeheimnis und Right to know« (»Kokka himitsu to shiru kenri«) in: »Hougaku kyoushitsu — 2 ki« No. 5 (1973) S. 232—236; »Beamten und Pflicht der Erhaltung der Geheimnisse« (»Koumuin to himitu hoshu gimu«) in: »Jurist« No. 569 (Sept. 1974); »Staatsgeheimnis und right to know« (»Kokka himitsu to shirukenri«) in: »Hougaku seminar« — Sonderausgabe — »Meinungsäußerung und Massenkommunikation« (»Genron to masukomi«) (März 1978).

27 Die Gesetze und Paragraphen sind in meinen Abhandlungen (»Jurist« No. 569) sowie »Kommentar für Art. 21 (1)1 der japanischen Verfassung« in: R. Arikura (Hrsg.), »Hanrei-Kommentar 1« (Sansei dou 1977) S. 224—263.

die Streitkräfte in den gerichtlichen Verhandlungen (z. B in der Affäre um die »Naganuma-Streitkräfte-Basis«, Urteil der ersten Instanz des Sapporo-Distrikt-Gerichtshofs vom 7. September 1973,[28] Urteil der zweiten Instanz des höheren Gerichtshofs von Sapporo vom 5. August 1976, in der Affäre um den Soldaten Konishi, Urteil der ersten Instanz des Niigata-Distrikt-Gerichtshofs vom 22. Februar 1975, Urteil der zweiten Instanz des höheren Gerichtshofs von Tokio vom 31. Januar 1977) aufgrund des Geheimnisprivilegs der Regierung und der Streitkräfte die Vorlage der Behördenakten abgelehnt haben, wäre es auch bei uns eine wichtige Aufgabe, diesen Problemen sowohl prozessual- als auch materiellrechtlich gerecht zu werden und sie gesetzlich zu regeln.[29] Wir können dieses Recht auf Information, verfassungsrechtlich betrachtet, als die Voraussetzung der folgenden vier Grundwerte ansehen:[30]

1. für die Teilnahme an der Staatstätigkeit des Volkes (Demokratie, Präambel, Art. 1 der japanischen Verfassung), 2. für die Freiheit der Meinungs- oder Gedankenäußerung (Meinungs- oder Gedankenfreiheit, Art. 21), 3. für die Meinungsbildung oder Persönlichkeitsbildung (das Recht auf Persönlichkeitsentfaltung oder auf glückliches Leben, Art. 13), 4. für das Recht auf Existenz oder Leben (das Recht auf ein friedliches Leben, Präambel, Art. 9 und das Recht auf wirtschaftliche Existenz, Art. 25).

Prozeßrechtlich könnte man sagen, daß das Recht auf Information der Regierung und den Behörden die Beweislast zuteilt (Umkehr der Beweislast). Das heißt, wenn man das Recht auf Information einer bestimmten Behörde gegenüber behauptet, darf sie die betreffenden Gegenstände nicht geheimhalten, ohne den Grund dafür klar anzugeben. Derartige Gedanken sind in der japanischen Rechtsprechung teilweise bereits anerkannt worden. Dennoch sollte der Inhalt dieses Rechts auf Information von der Rechtswissenschaft und den juristischen und sozialen Bewegungen weiter entwickelt und konkretisiert werden.

Auf die folgenden bereits vorliegenden Entscheidungen möchte ich Sie in diesem Zusammenhang hinweisen:

Zum ersten auf die schon vorher genannte Entscheidung des Obersten Gerichts-

---

28 Urteil des Sapporo-Distrikt-Gerichtshofs vom 7. 9. 1973 vgl. den deutschen Auszug von diesem Urteil in: »Demokratie und Recht« I/1974 S. 101–106 (übersetzt von Z. ISHIMURA).
29 Über »Konishi-Affäre« vgl. »Dokumente zu den Gerichtsverhandlungen über Konishi-Affäre« (»Somishi hangun saiban kouhan kiroku«, 6 Hefte); vgl. J. FURUKAWA, »Rechtsprechung über Selbstverteidigungstruppe als Verfassungsprozeß – über Geheimnisprivilegien des Staates« (»Kenpou soshou to shiteno jieitai saiban — kokka no himitsu tokkenkoushi o megutte«) in: »Tokio Keizaidaigaku Zasshi« No. 89, 90, 92; T. YAMAUCHI, »Prozeß über Selbstverteidigungstruppe und Militärgeheimnis« (»Jieitai saiban to gunji himitsu ni tsuite«) in: »Jurist« No. 646.
30 Diese Typologie von Right to know vgl. meine Abhandlung: »›Right to know‹ des Volkes« in: OKUDAIRA und SUGIHARA (Hrsg.), »Verfassungsrechtslehre 2« S. 50–68, 53–56.

hofs in der »Hakata-Bahnhof-Affäre« vom 25. November 1969, zum zweiten auf das Urteil des Obersten Gerichtshofs in einer Affäre um ein Buch von Marquis de Sade vom 15. Oktober 1969,[31] vor allem die Mindermeinung von Richter Irokawa, zum dritten auf das Urteil des Osaka-Distrikt-Gerichtshofs vom 20. August 1958 über das »Recht auf Lesen« der Häftlinge im Zuchthaus,[32] auf das Urteil des Höheren Gerichtshofs von Hiroshima vom 29. Mai 1973.[33] Ferner wird ein Recht auf Existenz gegenüber Umweltschäden, militärischen Gefährdungen, biologischen körperlichen Schäden durch Medikamente, gegenüber ökonomischer Unterdrückung durch Inflation oder höhere Preise geltend gemacht, und zwar von den sozialen Bewegungen oder Bürgerinitiativen einerseits und andererseits z. B. in den Prozessen für den Umweltschutz oder gegen die Streitkräfte (Prozesse in der Affäre um die Naganuma-Streitkräfte-Basis oder die verschiedenen Prozesse über Umweltschutz und Medikamenteentschädigungen).[34]

Die Reichweite dieses Rechts auf Information wäre nach meiner Meinung des weiteren nicht nur gegen die Staatsgewalt oder Behörden, sondern auch gegen Privatunternehmer (die sogenannte »Umweltschädigenden Unternehmer«) zu erweitern. Es ist hier noch zu bemerken, daß die staatlichen Behörden, vor allem die Streitkräfte und die Polizei, durch Untersuchungsorgane mit EDV umfangreiche Information sammeln und verarbeiten können. Die Geheimhaltung betrieblicher Vorgänge hat bisher dazu geführt, daß es den Unternehmern häufig gelang, ihre Interessen gegenüber Verbrauchern oder Bürgerinitiativen durchzusetzen. Beide neuartigen Probleme, »computer privacy« und »secret of industrial company«, sind bei uns noch offen, obwohl es schon einige Entwürfe für ein »Datenschutzgesetz«, z. B. von der Sozialistischen Partei Japans gibt.[35]

2. »Verarbeitungsprozeß« der sozialen Kommunikation

Vom Gesamtverlauf der sozialen Kommunikation her gesehen werden die beschafften Informationen, sei es beim Einzelnen, sei es bei einer Gruppe, sei es bei einer Organisation, nicht sofort, wie sie sind, direkt nach außen vermittelt, sondern zunächst intern ausgewählt und verarbeitet. Dieser Prozeß wird beim Einzelnen »Lernprozeß«, »Meinungs- oder Persönlichkeitsbildungsprozeß«, beim Presse- oder

---

31 Urteil des Obersten Gerichtshofs vom 15. 10. 1969, EOGSt. 23 - 10 - 1239.
32 Urteil des Osaka-Distrikt-Gerichtshofs vom 20. 8. 1958, »Verwaltungsrechtsprechung« (»Gyousei saiban rei shuu«) 9 - 8 - 1662.
33 Urteil des Hiroshima-Obergerichtshofs vom 29. 5. 1973 (»Hanrei jihou« No. 715, S. 39).
34 Über Betriebsgeheimnis vgl. Akira Shouda, »Betriebstätigkeit und Right to know« in: Z. Ishimura und Okudaira (Hrsg.), »Shiru kenri« S. 35–51.
35 »Politikberatungskomitee SPJ« (»Nippon shakaitou seisaku shingikai«), »Datenschutzpolitik über Personalinformation« (»Kojin jyouhou ni kakawaru privacy hogo seisaku«) vom 29. 3. 1975. Über »computer privacy« vgl. Y. Okudaira, »Jouhouka shakai« in: »Miraishakai to hou« (Chikuma 1976).

Funkwesen »Redaktionsprozeß« genannt. Bisher ist dieser Prozeß der sozialen Kommunikation rechtlich und rechtswissenschaftlich fast immer vernachlässigt worden. Es ist uns nunmehr klar geworden, daß dieser Prozeß gerade deswegen sehr wichtig ist, weil riesige Mengen von Informationen bei den Massenmedien gesammelt und danach bei der Verarbeitung durch deren Organe reguliert oder kontrolliert werden. Diese Kontrolle, d. h. die sogenannte »Selbstkontrolle der Massenmedien«, ist manchmal von dem Niveau des Einzelnen über das eines bestimmten Unternehmens bis zu der Vereinigung des ganzen Verlags- und Funkwesens durchorganisiert. Die Bedeutung der Selbstkontrolle über die Meinungsfreiheit ist zu groß, als daß man dieses Problem offen lassen könnte. Es handelt sich dabei – ebenso wie bei den Auseinandersetzungen um das »Redaktionsstatut« in der Bundesrepublik – um das Recht der Redaktion, bei der Verarbeitung der Informationen eigenverantwortlich zu handeln. In Japan war die »Redaktionskompetenz« in der Besatzungszeit nach dem zweiten Weltkrieg dem Bereich des Verlegers zugewiesen.[36, 37] Damals hatte ein Vertreter der Besatzungsmächte über die Pressefreiheit erklärt, diese Freiheit bedeute »die Freiheit von der Beherrschung und Beeinflussung durch Staatsorgane, politische Parteien, Gewerkschaften und Arbeitsgenossenschaften sowie von dem Totalitarismus und damit zugleich das Recht frei Berichterstattungen und Aufsätze in der Zeitung zu veröffentlichen.« (Die Antrittsrede der Chef der CIE der General Head Quarters (GHQ), Oberstleutnant Newgent vom 29. September 1945). Die Rede war hauptsächlich gegen die damals öfter durchgeführten Streiks der Gewerkschaften der Presse gerichtet. Die japanischen Verleger hatten sich, dieser Grundlinie der Besatzungsmächte folgend, unter dem Slogan des »Unternehmensschutzes« gegen die Streiks gewandt sowie in die Auseinandersetzungen zwischen den Verlegern und den Gewerkschaften eingegriffen. Die Erklärung der »Vereinigung der Zeitungen in Japan« (»Shinbun-Kyoukai«) über »die Sicherung der Redaktionskompetenz der Zeitung« vom 16. März 1948 hat seither großen Einfluß auf die Arbeitsverhältnisse zwischen Verlegern und Arbeitnehmern der Massenmedien gehabt. In dieser Erklärung heißt es: »Die Redaktionskompetenz liegt bei dem Betriebsverwalter oder den von ihm bevollmächtigten Redaktionsverwaltern, dem Direktorium. Diese erhalten alle für die Redaktion der Presse erforderlichen Befugnisse der Kontrolle und Verwaltung«.[38] Dieser Gedanke der Redaktionskompetenz war seither bei den Massen-

---

36 Über Redaktionskompetenz und Redaktionsstatut vgl. Z. Ishimura, »Betriebs- und Redaktionskompetenz – hauptsächlich über die Beispiele in Westdeutschland« (»Jurist«-Sougou tokushuu »Gendai no masu komi« Oktober 1976. S. 225–232).
37 Über die Geschichte der Betriebs- und Redaktionskompetenz in Japan vgl. Akira Yamamoto, »Entstehungsprozeß der Redaktionskompetenz der Zeitungen« (»Shinbun henshuuken no seiritsu katei«) in: »Jinbungaku No. 5« (Doushisha Universität) S. 45–70.
38 vgl. »Nippon shinbun Kyoukai« (Hrsg.), »Geschichte von zehn Jahren seit Begründung der shinbun kyoukai« (»Shinbun kyoukai 10 nen shi«) 1956, S. 651.

medien eingeführt. Vor allem seit dem Korea-Krieg im Jahr 1950 erwies er sich als starke Waffe der Verleger für »Red Purge«, die Ausschließung der Kommunisten und der mit ihnen Sympathisierenden aus den Massenmedien (704 Arbeitnehmer und Journalisten in 50 Massenmedien wurden entlassen). Obwohl die Gewerkschaften der Massenmedien gegen diesen Gedanken und die entsprechende Praxis protestierten, hat er heute noch einen ziemlich großen Einfluß. Erst neuerdings haben sich Tendenzen und soziale Initiativen gegen diese Redaktionskompetenz und für die Entwicklung eines »Redaktionsstatuts« in Japan entwickelt.

Man kann dies an der Vereinbarung des Redaktionsstatuts der Zeitung »Mainichi« (1977) ablesen, die die drittgrößte Auflagenhöhe in Japan mit ca. vier Millionen hält.[39] Dieses Statut wurde unter der betrieblichen Krise eines Fehlbetrages von Yen 20 Milliarden (ca. 200 Mio. DM) zum Zweck der Sanierung der Zeitung zwischen den Gewerkschaften von »Mainichi« und dem Verleger vereinbart. Es lautet unter anderem: »Wir streben eine geöffnete Presse an«. Das Wort »geöffnet« bedeutet einerseits innerhalb des Betriebs die Festlegung der Verantwortlichkeit der Redakteure, die demokratische Leitung des Betriebs und die Befreiung der Journalisten von Gewissenszwang, andererseits nach außen die positive Teilnahme der Bürger oder Leser an der Zeitung. Ferner lautet es »der Redakteursausschuß behandelt die grundsätzlichen Fragen der Redaktion. Dieses Statut kann durch die Beratungen des Ausschusses bei der Ernennung sowie der Entlastung des Chefredakteurs seine Ansicht bei der Direktion des Betriebs vortragen«. Dieses Statut ist allerdings rechtlich nicht hinreichend klar und daher der Ausführungsbestimmungen bedürftig, ähnlich wie es in der Bundesrepublik Deutschland geschehen ist. Ich schätze dennoch die geschichtliche Bedeutung des Statuts für die Medienrechte und die Meinungsfreiheit in Japan hoch ein. Die Vereinigung der Gewerkschaften von Privathörfunk und -Fernsehen in Japan (»Min-pou-rouren«) hat ferner schon 1970 einen »Entwurf für den neuen Aufbau von Hörfunk und Fernsehen – zur Fortentwicklung des Kampfes um die Demokratisierung des Funkwesens –« veröffentlicht. Dieser sieht ein »Betriebskomitee« vor, das aus Vertretern der Gewerkschaften, der Arbeitnehmer und des Betriebs zusammengesetzt ist. Jeder Betrieb soll ein solches Komitee einrichten. Dies berät über die Grundsätze in bezug auf Programmgestaltung, -planung und -inhalte und entscheidet über Einwände, die das Personal gegen Entscheidungen oder Maßnahmen des Betriebs erhoben hat. Der Ausschuß richtet dann eine Empfehlung an die jeweilige Abteilung des Betriebs. Jeder Angestellte hat eine »recall«-Befugnis bezüglich der Chefs der wichtigen Abteilungen, d. h. der Abteilungen für Programmgestaltung, Herstellung und Berichterstattung; das bedeutet, daß er die Abberufung dieser Chefs verlangen kann. Wenn Meinungsverschiedenheiten über Programmgestaltung, -planung und -inhalte auftreten, hat jeder Beteiligte die gleiche Berechtigung, über die

---

39 Über die Dokumente für Mainichi-Redaktionsstatut vgl. JCJ, »Mainichishinbun kenkyu« 1977, S. 206 ff.

Tatsachen und Vorgänge schriftlich oder mündlich nach innen sowie nach außen Öffentlichkeit herzustellen. Nachteile dürfen ihm daraus nicht entstehen. Jeder Beschäftigte und jeder an der Programmgestaltung Beteiligte hat das Recht, Tätigkeiten abzulehnen, die er mit seinem Gewissen nicht vereinbaren kann. Wegen der Ablehnung dürfen eine Bestrafung oder nachteilige Maßnahmen nicht erfolgen, eine zivilrechtliche oder eine strafrechtliche Verantwortlichkeit besteht nicht.«

Dieser Entwurf ist zwar noch immer nicht in der Gesetzgebung oder in jedem Betrieb verwirklicht, er könnte aber als Modellentwurf für die zukünftige Entwicklung der Redaktionsstatutsbewegung in Japan eine große Rolle spielen. Die »innere Pressefreiheit« oder das »Redaktionsstatut« ist sowohl in der Bundesrepublik als auch in Frankreich ein Brennpunkt des heutigen Medienrechts. Dieses Thema kann auch in anderen Ländern relevant werden. Für die weitere Entwicklung wird es nützlich sein, diese Tatsachen und die rechtlichen Mittel zu ihrer Verarbeitung in vergleichender Hinsicht zu betrachten.

3. »Verbreitungsprozeß« der sozialen Kommunikation

Der Verbreitungsprozeß der Kommunikation war der eigentliche Gegenstand der traditionellen Freiheit der Presse. Vornehmlich interessierte man sich dabei für den Inhalt der Meinungsäußerung und für regulierende Eingriffe durch die Staatsgewalt. Die Empfänger der sozialen Kommunikation wurden dabei nicht spezialisiert oder individuell charakterisiert, sondern nur als abstrakte Personen im allgemeinen betrachtet. Daher handelte es sich nicht um den Zusammenhang zwischen den Massenmedien als den Empfängern der Kommunikationsinhalte und den Lesern oder Sehern und Hörern als den Sendern der Kommunikationsinhalte. Allerdings darf man auch heute nicht die traditionellen Probleme außer acht lassen. Wenn wir aber doch die Medien als Empfänger aufmerksam machen, bemerken wir noch andere wichtige Probleme: Ich meine das, was in der Diskussion in den USA als »access to media« und als »Gegendarstellungsanspruch« in den europäischen Ländern bezeichnet wird.[40] Auch in Japan sind diese Themen in den letzten Jahren öfters diskutiert worden. Vor allem ist das Urteil des Tokio-Distrikt-Ge-

---

40 Über »Access to media« in U.S.A. vgl. vor allem Jerome A. Baron, »Freedom of the Press for Whom? – The Right of Access to Mass media« (Indiana Press 1973) (übersetzt auf japanisch von H. Shimizu u. a. (Nippon hyouron 1978); M. Horibe, »Right of Access« (»Akusesu ken«) (Tokio University Press 1977); M. Horibe, »Was ist the Right of access – Massenmedien und Freiheit der Rede –?« (»Akusesuken towa nanika – masu media to genron no jiyuu –) (Iwanami 1978) 230 S.; Über Gegendarstellungsansprüche in Japan vgl. 19); Über europäische Gegendarstellung vgl. M. Löffler, H. Golsong, G. Frank, »Das Gegendarstellungsrecht in Europa. Möglichkeiten der Harmonisierung« (C. H. Beck 1974) 333 S.

richtshofs vom 13. Juli 1977 über einen Gegendarstellungsanspruch der Kommunistischen Partei Japans gegen die Zeitung »Sankei« (Auflagenhöhe von ca. 3 Millionen) bemerkenswert. Das Urteil hat den Gegendarstellungsanspruch der KPJ nach den bestehenden positiven Gesetzen abgelehnt, weil danach in Japan ein solcher Anspruch nicht bestehe. Aber es bleibe noch die Möglichkeit, daß zukünftige Gesetze diesen Anspruch anerkennen. Dieser Fall ist noch in der zweiten Instanz anhängig (November 1978). Er ist dadurch gekennzeichnet, daß der Anspruch einerseits nicht durch einen bestimmten Einzelnen, sondern durch eine politische Partei, andererseits nicht gegen die Berichterstattung oder Aufsätze in der Zeitung, sondern gegen eine politische Anzeige geltend gemacht wurde. Es fragt sich dabei erstens, ob der Gegendarstellungsanspruch durch die Gesetzgebung anerkannt werden soll oder ob die Frage der sozialen und gerichtlichen Praxis überlassen werden kann, zweitens ob der Gegenstand des Anspruchs wie in der Bundesrepublik nur auf Tatsachen beschränkt,[41] oder allgemein erweitert werden soll, wie in Frankreich,[42] drittens ob der Anspruch sich nur auf Hörfunk und Fernsehen beschränken, wie in den USA aufgrund der »fairness doctrine«, oder auf andere Medien erweitert werden soll,[43] viertens wie man bei Anerkennung dieses Anspruchs die Redaktionsfreiheit sicherstellen kann. Diese Probleme bleiben, scheint mir, sowohl in der Bundesrepublik wie in den USA als auch in Japan noch offen.

Zu IV 1 b:

Verbindungsmittel der sozialen Kommunikation (channels of communication)
Das, was ich vorher behandelt habe, war der Prozeß vom Anfang der Beschaffung der Informationen bis zum Ende ihrer Verbreitung (»from input to output«). Es handelt sich dort nicht um die Verbindungsmittel der Kommunikationen selbst. Hier jedoch stellen sich verschiedene neuartige Probleme, zum ersten im Verhältnis zwischen den Massenmedien einerseits und den Ausdrucksmitteln der Einzelnen oder von Gruppen andererseits, vor allem die Bewertung von Massendemonstra-

---

41 z. B. § 11 Landespressegesetz Baden-Württemberg vom 14. 1. 1964.
42 Article 13 de la loi du 29 juillet 1881 sur la liberté de la presse.
43 Das Urteil des Obersten Gerichtshofs in U.S.A. für sogenannte Red Lion-Affäre (395 U.S. 367 [1969] lautet: »Because of the scarcity of radio frequencies, the Government is permitted to put restraints on licensees in favor of others whose views should be expressed on this unique medium. But the people as a whole retain their interest in free speech by radio and their collective right to have the medium function consistently with the end and purposes of the First Amendment. It is the right of the viewers and listners, not the right of the broadcasters, which is paramount.« Im Vergleich zu diesem Urteil hatte der Oberste Gerichtshof in den U.S.A. den Gegendarstellungsanspruch (right of reply) gegen die Presse abgelehnt (Miami Herald Publishing Co. v. Tornillo 418 U.S. 241 [1974]). Lucas A. Powe behauptet im Deutsch-Amerikanischen Verfassungsrechtssymposium 1976 die Gleichbehandlung der Presse und des Rundfunks. Vgl. »Freedom of the Press: The Special Problems of Broadcasting« in: »Deutsch-Amerikanisches Verfassungssymposium 1976« (Duncker & Humblot 1978) S. 39–65, 52 ff. In diesem Symposium war auch über die Gleichbehandlung oder Differenzierung diskutiert worden.

tionen als Mitteln der Meinungsäußerung, zum zweiten der Unterschied zwischen den Pressemedien und denen, die elektronische Wellen verwenden, zum dritten die rechtlichen Probleme der neu entwickelten Medien, z. B. Kabelfernsehen, Videotext, Fernsehen mit duplizierten Stimmen und Fernsehuniversität als Ausbildungsmittel.

1. Das Verhältnis zwischen Massenmedien und Personalmedien (z. B. Rede, Ankleben und Ausstreuen von Flugblättern, Demonstration)

Die auf den hochentwickelten Techniken aufbauenden und riesige finanzielle Mittel voraussetzenden Massenmedien, vor allem Hörfunk und Fernsehen, können die »gewöhnlichen« Bürger natürlich nicht mehr neu einrichten und verwalten. Deswegen ist es immer wichtiger geworden, die Personalmedien wieder um so höher zu schätzen, als man diese Mittel einfacher, schneller und billiger benutzen kann. Die politischen Demonstrationen sind in Japan sowohl auf der gesetzgeberischen als auch auf der rechtsprechenden Ebene behandelt worden. Der Oberste Gerichtshof hat mehrere Vorschriften von Provinzen und Städten über Demonstrationen für verfassungsmäßig erklärt, wobei allerdings die Begründungen jeweils voneinander abweichen. Dieser Gerichtshof hat zum ersten in dem Urteil vom 24. November 1954[44] über die Sicherheitsordnung der Niigata Prefäktur erklärt, daß diese Ordnung insofern verfassungsmäßig sei, als die Vorschriften in bezug auf die Orte und Methoden der Demonstrationen vernünftig (»reasonable«) seien. Später hat der Oberste Gerichtshof seine Meinung von den vernünftigen Maßstäben für die Demonstrationen dahin verändert, daß Demonstrationen deswegen von der Erlaubnis der Behörden nach der Gemeindeordnung abhängig gemacht werden können, weil aufgrund der Eigenart massenpsychologischer Prozesse aus ihnen Aufruhr und Gewaltanwendung entstehen können (Urteil des Obersten Gerichtshofs über die Sicherheitsverordnung von Tokio vom 20. Juli 1960).[45] Einige Entscheidungen der unteren Gerichtshöfe haben dagegen die Bedeutung der Demonstrationen als Mittel des Ausdrucks des Volkes betont, durch die den Massenmedien Presse, Hörfunk und Fernsehen gegenüber die Meinungen vom Volke intensiv geäußert werden können.[46] Beide Kommunikationsformen sowohl durch Massenmedien als auch durch Personalmedien sollten in modernen Industriegesellschaften gleichmäßig beachtet werden, um die Meinungsfreiheit des Volkes aufrecht zu erhalten.

44 Urteil des Obersten Gerichtshofs vom 24. 11. 1954, EOGSt. 8-11-1866.
45 Urteil des Obersten Gerichtshofs vom 20. 7. 1960, EOGSt. 14-9-1243.
46 Urteil des Kioto-Distrikt-Gerichtshofs vom 23. 2. 1967, Entscheidungen der unteren Gerichtshöfe in Strafsachen 9-2-141; Urteil des Hirakata-Untergerichtshofs (Kan i saibansho) vom 9. 10. 1968 (»Hanrei jihou« No. 538 – 25).

2. Unterschiede zwischen Pressemedien und solchen, die elektronische Wellen verwenden

Diese Unterscheidung der beiden Medien kommt bei uns folgendermaßen in Betracht: a) In Japan gibt es bis heute nach dem zweiten Weltkrieg keine allgemeinen Gesetze über das Pressewesen. Gesetzlich geregelt ist das Rundfunkrecht und das Recht der drahtlosen und drahtverbundenen Telegraphie.[47] Es stellt sich die Frage, ob und wieweit im Pressewesen ähnliche Probleme wie im Bereich der elektronischen Wellen auftreten, die eine gleichartige gesetzliche Regelung erforderlich machen. b) Demzufolge ergibt sich etwa die Frage, ob der vorgenannte Gegendarstellungsanspruch nur bei Hörfunk und Fernsehen oder bei allen Medien anerkannt werden soll. Die Anhänger der ersten Meinung stützen sich auf § 44 III 4 des Rundfunkgesetzes, »Die Anstalt von NHK (und für den Privatrundfunk § 52-2) soll bei der Programmgestaltung nicht nur eine, sondern verschiedene Meinungen zu Wort kommen lassen und die zwischen ihnen bestehenden Streitpunkte klarmachen« c) und ferner die Frage, ob und welchen Regulierungen die Programmgestaltung des Privatrundfunks in Unterschied zur Presse unterworfen sein soll.

Bei dieser Fragestellung ist zu beachten, daß die Zeitungen in Japan eine riesige Auflagenhöhe haben, z. B. die »Asahi«-Zeitung ca. 7,31 Millionen (Morgenauflage), die »Yomiuri«-Zeitung ca. 7,54 Millionen, die »Mainichi«-Zeitung ca. 4,43 Millionen (November 1977). Daher ist der Einfluß der Zeitungen nicht weniger als der von Hörfunk und Fernsehen.[48]

3. Die entwickelten Kommunikationsmedien

Infolge der elektronischen Technik entstehen ständig neue Kommunikationsmedien. In Japan sind vor allem Kabelfernsehen (CATV), Tama-CCIS, Fernsehen mit Multiplizierung von Stimmen bzw. Wörtern, TV-Faksimile, Satellitenübertragung und Fernsehuniversität wichtig. Hier sind vor allem Kabelfernsehen und Fernsehuniversität zu erwähnen. Für das Kabelfernsehen wurde das »Gesetz über das drahtgebundene Fernsehen« 1972 geschaffen. Mit dem Kabelfernsehen werden zum einen in Gebieten, in denen der Empfang von Funkwellen gestört oder unmöglich ist, die Programme anderer TVGesellschaften wiedergegeben. Zum anderen produzieren die Kabelfernsehgesellschaften eigene Programme. Das »Gesetz über das drahtgebundene Fernsehen« enthält Regelungen auch über diese von den Kabel-

---

[47] Rundfunkgesetz (»Housou hou«) vom 2. 5. 1950; Gesetz über elektronische Welle (»Denpa hou«) vom 2. 5. 1950; Gesetz über drahtlose Telegraphien (»Yuusen denki tsuu shin hou«) vom 31. 7. 1953; Gesetz über drahtgebundene Fernsehen (»Yuu sen TV housou hou«) vom 1. 7. 1972.

[48] Shinbun kyoukai (Hrsg.), »Jahrbuch für Zeitungen« (»Shinbun nenkan« 1978) S. 118, 144, 152.

fernsehgesellschaften hergestellten Programme (vor allem § 17) und unterstellt sie den gleichen Bindungen, denen die der TV-Gesellschaften nach dem Rundfunkgesetz unterworfen sind. Diese Gleichstellung des Rundfunks und des Kabelfernsehens ist hinsichtlich der Meinungsfreiheit problematisch. Wenn die Beschränkungen der Darbietungen oder Einrichtungen des Rundfunks eigentlich auf dem Mangel an Frequenzen beruhen sollen, fehlt es bei dem Kabelfernsehen schon technologisch an dieser Voraussetzung. § 25 II dieses Gesetzes bestimmt ferner die Befugnisse des Fernmelde- und Postministers bezüglich des Geschäftsverbots für Personen, die gegen § 17 verstoßen. Zudem wird jeder, der diesem Verbot zuwiderhandelt, bestraft (Gefängnis unter 6 Monaten oder Geldstrafe unter Yen 50 000 = 500 DM). Diese Bestimmungen stehen im Verdacht, verfassungswidrig zu sein.

Die Fernsehuniversität[49] ist ebenfalls als eine Art der neuen Kommunikationen und Ausbildungstechniken anzusehen. In Japan wird die Fernsehuniversität seit zehn Jahren diskutiert und nunmehr werden entsprechende Planungen mit hoher Wahrscheinlichkeit realisiert. Nach dem »Bericht über die Grundplanung der Fernsehuniversität« 1975 (einer »Beratungskommission des Kultusministers«) soll die Zahl der Studenten insgesamt 453 000 betragen. Das Zentrum dieser Universität soll aus einer eigenen Sendestation und den Hauptgebäuden bestehen. Ferner sollen in jeder Provinz Video-Zentren mit Schulzimmern für den Direktunterricht eingerichtet werden. Wenn diese Planung in naher Zukunft verwirklicht wird, muß dieses ausgebaute Universitätssystem auf das herkömmliche Universitäts- und Ausbildungswesen unbedingt einen großen Einfluß haben. Es ist doch bedauerlich, daß das Wahlsystem für das Rektorat, den Senat, den Direktor und so weiter, und ferner das Benennungs- und Entlassungsverfahren der Professoren sowie der Mitarbeiter, das Recht der Studenten und dergleichen nicht klar geregelt sind, wie es in der »open university« in England der Fall ist. Die Konstruktion der Organisation der »open university« nennt Mr. Walter Perry, the Vice-Chancellor of open university die »perticipative democracy«. Wir dürfen dieses Universitätswesen keineswegs vernachlässigen, weil es als ein typisches Beispiel der neu entwickelten Technologie für die Ausbildung auf die Akademische Freiheit sowie die Freiheit der Meinungsbildung schwerwiegende Einflüsse ausüben wird.

Schlußbemerkung

1. In den industriellen Gesellschaften wird die Staatsgewalt, vor allem die militärische – wobei letztere nach Art. 9 der japanischen Verfassung eigentlich gar

---

[49] Über Fernsehuniversität vgl. meine Aufsätze »Fernsehuniversität und Verfassungsgrundsätze« (»Housou daigaku kousou to kenpou gensoku«) in: »Shinbun kenkyuu« No. 239, Juni 1971 sowie »Die Probleme der Fernsehuniversität« in: »Houritsu jihou« Oktober 1978.

nicht vorhanden sein darf (»land, sea and air forces, as well as other war potential, will never be maintained.«) –, niemals vermindert, sondern verstärkt und ausgebaut. Die wirtschaftlichen Gruppen, vornehmlich die Massenmedien, zeigen eine Tendenz nach Vergrößerung, Konzentration und Monopolisierung. Auch die staatliche Förderung bzw. Finanzierung kleinerer Massenmedien kann man nicht uneingeschränkt begrüßen, weil dabei die Gefahr besteht, daß die finanziell unterstützten Medien nicht immer von der staatlichen Gewalt unabhängig bleiben und sich als Organe einer freien und kritischen Meinungsbildung entwickeln können. Der Einfluß der Staatsgewalt und der sozialen und wirtschaftlichen Mächte wird durch die sich rapid entwickelnde Technologie immer mehr verstärkt. Die Gefährdung der Menschenrechte sowie der Meinungsfreiheit droht dabei um so mehr, als Abwehrmittel und demokratische Kontrollmechanismen nur unzureichend eingerichtet worden sind und, wo sie bestehen, oft nicht hinreichend funktionieren. So ist ein Ungleichgewicht zwischen den staatlichen und privaten Gewalten einerseits und den Mitteln ihrer Kontrolle andererseits entstanden, das die Meinungsfreiheit bedroht.

2. Insbesondere in bezug auf die Pressefreiheit war nach dem zweiten Weltkrieg manchmal von »social responsibility of press« in den USA sowie von der »öffentlichen Aufgabe der Presse« in der Bundesrepublik die Rede. Diese Stichworte stehen für Versuche, der Gefährdung der Pressefreiheit entgegenzuwirken.[50] Es ist jedoch erforderlich, daß nicht nur ideell und abstrakt die »responsibility« oder »Aufgabe der Presse« beschworen werden, in denen sich die Pressefreiheit sowohl intern (innerhalb der Medien) als auch extern (im Verhältnis zu den Bürgern) realisieren kann: sei es durch die Regelung von Gegendarstellungsanspruch, sei es durch »access to media«, sei es durch die »innere Pressefreiheit«, wie sie in den industriellen Gesellschaften heute heftig diskutiert wird. Dies gilt für Japan ebenso wie für andere industrielle Gesellschaften.

---

50 Ich diskutierte in meinem Aufsatz »Rundfunkjournalismus und Demokratie«, daß die »Social responsibility of mass media« immer mehr durch die konkreten Institutionen verwirklicht werden sollte. (»Housoujournalism to minshu shugi«): in: »Gekkan min pou« November 1974.

Entwicklung im Grundrechtsverständnis in der Rechtsprechung des Bundesverfassungsgerichts – zur Rechtsprechung des Bundesverfassungsgerichts zu Art. 2 Abs. 2 Satz 1 GG

Heinhard Steiger, Gießen

I. Einleitung

Die Entwicklung des Verständnisses der Grundrechte in der Rechtsprechung des Bundesverfassungsgerichts ist in den Entscheidungen des Gerichtes zu Art. 2 Abs. 2 Satz 1 mit am deutlichsten abzulesen. Es sind zwar nur wenige Entscheidungen.[1] Aber einerseits haben sie in den letzten Jahren nicht von ungefähr zugenommen. Andererseits weisen gerade sie auf Probleme hin, die zwar als solche nicht neu sind, bereits die erste Entscheidung hatte sich damit zu beschäftigen,[2] die aber zunehmend in das rechtliche Bewußtsein treten, für deren Lösung die alten Lösungsansätze nicht mehr hinzureichen scheinen. Es scheint notwendig zu werden, neue Wege zu gehen. Die Richtung der Entwicklung wird greifbar in den Urteilen zur Strafbarkeit des Schwangerschaftsabbruches[3] und zur Freilassung von Strafge-

---

[1] Insgesamt sind es zwischen 1951 und Dezember 1978 wohl 12 Entscheidungen, davon 6 seit 1975.

[2] Beschluß des 1. Senates v. 19. 12. 1951, 1 BvR 220/51, E 1, 97–108 (Verfassungsbeschwerde).

[3] Urteil des 1. Senates v. 25. 2. 1975, 1 BvF 1, 2, 3, 4, 5, 6/74, E 39, 1–95 (abstrakte Normenkontrolle). Dazu: Naujoks, Rolf: Verbesserte Fristenlösung oder befristete Lösung? EuGRZ 75, 359–366; Kriele, Martin: Anm. zu dem Urteil in JZ 1975, 222–225; ders: § 218 StGB nach dem Urteil des Bundesverfassungsgerichts, ZRP 1975, 73–79; Schmitt, Rudolf; Überlegungen zur Reform des Abtreibungsstrafrechts, JZ 1975, 356–360; Finkelnburg, Klaus: Anmerkung, EuGRZ 75, 177–178; Menger, Christian-Friedrich: Höchstrichterliche Rechtsprechung zum Verwaltungsrecht, Verwaltungsarchiv 66 (1975), S. 397–403; Borchers, Wolfgang: Anmerkung, DuR 1975, 226–232; Robinsohn, Hans: § 218: Die nächste Phase, Vorgänge Heft 4 1975, 1–4; Rüpke, Giselher: Schwangerschaftsabbruch und Grundgesetz, Frankfurt 1975.

fangenen im Fall der Entführung Hans-Martin Schleyers.[4] Gewährung staatlichen Schutzes für die Rechtsgüter tritt neben die Abwehr staatlicher Eingriffe in die Rechtsgüter.

In der rechtswissenschaftlichen Diskussion taucht Art. 2 Abs. 2 Satz 1 GG ebenfalls vermehrt auf. Stichworte sind: medizinische Versorgung,[5] Organtransplantation,[6] Sterbehilfe, Umweltsicherung.[7] Wohl wird das Recht auf Leben und körperliche Unversehrtheit nicht allzu bald der Bedeutung seines bekannteren Bruders, des Rechts auf freie Entfaltung der Persönlichkeit, gleichkommen. Aber es tritt, so scheint es, aus seinem Schatten heraus und wird in mancherlei Hinsicht gar zu seinem Konkurrenten.[8]

II. a) Die klassische freiheitliche Abwehrfunktion eines subjektiv-öffentlichen Grundrechtes des Einzelnen aus Art. 2 Abs. 2 Satz 1 GG trägt die Entscheidungen zu körperlichen Untersuchungsmethoden im Rahmen der Verfahren zur Feststellung der Vaterschaft gemäß § 372 a[9] ZPO und der Strafverfahren zur Feststellung der Zurechnungsfähigkeit[10] und zur Identifizierung[11] gemäß § 81 a StPO. Sie wird auch in einer weiteren mehr am Rande liegenden Entscheidung wirksam, in der das Gericht darüber zu befinden hatte, ob eine Auslieferung in ein Land zu-

[4] Urteil des 1. Senates v. 16. 10. 1977, 1 BvQ 5/77, E 46, 160–165 (Einstweilige Anordnung); RIDDER, HELMUT: „Judicial restraint" auf deutsch, DuR 1978, 42–45.
[5] DÄUBLER, WOLFGANG: Grundrecht auf Leben und medizinische Versorgung, NJW 1972, 1105–1110; SCHWABE, JÜRGEN: Krankenversorgung und Verfassungsrecht, NJW 1969, 2274–2276; GALLWAS, HANS-ULRICH: Zur Legitimation ärztlichen Handelns, NJW 1976, 1134–1135.
[6] KÜBLER, HEIDRUN: Verfassungsrechtliche Aspekte der Organentnahme zu Transplantationszwecken, Berlin 1977, S. 34 ff.
[7] RUPP, HANS HEINRICH: Die verfassungsrechtliche Seite des Umweltschutzes, JZ 1971, 401–404; KLEIN, HANS HUGO: Ein Grundrecht auf saubere Umwelt? Festschrift für WERNER WEBER zum 70. Geburtstag, Berlin 1974, S. 643–661; STEIGER, HEINHARD: Mensch und Umwelt, Zur Einführung eines Umweltgrundrechts, Berlin 1975; ders.: Das Recht auf menschenwürdige Umwelt (frz., eng., dt.), Berlin 1973; DELLMANN, HANSJÖRG: Zur Problematik eines „Grundrechts auf menschenwürdige Umwelt", DÖV 1975, 588–592; Individualrecht oder Verpflichtung des Staates; Protokoll des internationalen Kolloquiums über das Recht auf menschenwürdige Umwelt, veranstaltet vom Europäischen Rat für Umweltrecht, Berlin 1976; zuletzt: KLÖPFER, MICHAEL: Zum Grundrecht auf Umweltschutz, Berlin 1978 mit weiteren Nachweisen im Schrifttum S. 11 f. Fußnoten 21–23.
[8] Das wird im Urteil zur Strafbarkeit des Schwangerschaftsabbruchs besonders deutlich; BORSCHERS (FN 3), S. 229; RÜPKE (FN 3), S. 109 ff.
[9] Beschluß des 1. Senates v. 25. 5. 1956, 1 BvR 190/55, E 5, 13–17 (Verfassungsbeschwerde).
[10] Beschluß des 1. Senates v. 10. 6. 1963, 1 BvR 790/58, E 16, 194–203; Beschluß des 1. Senates v. 25. 7. 1963, 1 BvR 542/62, E 17, 108–120; Beschluß des 1. Senates v. 14. 12. 1969, 1 BvR 253/68, E 27, 211–220 (alles Verfassungsbeschwerden).
[11] Beschluß des 2. Senates v. 14. 2. 1978, 2 BvR 406/77, E 47, 239–253 (Verfassungsbeschwerde).

lässig sei, wo dem Auszuliefernden die Todesstrafe als Urteil wie als Vollzug drohe.[12]

Das Gericht hat die genannten prozessualen Vorschriften nicht für verfassungswidrig erklärt, legt sie aber im Lichte der Bedeutung der Grundrechte aus.[13] Privates und öffentliches Interesse werden wie üblich gegeneinander gestellt; besonders deutlich in den strafprozessualen Entscheidungen zu § 81 a StPO wird dies damit begründet, daß die »elementaren Bedürfnisse des Strafrechts« besondere Eingriffe beim Beschuldigten erfordern.[14] Das Gericht hat auch nicht bestimmte Eingriffe, z. B. die Lumbalpunktation oder die Hirnkammerlüftung generell für verboten erklärt, dies vielmehr offen gelassen.[15] Verhältnismäßigkeit, Güterabwägung sind hier wie sonst tragende Entscheidungsprinzipien.[16] Die Untersuchungsmaßnahme muß unerläßlich sein, um die gewünschten Erkenntnisse zu bringen, die durch andere Untersuchungsmaßnahmen nicht gewonnen werden können.[17] Sie muß zur Stärke des Tatverdachts in angemessenem Verhältnis stehen dergestalt, daß schwerwiegende Eingriffe nur dann vorgenommen werden dürfen, wenn der Tatverdacht bewiesen ist oder doch unter Anlegung strenger Maßstäbe schwer genug wiegt.[18] Sie muß schließlich in angemessener Schwere zur Tat stehen, damit nicht die Folgen des Eingriffs schwerer wiegen als die zu erwartende Strafe.[19]

In dieser Sicht gliedert sich Art. 2 Abs. 2 Satz 1 GG als Gewährung eines individuellen negativen Abwehrrechts ohne prinzipielle Besonderheiten und Schwierigkeiten in die Tradition der klassischen Freiheitsrechte ein, obwohl es nicht zu dem überlieferten Bestand deutscher Grundrechte zählt.[20] Es ist eingefügt worden aufgrund der Erfahrungen des Dritten Reiches, in dem Leben und körperliche Unversehrtheit millionenfach zerstört und vernichtet wurden. Gerade dies in Zukunft durch dieses Grundrecht zu verhindern, wird vom Bundesverfassungsgericht als seine wesentliche und zunächst auch eigentliche Funktion angesehen.[21] Allerdings ist das Recht auf Leben kein »neues Recht«. Denn der »Genuß des Lebens« ist be-

---

12 Beschluß des 1. Senates v. 30. 6. 1964, 1 BvR 93/64, E 18, 112–121 (Verfassungsbeschwerde). Eine Vorlage zum Impfgesetz im Jahre 1953 scheint nicht zur Entscheidung gekommen zu sein, dazu aber das Gutachten des BGH in DVBl. 1953, 370 ff. Der BGH lehnt einen Verstoß des Impfgesetzes gegen Art. 2 Abs. 2 Satz 1 ab. Der in der Regel unbedenkliche ärztliche Eingriff diene der Abwehr schwerer Gefahren für die Volksgesundheit. Im Grunde genommen verfolge er den Zweck, einer viel schwereren Versehrung des einzelnen wie auch des ganzen Volkes zu verhindern (371).
13 E 17, 117.
14 E 16, 200.
15 E 16, 201; 17, 117.
16 E 27, 219.
17 E 17, 117 f.
18 E 17, 118 f.; 27, 219.
19 E 16, 202; 17, 117 und 119; 27, 219; 47, 48.
20 Dazu u. a. DÜRIG, GÜNTER: in: MAUNZ, THEODOR – DÜRIG, GÜNTER – HERZOG, ROMAN – SCHOLZ, RUPERT: Grundgesetz, Kommentar, Art. 2 Abs. 2 Randnummer 8.
21 E 1, 105, so auch DÜRIG ibid.

reits in Abschnitt 1 der Erklärung der Rechte von Virginia vom 12. Juni 1776 enthalten. John Locke hatte die Sicherung des Rechts auf Leben mit dem Eigentum als Teil der »property« neben der Sicherung der Freiheit als Grundlage und Rechtfertigung des civil government angesehen. Sowohl Lockes staats-theoretische Überlegungen als auch die Proklamation von Virginia waren auf Abwehr von Eingriffen in das Leben gerichtet, mit anderen Worten auf Freiheit von staatlichen Eingriffen in das Leben ohne rechtliche Grundlage. Haben wir also in Art. 2 Abs. 2 Satz 1 GG wirklich nur ein klassisches Freiheitsrecht mit Abwehrfunktion vor uns?

b) Eben diese Auffassung hatte das Gericht in seiner ersten Entscheidung zu Art. 2 Abs. 2 Satz 1 GG im Jahre 1951 vertreten.[22] Die Verfassungsbeschwerde einer erwerbsunfähigen Kriegerwitwe, die für sich und ihre drei unversorgten Kinder im Jahre 1950 183,– DM Rente und 20,– DM Soforthilfe monatlich bezog, hatte geltend gemacht, durch die allgemeine Unzulänglichkeit der Versorgung oder das Unterlassen einer angemessenen Versorgung werde die Würde und das Recht auf Leben verletzt. Das konnte man zwar formell als eine Abwehr des Eingriffes durch Unterlassen deuten; materiell aber war es das Verlangen nach positiver Leistung. Zum Zeitpunkt der Entscheidung hatten bereits drei Oberverwaltungsgerichte einen Fürsorgeanspruch aus dem Grundrecht des Art. 2 Abs. 2 Satz 1 abgeleitet.[23] Diese Rechtsprechung hatte zwar Gegner im Schrifttum gefunden,[24] aber auch viele Befürworter.[25] Das Bundesverfassungsgericht setzt sich mit den Argumenten beider Seiten in seiner Entscheidung nicht auseinander.

Das Gericht unterscheidet ein Unterlassen des Gesetzgebers, ein Gesetz zu erlassen, von einem fehlerhaften Handeln des Gesetzgebers beim Erlaß eines Gesetzes. Es verneint die Zulässigkeit einer Verfassungsbeschwerde gegen das Unterlassen. Die Entscheidung darüber, ob ein Gesetz zu erlassen sei, hänge von wirt-

---

22 E 1, 97 (FN 2). Ähnlich im Schrifttum: z. B. v. MANGOLDT, HERMANN – KLEIN, FRIEDRICH: Das Bonner Grundgesetz, Bd. 1, Berlin 1957, Art. 2 Anm. V 4, S. 187; WOLFF, HANS J.: Abwendungsanspruch aus öffentlichen Reflexrechten, insbesondere im Fürsorgerecht, Festschrift zur Feier des 25jährigen Bestehens der Westfälischen Verwaltungs- und Wirtschaftsakademie Industriebezirk Sitz Bochum, Münster etc. 1950, S. 119–136.
23 Urteil des OVG Münster v. 13. 4. 1950, IVA 26/50, MDR 50, 571 ff.; Urteil des Hamburgischen Oberverwaltungsgerichts v. 22. 1. 1951, Bf. II 366/50, DVBl. 51, 311 ff.; Urteil des OVG Lüneburg, II OVG-A 602/50, JZ 51, 524 ff. ablehnend hingegen VGH Kassel v. 23. 6. 1950, VGH Ob 255, 49, NJW 51, 48 und DVBl. 51, 83.
24 HELD, HERMANN: Fürsorgepflicht und Fürsorgeanspruch nach geltendem Verfassungs- und Verwaltungsrecht, DÖV 1951, 10–12; PATZIG, WERNER: Anmerkung zu dem Urteil des OVG Münster und des VGH Kassel (Fn 23), NJW 1951, 62–63.
25 KRÜGER, HERBERT: Anmerkung zu den Urteilen des VGH Kassel und des OVG Münster (FN 23), DVBl. 1951, 85–83; wohl auch SIEVEKING, FRIEDRICH B.: Der Fürsorgeanspruch in der Rechtsprechung der Verwaltungsgerichte, MDR 51, 408–409; GÖNNEWEIN, OTTO: Anm. 3 zum Urteil des OVG Lüneburg, JZ 1951, 525; DÜRIG, GÜNTER: Verfassung und Verwaltung im Wohlfahrtsstaat, JZ 1953, S. 198; ders.: MAUNZ-DÜRIG-HERZOG-SCHOLZ: Art. 2 Abs. 2 Rdnr. 27.

schaftlichen, politischen und weltanschaulichen Erwägungen ab, die sich richterlicher Nachprüfung im allgemeinen entzögen.[26] An der ewigen Aufgabe des Gesetzgebers, ein Recht zu schaffen, das den Idealen der sozialen Gerechtigkeit, der Freiheit, Gleichheit und Billigkeit entspräche, könne der Einzelne nur durch die Ausübung des Wahlrechts mittelbar teilnehmen; einen gerichtlich verfolgbaren Anspruch auf ein Handeln des Gesetzgebers habe er nicht; denn das wäre eine schwerlich gewollte Schwächung des Gesetzgebers.[27] Gegen den Erlaß eines fehlerhaften Gesetzes wird die Zulässigkeit zwar bejaht, aber die Begründetheit der Verfassungsbeschwerde verneint. Zwar erkennt das Gericht an, daß die Hinterbliebenenrenten nur geringfügig über den seinerzeit sehr minimalen und weithin unzureichenden Fürsorgesätzen lägen und zudem »das tragische Schicksal der Kriegshinterbliebenen nichts zu wenden vermögen«.[28] Ein Grundrecht sei aber nicht verletzt. Die Begründung stützt sich nicht etwa darauf, es liege kein Eingriff oder keine Beeinträchtigung vor, da die Rente zwar gering aber ausreichend für den Lebensunterhalt sei. Das hätte wahrscheinlich den Tatsachen widersprochen. Vielmehr ging das Gericht davon aus, daß die Grundrechte kraft der Tradition auf den Schutz des Einzelnen gegen den als allmächtig und willkürlich gedachten Staat gerichtet seien. Nicht aber sollten Ansprüche auf Fürsorge gewährt werden. Zwar sei der Fürsorgegedanke allmählich erstarkt, staatliche Fürsorge sei gerade auch nach dem 2. Weltkrieg eine elementare staatliche Notwendigkeit geworden. Der vergleichsweise neue Gedanke eines Anspruchs auf Fürsorge habe aber in den Grundrechten des Grundgesetzes nur in beschränktem Maße Eingang gefunden. Das »Schützen« in Art. 1 Abs. 1 richte sich nur auf die Abwehr von Angriffen Dritter, wie Erniedrigung, Brandmarkung, Verfolgung, Ächtung etc. Art. 2 Abs. 2 Satz 1 sei negativ auf Abwehr von Eingriffen in Leben und Körper, insbesondere von »staatlich organisiertem Mord und zwangsweise durchgeführten Experimenten an Menschen« gerichtet. Ein Anspruch auf angemessene Versorgung sei in ihm nicht enthalten. Der Vorschlag des Ausschusses für Grundsatzfragen des Parlamentarischen Rates, über das Recht auf ein Mindestmaß an Nahrung, Kleidung und Wohnung sei später ausdrücklich gestrichen worden.[29]

Allerdings schließt das Gericht ein individuelles verfassungsmäßiges Recht auf Fürsorge nicht völlig aus. Es sieht die Möglichkeit eines solchen Rechtes aber nur dann gegeben, wenn der Gesetzgeber eine durch das Sozialprinzip objektiv-rechtlich begründete Pflicht zur sozialen Aktivität auch und gerade zugunsten für die durch das Hitlerregime in Not Geratenen willkürlich, ohne sachlichen Grund versäume. Das wird im vorliegenden Fall jedoch verneint.[30]

---

26 E 1, 101.
27 E 1, 100.
28 E 1, 104.
29 Zum Vorstehenden insgesamt E 1, 104–105.
30 E 1, 105.

Diese Entscheidung vollzog eine entscheidende, die zukünftige Entwicklung des Grundrechtsverständnisses in der Bundesrepublik Deutschland prägende Weichenstellung. Sie sanktionierte für lange Zeit deren Verständnis als negative Freiheitsrechte, soweit nicht ausdrücklich, wie in Art. 6 Abs. 4, das GG etwas anderes sagt. Die mögliche soziale Seite, Komponente oder Funktion der Grundrechte wurde ausgeklammert. Die Entwicklung war angesichts der erwähnten Rechtsprechung der Oberverwaltungsgerichte und der positiven Stimmen im Schrifttum zur Zeit der Entscheidung des Bundesverfassungsgerichts durchaus noch offen. Der Wortlaut des Art. 2 Abs. 2 Satz 1 GG ist nicht zwingend für die Auffassung des Bundesverfassungsgerichts. Das Gericht beruft sich auch gar nicht auf den Wortlaut. Es zieht vielmehr ausschließlich die Tradition heran, um seine Auffassung zu begründen, obwohl die Oberverwaltungsgerichte in ihren Urteilen gerade auf den sozialen und auch einen rechtlichen Wandel durch das Grundgesetz aufmerksam gemacht und darauf ihre positive Position gestützt hatten. Die Berufung auf die klassischen Freiheitsrechte wird bis heute herangezogen, um eine Leistungsfunktion der Grundrechte jedenfalls in Frage zu stellen, allerdings nicht mehr unbedingt vom Bundesverfassungsgericht, wie sich zeigen wird.[31] Auch das zweite Argument zur Gestaltungsfreiheit des Gesetzgebers, man dürfe ihn in der politischen Entscheidung über die Verteilung knapper Mittel auf verschiedene Zwecke nicht binden, wird bis in die Gegenwart gegen soziale Grundrechte oder gegen eine Leistungsfunktion der Grundrechte ins Feld geführt.[32] Geboren war gerade dieses Argument wohl auch aus der Situation der Zeit. Sie war von großer materieller Not der Einzelnen, aber auch des Gemeinwesens gekennzeichnet. Das Wirtschaftswunder mit seinen enormen Zuwächsen auch für die öffentlichen Mittel stand erst noch bevor. Wovon hätten soziale Ansprüche bezahlt werden sollen?

Jedoch ist die Entscheidung nicht ganz »geschlossen«. Zum einen wird eine Pflicht zum Schutz gegen Angriffe Dritter festgestellt, also eine bestimmte Art und Weise von Tätigwerden des Staates. Zwar ist auch dies eine weder durch den Wortlaut noch vom Gericht näher begründete restriktive Interpretation. Aber immerhin wird »Tätigkeit« gefordert, wenn auch zunächst keine positiv leistende. Zum anderen öffnet die Berufung des Sozialstaatsprinzips, wenn auch nur um den Preis einer gewissen Widersprüchlichkeit der Entscheidung in sich, die Tür zu einer weiteren Entwicklung über die strikte Ablehnung des Anspruchscharakters oder

---

31 z. B. BÖCKENFÖRDE, ERNST-WOLFGANG: Grundrechtstheorie und Grundrechtsinterpretation, NJW 1974, S. 1529–1538, neu abgedruckt in: ders.: Staat – Gesellschaft – Freiheit, StW 163, Frankfurt a. Main 1976, S. 221–252, S. 243; KLEIN, HANS HUGO: Die Grundrechte im sozialen Rechtsstaat, Urban-Taschenbücher 208, Stuttgart 1974, S. 58 ff.; Kritisch wohl auch FRIESENHAHN, ERNST: Der Wandel des Grundrechtsverhältnisses, in: Deutscher Juristentag, Eröffnungssitzung des 50. Deutschen Juristentages, 50 DJT, II F/G, G 1 – 637, G 29 f.
32 z. B. MARTENS, WOLFGANG: Grundrechte im Leistungsstaat, VVDtStRL Heft 30, S. 7–42, S. 35 ff.

der Leistungsfunktion unseres Grundrechts hinaus.[33] Die Entscheidung hätte also entwicklungsfähig sein können. Sie wurde es aber jedenfalls zunächst nicht. Das Bundesverfassungsgericht entschied erst 24 Jahre später wieder über diesen Fragenkomplex.

Das Bundesverwaltungsgericht allerdings anerkannte wie die Oberverwaltungsgerichte den Fürsorgeanspruch aufgrund auch des Rechtes aus Art. 2 Abs. 2 Satz 1.[34] Dürig sekundierte.[35] Der Gesetzgeber sanktionierte.[36] Das Wirtschaftswunder realisierte. Aber als die Befriedigung aller Wünsche aus dem jährlichen wirtschaftlichen Zuwachs nicht mehr möglich war, weil einerseits die Wünsche ins mehr oder weniger Unermeßliche wuchsen und andererseits der Zuwachs zurück ging, tauchten die alten Fragen wieder auf. Allerdings war davon zunächst weniger Art. 2 Abs. 2 Satz 1, sondern waren andere Grundrechte, wie Art. 12, betroffen.

c) Die neue Serie der Entscheidungen des Bundesverfassungsgerichts zu Art. 2 Abs. 2 Satz 1 beginnt mit dem Urteil zur Strafbarkeit des Schwangerschaftsabbruches.[37] Auch hier gilt es nicht, die Abwehr staatlicher Eingriffe in, sondern den Schutz für das – allerdings noch ungeborene – Leben durch den Staat. Daher verfehlte die Mindermeinung, die das Problem verkennend und damit umstülpend an die grundrechtliche Abwehrfunktion anknüpfte und durchaus folgerichtig die Verfassungswidrigkeit der Fristenregelung verneinte, seine Bewältigung schon vom Ansatz her, jedenfalls in der Begründung im Teil A.[38] Im Teil B wird jedoch der Bedingungszusammenhang von Strafe und fördernden Maßnahmen deutlicher gesehen und adaequater behandelt, als im Mehrheitsvotum.[39] Die Mehrheit sah zwar, daß es sich um die Frage nach dem Schutz des Staates für Leben handelte. Aber sie engte die Fragestellung ein auf das Problem des Schutzes des ungeborenen Lebens vor dem Angriff eines Dritten, d. h. hier der Mutter.[40] Dieser naheliegenden aber der Gesamtproblematik in ihrer komplexen Wirklichkeit nur zum Teil gerecht werdenden und damit verkürzenden Ausrichtung der Problematik führten auch nur zu teilrichtigen und daher letzten Endes ungenügenden Antworten. Hin-

---

33 Deshalb wohl sieht DÜRIG: Verfassung (FN 25) S. 198 Fußnote 52 keinen Widerspruch dieser Entscheidung zu den Urteilen der Oberverwaltungsgerichte zumal das Gericht konkret nur einen Anspruch über den Fürsorgesatz hinaus abgelehnt hat. Aber die Begründung, auf die es mir hier ankommt, reicht m. E. doch weiter, ist grundsätzlicher angelegt.
34 Urteil des V. Senats v. 24. 6. 1954 – BVerwG V C 78.54, E 1, 159–163.
35 Oben FN 25.
36 § 4 Bundessozialhilfegesetz (BSHG) i. d. F. vom 13. Februar 1976.
37 E 39, 1–95. Literatur zum Urteil oben FN 3. Soviel Druckerschwärze auch vorher geflossen war, nach dem Urteil scheint sich Erschöpfung breit gemacht zu haben. Es ist überraschend, wie gering die Auseinandersetzung mit diesem in vielerlei Hinsicht wichtigen Urteil im Schrifttum ist. Es wird sich zeigen, wie prägend es bereits gewirkt hat. Es lassen sich weitere Wirkungen desselben noch nicht voll abschätzen.
38 E 39, 70–77.
39 E 39, 81–87.
40 E 39, 42.

zu tritt, daß die Mehrheit nun nicht etwa das also eingeengte Problem konsequent als einen Fall von Grundrechtskollision zwischen den Grundrechten der Mutter aus Art. 2 Abs. 1 und eventuell Art. 2 Abs. 2 Satz 1 und des Nasciturus aus Art. 2 Abs. 2 Satz 1 behandelt, die der Staat aus seiner Schutzpflicht für beide zu entscheiden hat, sondern den Schutz des werdenden Lebens auf die Ebene der objektiven Wertordnung hinüberspielt. Zwar versteht die Mehrheit unter »jeder« im Sinne des Art. 2 Abs. 2 Satz 1 auch den Nasciturus, läßt dann aber offen, ob dieser selbst Träger des Grundrechtes auf Leben sei; vielmehr begnügt sie sich mit dem Hinweis, daß diese Norm auch zur objektiven Wertordnung gehöre und so Pflichten für den Staat begründe.[41] Warum ein Nasciturus nicht selbst Träger des Rechts auf Leben sein sollte oder könnte, wenn »jeder« auch den Nasciturus meint, ist im übrigen nicht einsichtig. Der Schluß auf die Trägerschaft erscheint im Gegenteil vernünftig, zweckentsprechend und vor allen Dingen rechtslogisch zwingend. Denn wie kann ein »jeder« ein Recht haben, ohne Träger des Rechts zu sein? Es steckt sogar eine gewisse Gefährlichkeit darin, daß das Gericht die Frage offen gelassen hat. Denn wieso soll nur der Nasciturus, obwohl ein »jeder« im Sinne des Art. 2 Abs. 2 Satz 1, nicht Träger des Grundrechtes sein, und nicht eventuell auch ein bereits Geborener? Es deutet sich die Möglichkeit an, daß aus der vom Bundesverfassungsgericht ursprünglich einmal beabsichtigten Ergänzung und Verstärkung des subjektiven Charakters der Grundrechte durch den objektiven Wertcharakter eine Verdrängung des subjektiven Charakters werden könnte, was zweifellos zum Nachteil des Subjektes reichen würde. Das ist ein Schritt weiter zur »Institutionalisierung der Freiheit«.[42] Der objektiv-rechtliche Gehalt, und nicht wie es nach der

41 E 39, 41 f. Daß trotzdem verschiedentlich von dem „Lebensrecht des Ungeborenen" die Rede ist, z. B. S. 48, gehört zu den notwendigen Ungereimtheiten, die daraus folgen. Allerdings liegt hier keine „ideologische Übersteigerung des Wertes biologischen Lebens vor" (so BORSCHERS FN 3, S. 223), sondern der notwendige Schutz der Basis konkreter individueller menschlicher Existenz gegen alle Verfügung im Namen irgendeiner Ideologie rechter oder linker Provinienz.
42 Dazu u. a. SEIGER, HEINHARD: Institutionalisierung der Freiheit? Zur Rechtsprechung des Bundesverfassungsgerichts im Bereich der Grundrechte, Zur Theorie der Institution, hrsg. v. HELMUT SCHELSKY, 2. Aufl. 1972, S. 91–118; BÖCKENFÖRDE (FN 31), S. 228 ff. Noch gefährlicher für das Individuum und seinen konkreten Schutz noch stärker das Individuelle negierend, ist es aber, wenn man meint, der Konflikt Mutter – Kind dürfe nicht singularisiert auf die je konkreten Personen gesehen werden, sondern müsse nach „gesellschaftlicher Relevanz" beurteilt und gelöst werden (so BORSCHERS FN 3, S. 229). Merkt man dabei eigentlich gar nicht mehr, daß damit grundsätzlich die Verfügung über das Leben des Einzelnen der Beliebigkeit derer überantwortet wird, die das „gesellschaftlich Relevante" bestimmen und damit die Kriterien ausformen? Das kann sich nicht nur gegen das ungeborene seiner selbst noch nicht bewußte Leben richten, sondern auch gegen das geborene aber seiner selbst nicht mehr bewußte oder wegen Krankheit nie bewußt gewordene Leben. Hat man die Erfahrungen dieses Jahrhunderts völlig vergessen, aus denen auch Art. 2 Abs. 2 Satz 1 geboren wurde? Oder glaubt man etwa, indem man das Vorzeichen ändert, sei alles anders? Für den Einzelnen ist gar nichts anders, ob er als „lebensunwertes Leben" oder im Namen der „gesellschaftlichen Relevanz" die Gefährdung seiner Existenz hinnehmen muß. Beides ist gleicherweise inhuman,

Entscheidung im ersten Band nahegelegen hatte,[43] Art. 2 Abs. 2 Satz 1 i. V. m. Art. 1 Abs. 1 als subjektiv-öffentliches Grundrecht wird somit Grundlage der Schutzpflicht. Diese Verobjektivierung der Lebensschutzpflicht des Staates hat nicht nur zur Konsequenz, daß sie objektiv-rechtlich auch gegenüber der Mutter besteht und deren subjektiv-rechtliche Ansprüche auf Selbstbestimmung aus Art. 2 Abs. 1 zurückdrängt.[44] Das wäre auch auf der Ebene einander gegenüberstehender subjektiver Grundrechte begründbar. Sie bedeutet vor allem, daß der Staat von einer objektiven Pflicht der Mutter zur Austragung der Schwangerschaft ausgehen und den Abbruch prinzipiell als Unrecht ansehen muß. Zum einen wird hier plötzlich eine objektiv-rechtliche Pflicht aus einer Grundrechtsnorm begründet. Das ist überraschend. Es wirft auch auf die hier nicht näher zu erörternde Frage der Drittwirkung von Grundrechten einen interessanten Aspekt. Dieser werthafte Unrechtscharakter des Schwangerschaftsabbruches muß auch in der Rechtsordnung zum Ausdruck gebracht werden.[45] Es geht also gar nicht mehr um den konkreten Schutz des konkreten Lebens des Nasciturus, sondern um den »Höchstwert Leben«. Die Rechtsordnung soll nicht nur schützen, sie soll Werte zum Ausdruck bringen und Unwerte verurteilen. Die Folge dieses objektiv-wehrhaften Ansatzes ist die von der Mehrheit des Senates konstatierte prinzipielle Strafpflicht des Staates gegenüber der Mutter, denn nur Sanktionsandrohung bringt Unwerturteile oder Mißbilligung eines Handelns hinreichend zum Ausdruck. Zwar geht die Senatsmehrheit scheinbar von dem Vorrang der Prävention durch sozialpolitische und fürsorgerische Maßnahmen vor der Repression durch die Ultima ratio des Strafrechtes aus.[46] Aber das bleibt ohne rechtliche Konsequenzen. Denn nicht nur überläßt die Senatsmehrheit dem Gesetzgeber, wie schon immer und insofern auch dem Urteil im ersten Band folgend, die Wahl und Ausgestaltung der präventiven Mittel ohne eine entsprechende Pflicht ferstzustellen, da sich dies der verfassungsgerichtlichen Nachprüfung entziehe; sondern sie prüft gar nicht zuerst, ob die in concreto vom Gesetz vorgesehenen präventiven Mittel eventuell für den Lebensschutz ausreichen. Allein die, wenn auch auf die ersten 12 Wochen nach der Nidation beschränkte Rücknahme der Strafandrohung für Schwangerschaftsabbruch erweist für die Senatsmehrheit, daß das rechtliche Unwerturteil nicht hinreichend zum Ausdruck kommt, so daß allein darin ein Verstoß gegen den objektiv werthaften Gehalt des Art. 2 Abs. 2 Satz 1 vorliegt.[47] Die Einwände gegen die Effektivität des strafrecht-

---

weil es das Sein der konkreten Person und des individuellen Menschen als solches aufhebt und an außer ihm liegende Maßstäbe ausliefert.
43 Sie wird weder von der Mehrheit noch von der Minderheit zitiert.
44 E 39, 42 ff.
45 E 39, 44.
46 E 39, 44/45.
47 E 39, 53 f. Eingehende Kritik findet dieses Vorgehen des Gerichts bei Kriele, JZ 75, S. 222; aber ich fürchte, es hat nicht nur mißverständlich argumentiert, sondern hat selbst mißverstanden. Kritisch auch NAUJOKS, EuGRZ 75, 362 f. Gliederungspunkt 3 c und 3 d.

lichen Schutzes werden zur Kenntnis genommen, aber gar nicht geprüft, sondern unter Berufung auf die generalpräventive Funktion des Strafrechts zurückgewiesen.[48] Erst nachdem das Gericht den Mangel des generellen rechtlichen Unwerturteils festgestellt hat, prüft es auch noch, ob die sozialpolitischen und fürsorgerischen Maßnahmen ausreichen, um den Schutz zu gewährleisten (in gewisser Weise hilfsweise). Das Gericht kommt zutreffend zu einem negativen Ergebnis.[49] Aber auch an dieser Stelle wird daraus nun nicht etwa der Schluß gezogen, zumindest zu prüfen, ob der Staat verpflichtet wäre, mehr Hilfen zu leisten, um den Schutz sicherzustellen.[50] Wäre hier nicht zu prüfen gewesen, ob, in den Worten des Versorgungsurteils des ersten Bandes der Gesetzgeber seine sozialpolitische Pflicht »ohne sachlichen Grund versäumt« habe?[51] Aber auf diese konkrete Prüfung kommt es dem Gericht eben gar nicht an, da es um Werte geht.

Diese Zurückhaltung gegenüber einer Leistungspflicht des Staates hat nicht nur in dem objektiv-werthaften Ansatz sondern auch in der gekennzeichneten Verengung der Problemfrage ihren Grund. Hätte die Senatsmehrheit nicht die Schutzpflicht auf Abwehr von Angriffen Dritter eingeschränkt, sondern den Schutz des Lebens als solchen im vollen Umfange als staatliche Pflicht anerkannt, hätte es zu einer anderen Beurteilung der materiellen Leistungspflicht gelangen müssen. Denn erst durch sie wird Leben geschützt. Das wird ganz deutlich sichtbar, wo es um das Problem der sozialen Indikation geht. Für die Senatsmehrheit führt die soziale Notlage dazu, daß es für die Mutter unzumutbar wird, die Schwangerschaft auszutragen. Die Strafsanktion muß daher zurücktreten.[52] Die Schwangerschaft kann also abgebrochen werden. Zwar erwartet die Senatsmehrheit, daß der Staat Hilfsmaßnahmen ergreift, aber eine Rechtspflicht dazu wird selbst hier nicht festgestellt. Dabei könnte gerade für die soziale Indikation, anders als bei der medizinischen, durch derartige Hilfsmaßnahmen die Indikationslage in sehr vielen Fällen beseitigt werden, das Leben des Nasciturus also wirklich durch staatliche Hilfe wirksam

---

48 E 39, 57. Demgegenüber billigt die Minderheit dem Gesetzgeber das Recht zu, präventive psychologische, sozial- und gesellschaftspolitische Förderungsmaßnahmen zuerst zu erwägen und einzusetzen. Allerdings kann der Minderheit nicht zugestimmt werden in der Meinung, das sei im Rahmen eines Strafgesetzes nicht möglich. Zwar ist das in einem engen Sinne richtig, aber dann muß das Strafgesetz als Teil einer Gesamtregelung erscheinen, die hier ja fehlte. Zur Kritik von methodischem Vorgehen wie an Inhalt wiederum KRIELE (JZ 75, 223), der darin auch einen Verstoß gegen Aufgabe der Verfassungsgerichtsbarkeit sieht.
49 E 39, 61 f. u. 65.
50 Eine solche Pflicht bejaht auch die Minderheit nicht entgegen der Interpretation der entsprechenden Stellen durch KRIELE (JZ 75, 222).
51 E 1, 105 f.
52 E 39, 50. DÜRIG, der schon 1958 für das verfassungsrechtliche Strafgebot plädiert hatte, war hingegen gegen jede Indikation, ausgenommen die medizinische, MAUNZ-DÜRIG-HERZOG-SCHOLZ: Kommentar Art. 2 Abs. 2 Rdnr. 24. In der Kritik an dem Urteil wird die Differenz zwischen „negativem" abwehrenden und „positivem" fördernden, leistenden Schutz übersehen, so von KRIELE JZ 75, 224, NAUJOKS (FN 3), S. 362 ff.

erhalten, ebenso wie die soziale Notlage der Mutter beseitigt werden. Die Senatsmehrheit hat gerade damit ihr Anliegen des konkreten Lebensschutzes, so viel darüber im Urteil auch geredet werden mag, völlig verfehlt, sowohl von der Idee her als aber auch, wie es nach den Statistiken scheint, praktisch. Im Ergebnis ist zwar der Wert oder Höchstwert Leben in dem Urteil geschützt, nicht aber auch immer schon das konkrete Leben.[53] Es kann preisgegeben werden, ohne das der Wert Leben davon berührt würde. Eine Schutzfunktion der Norm ist zwar nunmehr begründet, die reine Abwehrfunktion ergänzt. Jedoch die Norm, nicht das subjektiv-öffentliche Grundrecht, hat eine neue positive Dimension gewonnen, wenn auch nicht so, wie es in der Versorgungsentscheidung angedeutet war. Denn damals schlummerte die objektive Wertordnung noch unentdeckt unter der Decke klassisch-historisch orientierter Interpretation. Sie ist einer geisteswissenschaftlichen Interpretation gewichen und damit die Decke über diesem schlummernden strahlenden Kind weggezogen worden. Gerade die Gegenüberstellung der beiden Entscheidungen im ersten und im neununddreißigsten Band zeigt m. E. eine sehr wesentliche Entwicklung in der Rechtsprechung des Bundesverfassungsgerichts und zeigt sowohl die positiven als auch die negativen Konsequenzen seiner wertorientierten Interpretation.[54]

d) Von der objektiv-rechtlichen begründeten Schutzpflicht gegenüber dem Höchstwert Leben her wurde auch der Antrag Hans-Martin Schleyers entschieden, gegen die Bundesregierung und einige Landesregierungen eine einstweilige Verfügung dahingehend zu erlassen, einige inhaftierte Terroristen freizulassen, damit auch er von seinen Entführern freigelassen werden würde.[55] Warum das Gericht auch hier nicht auf den subjektiv-öffentlichen grundrechtlichen Anspruch zurückgreift, ist aus den Gründen nicht ersichtlich. Das kann auch nicht mit der einstweiligen Anordnung als solcher unbedingt zusammenhängen. Ist die oben geäußerte Befürchtung, die Grundrechte könnten nun auch für Geborene ihren subjektiven Bezug verlieren, hier bereits Wirklichkeit geworden? Nötig wäre es nicht gewesen. Denn auch ein subjektiver Anspruch auf Schutz wäre ja kein absoluter, aber er wäre konkret auf die Person bezogen, ihre Lage, die, wie alle wußten, in äußerster Lebensgefahr war. Es ging nicht um den Schutz »jedes menschlichen Lebens«, sondern um dieses konkrete Leben Hans-Martin Schleyers und konkrete Leben eventuell noch gefährdeter Personen. Das Gericht überläßt, wie bereits

---

53 E 39, 42. KRIELE (JZ 75, 222) kritisiert, wie wenig sich das Gericht um die Effizienz der Regelung gekümmert habe. NAUJOKS hat „zwei sich widersprechende Argumentationsschichten" im Urteil festgestellt (EuGRZ 75), S. 360 und S. 365. Die alljährliche Zunahme des Prozentsatzes wie der absoluten Zahlen des Schwangerschaftsabbruches aus Notlagenindikationen scheint das Urteil längst zu überrollen.
54 Dazu u. a.: GOERLICH, HELMUT: Wertordnung und Grundgesetz, Kritik einer Argumentationsfigur des Bundesverfassungsgerichts, Baden-Baden 1973; BÖCKENFÖRDE (FN 31), S. 232 ff.; OSSENBÜHL, FRITZ: Die Interpretation der Grundrechte in der Rechtsprechung des Bundesverfassungsgerichts, NJW 1976, S. 2100–2107.
55 E 46, 160–165 (oben FN 4).

früher, die Wahl der Schutzmittel den staatlich-politischen Organen. Aber die Freiheit wird auch, wenn nicht konkret so doch abstrakt, durch eine Anleihe beim Verwaltungsrecht eingeschränkt. Denn das Gericht erkennt an, daß es Fälle geben könne, in denen nur noch ein Mittel in Betracht käme, um einen effektiven Lebensschutz sicherzustellen. Das sei hier aber nicht der Fall.[56] Denn nicht der konkrete Fall, sondern das allgemein angemessene Verhalten gegenüber terroristischen Erpressungen als solchen und die generelle Schutzpflicht für den Einzelnen wie für die Gesamtheit der Bürger, also eine unbestimmte Vielzahl möglicher Fälle in der Zukunft, wird zum Maßstab der Entscheidungen des Gerichts über den konkreten Fall in der Gegenwart. Um für jene den Entscheidungsspielraum für die dann jeweils angemessenen Schutzmaßnahmen offen zu halten, kann für diesen ein konkretes Mittel rechtlich nicht festgeschrieben werden, lautet die These des Gerichts. Um des Schutzes der Bürger im allgemeinen vor möglichen zukünftigen Lebensgefahren können, die wie sich zeigte, allein ein gewisses Maß an Erfolg versprechenden Maßnahmen zum Schutz des bekannten akut gefährdenden Lebens eines Bürgers nicht verfassungsrechtlich angeordnet (allerdings auch nicht verboten) werden.

Wir haben es in dieser Entscheidung sicherlich mit einem Ausnahmefall zu tun, der nicht ohne weiteres verallgemeinerungsfähig ist. Das Ergebnis ist wohl auch richtig. Aber gerade weil es ein Ausnahmefall ist, muß man dies deutlich machen, was hier wirklich passiert ist. Es ist ein konkretes Leben gegen konkrete Leben gesetzt worden, was durch den Rekurs auf den »Höchstwert Leben«, der ja in der »Gesamtheit« bewahrt wurde, in Wirklichkeit nur verdeckt wurde. Es ist schließlich deutlich geworden, daß das Recht auf Leben nur ein relatives, kein absolutes ist. Im Schwangerschaftsurteil hatte sich das bereits bei den Indikationen für den Nasciturus gezeigt.[57] Es kann Fälle geben, wo konkretes Leben zur Rettung von konkretem Leben preisgegeben werden muß und verfassungsrechtlich darf. Darüber kann das Recht vielleicht keine Entscheidung treffen. Das Gericht hat im Schwangerschaftsurteil die »pauschale Abwägung von Leben gegen Leben« und die »Gesamtrechnung« noch abgelehnt.[58] Zwei Jahre später mußte in concreto »der Schutz des einzelnen Lebens ... deswegen aufgegeben werden, weil das ... Ziel verfolgt wird, andere Leben zu retten«.[59] Allerdings handelte es sich um eine Ausnahmesituation. Nur eben zeigt dies, daß es nicht um den »Höchstwert Leben« geht, sondern um den je konkreten Fall und die je konkreten Leben.

---

56 E 46, 164/65. Mit Recht weist Ridder (FN 4, S. 44) auf die innere Widersprüchlichkeit der Ausführungen des Gerichts angesichts der konkreten Lage hin, in der das konkrete Leben Schleyers, wenn überhaupt, so nur durch die Freilassung der Häftlinge zu sichern war.
57 E 39, 49.
58 E 39, 58 f.
59 Entgegen E 39, 59. Mit der Zulassung der sehr weiten Indikationen, vor allem der sozialen Indikation, hatte die Senatsmehrheit übrigens schon im Urteil selbst die großen Worte in dieser Richtung nicht so ganz ernst genommen. Das Gericht zeigt in dieser Entscheidung wie in anderen Urteilen die wachsende Tendenz, in Tenor und Gründen

e) Die Entscheidungen zur Kontaktsperre fallen ebenfalls in den Rahmen des Art. 2 Abs. 2 Satz 1. Auch sie betreffen den Schutz von Leben. Die erste Entscheidung betraf eine einstweilige Anordnung zur Aufhebung der Kontaktsperre, die unmittelbar nach der Entführung Schleyers noch ohne gesetzliche Grundlage angeordnet worden war.[60] Zum Zeitpunkt der Entscheidung war jedoch das Kontaktsperregesetz bereits zwei Tage in Kraft getreten. Die Verfügung gegen die Inhaftierten waren jedenfalls wohl zum Teil bereits am 2. Oktober auf das Gesetz umgestellt worden.[61] Das Gericht hatte somit die Frage, ob ein übergesetzlicher oder gar überverfassungsgesetzlicher Notstand die Anordnung der Kontaktsperre tragen könnte, nicht mehr zu entscheiden. Das Gericht hat in diesem Verfahren zur einstweiligen Anordnung nur auf die Folgen, und zwar auf die konkreten tatsächlichen Folgen abgestellt, die die Verweigerung für die Verteidigung der Inhaftierten oder der Erlaß für das angestrebte Ziel der Kontaktsperre – Schutz des Lebens Schleyers – haben würde.[62] Es hat die Nachteile für den Zweck der Kontaktsperre als größer bewertet, die gegen den Erlaß einer einstweiligen Anordnung sprechenden Gründe also als überwiegend. Es hat den Schutz von Leib und Leben von Herrn Schleyer der zeitweiligen Kontaktunterbrechung für die Inhaftierten, die zudem keine prozessualen Nachteile bringe, vorgeordnet.[63] Es wird, und das ist für die weiteren Überlegungen durchaus von Bedeutung, zur Begründung nicht auf die Wertordnung des Grundgesetzes und ihre Werthierarchie, auch nicht auf den Höchstwert Leben zurückgegriffen. Es hat, anders als in der Schleyer-Entscheidung, die Abwägung der Folgen durch Gegenüberstellung der konkreten Folgen für die konkret Beteiligten vorgenommen. Es hat die zeitweilige, für die prozessuale Stellung nicht nachteilige Kontaktunterbrechung für die Inhaftierten in Relation zur Erschwerung oder gar Vereitelung der Rettung des Lebens von Schleyer gesetzt und auch weitere Gefährdungen von Leib und Leben anderer Personen, die allerdings nicht näher bezeichnet werden konnten. Zwar ist das durch die Eigenart der einstweiligen Anordnung mitbedingt, wo nicht die Verfassungswidrigkeit, sondern die Folgen der einstweiligen Anordnung oder ihres Unterbleibens abzuwägen sind. Aber so prinzipiell ist der Unterschied der Beurteilung nicht, wie sich aus der Entscheidung über den Antrag auf einstweilige Anordnung von Schleyer ergibt. Der Rückgriff auf eine Wertordnung und Werthierarchie er-

---

Kompromisse zwischen verschiedenen politischen Auffassungen zu formulieren und damit dem Gesetzgeber vorweg Handlungsanweisungen zu geben. Es sind jedenfalls Zweifel erlaubt, ob dem Gericht selbst, vor allem aber rechtlichen und rechtspolitischen Zuständen und Entwicklungen mit diesen vorweggenommenen Bindungen des und Anweisungen an den Gesetzgeber wirklich gedient und bei Fortsetzung dieser Praxis nicht eher geschadet wird.

60 Beschluß des 2. Senates vom 4. 10. 1977, 2 BvQ 8, 9, 11, 15, 16/17, 2 BvR 908, 909/77, E 46, 1–14 (einstweilige Anordnung).
61 E 46, 9 f.
62 E 46, 11 ff.
63 E 46, 13 f.

weist sich da im Grunde als überflüssig. Die Abwägung knüpft an durchaus rationalisierbare, ja operationalisierbare Kriterien an. Das Ergebnis ist vernünftig und einleuchtend. Ob allerdings das Gericht alles in die Erwägungen eingestellt hat, ist eine andere Frage. Könnte die Kontaktsperre und die damit eingetretene Isolierung nicht auch mit zum Selbstmord durch psychische Belastungen beigetragen haben?

Die zweite Entscheidung, die nun eine Sachentscheidung über die Verfassungsmäßigkeit des Kontaktsperregesetzes ist, mußte auch eingehender in die Sachfragen einsteigen, und sich an den Normen des Grundgesetzes orientieren.[64] Sie beginnt nun wieder mit der Berufung darauf, daß das Leben in der grundgesetzlichen Ordnung einen Höchstwert darstelle. Entsprechend folge aus Art. 2 Abs. 2 Satz 1 i. V. m. Art. 1 Abs. 1 eine umfassende Schutzpflicht auch gegenüber Dritten, die wieder objektiv-rechtlich begründet wird.[65] Der Ausgangspunkt ist also derselbe wie in der Entscheidung zur Fristenregelung. Auch körperlicher Unversehrtheit und Freiheit kämen im Gefüge der Grundrechte ein hoher Rang zu, auch sie seien zu schützen. Das liege auch grundsätzlich im Interesse der Allgemeinheit. Eben diesem Schutz diene das Kontaktsperregesetz vom 2. Oktober 1977. Hinzu treten noch weitere andere verfassungsrechtlich geschützte Werte, vor allem die Strafrechtspflege. Das Gericht verkennt nicht, daß die Verhängung einer Kontaktsperre je nach den Umständen des konkreten Falles einschneidend in Grundrechte der Gefangenen eingreifen kann.[66] Aber keine Rechte seien unbeschränkt gewährt; vielmehr sei ein Widerstreit zwischen verfassungsrechtlich geschützten Belangen nach Maßgabe der grundgesetzlichen Wertordnung und unter Berücksichtigung der Einheit dieses grundlegenden Wertsystems zu lösen.[67] Dem Schutz des Lebens, der Gesundheit und der Freiheit könne gemäß dem System der grundgesetzlichen Wertordnung Vorrang eingeräumt werden.[68] Das Gericht prüft dann noch die Verhältnismäßigkeit der Mittel, die ebenfalls bejaht wird.[69] Die Verfassung toleriere im Interesse der Selbsterhaltung des Staates und der Erfüllung der ihm obliegenden Schutzaufgaben das Instrument der Kontaktsperre. Der Begriff »toleriert« mache allerdings stutzig, da er ungebräuchlich in diesem Zusammenhang ist. Das Grundgesetz läßt etwas zu oder nicht. Toleranz ist nach seiner Begriffsgeschichte die Duldung des Abweichenden, des Irrenden, obwohl er irrt. Das aber meint ja das Gericht wohl gerade nicht. Die Geeignetheit wird ebenfalls bejaht, sowohl der Kontaktsperre als auch der Einzelmaßnahmen. Ebenso wird eine übermäßige Belastung der Gefangenen abgelehnt, da die Kontaktsperre überprüft werden müsse,

---

64 Beschluß des 2. Senates vom 1. 8. 1978, 2 BvR 1013, 1019, 1934/77, E 49, 24–70, DVBl. 78.
65 C I 1, DVBl. 78, 740, E 49, 53.
66 C I 2; DVBl. 78, 740, E 49, 54.
67 C I 3 a; DVBl. 78, 740 f., E 49, 55 f.
68 C I 3 b; DVBl. 78, 741, E 49, 56.
69 C I 4 a, aa; DVBl. 78, 741, E 49, 59 f.

befristet sei und keine rechtlichen Verfahrensnachteile entstünden.[70] Das Gericht erkennt durchaus, daß psychische Belastungen eintreten können, hält sie aber nicht für so schwerwiegend, daß die von Art. 1 Abs. 1 Satz 1, Art. 104 Abs. 1 Satz 2 gezogenen Grenzen überschritten werden.[71] Art. 2 Abs. 2 Satz 1 wird in diesem Zusammenhang nicht erwähnt. Konkretere Darlegungen dazu, auch gerade im Hinblick auf die Selbstmorde in Stammheim, fehlen.

Auch bei den beiden Kontraktsperreurteilen handelt es sich um Entscheidungen über Kollisionen von Grundrechten verschiedener Beteiligter. Allerdings wird hier nicht Schutz begehrt, sondern die Abwehr von Eingriffen, die die Beschwerdeführer in ihre Grundrechte durch die Kontaktsperre sehen. Jedoch geht das Gericht nicht davon aus, sondern von der objektiven Schutzpflicht des Staates. Es handelt sich also wiederum um ein Urteil, das den Schutzgedanken für Art. 2 Abs. 2 Satz 1 in den Vordergrund stellt und zum eigentlichen Entscheidungsgegenstand hat. Erst nachdem diese objektive Schutzpflicht des Staates begründet ist, wird überhaupt geprüft, ob die Kontaktsperre einen Eingriff darstellt. Dieser methodische Aufbau ist von der Verfassungsbeschwerde her schon etwas eigentümlich. Es wird auch wiederum nicht auf ein subjektives Recht auf Schutz abgestellt sei es auf ein Recht Schleyers oder irgend eines anderen potentiell Gefährdeten. Wohl aber wird von den subjektiven Rechten der Verfassungsbeschwerdeführer gesprochen und diesen dann die objektive Schutzpflicht entgegengehalten. Im Grunde geht es auch hier wieder darum, potentielle Angriffe eben der der Kontaktsperre unterworfenen Inhaftierten auf das Leben Schleyers und anderer potentiell Gefährdeter abzuwehren. Warum das nicht als echte Grundrechtskollision entschieden worden ist, geht aus dem Urteil nicht hervor. Mag das in der Entscheidung über die beantragte einstweilige Anordnung nicht am Platze gewesen sein, im Urteil über das Gesetz selbst hätte das doch wohl deutlicher hervorgehoben werden müssen.

f) Die jüngste Entscheidung zu Art. 2 Abs. 2 Satz 1 betrifft zum ersten Mal umweltrelevante Aspekte, nämlich den Zusammenhang zwischen Kernenergie und Recht auf Leben und körperliche Unversehrtheit. In dem Beschluß über die konkrete Normenkontrolle des § 7 des Atomgesetzes hatte das Bundesverfassungsgericht zu entscheiden, ob durch diese Vorschrift oder durch auf ihrer Grundlage erteilte Genehmigungen Art. 2 Abs. 2 Satz 1 gefährdet sei.[72] Das Gericht hat die Frage verneint. Die Voraussetzungen für die Erteilung von Genehmigungen seien inhaltlich so gefaßt, daß es durch sie und ihre Folgen nicht zu Grundrechtsverletzungen kommen dürfe. Wie auch immer die Begriffe der Vorsorge, des Schadens, der Gefahr oder des Restrisikos zu bestimmen seien, aus verfassungsrechtlicher Sicht schließe das Gesetz die Genehmigung dann aus, wenn die Errichtung oder der Betrieb der Anlage zu Schäden führe, die sich selber als Grundrechtsverletzungen dar-

---

70 C I 4 a; DVBl. 78, 742 f., E 49, 63.
71 C I 5 b, aa; DVBl. 78, 743, E 49, 64.
72 Beschluß des 2. Senates vom 8. August 1978 (verkündet am 8. Dezember 1978), 2 BvL 8/77 (konkrete Normenkontrolle), DVBl. 79, 45–52.

stellen. Ein spezifischer Rest- oder Mindestschaden irgendwelcher Art werde nicht in Kauf genommen, soweit er zu Grundrechtsverletzungen auch des Art. 2 Abs. 2 Satz 1 führen könne. Genehmigungen, die zu solchen Grundrechtsverletzungen führen könnten, dürften nicht erteilt werden. Hätte das Gesetz eine Einschränkung des Rechtes auf Leben durch kernenergetische Anlagen hinnehmen wollen, so hätte es nach Art. 19 Abs. 1 Satz 2 Art. 2 Abs. 2 Satz 1 ausdrücklich einschränken müssen. Das sei aber nicht geschehen.[73] Dem Gericht ist sicher zuzustimmen, daß der § 7 als solcher keine Verletzung des Rechts auf Leben darstellt. Wäre das der Fall, so dürften grundsätzlich keine Kernenergieanlagen in der Bundesrepublik betrieben werden. Dann wäre aber nicht erst § 7 AtomG verfassungswidrig, sondern das Atomgesetz als solches, weil es eine Tätigkeit in der Bundesrepublik zuläßt, die prinzipiell eine Gefährdung für das Recht auf Leben ist. Das kann aber wohl zutreffenderweise nicht behauptet werden, jedenfalls nicht, wenn die hinreichende Abschätzung und hinreichende Vorsorge gegeben ist.

Hier aber gerade liegt ein erhebliches Problem, dem das Gericht dann auch näher nachgeht. Die Abschätzung der Gefahren im Bereich der Kernenergie im Allgemeinen und der Technologie des Schnellen Brüters im Besonderen ist gegenwärtig nicht mit absoluter Sicherheit durchzuführen. Das gilt im übrigen auch für andere umweltbeeinträchtigende und umweltschädigende Technologien und Tätigkeiten.[74] § 7 AtomG läßt daher auch Genehmigungen dann zu, wenn sich nicht völlig ausschließen läßt, daß durch Errichtung und Betrieb der Anlage in Zukunft Schäden auftreten können. Es wird also durchaus ein Restrisiko in Kauf genommen. Auch diese Inkaufnahme eines Restrisikos sieht das Gericht nicht generell als einen Verstoß gegen Art. 2 Abs. 2 Satz 1 an. Allerdings ist es der Auffassung, daß Grundrechtsgefährdungen dadurch nicht eintreten dürften. Es beruft sich auch hier wieder, in schon fast ritueller Weise, auf die objektiv-rechtliche Schutzpflicht. Es geht sogar so weit, daß wegen der Art und Schwere dieser Folgen auch eine entfernte Wahrscheinlichkeit ihres Eintritts genügen müsse, um die Schutzpflicht des Gesetzgebers auch konkret auszulösen. Schutzpflicht ist hier wiederum als negative Schutzpflicht verstanden. Eine Grenze sieht das Gericht jedoch in der Erkenntnisfähigkeit. Es könne immer nur Annäherungswissen geben, das keine volle Gewißheit vermittle. Es sei immer korrigierbar und müßte auf den neuesten Stand gebracht werden. Daher könnte vom Gesetzgeber im Hinblick auf seine Schutzpflicht keine Regelung gefordert werden, »die mit absoluter Sicherheit Grundrechtsgefährdungen ausschließt, die aus der Zulassung technischer Anlagen und ihrem Betrieb möglicherweise entstehen können.« Damit würde jede staatliche Zulassung der Nutzung von Technik verbannt. Es müsse bei Abschätzung anhand praktischer Vernunft sein Bewenden haben. »Was die Schäden an Leben, Gesundheit und Sachgütern anbetrifft, so hat der Gesetzgeber durch die in § 1 Nr. 2 und

---

[73] Zum Vorstehenden B II 4 a, DVBl. 79, 50.
[74] Dazu STEIGER, HEINHARD: Probleme des Umweltrechts, Gießener Universitätsblätter, Heft 1, 1978, 75–77.

in § 7 Abs. 2 AtomG niedergelegten Grundsätze der bestmöglichen Gefahrenabwehr und Risikovorsorge einen Maßstab aufgerichtet, der Genehmigungen nur dann zuläßt, wenn es nach dem Stand der Wissenschaft und Technik praktisch ausgeschlossen erscheint, daß solche Schadensereignisse eintreten werden. Ungewißheiten jenseits dieser Schwelle praktischer Vernunft haben ihre Ursache in den Grenzen des menschlichen Erkenntnisvermögens; sie sind unentrinnbar und insofern als sozialadäquate Lasten von allen Bürgern zu tragen.«[75] Die Folgen der Ungewißheit werden also dem Bürger aufgebürdet, nicht nur dem gegenwärtig lebenden, auch den zukünftigen. Ob diese Aufbürdung in dem Bereich der Kernenergie nun allerdings wirklich praktisch vernünftig ist, das ist hier nicht weiter zu erörtern. Jedenfalls ist es wohl richtig, daß dies zu entscheiden nicht dem Gericht obliegt. Es handelt sich hier in der Tat um eine politische Entscheidung, die auch dann gegenüber dem Bürger verantwortet werden muß.[76] Aber damit ist die Frage eigentlich aber gar nicht mehr Gegenstand des Art. 2 Abs. 2 Satz 1, der ja individuellen Lebensschutz verbürgt. Wenn derartige individuelle Gefährdungen nicht in Frage stehen, sondern die allgemeinen Folgen und Auswirkungen kernenergetischer Anlagen abzuwägen sind gegen die Vorteile derselben, dann ist der generelle Zweck des Staates den Frieden und die Sicherheit seiner Bürger zu gewährleisten, als solcher Maßstab der Entscheidungen.

Zum ersten Mal wurde, wie bereits erwähnt, der Umweltbezug des Art. 2 Abs. 2 Satz 1 für das Bundesverfassungsgericht relevant. Das Gericht hat sich mit Recht gehütet, hier die Frage zu entscheiden, ob Art. 2 Abs. 2 Satz 1 ein »Umweltgrundrecht« sei. Das war im Zusammenhang der Entscheidung und der Fragestellung weder wünschenswert noch nötig. Allerdings ist auch deutlich geworden, daß das Recht auf Leben und körperliche Unversehrtheit durch gewisse Vorgänge in der Umwelt tangiert werden kann, die der Einzelne selbst nicht mehr zu beherrschen vermag, so daß der Staat einspringen und jedenfalls abwehrend/schützend tätig werden muß.[77] Die Unabschätzbarkeit der Gefahren macht die Anwendung schwierig, aber nicht unmöglich. Zunächst ist es aber sicherlich Sache des Gesetzgebers, die entsprechenden Schutzregeln zu treffen, die ihrerseits dann an den Grundrechten zu messen sind. Ob der Maßstab der praktischen Vernünftigkeit hin-

---

75 Zum Vorstehenden B II 4 b, DVBl. 79, 51.
76 Es scheint so, als ob das Gericht in dieser Entscheidung sich ein wenig aus der Schußlinie zurückzieht, in die es wegen seines recht extensiven Rollenverständnisses in früheren Urteilen, insbesondere dem Grundlagenvertragsurteil, dem numerus-clausus-Urteil, dem Hochschulorganisationsurteil und dem Schwangerschaftsabbruchsurteil geraten war.
77 Dieses wie anderes, Bleimissionen, die zur Vergiftung von Kindern führen, Staubemissionen, die Sonnenlicht so abschichten, daß Kinder Rachitis bekommen, Quecksilbereinbringung in das Wasser, die den Fischgenuß zur Vergiftung werden lassen (bisher allerdings nur in Japan), das alles sind mir keine „Chimären" (so Ridder, FN 4, S. 44). Bewußte Übertreibung, wie sie Ridder übt, kann zwar aufmerksam auf Gefahren machen, die einer überzogenen Schutzpflicht innewohnen können. Aber sie vermag nicht das Problem zu lösen.

reicht, hängt davon ab, was man in denselben mit einbezieht. Abstrakt läßt sich das kaum feststellen, sondern ist für den jeweiligen konkreten Sachbereich zu erörtern.

III. Würdigung

a) Die Rechtsprechung des Bundesverfassungsgerichts zu Art. 2 Abs. 2 Satz 1 unterscheidet ganz offenbar zwei Funktionen dieser Grundrechtsnorm, die Abwehrfunktion und die Schutzfunktion. Die Abwehrfunktion wird eindeutig als eine solche verstanden, die dem Träger des Grundrechtes ein subjektiv-öffentliches Grundrecht auf Abwehr von Eingriffen des Staates in die Schutzgüter gewährleistet. Die Schutzfunktion hingegen wird als eine objektiv-rechtliche Pflicht des Staates verstanden, der kein subjektiv-öffentlicher Anspruch des Individuums entspricht.[78] Die Schutzpflicht wird außerdem nur als eine negative begriffen, die auf Abwehr von Eingriffen Dritter in das Leben und die körperliche Unversehrtheit gerichtet. Zwar hat das Bundesverfassungsgericht im Schwangerschaftsurteil auch davon gesprochen, daß sich der Staat fördernd für das Leben und die körperliche Unversehrtheit einzusetzen habe. Es hat aber weder im Schwangerschaftsurteil selbst noch in anderen Urteilen daraus die Folgerung gezogen, daß eine entsprechende Förderungspflicht bestehe. Gerade im Schwangerschaftsurteil hat es, obwohl dazu Gelegenheit gewesen wäre, das nicht getan. Nicht zur objektiv-rechtlichen Schutzpflicht gehört also die Pflicht positiv leistend, fördernd Maßnahmen zum Schutz des Lebens oder der körperlichen Unversehrtheit zu treffen.

Die Rechtsprechung hat zweifellos eine Entwicklung durchgemacht, indem sie von der Abwehrfunktion zur objektiv-rechtlichen negativen Schutzfunktion fortgeschritten ist. Diese Schutzfunktion war zwar im Schrifttum schon längere Zeit postuliert, jedoch rechtlich durch die Rechtsprechung noch nicht anerkannt worden. Ich sehe darin den eigentlichen Fortschritt des Urteils zur Strafbarkeit des Schwanger-

---

[78] KRIELE setzt eine Entsprechung von objektiver Wertordnung und subjektiven Rechten als Anspruch voraus (JZ 75, 224). Das mag ursprünglich mal der Fall gewesen sein, ist es aber gerade in den hier besprochenen Urteilen nicht mehr. Der Zusammenhang ist zerrissen, die objektive Wertordnung hat sich verselbständigt. Gegen diese Schutzpflicht überhaupt kürzlich wieder RIDDER, (FN 4, S. 43 f.) der Art. 2 Abs. 2 Satz 1 als ausschließlich negatorisches Grundrecht versteht. Er fürchtet, ebenso wie andere, wenn auch aus vielleicht anderen Gründen, Gängelung der politischen Entscheidung durch das Bundesverfassungsgericht. Nur ist die politische Entscheidung im Verfassungsstaat eben eine konstitutionell gebundene und daher vom Bundesverfassungsgericht auch zu kontrollierende. Fraglich kann nur sein, wieweit die konstitutionelle Bindung auch des Gesetzgebers reicht. Es gilt aber unter dem Grundgesetz grundsätzlich von der Vorstellung Abschied zu nehmen, die politische Entscheidung sei souverän und frei und ungebunden, soweit sie nicht in ausdrücklich gewährleistete Rechte eingreift.

schaftsabbruchs. Ist jedoch der doppelte Verzicht auf eine positive Schutzpflicht durch Förderung und Leistung einerseits und auf einen subjektiv-öffentlichen grundrechtlichen Anspruch des Einzelnen auf Schutz andererseits begründet?

b) Zunächst soll auf den positiven Schutz, auf die objektiv-rechtliche Leistungspflicht eingegangen werden. Das hat u. a. den Vorteil, daß wir die prinzipielle Argumentationsgrundlage des Bundesverfassungsgerichts gar nicht zu verlassen brauchen. Die Werttheorie, die das Leben als Höchstwert ansieht, kann durchaus auch eine positive Schutzpflicht begründen, ebenso wie eine Theorie, die die Grundrechtsnormen nicht als objektive Wertordnung, sondern als Ziel- und Zwecknormen, als Maßgabenormen[79] oder gar Auftragsnormen für den Gesetzgeber versteht. In jedem Falle wird von einer dieser Grundlagen her eine objektiv-rechtliche Pflicht zum Handeln begründet werden können. Der Wortlaut des Art. 2 Abs. 2 Satz 1 läßt eine Deutung zugunsten einer positiven Schutzpflicht ohne weiteres zu. Es wird von dem Recht auf Leben gesprochen, das nichts anderes heißt als das Recht zu leben. Leben ist nun ein anderes Schutzgut als Freiheit der Meinungsäußerung, des Gewissens, der Persönlichkeitsentwicklung etc. Zum einen ist es das fundamentale Schutzgut für alle weiteren Freiheiten. Zum zweiten aber begründet es das Sein, die Existenz. Dieses Sein, diese Existenz ist aber nicht nur und nicht schon dadurch gesichert, daß es von Eingriffen frei bleibt; sondern Existenz, Leben ist erst dadurch gesichert und möglich, daß gelebt wird, daß existiert wird. Leben ist die vollzogene und beherrschte Existenz. Das Recht auf Leben und körperliche Unversehrtheit ist damit das Recht auf sich selbst und an sich selbst als natürliches Sein. Es ist schon von daher mit klassischen Freiheitsrechten nicht zu vergleichen. Als neues Grundrecht, das, wie oben bereits dargetan, nicht zum klassischen Grundrechtsbestand des deutschen Verfassungsrechts gehört, ist es auch nicht notwendig den Funktionen und Strukturen der klassischen Freiheitsrechte unterworfen. Die traditionelle Auslegung trifft also dieses besondere Recht nicht ohne weiteres. Die genetische Auslegung, die das Bundesverfassungsgericht versucht hat, ist im übrigen nicht bindend.[80] Es darf nicht übersehen werden, daß Art. 2 Abs. 2 Satz 1 ja im Rahmen der Einheit der Verfassung in Beziehung zum Sozialstaat steht.

In anderen Bereichen hat das Gericht zudem bereits objektive positive Handlungspflichten festgestellt. So hat es eine Pflicht bejaht, »im Rahmen des Zumut-

---

79 Dazu STEIGER: Mensch (FN 7), S. 59.
80 Sie ist auch nicht ganz korrekt, (KRIELE, JZ 75, 225). Wenn RIDDER aus Satz 3 auf den nur negatorischen Charakter schließen will, und gleichzeitig den Zusammenhang mit Art. 1 Abs. 1 abstreitet, dann verengt er den Ansatz m. E. doppelt: Innerhalb Art. 2 Abs. 2 und innerhalb des systematischen Zusammenhangs. Ob neben der Abwehrfunktion noch andere Funktionen der Norm gegeben sind, beantwortet Satz 3 nicht. Mir ist zudem nicht einsichtig, wie die Würde eines Menschen geschützt werden soll, wenn nicht zunächst sein Leben geschützt wird. Appellfunktion von Menschenwürde und Lebensrecht (so RIDDER ibid) als solche ist relativ wirkungslos. Sie bedarf, um wirksam zu werden, der Verrechtlichung. Dies sind keine Gegensätze, wie RIDDER zu meinen scheint, sondern im konstitutionellen Staat notwendige Ergänzungen.

baren alle Maßnahmen zu treffen, die geeignet und nötig sind, einer Überlastung der Gerichte vorzubeugen und ihr dort, wo sie eintritt, rechtzeitig abzuhelfen. Er hat die dafür erforderlichen – personellen wie sächlichen – Mittel aufzubringen, bereitzustellen und einzusetzen. Diese Aufgabe folgt aus der staatlichen Pflicht zur Justizgewährung, die Bestandteil des in Art. 20 Abs. 2 GG verankerten Rechtsstaatsprinzips ist. Dem Beschuldigten darf nicht zugemutet werden, eine längere als die verfahrensangemessene Untersuchungshaft nur deshalb in Kauf zu nehmen, weil der Staat es versäumt, diese Pflicht zu genügen«.[81] Für die Hochschulorganisation hat das Bundesverfassungsgericht entschieden, daß »in positiver Hinsicht den Trägern des Individualrechts aus Art. 5 Abs. 3 GG durch geeignete freiheitliche Strukturen der Universität sowie Freiheit in ihrer wissenschaftlichen Betätigung zu gewähren sei, wie dies unter Berücksichtigung der Aufgaben der Universität und der Belange der verschiedenen in der Universität tätigen Grundrechtsträgern möglich ist.«[82] Es hat daraus Ableitungen in bezug auf die innere Struktur und Organisation der Hochschule gemacht, die der Staat zu gewährleisten habe. Weniger bei dem zweiten genannten Urteil, sicherlich aber bei dem ersten müssen auch sächliche und personelle Mittel bereitgestellt, also Geld aufgewendet werden. Hier liegt also von Verfassung wegen eindeutig eine Bindung für das Haushaltsgebaren und für die Mittelverteilung vor. Diese Pflichten müssen bei Mittelknappheit vom Gesetzgeber vorrangig erfüllt werden. Damit ist das generelle Argument, daß der Gesetzgeber in der Mittelverteilung angesichts der Knappheit der Ressourcen und der Vielfältigkeit der Aufgaben politisch zu entscheiden habe und verfassungsrechtlich keinen Bindungen unterläge, insoweit jedenfalls nicht mehr vom Bundesverfassungsgericht anerkannt. Es ist, offen gestanden, nicht einzusehen, warum das für Hochschulstruktur und Gerichtsstruktur gelten soll, nicht aber für die Fundamentalsicherung des mit den Worten des Bundesverfassungsgerichts »Höchstwert Leben«. Der Gesetzgeber ist eben nicht nur formell konstitutionell gebunden, sondern auch inhaltlich. Im negativen ist das schon lange anerkannt. Im positiven tun wir uns schwer, eine solche Bindung anzuerkennen. Aber es ist zu bedenken, daß das Grundgesetz sich eben auch für den Sozialstaat entschieden hat. Ohne auf diese Klausel näher einzugehen, hat sie doch auch eine Ersatzfunktion für soziale Grundrechte, die im Grundgesetz nicht aufgenommen worden sind. Sie bringt neben den Grundrechten eine besondere inhaltliche Ziel- und Zweckbestimmung der Verfassungsordnung der Bundesrepublik zum Ausdruck. Wenn man also von der Einheit der Verfassung ausgeht, so muß man Grundrechte und Sozialstaat in einen gewissen Zusammenhang auch der gegenseitigen Interpretation und Funktionsbestimmung sehen. Es ist schon verwunderlich, daß im Urteil zur Strafbarkeit des Schwangerschaftsabbruches der Begriff Sozialstaat nicht vorkommt und diese Beziehung, die

---

81 BVerfGE 38, 275.
82 BVerfGE 35, 123 ff.; auch S. 114 f. zur Pflicht personelle, finanzielle und organisatorische Mittel zur Verfügung zu stellen.

ja immerhin im Versorgungsurteil im ersten Band noch angesprochen wurde, hier nicht mehr in die Argumentation des Bundesverfassungsgerichts eintritt. Es ist immerhin auch im Hinblick auf das Urteil zur Strafbarkeit des Schwangerschaftsabbruches zu bemerken, daß soziale Leistungen das »verhältnismäßigere« Mittel sein können, nicht notwendig sein müssen, sowohl gegenüber der Bestrafung der nisierung der verschiedenen Einzelregelungen allenfalls eine begrenzte Sachreform Mutter, die ja doch ein sehr schwerwiegender Eingriff ist, als auch gegenüber der Freigabe der sozialen Indikation. Daß diese gerade durch derartige Hilfen vielleicht vermieden werden kann, ist bereits betont worden. Dann muß aber auch eine objektive Pflicht bestehen, daß der Staat und die Gesellschaft diese soziale Indikation vermeidet. Allerdings verfällt das Bundesverfassungsgericht im Hinblick auf das Verhältnis von Strafbarkeit und sozialen Maßnahmen in denselben Fehler wie der Gesetzgeber, der die letztgenannten als »flankierende Maßnahmen« bezeichnet hat. Sie sind keine »flankierenden Maßnahmen«; sondern sie hätten die Maßnahmen zu sein, die im Mittelpunkt des Lebensschutzes stehen müssen, während die Strafbarkeit eine »flankierende Maßnahme« ist.[83]

Es wird immer wieder eingewandt, daß eine solche Verpflichtung die notwendige Freiheit zur Disposition über die knappen Mittel bei einer Fülle von Zwecken unzulässig eingeschränkt würde. Diese politische Entscheidung müsse dem Gesetzgeber vorbehalten werden.[84] Da könnten sich die Gerichte nicht einmischen und irgendwelche Verpflichtungen statuieren. Zu bemerken ist, daß der Gesetzgeber, auch wenn er einer solchen Pflicht unterliegen würde, in der Ausgestaltung der Voraussetzungen, der Bedingungen und auch der Grenzen seiner Leistungspflicht durchaus einen sehr weiten Spielraum hat. Er muß nur dafür sorgen, daß die von ihm vorgesehenen Maßnahmen generell geeignet sind, um das Leben zu sichern. Es handelt sich eben insofern an dieser Stelle noch nicht um konkrete Ansprüche auf bestimmte Leistungen, über die dann die Gerichte zu entscheiden hätten. Im Rahmen der objektiven Pflicht genügt es, auf die Gesamtheit, die Regel, das Normale, das Allgemeine, die Geeignetheit abzustellen. Insofern unterscheidet sich die positive Schutzpflicht doch von der negativen Schutzpflicht, wo das konkrete Leben zu schützen ist und die Abwägung zwischen konkretem Leben stattfinden muß und nicht zwischen konkretem Leben und irgendeiner Gesamtheit oder gar irgendeinem Höchstwert Leben.

c) Wie ist es nun aber mit einem subjektiv-öffentlichen grundrechtlichen Anspruch auf negativen und positiven Schutz bestellt? Man wird beide wohl unterscheiden müssen.

Im Polizeirecht besteht heute bereits nach allgemein herrschender Auffassung ein

---

[83] So scheint es die Mindermeinung zu sehen, E 39, 87. Dazu auch die Stellungnahme des Bensberger Kreises zur Reform der Strafbarkeit des Schwangerschaftsabbruchs.
[84] z. B. MARTENS, FN 3; aber auch in BVerfGE 33, 332 f. wird hier eine Grenze gesehen; RIDDER (FN 4) S. 44.

Anspruch auf negativen Lebensschutz.[85] D. h., es ist heute anerkannt, daß die Polizei im Rahmen ihrer Gefahrenabwehr einer Verpflichtung unterliegt, die auch von dem Einzelnen geltend gemacht werden kann, gegen Bedrohungen des Lebens einzelner einzuschreiten. Es ist m. E. kein Unterschied zu erkennen, warum das für den Staat insgesamt nicht gelten soll, wohl aber für das Polizeirecht. Das Bundesverfassungsgericht hat diese Frage ja nur durch einen Argumentationsbruch umgangen. Es hätte im Urteil über den Schwangerschaftsabbruch, wenn es rechtslogisch konsistent argumentiert hätte, zum subjektiv-öffentlichen grundrechtlichen Anspruch auf negativen Schutz kommen müssen.

Auf den negativen Schutz muß ein subjektiver grundrechtlicher Anspruch bestehen. Denn die zentrale Funktion des Art. 2 Abs. 2 Satz 1 ist, Angriffe auf Leben und körperliche Unversehrtheit abzuwehren. Ohne auf die Problematik der Drittwirkung einzugehen, kann doch bejaht werden, daß auch Angriffe Dritter in das Leben und die körperliche Unversehrtheit abgewehrt werden sollen. Bejaht man eine unmittelbare Drittwirkung, so ergibt sich ein Anspruch schon auf diese Weise. Bejaht man eine mittelbare Drittwirkung, so ist hier die zentrale Aufgabe des Staates auf Sicherheit der Person und des Menschen in Rede. Ein subjektiver Anspruch wird also dann eben sich gegen den Staat richten müssen, damit er schützend eingreift.

Für den positiven Schutz ist dieser subjektive Anspruch nicht ohne weiteres zu bejahen. Die Oberverwaltungsgerichte, das Bundesverwaltungsgericht und auch Stimmen im Schrifttum haben schon lange einen Anspruch auf positiven Lebensschutz insofern anerkannt, als das Existenzminimum zu sichern ist.[86] Das Bundesverfassungsgericht hat im Urteil über den numerus clausus die Frage zwar offen gelassen, aber immerhin Andeutungen in der Richtung gemacht und die Frage nicht völlig verneint und a limine abgewiesen.[87] Wenn das aber schon für die Ausbildung gelten kann, dann ist es zumindesten für den Schutz des Lebens, das ja doch viel fundamentaler ist, zu erörtern und zu überlegen. Ich möchte nicht ohne weiteres einen umfangreichen status positivus aus den Grundrechten durch Umdeutung derselben in Leistungsgrundrechte ableiten.[88] Mir ist die Problematik durchaus bewußt, die zum einen darin besteht, daß auf diese Weise eine weder politisch noch rechtlich zu bejahende Verlagerung der politischen Entscheidung von den dazu zuständigen Gesetzgeber auf die Gerichte eingeleitet werden könnte, die zum anderen darin besteht, daß hier eine sehr weitgehende Festlegung der Verteilung knapper Res-

---

85 z. B. GÖTZ, VOLKMAR: Allgemeines Polizei- und Ordnungsrecht (5. Aufl. S. 69 f., § 4 III 3 b), VOGEL, KLAUS DREWS/WACKE/VOGEL/MARTENS: Gefahrenabwehr, 8. völlig neu bearbeitete Auflage, 1. Band, Köln etc. 1975, S. 162 ff.
86 Oben FN 23, 25, 34.
87 BVerfGE 33, 332 f.
88 Zum Für und Wider auch STEIGER: Mensch (FN 7), S. 60 ff. Es ist hier also auch nicht die Problematik der sozialen Grundrechte aufzurollen. Dazu auch die dort, S. 92 Fußnote 186 aufgeführte Literatur.

sourcen für bestimmte Zwecke und Aufgaben zum Nachteil ebenso wichtiger anderer postuliert werden könnte. Einiges wäre jedoch gewonnen, wenn man auch in bezug auf den positiven Lebensschutz vom »Höchstwert Leben« zum konkreten Subjekt zurückkäme, das jeweils zu schützen ist. Dann kann man auch für die positive Leistung einen konkreten am Einzelfall ausgerichteten Maßstab finden. Dieser wird sich zwar in die allgemeinen Verhältnisse und in das Gesamtgefüge einpassen müssen. Aber einerseits ist das bei Abwehransprüchen ja auch schon der Fall, zum anderen darf eben nicht im Namen der Allgemeinheit oder der Gesamtheit die konkrete individuelle Schutz- und Hilfsbedürftigkeit hintangestellt werden. Probleme gibt es eine ganze Reihe, z. B. die ärztliche Versorgung,[89] die positive Umweltgestaltung,[90] ja unter Umständen eine Sicherung der Arbeitsplätze oder doch der Ausbildungsplätze, wenn nur auf diese Weise gewährleistet werden kann, daß der Einzelne den zum Leben und zu seiner Selbstverwirklichung notwendige Beruf erlernen kann und notwendige Arbeit ausüben kann. Die Antwort enthält eine Grundsatzentscheidung über den Charakter dieses Staates. Verneint man ihn, jedenfalls als einen allgemeinen, so anerkennt man im Prinzip, daß die Existenzsicherung prinzipiell dem Einzelnen beziehungsweise der Gesellschaft der Privaten selbst obliegt. Dafür spricht, daß dem Einzelnen Freiheit gewährleistet wird. D. h. auch, daß ihm diese Freiheit dafür gewährleistet wird, daß er eben seine eigene Existenz sichert und gestaltet. Freiheitsgewährleistung bedingt Freiheitsnutzung. Sie heißt auch Primärverantwortung des Einzelnen. Sie hat auch, negativ, den Sinn, dem Einzelnen das Risiko aufzubürden. Wieweit allerdings dieses Risiko ihm aufgebürdet werden kann, ist eine Frage, die zum Teil auch aus der gesamten Struktur der gesellschaftlichen Verhältnisse beantwortet werden muß. Das geht nur, soweit es sich um vom Einzelnen beherrschbare Vorgänge handelt.[91] Unter diesen Umständen werden soziale Maßnahmen und Hilfestellungen zur Vorstrukturierung des Raumes, in dem die freiheitliche Tätigkeit sich abspielt. Es muß im Prinzip sichergestellt werden, daß bei Nutzung der Freiheit auch Existenzsicherung und Selbstverwirklichung möglich sind. Soziale Maßnahmen werden dann in der Tat zu einem Aktionsrahmen, zu einem Netz, zu einer Hilfe zur Selbsthilfe, oder wie immer man diese prinzipielle Sicherung der notwendigen Voraussetzungen qualifizieren will. Dabei braucht es sich nicht nur um soziale Maßnahmen und Leistungsmaßnahmen zu handeln, sondern es können auch strukturelle Maßnahmen sein. Sozialstaat erschöpft sich nicht darin, Nothilfe zu leisten. Bejaht man hingegen einen sozialen Anspruch als solchen ganz allgemein, so wird damit im Prinzip doch die Selbstverantwortlichkeit, die Selbstgestaltungsmöglichkeit und die Freiheit außer Kraft gesetzt. Freiheit reduziert sich dann auf die Ausnutzung eines

89 So Däubler und Schwabe, oben FN 5.
90 Bisher wurden derartige Ansprüche von der Rechtsprechung abgelehnt; BayVerfGH DVBl. 1975, S. 665; BVerwG DQV 1975, S. 605; DVBl. 77, 897, dagegen: BayBl. 1978, S. 205 f.
91 Darauf hat E. Forsthoff hingewiesen.

von der Gesellschaft zur freien Verfügung gewährten aber auch ebenso wieder einziehbaren Freiraumes, von Freizeit und dergleichen. Eine derartige Entscheidung kann m. E. nicht durch Umdeutung der Grundrechte in einen sozialen Anspruch herbeigeführt werden. Dazu bedarf es einer ausdrücklichen politischen Entscheidung des Verfassungsgebers. Die gegenwärtige Verfassungslage, wie sie in den Art. 1, 2 und 20 prinzipiell grundgelegt und dann in den anderen Grundrechtsartikeln, aber auch in anderen Grundgesetzartikeln des organisatorischen Teils näher ausgestaltet wird, scheint mir eine Fundamentalentscheidung für das prinzipiell freie, selbstverantwortliche, selbstgestaltende, selbstverwirklichende Individuum in einer Gesellschaft zu enthalten, die ihrerseits so strukturiert ist, daß diese Selbstentfaltung und Selbstverwirklichung ermöglicht wird. Es kann aber Situationen geben, und sie werden im Schrifttum als das Existenzminimum angesehen, wo eben die fundamentalsten Voraussetzungen zum Überleben nur dadurch gesichert werden können, daß ein individueller Anspruch gegeben ist. Das ist dann aber auch überschaubar. Der Anspruch erscheint als eine Art Ergänzungsanspruch zu dem Abwehranspruch und dem Anspruch auf negativen Schutz, aber nicht als selbständig neben ihnen, sie gegebenenfalls verdrängend. Das ist dann in Einzelentscheidungen des Gerichtes sehr genau nachmeßbar und nachvollziehbar und greift in die Entscheidungshoheit über die Mittelverteilung nur so gering ein, daß dieses Prinzip als solches nicht in Frage gestellt wird, sondern nur einer gewissen Korrektur unterliegt. Das gilt auch für das von mir früher postulierte ökologische Existenzminimum.[92]

d) Die Rechtsprechung des Bundesverfassungsgerichts zu Art. 2 Abs. 2 Satz 1 GG ist in ihrer Entwicklung m. E. noch nicht an ihr Ende gekommen. Allerdings scheinen mir auch die Diskussionen in der Wissenschaft noch nicht hinreichend abgeschlossen, um dem Bundesverfassungsgericht schon nahezulegen, nun diese Fragen endgültig zu entscheiden. Eine Zurückhaltung wird da sicher für das Gericht am Platze sein. Denn es ist nicht seine Aufgabe, dem Gesetzgeber allzu weit Vorschriften für sein Verhalten zu machen. Auf einen Aspekt möchte ich jedoch zum Abschluß noch hinweisen. In den neueren Verfassungen westeuropäischer Staaten, insbesondere Portugals und Spaniens, ist man im Hinblick auf die Lebensschutzgarantien über das Grundgesetz und auch über die Europäische Menschenrechtskonvention hinausgegangen. Um subjektiv-rechtliche Ansprüche handelt es sich dort zwar nicht, aber immerhin hat man dem Staat Staatsaufgaben zugewiesen in bezug auf eine möglichst umfassende Sicherung der realen, sozialen wie individuellen Existenz des Menschen.[93] Darin möchte ich Fundamentalgarantien sehen, die dem Individuum letztlich zugute kommen, auch wenn es sich nicht um konkrete subjektive Ansprüche handelt. In Frankreich waren ähnliche Überlegungen, die in

---

92 STEIGER: Mensch (FN 7), S. 63. Ich möchte auch insgesamt für Art. 2 Abs. 2 Satz 1 nicht soweit gehen wie DÄUBLER und SCHWABE in den dort angeführten Stellen.
93 Spanische Verfassung Titel I, Capitel 3, Art. 39–52; Portugiesische Verfassung.

einem Vorschlag eines Verfassungsgesetzes bereits ihren Niederschlag gefunden hatten, dann allerdings wegen der Neuwahl im Frühjahr 1978 nicht mehr beraten und verabschiedet werden konnten. Es zeichnet sich im europäischen Raum eine gewisse Tendenz ab, hier Sicherungen vorzunehmen. Das gilt im übrigen auch für das Recht der Europäischen Gemeinschaften. Die Frage, die sich für das Grundgesetz und seine Ausgestaltung stellt, ist in der Tat, wieweit es sich in diesen gesamteuropäischen Trend einfügen will und auch überhaupt einfügen kann, wieweit hier unter Umständen ein gemeineuropäisches Recht wächst, das auch dem Verfassungsrecht der Bundesrepublik eines Tages den weiteren Weg weisen wird.

Rechtsstaatliche Grenzen der Sozialstaatlichkeit

Young Huh, Seoul

I. Einleitung

Mir ist auf dieser Tagung die Aufgabe gestellt, über den Sozialstaat und seine Grenzen zu sprechen. Internationale Aspekte und rechtsvergleichende Sicht böten sich an, weil eine internationale Rechtsvergleichung gerade das Charakteristikum dieses Symposions bildet.

Rechtsvergleichende Bezüge würden sich jedoch in meinem Themengebiet eher als unfruchtbar erweisen. Die Gestaltung des Sozialstaates und die Wirkungsart rechtsstaatlicher Prinzipien sind in besonderem Maße national bedingt und hängen mit den historischen, sozialen, ökonomischen und politischen Gegebenheiten der jeweiligen politischen Einheit aufs engste zusammen. Eine rechtsvergleichende Untersuchung verspricht deshalb nur begrenzte Erkenntnis.

Immerhin sei auf den Umstand hingewiesen, daß sowohl Staatsverfassungen mit einem allgemeinen Sozialstaatsprinzip als auch solche ohne ein derartiges Verfassungsrechtsprinzip existieren, ohne daß dies etwa ein Gefälle zwischen »sozialeren« und unsozialeren« Ländern beschreiben würde. Vor allem ZACHER hat darauf hingewiesen, »daß eine ›soziale‹ oder ›sozialstaatliche‹ Verfassungsklausel offenbar keinen klaren Indizwert für Niveau und Dichte der Sozialpolitik eines Landes hat«.[1] Diese Feststellung ist besonders aufschlußreich, wenn man sich der Tatsache bewußt wird, daß einerseits eine Sozialstaatsklausel in der Verfassungen der skandinavischen Länder ebenso fehlt wie etwa in den Niederlanden, um nur die bekannten »Muster-Wohlfahrtsstaaten« zu nennen, und daß andererseits sich das Sozialstaatsprinzip offenbar in Afrika besonderer Beliebtheit erfreut.

---

* Meinen hochverehrten Lehrern, den Herren Professoren Dr. WALTER SCHMITT GLAESER (Bayreuth), Dr. JOSEF ISENSEE (Bonn) und Dr. PETER LERCHE (München) möchte ich für unermüdliche Unterstützung und Förderung auch an dieser Stelle herzlich danken.

1 H. F. ZACHER, Was können wir über das Sozialstaatsprinzip wissen?, in: Festschrift für H. P. Ipsen zum 70. Geburtstag (1977), S. 207 ff. (226).

Ferner bleibt es auch bei allen Vorbehalten aufschlußreich, wo sich, sieht man von typisch kommunistischen Ländern ab, allgemeine Sozialstaatsdeklarationen finden lassen:[2] nämlich abgesehen von vier europäischen Staaten,[3] in zwölf afrikanischen[4] und sechs lateinamerikanischen Staaten[5], in Ländern also, die zu den Ärmsten der Armen dieser Welt gezählt werden. Der Umstand, daß nur 22 von insgesamt 159 Staaten auf der Welt[6] eine allgemeine Sozialstaatsproklamation in ihre Verfassungen aufgenommen haben, bestätigt auch die tendenzielle Irrelevanz einer Sozialstaatsnorm. Anders gewendet: ob ein Staat ein Sozialstaat ist, hängt nicht von der Existenz einer förmlichen Sozialstaatsnorm ab. Ferner setzt ein Sozialstaat die Existenz einer geschriebenen Verfassung auch nicht voraus, wie etwa das Beispiel Großbritannien zeigt.

II. Das Problem

Die Bundesrepublik Deutschland mag vielen, normativ wie faktisch, als vorbildlich »sozial« erscheinen. Aber die kritischen Stimmen häufen sich – wie mir scheint nicht zu Unrecht. Die Probleme werden von Tag zu Tag deutlicher.

Eine Kernfrage derzeitiger Entwicklung sozialstaatlicher Aktivität ist die Frage, wie sie die Freiheit, wie sie die konkreten Freiheitsräume der Individuen und heterogener Gruppen künftig offenhalten und sichern kann. Dabei geht es um überzeugende Antworten darauf, ob die im Grundgesetz geschützten Freiheitsrechte des

---

2 Vgl. die Aufzählung bei ZACHER, a. a. O., S. 224–225, mit Angaben jeweiliger Verfassungsquellen.
3 Dies sind: die Bundesrepublik Deutschland (vgl. Art. 20 Abs. 1 und Art. 28 Abs. 1 Satz 1 GG), Frankreich (vgl. Art. 2 Abs. 1 Satz 1 der Verfassung v. 28. 9. 1958 i. d. F. v. 31. 12. 1963), Spanien (vgl. Art. 1 des „Gesetzes über die Nachfolge in der Staatsführung" v. 26. 7. 1947 i. d. F. v. 10. Januar 1967 und Art. VII der „Grundsätze der nationalen Bewegung" v. 17. 5. 1958) und die Türkei (vgl. Art. 2 der Verfassung v. 27. 5. 1961 i. d. F. v. 15. 3. 1973).
4 Dies sind: Dahomey (vgl. Art. 2 der Charta v. 7. 5. 1970), Gabun (vgl. Art. 2 der Verfassung v. 21. 2. 1961), Guinea (vgl. Art. 1 der Verfassung v. 10. 11. 1958), Elfenbeinküste (vgl. Art. 2 der Verfassung v. 3. 11. 1960), Madagaskar (vgl. Art. 2 der Verfassung v. 29. 4. 1959), Mauretanien (vgl. Art. 1 der Verfassung vom 20. 5. 1961), Marokko (vgl. Art. 1 der Verfassung v. 9. 3. 1972), Niger (vgl. Art. 2 der Verfassung v. 8. 11. 1960), Ruanda (vgl. Art. 1 der Verfassung v. 24. 11. 1962), Senegal (vgl. Art. 1 der Verfassung v. 3. 3. 1963), Obervolta (vgl. Art. 2 der Verfassung v. 29. 6. 1970) und Zaire (vgl. Art. 1 der Verfassung v. 24. 6. 1967).
5 Dies sind: Haiti (vgl. Art. 1 der Verfassung v. 25. 5. 1964), Guatemala (vgl. Art. 123 der Verfassung v. 15. 9. 1965), Kuba (vgl. Art. 1 der Verfassung v. 7. 2. 1959), El Salvador (vgl. Art. 2 der Verfassung v. 8. 1. 1962), Equador (vgl. Präambel der Verfassung vom 25. 5. 1967) und Honduras (vgl. Art. 1 der Verfassung v. 3. 6. 1965).
6 Vgl. Fischer-Welt-Almanach 1978, S. 419 (Stand: 15. 9. 1977).

Bürgers mehr und mehr in kollektivistische Scheinfreiheit auf Wohlstand, in kollektive Teilhaberechte umgewandelt werden dürfen, auch ob das Sozialstaatspostulat notwendig eine Bürokratisierung und Zentralisierung des gesellschaftlichen und politischen Lebens bedingt und dadurch die privaten und sozialen Freiheiten der Bürger immer stärker eingeengt werden.

Die Palette der zu diesem Problem geäußerten Meinungen ist ebenso bunt wie reichhaltig. So rankt sich um das Sozialstaatsprinzip, insbesondere in seinem Bezug zum Rechtsstaat, eine Vielzahl verschiedenartiger Begriffs- und Inhaltsinterpretationen. Systemgerechte Sozialstaatskonzeptionen sind über erste Ansätze nicht hinausgekommen. Der Grund dieser permanenten Unklarheiten über Inhalt und Grenze des Sozialstaatsprinzips dürfte wohl insbesondere darin liegen, daß die bisherigen Auseinandersetzungen über das Verhältnis zwischen der Rechtsstaatlichkeit und Sozialstaatlichkeit auf einer falschen Vorstellung sowohl über den Sozialstaat als auch über den Rechtsstaat basieren. Sie gehen an der Essenz der Problematik vorbei, indem sie fast einmütig von der Prämisse ausgehen, mehr Rechtsstaat bedeute mehr Freiheit, mithin sei zu wählen: mehr Freiheit *oder* mehr Sozialstaat! Nach dieser Vorstellung ist der Sozialstaat regelmäßig freiheitsgefährdend, während der Rechtsstaat immer mit Freiheit Hand in Hand geht. Diese eingefahrenen Denkgewohnheiten müssen jedoch schon deshalb überwunden werden, weil sie nicht genügend auf den Unterschied zwischen Inhalt und Grenze des Sozialstaates achten.

Die folgenden Überlegungen knüpfen an diese Einsicht an und versuchen, den Interpretationswirrwarr über den Sozialstaatsgrundsatz zu ordnen und den Unterschied zwischen Inhalt und Grenze des Sozialstaates deutlicher zu machen. Ferner soll versucht werden, wenigstens andeutungsweise,[7] eine Lösung zu zeigen, wie eine neue Balance zwischen extremen Auswirkungen des aktiven Sozialstaates auf der einen und dem normativen Verlangen nach sozialstaatlicher Mäßigung staatlicher Aktivität auf der anderen Seite hergestellt werden kann.

III. Freiheit und Sozialstaatlichkeit – eine Aporie?

Zunächst soll auf das Meinungsspektrum in Literatur und Judikatur eingegangen werden, um anschließend eigene Thesen aufstellen zu können.

---

[7] Das wünschbare Ausmaß sozialpolitischer Gestaltungen ist nicht Gegenstand dieser Untersuchung, sondern nur das im engeren Sinne verfassungsrechtliche Problem der Sozialstaatsklausel.

1. Das Meinungsspektrum in der Literatur und Judikatur (Bestandsaufnahme)

a) Kritische Analyse der Literatur

Trotz dreißigjähriger Beschäftigung mit dem Verhältnis von Rechtsstaat und Sozialstaat ist diese Beziehung, wie erwähnt, noch weitgehend ungeklärt. Dabei haben sich hinsichtlich des Zusammenhanges und des Ranges beider Prinzipien, läßt man die vielen Schattierungen im einzelnen außer acht, zwei Richtungen herausgebildet:[8]

aa) Die erste Meinungsgruppe, die von FORSTHOFF[9] bis ZACHER[10] reicht, bestreitet die Qualität des Sozialstaatsprinzips als Verfassungsrechtssatz. Nach ihr ist das Sozialstaatspostulat entweder ein »substanzloser Blankettbegriff«[11] oder für die juristische Begriffsbildung unbrauchbar.[12] Man müsse daher »vom Sozialstaatsprinzip als einem Rechtsprinzip, vom Sozialstaat als einem der Verfassung zu entnehmenden Programm Abschied nehmen«.[13]

Rechtsstaat und Sozialstaat stellen nach FORSTHOFF eine Antinomie dar, die auf der Verfassungsebene unvereinbar ist.[14] Diese Antinomie müsse zugunsten des Rechtsstaates aufgelöst werden,[15] weil nur der Rechtsstaat Freiheit durch Ausgrenzung staatlicher Gewalt vom Kernbereich persönlicher Lebensgestaltung gewährleistet.[16] Für ZACHER ist der Sozialstaat nichts anderes als der gesellschaftliche Spannungsprozeß von »Erwartung und Erfüllung«.[17] Es sei, so meinte er, »an der Zeit, von der Erwartung Abstand zu nehmen, Verfassungsinterpretation ergebe den Sozialstaat. Den Sozialstaat zu definieren, ist ein politisches Geschäft. Und der Sozialstaat ist, der Politik überantwortet, dort auch in kräftigerem, ja, in den allein hinreichend kräftigeren Händen«.[18]

---

8 Zum einzelnen Standpunkt siehe die übersichtlichen Ausführungen vor allem bei K.-A. GERSTENMAIER, Die Sozialstaatsklausel des GG als Prüfungsmaßstab im Normenkontrollverfahren, Berlin 1975, S. 26 ff.; H. P. BULL, Die Staatsaufgaben nach dem GG, Frankfurt 1973, S. 169 ff.; D. SUHR, Rechtsstaatlichkeit und Sozialstaatlichkeit, in: Der Staat 9 (1970), S. 67 ff.
9 Vgl. E. FORSTHOFF, Begriff und Wesen des sozialen Rechtsstaates, VVDStRL 12, S. 8 ff.
10 Vgl. H. F. ZACHER, in: H. P. Ipsen – Festschrift (1977), S. 207 ff., auch, Der Sozialstaat als Prozeß, in: ZgS, Bd. 134 (1978), S. 15 ff.
11 So W. GREWE, Das bundesstaatliche System des Grundgesetzes, DRZ 1949, S. 349 ff. (351). Siehe auch, Der Begriff des „sozialen Staates" in der deutschen Verfassungsentwicklung, in: Der Arbeitgeber 1951, S. 39 ff.
12 Vgl. E. FORSTHOFF, a. a. O., z. B. S. 35
13 H. F. ZACHER, in: H. P. Ipsen – Festschrift (1977), S. 207 ff. (266).
14 Vgl. E. FORSTHOFF, a. a. O., z. B. S. 19, 29, 36; auch F. KLEIN, Bonner GG und Rechtsstaat, in: ZgS 106 (1950), S. 390 ff.
15 Vgl. E. FORSTHOFF, a. a. O., S. 14 und 34.
16 Vgl. E. FORSTHOFF, a. a. O., S. 18 und 35.
17 H. F. ZACHER, in: H. P. Ipsen – Festschrift (1977), insbes. S. 239 ff. (256), auch, ZgS, Bd. 134 (1978), S. 15 ff.
18 In: H. P. Ipsen – Festschrift (1977), S. 266.

Sicherlich haben diese Aussagen einiges für sich – aber sie sind vor allem im Ergebnis problematisch. Das Sozialstaatsprinzip aus der Kategorie der Verfassungsrechtssätze herauszunehmen, bedeutet eine der Sache nicht entsprechende Abwertung dieses Begriffs. Das Sozialstaatsprinzip ist jedenfalls heute als Verfassungsrechtssatz einzustufen.[19]

Versteht ZACHER, ausgehend von der anthropologischen Unmöglichkeit eines statischen Sozialstaates, den »Sozialstaat als Entwicklung«, als »einen permanenten Prozeß«[20] – Sozialstaat als »eben etwas Offenes, Unbestimmtes, nach Gegenstand und Entwicklung Endloses, das sich der Entfaltung und Festlegung in einem normativen System dem beharrenden Charakter und Anspruch einer Verfassung entzieht«,[21] dann hat er die soziologischen Momente materieller Voraussetzungen des Sozialstaates scharf gesehen. ZACHERS Schlußfolgerung jedoch, Sozialstaat sei letztlich Offenheit um der Zukunft willen, Prozeß um der Veränderbarkeit willen und der Sozialstaat könne sich nicht erfüllen, sondern nur verwandeln,[22] ist befremdlich. Sie ist es insbesondere deshalb, weil sie letzten Endes auf eine ewige Unmöglichkeit eines Verfassungsziels, auf ein ewiges Ideal eines Verfassungsprinzips, das nie verwirklicht werden könnte, hinausläuft. So ist das Problem von ZACHER zwar richtig gesehen, aber nicht richtig gelöst. Ein Sozialstaat in seinem Sinne wäre allenfalls eine Normalität, die sich jenseits von Normativität laufend verändert und die mit normativen Regelungen nicht »eingefangen« werden kann. Der Sozialstaat kennt danach keine normative Grenze, unterliegt keiner normativen Gestaltung – er ist allenfalls ein verfassungsrechtlicher Nomaden-»Staat«. Die Problematik dieser sozialpädagogischen Betrachtungsweise ZACHERS liegt vor allem darin, daß er der Denkfigur der »normativen Normalität« nicht genug Beachtung schenkt bzw. die soziologische »Normalität« einseitig überbewertet. Diese Denkweise ist schon deshalb fraglich, weil die soziologische Normalität der Sozialstaatlichkeit nicht immer als normative Normalität des Sozialstaatspostulates im grundgesetzlichen Sinne legitimiert werden kann. Manche Art von »Normalität« kann nämlich im Widerspruch zu verfassungsrechtlichen Sozialstaatsnormen und

---

19 Dies dürfte wohl die herrschende Auffassung sein. Vgl. etwa K. HESSE, Grundzüge des Verfassungsrechts der Bundesrepublik Deutschland, 10. Aufl. (1977), S. 86, bereits, Der Rechtsstaat im Verfassungssystem des Grundgesetzes, in: Festgabe für R. Smend zum 80. Geburtstag (1962), S. 71 ff. (S. 78 Anm. 27); E. R. HUBER, DÖV 1956, S. 200 ff. (200 f.), „Sozialstaatsprinzip ist als Verfassungsgrundsatz zugleich ein Rechtssatz"; I. v. MÜNCH, Der Beamte im sozialen Rechtsstaat, ZBR 1978, S. 125 ff. (126); K. STERN, Sozialstaat, in: EStL, 2. Aufl. (1975), Sp. 2402 (2412); F. OSSENBÜHL, Gutachten, in: Verhandlungen des 50. DJT (1974), Bd. 1, S. B 31; P. BADURA, Auftrag und Grenzen der Verwaltung im sozialen Rechtsstaat, DÖV 1968, S. 446 ff. (448), auch, Das Prinzip der sozialen Grundrechte und seine Verwirklichung im Recht der Bundesrepublik Deutschland, in: Der Staat 14 (1975), S. 17 ff. (34).
20 H. F. ZACHER, in: ZgS, Bd. 134 (1978), S. 15 ff. (35).
21 H. F. ZACHER, a. a. O., S. 16.
22 Vgl. a. a. O., S. 32.

-zielen stehen, unter denen die Sicherung der Möglichkeit für jeden, jederzeit seine Freiheit, soziale Integration und Selbstverwirklichung ungehindert durch persönliche Entfaltung und Leistung zu verfolgen, einen hohen Rang einnimmt. Auf dieser Grundlage einseitiger Überbetonung der Normalität läßt sich das »Kernproblem der Verfassungstheorie«,[23] nämlich die Einbeziehung von »Wirklichkeit« in die »Norm«, juristisch nicht lösen. ZACHERS These endloser Normalität führt so nicht zu einer Lösung des Problems, sondern zu einer Kapitulation des Normativen vor der Macht des Faktischen. Bei ZACHERS »wirklichkeitswissenschaftlicher Methode« HÄBERLE'SCHER Prägung[24] fehlt also jeder normative Ansatz, so daß sie einen beinahe beliebigen Umgang mit dem Verfassungstext erlaubt. Es kann jedoch nicht Sache des Verfassungsinterpreten sein, wirklichkeitswissenschaftlich ermittelte soziale Verhältnisse in den Verfassungstext hineinzulesen.

Die Übertragung der soziologischen Momente von der Sozialpsychologie auf die verfassungsrechtliche Dogmatik ist eine geistvolle Metapher; die Normativität der Sozialstaatsklausel rechtfertigt sie jedoch nicht. Als unzulässige Metabasis eis allo genos wird der Gedankengang ZACHERS abgelehnt werden müssen.

bb) Die zweite Gruppe von Interpretationen, die überwiegend vertretene Ansicht, beantwortet die Frage nach der Rechtsstellung des Sozialstaatsprinzips eindeutig: Als staatszielbestimmende »fundamentale Aussage«[25] habe es Verfassungsrang und stehe neben, wenn nicht über[26] dem Rechtsstaatsprinzip.[27]

---

23 R. SMEND, Verfassung und Verfassungsrecht, in: Staatsrechtliche Abhandlungen und andere Aufsätze, Berlin 1968, S. 119 ff. (188). H. HELLER, Staatslehre, 4. Aufl. (1970), S. 253, bezeichnet die Bestimmung des Verhältnisses von „Wirklichkeit" und „Norm", von „Normalität" und „Normativität" im Verfassungsrecht als „Grundproblem aller Rechts- und Staatssoziologie". Zu diesem Problem siehe ferner u. a. K. HESSE, Grenzen der Verfassungswandlung, in: Festschrift für U. Scheuner zum 70. Geburtstag (1973), S. 123 ff.; auch, P. LERCHE, Stiller Verfassungswandel als aktuelles Politikum, in: Festgabe für Th. Maunz zum 70. Geburtstag (1971), S. 285 ff.
24 Dazu vgl. P. HÄBERLE, Grundrechte im Leistungsstaat, VVDStRL 30, S. 43 ff. (z. B. 45).
25 So U. SCHEUNER, Staatszielbestimmungen, in: Festschrift für E. Forsthoff zum 70. Geburtstag (1972), S. 325 ff. (335 f.).
26 Vgl. W. ABENDROTH, zum Begriff des demokratischen und sozialen Rechtsstaates im GG der Bundesrepublik Deutschland, in: E. FORSTHOFF (Hrsg.), Rechtsstaatlichkeit und Sozialstaatlichkeit, Darmstadt 1968, S. 114 ff.
27 Repräsentanten dieser Meinungsgruppe sind u. a. O. BACHOF, Begriff und Wesen des sozialen Rechtsstaates, VVDStRL 12, S. 37 ff.; L. FRÖHLER, Die verfassungsrechtliche Grundlegung des sozialen Rechtsstaates in der Bundesrepublik Deutschland und in der Republik Österreich, München 1967, insbes. S. 7 ff. (28, 34, 55); E. FECHNER, Sozialer Rechtsstaat und Arbeitsrecht, RdA 1955, S. 161 ff. (164); E. R. HUBER, Rechtsstaat und Sozialstaat in der modernen Industriegesellschaft, in: E. FORSTHOFF (Hrsg.), Rechtsstaatlichkeit und Sozialstaatlichkeit, 1968, S. 589 ff. (590), auch bereits DÖV 1956, S. 200 ff. (201); TH. MAUNZ, Deutsches Staatsrecht, 21. Aufl. (1977), § 10 VI (S. 78); R. HERZOG, RdNr. 176 ff. (181) zu Art. 20 GG, in: M-D-H-S, GG-Kommentar (Stand: Juni 1978); K. HESSE, Grundzüge (a. a. O.), § 6 II 3 (S. 84 ff.), auch, in: Festgabe für R. Smend zum 80. Geburtstag (1962), S. 71 ff.; U. SCHEUNER, Die staatliche Intervention im Bereich der Wirtschaft, VVDStRL 11, S. 1 ff. (20 f.), auch bereits Grund-

Das Sozialstaatspostulat bedeutet, so FRIESENHAHN, »eine Verpflichtung für den Gesetzgeber und eine Auslegungsmaxime, welche eine einseitig individualistische Auslegung des Grundrechts ausschließt«.[28] Die Sozialstaatserklärung enthält nach BACHOF[29] die Entscheidung darüber, daß der Staat sozialordnungsgestaltend tätig werden soll, mit dem Ziel, soziale Gerechtigkeit herzustellen.[30] WERNER WEBER und LERCHE entnehmen der Sozialstaatsklausel eine Garantie des sozialstaatlichen Status-quo,[31] während HARTWICH einer entgegengesetzten Deutung den Vorzug gibt und von ihrer Deutung als »einer status-quo-angreifenden Gesellschaftskonzeption« ausgeht.[32]

Deutet man die Sozialstaatsklausel als »Auslegungsmaxime«,[33] als »Staatszielbestimmung«,[34] als »Garantie der Status-quo-Sicherung«,[35] als »Gebot der Status-quo-Änderung«[36] und als »sozialen Generalvorbehalt«,[37] charakterisiert man den

fragen des modernen Staates, in: Recht – Staat – Wirtschaft, Bd. 3 (1951), S. 126 ff. Ferner, Die neuere Entwicklung des Rechtsstaates in Deutschland, in: E. FORSTHOFF (Hrsg.), Rechtsstaatlichkeit und Sozialstaatlichkeit, 1968, S. 461 ff. (486 ff.); F. OSSENBÜHL, Verwaltungsvorschriften und GG, 1968, S. 234, auch, Gutachten, in: Verhandlungen des 50. DJT (1974), Bd. 1, S. B 149; G. LEIBHOLZ, Verfassungsrecht und Arbeitsrecht, in: A. HUECK/G. LEIBHOLZ, Zwei Vorträge zum Arbeitsrecht, 1960, S. 21 ff. (insbes. S. 32, 34, 39), auch, Strukturprobleme der modernen Demokratie, 3. Aufl., Karlsruhe 1967, S. 131; H. RIDDER, Zur verfassungsrechtlichen Stellung der Gewerkschaften im Sozialstaat nach dem GG für die Bundesrepublik Deutschland, Stuttgart 1960, insbes. S. 3–11; P. LERCHE, Übermaß und Verfassungsrecht, 1961, insbes. S. 230 ff. (231); W. WEBER, Die verfassungsrechtlichen Grenzen sozialstaatlicher Forderungen, in: Der Staat 4 (1965), S. 409 ff. (416); H. P. IPSEN, Über das Grundgesetz, 1950, S. 14 und 17; J. ISENSEE, Subsidiaritätsprinzip und Verfassungsrecht, Berlin 1968, S. 191 ff., 268 ff.; E. FRIESENHAHN, Die politischen Grundlagen im Bonner GG, in: Recht – Staat – Wirtschaft, Bd. 2 (1950), S. 164 ff.; WERNICKE, Anm. II 1 d zu Art. 20 GG, in: Bonner Kommentar (Stand: April 1978); v. MANGOLDT/KLEIN, Das Bonner GG, 2. Aufl. (1966), Bd. 1, S. 604 ff.; CH.-F. MENGER, Der Begriff des sozialen Rechtsstaates im Bonner GG, in: E. FORSTHOFF (Hrsg.), Rechtsstaatlichkeit und Sozialstaatlichkeit, 1968, S. 42 ff.; P. BADURA, DÖV 1968, S. 446 ff., auch, Der Staat 14 (1975), S. 17 ff.

28 E. FRIESENHAHN, a. a. O., S. 178 f.
29 Vgl. O. BACHOF, VVDStRL 12, S. 39 f.
30 Auf ähnlicher Linie befindet sich wohl auch CH.-F. MENGER, a. a. O., der Sozialstaat als „Gerechtigkeitsstaat" charakterisiert.
31 Vgl. P. LERCHE, Übermaß und Verfassungsrecht, insbes. S. 230 ff. (S. 231); W. WEBER, Der Staat 4 (1965), S. 409 ff. (S. 416).
32 Vgl. H.-H. HARTWICH, Der soziale Rechtsstaat – Motor erweiterter Mitbestimmung oder restriktive Bedingung der Gesellschaftsreform, in: Gewerkschaftliche Monatshefte, 1971, S. 577 ff. (592), auch, Sozialstaatspostulat und gesellschaftlicher Status quo, 2. Aufl. (1977), insbes. S. 344 ff.
33 So E. FRIESENHAHN, a. a. O.
34 So H. P. IPSEN, a. a. O., S. 14 und 17; auch, U. SCHEUNER, in: E. Forsthoff – Festschrift (1972), S. 335 f.
35 So P. LERCHE, a. a. O.; W. WEBER, a. a. O.
36 So H.-H. HARTWICH, a. a. O.
37 So E. R. HUBER, Wirtschaftsverwaltungsrecht, 2. Aufl. (1953), Bd. 1, S. 37.

Sozialstaat als »Gerechtigkeitsstaat«,[38] als »Steuerstaat«[39] und als »materiellen Verteilerstaat«,[40] so erkennen solche Auslegungen prinzipiell die Sozialstaatsklausel als Verfassungsrechtsprinzip an. Dabei sind jedoch Inhalt und Grenze des Sozialstaatspostulates durch derartige Deutungen nicht klar genug herausgestellt. So bestehen noch immer Meinungsverschiedenheiten über das Verhältnis zwischen Rechtsstaat und Sozialstaat und besonders auch darüber, wie man die Option des Grundgesetzes für den sozialen Staat eigenständig zu interpretieren hat, um das Szialstaatsprinzip zur vollen Wirksamkeit gelangen zu lassen. Diese fortdauernden Meinungsverschiedenheiten sind z. T. dadurch bedingt, daß man nicht genügend auf den Unterschied zwischen Inhalt und Grenze des Sozialstaates achtet. Man hätte mithin methodisch getrennt untersuchen müssen, was der Kerninhalt des Sozialstaates ist und wo die Grenze der Sozialstaatlichkeit liegt.

b) Lösungsdefizit in der verfassungsgerichtlichen Rechtsprechung

Auch das Bundesverfassungsgericht vermochte bisher nicht, die Unklarheiten über Inhalt und Grenze des Sozialstaatsprinzips zu beseitigen.[41] In der Tat gesteht das BVerfG selbst in einer neueren Entscheidung zu, daß »das Sozialstaatsprinzip in der verfassungsgerichtlichen Rechtsprechung, soweit es sich nicht um den Bereich der Sozialversicherung und des Sozialrechts im engeren Sinne handelt, noch ein Schattendasein führt«.[42]

Das BVerfG zeigte sich in den bisherigen Entscheidungen zum Sozialstaatsprinzip unberührt vom Streit über das formale Verhältnis von Rechtsstaat und Sozialstaat. Es spricht unbekümmert in unsystematischer Weise vom »sozialen Rechtsstaat«,[43] vom »Rechts- und Sozialstaatsprinzip«,[44] von »rechts- und sozialstaatlicher Demokratie«,[45] von »Sozialstaatlichkeit«[46] oder allein vom »Sozialstaatsprinzip«,[47] ohne aus den unterschiedlichen Formulierungen Konsequenzen abzu-

38 So CH.-F. MENGER, a. a. O.
39 So J. ISENSEE, Steuerstaat als Staatsform, in: H. P. Ipsen – Festschrift (1977), S. 409 ff.
40 So H. P. BULL, Die Staatsaufgaben nach dem GG, Frankfurt 1973, S. 176.
41 Nur fünf Entscheidungen des BVerfG beschäftigen sich ausführlich mit grundlegenden Argumenten unter bewußtem Rekurs auf das Sozialstaatspostulat. Dies sind: BVerfGE 5, 85; 10, 354; 27, 253; 29, 221; 33, 303. Dazu siehe die systematische Zusammenstellung der bundesverfassungsgerichtlichen Rechtsprechung zum Sozialstaatsprinzip etwa bei W. SCHREIBER, Das Sozialstaatsprinzip des GG in der Praxis der Rechtsprechung, Berlin 1972, S. 193 ff.; W. WEINHOLD, Die Rechtsprechung des Bundesverfassungsgerichts zum Sozialstaatsprinzip, Marburg 1977, S. 147 ff.
42 BVerfGE 32, 111 (139).
43 Etwa in: BVerfGE 1, 109 (111); 9, 20 (35); 19, 303 (319); 39, 302 (315).
44 Z. B. in: BVerfGE 14, 288 (296); 40, 65.
45 Z. B. in: BVerfGE 5, 85 (196, 353).
46 Etwa in: BVerfGE 4, 387 (389); 24, 155 (169); 32, 333 (334).
47 Etwa BVerfGE 33, 303 (331).

leiten. Formal stehen die beiden Verfassungsprinzipien nach der Judikatur des Bundesverfassungsgerichts letztlich gleichrangig nebeneinander.

Setzt das BVerfG auch rein sprachlich offenbar eine Gleichwertigkeit von Rechts- und Sozialstaatsprinzip voraus, so offenbart es doch eine erhebliche Unsicherheit bei der rechtstheoretischen Einordnung dieser fundamentalen Verfassungsaussagen: Einerseits erkennt das BVerfG den rechtsgrundsätzlichen Gerechtigkeitsgedanken als wesentliche Ausprägung des Sozialstaatspostulates an,[48] stattet es also mit primär ethisch-rechtlichen Wesenszügen aus; andererseits führt es aus, die »moderne sozialstaatliche Demokratie ... (bilde) das Strukturprinzip der sozialen und politischen Verhältnisse in der Bundesrepublik Deutschland«,[49] womit das Gericht dem Sozialstaatsprinzip ein dem Bereich der politischen Macht entspringendes Element essentieller Staatsformgestaltung zuweist, dem die Rechtsqualität einer »verfassungsgestaltenden Grundentscheidung« zuzusprechen wäre.

Seit kurzem scheint sich indes eine neue Entwicklungslinie anzubahnen: Es wird immer deutlicher, daß der Sozialstaatsklausel neue Konturen und mehr Gewicht gegeben werden sollen. Dies unterstreicht ein Sondervotum der Bundesverfassungsrichterin RUPP-V.-BRÜNNECK zu einer Rentenversicherungsentscheidung. Darin wird festgestellt, daß die »vergleichsweise Unbestimmtheit« des Sozialstaatsprinzips, das doch zu »den tragenden Verfassungsgrundsätzen« gehöre, auch daraus resultiere, daß die »mangelnde Berücksichtigung« dieses Prinzips durch das BVerfG eine nähere Erfassung und deutlichere Konturierung verhindert habe.[50]

Will das BVerfG die Sozialstaatsproblematik nicht noch zusätzlich durch sprachliche Ungereimtheiten erweitern, so ist zumindest eine vorsichtigere Begriffswahl bei Ausführungen über den Rechtscharakter dieses Verfassungsprinzips angezeigt.

2. Verfassungsrechtsdogmatische Überlegungen (eigene Lösungsansätze)

a) Sozialstaat als eine Bedingung der Freiheit
(Systemgerechtigkeit als instrumentale Grenze)

Schon nach der bisherigen skizzenhaften Bestandsaufnahme dürfte festgestellt werden können, daß die Mehrheit des Schrifttums und die bundesverfassungsgerichtliche Judikatur der Sozialstaatsklausel trotz ihres kärglichen positiven Gehalts den Rang eines unmittelbar wirksamen Verfassungsprinzips zuerkennen. Eine weitgehendere Klärung, insbesondere über den materiellen Gehalt des Sozialstaatspostulates, blieb jedoch bisher aus. Die derzeitige »Sozialinflation«[51] hängt mit

---

48 Vgl. BVerfGE 5, 85 (198).
49 BVerfGE 5, 85 (353).
50 Vgl. BVerfGE 36, 237 (247 (248 f.)).
51 V. MUTHESIUS, Das gefährliche Wort „sozial", in: Festschrift für H. Muthesius (1960), S. 299 ff. (302).

dieser fortdauernden Unklarheit über den Inhalt des Sozialstaatsprinzips eng zusammen; politische, wirtschaftliche und soziale Gruppen bedienen sich seiner trotz erheblich divergierender Ausgangspositionen und Absichten gleichsam als »Passepartout« zur Proklamation parteipolitischer Zielsetzungen[52] wie zur Begründung unterschiedlicher wirtschafts- und gesellschaftspolitischer Aussagen.

Es ist gerade das Anliegen neuerer Meinungen in der Literatur, den materiellen Gehalt des Sozialstaatsbegriffs stärker zur Geltung zu bringen. Über die bloß bewahrende Daseinsvorsorge hinaus, die die Relationen zwischen den verschiedenen Klassen und Schichten des Volkes nicht verändert, gewinnt die Auffassung an Boden, daß aus dem Sozialstaatsprinzip (auch in Verbindung mit dem Gleichheitssatz) eine Verpflichtung des Staates zum Ausgleich der unterschiedlichen sozialen Chancen folgt. So knüpft SUHR an seine Kritik der nur reaktiven Sozialstaatlichkeit die Forderung, »den Wurzeln der sozialen Probleme und Folgeprobleme auf die Spur zu kommen, um die Sozialordnung möglichst schon dort zu heilen«.[53] Er leitet daraus später ein »Verschärfungsverbot bei vermögensbedingtem Freiheitsvorsprung des Stärkeren und Freiheitsrückstand des Schwächeren« sowie ein »Milderungsgebot in Fällen einschneidender Auswirkungen eines vermögensbedingten Freiheitsrückstandes«[54] her.

In der Tat geht es beim Sozialstaat um die materiellen Voraussetzungen der Freiheit. Die Freiheit ist, anders als vielfach angenommen wird, auch in einem Sozialstaat kein Tabu. Die Freiheit ist dem Sozialstaat geradezu inhärent, denn er ist kein Selbstzweck. Er erhält und schafft Freiheitsräume und ermöglicht selbst erst die persönliche Entfaltung. Ohne Sozialstaat ist Freiheit, zumindest in der Gegenwart, nicht zu retten. Er stellt die materielle, insbesondere die ökonomische Basis dar, auf der sich Freiheit entfaltet. In diesem Sinne ist er eine *Bedingung der Freiheit*, ihr konstitutionelles Medium. Freiheit ist damit *der* Inhalt des Sozialstaates. Insofern verdeckt die konventionelle Fragestellung »mehr Sozialstaat *oder* mehr Freiheit«[55] den Kern des Verhältnisses von Freiheit und Sozialstaat. Diese Art der Fragestellung ist erst dann sinnvoll, wenn man zwischen Inhalt und Grenze des Sozialstaates unterscheidet und sozialstaatliche Instrumente von dem Inhalt des Sozialstaates getrennt betrachtet. Denn die Fragestellung bezieht sich, angesichts der freiheitlichen Prädisposition des Sozialstaates, mehr auf die Grenzziehung als auf die Inhaltsbestimmung des Sozialstaates. Zweifelsohne haben sozialstaatliche Instrumente ihre Legitimation darin, daß sie den Inhalt des Sozialstaates, also die Freiheit, sichern. Sozialstaatliche Instrumente, welcher Art auch immer, sind mit-

---

52 Vgl. nur etwa das „soziale Element" in den Parteibezeichnungen von SPD und CSU.
53 D. SUHR, Rechtsstaatlichkeit und Sozialstaatlichkeit, in: Der Staat 9 (1970), S. 67 ff. (77).
54 D. SUHR, a. a. O., S. 86.
55 Z. B. vgl. H. SCHELSKY, Systemüberwindung, Demokratisierung, Gewaltenteilung, München 1973, S. 47 ff., auch, Der selbständige und der betreute Mensch, Stuttgart 1976, S. 13 ff.; H. LAUFER, Der sozialisierte Mensch, Stuttgart 1977, S. 88 ff.

hin nur solange und soweit durch das Sozialstaatsprinzip legitimiert, als sie den Inhalt des Sozialstaates nicht schmälern. Die Grenze der Sozialstaatlichkeit liegt daher in diesem instrumentalen Bereich. Sie darf niemals mit dem freiheitlichen Inhalt des Sozialstaates verwechselt werden. Denn sie setzt gerade den Inhalt des Sozialstaates voraus, sie wird erwogen, um diesen Inhalt zu optimieren. Die Frage nach der Grenze der Sozialstaatlichkeit stellt sich auch deshalb, weil empirisch erwiesen ist, daß ein Maximum an Sozialstaat keineswegs ein Optimum an Freiheit bedeuten *muß*. Ein lähmendes Übermaß sozialstaatlicher Aktivität, sei es durch falsche Verteilungspolitik, sei es durch zu viel Reglementierung, kann die Gefahr heraufbeschwören, daß die Freiheit nicht mehr »die Freiheit auf individuelle Beliebigkeit« bleibt, sondern zu einer »kollektivistischen Freiheit auf Wohlstand«[56] entartet und mehr und mehr in kollektive Teilhaberechte umgewandelt wird.[57] Dies führt schließlich dann zu einer Bürokratisierung und Zentralisierung des gesellschaftlichen und politischen Lebens. Dadurch werden die privaten Freiheiten der Bürger immer stärker eingeengt. Es besteht derzeit ohnehin die akute Gefahr, daß die Sozialstaatsklausel »unkontrollierbaren politischen Assoziationen und Wunschträumen schutzlos preisgegeben«[58] wird. Bei der Handhabe sozialstaatlicher Instrumente muß man daher stets darauf bedacht sein, daß der Inhalt des Sozialstaates, der Freiheitswert der Bürger, nicht verloren geht. Nicht alle sozialstaatlichen Instrumente können vom verfassungsrechtlichen Sozialstaatsprinzip gedeckt sein. Auch eine noch so menschenfreundlich wirkende Verteilungspolitik, die sich für *das* sozialstaatliche Instrument angibt, kann unversehens eine »Systemüberwindung« zustandebringen, die ein mäßiges Versorgungsniveau mit dem Verlust persönlicher Freiheit aufs Unangenehmste verbinden würde. Ein Sozialstaat, der sich nicht als einen selbstzweckhaften Verteilerstaat, sondern als eine Bedingung, als ein Medium der Freiheit versteht, darf seine Verteilungspolitik nicht in dem Maße ausdehnen, daß sie letzten Endes nur freiheitsgefährdend wirken würde. Eine Verteilungspolitik als ein sozialstaatliches Instrument ist nur so lange und so weit durch das verfassungsrechtliche Sozialstaatsprinzip legitimiert, als sie sich an der Bedürftigkeit orientiert und die persönliche Freiheit nicht gefährdet. Andernfalls wird man kaum von der Hand weisen können, daß es sich hier in Wahrheit um eine selbstzweckhafte Institution handelt, die sich des Sozialstaates und damit auch der Freiheit schlechthin begeben hat. »Systemgerechte Sozialpolitik« als instrumentales Gebot der sozialstaatlichen Verfassungsrechtsordnung und »systeminadäquate Sozialpolitik« als Verletzung dieser Rechtsordnung erweisen sich somit primär als ein systemhomogener Denkvorgang, dem der sozialstaatsinhärente

---

56 W. Schmitt Glaeser, Diskussionsbeitrag, in: G. Stein (Hrsg.), Menschenrechte in Israel und Deutschland, Köln 1978, S. 149.
57 Mit Recht weist W. Schmitt Glaeser, VVDStRL 31 (1973), S. 179 ff. (252), darauf hin, daß „die Gewährleistungen personaler Freiheit durch ‚Freiheit in der Teilhabe' nicht *ersetzt*, sondern nur *ergänzt* werden können."
58 J. Isensee, AöR 102 (1977), S. 324 ff. (327).

Freiheitsgedanke zugrundeliegt. Grenzen der Sozialstaatlichkeit sind also in erster Linie eine sozialstaatsimmanente Denkfigur, während »rechtsstaatliche« Grenzen der Sozialstaatlichkeit, wäre solche Forderung überhaupt zulässig, nur eine supplementäre Denkfigur sein können. Das Sozialstaatsprinzip bildet nicht nur die Grundlage, sondern auch die Grenze der Sozialstaatlichkeit.[59] Die souveräne Gestaltungsgewalt des Sozialstaates endet an dieser Systemgerechtigkeit des Sozialstaatsprinzips. Die Systemgerechtigkeit des Sozialstaatsprinzips impliziert zweierlei Grenzen: eine ideelle und eine materielle. Die Systemgerechtigkeit des Sozialstaatsprinzips erfordert zunächst einmal die Achtung des ideellen Gehalts des Sozialstaates, nämlich der Freiheit, wovon bisher ausführlich die Rede war; sie gebietet ferner, von irreversiblen sozialpolitischen Maßnahmen tunlichst Abstand zu nehmen. Denn die ökonomischen Grenzen des Staatshaushaltes bilden zugleich die rechtlichen Grenzen für die sozialstaatlichen Leistungen. Die ökonomische Leistungsfähigkeit der Gesellschaft ist jedoch nicht unbegrenzt und obendrein manipulationsfest. Die Kapazität des Sozialprodukts liefert somit die materiellen Grenzen der Sozialstaatlichkeit. Verfassungsrechtlich dürfte es mithin relevant werden, wenn der Gesetzgeber des Sozialstaates, ohne daß ein Zwang zur direkten Entscheidung erkennbar wäre, auf probe- und schrittweises Vorgehen verzichtete.[60] Denn andernfalls droht die Gefahr, daß die irreversiblen Maßnahmen im Falle des Versagens politische Proteste und damit gesellschaftlichen Dissens und sogar eine Revolution herbeiführen: als Offenbarung der »sozialpsychologischen Schere zwischen Aspirationen und realen Zukunftserwartungen«.[61] Dies schadet aber gerade dem sozialen Frieden, damit dem demokratischen Konsens. Von einer systemgerechten Sozialpolitik kann infolgedessen nur dann gesprochen werden, wenn weder die ideellen noch die materiellen Grenzen des Sozialstaatsprinzips überschritten worden sind.

b) Sozialstaatspostulat als demokratierelevante Rechtsfigur

In der Denkfigur der Systemgerechtigkeit als Grenze der sozialstaatlichen Rechtsordnung zeigen sich die demokratierelevanten Züge des Sozialstaatspostulats. Das Bindeglied beider Verfassungsprinzipien ist dabei die Freiheit. Der Sozialstaat, als ein Medium der Freiheit, ist gleichsam die Grundlage der Demokratie; er fungiert mit seiner freiheitlichen Prädisposition als Grundlage der demokratischen Konsensbildung. Demokratie ohne Konsens ist unvorstellbar. Denn das demokratische Gemeinwesen ist gerade auf Konsens angewiesen, um die notwendige Einheit darzu-

---

59 Wohl auch J. ISENSEE, in: H. P. Ipsen – Festschrift (1977), S. 409 ff. (434).
60 Zu diesem Problemkomplex siehe vor allem P. LERCHE, Übermaß und Verfassungsrecht, Köln 1961, passim.
61 Dazu siehe M. JANOWITZ, Social control of the welfare state, Second printing, New York 1977, insbes. S. 72 ff.; JAMES C. DAVIES, Toward a theory of revolution, in: American Sociological Review, 1962, S. 5 ff.

stellen, ohne die Vielfalt zu unterdrücken. »Der Konsens erlangt in der Demokratie eine konstitutive Bedeutung, da die Demokratie sich auf Zustimmung und Mitwirkung aller Bürger gründet«.[62] »Konsens in diesem Sinne ist kein einmaliger Vorgang, sondern ein sich stets erneuerndes und fortdauerndes Element staatlicher Einheit«.[63] Die demokratische Konsensbildung ist ein Prozeß, der nur auf Freiheit beruhen kann. Dieser Prozeß bildet indes keinen Vorgang quantitativer Addition der Freiheit, sondern qualitativer Integration von Freiheitsrechten, denn Konsens zielt auf die demokratische Legitimität und der Inhalt dieser Legitimität liegt im Rechtswert der Freiheit.[64] So gesehen muß mit HELLER[65] die Erscheinung eines demokratischen Staates als politischer Prozeß, als eine Verwirklichung eines Wirkungszusammenhangs menschlichen Denkens und Handelns verstanden werden. Erst die Freiheit gibt dem Menschen die Möglichkeit zur Selbstverantwortung, zum Selbstdenken und zum Handeln aus eigener Einsicht und damit zur »Führung des Lebens in der Kontinuität des eigenen Wesens«.[66] Freiheit ist das dem Menschen eigentümlich-existentielle, weil wesensgemäße Recht. In der Demokratie kann Konsensbildung so nur auf dem Boden der Freiheit erfolgen. Die sozialstaatliche Gestaltung politischer Einheit ist deshalb das wirksamste Mittel, mit dem die demokratischen Lebensbedingungen, die stets auch freiheitliche und ökonomische Dimension haben, gesichert und verbessert werden können. Man kann beinahe von einem die Demokratie legitimierenden Konsensstifter sozialstaatlicher Gestaltung sprechen. In einer sozialstaatlich gearteten Demokratie ist geboten, nicht Konsens als Resultante gesellschaftlicher Prozesse vorauszusetzen, sondern auch durch rechtliche Ausgestaltung sozialer Strukturen Konsens zu stiften.

Der Denkvorgang dieser Logik ist evident: Ein Sozialstaat rechtfertigt sich nur um der Freiheit willen. Denn »Staatlichkeit erwächst aus der Betätigung der persönlichen Freiheit aller Bürger«.[67] Der Sinn einer Verfassung ist daher gerechte Ordnung freier Menschen. Das Postulat der Freiheit, als Ausdruck des würdigen Menschen, hat denknotwendig von der Verschiedenartigkeit der Menschen auszugehen. Das Freiheitspostulat ist auf die eigengeartete (auch insbesondere geistige) Entfaltung der Persönlichkeit gerichtet. Der Sozialstaat erhält und schafft Freiheitsräume und ermöglicht erst diese persönliche Entfaltung. Im gegenwärtigen ökonomischen Stadium ist die Freiheit ohne Sozialstaat nicht zu realisieren. Freiheit bedarf eben ökonomischer Grundlage, auf der sie sich entfaltet. In einem demokratisch gearteten Sozialstaat fungiert die Freiheit als Grundlage der

---

62 U. SCHEUNER, Konsens und Pluralismus als verfassungsrechtliches Problem, in: Jacobs (Hrsg.), Rechtsgeltung und Konsens, Berlin 1976, S. 33 ff. (67).
63 U. SCHEUNER, a. a. O.
64 So die Integrationslehre von R. SMEND, siehe dazu R. SMEND, Verfassung und Verfassungsrecht, in: Staatsrechtliche Abhandlungen und andere Aufsätze, Berlin 1968, S. 119 ff.; auch, Das Recht der freien Meinungsäußerung, VVDStRL 4 (1927), S. 44 ff.
65 Vgl. Staatslehre, 4. Aufl. (1970), S. 228 ff.
66 K. JASPERS, Einführung in die Philosophie, München 1953, S. 66.
67 J. ISENSEE, Subsidiaritätsprinzip und Verfassungsrecht, Berlin 1968, S. 271.

Konsensbildung; ohne den Konsens vermag eine Demokratie nicht zu funktionieren. Der Sozialstaat verhält sich also zum Funktionieren der Demokratie unentbehrlich. Das Sozialstaatspostulat ist damit nicht nur eine freiheitsrelevante, sondern auch eine demokratierelevante Rechtsfigur. Die Begriffskombination »soziale Demokratie« ist zwar in dieser Form im Grundgesetz nicht ausdrücklich vorzufinden, sie ist dennoch Verfassungswirklichkeit. Dabei darf dahingestellt bleiben, ob dieser Wortkombination a priori eine eingebaute Tendenz zum Egalitär-Sozialen innewohnt.[68] Von Bedeutung wäre in diesem Zusammenhang allein die rechtliche Tatsache, daß der Demokratiebezug des Sozialstaates derart evident ist, daß man den engen Zusammenhang zwischen beiden Verfassungsprinzipien nicht mehr leugnen kann.[69]

c) Grenzen der Sozialstaatlichkeit als Problem der Systemhomogenität

Das Resultat bisheriger Überlegungen liegt auf der Hand: Freiheit, Sozialstaatlichkeit und Demokratie stellen keine Aporie, sondern akkurat eine apodiktische Interdependenz dar. Folgt man weiterhin diesem gedanklichen Duktus, dann erscheint es geboten, daß eingefahrene Denkgewohnheiten bezüglich dezidierter Wertungen und Prioritätsfeststellungen der Rechtsstaatlichkeit und Sozialstaatlichkeit endgültig überwunden werden müssen. Ausgehend von einer vermeintlichen Annahme, daß ein Maximum an Rechtsstaatlichkeit automatisch ein Optimum an Freiheit bedeute, während Sozialstaatlichkeit primär auf die Optimierung der Gleichheit – daher auf die Minderung der Freiheit – ziele, pflegt man im allgemeinen zu argumentieren: »Gleichheit in Freiheit« und nicht »Gleichheit statt Freiheit«.[70] Dabei wird regelmäßig übersehen, daß Rechtsstaat und Sozialstaat gleichermaßen das konstitutionelle Medium der Freiheit sind. Während es beim Rechtsstaat um eine institutionelle Garantie der Freiheit geht, handelt es sich beim Sozialstaat um materielle Voraussetzungen der Freiheit. Der einzige Unterschied dieser beiden Interdependenzen wäre der, daß die institutionelle Garantie der Freiheit eine statische Größe darstellt, während materielle Voraussetzungen der Freiheit je nach der ökonomischen Entwicklung dynamisch wandelbar (veränderbar) wären. Ferner sollte man die Spannungen zwischen Freiheit und Gleichheit nicht dramatisieren.[71] Freiheit und Gleichheit widersprechen sich nicht, heben einander nicht auf: nicht nur als Dogmen, sondern auch in der Wirklichkeit; eine Paarung von Freiheit und Gleichheit ist heute zu verwirklichen. Denn »die

---

68 So aber H. F. ZACHER, in: H. P. Ipsen – Festschrift (1977), a. a. O., S. 222.
69 Soweit ersichtlich, ist dieser Zusammenhang zuerst von J. A. SCHUMPETER, Kapitalismus, Sozialismus und Demokratie, 2. Aufl. 1950, S. 373 ff. und 376 ff., gesehen.
70 Vgl. z. B. R. HERZOG, RdNr. 195 zu Art. 20 Abs. 1 GG, in: M-D-H-S, GG-Kommentar (Stand: Juni 1978).
71 So auch G. DÜRIG, RdNr. 6 zu Art. 3 Abs. 1 GG, ferner RdNr. 120 ff. zu Art. 3 Abs. 1 GG, in: M-D-H-S, GG-Kommentar (Stand: Juni 1978).

Gleichheit ist kein Wert an sich«,⁷² während »Freiheit das dem Menschen eigentümlich-existentielle Recht (Existenzfunktion) ist«. »Gleichheit ist demgegenüber« nur »das notwendige Recht, um jedem die gleiche, seiner Persönlichkeit angemessene Möglichkeit der Entfaltung zu geben, also gleiche Freiheit zu sichern (Absicherungsfunktion)«.⁷³ »Auf dieser elementaren Basis gibt es keine Friktion zwischen Freiheit und Gleichheit, und in ihrem so verstandenen Wesensgehalt sind sie beide absolut geschützt«; es besteht, um mit DÜRIG zu sprechen, »Freiheitsgleichheit« bzw. »Gleichheitsfreiheit«.⁷⁴ Außerdem »kann sich ein Gemeinwesen, das den Menschen in den Mittelpunkt seiner Verfassungsordnung stellt, nur für die ›Präponderanz der Freiheit‹⁷⁵ entscheiden; denn ansonsten wäre jeder Zustand schon dann gut oder gerecht, wenn er nur gleich ist (z. B. alle gleich rechtlos, gleich arm usw.). Gleichheit gewinnt ihren Wert erst in Verbindung mit der Freiheit, indem sie wegen der notwendig gleichen Freiheit der Freiheit des einen um der Freiheit des anderen willen ein Maß setzt. In diesem Sinne hat sich die Gleichheit an der Freiheit zu orientieren und nicht umgekehrt«.⁷⁶

Das Rechtsstaatsprinzip mit der Fülle seines Inhalts vermag im grundgesetzlichen Verfassungssystem keineswegs die alleinige Gewähr für die Freiheit zu bieten. Die Antwort auf die Frage nach der Grenze der Sozialstaatlichkeit kann mithin nicht allein im Rechtsstaatsprinzip gesucht werden. »Es ist«, nach BADURA, »eine typische Schwäche der deutschen Staatsrechtslehre, daß sie sich für den Schutz individueller Freiheit zu sehr auf einen entpolitisiert verstandenen Rechtsstaat verläßt«.⁷⁷ Für die dezidierten Deutungen der Rechtsstaatlichkeit und Sozialstaatlichkeit soll daher die Verfahrensregel der »praktischen Konkordanz«⁷⁸ mit dem Ziel einer Optimierung der beiden Prinzipien inhärenten Freiheit herangezogen werden.⁷⁹ Auf jeden Fall muß die literarische Diskussion aus dem Rahmen herkömmlicher Denkansätze heraustreten, um das endlose Gerede über den sozialen Rechtsstaat in ein systemgerechtes Handlungsmodell zu überführen. Es müssen neue Denkanstöße für die Sozialpolitik gefunden werden, damit freiheitsgefährdender Sozialpolitik ein für allemal ein Ende gesetzt werden kann. Man versucht ohnehin seit kurzem,⁸⁰ den Standort des Rechtsstaatsprinzips neu zu orientieren und auf diese Weise von dem heute grassierenden Normativismus abzuwenden und die Grenzen der Wirksamkeit des Rechtsstaates, des Normativis-

---

72 DÜRIG, RdNr. 135 zu Art. 3 Abs. 1 GG, in: a. a. O.
73 DÜRIG, ebenda.
74 DÜRIG, RdNr. 134 zu Art. 3 Abs. 1 GG, in: a. a. O.
75 DÜRIG, RdNr. 135 zu Art. 3 Abs. 1 GG, in: a. a. O.; auch das BVerfG spricht, in: BVerfGE 13, 97 (105), vom „grundsätzlichen Vorrang des Freiheitsrechts".
76 DÜRIG, RdNr. 137 f. zu Art. 3 Abs. 1 GG, in: a. a. O.
77 P. BADURA, DÖV 1968, S. 446 ff. (455).
78 Siehe dazu K. HESSE, Grundzüge (a. a. O.), S. 28 f.
79 Auch so R. HERZOG, RdNr. 37 zu Art. 20 GG, in: a. a. O.
80 Vgl. etwa W. LEISNER, Rechtsstaat – Ein Widerspruch in sich?, JZ 1977, S. 537 ff.

mus zu bestimmen. »Die Aufgabe des Rechtsstaates ist es nicht«, so LEISNER, »alles zu normieren, sondern zu erkennen, was normierbar ist«.[81] Denn ein Maximum an Gesetzlichkeit bedeutet keineswegs ein Optimum an Freiheit. Die Zeit, in der man Vertrauen über Gesetze und Verordnungen zu suchen und Freiheit in Gesetzen und Verordnungen zu sehen hat, scheint endgültig vorbei zu sein. Die zügellose Rechtsstaatlichkeit wirkt genauso freiheitsgefährdend wie die sozialstaatsinadäquate Sozialpolitik. Steht somit fest, daß weder Rechtsstaatlichkeit noch Sozialstaatlichkeit imstande sind, eine absolute Gewähr für die Freiheit zu leisten, so dürften die Grenzen der Rechtsstaatlichkeit und Sozialstaatlichkeit jeweils in ihrem eigenen System gesucht werden müssen. Beide Verfassungsprinzipien – das Sozialstaats- und das Rechtsstaatsprinzip – bilden nicht nur die Grundlage einer bestimmten Rechtsordnung, sondern sie implizieren gleichfalls auch die Grenze dieser Rechtsordnung. Die Systemgerechtigkeit als Grenze jeder Rechtsordnung ist so primär ein Problem der Systemhomogenität. Grund genug, immer wieder für die Systemgerechtigkeit und Systemadäquatheit zu plädieren.

IV. Schlußbetrachtung

Leider muß aber festgestellt werden, daß wir sowohl im rechtsstaatlichen als auch im sozialstaatlichen Bereich unversehens eine Systemüberwindung, die die Grenze des Tolerierbaren bereits überschritten hat, zustandegebracht haben: Gesetzesdikkicht, Undurchschaubarkeit, Ineffizienz und Vertrauensschwund dort und systemuntaugliche Umverteilungspolitik und leistungsfeindliche Steuerpolitik hier, um paradigmatisch nur einige typische Phänomene zu nennen. Es würde hier zu weit führen, diesen Entwicklungen im einzelnen nachzugehen. Es soll aber wenigstens noch erwähnt werden, daß bis jetzt, soweit ersichtlich, noch keine geeigneten Instrumente gefunden worden sind, die sozialstaatsadäquate Entwicklung des Sozialstaatsprinzips herbeizuführen und das Funktionieren des Rechtsstaates als System fördern könnten. Daß wir sie noch nicht besitzen, heißt aber nicht, daß es sie nicht gibt. Solche systemgerechte Instrumente neu zu erforschen, wäre primär eine Aufgabe der Finanz- und Wirtschaftswissenschaften. Außerdem ist es das hohe Privileg und zugleich die verantwortungsvolle Pflicht der demokratisch gewählten Exekutive und Legislative, einen Ausgleich zu schaffen zwischen dem objektiv Richtigen und Möglichen und dem subjektiv Gewollten. Dabei sollte als Leitidee gelten: Libertas populi suprema lex. Ungerechtes duldet der Sozialstaat nicht, Unmögliches schuldet auch der Sozialstaat nicht.

---

81 W. LEISNER, a. a. O., S. 542.

Leitsätze des Berichterstatters über Rechtsstaatliche Grenzen der Sozialstaatlichkeit?

I. Einleitung

1. Der Bericht behandelt lediglich die verfassungsrechtliche Problematik der Sozialstaatsklausel im GG der Bundesrepublik Deutschland. Auf eine rechtsvergleichende Untersuchung wird bewußt verzichtet, da die Gestaltung des Sozialstaates und die Wirkungsart der Rechtsstaatsnorm in besonderem Maße national bedingt sind. Die rechtsvergleichende Dimension dürfte sich also auf diesem Themengebiet geradezu als unfruchtbar erweisen.

2. Diese Einsicht ist noch durch das Empirem gefestigt, daß eine Sozialstaatsklausel in einer Verfassung keinen klaren Indizwert für Niveau und Dichte der Sozialpolitik eines Landes hat.

II. Das Problem

3. Die Bundesrepublik Deutschland gehört zu den wenigen Ländern, die normativ wie faktisch einen Platz für den Sozialstaat vorhalten. Systemgerechte Sozialstaatskonzeptionen sind jedoch auch in der Bundesrepublik Deutschland nicht über Ansätze hinausgekommen.

4. Im gegenwärtigen Stadium der sozialstaatlichen Entwicklung der Bundesrepublik Deutschland geht es um Klärung der Fragen, ob die im GG geschützten Freiheitsrechte des Bürgers mehr und mehr in kollektivistische Freiheit auf Wohlstand, in kollektive Teilhaberechte umgewandelt werden dürfen, auch ob das Sozialstaatspostulat notwendig eine Bürokratisierung und Zentralisierung des gesellschaftlichen und politischen Lebens bedingt und dadurch die privaten Freiheiten der Bürger immer stärker eingeengt werden.

III. Freiheit und Sozialstaatlichkeit – eine Aporie?

5. a) Die bisherigen Auseinandersetzungen über das Verhältnis zwischen der Rechtsstaatlichkeit und Sozialstaatlichkeit basieren auf einer falschen Vorstellung über den Sozialstaat. Nach ihr ist der Sozialstaat regelmäßig freiheitsgefährdend, während der Rechtsstaat immer mit Freiheit Hand in Hand geht.

b) Diese eingefahrenen Denkgewohnheiten müssen schon deshalb überwunden werden, weil sie nicht genügend auf den Unterschied zwischen Inhalt und Grenze des Sozialstaates achten.

6. Auch das BVerfG vermochte bisher nicht, die Unklarheiten über Inhalt und Grenze des Sozialstaatsprinzips zu beseitigen. Will das BVerfG die Sozialstaatsproblematik nicht

noch zusätzlich um sprachliche Ungereimtheiten erweitern, so ist ihm zumindest eine disziplinriertere Begriffswahl bei Ausführungen über den Rechtscharakter eines Verfassungsprinzips anzuraten.

7. Der neuerdings von ZACHER unternommene Versuch, den Sozialstaat asl Prozeß zu charakterisieren und das Sozialstaatsprinzip aus der Kategorie der Verfassungsrechtssätze herauszunehmen, bedeutet eine der Sache nicht entsprechende Abwertung dieses Begriffes. Das Sozialstaatsprinzip ist jedenfalls heute als Verfassungsrechtssatz einzustufen. ZACHERS These ist inbeondere dehalb befremdlich, weil ie letzten Endes auf ein ewiges Ideal eines Verfassungsprinzips hinausläuft, das nie verwirklicht werden könnte. Ein Sozialstaat in seinem Sinne wäre allenfalls eine Normalität, die sich jenseits von Normativität laufend verändert und die mit normativen Regelungen nicht »eingefangen« werden kann. Der Sozialstaat kennt danach keine normative Grenze, unterliegt keiner normativen Gestaltung. Tatsächlich kann aber die soziologische Normalität der Sozialstaatlichkeit nicht immer als normative Normalität des Sozialstaatspostulates legitimiert werden.

8. a) Sozialstaat und Freiheit sind genauso interdependent wie Rechtsstaat und Freiheit. Rechtsstaat und Sozialstaat sind gleichsam das konstitutionelle Medium der Freiheit. Die Freiheit ist dem Sozialstaat geradezu inhärent, denn er ist kein Selbstzweck. Er stellt die materielle Basis dar, auf der sich Freiheit entfaltet. In diesem Sinne ist er eine Bedingung der Freiheit. Freiheit ist damit *der* Inhalt des Sozialstaates. Insofern verdeckt die konventionelle Fragestellung »Mehr Sozialstaat *oder* mehr Freiheit« den Kern des Verhältnisses von Freiheit und Sozialstaat.

b) Eine Verteilungspolitik als ein sozialstaatliches Instrument ist nur so lange und so weit durch das Sozialstaatsprinzip legitimiert, als sie sich an der Bedürftigkeit orientiert und den Inhalt des Sozialstaates nicht schmälert. Die Grenze der Sozialstaatlichkeit liegt daher in diesem instrumentalen Bereich. Die Frage nach der Grenze der Sozialstaatlichkeit stellt sich auch deshalb, weil es sich empirisch herausstellt, daß ein Maximum von Sozialstaat keineswegs ein Optimum an Freiheit bedeuten muß.

9. a) Die Antwort auf die Frage nach der Grenze der Sozialstaatlichkeit kann indes nicht allein im Rechtsstaatsprinzip gesucht werden, denn die zügellose Rechtsstaatlichkeit wirkt genauso freiheitsgefährdend wie die sozialstaatsinadäquate Sozialpolitik. Ein Maximum an Rechtsstaatlichkeit gewährleistet keineswegs ein Optimum an Freiheit.

b) Beide Verfassungsprinzipien – das Sozialstaats- und das Rechtsstaatsprinzip – bilden nicht nur die Grundlage einer bestimmten Rechtsordnung, sondern sie implizieren gleichfalls auch die Grenze dieser Rechtsordnung. Die Systemgerechtigkeit als Grenze jeder Rechtsordnung ist so primär ein systemhomogener Denkvorgang.

10. a) Das Sozialstaatspostulat ist nicht nur eine freiheitsrelevante, sondern auch eine demokratierelevante Rechtsfigur. Denn in einem demokratisch gearteten Sozialstaat fungiert die Freiheit als Grundlage der Konsensbildung. Die Begriffskombination »Soziale Demokratie« ist zwar im GG nicht vorzufinden, sie ist dennoch Verfassungswirklichkeit.

b) Freiheit, Sozialstaatlichkeit und Demokratie stellen keine Aporie, sondern eine apodiktische Interdependenz dar.

IV. Schlußbetrachtung

11. Eine Systemüberwindung, die die Grenze des Tolerierbaren bereits überschritten hat, wäre sowohl im rechtsstaatlichen als auch im sozialstaatlichen Bereich festzustellen. Systemgerechte Instrumente im Sozialstaatsbereich neu zu erforschen, wäre primär eine Aufgabe der Finanz- und Wirtschaftswissenschaften. Außerdem ist es das Privileg und zugleich die verantwortungsvolle Pflicht der demokratisch gewählten Exekutive und Legislative, einen Ausgleich zu schaffen zwischen dem objektiv Richtigen und Möglichen und dem subjektiv Gewollten.

Jüngste Entwicklungen in den afrikanischen Rechtsordnungen

Etienne-Richard Mbaya, Zaire

Die Kürzung auf dem Gebiet des Rechts bei verschiedenen afrikanischen Rechtsfamilien auf ein einziges Recht rührt aus der Tatsache her, daß man oft auf die afrikanischen Gesellschaften weitverbreitete Vorstellungen angewandt hat, angefangen bei sozial-wirtschaftlichen Ideen und Strukturen, die fremd für Afrika sind.

Sich so von der historischen Analyse der afrikanischen Gesellschaften und ihrer Verschiedenartigkeit abwendend, neigte diese Auffassung dazu, einerseits das Fehlen von Veränderungen und andererseits die zweigeteilte Vorstellung von Gesellschaften, die traditionell genannt wurden, und von Gesellschaften, die historisch genannt wurden, zu rechtfertigen.

Manche Leute haben den Begriff des Rechts mit jenem des souveränen Staates verbunden, obwohl doch dieser nur die Form der am meisten organisierten politischen Gesellschaft ist. Folglich hatten die alten politischen afrikanischen Gesellschaften nicht alle jenes gleiche Stadium des Staates erreicht im heute üblichen Sinn. In der Tat, wenn man das Recht als sozialen Faktor bestimmt, muß man dabei jede ausländische philosophische Stellungnahme vermeiden und jede Lehrenaufstellung über eine besondere Rechtssituation, die an einen bestimmten Typ von globaler Gesellschaft, Struktur oder Gruppe gebunden ist.

Bevor wir auf die letzten Veränderungen in den Rechtslehren des unabhängigen schwarzen Afrika zu sprechen kommen, müssen wir zuerst schematisch die beiden vorangegangenen Epochen charakterisieren: den Ursprung der afrikanischen Rechtsformen und die Kolonialzeit.

A) Ursprünglich wiesen die meisten Rechtsformen des schwarzen Afrika vor allem die folgenden gemeinsamen Charakteristika auf:
- die afrikanischen Rechtsformen sind bäuerlich, denn sie sind der Ausdruck einer landwirtschaftlichen Zivilisation;
- die afrikanischen Gesellschaften sind von Natur her Gemeinschaftsstrukturen, in denen sich das Individuum und die Gruppe ergänzen;
- sie sind mündlich überliefert, da sie im Innern der mündlichen Tradition liegen und in den Sitten;

– und schließlich enthüllen sie etwas Heiliges, wie alles, was von Gesellschaften hervorgebracht wird, in denen das Individuum sowohl mit der Welt der Lebenden wie auch mit jener der Toten verbunden ist.

B) Bei der Kolonisation sind zwei entgegengesetzte Welten aufeinandergetroffen. Und wie man sie auch immer formulieren mag (Kolonie, Protektorat, Eingliederung, internationale Bevormundung...), die afrikanischen Länder wurden dadurch in eine Abhängigkeitslage gebracht, und als Folge davon hörten ihre Rechtsformen auf, autonome Rechte zu sein. Die Schöpfung, selbst der Rechtsform, wurde so der ausländischen Autorität vorbehalten, deren Normen, juristische Beziehungen sowie Rechtsquellen wenig Verbindung – um nicht zu sagen überhaupt keine – mit den afrikanischen Notwendigkeiten hatten.

Die Veränderungen, die sich aus den Unabhängigkeiten ergaben

Die Epoche der Unabhängigkeiten wird allgemein charakterisiert als Epoche der allumfassenden Kritik am Kolonialsystem, was eine Umwandlung der Vorstellungen und Methoden des alten Systems voraussetzt. Auf dem Gebiet des Rechts jedoch, so scheint es, wird die Entwicklung, die sich im Lauf der Kolonisation ergeben hat, fortgesetzt. Sonst hätten die neuen afrikanischen Dirigenten nicht in den meisten Fällen den Wunsch geäußert, diese Entwicklung zu vervollkommnen.

Die Unabhängigkeit hat so eine neue Situation geschaffen, die für Veränderungen vorteilhaft ist. Denn im Wortlaut der Verfassungen haben einige neue Staaten nicht an eine Rehabilitierung der Sitten und Gebräuche gedacht, während andere wenigstens deren moralischen Wert bestätigt haben. Wenn man auch bis heute gezögert hat, definitiv Stellung zu nehmen zugunsten der einen oder der anderen Idee, der afrikanischen oder der westlichen, so hat doch die Bereitschaft, gegen die angewachsenen Ungleichheiten zu kämpfen, eine große Reformbewegung auf dem Gebiet des Rechts hervorgebracht und hat die Vereinigung der Rechtsformen auf nationalem Gebiet notwendig gemacht.

Allgemein gesehen haben die Verfassungen der neuen afrikanischen Staaten einige fundamentale Charakteristika gemeinsam. Und die meistgeäußerten unter ihnen können wie folgt definiert werden:

– Die Epoche ihrer Geburt.

Die ersten schriftlichen afrikanischen Verfassungen wurden vor der Unabhängigkeit verbreitet, d. h. zu einer Zeit, wo die Übernahme eines bestimmten Typs von Verfassung für die koloniale Metropole ein Mittel war, den Staat in einer sozialen Ordnung zu halten, von der angenommen wurde, daß sie fähig war, das Weiterleben dieses Staates zu sichern, ohne jede Veränderungen. Die alten britischen Kolonien besaßen auch geschriebene Verfassungen, die ganz anders waren als jene ihrer alten Kolonialmetropole. In diesem Fall hat die Ausarbeitung einer Verfassung zum Ziel, für den Gebrauch durch die Afrikaner schriftlich die Regeln des konstitutionellen englischen Systems festzulegen, dieses Modell zu konstruieren oder klarzustellen. Das ist der Grund, warum die Afrikaner sich beeilen, wenn sie einmal unabhängig und Herr ihrer politischen Wahlen sind, dieses Gesetze zu verändern, die in nichts ihrer tiefen Wirklichkeit entsprechen.

— Die vorherrschende Rolle der neokolonialen oder nationalen Exekutiv-, Zivil- oder Militärbehörden.

Im demokratischen Leben dieser Länder haben die Nationalversammlungen, so sie existieren, nur eine zweitrangige Rolle. Vor kurzem ist die Macht der Parlamente noch mehr verringert worden durch die Geburt neuer politischer Parteien, da die gleiche Person, die die frühere Partei leitet, auch die Exekutiv-, Verwaltungs- und Militärinstitution kontrolliert und so die gesetzgebende Gewalt in eine Pseudo-Macht umwandelt. Daher existieren die Gesetze entweder, sind aber ohne Wirkung, oder sie werden ganz einfach durch Dekrets ersetzt.

— Das Fehlen einer klaren Definition einer speziell afrikanischen Perspektive, wo die Themen der Unabhängigkeit, Einigkeit, Entwicklung usw. üblich werden.

In der Tat sind die Institutionen der neuen politischen Regime in Afrika nicht nach einer genauen, schon dagewesenen Ideologie gebildet worden. Die antikoloniale Doktrin lief nur auf ein Resultat hinaus: die Machtübernahme der Staaten. Man befand sich also schon im Räderwerk der Institutionen, und erst danach hat man in verschiedenen Fällen die Suche nach einer Doktrin, die eng mit der politischen Aktion verbunden ist, weiterführen können.

Dieses Nichtvorhandensein erklärt sich durch das Fehlen einer politischen afrikanischen Ideologie, die verbindend und allgemein war, durch das Fehlen einer vorrangigen Leitlinie bei der Institutionalisierung der politischen Macht. Folglich hat jeder Staatschef die Möglichkeit, eine Doktrin auszuarbeiten, um seine politische Aktion zu rechtfertigen. Deshalb sind die gegenwärtigen Ideologien, zu denen sich die afrikanischen Staatsmänner öffentlich bekennen, persönliche Ideologien, und zwar aus zwei Gründen: einerseits durchdringen sie nicht die Volksmassen; andererseits gibt ihre Unanwendbarkeit, hervorgerufen durch die Bemühung der Afrikanisierung, diesen Doktrinen ein besonderes Gesicht, was sie von den Originalquellen entfernt.

— Das Fehlen eines Entwicklungsmodells, das fähig ist, den wachsenden Bedürfnissen in Afrika zu entsprechen.

Um sie lösen zu können, müssen die afrikanischen Probleme einen eigenen Bezugsrahmen haben. Nun haben aber bis heute die politischen afrikanischen Chefs sich damit begnügt, die ausländischen Entwicklungsmodelle auf ihre Wirklichkeit anzuwenden, anstatt neue Modelle einzuführen. Es muß jedoch gesagt werden, daß dies oft durch den Druck der weltweiten Wirtschaftsgesetze geschah.

Ich schlage deshalb vor, daß der wirtschaftliche Gesichtspunkt vereinfacht werden muß. Nur das, was wirklich wichtig ist, soll beibehalten und im Gesetz verankert oder innerhalb der Grenzen des Gesetzes ausgedrückt werden. Auch die Nichtdefinition der auf sich selbst bezogenen Bedingungen gestattet der Gesellschaft, sich zu wandeln, und daß während dieses Entwicklungsprozesses selbst die Orientierung der Ziele geändert werden kann, ist eines der Charakteristika der politischen und konstitutionell afrikanischen Systeme.

Zuerst einmal sind auf kulturellem Gebiet der Persönlichkeitsverlust und die Entfremdung solchermaßen vollkommen, daß selbst der »Kader« nur als ein Bastardelement erscheint, voller Komplexe und unfähig, den Platz einzunehmen, der ihm im Kampf um die Entwicklung zukommt.

Auf sozial-wirtschaftlichem Gebiet zeigen die Arbeitslosigkeit der Erwachsenen und die Unterbeschäftigung der jungen Leute und Frauen den niedrigsten Status im Rahmen der Menschenrechte an. Die Wenigen, die Arbeit haben, machen nur die ausländischen Industrien reich für ein lächerliches Gehalt. Für sie alle zählt das Sichsattessen schon zum Luxus.

Jeder gesteht deshalb ein, daß man die Strukturen umändern muß. Ohne Definition wird dies jedoch ein gängiger Slogan, wie er Mode geworden ist. Jene, die es wagen, gewisse Modelle einzuführen, »vergessen« sie zu analysieren. Jene, die daran denken, die Bedingungen zu erklären, verwechseln die Haupt- und Nebensachen... Um aus dieser Sackgasse herauszukommen, schlagen wir vor, die wissenschaftliche Wirtschaftsführung der Gesellschaft in zwei Schritten festzulegen:[1]

1. Die kulturellen Bedingungen müssen nicht nur zur Bewußtseinsbildung der Massen führen, sondern auch zur Kenntnis der starren und nicht starren Traditionen und zur Stellungnahme zugunsten der Entwicklungstraditionen.

2. Die sozial-wirtschaftlichen Bedingungen müssen zuerst zu einer populären Bestandsaufnahme führen, um die Massen an Bedingungen heranzuführen, in denen »die Kollektivierung« eine Ähnlichkeit finden kann zu den Entwicklungstraditionen.

– Man muß auch das Charakteristikum der »sprachlichen Minderheit«[2] angeben.

Im Afrika südlich der Sahara sind in der Tat alle Verfassungstexte in der Sprache der ehemaligen Kolonisatoren verfaßt. In einigen seltenen Fällen, wo die nationalen Sprachen gebraucht werden, spielen diese nur die Rolle einer ungesunden Ergänzung. Solche Texte können auf keine Art und Weise ein Ausdruck der nationalen Kultur sein. Da diese ausländische Sprachen nur von einer gewissen Elite gesprochen werden, können sie die abstrakten Konzepte nicht übersetzen.

– Sprechen wir nun von der allgemeinen Instabilität der konstitutionellen Systeme.

Als Beispiel nehmen wir die Republik Zaire. In einem Dutzend Jahren ist dieses Land vom Belgischen Congo zur Republik Congo geworden, dann zur Demokratischen Republik Congo, und schließlich zur Republik Zaire. Die erste Verfassung des Congo ist ein Grundrecht, das vom belgischen Parlament angenommen wurde und vom König der Belgier am 19. Mai 1960 verkündet wurde, obwohl der Congo erst einen Monat später, am 30. Juni 1960, unabhängig wurde. Trotz ihres aus-

1 Unser Buch »Soziologie der Macht im heutigen Afrika«; unveröffentlicht.
2 Dieses Konzept wird von uns eingeführt.

ländischen Charakters wirkte diese Verfassung tief ein auf die Institutionen der jungen Republik. Am 1. August 1964 tritt die erste Verfassung des unabhängigen Congo in Kraft. Sie wurde auch ausgearbeitet aufgrund eines Vorschlages, der von den Experten der UNO vorgebracht wurde, und führte die Strukturen eines Bundesstaates ein. Sie verbreitete große Verwirrung, vor allem was die Abgrenzung der Kompetenzen zwischen der Zentralregierung und den Provinzbehörden anbetrifft.

Am 24. Juni 1967 wurde die erste Verfassung der Zweiten Republik angenommen. Und die gegenwärtige Epoche wird gekennzeichnet durch die sogenannte revolutionäre Verfassung der Republik Zaire.

Neben diesen Grundcharakteristika nennen wir wenigstens einige Züge, die den Verfassungen in Zentralafrika gemein sind.

Die Nichtreligiosität des Staates

In Afrika ist die Verkündung dieses Prinzips (laïcité) in den Ländern, wo früher mehrere Prinzipien durch einen zweideutigen Sinn abgedeckt wurden, mehr als eine Notwendigkeit. Man kannte die koloniale Praxis zu gut, um darauf zurückzukommen. Für die Länder, wo die Religion der Kolonisatoren als Staatsreligion anerkannt und praktiziert wurde, garantierte die Annahme des Prinzips der Nichtreligiosität des Staates durch die Verfassung in der Tat die Gewissensfreiheit. In verschiedenen Fällen legen die neuen Verfassungen die Bedingungen fest, die die konfessionellen Schulen erfüllen müssen, um zugelassen zu werden. Klar ausgedrückt oder nicht, handelt es sich hier um eine offene und unbeschränkte Nichtreligiosität des Staates, die es gestattet, daß mehrere Religionen nebeneinander »leben«.

Die Demokratie

Alle neuen Staaten geben sich auch als demokratische Staaten aus, wo man hören läßt, daß »alle Macht vom souveränen Volk ausgeht«. Manche gehen sogar soweit, von der wirtschaftlichen und sozialen Demokratie zu reden. Diese ist in Kraft in der Verfassung der Volksrepublik Congo, die die »Produktionsmittel und die Erde zum Eigentum des ganzen Volkes« macht.

Die Zwitterhaftigkeit

Dieses Phänomen betrifft hauptsächlich die Rechtsvorgänge der Verfassungsänderung, die schon einige Resultate im praktischen Leben erzielt haben. Die Verfassung wird revidiert entweder durch die Nationalversammlung oder durch den Volksentscheid oder durch das Zentralkomitee der Einheitspartei.

In Gabun erschaffte die Verfassungsänderung vom 17. April 1975 durch die Nationalversammlung den Posten des Premierministers, der vom Staatschef nach Anhörung des politischen Büros der Partei ernannt und abgesetzt werden kann. Hier hat der Premierminister zur Aufgabe, dem Präsidenten bei der Durchführung der Gesetze zu helfen, bei der Koordinierung, der Verwaltung und bei der Stellvertretung des Staatschefs als Präsident des Ministerrates... (Art. 20). Außerdem ist der Premierminister Mitglied des Kollegiums, das aus drei Personen besteht, die damit beauftragt sind, den Staatschef provisorisch zu ersetzen im Falle einer vorübergehenden oder endgültigen Verhinderung (Art. 8 und 9).

In Kamerun setzte die Verfassungsänderung im Mai 1975 einen Premierminister ein, der dem Staatschef verantwortlich ist; sie gibt an, daß dieser ihm seine Befugnisse übertragen kann, aber sie erteilt ihm nicht die einstweilige Vertretung im Falle der Abwesenheit der Präsidentschaft.

In Burundi führte die Verfassung vom November 1974 ein Präsidialregime mit einer Einheitspartei ein, wobei der Staatschef gleichzeitig Parteichef ist. Aber der Vorgang der Präsidentschaftswahlen, die dieser Verfassung folgten, hat eine Besonderheit offenbart: Wahl in verschiedenen Urnen.

Für die Volksrepublik Congo »gehört die (provisorische) Initiative zur Änderung der Verfassung dem Zentralkomitee« der kongolesischen Arbeiterpartei. »Die Verfassungsänderung wird gültig, sobald sie vom Kongreß und vom Volk durch Volksentscheid angenommen wurde« (Art. 91).

Im Artikel 78, Absatz 1, des zairesischen Gesetzes No. 74–020 vom 15. August 1974 wird vertragsmäßig festgesetzt, daß »die Initiative zur Änderung der Verfassung gemeinsam vorbehalten ist dem Präsidenten der Volksbewegung der Revolution – M. P. R. –, nach übereinstimmendem Ratschlag des politischen Büros, und der Hälfte der Mitglieder des gesetzgebenden Rates«. Wie alle anderen Verfassungen des Zentralafrikas der Ersten Republik, war jene der Volksrepublik Congo auch starr. Sie konnte entweder durch die Nationalversammlung, oder durch Volksentscheid revidiert werden. Im ersten Fall kann der Wortlaut der Verfassungsänderung nur durch die Mehrheit von wenigstens ²/₃ der Mitglieder der Nationalversammlung angenommen werden. Sobald der Wortlaut der Verfassungsänderung einem Volksentscheid unterbreitet wird, wird die Änderung unter den gleichen Bedingungen angenommen wie ein normales Gesetz, was in früheren Zeiten der kongolesischen Verfassung das Recht gab, unter die anpassungsfähigen Verfassungen eingereiht zu werden.

Die nationale Einheit

In einigen Ländern hatte die Unabhängigkeit die sofortige Wirkung, daß die regionale Kleinstaaterei wiedererweckt wurde, und daß enthüllt wurde, wie zerbrechlich die innere Einheit dieser Länder war, und wie sehr sie von der Möglichkeit der Sezession bedroht war. Die Bildung der Regierungen der Zweiten Republik in Zentralafrika verlangt ein ethnisches Mischungsverhältnis bei der Stellvertretung. Diese Art zu handeln ähnelt der Verteilung der politischen Verantwortlichkeiten, die sich die Befugnisse der sozialen Teile aneigneten und der Erträge in einer Handelsgesellschaft ohne wirklichen »effectio societis«.

Der parteipolitische Pluralismus der Stämme war für alle Länder Schwarzafrikas charakteristisch. Daher haben ihre Verfassungen versucht, den inneren Zusammenhalt der Staaten zu bewahren. Selbst im Falle des Föderalismus (Beispiel Kamerun) oder bei einem Anschein von Föderalismus (Beispiel des alten Congo-Léopoldville) geben die neuen Verfassungsanordnungen dem normalen Gesetzgeber das Recht, die Beziehungen zwischen der Zentralmacht und den Regionen zu regeln. Heutzutage scheint diese Dezentralisierung der Verhältnisse zugunsten der Regionen in den Hintergrund zu treten vor dem Dirigismus der Hauptstadt.

Die mehr oder minder absolutistische Machtkonzentration

Sie erkennt sich wieder auf zwei Ebenen. Auf der Gesetzgebungsebene setzt sich das Parlament von jetzt ab zusammen aus einer einzigen Kammer, die Nationalversammlung genannt wird. Die ausführende Gewalt, die wirkliche Macht, obliegt einzig dem Präsidenten der Republik, und der Premierminister, falls es einen gibt, spielt oft die Rolle eines Statisten. In Zaire haben die Reformen die Verfassung nicht in der Art und Weise beeinflußt, daß ein Premierminister in ihr nicht vorgesehen ist. »Erster Staatskommissar« genannt, spielt der zairesische Premierminister fast ausschließlich die Rolle des ehemaligen Direktors des Präsidentschaftsbüros. Im Gegensatz zum Präsidenten der Nationalversammlung ist er nicht Stellvertreter der Exekutive beim Ersten Kommissar des Staates, der der Wortführer des politischen Büros der Volksbewegung der Revolution – M. P. R. – ist.

Anderswo ist der Premierminister auch nicht Regierungschef. Im Congo-Brazzaville, z. B. rührt die Bedeutung des Premierministers viel mehr aus der Tatsache her, daß er zweiter Vizepräsident der Partei (Kongolesische Arbeiterpartei) ist, als von der Regierung her, wo der Präsident der Republik Chef ist, und wo der erste Vizepräsident der kongolesischen Arbeiterpartei Vorsitzender ist als Minister der Streitkräfte.

Auch die Beziehungen zwischen der Exekutive und der Legislative klagen die Vorherrschaft des Ersten an, und die sogenannten gegenseitigen Bremsen bei der Exekutive und Legislative hören auf zu existieren, selbst in der Theorie. Von nun an durch ein direktes allgemeines Wahlrecht gewählt, ist der Präsident der Republik tatsächlich politisch nur dem Volk verantwortlich. Er nimmt sein Amt auf, ohne die Zustimmung des Parlaments einholen zu müssen. Und durch diesen Umstand sind die Mitglieder der Regierung dem Präsidenten politisch verantwortlich. Dort, wo die Einheitspartei schon eingeführt ist, übernimmt diese alle Macht.

Die Nichtstarrheit

Wir haben überall entdeckt, zumindest in Zentralafrika, daß das Prinzip der Unterwerfung unter die Rechtsorgane des Staates nicht angewandt wird, wenn es sich um oberste Machtorgane handelt, die hier, je nach Fall, der Präsident der Republik oder der Kaiser sind. Es handelt sich hier nicht einmal um eine verhältnismäßige Unterordnung im Sinne der Verfassungsmäßigkeit. Denn eine solche Unterordnung wäre nur perfekt, wenn die Starrheit der Verfassung den Grad der »Unwandelbarkeit« erreichte; d. h. wenn wenigstens einige verfassungsmäßigen Verfügungen für unabänderlich erklärt und auch so befolgt würden.

Formell unterscheiden sich die Verfassungsgesetze von normalen Gesetzen. Die Verfassungsgesetze haben eine höhere juristische Kraft (und zwar derart, daß die normalen Gesetze nicht im Widerspruch zu ihnen stehen können), was die Vorbedingung ist für die Verfassungsmäßigkeit im Sinne einer Unterwerfung unter die Legislativorgane.

Die Definition, nach welcher »eine Verfassung für starr erklärt wird, wenn ihre Verfassungsänderung Bedingungen und einem Prozeß unterliegt, die schwerer zu realisieren oder zu befolgen sind als solche, die für die Ausarbeitung der normalen Gesetze vorgesehen sind«[1] ist nicht vollständig, wenn man nicht erklärt, daß für die Annahme der verfassungsmäßigen Gesetze eine besondere Verfahrensweise eingesetzt werden muß, um eine größere Stabilität der Verfassung zu sichern. Um den Verfassungsgesetzen eine höhere juristische Kraft zuzusichern gegenüber den anderen Gesetzen, müssen sich die Verfassungsgesetze von den anderen durch ihre Form oder ihren Inhalt unterscheiden. Im letzteren Fall handelt es sich nicht um Verfassungsgesetze als besondere Kategorie der maßgebenden Handlungen, sondern nur um verfassungsmäßige Rechte als Spezialabteilung des Rechts. Es handelt sich um Normen, die die Organisation als Basis der Staatsmacht einsetzen, um Normen, die die fundamentalen Prinzipien des sozialen Staatsregimes bestimmen, und u. U. die Rechte der Bürger. Es handelt sich außerdem um Normen, die durch ihren Inhalt die Basis des ganzen Rechtssystems darstellen. Es handelt sich schließlich um Normen, die bestimmen, wie sich das positive Recht bildet.

Selbst einige der heutigen geschriebenen Verfassungen Afrikas können nicht zu Verfassungen de facto erklärt werden, denn sie stehen nur für das tatsächliche Regime eines Staates, ohne der Tatsache Rechnung zu tragen, ob dieses Regime durch vorgeschriebene juristische Normen geregelt wird oder nicht. In diesem Sinne wird das Konzept der »Verfassung de facto« problematisch und hängt mehr von der »Philosophie« als vom Recht ab, da es keinen Wert hat für die Verfassungsmäßigkeit als Basis der definierten Legalität vom Standpunkt der hier genannten Prinzipien aus. Das sind die Prinzipien der Staatsmacht, die durch das Recht ausgedrückt werden, aber ohne Beziehung zur Quelle ihrer Übersetzung auf dem juristischen Plan sind.

Die Geburt dieser Verfassungen, der Platz, den sie im Rahmen des juristischen

Systems und im sozialen und politischen Regime des Landes einnehmen, sind untrennbar verbunden mit dem Vorgang des sozial-politischen afrikanischen Dynamismus, in welchem die alten Mächte geändert werden. Dieses Charakteristikum ist also abhängig von den zahlreichen Bedürfnissen der historischen Evolution, die heute die Konsequenzen der Klassenkonflikte in Afrika zeigt im Zeitalter der ungleichen Unabhängigkeiten. Überall sind wir noch weit davon entfernt, an die Idee von der Souveränität des Volkes denken zu können. Da es ihnen an Programmen mangelt, nehmen einige wirtschaftliche Maßnahmen, die bis heute praktiziert werden, die Form der Slogans an, die dazu bestimmt sind, die Wachsamkeit jener zu »täuschen«, die Hunger haben, und die Gefahr laufen, jedem zu folgen, der eine Erpressung durch die Worte Arbeit, Wohlergehen usw. ausübt. D. h. daß die Teilnahme des Volkes nur Wirklichkeit uno actu ist bei der Inkrafttretung der Verfassung durch Dekret.

Überall haben wir es mit Verfassungen des Übergangs der Macht zu tun, die stark ausgeübt wird durch einen militärischen Chef oder einen Chef der Einheitspartei. Der »demokratische« parteipolitische Pluralismus scheint nicht geduldet zu sein. Es handelt sich daher um einen Vorgang der »Demokratie der Widersprüche«, basierend auf einer beträchtlichen Anzahl von Faktoren und dem vollständigen Niveau, das durch die Generalevolution der Veränderungen in Afrika erreicht wurde. Es handelt sich weiterhin um einen Vorgang, der eine formelle Erklärung eines politischen Engagements gegenüber den Volksmassen in Kraft setzt, deren Ansprüche nie erfüllt worden sind. Es handelt sich fernerhin um einen Vorgang der Absetzung, der Umstrukturierung und der Stabilisierung der neuen fundamentalen Gesetze, deren Inhalt oft auf Modelle zurückgeht. Es versteht sich von selbst, daß eine solche Situation, die weit davon entfernt ist, die Bedürfnisse zu befriedigen, nach denen die schweigende Mehrheit strebt, nur eingereiht werden kann auf der schon so langen Liste der Faktoren der Instabilität.

Wenn man hiervon ausgeht, kommt man zu dem Schluß, daß alle Verfassungen Zentralafrikas in sehr feinen Worten die politische Wahl der Regierungen angeben, und daß sie gleichzeitig als Vorwand für die intime Verbindung zwischen der Macht und dem Volk dienen. Dieser doppelte Charakter, wie auch seine Notwendigkeit als politische Erklärung par excellence, der Verfassung in Zentralafrika spiegelt die wesentlichen Entwicklungsstufen wider, die die Evolution der zentralafrikanischen Länder, die hier betroffen sind, durchmacht, deren Verfassungen jedoch nicht einfach übereinanderliegen.

In dieser Etappe des Kampfes um die Macht, in der die militärischen Eliten ihren Vorsprung gegenüber anderen Formen entdeckt haben, macht man sich oft den Geist der ehemaligen fundamentalen Gesetze zunutze, die das Durchdringen der verschiedenen im Wettstreit miteinander liegenden Gruppen für eine wirkliche Kontrolle der Macht begünstigten.

Hinsichtlich einer Unterteilung dieser Verfassungen muß man allgemein die folgenden wichtigen Komplexe beachten: das Gebiet und die Souveränität der Republik, die Freiheit und die Rechte der Bürger, das soziale und wirtschaftliche Regime, die Machtstruktur und die regionalen Gemeinschaften, die öffentlichen Finanzen, die Staatsverträge und internationalen Abkommen. Die Kontrolle der Verfassungsmäßigkeit und die Verfassungsänderung hängen ab vom Grad der Anwendbarkeit und Achtbarkeit der verfassungsmäßigen Anordnungen durch die entsprechenden politischen Regime. Die Übergangsanordnungen sind oft der Ausdruck des Niveaus der Launen gewisser Dirigenten, wie auch der Ausdruck ihrer Verbundenheit mit dem Geist der Verwirrung zwischen dem, was öffentlich bekannt wird und dem, was in Wirklichkeit geschieht.

3. Teil

Verwaltungsrecht

Planung, Umweltschutz und Verbraucherschutz
Bericht der Arbeitsgruppe »Verwaltungsrecht«

Fritz Ossenbühl, Bonn

Die Arbeitsgruppe Verwaltungsrecht hatte sich mit drei großen Themen zu beschäftigen: der Planung, dem Umweltschutz und dem Verbraucherschutz. Der folgende Bericht soll einen zusammenfassenden Überblick über den Gang der Beratungen geben und versucht die Diskussion unter dem Gesichtspunkt der genannten drei Themenbereiche ordnend darzustellen.

Ein voller Sitzungstag galt dem *Umweltschutzrecht*.

Das einleitende Referat hielt Herr Kloepfer (Trier) über das Thema »Kodifikation des deutschen Umweltschutzrechts?«. Er skizzierte die grundlegenden Konturen eines Bundesumweltschutzgesetzes und empfahl die Einsetzung einer Sachverständigenkommission zur Erarbeitung eines Gesetzentwurfs. Ein solches Gesetz kann nach Auffassung des Referenten aus einem Allgemeinen und einem Besonderen Teil bestehen. Der Allgemeine Teil sollte die Zielbestimmungen enthalten, die allerdings nicht *mehr* sein sollten als »politische Prosa«, ferner: individuelle Umweltrechte und Umweltpflichten, Organisations- und Zuständigkeitsvorschriften, Allgemeine Vollzugs- und Verfahrensvorschriften, Vorschriften über die Beteiligung Privater, über Umweltplanung, Standortplanung, Umweltverträglichkeitsprüfung, Untersagungsermächtigungen, schließlich: Umwelthaftungsrecht und Umweltstrafrecht.

Im besonderen Teil sollte nach Auffassung des Referenten nur ein Ausschnitt der einschlägigen zum Umweltschutz gerechneten Sachgebiete aufgenommen werden: Naturschutz und Landschaftspflege, Abfallbeseitigung, Gewässerschutz, Immissionsschutz, Strahlenschutz, Kontrolle von Umweltchemikalien. –

Das Kodifikationsproblem hat auch im Zusammenhang mit anderen Vorträgen ständig eine wichtige Rolle gespielt. Die Möglichkeiten, den Umweltschutz durch Kodifikation in den Griff zu bekommen, wurden weitgehend skeptisch beurteilt.

Die allgemeinen Umweltgesetze – auch in Japan und den nordischen Ländern – sind zu abstrakt gehalten, um griffige Steuerung zu leisten. Hinzu kommt das schon vorhandene Vollzugsdefizit im Umweltschutzrecht, das durch neue Normen kaum verringert werden kann. Bedenken wurden auch dagegen erhoben, die zahlreichen besonderen Materien des Umweltschutzes aus ihrem bisherigen Regelungskontext zu reißen. –

Es folgten Länderberichte über das Umweltschutzrecht von Herrn SOELL (Regensburg) über »Entwicklung des Naturschutz- und Landespflegerechts in der Bundesrepublik Deutschland«, Herrn ABE (Japan) über »Umweltschutzrecht in Japan«, Herrn SCHRAM (Island) über »Das Umweltschutzrecht in den nordischen Ländern« sowie ein statement von Herrn MIYAZAKI (Japan) über »Denkmalschutzprobleme in Japan«.

Der Umweltschutz in Japan hat lange Zeit im Hintergrund gestanden. Der politische Vorrang galt der wirtschaftlichen Prosperität. Entscheidende Impulse hat das Umweltschutzrecht durch die Rechtsprechung erhalten, die in vier berühmt gewordenen Umweltschutzentscheidungen erste Markierungen setzte. Ende 1970 setzte im sog. »Umweltschutzparlament« eine umfassende legislative Aktivität auf dem Gebiet des Umweltschutzrechts ein. Es sind in den letzten Jahren zahlreiche Gesetze zum Schutz der Umwelt ergangen, die das vorhandene Normdefizit aufgefüllt haben. Daneben arbeitet die Administration auf dem Gebiet der Umweltpolitik auch mit außernormativen Instrumenten wie Empfehlungen (»Verwaltungslenkung«) und Umweltschutzverträgen, die mit den Unternehmen abgeschlossen werden.

Auch in den nordischen Ländern gibt es zahlreiche Regelungen des Umweltschutzes, so daß insgesamt der Eindruck besteht, daß eine erfolgreiche Umweltpolitik nicht an einem Mangel an Normen scheitern kann.

Gegenstand der Diskussion war ein Vergleich zwischen den Organisationsstrukturen und Planungsebenen in den behandelten Ländern und ein Vergleich der eingesetzten rechtlichen Instrumentarien in der Umweltverwaltung und Umweltpolitik. Insbesondere konzentrierte sich der Gedankenaustausch auf die Frage eines systemgerechten Entscheidungsprozesses für Umweltprobleme. Hierbei ging es nicht nur um die Problematik der Zuordnung von Entscheidungsbefugnissen an das Parlament oder/und die Regierung und Verwaltung, sondern auch um die Frage, inwieweit grundlegende Entscheidungen im Umweltschutzrecht auf technische Sachverständigengremien ausgelagert werden können. In diesem Zusammenhang spielte auch und insbesondere die rechtliche Einbindung der Technik in den staatlichen Entscheidungsprozeß eine wichtige Rolle.

Der zweite Themenkreis betraf die *Planung*. Hier wurde zunächst der Festvortrag von Herrn SCHEUNER durch ein Referat von Herrn SCHÄFFER (Salzburg) über das Thema »Das Problem der Integration von Raumplanung und öffentlicher Finanz- und Investitionsplanung« fortgeführt.

Wohl vorbereitet durch diesen Vortrag konnte die Diskussionsrunde einigen Grundfragen nachgehen. Eine maßgebliche Rolle spielte hierbei das Problem der rechtlichen und tatsächlichen Grenzen einer Entwicklungsplanung, in der die staatliche, aber auch private Investitionsplanung berücksichtigt werden muß.

Insoweit stehen namentlich zwei Hemmnisse einer effektiven Planung entgegen.

Zum einen der Mangel an Beherrschbarkeit des *privaten* Investitionssektors, der allenfalls durch influenzierende und indikative Planung angesprochen werden kann, zum anderen die innere Gewaltengliederung und Föderalisierung im Bundesstaat, die auf zeitraubende Entscheidungs- und Konzeptabstimmungen und Kompromisse angelegt ist, die wiederum mit einem u. U. nachteiligen time-lag beispielsweise in der Konjunkturpolitik verbunden sein können. – Im sozialistischen Staatssystem entstehen ähnliche Reibungen und Kollisionen in dem Gegeneinander von Gesamt- und Partikularinteressen. Der Grundstimmung der Diskussionsrunde entsprach eine pragmatisch-realistische Sicht zwischen Planeuphorie und Planskepsis. Es gab aber auch nachdrückliche Stimmen, die die Frage stellten, ob nicht wenigstens in der Raumplanung eine Rückkehr zur bloßen Ordnungsplanung angezeigt sei.

Der Vortrag von Herrn SCHMIDT-ASSMANN (Bochum) über »Umweltschutz in der Raumplanung« stellte den thematischen Brückenschlag her zwischen der planungs- und umweltschutzrechtlichen Abteilung.

Kennzeichnend für den Umweltschutz ist nach den Darlegungen des Referenten ein gesteigerter Koordinationsbedarf und ein erhöhter Repräsentationsbedarf. Die Raumplanung bildet ein wesentliches Instrument des präventiven Umweltschutzes. Die Planungsgesetze berücksichtigen den Umweltschutz sowohl in den sektoralen Fachplanungen wie auch in den integralen Raumplanungen (z. B. kommunale Bauleitplanung, Landesplanung). Der Umweltschutz tritt hier in verschiedenen Ausprägungen (z. B. als Landschaftsschutz oder Erhaltung des Ortsbildes etc.) mit anderen öffentlichen Interessen und Direktiven der Planung (z. B. Sicherheit, Bedürfnisse der Wirtschaft etc.) u. U. in Kollision, die im Wege der Abwägung gelöst werden muß.

Die Berücksichtigung des Umweltschutzes sieht der Referent am besten bei den integralen Raumplanungen aufgehoben.

Nach dem Modell einer funktionsadäquaten Koordination kommt der Referent zu einer Reihe von Vorschlägen:
– Bauleitplanung und Landesplanung haben eine inzidente Umweltverträglichkeitsprüfung durchzuführen.
– Eckwerte und Umweltstandards soll der Gesetzgeber festlegen.
– Besondere Umweltämter sollen den gesteigerten Informationsbedarf der Planungsinstanzen durch Bestandsaufnahmen und Umweltanalysen decken.

Schließlich nahm die Arbeitsgruppe Verwaltungsrecht in der planungsrechtlichen Abteilung zwei Länderberichte entgegen. Herr FUJITA (Japan) berichtete über »Die neuere Entwicklung des Städtebaurechts in Japan in rechtsvergleichender Sicht mit der Bundesrepublik Deutschland«. Herr CORTIÑAS-PELAEZ (Mexiko) referierte über »Raumplanungs-, Städtebau- und Sozialwohnungsrecht im lateinamerikanischen Recht unter besonderer Berücksichtigung der Rohstoffländer«.

Die Städtebauprobleme Japans sind durch den Mangel an Bauland gekennzeichnet. Die Einwohnerdichte beträgt 928/qkm bezogen auf die wohnnutzbare

Fläche. Als Vergleichsmaß sei die Bundesrepublik Deutschland mit einer Wohndichte von 350/qkm genannt.

Die überkommene ausgeprägte Baufreiheit, die offenbar auch vom allgemeinen Rechtsbewußtsein getragen wird, hat durchgreifende Regelungen gehemmt. Kennzeichnend und ursächlich für die Misere des Städtebaus sind ferner ein verbreiteter Mangel an raumordnenden Plänen sowie eine Aufteilung der einschlägigen Kompetenzen auf die Selbstverwaltungskörperschaften einerseits und Präfekturen andererseits. Eine durchgreifende Abhilfe sehen die japanischen Kollegen hier nur in der Gesetzgebung.

Für Mexiko wies Herr Kollege CORTIÑAS-PELAEZ zunächst auf grundlegende Bestimmungen der mexikanischen Verfassung hin, die den Kreis der Aufgaben von Staat und Verwaltung wesentlich erweitert haben. Die Städtebauprobleme werden durch insbesondere zwei Umstände gekennzeichnet,
– einmal durch eine ausgedehnte Landflucht ohne Anwachsen der Arbeitsplätze in den Städten,
– zum andern durch eine »wilde, planlose Verstädterung«.

In vier Ballungsräumen sind jeweils ca. 20 Millionen Menschen zusammengedrängt. Eine wirksame Lösung der Probleme erscheint nur durch abgestimmte bodenrechtliche und bevölkerungspolitische Maßnahmen möglich. Das Bodenrecht kann insoweit kein hemmender Faktor sein. Denn ein natürliches Recht auf den Boden gibt es in Mexiko nicht. Das Bodeneigentum wird vielmehr durch den Staat verliehen und kann demzufolge auch ohne Entschädigung entzogen werden.

Die Haupthemmnisse wirksamer Abhilfe sah der Referent in entgegengesetzten privaten und ausländischen Wirtschaftsinteressen, denen gegenüber sich der Staat nicht recht durchsetzen könne.

Zum dritten und letzten behandelten Problemkomplex *Verbraucherschutz* referierten unsere polnischen Kollegen GANDOR und SOBCZAK über das Thema: »Verwaltungsrechtliche Mittel des Verbraucherschutzes unter besonderer Berücksichtigung der Situation in Polen«.

Das Thema des Konsumentenschutzes ist nach der deutschen Rechtssystematik keine klassische Materie des Verwaltungsrechts, sondern eher in einer Zwischenzone zwischen öffentlichem Recht und privatem Recht angesiedelt. Auch in Polen ist der Verbraucherschutz teils zivilrechtlich teils verwaltungsrechtlich geordnet. Die Funktionen des Verbraucherschutzes in Polen lassen sich in 4 Punkten zusammenfassen:
– Versorgungsschutz (Durchsetzung einer konsumfreundlichen Wirtschaftspolitik),
– Preisschutz (Preisfestsetzungen und Preiskontrollen),
– Sicherheitsschutz bei gefährlichen Produkten,
– Qualitätsschutz.

Die Diskussion konzentrierte sich im wesentlichen auf die Funktion des Preisschutzes, also Preisfestsetzungen und Preiskontrollen. Die staatliche Preispolitik in Polen kennt verschiedene Preiskategorien:

- feste Preise für Grundnahrungsmittel und Dienstleistungen, die vom Ministerrat festgesetzt werden,
- Fest- und Maximalpreise für andere Produkte,
- »Kommerzielle« Preise für bestimmte Nahrungsmittel,
- ferner: Preise für Modeartikel und »Marktneuheiten«, die z. T. von den Produzenten selbst bestimmt werden,
- freie Preise für den unorganisierten Markt, z. B. Gebrauchtwaren, Obst und Gemüse.

Von den etwa 220 000 jährlich festgesetzten Preisen werden ca. 16 % von der Staatlichen Preiskommission, 2 % von Ministern, 27 % von Direktoren der Betriebsvereinigungen und 27 % von Betriebsdirektoren festgesetzt.

Das durch diese Zahlen schon angedeutete gestufte Kompetenzsystem bei der Preisfestsetzung ist namentlich durch die in den Jahren 1972-1977 vorgenommene Reform der Organisation der Wirtschaftsverwaltung in Bewegung geraten. Diese Reform ist durch starke Dezentralisierungstendenzen gekennzeichnet, die auch eine Abstufung der Kompetenzen zur Preisfestsetzung im Gefolge hatten.

Ein weiteres Problem bildet neben der Kompetenz zur Preis*festsetzung* die Preis*kontrolle*. So stellte man im Jahre 1976 fest, daß von 78 000 untersuchten Preisen 15 000 ordnungswidrig festgelegt waren.

Derzeit sind weitere Überlegungen im Gange darüber, wie man neue Institutionen und Instanzen schaffen kann, die eine wirksame Preiskontrolle verbürgen.

Kodifikation des deutschen Umweltschutzrechts?

Michael Kloepfer, Trier

I. 1. Wer sich heute als Jurist mit Fragen des deutschen Umweltschutzrechts befaßt, ist nicht nur vor die Schwierigkeit gestellt, Normen mit überaus dehnbaren Klauseln (z. B. wirtschaftliche Vertretbarkeit) zu konkretisieren und naturwissenschaftliche Begriffe ohne ausreichende spezifische Vorkenntnisse anzuwenden. Diesen Anwendungs- und Auslegungsschwierigkeiten ist häufig ein mindestens ebenso schwerwiegendes Problem vorgelagert: das Finden der einschlägigen Rechtsvorschrift. Verfassung, Gesetze, Rechtsverordnungen, vor allem aber auch die schwer zugänglichen Verwaltungsvorschriften von Bund und Ländern einschließlich der interföderativen Kooperationsbeschlüsse (etwa der Umweltministerkonferenz), die einschlägigen Vorschriften der Gemeinden und besonders auch die Richtlinien Privater (z. B. VDI-Normen, DIN-Normen) führen jedenfalls für den Laien, aber auch für den nicht auf das Umweltrecht spezialisierten Juristen, zu einem kaum durchdringbaren Vorschriften-Dschungel, wobei von den zusätzlichen Orientierungsschwierigkeiten durch das in der Bundesrepublik zu beachtende supra- und internationale Umweltschutzrecht einmal ganz abgesehen werden soll. Das Problem der Rechtsfindung im Umweltschutzrecht ist also häufig in einem sehr buchstäblichen Sinn ein Problem des Findens der einschlägigen Rechtsvorschrift.

2. a) Im Umweltschutzrecht erweist sich die allgemeine Regel sehr deutlich, daß eine Übernormierung ein Bärendienst für das Recht ist, das so – jedenfalls partiell – um die Chance seiner Befolgbarkeit gebracht wird. Eine Überfülle der Rechtsnormen macht nicht nur das geltende Recht völlig unübersichtlich und deshalb nur erschwert anwendbar, sondern führt fast unvermeidlich zu strukturellen Inkonsequenzen innerhalb eines Rechtsgebiets.

b) Angesichts dieses Zustands des geltenden Umweltrechts in der Bundesrepublik Deutschland hat die deutsche Bundesregierung den Gedanken der Kodifizierung des Umweltrechts zum Gegenstand ihrer öffentlichen Überlegungen gemacht. Im Umweltbericht 1976 führt sie aus:[1] »Die große Zunahme der Rechtsvorschriften

---

[1] Umweltbericht '76, Fortschreibung des Umweltberichts vom 14. Juli 1976, Teilziffer 109.

auf dem Gebiet des Umweltschutzes in den letzten Jahren, ihre wachsende Kompliziertheit und ihre Verstreutheit auf zahlreiche verschiedene Gesetze und Durchführungsvorschriften haben zu der Frage geführt, ob sie nicht in einem einheitlichen Gesetzeswerk – geordnet in einen allgemeinen Teil und einzelne Fachteile – zusammengefaßt werden könnten. Die bisherigen Überlegungen lassen erkennen, daß einem solchen Vorhaben nicht zuletzt wegen der vielfach engen Verflechtung zahlreicher umweltrechtlicher Vorschriften mit den in einzelnen Spezialgesetzen geregelten Sachgebieten erhebliche praktische Schwierigkeiten entgegenstehen. Die Bundesregierung wird indes weiterhin prüfen, wie das Umweltschutzrecht im Interesse seiner praktischen Handhabung und eines besseren Bürgerverständnisses übersichtlicher gestaltet und vereinfacht werden kann.«

Trotz einer hierbei unverkennbaren, wenn auch vorsichtigen Skepsis gegenüber dem Gedanken der Kodifizierung ist im Rahmen des Umweltforschungsplans des Bundesministers des Innern die Systematisierung und Kodifizierung des Umweltrechts zum Gegenstand eines Forschungsvorhabens im Auftrag des Umweltbundesamtes gemacht worden.[2] Angesichts des immer größeren Unbehagens an der Verstreutheit und Unübersichtlichkeit des deutschen Umweltschutzrechts dürfte das Kodifikationsthema vorerst nicht aus der umweltschutzrechtspolitischen Grundsatzdiskussion verschwinden.

c) Dies gilt um so mehr, als es bereits mehrere Umweltschutzrechtskodifikationen außerhalb der Bundesrepublik Deutschland gibt, wobei es sich hier freilich zum größten Teil nicht um völlig umfassende Kodifikationen, sondern eher um Grundsatzgesetze mit allgemein formulierten Zielprinzipien und mehr politischen Bindungsgehalten handelt.[2a]

Bereits im Jahre 1967 hat der japanische Gesetzgeber – von vielen zeitlich früher und später ergangenen Spezialregelungen abgesehen – die erste allgemeine Kodifizierung des Umweltschutzrechts, das »Gesetz über die Grundlagen des Umweltschutzes«[3] vom 3. August 1967 geschaffen. Ihm folgt nicht ganz zwei Jahre später das (schwedische) »Umweltgesetz«[4] vom 28. Mai 1969 nebst »Umweltschutzverordnung« vom 29. Mai 1969. Die Vereinigten Staaten von Amerika schufen als nächste das »Gesetz über die nationale Umweltpolitik (1969)« vom 1. Januar

---

2 KLOEPFER, Systematisierung des Umweltrechts, Berichte des Umweltbundesamtes, 8/78, 1978; die nachfolgenden Ausführungen beruhen primär auf dieser Studie.

2a Siehe dazu jetzt auch BOTHE/GÜNDLING, Tendenzen des Umweltrechts im internationalen Vergleich, Berichte des Umweltlandesamtes 7/78, 1978, S. 123 ff.

3 Gesetz Nr. 132, i. d. F. von Gesetz Nr. 84 des Jahres 1974, abgedruckt in Beiträge zur Umweltgestaltung, Ausländisches Umweltrecht IV, Heft A 38, S. 62–68.

4 Svensk för gattningssamling (Schwedische Gesetzessammlung) 1969, S. 913 ff., abgedruckt in Beiträge zur Umweltgestaltung, Ausländisches Umweltrecht I, Heft A 3, 1971, S. 19–30; vgl. ferner zum schwedischen Umweltrecht: L'Organisation de Coopération et de Développement Économiques, Politique de l'environnement en Suède, OECD, Paris CEDEX 16, 1977.

1970.⁵ Wichtige Gesetze in Einzelstaaten der USA sind gefolgt. Das »Gesetz über die planmäßige Gestaltung der sozialistischen Landeskultur in der Deutschen Demokratischen Republik (Landeskulturgesetz)« vom 14. Mai 1970 ist am 1. Juni 1970 in Kraft getreten.⁶ In Australien erging das »Umweltschutzgesetz des Staates Victoria« vom 22. Dezember 1970.⁷ Das Gesetz wurde durch den Environment Protection (Amendment) Act 1972 unter dem Zustimmungsdatum vom 15. Mai 1972 geändert. Durch Proklamation vom 11. März 1971 trat das Umweltschutzgesetz mit Wirkung vom 15. März 1971 teilweise in Kraft, die geänderten Vorschriften am 24. Mai 1972.⁸ In Kanada erging in der Provinz Ontario das »Umweltschutzgesetz«.⁹ Mit seinem Gesetz vom 13. Juni 1973¹⁰ gab sich auch Dänemark eine (partielle) Umweltschutzrechtskodifikation. Die bisher weitaus umfassendste einschlägige Kodifikation ist das kolumbianische Umweltgesetzbuch¹¹ aus dem Jahre 1974. In der Schweiz wird die Frage nach der Einführung eines Bundesumweltgesetzes lebhaft diskutiert. Eine Expertenkommission hat bereits einen Vorentwurf ausgearbeitet.¹²

3. a) Bei der Erörterung des Projekts einer Umweltschutzkodifikation muß von vornherein davor gewarnt werden, in dieser ein Allheilmittel zu sehen. Die Übernormierung im Umweltschutzrecht ist ja nicht nur ein Problem der Anhäufung verschiedenster Gesetzes- und Vorschriftenwerke und der normierenden Erfassung aller Umweltschutzbereiche im Sinne einer »äußeren Übernormierung«, sondern vor allem auch eine Frage der zu großen Detailversessenheit vieler Vorschriften, also einer »inneren Übernormierung«. Diese kann durch eine zusammenfassende, systematisierende Kodifikation als solche nicht beseitigt werden, sondern setzt eine völlige Umorientierung unseres Umweltschutzrechts voraus, und zwar auch am Maßstab der Reduzierung der Normierungsintensität. Ein solches Vorhaben ist jedoch ohne ein wünschenswertes, aber doch sehr fernes allgemeines Umdenken in

---

5 Gesetz (1–190) vom 1. Januar 1970; 42 U. S. C. §§ 4321 ff., 83 Stat. 852, abgedruckt in Beiträge zur Umweltgestaltung, Ausländisches Umweltrecht I, Heft A 3, 1971, S. 9–14.
6 Siehe Landeskulturgesetz, Kommentar zum Gesetz über die planmäßige Gestaltung der sozialistischen Landeskultur in der Deutschen Demokratischen Republik vom 14. Mai 1970 (von einem Autorenkollektiv), 1973.
7 (Victoria, Acts of Parliament 1970, Nr. 8056), abgedruckt in Beiträge zur Umweltgestaltung, Ausländisches Umweltrecht II, Heft A 12, 1973, S. 9–40.
8 Am 1. September 1972 waren die §§ 5 (c), 8, 12, 13 (1) (d), 13 (4), 20–31, Abschnitte IV bis IX, §§ 56, 58, 59, 62, 63, 64, 65 (2) und (3), 66, 67, 68, 69 sowie 70 noch nicht in Kraft.
9 Statutes of Ontario, 1971, Chapter 86, abgedruckt in Beiträge zur Umweltgestaltung, Ausländisches Umweltrecht II, Heft A 12, 1973, S. 62–90.
10 Gesetz Nr. 372, abgedruckt in Beiträge zur Umweltgestaltung, Ausländisches Umweltrecht V, Heft A 61, 1977, S. 17–42.
11 Dekret Nr. 2811 aus 1974 (18. Dezember), abgedruckt in Beiträge zur Umweltgestaltung, Ausländisches Umweltrecht V, Heft A 61, 1977, S. 47–108.
12 Vgl. hierzu Umweltschutzrecht des Bundes, Gesetzessammlung, Einleitung S. 19–27 (insbesondere S. 24 und 27).

unserem Rechtsstaat nicht möglich. Die normative Bescheidung als Ausdruck einer gediegenen Rechtskultur erscheint ferner denn je.

b) Und zunehmend stellt sich die Frage, ob der aus dem Übermaßverbot abgeleitete Gedanke der Erforderlichkeit nicht auch für die Normierung als solche gelten kann. Gebietet der Rechtsstaat, nur das Erforderliche zu normieren? Gewiß setzt das Erforderlichkeitsgebot, unter mehreren gleich geeigneten Maßnahmen die den Bürger am wenigsten belastende zu wählen, an der Idee der größtmöglichen Wahrung der bürgerlichen Rechtssphäre vor staatlichen Eingriffen an, und es wäre nur ein formaler Juristen-Trick, das in jeder Norm steckende Befolgungsgebot als eine ohne weiteres am Erforderlichkeitsgebot zu messende Belastung zu werten. Gleichwohl kann nicht übersehen werden, daß ein Übermaß an Rechtsgeboten schon wegen ihrer Befolgungspflicht den Bürger ganz erheblich in seiner Rechtssphäre beschneiden kann. Dies gilt insbesondere auch dann, wenn das einzelne staatliche Gebot – für sich allein betrachtet – nach dem Erforderlichkeitsgebot nicht beanstandet werden kann. Gerade die übermäßige Häufung im einzelnen durchaus erforderlicher Gebote kann zu einer Verletzung des Rechtsstaatsprinzips (in der möglichen Ausprägung der erforderlichen Normierung) führen. Dieser Gedanke wird bestätigt durch eine Betrachtung der Zumutbarkeitsgrenze der Rechtsbefolgungspflicht des Bürgers. Ist für den Bürger durch eine übermäßige Anhäufung von Geboten deren Befolgung nicht mehr zumutbar, so sind diese Gebote, wenn schon nicht ungültig, so doch verletzbar, ohne daß der Staat hieran Sanktionen knüpfen dürfte. Beispiele für ähnliche Erwägungen bietet hier das Verwaltungsrecht – z. B. völlige (die Wahrnehmbarkeitsgrenze berührende) Überbeschilderungen im Straßenverkehr –, was jedoch trotz der hier auftretenden Besonderheiten nicht ausschließt, ähnliche Gedanken als Verfassungsgebote für die Gesetzgebung zu verstehen. Übernormierungen mit der Gefahr fehlender Befolgbarkeit gehören zu den Rechtslagen mit vermindertem Geltungsanspruch. Derartige Rechtslagen tauchen in der Rechtsprechung des Bundesverfassungsgerichts auf, wenn dort eine Rückwirkung bei »unklarem« und »verworrenem« Recht für zulässig gehalten wird.[13] Im übrigen ist das zum Schutz der bürgerlichen Rechtssphäre entwickelte Übermaßverbot auch als subjektivrechtliche Gewandung einer objektiven, allerdings schwer zu konkretisierenden Vorstellung vom rechten Maß staatlicher Aktivitäten und damit z. B. staatlicher Normierung verständlich.

II. Die Schwierigkeiten, die sich einer vorrangig »bloß« zusammenfassenden, systematisierenden Kodifikation entgegenstellen können, sind beträchtlich. Sie beginnen bereits in der Phase der Vorüberlegungen, nämlich bei der Abgrenzung des

---

13 Siehe z. B. BVerfGE 11,64 (72 f.); 13,261 (272).

Umweltschutzrechts und vor allem bei einer damit zusammenhängenden Bestandsaufnahme des geltenden Umweltschutzrechts sowie bei der Frage, ob das Umweltschutzrecht wirklich schon ein kodifikationsfähiges Rechtsgebiet ist.

1. Die Abgrenzung des Umweltschutzrechts setzt zunächst an sich notwendig eine Umreißung des Phänomens Umweltschutz selbst voraus. Eine abschließende Ausgrenzung des Umweltschutzes kann an dieser Stelle nicht erfolgen. Umweltschutz soll hier verstanden werden als die Gesamtheit von Maßnahmen, welche die natürliche (und menschlich gestaltete) Umwelt vor schädlichen Auswirkungen der Zivilisation gestaltend, planend, eingreifend und fördernd schützen. Dazu gehört auch die Regeneration der Umwelt. Der Schutz vor Naturkatastrophen und Naturgewalten fällt dagegen nicht unmittelbar unter den Begriff des Umweltschutzes, es sei denn, die Einwirkungen der Natur wären erst durch menschliche Eingriffe in diese Natur besonders schädigend geworden (z. B. Erosion nach Waldkahlschlag). Mit dieser freilich vagen Arbeitsdefinition des Umweltschutzes ist allerdings eine genauere Abgrenzung des Umweltschutzrechts noch nicht gefunden.

2. a) Immerhin wird einer materiellen rechtsgutbezogenen Abgrenzung des Umweltschutzrechts der Weg geöffnet. Umweltschutzrecht kann hiernach zunächst als das Recht verstanden werden, das dem Rechtsgut Umwelt(schutz) dient.

Eine solche Abgrenzung nach dem speziellen Rechtsgut Umwelt(schutz) verlangt nach einer insbesondere von REHBINDER[14] verfochtenen Aufteilung in einen subjekt- und einen objektbezogenen Umweltschutz. Der subjektbezogene, anthropozentrische Umweltschutz umfaßt vor allem den Schutz von Leben und Gesundheit. Darüber hinaus werden als weitere spezielle Rechtsgüter das menschliche Wohlbefinden, die Erholung, ästhetische Gesichtspunkte sowie wirtschaftlich umweltrelevante Interessen abgesichert. Für den objektbezogenen Rechtsschutz, den ressourcen-ökonomischen/ökologischen Umweltschutz, steht hingegen die Erhaltung und sparsame Ressourcenbewirtschaftung, der Schutz der Biosphäre, der Ökosysteme, der natürlichen Kreisläufe sowie der Schutz der Tier- und Pflanzenwelt im Vordergrund.

b) Freilich bedarf dies noch konkreterer Abgrenzungskriterien. Soll der – wie auch immer festzustellende – Umweltschutzzweck einer Norm, der Schutzeffekt für Umweltgüter oder der Schutzeffekt vor Umweltgefahren entscheiden? Alles dies sind letztlich verschiedene Blickwinkel auf dasselbe Problem, die alle ihre spezifischen Abgrenzungsschwierigkeiten haben.

Dies gilt in gewisser Hinsicht natürlich auch, aber vielleicht nicht in gleicher Intensität für die im folgenden vorgeschlagene Abgrenzung des Umweltschutzrechts als die spezifische Normierung von Umweltschutzaktivitäten. Während die Abgrenzung nach dem Schutz vor Umweltschäden und -gefahren bereits eine konkrete Vorstellung von den Umweltgütern voraussetzt, geht die Abgrenzung nach Umweltschutzaktivitäten darüber hinaus. Dabei wird nämlich nicht nur die Vor-

---

[14] RabelsZ 40 (1976), S. 369 ff.

stellung des Umweltgutes, sondern auch die der Umweltschäden und -gefahren mitumfaßt, weil Umweltschutzaktivitäten typischerweise eine (präventive oder restriktive) Abwehr von Schäden und Gefahren für Umweltgüter darstellen. Insoweit ist eine Abgrenzung nach Umweltschutzaktivitäten zwar die komplizierteste, aber auch die argumentativ reichste Form der Umreißung des Umweltschutzrechts. Die argumentative Zusammenfassung ermöglicht zugleich weitere Untergliederungen nach Umweltgefahren und schließlich nach Umweltgütern.

Insgesamt wird eine Abgrenzung an typischen Umweltschutzaktivitäten ansetzen, also an der allgemeinen Umweltplanung sowie insbesondere an der Raumordnung, der Erholungssicherung, dem Naturschutz und der Landschaftspflege, der Luftreinhaltung, der Lärmbekämpfung, der Wasserreinhaltung, der Abfallbeseitigung und der Landschaftsreinhaltung, dem Strahlenschutz, der Überwachung sowie an der Ordnung von Umweltchemikalien (möglicherweise auch der Energieeinsparung) und der Entwicklung umweltfreundlicher Technologien etc. Die Abgrenzung nach Umweltschutzaktivitäten ermöglicht auch die Erfassung neuer Umweltschutzaktivitäten und kann sich leicht vor allem veränderten Ausgestaltungen staatlicher Umweltschutzmaßnahmen anpassen.

3. a) Unabhängig davon, ob das Umweltschutzrecht nach Umweltgütern, Umweltgefahren oder – wie hier vorgeschlagen – nach Umweltschutzaktivitäten abgegrenzt wird, besteht das Hauptproblem der Absteckung einer so ausgreifenden Materie wie des Umweltschutzrechts darin, das umweltschutzspezifische vom allgemeinen (aber auch umweltschutzrelevanten) Recht abzugrenzen.

Auszugehen ist davon, daß als Umweltschutzrecht nur umweltschutzspezifisches Recht gelten kann, d. h. solches, das spezielle Regelungen für den Umweltschutz vorsieht. Umweltschutzrecht ist damit Sonderrecht des Umweltschutzes; es gilt im Prinzip nur für den Umweltschutz, führt also zu einer Ungleichbehandlung des Umweltschutzes gegenüber anderen staatlichen und gesellschaftlichen Aktivitäten. Diese Sonderrechtskonzeption setzt nicht wie andere Sonderrechtstheorien[15] am personalen Geltungsumfang von Rechtsnormen an (also nicht an den mit dem Umweltschutz befaßten Personen), sondern am sachlichen Geltungsumfang – dem Umweltschutz –. Allgemeines, nicht umweltschutzspezifisches Recht, d. h. kein Umweltschutzrecht liegt dort vor, wo allgemeine Rechtsnormen (z. B. §§ 823, 1004 BGB; 223 StGB; 40 VwGO etc.) *auch* auf umweltschutzrelevante Tatbestände, aber eben auch auf andere, umweltschutzirrelevante Tatbestände anwendbar sind. Werden aus diesen allgemeinen Vorschriften vom Gesetzgeber umweltspezifische Sondervorschriften geformt, entsteht Umweltschutzrecht, weil dieses Recht dann nur für den Umweltschutzbereich gilt. Im Normalfall werden damit auch materielle Modifizierungen (d. h. Ungleichheiten) im Regelungsinhalt verbunden sein. Es reicht aber für die Zuordnung zum Umweltschutzrecht als Sonderrecht des Umweltschutzes aus, daß der formelle Geltungsbereich nur den Umweltschutz er-

---

15 Z. B. WOLFF/BACHOF, Verwaltungsrecht I, 9. Aufl. 1974, § 22 II c, S. 99 ff.

faßt, eine (formelle) Ungleichheit also nur hinsichtlich der Anwendbarkeit von Rechtsnormen auftritt.

So klar diese Konzeption des Umweltschutzrechts als Sonderrecht für Umweltschutzaktivitäten theoretisch auch sein mag, bleiben die praktischen Abgrenzungsschwierigkeiten doch erheblich. Zum einen ist der Kreis staatlicher (aber auch verbandsmäßig gesellschaftlicher und privater) Umweltschutzaktivitäten in seiner Weite nicht von vornherein klar bestimmt. Dazu bedarf es – an dieser Stelle nicht zu leistender – ausholender Forschungen insbesondere über die Wirkkraft der einzelnen Umweltschutzinstrumentarien. Schwierigkeiten können aber vor allem bei multifunktionalen Aktivitäten (z. B. Energieeinsparung) auftreten, die auch, d. h. nicht nur dem Umweltschutz dienen. Nach der hier vertretenen Sonderrechtsauffassung liegt es wohl näher, Aktivitäten, die sich – bis auf periphere Nebenaspekte – nicht allein als Umweltschutzaktivitäten qualifizieren lassen, aus dem Umweltschutzbereich auszusondern. Hinzu kommen Schwierigkeiten bei der Ausgrenzung der verschiedenen Umweltschutzaktivitäten im Einzelfall. Insgesamt sind alle Abgrenzungsschwierigkeiten aber wohl doch zu bewältigen. Sie münden letzten Endes in die Ungewißheit über die Abgrenzung des Umweltschutzes selbst; eine Komplikation, die allen Definitionen gleichermaßen zu eigen sein dürfte. Die hier vorgeschlagene Abgrenzung schafft in ihrer theoretischen Klarheit jedenfalls keine zusätzlichen, vermeidbaren Schwierigkeiten.

b) Die eigentlichen Probleme der Beschreibung des Umweltschutzes beginnen jenseits der theoretischen Abgrenzungskonzeption dort, wo es darum geht, den in der Bundesrepublik bestehenden Rechtsstoff danach zu ordnen, ob es sich im konkreten Fall um Umweltschutzrecht handelt oder nicht.

Komplikationen ergeben sich außerhalb der eigentlichen Qualifikationsproblematik zunächst daraus, daß ein formelles und/oder materielles Gesetz bzw. eine Verwaltungsvorschrift gleichermaßen umweltschutzspezifische wie umweltschutzneutrale Vorschriften, ja, daß sogar eine einzige Vorschrift umweltschutzspezifische, aber auch umweltschutzneutrale Teile enthalten kann (Mischproblematik).

Daraus resultieren methodische Folgerungen für die Qualifikation einzelner Gesetze als Teile des Umweltschutzrechts. Zunächst müssen die einzelnen Vorschriften eines Gesetzes etc. auf ihre Umweltschutzrechtsqualität, d. h. auf ihren umweltspezifischen Regelungsgehalt untersucht werden und erst danach ist eine umweltschutzrechtliche Gesamtqualifikation eines Gesetzes als Ganzes möglich.

c) Wird von umweltspezifischen Einzelvorschriften ausgegangen, die anderen Zielen nicht oder nur peripher dienen, ist hinsichtlich der Gesamtqualifikation von Gesetzen und Verwaltungsvorschriften folgende schematische Stufung vorstellbar:

aa) Gesetz etc. mit ausschließlich umweltschutzspezifischen Normen (dabei bleiben »technische Vorschriften« wie Übergangsvorschriften und Berlin-Klausel außer Betracht). Zu dieser Gruppe zählen vor allem die neuen Umweltschutzgesetze des Bundes, also das Gesetz über Umweltschutzstatistiken, das Gesetz über die Errichtung des Umweltbundesamtes, das Bundesnaturschutzgesetz, das Bundes-Immissionsschutzgesetz, das Gesetz zum Schutz gegen Fluglärm, das Abfallbeseitigungsgesetz, das Altölgesetz, das Abwasserabgabengesetz, das Waschmittelgesetz, das DDT-Gesetz u. a. m.

bb) Gesetz etc. mit vorwiegend umweltschutzspezifischen Normen, das sekundär umweltschutzunspezifische Normen enthält. Hierzu gehören vor allem ältere Gesetze, die vor der jüngeren Umweltschutzbewegung, d. h. vor 1970, entstanden und trotzdem – auch durch spätere Novellen – umweltschutzbezogene Regelungen enthalten (z. B. das Raumordnungsgesetz, das Bundesbaugesetz, das Bundesjagdgesetz, das Flurbereinigungsgesetz, das Atomgesetz, aber auch das neue Bundeswaldgesetz).

cc) Gesetz etc. mit vorwiegend nicht umweltschutzspezifischen Normen, das primär umweltschutzunspezifische Normen umfaßt. In diesen Bereich zählen weite Teile des Bodenrechts, das Düngemittel- und Futtermittelrecht, das Gesundheits- und Lebensmittelrecht, das Straßen-, Wasser- und Luftverkehrsrecht, die Gewerbeordnung, das Energierecht, das Bürgerliche Gesetzbuch, das Einkommensteuergesetz.

dd) Gesetz etc. ohne umweltschutzspezifische Normen, aber mit Relevanz auch für den Umweltschutz, z. B. das Verwaltungsverfahrensgesetz oder die Verwaltungsgerichtsordnung.

ee) Gesetz etc. ohne Relevanz für den Umweltschutz, das ist also die übrige Rechtsordnung.

Während die Umweltschutzrechtsqualität in Gruppe a) ohne weiteres angenommen und bei den Gruppen dd) und ee) von vornherein abgelehnt werden kann, ist die Einordnung der praktisch wichtigsten Gruppen bb) und cc) nicht unproblematisch, weil die Gesamteinordnung bzw. Nicht-Einordnung eines Gesetzes in das Umweltschutzrecht zwangsläufig zur Qualifikation auch von umweltschutzunspezifischen Einzelvorschriften als Umweltschutzrecht bzw. zur Versagung der Qualifikation umweltschutzspezifischer Einzelnormen als Umweltschutzrecht führen muß. Überdies ist die Abgrenzung zwischen den Gruppen bb) und cc) – »vorwiegend«, »primär«, »sekundär« – fließend. Aus diesem Dilemma könnte lediglich nur die Zerteilung der einzelnen Gesetze in Gruppe bb) und cc) im Rahmen einer umfassenden Umweltschutzrechtskodifikation herausführen.

Solange aber die Gesetze etc. in ihrer bisherigen Form als jeweilige Gesetzeswerke zu beurteilen sind, kann neben der Gruppe aa) nur die Gruppe bb) als Umweltschutzrecht qualifiziert werden. Ein Gesetz enthält dann überwiegend umweltschutzspezifische Normen, wenn es seinem Gesamtgehalt nach von den Umweltschutzaktivitäten entscheidend geprägt wird. Eine rein quantitative Betrachtung der Vorschriftenzahl in einem Gesetz scheidet dabei aus, kann aber gleichwohl wichtiges Indiz für die Gesamtbewertung sein. Zusammengefaßt werden hier als Umweltschutzrecht diejenigen Gesetze etc. bezeichnet, die ausschließlich oder vorwiegend spezifische Regelungen für Umweltschutzaktivitäten enthalten.

d) Die dadurch ermöglichte Einzelabgrenzung im Bereich der Gesetze, der

Rechtsverordnungen und der Verwaltungsvorschriften kann hier nicht dargestellt werden.[16] Jedoch zeigt auch eine Berücksichtigung nur der ausschließlich oder vorwiegend umweltschutzspezifischen Regelungen, daß der zu bewältigende Rechtsstoff selbst dann noch außerordentlich umfangreich ist, wenn man sich lediglich auf die förmlichen Gesetze beschränkt.

4. Nur wenn das umweltschutzrelevante Recht bereits als Rechtsgebiet betrachtet werden kann, wäre es wohl sinnvoll, nach einschlägigen Kodifikationsmöglichkeiten zu fragen. Zu Beginn der siebziger Jahre wurde der Umweltschutz überwiegend als ein Aspekt im Rahmen des vorhandenen Rechtsstoffes, als eine Funktion der allgemeinen Rechtsordnung oder gar als modischer Sammelbegriff überkommener Einzelprobleme verstanden – von der herrschenden Ansicht jedenfalls noch nicht als selbständige Materie anerkannt. Und die damals aktuelle Frage war die, ob das Umweltschutzrecht in Zukunft überhaupt jemals den griffigen Zusammenhalt einer eigenständigen Rechtsdisziplin erreichen würde.[17] KIMMINICH verneinte dies. Für ihn stellte der Umweltschutz nicht nur kein neues – dazu noch selbständiges –, sondern überhaupt kein Rechtsgebiet dar, weil die umweltschützenden menschlichen Betätigungen nicht klar abgrenzbar seien.[18] Lediglich REHBINDER[19] ging schon im Jahre 1970 von einer eigenständigen Rechtsdisziplin Umweltrecht – allerdings ohne nähere Begründung – aus. 1976 modifizierte er in Anlehnung an KOPPENSTEINER[20] seine Auffassung dahin, Kriterium für das Entstehen einer neuen, eigenen Rechtsmaterie wie das Umweltrecht sei die Frage, ob die Zusammenfassung als neue Rechtsmaterie wissenschaftlich fruchtbar sei, d. h. ob das Verständnis der normativen und sozialen Situation der mit ihr erfaßten Problemlagen verbessert werde.

Das Problem des griffigen Zusammenhalts des Umweltschutzrechts als eigenständige Rechtsdisziplin wurde in der Folgezeit häufiger aufgeworfen und – unter Verweisung auf die Hemmnisse, die dem Zusammenwachsen des Wirtschafts- und Sozialrechts als eigene Materie entgegenstanden[21] – in zunehmendem Maße positiv beantwortet. Der Wandel von der nur Sammelfunktionen ausübenden Disziplin Umweltschutzrecht zur eigenständigen, kodifizierungsfähigen Rechts-Disziplin vollzog bzw. vollzieht sich vornehmlich auf dem Weg über die neuen spezifischen Gesetzgebungskompetenzen, die dem Bund für Abfallbeseitigung, Luftreinhaltung und Lärmbekämpfung in Art. 74 Nr. 24 GG eingeräumt wurden, aber auch über

---

16 Siehe dazu KLOEPFER, Systematisierung des Umweltrechts, Berichte des Umweltbundesamtes, 8/78, 1978, S. 77 ff.
17 Vgl. etwa KLOEPFER, Zum Umweltrecht in der Bundesrepublik Deutschland, 1972, S. 17.
18 Das Recht des Umweltschutzes, 1972, S. 13.
19 ZRP 1970, S. 250 ff. und ferner ders., RabelsZ 40 (1976), S. 366, 367.
20 Rechtstheorie 4 (1973), S. 5 f.
21 So schon im Jahre 1968 SCHLUEP, Festschrift für Hug, 1968, S. 25; RHODE, Zeitschrift für Sozialreform 15, 1969, S. 641.

andere umweltrelevante Zuständigkeiten und die jeweils entsprechenden gesetzgeberischen Betätigungen, insbesondere im Gesetz zum Schutz gegen Fluglärm vom 30. Mai 1971, im Benzinbleigesetz vom 5. August 1971, im Altölgesetz vom 7. Juni 1972 und im DDT-Gesetz vom 7. August 1972, vor allem aber im Abfallbeseitigungsgesetz vom 7. Juni 1972, im Bundes-Immissionsschutzgesetz vom 15. März 1974 sowie neuerdings im Bundesnaturschutzgesetz vom 20. Dezember 1976. Etwa 1974 tritt mit Erlaß des Bundes-Immissionsschutzgesetzes ein wichtiger Wandel zum eigenständigen Rechtsgebiet ein. Die Nahtstelle liegt wesentlich im Übergang von den typisch polizeilichen Maßnahmen der Gewerbeordnung zu den arteigenen spezifischen Konzeptionen des Bundes-Immissionsschutzgesetzes.[22] Natürlich ist das Bundes-Immissionsschutzgesetz nur ein (wenn auch wohl entscheidender) Schritt auf dem langen Weg zum Rechtsgebiet. Es handelt sich aber – bildlich gesprochen – schon um einen Schritt in das Rechtsgebiet hinein, d. h. über die Grenzlinie, von der an diese Rechtsmaterie entstanden ist.[23] Noch weitergehend qualifiziert die Arbeitsgemeinschaft Sozialdemokratischer Juristen das Umweltrecht »als übergreifendes neues Rechtsgebiet«.[24] Ein bestätigendes – aber nicht zwingendes – Charakteristikum für die werdende oder entstandene Rechtsmaterie ist auch die Schaffung des Umweltbundesamtes in Berlin sowie entsprechender organisatorischer Zusammenfassungen in den Landesexekutiven.

Kein schlüssiges Argument – vielleicht aber ein Indiz – für das Entstehen einer eigenständigen Rechtsmaterie ergibt sich aus den ausländischen Umweltrechtskodifikationen. Es mag REHBINDER[25] insoweit zugestimmt werden, daß mit diesen Umweltschutzgesetzen – etwa in Japan, in der Deutschen Demokratischen Republik, in den Vereinigten Staaten und in Schweden sowie später in Dänemark und Kolumbien – sich eine rechtssystematische Einheit und Selbständigkeit des Umweltrechts nach außen »dokumentiert«. Ein wirklich gesicherter Rückschluß auf das Werden bzw. Entstehen einer eigenständigen Umweltmaterie in der Bundesrepublik Deutschland ist jedoch anhand dieser Fakten kaum zu ziehen.

III. Geht man im gegenwärtigen Zeitpunkt davon aus, daß sich das Umweltrecht als eigenständige Rechtsmaterie immer mehr verfestigt, so stellt sich die Frage nach der Kodifikationsreife, -möglichkeit und -notwendigkeit dieses Rechtsgebietes.

1. Während KIMMINICH[26] im Jahre 1972 ausdrücklich feststellte, daß der Ge-

---

22 Vgl. im einzelnen FELDHAUS, DÖV 1974, S. 613, 614 und KUBE, BB 1972, S. 384 zum Abschied vom gewerberechtlichen Genehmigungsverfahren.
23 Siehe FELDHAUS, DÖV 1974, S. 613 und STORM, Agrarrecht 1974, S. 185.
24 Arbeitsgemeinschaft Sozialdemokratischer Juristen (ASJ), ZRP 1972, S. 76–78 (77). Die ASJ schlägt zur Unterstützung des allgemeinen Umweltbewußtseins vor, Umweltrecht an Hochschulen zu lehren und wegen dessen verhaltensprägender Kraft auch im Prüfungskatalog zu berücksichtigen.
25 RabelsZ 40 (1976), S. 366.
26 Das Recht des Umweltschutzes, 1972, S. 10.

danke einer umfassenden Kodifikation, etwa in Gestalt eines Bundesumweltschutzgesetzes noch nie ernsthaft erwogen worden sei, und er offensichtlich auch einer solchen Idee ablehnend gegenüberstand, ist die Diskussion zu dieser Frage heute wohl noch offen im Sinne von unentschieden. Vor allem STORM[27] brachte dann 1974 den Gedanken, ein Bundesumweltgesetzbuch zu schaffen, ins Gespräch. Er trat dafür ein, in diese Kodifikation alle diejenigen Normen einzubeziehen, deren »ökologische Tönung besonders kräftig« sei. Im Rahmen dieser prinzipiellen Forderung nach Kodifizierung stellte er in jenem Zeitpunkt – und das gilt heute auch weitgehend ebenso – zutreffend fest, daß sämtliche Vorarbeiten zur Erstellung eines solchen umfassenden Gesetzgebungsvorhabens noch ungetätigt sind. Wahrscheinlich deshalb, vielleicht aber auch durch die damals neu und in ganz besonderem Maße das Umweltrecht prägenden Einzelgesetze bzw. -entwürfe beeindruckt, mag er dazu veranlaßt worden sein (1974), die Zeit für eine Gesamtkodifikation des Bundesumweltrechts noch nicht für reif zu befinden und der weiteren Verdichtung dieses Rechtsgebiets durch Einzelgesetze den Vorzug zu geben.

Trotzdem scheint es sich hier wohl nicht um eine endgültige Entscheidung, sondern eher um eine momentane, bei der damaligen Sachlage für besser empfundene Übergangslösung zu handeln, die den Gedanken an eine umfassende Kodifikation keinesfalls verwarf, sondern nur zeitlich hinausschieben wollte. Denn anders ließen sich die Vorschläge STORMS zu einer allgemeinen Kodifizierung des Umweltrechts kaum erklären. In der gewonnenen Erkenntnis, daß sich eine Gesamtkodifikation nicht in der Anhäufung der bisherigen Rechtsmassen und der Suche nach weiteren neuen, eventuell auch noch aufzunehmenden Einzelmaterien erschöpfen darf, sieht STORM das »eigentlich Neue«[28] in Übereinstimmung mit FELDHAUS[29] in dem gemeinsamen Band einer umfassenderen Zielsetzung. Eine solche umgreifendere, koordinierte Zielsetzung bedeutet aber letztlich nichts anderes als die Suche nach Abstraktionsvorstufen oder der Abstraktion selbst, d. h. es gilt, allgemeine, dem Umweltrecht eigene Prinzipien aufzufinden mit gerechten Ausgleichsmöglichkeiten zwischen den einzelnen Gruppeninteressen.[30]

Internationale Vorbilder bieten die gesetzlichen Kodifikationen außerhalb der Bundesrepublik Deutschland, insbesondere wiederum diejenigen, die allgemeine Teile bzw. Vorschriften enthalten, wie z. B. das (japanische) Gesetz über die Grundlagen des Umweltschutzes, in dem sich Regelungen finden über die Zielsetzung des Umweltschutzes, den Begriff der Umweltschäden und die Pflichten der betroffenen Rechtssubjekte. Ähnlich umreißen die §§ 2 und 101 a (amerikanisches) Gesetz über die nationale Umweltpolitik Zweck und Inhalt des Umweltschutzes. Zusätzlich schreiben die §§ 210 ff. dieses Gesetzes die Einführung eines Rates für Umweltpolitik vor. Auch dem (schwedischen) Umweltschutzgesetz lassen

---

27 Agrarrecht 1974, S. 186 f.
28 Ders., a. a. O., S. 187.
29 DÖV 1974, S. 613.
30 Siehe STORM, a. a. O., S. 187.

sich neben einleitenden und abgrenzenden Vorschriften (§§ 1–4) Normen über die Zulässigkeit umweltgefährdender Tätigkeiten (§§ 4–8), Regelungen hinsichtlich der Errichtung von Genehmigungsausschüssen und Voraussetzungen für Genehmigungsverfahren entnehmen. Außerdem enthält dieses Gesetz Entschädigungs- (§ 30), Aufsichts- (§§ 38–44) und Strafbestimmungen (§§ 45 ff.). Allgemeine Grundsatzerklärungen zum Umweltschutz finden sich ferner in den §§ 16–31, 54–71 sowie betreffend die Errichtung von Umweltschutzgremien in den §§ 5–15 Umweltschutzgesetz des Staates Victoria. Ebenso stellt das (kanadische) Umweltschutzgesetz (1971) der Provinz Ontario neben einem Definitionskatalog zusätzlich noch allgemeine Bestimmungen auf. Auch das (dänische) Gesetz über den Umweltschutz enthält in seinem § 1 eine eigene Bestimmung über seine Zielsetzung. Umfassende Zielbestimmungen und Definitionskataloge enthält insbesondere auch das Umweltgesetzbuch von Kolumbien.

Aus allen diesen Vorschriften scheint eine Tendenz deutlich ablesbar zu sein, nämlich die Entwicklung zu instrumentalen, planenden, stark naturwissenschaftlich-technisch orientierten, zentralisierend wirkenden und begrifflich weiten Rechtsnormen, insbesondere zur Wahl von Generalklauseln[31] sowie zu unbestimmten Rechtsbegriffen. Beispielhaft für die neuen Umweltschutzgesetze des Bundes ist etwa das Bundes-Immissionsschutzgesetz mit seinen zahlreichen unbestimmten Rechtsbegriffen – z. B. »schädliche Umwelteinwirkungen«[32] –, deren Tauglichkeit zur Verwendung ULE bereits im Jahre 1973 für das deutsche Umweltrecht bejaht hat.

2. In der Bundesrepublik Deutschland macht die große Zahl bereits bestehender, teilweise relativ umfangreicher Einzelgesetze zum Umweltschutz die eigentliche Problematik einer systematisierenden Kodifikation des Umweltschutzrechts nicht eben einfacher. Wie relativ leicht zu erkennen ist, haben fast alle denkbaren Sachgebiete des Umweltschutzes eine nur noch schwer überschaubare große Anzahl umweltschutzrelevanter Regelungen auf Bundes-, Landes- und Kommunalebene bzw. durch (gemeinschaftsrechtliche) EG-Verordnungen, transformierte EG-Richtlinien oder internationale Abmachungen erfahren. Aber eines fehlt weitgehend – von gelegentlichen Verweisungen, insbesondere auf das Bundes-Immissionsschutzgesetz abgesehen – diesen Gesetzen: die gemeinsame Zuordnung aufeinander, das Miteinander-Verbunden-und-Verzahntsein, der innere Zusammenhalt nach einem bestimmten, allen diesen Rechtsvorschriften vor- oder übergeordneten Prinzip oder gar System. Diese inhaltliche Regelungsunverbundenheit zeigt sich an einer bei den einzelnen Gesetzen ständig schwankenden Terminologie – einem internorma-

---

31 Vgl. insbesondere WÄLDE, AÖR 99 (1974), S. 623 und 624, der entsprechend den Erfahrungen, die im Common Law durch geschmeidige Auslegung und Anpassung von alten Rechtsinstituten gemacht wurden, auch im deutschen Recht „als Vehikel einer Reform des Umweltschutzes" die Anwendung der Generalklauseln des BGB; § 812, Eingriffskondiktion, §§ 823 Abs. 1 und 2, 1004, 1005 und 657 BGB befürwortet.
32 Vgl. die Zusammenstellung bei ULE, DVBl. 1973, S. 757 Anm. 16.

tiven Sprachengewirr – sowie an ganz unterschiedlichen gesetzlichen Strukturen und Ordnungsformen und geht von divergierenden grundsätzlichen Wertentscheidungen bis hin zu echten Widersprüchen zwischen den einzelnen Gesetzen. Eine Einheit der Umweltschutz-Rechtsordnung existiert nicht. Das gegenwärtige Umweltschutzgesetz besteht eher aus einer ungeordneten, immensen Anhäufung von Einzel-, meist Spezialregelungen. Diese sind teils ausgeprägter rechtlicher Substanz, teils eher politisch deklamierend und werden in ständig zunehmendem Umfang naturwissenschaftlich-technisch ausgerichtet. Die einzelnen Gesetze, Rechtsverordnungen etc. sind dabei charakteristischerweise wie lose Mosaiksteine zusammengekehrt, nicht aber zur Darstellung eines Gesamtmotivs zusammengelegt. Im geltenden Umweltschutzrecht gibt es entsprechend seinen vielschichtigen historischen Entstehungsphasen und den mannigfaltig einzelnen Spezialgesetzen grundsätzlich eben auch nur die beschränkt sektorale Motivation, die sich über das einzelne Gesetz hinaus lediglich noch auf dessen Durchführungsverordnungen oder Verwaltungsrichtlinien erstreckt. Über eine rechtstechnische Einfügung in die geltende Rechtsordnung (durch Derogationsregelungen in den Schlußvorschriften zur Vermeidung offenkundiger Normenkollisionen) hinaus, wird eine echte inhaltliche Einstimmung verschiedener Gesetze nur selten versucht. Eine materielle Umweltschutzrechtskonzeption[33] im um- und übergreifenden Sinne fehlt bislang ganz, was schwerwiegende Folgen für die In-Sich-Konsequenz von Umweltschutzrechtsnormen und für die Durchsetzung gesamtwirtschaftlicher Modelle der Verteilung von Umweltkosten hat. Ein solches Gesamtumweltkonzept wird sich allerdings – wenn überhaupt realisierbar – nie auf einige Schlagworte verkürzen lassen, sondern muß ein vielschichtiges Gebilde sein, das stufenweise zu entwickeln ist.

IV. 1. Will man die allgemeinen Vor- und Nachteile einer Umweltschutzrechtskodifikation erkennen und miteinander abwägen, so bedarf es hierfür eines möglichst objektiven und vorurteilsfreien Vorgehens. Insbesondere die Feststellung der Vorteile darf nicht durch subjektive Motivationen wie Umwelteuphorie oder -angst, Phraseologien ideologisch-politischer Art und auch nicht allein durch den anerkannt hohen Stellenwert beeinflußt werden, den der Umweltschutz zur Zeit in der öffentlichen Diskussion einnimmt. Umgekehrt rechtfertigen Ermüdungserscheinungen angesichts gesetzgeberischer Dauerreformen und ein Unbehagen über die angebliche Politmode Umweltschutz ebensowenig eine ablehnende Beurteilung des Kodifikationsvorhabens, wie etwa ein ganz prinzipielles juristisches Beharrungsvermögen, das jeder gesetzlichen Neuregelung kritisch gegenübersteht. Das Unbe-

---

33 Vgl. speziell zur Problematik der Entwicklung solcher Gesamtumweltkonzepte für das schweizerische Recht MÜLLER-STAHEL/RAUSCH/WINZELER, Umweltschutzrecht des Bundes, Gesetzessammlung, 1975, Einleitung S. 22 und 25.

hagen an der gegenwärtigen Überproduktion des Gesetzgebers[34] darf nicht zu einem Postulat der normativen Erstarrung vergröbert werden. Und selbst die grundsätzliche, vielleicht auch gesunde Skepsis des gelehrten Juristen gegen Kodifikationen mit ihrem Pathos des umfassenden Neuanfangs ist als solche kein tragfähiges Argument gegen ein konkretes Kodifikationsprojekt.

Im übrigen kann auch die traditionelle Distanz der Juristen gegenüber Kodifikationen nicht ohne weiteres auf das hier erörterte Kodifikationsprojekt übertragen werden. Handelte es sich bei früheren Kodifikationsvorhaben – wie zuletzt etwa beim Verwaltungsverfahrensgesetz – primär um die Frage, ob aus im wesentlichen ungeschriebenem Recht ein Gesetz geformt werden soll, also um die Frage der Vergesetzlichung selbst, so ist dies angesichts des hohen Normierungsstandes des deutschen Umweltschutzrechts deutlich anders. Es geht bei einer Umweltschutzrechtskodifikation nicht um das Problem, ob eine gesetzliche Regelung überhaupt erfolgen soll, sondern primär darum, ob die schon bestehenden, weit verstreuten umweltschutzgesetzlichen Regelungen zusammengefaßt und in eine neue umfassendere Gesetzesform zusammengegossen werden sollen, was im übrigen die Ausfüllung bestehender Regelungslücken durch die Kodifikation nicht ausschließt.

2. a) Die Absage an ein allgemeines, grundsätzliches Unbehagen an Kodifikationen im Sinne einer hier tragfähigen Argumentation entbindet jedoch nicht davon, bei Aufzählung der Nachteile einer Umweltschutzrechtskodifikation die neuerliche Unruhe zu erwähnen, die hierdurch in das ohnehin gesetzgeberisch derzeit so stark bewegte Umweltschutzrecht gebracht würde. Sollten sich die einzelnen gesetzgeberischen Regelungen nicht erst einmal setzen und ausreichende Erfahrungen hiermit gesammelt werden können, bevor nun eine – jedenfalls formale – neuerliche Umformung durch eine Kodifikation stattfindet? Das ist sicherlich ein schwerwiegendes Argument. Gleichwohl wird dabei zunächst übersehen, daß die nicht unerhebliche Zeit der Vorarbeiten für eine Kodifikation hier im wesentlichen hinreichende Erfahrungs- und Konsolidierungsphasen zuließe. Vor allem darf aber nicht die Chance einer Kodifikation zur stärkeren, – weil durch Grundsatzregelung erfolgenden – langfristigen Beruhigung des Umweltschutzrechts übersehen werden. Freilich, mehr als eine Chance zur umfassenderen normativen Beruhigung ist das nicht, weil natürlich Änderungen der Kodifikation möglich bleiben. Immerhin mag es ein politisches Hemmnis dagegen sein, eine gerade erst fertiggebrachte Kodifikation leichthändig zu ändern.

b) Allerdings ist in dem Problemzusammenhang: Umweltschutzrechtskodifikation und Gesetzesänderung noch der mögliche kodifikationshemmende Einwand der ständigen Fortschreibungsbedürftigkeit des Umweltschutzrechts zu erwähnen. Die weithin zu beobachtende stetige Veränderung der bestehenden umweltschutzbezogenen Rechtsvorschriften ist weniger als rechtliche Fortentwicklung oder als normative Nachzeichnung politischer Tendenzumschwünge, sondern vielmehr im

---

34 Vgl. z. B. KLOEPFER, DÖV 1978, S. 225 f.

Sinne der dauernden Anpassung an den jeweils neuesten Stand naturwissenschaftlich-technischer Erkenntnisse zu verstehen. Diese quasi permanent notwendige Fortschreibung des Umweltschutzrechts ist sicherlich ein wesentliches Hindernis seiner Kodifikation. Der Gedanke, daß kodifiziertes Umweltschutzrecht zum Teil schon veraltetes, unter Ausschöpfung des technischen Entwicklungsstandes bereits überholtes Recht ist,[35] deckt sich zugleich auch partiell mit der Vorstellung REHBINDERS[36] vom »Rückgang des Umweltrechts gegenüber realen Problemen«, wobei hier der Rückhang allerdings nicht nur auf den naturwissenschaftlich-technischen Entwicklungsstatuts beschränkt wird. Jedenfalls hat sich eine Kodifikation nicht nur dem insgesamt wohl zu überwindenden Einwand der veränderungserschwerenden Fassung in Gesetzesform zu stellen (der sich schließlich auch bei Einzelgesetzen ergibt). Vielmehr ist angesichts der voraussichtlichen Dauer eines Kodifikationsverfahrens auch dafür Sorge zu tragen, daß zwischenzeitliche Änderungen in Einzelgesetzen berücksichtigt werden können, ohne daß der Kodifikationsabschluß ins völlig Ungewisse herausgezögert wird.

c) Ein gewichtiger Einwand gegen eine möglichst umfassende Umweltschutzrechtskodifikation ist die Zerstörung bisheriger normativer Zusammenhänge durch eine Kodifikation. Die Herauslösung umweltschutzspezifischer Einzelvorschriften insgesamt umweltschutzspezifischer Gesetze (z. B. Abtrennung des umweltschutzspezifischen Nachbarrechts aus dem BGB) zerreißt gewachsene normative Regelungszusammenhänge. Insoweit ist die Schaffung einer Kodifikation nicht ohne Einbrüche in bisherige Gesetze möglich. Deshalb muß der Kodifikationsgesetz-Geber – auch wenn die bisherigen normativen Zusammenhänge nicht ein unzerstörbarer Selbstwert sind – gegenüber den bisherigen Gesetzen schonend vorgehen und dabei nicht einem rigiden Sammler-Perfektionismus verfallen, zumal eine Umweltschutzrechtskodifikation ohnehin nicht – wie noch zu zeigen sein wird – völlig flächendeckend sein kann. Letztlich wird der Kodifikationsgesetz-Geber bei der Frage nach der Aufnahme umweltschutzspezifischer Einzelvorschriften von insgesamt umweltschutzunspezifischen Gesetzen, die Vorteile der Einführung dieser umweltschutzspezifischen Einzelvorschriften in die Kodifikation und die hiermit verbundene Stärkung der umweltschutzbezogenen Verbindungen zum sonstigen Umweltschutzrecht abwägen müssen mit den Nachteilen der Zerreißung herkömmlicher Regelungszusammenhänge. Leitmaxime der Entscheidung über die Aufnahme in die Kodifikation sollte das Prinzip der größeren inhaltlichen Nähe – zur Kodifikation oder zum bisherigen Gesetz – sein. Der Einwand der Zerstörung gewachsener normativer Zusammenhänge erweist sich damit als durchschlagend nur ge-

---

35 Vgl. STORM, Agrarrecht 1974, S. 186; McLOUGHLIN, a. a. O., S. 16 stellt hinsichtlich der dauernden Anpassung der Rechtsnormen auf den neuesten Entwicklungsstand für Frankreich ausdrücklich fest: „The law in this field is essentially concerned with meticulous regulation, which must constantly be adapted to take into account technical progress."
36 Umwelt 1973, S. 61.

genüber einem Kodifikations-Rigorismus, nicht aber gegen eine schonend betriebene Kodifikation als solche.

d) Wird so ein rigider Sammler-Perfektionismus der Kodifikations-Gebers, sein Streben nach Vollständigkeit um jeden Preis, zurückgewiesen, dann ermöglicht dies zugleich die Relativierung des Einwands, eine Umweltschutzrechtskodifikation des Bundes könne ohnehin nicht umfassend sein und somit ihre Kodifikationsaufgabe von vornherein nur ganz unvollkommen erfüllen.

Zuzugeben ist in der Tat, daß ein realisierbares Kodifikationsvorhaben des Bundes folgende praktisch-politischen Regelungsgrenzen zu beachten hat: Zunächst ist eine Kodifikation politisch nur dann durchsetzbar, wenn in etwa von der bisherigen Aufteilung der umweltschutzrelevanten Gesetzgebungszuständigkeiten zwischen Bund und Ländern ausgegangen wird. Eine Bundeskodifikation muß sich also primär auf die Zusammenfassung der allerdings ohnehin bereits recht flächendeckenden umweltschutzrechtlichen Regelungen des Bundes beschränken. Ähnliches gilt im wesentlichen auch für die Aufteilung zwischen formellgesetzlichen Regelungen einerseits und Regelungen in Rechtsverordnungen und Verwaltungsvorschriften andererseits. Jedoch wird hier – in Nachzeichnung einer zunehmend kräftiger werdenden allgemeinen Tendenz – der Gedanke des Gesetzesvorbehalts im Sinne der Monopolisierung inhaltlich essentieller, genereller Entscheidungen beim parlamentarischen Gesetzgeber verstärkt zu beachten sein. Freilich sollte die Kodifikation dann nicht nur einseitig normative Gehalte in die Ebene des formellen Gesetzes heben, sondern auch die Möglichkeit zur Entschlackung bestehender formell-gesetzlicher Regelungen prüfen. Wenn die Verfassung gebietet, daß »wesentliche« Entscheidungen dem parlamentarischen Gesetzgeber vorbehalten bleiben, ist hieraus auch eine restriktive Leitvorstellung der Verfassung über den Umfang parlamentarischer Normierung (nicht aber eine echte Kompetenzbeschränkung) zu entnehmen. Das Parlament soll nur die wesentlichen Entscheidungen treffen, während technische Konkretisierungen Sache des Verordnungsgebers sein können. Insgesamt bleibt auch bei einer Beschränkung primär auf den bisherigen Regelungsbereich der förmlichen umweltschutzbezogenen Bundesgesetze der Umfang einer Bundeskodifikation des Umweltschutzrechts so groß, daß hieraus keine tragenden Einwände gegen das Kodifikationsprojekt erhoben werden können. Dies gilt jedenfalls, wenn man keinen Kodifikationsperfektionismus anstrebt.

e) Neben diesen durch bundesstaatliche und gewaltenteilende Kompetenzverteilungen bedingten »äußeren« Grenzen einer Kodifikation sind deren mögliche »innere« Grenzen zu beachten. Derartige »innere«, inhaltliche Kodifikationslimitierungen ergeben sich vor allem aus dem bereits vorhandenen Umfang bestehender umweltrelevanter Bundesgesetze mit ihrer das Rechtsleben bereits länger prägenden Kraft. Kodifizieren eröffnet hier nicht wirklich die Möglichkeit eines Zurückgehens auf einen status quo ante, der die bestehenden Normen auslöscht und einen völligen Neubeginn ermöglichen würde. Gesetzgeberisches Tätigwerden in diesem Bereich kann vielmehr in realistischer Betrachtung im wesentlichen nur bedeuten, daß die einzelnen gesetzlichen Bestimmungen daraufhin überprüft werden müssen, inwieweit in ihnen spezifische umweltrelevante Regelungen von grundsätzlicher Bedeutung enthalten sind. Dem folgt die Frage, ob diese allgemeinen Bestimmungen aus den Spezialgesetzen herausgelöst, also gewissermaßen vor die Klammer gezogen werden können, mit der Folge, daß die Einzelgesetze dann inhaltlich stark schrumpfen und unter Umständen auch an Geschlossenheit einbüßen würden. Insoweit ist der Zusammenbau einer systematisierenden Kodifikation – wie erwähnt – ohne Zerstörung bisheriger normativer Zusammenhänge nicht möglich. Insgesamt ist es jedenfalls vollkommen unrealistisch, die Kodifikation mit einer umfassenden Sachreform zu verbinden. Möglich und sinnvoll ist vielmehr neben einer systematisierenden Zusammenfassung mit einer inneren begrifflichen Harmonisierung der verschiedenen Einzelregelungen allenfalls eine begrenzte Sachreform gewissermaßen bei Gelegenheit der Kodifikation.[37] Der Verzicht auf eine gleichzeitige, umfassende Sachreform mag zwar für manchen die Attraktivität einer Umweltschutzrechtskodifikation mindern, steigert aber zugleich die Realisierungschancen.

f) Freilich, in dem Maße, wie eine Kodifikation auf inhaltliche Neuregelungen verzichtet und sich auf mehr technisch-redaktionelle Zusammenfassungen und Harmonisierungen beschränkt, muß sie dem politischen Anspruch und dem Neuerungs-Pathos früherer Kodifikationen entraten. Es wäre eine Illusion zu glauben, daß in unserer Zeit noch Gesetzeswerke etwa vergleichbar denen des Code Civil, des Bürgerlichen Gesetzbuches oder des Codice Cicile geschaffen werden könnten. Diese Kodifikationen sind weitgehend das Ergebnis eines befohlenen Willens, der getreu den Maximen der jeweiligen Staatsraison ausgeführt wurde. Die von der Pluralität der Gruppeninteressen – in der sich auch der Umweltschutz behaupten muß – geprägten Spielregeln des demokratischen Rechts- und Sozialstaates verhindern im Prinzip die Entstehung von Kodifikationen dieses Genres.[38] Typisch in der demokratischen Gesetzgebung ist deshalb der punktuelle Interessenausgleich, weniger aber die normative Prinzipientreue, was jedoch eher technisch-zusammenfassende Kodifikationen nicht ausschließt. Wer als Voraussetzung von Kodifikationen in Anlehnung an historische Vorbilder umfassendere geistige Bewegungen fordert, wird im übrigen für eine Umweltschutzrechtskodifikation nicht ganz zu Unrecht auf die wachstumsskeptische Aufbruchstimmung der ökologischen Bewegung der siebziger Jahre verweisen dürfen, wenn diese natürlich auch keineswegs mit der Aufklärung als kodifikationsgebärende Epoche vergleichbar ist.

Was könnte denn überhaupt die grundlegende Idee einer Umweltschutzrechtskodifikation im Sinne einer geistigen Kodifikationslegitimation sein? Reichen hier

---

37 Vgl. zur „Kodifikation bei begrenzter Sachreform" im Hinblick auf das Sozialgesetzbuch ZACHER, Materialien zum Sozialgesetzbuch, Stand 1977, A 42 ff.
38 Zur Kodifikationsproblematik in der pluralistischen Demokratie siehe KÜBLER, JZ 1969, S. 645 ff.; ESSER, in: 100 Jahre oberste deutsche Justizbehörde, 1977, S. 13 ff. und dazu REDEKER, NJW 1977, S. 11 ff.

Zielformeln wie die der verbesserten Lebensqualität, das Streben nach Ursprünglichkeit, die Vorstellung von den humanen Grenzen des zivilisatorischen Fortschritts oder das Bewußtsein eines Konflikts zwischen dem technisch Machbaren und dem politisch Wünschbaren wirklich aus? Gibt es überhaupt eine nach juristisch-wissenschaftlichen Kriterien aufstellbare Gesamtkonzeption? Ohne in die banalen Schlagworte »Ökonomie contra Ökologie« oder umgekehrt verfallen zu wollen, stoßen sich bei der Materie Umweltschutz die Interessen am qualitativ hochwertigen Leben in einer ungefährdeten Umwelt mit den Belangen nach Wirtschaftswachstum und finanzieller Realisierbarkeit von Umweltschutzvorhaben etc. bekanntermaßen teilweise hart im Raum. Selbst wenn hier die absolut richtige kodifikationstragende Entscheidung, d. h. insbesondere der optimale Interessenausgleich durch entsprechende (wahrscheinlich dilatorische) Zielformeln gefunden würde, bliebe die einzelfallbezogene Verwirklichung dieser im pluralistischen Gesellschaftsgefüge häufig nur eine Utopie. Insgesamt dürfte damit die Erreichung konsensusstiftender normativer Wert-Allgemeinheit durch eine Umweltschutzrechtskodifikation wohl ohnehin nur ein allenfalls unvollständig zu realisierendes Normierungsideal sein. Letztlich wären das Fehlen einer umfassenden, die Kodifikation tragenden Formel und die Beschränkung auf eine mehr technisch redaktionelle Zusammenfassung in einem Zeitalter vorrangig technischer Rechtsregelungen jedenfalls keine entscheidenden Einwände gegen eine Kodifikation, die ohnehin in die Gedanken ihrer Zeit eingebettet und von ihnen mitgeformt würde.

3. Damit ist zugleich die Richtung angedeutet, wo die Vorteile einer realisierbaren Umweltschutzrechtskodifikation am ehesten liegen würden. Nicht so sehr die Realisierung einer umfassenden neuen Idee oder Konzeption staatlichen Umweltschutzes, sondern viel eher technisch-praktische Gründe könnten heute ausreichende Kodifikationslegitimationen bieten.

a) In diesem Sinne sprechen zugunsten einer kodifizierenden Zusammenfassung der gesamten Materie Umweltschutzrecht in einem einheitlichen Gesetzeswerk die bisherige große Fülle und das weitere starke Anwachsen umweltorientierter Normen – vor allem in den siebziger Jahren –, die stetig zunehmende Kompliziertheit und Verstreutheit auf zahlreiche verschiedene Gesetze und Durchführungsvorschriften.[39] Hier würde eine zusammenfassende Kodifikation zunächst eine bessere Überschaubarkeit in dem Sinne schaffen, daß für jedermann leichter erkennbar die einschlägigen Regelungen übersichtlich geordnet aufgeführt werden – wobei freilich der faktische Effekt für den einzelnen Bürger nicht überschätzt werden sollte.

b) Ein wichtiger Vorteil einer Kodifizierung könnte weiterhin ein Abbau des bestehenden Vollzugsdefizits im Umweltschutzrecht durch verbesserte Übersichtlichkeit sein. Das bisherige Vollzugsdefizit ist nach STORM[40] nicht zuletzt auch auf den

---

39 Siehe KLOEPFER, Zum Umweltschutzrecht in der Bundesrepublik Deutschland, 1972, S. 17 sowie Umweltschutzbericht '76, S. 63 Rdn. 109.
40 Agrarrecht 1974, S. 186, ohne daß jedoch ders. deshalb schon positiv eine Kodifikation befürwortet.

bestehenden Umweltnormen-Wirrwarr zurückzuführen und bedeutet nach REHBINDER[41] eine der empfindlichsten Schwachstellen des Umweltrechts überhaupt. Gleichwohl werden von einer Kodifikation als solcher keine Vollzugswunder zu erwarten sein. Zunächst ist festzuhalten, daß einem Bedürfnis nach größerer Überschaubarkeit der vorhandenen Gesetzesmassen im wesentlichen auch durch wirklich vollständige und optisch übersichtlich angeordnete Gesetzestexte – mindestens bis zu einem gewissen, der Praktikabilität aber vielleicht genügenden Grade – Rechnung getragen werden könnte. Die Bemühungen um die Beseitigung bzw. wenigstens die Verringerung des Vollzugsdefizits (u. a. durch Verbesserung administrativer Vollzugsmöglichkeiten, die Einführung besonderer Umweltbeauftragter und vielleicht durch die – freilich ansonsten nicht unproblematische und deshalb nur mit äußerster Behutsamkeit zu betreibende – Verbreiterung der Klagemöglichkeiten einschließlich der verstärkten Partizipationsbefugnisse der Betroffenen in umweltschutzbezogenen Verwaltungsverfahren) wären wohl ebenfalls bei entsprechend vorhandenem politischen Konsensus auch ohne Kodifikation intensiver voranzutreiben. Ferner ist kaum hinwegzuleugnen, daß es bereits genügend umweltschutzrelevante Gesetze gibt, deren Durchsetzung trotz ihrer Bekanntheit für die Rechtsallgemeinheit stagniert bzw. nicht möglich ist. Warum sollte einer neuen Kodifikation im Hinblick auf den Vollzug von vornherein soviel mehr Erfolg beschieden sein? Ist das nicht eher die Frage der Kodifikationsgestaltung und des Kodifikationsinhalts und weniger eine solche nach der Kodifikation selbst? Dabei darf sicherlich nicht unterschätzt werden, daß einem Umweltschutzgesetz des Bundes zwar eine erheblich größere Publizitätswirkung zukäme als den Einzelgesetzen im Umweltschutzrecht, aber ob diese allein schon bewirken könnte, daß das Vollzugsdefizit in größerem Umfang abgebaut würde, bleibt zumindest zunächst offen. Gleichwohl ist die realistische Chance zur Vollzugsverbesserung und -vereinfachung doch ein wichtiges Argument zugunsten einer zusammenfassenden Kodifikation.

c) Im übrigen dürfen die Vorteile einer wenn auch mehr technischen (aber auch inhaltlichen) inneren Harmonisierung des geltenden Umweltschutzrechts durch eine Kodifikation nicht zu gering erachtet werden. Die durch eine Kodifikation ermöglichbare Beseitigung normativer Reibungszonen in der bisherigen Vielfalt der umweltschutzrelevanten Rechtsnormen ist immerhin ein Schritt zur größeren Effektivität des Umweltschutzrechts.

d) Selbst bei einer im wesentlichen nur zusammenfassenden und bereinigenden Kodifikation dürfen auch deren politische Folgewirkungen nicht unterschätzt werden.

Dabei ist einmal an die eher psychologische Wirkung einer Kodifikation als ein »Grundgesetz des Umweltschutzes« zu denken. Gewiß sind derartige Auswirkun-

---

41 Grundlagen des Umweltschutzes. – Umweltschutz aber wie? Rechtliche Hindernisse, rechtliche Möglichkeiten, Schriften der Evangelischen Akademie in Hessen und Nassau Heft 95, S. 21; ferner RabelsZ 40 (1976), S. 404 ff.

gen nur schwerlich meßbarer Art. Dennoch bietet die Kodifikation eine wesentliche Handhabe im Gesetzgebungsstaat, politische Prioritäten und Grundkonsense festzuschreiben. Dieser gewissermaßen auch »symbolische« Effekt einer Umweltschutzrechtskodifikation hat zwar kaum einen nennenswerten rechtlichen, wohl aber einen nicht unerheblichen politischen Stellenwert.

Neben diesen möglichen allgemeinen politischen Folgewirkungen einer Umweltschutzrechtskodifikation sind auch konkrete politische Vorteile vor allem im Bereich der staatlichen Umweltschutzrechtsorganisation zu erwarten. Die Erarbeitung einer Kodifikation in der Exekutive wird nicht nur das damit aufgabenmäßig betraute Ressort aufwerten, sondern insgesamt zu einer verstärkten Koordinierung und Konzentration staatlicher Umweltschutzaktivitäten führen. Diese Koordinierung und Konzentration dürfte sowohl zu einer Stärkung des Umweltschutzanliegens gegenüber anderen politischen Zielen im Ressortgerangel führen, wie auch zu einer gewissen politischen Harmonisierung der staatlichen Umweltpolitik.

Die Kodifizierung wird nicht nur in der Phase ihres Entstehens, sondern auch in der Phase ihres Bestandes, insbesondere hinsichtlich ihres Vollzugs, koordinierende und konzentrierende Wirkung auf die Stellen staatlichen Umweltschutzes haben. Bezüglich des Vollzugs der Umweltschutzrechtskodifikation werden jedenfalls eine Zusammenfassung oder mindestens doch eine verbesserte Zusammenarbeit der hiermit betrauten Verwaltungsstellen erleichtert. Auch insoweit vermag also insgesamt die Umweltschutzrechtskodifikation zu einer Stärkung und Effektuierung der Umweltschutzidee beizutragen.

4. Bei Abwägung der Vor- und Nachteile einer Umweltschutzrechtskodifikation ist zwar ein evidentes Überwiegen der Vorteile nicht zu erkennen. Da aber die Einwände gegen eine Kodifikation im wesentlichen nicht verfangen, sind die hierbei möglichen Vorteilschancen doch von einem erheblichen Gewicht. Die Möglichkeit zur Wahrnehmung dieser Vorteilschancen lassen es deshalb wohl insgesamt geraten erscheinen, ein derartiges Kodifikationsprojekt in Angriff zu nehmen. Übersteigerte Erwartungen sollten freilich unterbleiben; sie würden im Effekt eher schaden als nutzen.

V. Wie könnte das umfassende Projekt einer Umweltschutzrechtskodifikation nun überhaupt verfahrensmäßig realisiert werden?

1. Bei dem Umfang und der Kompliziertheit eines Kodifikationsvorhabens ist davon auszugehen, daß nur die Bundesregierung einen Gesetzesentwurf einbringen wird. Das Verfahren zur Schaffung einer Kodifikation des Bundesumweltrechts als Vorlage der Exekutive richtet sich im wesentlichen natürlich nach den Regelungen der Verfassung und den einschlägigen Geschäftsordnungen und nach üblichen tatsächlichen Vorgehensweisen, die den normalen Werdegang eines Gesetzes prägen.[42]

42 Siehe im einzelnen dazu KLOEPFER, Vorwirkung von Gesetzen, München 1974, S. 12–19.

Der Weg der exekutiven Gesetzgebungsvorbereitung wird im Bundesbereich in der vorparlamentarischen Phase (von Regierungsentwürfen) der parlamentarischen Entwurfserarbeitung durch die Gemeinsame Geschäftsordnung der Bundesministerien, Besonderer Teil (GGO II),[43] geregelt. Hierauf ist an dieser Stelle ebensowenig einzugehen wie darauf, ob die dann wahrscheinliche Federführung beim Bundesminister des Innern zwingend wäre, obgleich sie schon jetzt im Prinzip als wünschenswert erscheint. Auch die Bestimmung von Form und Zeit der erkennbar naheliegenden Einschaltung des Umweltbundesamtes bei der Erarbeitung einer Umweltschutzrechtskodifikation bildet nicht den Gegenstand dieser Ausführungen.

2. a) Hier sollen nur wenige spezifische Fragen am Anfang eines Kodifikationsverfahrens angesprochen werden. Dabei kann die Bundesregierung sinnvollerweise auf ihre Erfahrungen bei der Arbeit an Gesamtkodifikationen wie dem Verwaltungsverfahrensgesetz, dem Sozialgesetzbuch und dem Arbeitsgesetzbuch zurückgreifen. Auch im Bereich der Erarbeitung eines umfassenderen Umweltschutzgesetzbuches ist die Einsetzung einer Sachverständigenkommission mit Vertretern der Bundes- und Landesministerien – mit möglicher institutioneller Verbindung zur Umweltministerkonferenz –, der Gerichtsbarkeit (vornehmlich der Verwaltungsgerichtsbarkeit, ferner Vertretern der ordentlichen Gerichtsbarkeit), der Verbände (insbesondere der Sozialpartner), der Fachkreise – mit denkbarer institutioneller Verbindung zum Rat der Sachverständigen für Umweltfragen – und der Wissenschaft (hauptsächlich mit Vertretern des Öffentlichen Rechts, ferner des Zivil- und möglicherweise des Strafrechts) zu befürworten.

b) Der Bildung einer solchen Kommission sollte allerdings vorausgehen (bzw. am Beginn der Arbeit einer solchen Kommission stehen):
– Die aussondernde Bezeichnung der umweltspezifischen Teile im geltenden umweltrelevanten Recht des Bundes nach den einzelnen (!) Paragraphen und Artikeln, was natürlich noch keine Vorentscheidung über die Aufnahme in die Kodifikation bedeuten kann;
– Die Gesamterfassung der umweltschutzrechtsspezifischen Verwaltungsvorschriften im Bereich des Bundes sowie der einschlägigen technischen Vorschriften (insbesondere DIN, VDI);
– Die Erarbeitung eines skizzenhaften Rohentwurfs (oder mehrerer Rohentwürfe) durch Sachverständige, um die Kommissionsarbeit in weniger als einem Jahrzehnt beenden zu können.

c) Angesichts der hierbei zu erwartenden langen Zeitdauer bis zur Verabschiedung eines Kodifikationsentwurfs sollten die Vorarbeiten möglichst schnell in Angriff genommen werden. Vor allem ist es nicht ratsam, eine weitere Verdichtung des Umweltschutzrechts abzuwarten. Da kaum zu bestreiten ist, daß das Umwelt-

---

43 Bekanntmachung der Neufassung der Gemeinsamen Geschäftsordnung der Bundesministerien; Besonderer Teil (GGO II) Bek. d. BMI vom 15. Oktober 1976 – V II 2 131 300 6 (GMBl. 1976, S. 550–568).

schutzrecht sich – jedenfalls richtungsmäßig – immer stärker zu einem Rechtsgebiet komprimiert, kann unter Einberechnung der voraussichtlichen Kodifikationsdauer und der rechtsgebietsverdichtenden Kraft der Kodifikationserstellung und der hieran ansetzenden Diskussion mit Sicherheit davon ausgegangen werden, daß im Verlaufe der Kodifikationsarbeit die Rechtsgebietsqualität des Umweltschutzrechts für jedermann evident wird.

VI. Auf den möglichen bzw. empfehlenswerten Inhalt einer Umweltschutzrechtskodifikation kann hier nicht eingegangen werden.[44] Es seien hier nur einige Erwägungen für den Inhalt eines etwaigen Bundesumweltschutzgesetzbuches (BUG) thesenartig genannt:

– Es wäre mit dem Grundanspruch einer Kodifikation schwer vereinbar, wenn das BUG nur ausschließlich oder vorwiegend umweltschutzspezifisches Recht aufnehmen und damit umweltschutzspezifische Einzelvorschriften insgesamt nicht vorwiegend umweltschutzspezifischer Normen ausklammern würde.
– Das BUG sollte privatrechtliche Vorschriften, insbesondere ein spezifisches Umweltnachbarrecht enthalten, während von der Einbeziehung arbeitsschutzrechtlicher Vorschriften abgeraten wird. Die Aufnahme des Umweltstrafrechts in das BUG wird empfohlen. Von der Einbeziehung steuerrechtlicher Vorschriften in das BUG ist abzusehen.
– Entsprechend den ausländischen Kodifikationen sollte das BUG einen Allgemeinen und einen Besonderen Teil enthalten. Unter Einbeziehung öffentlichrechtlicher und privatrechtlicher Fragen wird der Allgemeine Teil neben Definitionskatalogen vor allem Typen-Bildungen enthalten.
– Es wäre bei der Erarbeitung des BUG möglich, zunächst nur dessen Allgemeinen Teil zu normieren und daneben die vorhandenen Einzelgesetze des Umweltschutzes fortbestehen zu lassen. Langfristig sollten diese Einzelgesetze aber als besonderer Teil in das BUG eingearbeitet werden.
– Der Allgemeine Teil des BUG sollte Zielbestimmungen enthalten, die allerdings mehr sein müßten als eine nicht vollziehbare und kontrollierbare »politische Prosa«. Deshalb wären insbesondere auch Feinziele (wie Vorsorgeprinzip, Mindest-Status-quo-Erhaltung, Stand der Technik, Qualitätsnormen) und Sekundärziele im Hinblick auf ökologische Verteilungsaspekte (z. B. Verursacherprinzip) in das BUG aufzunehmen. Verfassungskonkretisierende Bestimmungen im BUG wären dann möglich, wenn das Grundgesetz umweltspezifische Vorschriften (etwa über ein Umweltgrundrecht) enthalten würde.

44 Vgl. dazu eingehend KLOEPFER, Systematisierung des Umweltschutzrechts, Berichte des Umweltbundesamtes, 8/78, 1978, S. 95 ff.

– Im Allgemeinen Teil des BUG könnten individuelle Umweltrechte und -pflichten geregelt werden. Die Begriffsbestimmungen im Allgemeinen Teil sollten sich vor allem auch dem Umweltbegriff zuwenden.
– Das BUG sollte in seinem Allgemeinen Teil bestehende Organisations- und Zuständigkeitsregelungen zusammenfassen. Außerdem könnten hier Rechtsetzungsermächtigungen aufgenommen werden. Des weiteren wäre dort auch der Platz für die allgemeine Ausgestaltung von Vollzugsregelungen und Prüfungsverfahren im Umweltschutzbereich.
– Vorschriften über die Beteiligung Privater können sich im Allgemeinen Teil des BUG vor allem den Betriebsbeauftragten für Umweltschutz sowie der öffentlich-rechtlichen Stellung von Umweltschutzverbänden zuwenden.
– Der Allgemeine Teil des BUG könnte einen eigenen Abschnitt über Instrumentarien und Handlungsformen des Umweltschutzes enthalten und dabei Regelungen über folgende Teilgebiete aufnehmen: Umweltplanung, Standortplanung, Umweltverträglichkeitsprüfung, Verbote mit Erlaubnisvorbehalten (mit Bestimmungen über Genehmigungsinhalte, -verfahren, -voraussetzungen und -beseitigungen) sowie Untersagungsermächtigungen. In diesen Abschnitt könnten weiter neben möglichen Vorschriften über Umweltabgaben auch allgemeine Bestimmungen über öffentliche Leistungsverhältnisse im Umweltschutzrecht mit Regelungen über Nutzungsverhältnisse bei öffentlich-rechtlichen Umweltschutzeinrichtungen sowie über Umweltschutzsubventionen aufgenommen werden.
– Schließlich wären in den Allgemeinen Teil des BUG noch Bestimmungen des Umwelthaftungsrechts und des umweltschutzspezifischen Straf- und Ordnungswidrigkeitenrechts einzubeziehen.
– Das schwierigste Problem eines besonderen Teils des BUG ist die Systematisierung des vorhandenen umfassenden Rechtsstoffes. Den möglichen Gliederungen nach exekutiver Ressortierung, nach Lebenssachverhalten, nach Gefahrenquellen und -formen oder nach Schutzobjekten ist die Systematisierung nach Umweltschutzaktivitäten vorzuziehen. Danach könnte der besondere Teil des BUG wie folgt gegliedert werden:
  – Raumordnung, Landesplanung, Siedlungsgestaltung
  – Naturschutz, Landschaftspflege
  – Erholungssicherung?
  – Kontrolle der Umweltchemikalien
  – Abfallbeseitigung, Landschaftsreinhaltung
  – Gewässerschutz
  – Immissionsschutz (Luftreinhaltung, Lärmbekämpfung)
  – Strahlenschutz
  – Entwicklung neuer Umwelttechnologien?
– Es wird empfohlen, in den besonderen Teil des BUG (jedenfalls vorerst) nur folgende Regelungsgebiete aufzunehmen:
  – Naturschutz und Landschaftspflege

- Abfallbeseitigung
- Gewässerschutz
- Immissionsschutz (Luftreinhaltung, Lärmbekämpfung)
- Strahlenschutz
- Kontrolle von Umweltchemikalien.
- Während dabei im allgemeinen die vorhandenen Regelungen inhaltlich weitgehend übernommen werden könnten, ist eine umfassende Neuordnung im Recht der Umweltchemikalien notwendig.

VII. Die vorsichtige Skepsis, mit der hier zu einer Umweltschutzrechtskodifikation geraten wird, gebietet jedoch zugleich folgende Einschränkung: Eine solche schwierige Aufgabe sollte der Gesetzgeber nur in Angriff nehmen, wenn er über genügende fachliche und zeitliche Kapazitäten verfügt, damit dieses Gesetzeswerk auch gelingt. Sonst wäre besser der bisherigen Situation mit den vorhandenen Teilregelungen der Vorzug zu geben. Der große gedankliche Wurf wird bei einer Kodifikation indes ebenso wenig zu verlangen sein wie das perfekte Gesetzessystem. Aber mindestens gediegenes handwerkliches Können, d. h. ein wirkliches, heute aber leider nicht mehr selbstverständliches Beherrschen der Gesetzgebungstechnik ist für eine Kodifikation unerläßlich. Insgesamt gilt hier: Besser keine Kodifikation als eine schlechte.

Neuere Entwicklungen des Naturschutz- und Landschaftspflegerechts in der Bundesrepublik Deutschland

Hermann Soell, Regensburg*

I. Gesetzgebungskompetenz des Bundes und Entwicklung des Bundesnaturschutzgesetzes

1. Nach moderner Erkenntnis, die sich seit zehn Jahren mehr und mehr durchgesetzt hat,[1] reicht der traditionelle Naturschutz in seiner vorwiegend konservierenden Funktion nicht aus, um die Natur und Landschaft als die natürliche Lebensgrundlage des Menschen vor den schädlichen Einwirkungen der fortschreitenden

---

* Bei der Sammlung des Materials und der Ausgestaltung der Anmerkungen hat Herr Rechtsreferendar Johann Kärtner sehr wesentlich mitgewirkt, wofür ich ihm herzlich danke.

Bei dem Vergleich des Bundesnaturschutzgesetzes mit den Länderregelungen auf dem Gebiete des Naturschutzes und der Landschaftspflege wurden folgende Gesetze bzw. Gesetzentwürfe berücksichtigt:

Gesetz über Naturschutz und Landschaftspflege (Bundesnaturschutzgesetz – BNatSchG) vom 20. 12. 1976, BGBl. I S. 3 573 (zit.: BNatSchG);

Baden-Württemberg:	Gesetz zum Schutz der Natur, zur Pflege der Landschaft und über die Erholungsvorsorge in der freien Landschaft (Naturschutzgesetz) vom 21. 10. 1975, GBl. S. 654 (zit.: NatSchG Bad.-Württ.)
Bayern:	Gesetz über den Schutz der Natur, die Pflege der Landschaft und die Erholung in der freien Natur (Bayerisches Naturschutzgesetz) vom 27. 7. 1973, GVBl. S. 437 (zit.: BayNatSchG)
Berlin:	Antrag der Fraktion der SPD und der Fraktion der FDP über Gesetz über Naturschutz und Landschaftspflege von Berlin (Berliner Naturschutzgesetz – NatSchG Bln) DS 7/1 024 vom 21. 10. 1977 (zit.: SPD/FDP-Entwurf/Berlin)
	Antrag der Fraktion der CDU über Gesetz zum Schutze der Natur, zur Pflege der Landschaft und über die Erholungsvorsorge (Landschaftspflegegesetz), DS 7/896 vom 3. 6. 1977 (zit.: CDU-Entwurf/Berlin)

technisch-industriellen Entwicklung zu schützen.² So wichtig die bewahrende Aufgabe, Pflanzen und Tiere, Naturschutzgebiete, Naturdenkmale und sonstige wertvolle Landschaftsteile zu erhalten, auch weiterhin bleibt und so sehr sich insoweit die Konzeption des Reichsnaturschutzgesetzes bewährt hatte, so notwendig ist doch jetzt ein aktives Eingreifen, um die komplexe ökologische und soziale Funktion von Natur und Landschaft zu verbessern oder überhaupt erst zu entfalten.

Neben den Bereichen Flächenschutz und Artenschutz im Sinne des Reichsnaturschutzgesetzes waren deshalb gesetzliche Regelungen erforderlich über

- den allgemeinen Schutz, die Pflege und die Entwicklung der Leistungsfähigkeit des Naturhaushaltes;
- die Erhaltung oder Wiederherstellung der dauerhaften Nutzungsfähigkeit der Naturgüter Boden, Wasser, Luft, Klima, Pflanzen- und Tierwelt;
- die Mittel zur Steuerung des Konfliktes zwischen den wachsenden Bedürfnissen der Gesellschaft an Natur und Landschaft und dem begrenzten Naturpotential zur Sicherung der Lebensgrundlagen und Erholungsvoraussetzungen in Natur und Landschaft³.

Notwendig wurden insbesondere Vorschriften über die Landschaftsplanung, deren raumbezogene Zielsetzungen in die Programme und Pläne der Raumordnung integriert werden müssen, weil darin »die konkurrierenden Ansprüche an den Raum abzustimmen und zusammenfassend darzustellen sind«.⁴

Hessen: Regierungsentwurf eines Hessischen Ausführungsgesetzes zum Bundesnaturschutzgesetz (zit.: Hess. NatSchG)

Nordrhein-Westfalen: Gesetz zur Sicherung des Naturhaushalts und zur Entwicklung der Landschaft (Landschaftsgesetz) vom 18. 2. 1975, GV.NW. S. 190 (zit.:LandschaftsG NRW)

Rheinland-Pfalz: Landespflegegesetz (LPflG) vom 14. 6. 1973, GVBl. S. 147 (zit.: LPflG Rhld.-Pf.)

Saarland: Gesetzentwurf der Regierung des Saarlandes betr. Gesetz über den Schutz der Natur und die Pflege der Landschaft (Saarländisches Naturschutzgesetz – SNG), Drs. 7/280 vom 13. 2. 1976 (zit.: Entwurf Saarland)

Schleswig-Holstein: Gesetz für Naturschutz und Landschaftspflege (Landschaftspflegegesetz – LPflG) vom 16. 4. 1973, GVOBl. Schl.-H. S. 326 (zit.: LPflG Schl.-H.)

1 Beginnend etwa mit den „Leitsätzen für gesetzliche Maßnahmen auf dem Gebiet der Landespflege", die der Deutsche Rat für Landespflege schon 1967 verabschiedet hat – vgl. zu der Entwicklung RUDOLF STICH, Notwendigkeit und Inhalt eines modernen Naturschutz- und Landschaftspflegerechtes, DVBl. 1972, S. 201 ff. (202 f.). Zur Entwicklung in Japan vgl. BIN TAKADA/HISASHI HIRAOKA/MASAYOSHI KOYAMA/OSAMU MIYOSHI/ REINHARD NEUMANN, Das Recht auf menschenwürdige Umwelt in Japan, DVBl. 1978, S. 679 ff.

2 STICH, a. a. O., S. 203; BT-Drs. 7/3 879 – Gesetzentwurf des Bundesnaturschutzgesetzes, Begründung A I 1 (S. 16).

3 Ich habe hier zusammenfassende Formulierungen aus der BT-Drs. 7/886, Reg.-Entwurf, Begründung S. 25, übernommen. Siehe auch BT-Drs. 7/3 879, Begründung S. 16 und STICH, a. a. O. (Fn. 1), S. 203.

4 Daß das Raumordnungsrecht und verschiedene Landesplanungsgesetze die Belange des Naturschutzes und der Landespflege bisher schon teilweise mitberücksichtigt haben,

2. Der Bund hatte lange gezögert, von seiner Rahmenkompetenz gemäß Art. 75 Ziff. 2 GG Gebrauch zu machen. Auch nachdem das Bundesverfassungsgericht in seiner Entscheidung vom 14. Oktober 1958 festgestellt hatte, daß das Reichsnaturschutzgesetz nur als Landesrecht fortgalt,[5] hielt der Bund es über ein Jahrzehnt nicht für erforderlich, bundesgesetzliche Direktiven für die weitere Entwicklung des Naturschutzrechtes zu geben. Das mag damit zu erklären sein, daß die Länder trotz ihrer Zuständigkeit das Reichsnaturschutzgesetz nur in Verfahrensregelungen und Strafbestimmungen geändert, jedoch bis zu Beginn der 70er Jahre umfassende Neukodifizierungen nicht vorgenommen haben.

Nach 1970, in der ersten Legislaturperiode der sozialliberalen Koalition, suchte der Bund dann eine konkurrierende Gesetzgebungsbefugnis auf allen wichtigen Gebieten des Umweltschutzes zu erhalten, also auch für Naturschutz und Landschaftspflege. Zur Begründung wurde angeführt, daß die umfassende Sicherung des »Wirkungsgefüges der natürlichen Landschaftsfaktoren«, Garantien für einigermaßen gleiche Erholungsmöglichkeiten der Bevölkerung in allen Teilen der Bundesrepublik, gleiche Standortbedingungen bei Nutzungsbeschränkungen des Naturpotentials und die Koordinierung des Europäischen Naturschutzrechtes, dringend eine bundeseinheitliche Regelung erforderlich machten, für die die Rahmenkompetenz nicht ausreiche.[6] Der Bundesrat hat dem von Anfang an widersprochen.[7] Er verwies darauf, daß ein Rahmengesetz sehr wohl in dem erforderlichen Maße die Rechtseinheit im Bundesgebiet herstellen könne. Denn es konnte dem Umfang nach etwa der Regelung des Reichsnaturschutzgesetzes entsprechen. Andererseits bliebe, entsprechend der abgewogenen Kompetenzverteilung des Grundgesetzes, den Ländern der notwendige Spielraum, um die Besonderheiten der jeweiligen Landschaft im Naturschutzrecht berücksichtigen zu können. »Ein auf der Grundlage einer Vollkompetenz des Bundes erlassenes Naturschutzgesetz müßte«, wie der Bundesrat betont, »um der Vielgestaltigkeit der Landschaften gerecht zu werden, sich selbst die Schranken auferlegen, an die der Rahmengesetzgeber von Verfassungs wegen gebunden ist«.[8]

Die Auffassung des Bundesrates und verschiedener Stimmen in der Literatur[9] erweist sich als zutreffend, wenn man die ersten Gesetzesentwürfe, die noch als solche der konkurrierenden Gesetzgebungsbefugnis vorgelegt wurden, mit dem Text des verabschiedeten BNatSchG vergleicht. Dabei läßt sich nämlich eine weitgehende Identität des Regelungsgehaltes feststellen mit Ausnahme der Vorschriften über ein Landschaftsprogramm des Bundes, auf das er verzichtet hat. Dieser Ver-

---

wird von STICH, a. a. O. (Fn. 1), mit Recht hervorgehoben. Besonders deutlich ist der Zusammenhang dann auch in der Denkschrift der Ministerkonferenz für Raumordnung vom 15. Juni 1972 hervorgehoben worden. Vgl. BT-Drs. 7/3 879, Begründung S. 16.

5 Vgl. BVerfGE 8, 186.
6 Vgl. BT-Drs. 6/1 298, Begründung S. 5 und BT-Drs. 7/885, Begründung S. 5 ff., eingehender.
7 Vgl. die zusammenfassende Stellungnahme BT-Drs. 7/885, S. 9 (Anlage 2).

zicht ist wohlbegründet. Denn für die gesetzliche Regelung eines solchen Bundesprogrammes besteht kein Anlaß. Einmal ist nicht ersichtlich, was in einem solchen Programm mit entsprechend großem Maßstab in einer Weise geregelt werden müßte, daß es dafür einer gesetzlichen Grundlage im Bundesnaturschutzgesetz bedürfte. Auch aus dem Gesichtspunkt der grenzüberschreitenden Planung ist ein Landschaftsprogramm des Bundes nicht geboten. Denn die grenzüberschreitende Planung zwischen den Ländern hat in der Vergangenheit keine prinzipiellen Schwierigkeiten bereitet, wie vor allem die Errichtung großräumiger Naturparke beweist.[10]

Im übrigen hätten sich bei einem Bundeslandschaftsprogramm ganz ähnliche Probleme ergeben, wie sie sich bei einem Bundesraumordnungsprogramm stellen.[11] Schließlich hätte eine Vollregelung des Bundes auch die Gefahr mit sich gebracht, daß weitergehende Länderregelungen auf einen bundeseinheitlichen Mindeststandard nivelliert worden wären, was dem Naturschutz in bestimmten Ländern, wenn man etwa an die Verwendung chemischer Mittel, an Betretungsrechte und Anbauverbote an Gewässern denkt, abträglich gewesen wäre.

3. Das Bundesnaturschutzgesetz (BNatSchG) ist ein Gesetz der Rahmengesetzgebung. Das Wesen des Rahmengesetzes besteht darin, daß der Bund zwar grundsätzlich nur Rechtssätze mit Richtliniencharakter zu erlassen hat. Das schließt jedoch nicht aus, daß in dem Rahmengesetz auch einzelne abschließende Bestimmungen enthalten sind, sofern nur die Länder die Möglichkeit haben, ergänzende und ausführende Regelungen von substanziellem Gewicht zu treffen.[12]

a) Unmittelbar geltende Detailregelungen hat der Bund z. B. in den Vorschriften über die Ziele, Grundsätze und Aufgaben der Behörden (§§ 1–3), über das Zusammenwirken der Länder bei der Planung (§ 7), das Verfahren bei der Beteiligung von Bundesbehörden (§ 9) und in den Verordnungs-Ermächtigungen an den Bundesminister für Ernährung, Landwirtschaft und Forsten zum Erlaß von Vorschriften über die Ein-, Aus- und Durchfuhr bestimmter Tiere und Pflanzen (§ 23 und § 26 Abs. 3) erlassen.

---

8 Außerdem beruhte das Durchsetzungsdefizit nach Ansicht des Bundesrates teilweise nicht auf fehlenden Vorschriften, sondern auf „entgegenstehenden Interessen", mangelndem Verständnis oder fehlenden Haushaltsmitteln. Vgl. BT-Drs. 7/885, S. 9 (Anlage 2).
9 Vgl. z. B. Johann Mang, Ein neues Bundesgesetz für Naturschutz und Landschaftspflege?, BayVBl. 1970, S. 317 ff.
10 Auf beide Gesichtspunkte wird mit Recht in BT-Drs. 7/3 879, Begründung S. 20, hingewiesen.
11 Siehe dazu etwa Richard Buchsbaum, Das Bundesraumordnungsprogramm und seine Verbindlichkeit, DÖV 1975, S. 545 ff; Wolfgang Suderow, Rechtsprobleme des Bundesraumordnungsprogrammes, Münster (Westf.) 1975, Beiträge zum Siedlungs- und Wohnungswesen und zur Raumplanung, Bd. 18; Christoph Trzaskalik, Verfassungsrechtliche Probleme einer Bundesraumplanung, Die Verwaltung, Bd. 11 (1978) Heft 3, S. 273 ff.
12 Vgl. BVerfGE 4, 127 ff.; 25, 152 ff.; 36, 202.

b) Umgekehrt hat der Bundesgesetzgeber den Ländern wichtige Regelungsbereiche auf dem Gebiet des Naturschutzes zur eigenen gesetzgeberischen Gestaltung überlassen. Ich verweise etwa auf die Landschaftspläne (§ 6), die Behandlung der Eingriffe in Natur und Landschaft (§ 8), die Regelung der Duldungspflichten für Eigentümer und Nutzungsberechtigte (§ 10), die Pflegepflicht im Siedlungsbereich (§ 11), den Artenschutz (§ 26 Abs. 1), das Betretungsrecht (§ 27) und a. m.

Sieht man sich das Bundesnaturschutzgesetz genauer an, dann wird zweifelhaft, ob der Bund seine Rahmenkompetenz voll ausgeschöpft hat. Da es sich bei dem schließlich verabschiedeten Bundesgesetz um einen Kompromiß handelt, der in weiten Teilen von dem Entwurf des Bundesrates[13] ausgeht, legt er, was die Regelungsintensität anlangt, eine erhebliche Zurückhaltung an den Tag.[14] So werden den Ländern 14, zum Teil wesentliche, Ermächtigungen zur Ergänzung und Konkretisierung des Gesetzes eingeräumt. Neben einem Verzicht auf Vorschriften über Wander- und Radfahrwege, dem freien Zugang zu den Gewässern, über die Freihaltung von Ufern, Küsten, Bergkuppen und Steilhängen vor Bebauung und über Durchgänge für die Allgemeinheit, die rechtsgrundsätzlich auch auf der Basis der Rahmenkompetenz hätten behandelt werden können,[15] macht sich die Zurückhaltung des Bundes vor allem auf dem Gebiet der Planung negativ bemerkbar. So wird beispielsweise in § 6 BNatSchG recht eingehend Begriff und Inhalt des Landschaftsplanes als Planungsinstrument für die örtliche Ebene behandelt. Offen bleibt dagegen seine Rechtswirkung. Auch für die Verzahnung mit der Bauleitplanung[16] ist ein zu weiter Spielraum gelassen, wenn es in § 6 Abs. 3 BNatSchG lediglich heißt, daß auf die »Verwertbarkeit des Landschaftsplanes für die Bauleitplanung Rücksicht zu nehmen« ist, und es den Ländern überlassen bleibt, ob sie bestimmen wollen, daß die Darstellungen des Landschaftsplanes »als Darstellungen oder Festsetzungen in die Bauleitpläne aufgenommen werden«.[17]

Wünschenswert wäre dagegen eine Regelung gewesen, wie sie jetzt im Entwurf des Landes Rheinland-Pfalz vorgeschlagen wird,[18] nämlich die Integration des Landschaftsplanes in den Flächennutzungsplan und des Grünordnungsplanes in den Bebauungsplan. Soweit erforderlich ist, wie § 11 Abs. 2 des genannten Entwurfes sagt,

»der angestrebte Zustand von Natur und Landschaft und die notwendigen

---

13 Vgl. BT-Drs. 7/3 879 vom 24 7. 1975.
14 Erwin STEIN, Die neue Situation im Naturschutzrecht im Bund und in den Ländern, Jahrbuch für Naturschutz und Landschaftspflege, Bd. 25 (1976), S. 21 ff., spricht vom »Weg des geringsten Widerstandes«.
15 So zutreffend STEIN, a. a. O. (Fn. 14), S. 23 f.
16 Das rügt auch STEIN, a. a. O. (Fn. 14), S. 23.
17 Vgl. § 6 Abs. 4 BNatSchG.
18 Vgl. § 11 des Gesetzentwurfes der Landesregierung von Rheinland-Pfalz über ein Landesgesetz zur Anpassung des Landespflegegesetzes an das Bundesnaturschutzgesetz vom 22. 2. 1978, LT-Drs. 8/2 893.

Schutz-, Pflege- und Entwicklungsmaßnahmen im Flächennutzungsplan darzustellen und im Bebauungsplan festzusetzen«.

Die Vorteile einer solchen Integration des Landschaftsplanes in die Bauleitplanung liegen einmal darin, daß Streit um die Rechtsnatur des Landschaftsplanes vermieden und auf eine eigene Verfahrensregelung verzichtet werden kann. Bei einer materiellen Integration besteht zudem die größere Chance, daß der Landschaftsplan im Vollzug der Bauleitplanung verwirklicht wird, als wenn er in Form einer Fachplanung selbständig neben Flächennutzungs- und Bebauungsplan steht.

II. Zur Problematik von Umweltgrundrechten

1. Die Diskussion über die Frage, ob und in welcher Weise es wünschenswert, nützlich oder erforderlich ist, ökologische Grundrechte zu schaffen, ist noch immer nicht beendet.[19] Ich meine nach wie vor, daß das Sozialstaatsprinzip in Verbindung mit dem Schutz der Würde des Menschen prinzipiell eine hinreichende allgemeine Legitimationsgrundlage für die staatliche Verantwortung auf dem Gebiet des Umweltschutzes abgibt. Im Regelfall können ökologische Grundrechte, und damit teilen sie das Schicksal der sozialen Grundrechte, die Umweltverpflichtungen des Staates *nicht* verdichten oder eine intensivere legislative Bindung erreichen. Denn ihnen fehlt regelmäßig die Vollzugsreife, was bedeutet, daß ihre Direktiven erst der gesetzlichen Ausformung bedürfen. Sache des Gesetzgebers wäre es auch, bei der Existenz von Umweltgrundrechten den Inhalt des notwendigen Umweltschutzprogrammes, seinen Stellenwert gegenüber anderen staatlichen Aufgaben z. B. auf dem Gebiet der Sozial- und Bildungspolitik, die Reihenfolge seiner Abwicklung und seine finanzielle Absicherung zu bestimmen.[20]

Auch zur verfassungsrechtlichen Ausbildung der ökologischen Schranken des Freiheitsgebrauchs nach Art. 14, 12, 2 Abs. 1 Grundgesetz (GG) wird regelmäßig das Sozialstaatsprinzip die gleichen Dienste leisten können, zumal kaum noch streitig sein dürfte, daß die Gemeinverträglichkeit auch durchgängiges Element der Sozialbindung dieser Grundrechte ist.[21] Ich bleibe deshalb auch heute noch bei meiner prinzipiellen Schlußfolgerung, daß die Erfüllung des ökologischen Verfassungsauf-

---

19 Zum früheren Diskussionsstand vgl. etwa HERMANN SOELL, Rechtsfragen des Umweltschutzes, WiR 1973, S. 72 ff. (84 ff.); für die jüngste Zeit vgl. etwa HEINHARD STEIGER, Mensch und Umwelt – Zur Frage der Einführung eines Umweltgrundrechts, Beiträge zur Umweltgestaltung, Heft A 32, Berlin 1975; CHRISTOPH SENING, Zum Umweltgrundrecht des Bürgers, BayVBl. 1978, S. 205 f.; MICHAEL KLOEPFER, Zum Grundrecht auf Umweltschutz, Vortrag gehalten vor der Berliner Juristischen Gesellschaft am 18. Januar 1978, Schriftenreihe der Juristischen Gesellschaft e. V. Berlin, Heft 56, Berlin 1978.
20 Darauf habe ich schon 1973 hingewiesen, und ich sehe mich bis heute nicht veranlaßt, meinen Standpunkt zu revidieren.
21 Vgl. die Nachweise in meinem schon zitierten Aufsatz, WiR 1973, S. 89 (Fn. 98/99).

trages keine Frage der Grundrechtsgewähr, sondern eine solche der legislativen Zuständigkeit ist.

2. Zu fragen ist allerdings, ob dieses grundsätzliche Ergebnis für den Bereich des Naturschutzes nicht modifiziert werden muß. Denn *bundesrechtlich* erscheint der Anspruch des einzelnen Bürgers auf Naturgenuß, Freizeitgestaltung und Erholung in der freien Natur mit all den Folgerechten nicht genügend abgesichert. Das Bundesnaturschutzgesetz will keine subjektiven Rechte des einzelnen begründen, sondern enthält nur objektive Maßstäbe. Selbst das Betretungsrecht, das in § 27 BNatSchG geregelt ist, enthält nur eine Mindestregelung, die schon deshalb nicht befriedigt, weil die Länder u. a. auch ermächtigt werden, dieses Betretungsrecht zur Wahrung »anderer schutzwürdiger Interessen des Eigentümers« einzuschränken. Zudem bleibt der in § 27 BNatSchG festgelegte Standard weit hinter einzelnen landesrechtlichen Regelungen zurück.[22] Insofern macht sich das Fehlen eines Grundrechtes auf Naturgenuß in der Bundesverfassung in der Bundesnaturschutzgesetzgebung doch recht negativ bemerkbar.

Vorbildlich ist hier der bayerische Rechtszustand. Schon auf der Ebene der bayerischen Verfassung (BV) bestimmt die bekannte Vorschrift des Art. 141 Abs. 3:

»Der Genuß der Naturschönheiten und die Erholung in der freien Natur, insbesondere das Betreten von Wald und Bergweide, das Befahren der Gewässer und die Aneignung wild wachsender Waldfrüchte in ortsüblichem Umfang ist jedermann gestattet. Staat und Gemeinde sind berechtigt und verpflichtet, der Allgemeinheit die Zugänge zu Bergen, Seen, Flüssen und sonstigen landschaftlichen Schönheiten freizuhalten *und allenfalls durch Einschränkungen des Eigentumsrechtes* freizumachen, sowie Wanderwege und Erholungsparks anzulegen«.

Der Kontrast zu § 27 BNatSchG ist deutlich. Während Art. 141 Abs. 3 BV die Sozialbindung des Grundeigentümers scharf betont und Staat sowie Gemeinde verpflichtet, das verfassungsrechtlich verbürgte Recht auf Naturgenuß auch realiter zu ermöglichen, indem die Zugänge zu den Naturschönheiten notfalls durch Einschränkungen des Eigentumsrechtes freigehalten werden, ist § 27 BNatSchG eher um eine Rücksichtnahme auf die zivilrechtlichen Ausschließungsrechte des Grundeigentümers bemüht.

Art. 141 Abs. 3 BV enthält nach einhelliger Ansicht ein Grundrecht,[23] zugleich aber auch objektive Direktiven an den Gesetzgeber, die er im Naturschutzrecht weiter zu konkretisieren hat. Das bayerische Naturschutzgesetz von 1973 ist diesem Verfassungsauftrag in weitem Umfang nachgekommen, wenn man sich die Vorschriften über das Betretungsrecht (Art. 22), die Benutzung von Privatwegen zum Wandern und Radfahren (Art. 23) und die sportliche Betätigung (Art. 24) vergegenwärtigt. Das Betretungsrecht kann nach dem bayerischen Gesetz (Art. 29)

---

22 Das moniert auch STEIN, a. a. O. (Fn. 14), S. 23.
23 Vgl. CHRISTIAN SAILER, Das Grundrecht auf Naturschutz, BayVBl. 1975, S. 405 ff. mit den Belegen in Fn. 7 und BayVerfGHE vom 27. 10. 1976, BayVBl. 1977, S. 208 ff.

nur unter engen, enumerativ aufgeführten Voraussetzungen durch den Grundeigentümer beschränkt werden. Zudem bedarf er für die Errichtung von Sperren einer Genehmigung (Art. 30). Nachdrücklich wird auch die objektivrechtliche Verpflichtung des Freistaates Bayern, der Bezirke, Landkreise und Gemeinden betont, das Recht auf Naturgenuß zu gewährleisten und die Voraussetzungen seiner Verwirklichung zu schaffen (Art. 33).

3. Nach bisher herrschender Ansicht verbürgt Art. 141 Abs. 3 S. 1 BV ein Grundrecht zum Betreten der *vorhandenen* freien Natur, nicht aber ein *Abwehrrecht* gegen Veränderungen der Natur durch Eingriffe in den Bestand an Naturschönheiten.

Seit Inkrafttreten der BV haben sich jedoch die tatsächlichen Möglichkeiten zum Genuß der Naturschönheiten und zur Erholung in der freien Natur zum Nachteil der Erholungsuchenden durch Verbrauch der Landschaft für Zwecke der Besiedelung, Industrialisierung, Verkehrserschließung u. a. m. schwerwiegend verringert.

Häufig genug werden schwere und unnötige Eingriffe geduldet oder genehmigt, die mit dem Naturschutzrecht nicht vereinbar sind, etwa – um nur ein paar Beispiele zu nennen – wenn wertvolle Waldbestände für Verwaltungsbauten gerodet, in Landschaftsschutzgebieten Ferienzentren geplant oder Kiesgruben errichtet und Straßen projektiert, sowie Wiesen von Alpenrosen entlaubt werden.[24] Die verfassungstheoretischen Gründe für derartige Vollzugsdefizite, die ja Gemeinwohldefizite sind, hängen nicht zuletzt mit dem mangelnden politischen Eigengewicht der Verwaltung und der größeren Durchsetzungskraft von Sonderinteressen, die besser organisiert sind, zusammen.[25] Gleichwohl sind bisher alle Versuche,[26] mit dem Gedanken des Grundrechtswandels wegen grundlegender Veränderung der Normsituation aus Art. 141 Abs. 3 BV ein Abwehrrecht gegen *rechts*widrige Eingriffe in Naturschönheiten abzuleiten,[27] am Widerstand des Bayerischen Verfassungs-Gerichtshofs (BayVerfGH)[28] gescheitert. Die jüngste Entscheidung vermag mich nicht zu überzeugen. Im Zentrum der Gründe, die den VerfGH haben zögern lassen, Art. 141 Abs. 3 BV auch als Abwehrrecht zu interpretieren, steht die Befürchtung, daß auf diese Weise die Grenze von der Inhaltsbindung des Grundeigentums zur Enteignung überschritten, also Art. 14 GG verletzt würde.

Das vermag bei der Beschränkung des Abwehrrechtes auf *rechtswidrige,* also auf Verstoß gegen das Naturschutzrecht beruhende Eingriffe in Naturschönheiten *nicht*

---

24 Beispiele, die SAILER erwähnt, a. a. O., S. 405 ff.
25 Vgl. dazu etwa meine Diskussionsbeiträge in: Contra und Pro Verbandsklage, Anhörung des Arbeitskreises für Umweltrecht, Berlin 1976, S. 59 f., 75, sowie zum Thema Verwaltungsverantwortung und Verwaltungsgerichtsbarkeit, VVDStRL. H. 34 (1976), S. 314. Siehe auch SAILER, a. a. O., S. 405.
26 Urteil des VG München vom 13. 12. 1973, BayVBl. 1974, S. 198 ff., 226 ff. mit Anm. Peter-Cornelius Mayer-Tasch, BayVBl. 1974, S. 230 f.
27 Siehe dazu insbesondere SAILER, a. a. O., S. 405 ff. (409 f.).
28 BayVBl. 1977, S. 208 ff.

zu überzeugen. Denn die Veränderung oder wirtschaftliche Nutzung von Grundstücken, die gesetzlichen Vorschriften des Naturschutzes zuwiderlaufen, begründen keine durch die Eigentumsgarantie geschützte Rechtsposition, schon gar nicht gehören sie zum Kernbestand des Eigentumsschutzes.

III. Vergleich Bundesnaturschutzgesetz – Ländernaturschutzgesetze

1. Schon in der *Zielsetzung* des Bundesnaturschutzgesetzes, die weitgehend mit derjenigen des baden-württembergischen aber auch bayerischen Naturschutzgesetzes übereinstimmt, kommt die eingangs erwähnte moderne Aufgabenstellung des Naturschutzes, die auch aktive planende und gestaltende Maßnahmen umfaßt, deutlich zum Ausdruck, wenn es in § 1 Abs. 1 BNatSchG heißt:
»Natur und Landschaft sind im besiedelten und unbesiedelten Bereich so zu schützen, zu pflegen und zu entwickeln, daß
1. die Leistungsfähigkeit des Naturhaushaltes,
2. die Nutzungsfähigkeit der Naturgüter,
3. Pflanzen und Tierwelt sowie
4. die Vielfalt, Eigenart und Schönheit von Natur und Landschaft
als Lebensgrundlage des Menschen und als Voraussetzung für seine Erholung in Natur und Landschaft nachhaltig gesichert sind.«
 a) Wichtig ist die klare Entscheidung des Bundesnaturschutzgesetzes, daß Naturschutz und Landespflege nicht nur eine Sache des Außenbereiches sind, sondern neben dem Agrarbereich einschließlich Wald auch und sogar in erster Linie die Wohn-, Gewerbe- und Verkehrsbereiche[29] zu pflegen und zu gestalten sind.
Damit hat sich der Bundesgesetzgeber von dem bisherigen Verständnis, wonach Naturschutz nur für den Außenbereich und besonders schützenswerte Gebiete relevant sei, dezidiert abgesetzt. Im nordrhein-westfälischen Gesetz mit seiner Beschränkung auf den Außenbereich kommt dagegen die traditionelle, für das Reichsnaturschutzgesetz typische Betrachtungsweise noch zum Ausdruck. Ein modernes Naturschutzgesetz soll aber nicht nur ein Privilegierungsgesetz für sowieso schon besonders begünstigte Gebiete sein, sondern »Grün und Wasser« auch für die Innenbereiche dem Menschen nutzbar machen.
Versteht man Naturschutz und Landschaftspflege wie das Bundesnaturschutzgesetz und die süddeutschen Landesgesetze als Vorsorge für die in der Landschaft liegenden natürlichen Lebensgrundlagen, dann ergibt sich auch eine Parallelität zu § 1 Abs. 6 Bundesbaugesetz (BBauG).
 b) Problematisch ist die in § 1 Abs. 2 BNatSchG enthaltene allgemeine Abwägungsklausel, wonach die aus dem Zielkatalog ergehenden Anforderungen

---
29 Das wird ausdrücklich in Art. 1 Abs. 1 des BayNatSchG betont.

»untereinander und gegen die *sonstigen Anforderungen* der Allgemeinheit an Natur- und Landschaft abzuwägen« sind.

Soweit die Abwägungsklausel für Maßnahmen der Landschaftsplanung bestimmt ist, entspricht sie dem Wesen von Planungsakten, bei denen es sich ja um Gesamtentscheidungen handelt, die nicht nur das Setzen von Prioritäten, sondern auch die Berücksichtigung anderer öffentlicher und privater Belange erforderlich machen, um die Durchführung von Vorhaben und die weitere Entwicklung in optimal abgestimmter Weise zu dirigieren. Insoweit wäre gegen die Formel nichts zu erinnern.

Bedenklich ist es dagegen, daß die Klausel auch für Einzelakte im Rahmen des Gesetzesvollzuges gelten soll. Denn wegen der Unbenanntheit oder Offenheit der »sonstigen Belange der Allgemeinheit« wird die Zielsetzung des § 1 Abs. 1 BNatschG in den Einzelfallentscheidungen dann weitgehend zur Disposition der Vollzugsbehörde gestellt, jedenfalls vermag sie nicht diejenige determinierende Kraft zu entfalten, die bei der Anwendung von wertausfüllungsbedürftigen Begriffen und Ermessensvorschriften von Nöten ist. Leider handelt es sich bei der allgemeinen Abwägungsklausel im Naturschutzgesetz um keinen Einzelfall; vielmehr scheint dieses Mittel, mit dem sich der Gesetzgeber seiner programmierenden Aufgabe entzieht, in Mode zu kommen. So war erwogen worden, in die Novelle zum Bundesimmissionsschutzgesetz, deren Entwurf jetzt vom Bundeskabinett verabschiedet worden ist, eine allgemeine Abwägungsklausel aufzunehmen, und in dem von der CDU/CSU vorgelegten Entwurf einer Änderung der §§ 34, 35 BBauG findet sich eine solche Klausel ebenfalls. Um die Problematik einer allgemeinen Abwägungsklausel im Bundesimmissionsschutzgesetz noch etwas näher zu skizzieren, sei folgender kurzer Exkurs[30] erlaubt.

aa) Für eine allgemeine Abwägungsklausel im Immissionsschutzrecht scheint zu sprechen, daß bei der *Einzelentscheidung,* ob die Genehmigung zu erteilen oder zu versagen ist, jeweils die verschiedenen Interessen und Bedürfnisse mit berücksichtigt und das Genehmigungsverfahren, insbesondere für Großanlagen, in die allgemeine Wirtschaftspolitik eingebaut werden kann.

bb) Gegen eine solche allgemeine Abwägungsklausel sprechen jedoch folgende überwiegende Gründe:
– Die Erteilung oder Verweigerung einer Genehmigung darf nur an Voraussetzungen geknüpft werden, die dem rechtsstaatlichen Bestimmtheitsgebot genügen.[31] Das ist bei der allgemeinen Abwägungsklausel nicht der Fall.
– Eine allgemeine Abwägungsklausel würde die, was den Immissionsschutz anlangt, monofinale Zielsetzung in eine plurifinale umwandeln, damit aus dem

---

30 Im Anschluß an HEINHARD STEIGER, Zur Einführung einer allgemeinen oder einer besonderen Abwägungsklausel in das BImSchG, in: Umweltrecht mildern, Immissionsschutz und Standortvorsorge, Anhörung des Arbeitskreises für Umweltrecht, Beiträge zur Umweltgestaltung (A 64) 1978, Anlage 3, S. 150 ff.
31 Vgl. BVerfGE 20, 150 ff. (Urteil zum Sammlungsgesetz).

Bundesimmissionsschutzgesetz aber ein wirtschaftspolitisches Gesetz machen, was es bis jetzt nicht ist, weil es bewußt als ein weiterentwickeltes Gesetz der Ordnungsverwaltung konzipiert wurde.

– Bei einer allgemeinen Abwägung in jedem Einzelfall wäre der Immissionsschutz als solcher gefährdet. Denn nach den bisherigen Erfahrungen würden die Umweltbelange, weil mit weniger politischem Gewicht ausgestattet, eher in den Hintergrund gedrängt als andere Belange.[32] – Und das gilt genauso auch für allgemeine Abwägungen bei Einzelentscheidungen nach dem Natur- und Landschaftsschutz.

– Schließlich ist eine allgemeine Abwägungsklausel im Immissionsschutz auch regionalpolitisch gesehen falsch, weil sie vor allem für Belastungsgebiete wirksam würde. Belastungsgebiete sind in der Regel aber Ballungsgebiete. Sie würden für die Industrieansiedlung noch attraktiver, wenn die dem Umweltschutz dienenden Vorschriften, die bisher ein gewisses Gegengewicht bilden, gemildert würden.

Lassen Sie mich zurückkommen auf die allgemeine Abwägungsklausel im Naturschutz- und Landschaftspflegerecht. Die vorangegangenen Überlegungen suchten die besondere Problematik solcher allgemeinen Abwägungsklauseln einigermaßen plastisch zu machen. Im Kern geht es um die Einhaltung des rechtsstaatlichen Bestimmtheitsgebotes, das durch solche Klauseln gefährdet ist. Es ist bemerkenswert, daß das bayerische Naturschutzgesetz eine derart unspezifizierte Abwägungsklausel nicht kennt, sondern vorschreibt, daß Natur und Landschaft »insbesondere« vor Eingriffen zu bewahren sind,

»die sie ohne wichtigen Grund in ihrem Wirkungsgefüge, ihrer Eigenart und ihrer Schönheit beeinträchtigen oder gefährden können. Eingetretene Schäden sind zu beseitigen oder auszugleichen«.

c) Bedenklich stimmt auch die einseitige Bevorzugung der Land- und Forstwirtschaft.[33] § 1 Abs. 3 BNatSchG geht davon aus, daß die »ordnungsgemäße Land- und Forstwirtschaft in der Regel den Zielen des Gesetzes dient« und die ordnungsgemäße land-, forst- und fischereiwirtschaftliche *Bodennutzung* »nicht als Eingriff in Natur und Landschaft anzusehen ist« (§ 8 Abs. 7 BNatSchG). Es sind aber durchaus Fälle denkbar, in denen auch Maßnahmen, die zur ordnungsgemäß be-

---

32 Das betont mit Recht auch STEIGER, Abwägungsklausel, a. a. O.
33 Siehe dazu die unterschiedlichen Auffassungen zur Landwirtschaftsklausel in Art. 5 Abs. 1 S. 4 BayNatSchG (»Die ordnungsgemäße land- und forstwirtschaftliche Bodennutzung ist nicht als Eingriff in die Natur anzusehen, soweit sie vorhandenen Plänen gemäß Art. 3 nicht widerspricht.«):
YORK CHRISTIAN STENSCHKE, Die Landwirtschaftsklausel im Bayerischen Naturschutzgesetz, BayVBl. 1977, S. 725 ff.; PELHAK/KÖPFER, Die Landwirtschaftsklausel im Bayerischen Naturschutzgesetz, BayVBl. 1978, S. 172 ff.; CRHISTOPH SENING, Nochmals: Die Landwirtschaftsklausel im Bayerischen Naturschutzgesetz, BayVBl. 1978, S. 394 ff.; PETER FISCHER, a. a. O., BayVBl. 1978, S. 397 ff. Siehe zur Auslegung des Art. 5 Abs. 1 S. 4 BayNatSchG den Beschluß des Bayerischen Landtages vom 4. Mai 1977, LT-Drs. 8/5 237.

triebenen Land- und Forstwirtschaft gerechnet werden können, als Eingriffe in die Natur zu betrachten sind. So können u. a. Kahlschläge landschaftsbestimmender Waldflächen, Umbruch wertvoller Feuchtwiesenzonen, Einebnen von Buckelwiesen im Gebirge, ordnungsmäßige Land- und Forstwirtschaft sein, aber dennoch landschaftsschädigend wirken.[34] Problematisch ist die gesetzliche Vermutung auch, wenn man daran denkt, welche Gefährdung der Pflanzen- und Tierwelt von der chemischen Düngung, der Verwendung chemischer Mittel zur Unkraut- und Schädlingsbekämpfung ausgeht.

Es wäre daher im Anschluß an die Rechtsprechung[35] eine differenziertere Behandlung der Land- und Forstwirtschaft im Verhältnis zu Natur- und Landschaftsschutz geboten gewesen. Die allgemeine Landwirtschaftsklausel des Bundesrechtes kann in Zukunft dazu führen, daß land- und forstwirtschaftlichen Belangen gegenüber Naturschutzinteressen verstärkt der Vorrang eingeräumt wird.[36] Da die Landwirtschaftsklausel des § 1 Abs. 3 BNatSchG in den Ländern unmittelbar gilt, führt sie zu einer Verschlechterung des Naturschutzes in jenen Ländern, die eine derartige Privilegierung der Landwirtschaft bisher nicht kannten.

2. Das Bundesnaturschutzgesetz unterscheidet, ähnlich wie das Bundesraumordnungsgesetz, zwischen *Zielen* und *Grundsätzen*.

a) Ziele sind die vom Gesetz vorgegebenen Entwicklungsvorstellungen und -absichten, wie sie in § 1 Abs. 1 enthalten sind. Grundsätze sind demgegenüber teilweise recht detailliert formulierte Handlungsanweisungen zur Zielverwirklichung. – Sie sind in § 2 BNatSchG zusammengefaßt und gelten nach § 4 S. 3 BNatSchG in den Ländern unmittelbar. Wichtig sind vor allem Ziff. 2, 5, 6, 11.

b) Daneben können die Länder nach § 2 Abs. 2 BNatSchG eigene *weitere* Grundsätze aufstellen. Vergleicht man den Grundsätzekatalog des Bundes mit demjenigen der Landesgesetze, dann ergibt sich eine weitgehende Übereinstimmung mit dem baden-württembergischen Gesetz,[37] während die Naturschutzgesetze Bayerns und Nordrhein-Westfalens auf die Normierung von Grundsätzen verzichtet haben.

3. Instrumente des Naturschutzes:

a) Planungsinstrumente:

aa) Das Bundesnaturschutzgesetz geht in Übereinstimmung mit den Natur-

---

34 So zutreffend STEIN, a. a. O. (Fn. 14), S. 24.
   Siehe dazu neuerdings VG Freiburg, Urt. vom 1. 4. 1977, DÖV 1978, S. 775 f.
35 Vgl. BayVGH BayVBl. 1966, S. 25; VGH Kassel, DVBl. 1965, S. 816; BVerwGE 3, 341.
36 Diese Befürchtung hegt auch STEIN, a. a. O. (Fn. 14), S. 24.
37 Auf das Problem, inwieweit die Länder befugt sind, Bundesgrundsätze zu wiederholen, sprachlich zu variieren, sei hier nur hingewiesen. Vgl. dazu ERNST-WOLFGANG BÖCKENFÖRDE/ROLF GRAWERT, Kollisionsfälle und Geltungsprobleme im Verhältnis von Bundesrecht und Landesverfassung, DÖV 1971, S. 119 ff.

schutzgesetzen der süddeutschen Länder (Baden-Württemberg, Bayern) von einer dreistufigen Konzeption der Landschaftsplanung aus:
— Im *Landschaftsprogramm* werden die überörtlichen Erfordernisse und Maßnahmen zur Verwirklichung der Ziele des Naturschutzes und der Landschaftspflege für den Bereich eines ganzen *Bundeslandes*,
— in den *Landschaftsrahmenplänen* werden sie für *Teile* (Regionen) des Landes dargestellt.

Die Aufstellung erfolgt unter Beachtung der Grundsätze und Ziele der Raumordnung und Landesplanung.

Die raumbedeutsamen Erfordernisse und Maßnahmen der Landschaftsprogramme und Landschaftsrahmenpläne sollen nach Maßgabe der Vorschriften des Landesplanungsrechtes der Länder in *Programme* und *Pläne* i. S. d. § 5 Abs. 1, S. 1, 2 und Abs. 3 Bundesraumordnungsgesetz (BROG) aufgenommen werden.
— Die *örtlichen Erfordernisse* und Maßnahmen zur Verwirklichung der Ziele des Naturschutzes und der Landschaftspflege werden in *Landschaftsplänen* dargestellt, wenn dies erforderlich ist. Der Landschaftsplan enthält eine Darstellung und Auswertung des Ist-Zustandes von Natur und Landschaft, aber auch des angestrebten Zustandes sowie der erforderlichen Maßnahmen.[38] Was das Verhältnis von Landschaftsplan zu Raumordnung/Bauleitplanung anlangt, so sind bei der Aufstellung der Landschaftspläne die Ziele der Raumordnung und Landesplanung zu beachten.[39] Die Landschaftspläne sollen so aufgestellt werden, daß sie für die Bauleitplanung verwertbar sind.[40] Im übrigen bestimmen die Länder die für die Aufstellung der Landschaftspläne zuständigen Behörden und öffentlichen Stellen. Sie sind auch ermächtigt, das Verfahren und die Verbindlichkeit der Landschaftspläne insbesondere für die Bauleitplanung zu regeln.[41]

So bestimmt Bayern beispielsweise,[42] daß die Gemeinden vor allem für Bereiche, die nachhaltigen Landschaftsveränderungen ausgesetzt sind, die als Erholungsgebiete dienen, in denen Landschaftsschäden vorhanden oder zu befürchten sind, für Ufergebiete etc. Landschaftspläne aufstellen, und diese Pläne dann zur Grundlage der gemeindlichen Bauleitplanung gemacht werden sollen.

Zusammenfassend kann man feststellen, daß das Bundesnaturschutzgesetz im Anschluß an die Naturschutzgesetze der Länder Baden-Württemberg und Bayern mit dem *dreistufigen Konzept* vor allem einen Konflikt widerstreitender Interessen zwischen Raumordnung und Landschaftspflege zu vermeiden versucht, indem die

---

38 Vgl. § 6 Abs. 2 BNatSchG.
39 Vgl. § 6 Abs. 3 S. 1 BNatSchG; § 7 Abs. 1 NatSchG Bad.-Württ.
40 Vgl. § 6 Abs. 3 S. 2 BNatSchG.
41 Vgl. § 6 Abs. 4 S. 1 und 2 BNatSchG.
42 Art. 3 Abs. 2 BayNatSchG; ähnlich § 9 Abs. 1 NatSchG Bad.-Württ. Der Katalog der Fälle, in denen eine Landschaftsplanung erforderlich werden kann, ist dort sogar noch umfangreicher.

Landschaftsplanungsstufen mit den Raumordnungsstufen methodisch und sachlich verknüpft werden.[43]

bb) Einen ganz anderen Weg ist das nordrhein-westfälische Landschaftsgesetz gegangen. Nordrhein-Westfalen kennt *nur* den Landschaftsplan, der Grundlage für die Entwicklung, den Schutz und die Pflege der Landschaft und ihrer Bestandteile *außerhalb* der im Zusammenhang bebauten Ortsteile und des Geltungsbereiches von Bebauungsplänen ist. Der Landschaftsplan wird von den *Kreisen und kreisfreien Städte*n (die auch untere Landschaftsbehörden sind) unter Beachtung der Ziele und Erfordernisse der Raumordnung und Landesplanung als Satzung beschlossen,[44] die der Genehmigung durch die höhere Landschaftsbehörde bedarf. Für das Gebiet eines Kreises sind in der Regel mehrere Landschaftspläne aufzustellen.

Da in Nordrhein-Westfalen der Landschaftsplan eine umfassende *Gesamtplanung* auf dem Gebiet des Landschaftsschutzes darstellt, sind seine Wirkungen umfassend.[45]

- Die festgelegten Entwicklungsziele für die Landschaft sollen bei allen behördlichen Maßnahmen im Rahmen der geltenden gesetzlichen Vorschriften berücksichtigt werden.
- Der Landschaftsplan enthält für die Landschaftsschutzgebiete und Naturschutzgebiete die erforderlichen Gebote und Verbote.
- Die Durchführung der im Landschaftsplan vorgesehenen Entwicklungs-, Pflege- und Erschließungsmaßnahmen obliegt den Gemeinden, Gemeindeverbänden oder anderen Gebietskörperschaften des öffentlichen Rechts, soweit sie die Eigentümer der betreffenden Flächen im Plangebiet sind, ansonsten den Kreisen und kreisfreien Städten.
- Zumutbare Anpflanzungen oder andere zumutbare Maßnahmen zum Schutz gegen Immissionen oder zum Ausgleich von Verunstaltungen des Landschaftsbildes können den Eigentümern der Grundstücke auferlegt werden, von denen die Störung ausgeht, desgleichen kleinere zumutbare Pflegemaßnahmen, die im Landschaftsplan vorgesehen sind.
- Ferner haben die Grundstückseigentümer im Landschaftsplan vorgesehene Entwicklungs- und Pflegemaßnahmen zu dulden, soweit daraus nicht unzumutbare Beeinträchtigungen herrühren.
- Endlich kann zur Durchführung von Pflege- und Entwicklungsmaßnahmen gegen Entschädigung ein besonderes Duldungsverhältnis begründet werden, das die begünstigte Körperschaft berechtigt, die Fläche für die festgesetzten Zwecke zu nutzen. Zur Verwirklichung der im Landschaftsplan getroffenen Festsetzungen ist auch die Möglichkeit der Enteignung gegeben.

---

43 Vgl. Erwin Stein, Naturschutz und Verwaltung, in: Jahrbuch für Naturschutz und Landschaftspflege, Bd. 25 (1976), S. 43 ff. (49).
44 Vgl. § 10 Abs. 1 und 2 LandschaftsG NRW.
45 Sie sind im einzelnen geregelt in §§ 23–32 LandschaftsG NRW.

Nach der Begründung zum Regierungsentwurf des nordrhein-westfälischen Landschaftsgesetzes [46] sprechen für die einstufige Konzeption der Landschaftsplanung neben einer Reihe von Einzelgesichtspunkten[47] folgende Vorteile:
- Die inhaltliche Geschlossenheit und Wechselwirkungen seiner Festlegungen im Rahmen einer ganzheitlichen Konzeption.
- Der Landschaftsplan stelle einen entscheidenden Schritt zur Ausdehnung der öffentlichen Daseinsvorsorge auf die gesamte freie Landschaft, ihre Funktionszusammenhänge, ihr Erscheinungsbild und ihre einzelnen Elemente dar.
- Eine Konkurrenz zwischen Landschaftsplanung und anderen Planungsbereichen, insbesondere der Landesplanung und der Bauleitung, bestehe nicht.

Der Landschaftsplan habe die Ziele der Landesplanung und die Darstellungen der Flächennutzungspläne zu beachten.
- Sein Anwendungsbereich beschränke sich auf die Landschaft außerhalb der im Zusammenhang bebauten Ortsteile und grundsätzlich auch des Geltungsbereiches der Bebauungspläne.
- Inhaltlich sei er auf landschaftspflegerische Aussagen beschränkt, was nicht ausschließe, daß er in der Bestandsaufnahme und den dazugehörigen Erläuterungen auch die Grenzen der Belastungsfähigkeit der Landschaft insgesamt aufzeige.

Eine Reihe von Nachteilen dieser einstufigen Planung nordrhein-westfälischer Provenienz dürfen jedoch auch nicht übersehen werden:
- Zunächst einmal kann die kommunale Bauleitplanung in all den Fällen, in denen ein Flächennutzungsplan noch nicht existiert, durch den Landschaftsplan

---

46 Vgl. LT-Drs. 7/3 263, S. 39.
47 Folgende Einzelvorteile werden in der Begründung genannt:
- Die Notwendigkeit, daß sich die zuständigen Körperschaften durch Bestandsaufnahme, Wertung und gestaltende Festlegung mit j e d e m Teil der Landschaft auseinandersetzen.
- Die Darstellung des Landschaftszustandes aus ökologischer Sicht schaffe eine sachlich fundierte, objektiv überprüfbare Basis für die künftigen Maßnahmen der Landschaftspflege.
- Die für jeden Landschaftsraum vorgeschriebene Zielprojektion gebe einen dauerhaften Maßstab für die Entscheidungen anderer Behörden über landschaftsverändernde Eingriffe und die notwendigen Ausgleichsmaßnahmen.
- Durch die Übertragung der Schutzausweisungen auf den Landschaftsplan werde eine differenziertere und rationellere Handhabung des traditionellen Landschafts-, Natur- und Denkmalschutzes ermöglicht als nach der bisherigen Methode der getrennten Einzelverordnungen.
- Verbindliche Aussagen über die Zweckbestimmung von Brachflächen, über die Unterlassung der Vornahme bestimmter forstlicher Maßnahmen, sowie über konkrete Pflege- und Duldungspflichten ließen sich zweckmäßigerweise nur innerhalb eines geschlossenen Plansystemes vornehmen.
- Die mit der konkreten Aufzählung der Entwicklungs-, Pflege- und Erschließungsmaßnahme verbundene Selbstbindung der erlassenden Körperschaft gebe nicht nur die Gewähr für den Übergang zur aktiven Landschaftspflege, sondern biete nachhaltig wirksamen Einsatz öffentlicher Mittel.

sehr wohl betroffen sein. Insofern stellt sich das Problem, inwieweit die Regelung mit der kommunalen Planungshoheit vereinbar ist.
- Die ungenügende technische und personelle Ausstattung der Landkreise und kreisfreien Städte wird diese doch häufig zur Inanspruchnahme überörtlicher Einrichtungen zwingen.
- Der Einfluß gutorganisierter Interessen im Landkreis oder der kreisfreien Stadt auf die Verwaltungsspitze kann zu einer Vernachlässigung der Belange des Naturschutzes führen oder deren konsequente Durchsetzung behindern. Wir haben in Bayern erlebt, wie ein Landkreis, in dessen Gebiet ein Nationalpark errichtet werden sollte, sich primär für die Interessen des Fremdenverkehrs einsetzte und auch eine erhebliche Abschwächung der ursprünglich strengeren Konzeption erreichte.

Daraus folgt: Die Einführung einer übergeordneten, dem örtlichen Interessengeflecht entzogenen Planungsebene erscheint unumgänglich, wenn man nicht inhaltliche Vollzugsdefizite riskieren will.
- Ferner droht in Nordrhein-Westfalen auch ein »zeitliches Vollzugsdefizit«. Bis ein Landkreis für sein ganzes Gebiet, das jeweils in 15–20 Planungsbezirke aufgeteilt werden soll, die Landschaftsplanung erstellt hat, können, wie die Verantwortlichen einräumen, 18–20[48] Jahre vergehen. In unserer sich rasch verändernden Welt bedeutet das aber leicht eine Planung auf den Sankt-Nimmerleins-Tag.
- Im übrigen ist ganz allgemein zu fragen, ob in der Praxis das nordrhein-westfälische Modell funktioniert. Das ist im Idealfall denkbar, etwa dann, wenn der Vorsitzende der Mehrheitspartei im Kreistag zugleich Vorsitzender des die Planung initiierenden und koordinierenden Beirates ist.[49] Aber wann sind diese Voraussetzungen gegeben?

b) Konservierende Maßnahmen:

Dazu gehören die Ausweisung, Sicherung und Pflege von Schutzgebieten (Flächenschutz), Objekt- und Artenschutz, sowie die Minderung oder die Abwehr von Eingriffen in die Schutzgebiete. Im folgenden soll skizzenhaft auf den Flächenschutz eingegangen werden.

Das heute in der Bundesrepublik bestehende System zum Schutz ökologisch wertvoller Landschaftsteile umfaßt folgende Arten von Schutzgebieten:
- Naturschutzgebiete

---

48 Ein Hinweis, den ich Herrn Kollegen STICH in Kaiserslautern verdanke. Siehe auch Niederschrift über die 18. Sitzung des Beirates für Naturschutz und Landschaftspflege beim Bundesminister für Ernährung, Landwirtschaft und Forsten am 24./25. August 1978 in Münster (631-0049-A6 -22 vom 12. 9. 1978), S. 4 Ziff. 3, wo gesagt ist, daß bei der derzeitigen Mittelausstattung des Landkreises Burgsteinfurt es mindestens 20 Jahre dauern würde, bis für das ganze Gebiet des Kreises Landschaftspläne erstellt wären.
49 Vgl. § 7 LandschaftsG NRW.

- Nationalparke
- Landschaftsschutzgebiete
- Naturdenkmale
- geschützte Landschaftsbestandteile.

Zur Erläuterung darf ich auf folgendes hinweisen:

aa) Die Naturschutzgebiete genießen, gemeinsam mit den Nationalparken, die im Grunde großräumige Naturschutzgebiete sind, rechtlich den stärksten Schutz. Sie werden nach den Naturschutzgesetzen der süddeutschen Länder[50] durch Rechtsverordnungen festgelegt, während sie in Nordrhein-Westfalen im Landschaftsplan ausgewiesen werden.[51]

Die rechtsverbindlich festgesetzten Naturschutzgebiete nehmen rund 1 % der Gesamtfläche der Bundesrepublik ein, wobei die geschützten Watt- und Flachseeflächen der Seevogelschutzgebiete nicht einbezogen sind.[52]

Die Flächenzahlen besagen jedoch wenig über die tatsächliche Schutzwirkung der Gebiete als Refugium für gefährdete Arten oder über ihren ökologischen Stabilisierungseffekt auf benachbarte Gebiete. Neben wenigen großen Naturschutzgebieten (Knechtsand und Lüneburger Heide) handelt es sich überwiegend um relativ kleine Gebiete, die durch die umgebenden Wirtschaftsflächen teilweise erheblich beeinträchtigt werden. Die Schädigung dieser Gebiete beruht zum Teil[53] auf Eingriffen in den Wasserhaushalt; zu einem anderen Teil werden sie durch Düngung, Pestizideinflüsse, feste Abfälle, Schadstoffe und Lärmeinflüsse, aber auch durch Veränderung der Nutzungsstrukturen oder direkten Flächenverlust geschädigt. Beispielhaft für die Gefährdung eines Naturschutzgebietes ist der Fall Kendelmühlfilzen, das mit 700 ha größte Hochmoorgebiet Südostbayerns, das zu den letzten Resten des aus der Eiszeit stammenden Chiemseemoores gehört. Infolge massiver Eingriffe in den nördlichen Teil des Moores durch Torfabbau und die dafür notwendige Entwässerung wird wahrscheinlich auch der eigentliche Hochmoorteil, der im Süden liegt und unter Naturschutz gestellt werden soll, irreversibel geschädigt. Es ist daher gefordert worden, daß ausreichende Schutzmaßnahmen für das Naturschutzgebiet auch in seiner *Umgebung* vorgesehen werden.[54]

Folgende rechtliche Möglichkeiten kommen in Betracht, um eine derartige von außen kommende Gefährdung von Naturschutzgebieten zu verhindern:

Zunächst sind nach § 13 Abs. 2 BNatSchG alle Handlungen, die zu einer Zerstörung, Beschädigung oder Veränderung des Naturschutzgebietes oder seiner Bestandteile oder zu einer nachhaltigen Störung führen können, untersagt. Nach Wortlaut und Sinn dieser Vorschrift gilt das auch für Handlungen in der unmittel-

---

50 § 21 NatSchG Bad.-Württ.; Art. 7 BayNatSchG.
51 Vgl. § 13 LandschaftsG NRW.
52 Nachweise im Umweltgutachten 1978, S. 399.
53 Vgl. Umweltgutachten 1978, S. 400 Nr. 1 238.
54 Vgl. BEATRICE FLAD-SCHNORRENBERG, Mit der Fräse ins Moor, FAZ vom 27. 5. 1978 (Nr. 108), Ereignisse und Gestalten, Sp. 5.

baren Umgebung des Naturschutzgebietes, die zu einer schädigenden Einwirkung führen. Im bayerischen Naturschutzgesetz fehlt derzeit allerdings noch eine den § 13 Abs. 2 ausfüllende Vorschrift.[55]

Der Rat für Umweltfragen schlägt im Umweltgutachten 1978 weiterhin vor, um die gefährdeten Naturschutzgebiete planmäßig »Pufferzonen« (z. B. als Landschaftsschutzgebiete oder Teilnaturschutzgebiete) zu schaffen, sowie bestimmte Nutzungen durch Erholungsverkehr, Forstwirtschaft, Jagd und Fischerei erheblich zu beschränken.[56]

Im übrigen ist auch darauf Bedacht zu nehmen, daß Naturschutzgebiete nicht durch Fachplanungen anderer Behörden oder gar durch die Landes- und Regionalplanung gefährdet werden.[57] Rechtliche Vorkehrungen dagegen bestehen in der Pflicht der Fachplanungsbehörden, gemäß § 3 Abs. 2 BNatSchG die Naturschutzbehörden zu unterstützen, zu informieren und anzuhören.[58]

bb) Nationalparke

Nach internationaler Auffassung, aber auch nationaler Regelung[59] und nach der öffentlichen Meinung,[60] sollten Nationalparke die höchste Schutzintensität des gebietsmäßigen Naturschutzes genießen.

Folgende, international akzeptierte Kriterien soll ein Nationalpark erfüllen:[61]

– *Naturlandschaften;* aber seit 1973 (IUCN) können auch wertvolle *Kulturlandschaftsformen* und Gebiete von geschichtlicher und vorgeschichtlicher Bedeutung einbezogen werden.

– *Großflächigkeit:*
Das Gebiet muß mindestens 1000 ha umfassen.

– *De iure-Schutz:*
Es muß einen rechtlichen Status besitzen, der ihm einen ausreichenden Schutz gewährt.

---

55 Ganz im Sinne des § 13 Abs. 2 BNatSchG ist § 21 Abs. 4 NatSchG Bad.-Württ. gefaßt, wenn es dort heißt:
»Auch außerhalb eines Naturschutzgebietes kann die Naturschutzbehörde im Einvernehmen mit den zuständigen Fachbehörden im Einzelfall Handlungen untersagen, die geeignet sind, den Bestand des Naturschutzgebietes zu gefährden. Sind Schäden bereits entstanden, so kann die Naturschutzbehörde gegen den Verursacher oder den Inhaber der tatsächlichen Gewalt die zur Beseitigung erforderlichen Anordnungen treffen.«
56 Vgl. Umweltgutachten 1978, S. 402 f., Nr. 1 250 Ziff. 1 und Nr. 1 252 Nr. 5.
57 Daß hier noch manches im Argen liegt, hat der Rat für Umweltfragen aufgrund einer Untersuchung der niedersächsischen Verhältnisse hervorgehoben – vgl. Umweltgutachten 1978, S. 400, Ziff. 1 241 ff.
58 Baden-Württemberg hat sogar teilweise (§§ 12, 63) eine Benehmensregelung. Bayern kennt zwar nur eine allgemeine Beteiligungspflicht (Art. 38). Aber nach Art. 42 sollen bei grundsätzlichen, überregional bedeutsamen Fragen des Naturschutzes und der Landschaftspflege, sowie bei Befreiungen für schwerwiegende Eingriffe nach Art. 49 überregionale Naturschutzverbände angehört werden.
59 Vgl. § 14 BNatSchG; Art. 8 BayNatSchG.
60 Vgl. Umweltgutachten 1978, S. 404.
61 Folgt Umweltgutachten 1978, S. 403.

– *De facto-Schutz:*
Es muß mit genügend Etat und Personal versehen sein, um den Schutzstatus zu wahren.
– *Besucher* sollen unter bestimmten Bedingungen Zutritt haben.

Ob die bisher in der Bundesrepublik allein bestehenden zwei bayerischen Nationalparke »Bayerischer Wald« und Alpenpark »Berchtesgaden«[62] diesem internationalen Standard entsprechen, ist nicht ganz zweifelsfrei.

Abgesehen davon, daß es sich in beiden Fällen um »naturnahe Kulturlandschaften«[63] handelt, weil beide Räume schon mehrere Jahrtausende genutzt werden, ist die Lösung des Zielkonfliktes zwischen *Naturschutzfunktion* und Fremdenverkehr (Massentourismus), Forstwirtschaft, bzw. dem holzverarbeitenden Gewerbe hinsichtlich der weiteren wirtschaftlichen Nutzung der Waldbestände, der Jagd, die einen erhöhten Rot- und Rehwildbestand duldet bzw. fördert,[64] sowie der Landwirtschaft (Almbewirtschaftung und Waldweiderechten) durch die Verordnung über den Alpen- und den Nationalpark Berchtesgaden vom 18. Juli 1978[65] nicht in allem überzeugend gelungen. Die Verordnung betont zwar, daß der Nationalpark »keine wirtschaftlichkeitsbestimmte Nutzung« bezweckt,[66] vielmehr die ganze Natur geschützt werden soll, d. h. die »natürlichen und naturnahen Lebensgemeinschaften sowie ein möglichst artenreicher heimischer Tier- und Pflanzenbestand« erhalten, wissenschaftlich beobachtet, erforscht und »soweit dies bei Wahrung der Eigentumsrechte und bei Erhaltung der Schutzfunktion möglich ist«, einer natürlichen Entwicklung zugeführt werden soll.[67] Dazu sind in § 9 der Verordnung eine Vielzahl von Verboten enthalten, die sicherstellen sollen, daß im Nationalpark jede Zerstörung, Beschädigung oder Veränderung der Landschaft unterbleibt, und des weiteren in § 10 verschiedene Maßnahmen zur Regulierung des Wild- und Fischbestandes durch die Nationalparkverwaltung vorgesehen.

Aber: Der Katalog des § 11 enthält dann eine Reihe von Ausnahmen, der es insbesondere ermöglicht, »die im Gebiet des Nationalparkes ausgeübte wirtschaftliche Nutzung im bisherigen Umfang, soweit dies dem Zweck des Nationalparks

---

62 Vgl. VO über den Alpen- und den Nationlpark Berchtesgaden vom 18. 7. 1978, BayGVBl. 1978, S. 499 ff.
63 Vgl. Umweltgutachten 1978, S. 404.
64 Die Folge davon sind »Verbiß-, Schlag-, Fege- und Schälschäden« und insgesamt eine Veränderung der Waldvegetation. Der Wiederaufbau eines naturnahen artenreichen Bergmischwaldes ist ein im Naturschutzgebiet Königsee seit langer Zeit verfolgtes Ziel, das aber wegen hoher Rot- und Rehwilddichten nicht erreicht werden kann. Vgl. Umweltgutachten 1978, S. 404, Nr. 1 263. Siehe auch Süddeutsche Zeitung vom 22./23. 10. 1977 (Nr. 244), S. 26, wo von einem Gutachten über die Wildbestände im Alpennationalpark berichtet wird. Danach sollen die Gutachter empfohlen haben, die Rotwildbestände auf die Hälfte zu reduzieren.
65 BayGVBl. 1978, S. 499 ff.
66 § 6 Abs. 2 VO v. 18. 7. 1978.
67 Vgl. § 6 Abs. 1 Nr. 1 und 2 VO vom 18. 7. 1978.

(§ 6 Abs. 1) nicht widerspricht«, fortzuführen.[68] Weiterhin bleiben auch die zum Zeitpunkt des Inkrafttretens der Verordnung aufgrund besonderer Genehmigungen zulässigen Maßnahmen unberührt.[69] Damit aber haben sich die verschiedenen wirtschaftlichen Interessen[70] doch mindestens teilweise durchgesetzt.

Ein zweites Manko ergibt sich daraus, daß, entgegen einer Reihe von Empfehlungen,[71] die Verwaltung des Alpennationalparks dem Landratsamt Berchtesgaden überantwortet worden ist,[72] einer Behörde also, deren Chef sich wiederholt sehr viel energischer für die Interessen des Fremdenverkehrs als für die Belange des Naturschutzes eingesetzt hatte.[73]

Im Ergebnis wird man daher dem Umweltgutachten 1978 zustimmen müssen, wenn es davon spricht, daß in der Bundesrepublik »die Realisierung des in den internationalen Konventionen und im Bundesnaturschutzgesetz umrissenen Nationalparkkonzeptes in entscheidenden Punkten« in Frage gestellt ist.[74]

cc) Landschaftsschutzgebiete

Aus dem Text des § 15 BNatSchG[75] ergeben sich für die Landschaftsschutzgebiete die Begriffsbestimmung, die Zwecke und die Regelung, daß alle Maßnahmen, die diese Zwecke beeinträchtigen, innerhalb der abgegrenzten Gebiete verboten sind.

Gegenüber Naturschutzgebieten handelt es sich um eine schwächere Schutzform. Als schutzwürdig gelten vor allem bestimmte Funktionen und Eigenschaften
– nämlich Leistungsfähigkeit des Naturhaushaltes, Vielfalt, Eigenart und Schwerpunkt des Landschaftsbildes, natürliche Erholungseignung,
  während sich der besondere Schutz bei *Naturschutzgebieten* unmittelbar an Natur und Landschaft in ihrer Gesamtheit oder in einzelnen Teilen orientiert.[76]

Die Rechtsformen der Ausweisung von Landschaftsschutzgebieten sind leider nicht einheitlich. In Baden-Württemberg, Hessen und Rheinland-Pfalz werden die Landschaftsschutzgebiete durch Rechtsverordnung ausgewiesen,[77] in Bayern als Be-

---

68 Vgl. § 11 Abs. 1 Ziff. 11 VO vom 18. 7. 1978.
69 Vgl. § 11 Abs. 2 VO vom 18. 7. 1978.
70 Zum Interessengeflecht, das eine durchgreifende Regelung zu verhindern suchte, vgl. auch Süddeutsche Zeitung vom 22. 1. 1976 (Nr. 17), S. 21: »Alpen-Nationalpark wird zum Dschungel«; Süddeutsche Zeitung vom 2. 3. 1977 (Nr. 50): »Saisonrechnung mit dem Nationalpark«.
71 Vgl. zuletzt auch Umweltgutachten 1978, S. 405, Nr. 1 267.
72 Vgl. § 14 VO vom 18. 7. 1978.
73 Vgl. etwa Süddeutsche Zeitung vom 22. 1. 1976 (Nr. 17), S. 21 und FAZ vom 22. 10. 1977 (Nr. 251), S. 7: »Im Nationalpark den Bock zum Gärtner machen?«
74 Umweltgutachten 1978, S. 404, Nr. 1 256.
75 Vgl. auch § 15 NatSchG Bad.-Württ.; Art. 10 Abs. 1 BayNatSchG; § 14 Hess. NatSchG; § 13 LandschaftsG NRW.
76 Ich folge hier der Kennzeichnung im Umweltgutachten 1978, S. 407, Nr. 1 273.
77 Vgl. § 22 Abs. 1 NatSchG Bad.-Württ. i. V. m. § 58; §§ 14 und 17 Hess. NatSchG; § 14 LPflG Rhld.-Pf.

standtteil des Regionalplanes (Art. 17 Landesplanungsgesetz) oder als einzelne Ziele der Raumordnung oder Landesplanung (Art. 26 LPlG), während die Gebote und Verbote durch Rechtsverordnung geregelt werden können.[78] In Nordrhein-Westfalen schließlich erfolgt die Ausweisung im Landschaftsplan.[79]

Das Umweltgutachten rügt, daß in der nächsten Umgebung von Großstädten nach wie vor Wald in umweltpolitisch nicht mehr vertretbarem Umfange verbraucht wird.[80] Neben den Möglichkeiten des Bundesbaugesetzes[81] kann gerade auch die Festlegung von Landschaftsschutzgebieten eine rechtliche Vorkehrung sein, um die Leistungsfähigkeit des Naturhaushaltes und den Erholungswert des Waldes zu erhalten.

4. Anpassungspflichten der Länder

Unter diesem Stichwort soll hier lediglich die streitige Frage behandelt werden, ob Nordrhein-Westfalen sein einstufiges Modell der Landschaftsplanung aufgeben und das dreistufige Konzept, wie es im Bundesnaturschutzgesetz vorgesehen ist, übernehmen muß.[82]

Die stärkeren Argumente sprechen m. E. für eine Anpassungspflicht.

a) In Nordrhein-Westfalen bezieht sich der Landschaftsplan, wie erinnerlich, nur auf den Außenbereich, also den unbesiedelten Bereich, während das Bundesnaturschutzgesetz bewußt auch den besiedelten Bereich miteinbezieht.

b) Aus dem Sinn der entsprechenden Vorschriften des Bundesnaturschutzgesetzes ergibt sich, daß die Landschaftsprogramme und Landschaftsrahmenpläne *mehr* sein sollen als bloße Teilprogramme und Teilpläne der Landes- und Regionalplanung. Dies folgt, wie STICH[83] zutreffend hervorhebt, einmal aus ihrer umfassenden Aufgabenbeschreibung, die gleichermaßen auf die Leistungsfähigkeit des Naturhaushaltes, die Nutzungsfähigkeit der Naturgüter, die Pflanzen- und Tierwelt, sowie die Vielfalt, Eigenart und Schönheit von Natur und Landschaft bezogen

---

78 Art. 10 Abs. 2 und 3 BayNatSchG.
79 § 13 i. V. m. § 10 LandschaftsG NRW.
80 Vgl. Umweltgutachten 1978, S. 391 f., Nr. 1 218/1 219.
81 Nach § 9 Abs. 1 Ziff. 10 und 18 BBauG können Wälder mit Erholungs- und Schutzfunktionen in den Bebauungsplänen als von der Bebauung freizuhaltende und als Forsten zu nutzende Flächen festgesetzt werden.
82 Verneinend WALTER MÜLLER, Das neue Bundesnaturschutzgesetz, NJW 1977, S. 925 ff. (927); bejahend RUDOLF STICH, Landschafts- und Grünordnungsplanung in Siedlungs- und Außenbereichen, in: Jahrbuch für Naturschutz und Landschaftspflege, Bd. 25 (1976), S. 66 ff.
83 A. a. O. S. 67.

ist[84] und damit mehr fordert als eine »zweidimensionale Aussage in einem nur raumbezogenen Plan« (STICH). Hinzu kommt die Forderung des Bundesgesetzes, daß die Landschaftsprogramme der Länder auch *Artenschutzprogramme* umfassen sollen, was in die gleiche Richtung weist. Schließlich hebt das Bundesnaturschutzgesetz ausdrücklich hervor, daß (nur) die *raumbedeutsamen* Erfordernisse und Maßnahmen der Landschaftsprogramme und Landschaftsrahmenpläne unter Abwägung mit anderen raumbedeutsamen Planungen und Maßnahmen in die Programme und Pläne im Sinne des § 5 Abs. 1 S. 1 und Abs. 3 des Raumordnungsgesetzes aufgenommen werden sollen.[85]

c) In Nordrhein-Westfalen ist die Landschaftsplanung Gesamtplanung, aus der sich – im Gegensatz zur Landschaftsplanung nach dem Bundesnaturschutzgesetz – eine Reihe von unmittelbaren Rechtsfolgen ergeben, nämlich:
– Duldungspflichten,[86]
– Enteignung und Bodenordnung,[87]
– die Schutzgebietsausweisung,[88]
– die Berücksichtigung der Entwicklungsziele durch andere Behörden.[89]
– Die öffentliche Förderung von Eingrünungen etc. hängt davon ab, daß diese Maßnahmen im Landschaftsplan vorgesehen sind.[90]

Nach dem Konzept des Bundesnaturschutzgesetzes und der meisten Landesnaturschutzgesetze beruhen diese Eingriffe und Konsequenzen dagegen unmittelbar auf gesetzlicher Ermächtigung.

Insgesamt ergibt sich aus all diesen Erwägungen, daß der Landschaftsplan nordrhein-westfälischer Prägung mit dem Planungssystem des Bundesnaturschutzgesetzes nicht vereinbar ist, so daß die Einstufigkeit der Planung *nicht* aufrechterhalten werden kann.

IV. Sonderfragen

Im folgenden sollen weitergehende Regelungen in einzelnen Naturschutzgesetzen der Länder dargestellt werden, die sich wegen der Bedeutung ihres Regelungsgegenstandes für eine Übernahme in die Novellengesetzgebung der übrigen Länder empfehlen.

---

84 Vgl. § 1 Abs. 1 BNatSchG.
85 STICH, a. a. O. (Fn. 82), S. 67.
86 §§ 28–30 LandschaftsG NRW.
87 §§ 31/32 LandschaftsG NRW.
88 § 13 Abs. 1 LandschaftsG NRW.
89 § 23 Abs. 1 LandschaftsG NRW.
90 § 23 Abs. 2 LandschaftsG NRW.

1. Das Betretungsrecht[91]

Das Bundesnaturschutzgesetz[92] sieht ein Recht zum Betreten der Flur auf Straßen und Wegen sowie auf ungenutzten Grundflächen vor. Die Regelung der Einzelheiten, vor allem die Möglichkeit der Beschränkung des Betretungsrechtes aus wichtigen Gründen,[93] überläßt das Bundesnaturschutzgesetz den Ländern, wobei aber ausdrücklich bestimmt ist, daß weitergehende Vorschriften der Länder und Befugnisse zum Betreten von Teilen der Flur unberührt bleiben.[94]

Wesentlich weitergehende Regelungen treffen die Naturschutzgesetze von Baden-Württemberg und Bayern.[95] § 37 NatSchG Baden-Württemberg und Art. 22,

---

91 Seine Bedeutung und die Schwierigkeit seiner Durchsetzung zeigt sich etwa in dem Fall, daß der erholungssuchende Bürger den Uferstreifen entlang eines Gewässers betreten möchte, der Grundstückseigentümer ihm dies aber verwehrt.
Nach dem baden-württembergischen Naturschutzgesetz ist dies wie folgt zu beurteilen: § 37 Abs. 1 gewährt dem Bürger die Befugnis, die freie Landschaft, insbesondere auch Uferstreifen, zum Zwecke der Erholung unentgeltlich zu betreten. Das Betretungsrecht kann nur dann nicht ausgeübt werden, wenn der Eigentümer oder sonstige Berechtigte das Betreten durch Sperren untersagt hat (§ 39 Abs. 1). Eine solche Untersagungsmöglichkeit besteht aber nur unter bestimmten Voraussetzungen (§ 39 Abs. 2), und außerdem bedarf die Errichtung der Sperre nach § 41 der Genehmigung der Naturschutzbehörde, soweit nicht für die Errichtung schon die Gestattung einer anderen Behörde nötig ist. Letzterenfalls ergeht diese Genehmigung im Einvernehmen mit der Naturschutzbehörde.
Widerspricht eine Sperre den Voraussetzungen des § 39 Abs. 2 sowie dem gegenwärtigen Erholungsinteresse der Bevölkerung, so kann die Naturschutzbehörde ihre Beseitigung anordnen (§ 41 Abs. 3).
Daraus ist zu folgern, daß dem Bürger nur ein Anspruch gegen die Behörde zusteht, rechtswidrige Beeinträchtigungen bei der Verwirklichung des ihm zuerkannten Betretungsrechtes abzuwehren. Bei Untätigkeit der Behörde müßte der Bürger den Verwaltungsrechtsweg beschreiten; der vorläufige Rechtsschutz richtet sich nach § 123 VwGO. Dagegen ist für den Erholungssuchenden nicht die Möglichkeit eröffnet, direkt gegen den das Betreten verwehrenden Grundstückseigentümer vorzugehen.
Zur Frage der Grundrechtsverpflichtung aus Art. 141 Abs. 3 Satz 1 Bayerische Verfassung s. RUDOLF SCHÖFBERGER, Das Grundrecht auf Naturgenuß und Erholung, jur. Dissertation, München 1971, S. 188 ff., insbes. S. 199 ff.;
zur Geschichte des Betretungsrechts. s. SCHÖFBERGER, a. a. O., S. 15 ff.
92 § 27 Abs. 1 BNatSchG.
93 § 27 Abs. 2 BNatSchG.
94 § 27 Abs. 3 BNatSchG.
95 Zum Vergleich dazu die Regelungen der anderen Bundesländer:
SPD/FDP-Entwurf Berlin
§ 28 Betreten der Flur
(1) Das Betreten der Flur auf Straßen und Wegen sowie auf ungenutzten Grundflächen zum Zwecke der Erholung ist auf eigene Gefahr gestattet. Radfahren und das Fahren mit Krankenfahrstühlen ist dem Betreten gleichgesetzt.
(4) Die dienstliche Tätigkeit der Ordnungsbehörden bleibt unberührt.

25 BayNatSchG gewähren jedermann das Recht, die freie Landschaft, insbesondere Wald, Heide, Fels, Ödland, Brachflächen und Uferstreifen unentgeltlich zu betreten. Dieses Betretungsrecht gilt auch für landwirtschaftlich genützte Flächen und Sonderkulturen, die aber während der Nutzzeit (Zeit zwischen Saat und Ernte oder Zeit des Aufwuchses) nur auf Wegen betreten werden dürfen. Dabei gehören

(5) Verbote in anderen Rechtsvorschriften über das freie Umherlaufen von Hunden und anderen Haustieren bleiben unberührt.

CDU-Entwurf Berlin
§ 53 Aufenthalt in der freien Landschaft
(1) Jedermann hat das Recht, sich auf eigene Gefahr in der freien Landschaft nach Maßgabe der Bestimmungen dieses Abschnitts zum Zwecke der Erholung aufzuhalten. Weitergehende Rechte auf Grund anderer Vorschriften bleiben unberührt.
(2) Das Recht nach Absatz 1 umfaßt das unentgeltliche Betreten der freien Landschaft, insbesondere der Wälder, Öd- und Brachflächen sowie der Uferstreifen. Landwirtschaftlich genützte Flächen dürfen nur auf Wegen betreten werden. Gleiches gilt für alle Sonderkulturen, insbesondere für Flächen, die dem Garten- und Obstbau dienen.

HessNatSchG
§ 11 Betreten der Flur, Reiten in der Flur
(1) Jeder darf im Außenbereich (§ 19 Abs. 2 Bundesbaugesetz) die Flur auf Straßen, Wegen und auf ungenutzten Grundflächen zum Zwecke der Erholung auf eigene Gefahr betreten. Entsprechendes gilt für das Reiten auf Straßen und Wegen. Vorschriften des öffentlichen Rechts, die das Betreten der Flur in weiterem Umfange gestatten oder die die Betretungsbefugnis einschränken, bleiben unberührt. Zusätzliche Sorgfaltspflichten der Eigentümer oder Nutzungsberechtigten der Grundstücke werden durch die Betretungsbefugnis nicht begründet.
(2) Von der Betretungsbefugnis sind baulich oder gewerblich genutzte Grundstücke einschließlich der eingefriedeten, nicht bebauten Teile ausgenommen.

LandschaftsG NRW
§ 35 Betretungsbefugnis
(1) In der freien Landschaft ist das Betreten der privaten Wege und Pfade, der Wirtschaftswege sowie der Feldraine, Böschungen, Öd- und Brachflächen und anderer landwirtschaftlich nicht genutzter Flächen zum Zwecke der Erholung auf eigene Gefahr gestattet, soweit sich nicht aus den Bestimmungen dieses Abschnitts oder aus anderen Rechtsvorschriften Abweichungen ergeben. Für das Betreten des Waldes gelten die Bestimmungen des Landesforstgesetzes.
(2) Absatz 1 gilt sinngemäß für das Radfahren und das Fahren mit Krankenfahrstühlen.

LPflG Rhld.-Pfalz
§ 6 Betreten der Flur
Das Betreten der Flur auf Privat- und Wirtschaftswegen sowie auf ungenutzten Grundflächen zum Zwecke der Erholung ist auf eigene Gefahr und unentgeltlich gestattet. Im übrigen richtet sich das Recht auf Betreten der Flur nach den allgemeinen Vorschriften.

Entwurf Saarland
§ 5 Betreten der Flur
(1) Das Betreten der Flur auf Straßen und Wegen sowie auf ungenutzten Grundflächen zum Zwecke der Erholung ist auf eigene Gefahr gestatttet. Die Vorschriften des Feld- und Forstschutzgesetzes für das Saarland bleiben unberührt.

zum Betreten auch das Skifahren, Schlittenfahren (ohne Motorkraft), das Spielen und ähnliche Betätigungen in der freien Landschaft.[96]

2. Offenhaltung von Durchgängen

Öffentliche Beachtung und zuweilen Verbitterung und Ärger erregte in der Vergangenheit die Tatsache, daß die fortschreitende Verbauung der Landschaft nicht selten auch den Zugang zu den Naturschönheiten und Erholungsflächen, insbesondere zu den Gewässern, entweder wesentlich erschwerte oder gar unmöglich machte. Abhilfe kann hier aufgrund der Vorschriften über die Offenhaltung von Durchgängen geschaffen werden. Auch hinsichtlich dieses Regelungsgegenstandes sind die gesetzlichen Bestimmungen Baden-Württembergs[97] und Bayerns[98] als beispielhaft zu bezeichnen.[99] Danach kann die Naturschutzbehörde[100] auf Grundstücken, die infolge von Sperren, die der Grundstückseigentümer zulässigerweise errichtet hat, nicht betreten werden können, für die Allgemeinheit einen Durchgang eröffnen, wenn andere Teile der freien Landschaft, insbesondere Naturschönheiten, Wald, Gewässer, in zumutbarer Weise nicht zu erreichen sind, und der Eigentümer dadurch nicht wesentlich in seinen Rechten (Land- und Forstwirtschaft) beeinträchtigt wird.

LPflG Schl.-H.
§ 38 Betreten von Feld und Wald
(1) Jeder darf in der Feldmark auch private Wege betreten und sich dort aufhalten; das gilt nicht für Wege innerhalb eingefriedeter Grundstücke, auf denen Haustiere weiden. Die land- und forstwirtschaftliche Bewirtschaftung darf durch das Betreten nicht beeinträchtigt werden. Zur Feldmark gehören nicht Wege innerhalb von bebauten Flächen, von Hofräumen, Gärten, eingefriedigten Park- und ähnlichen Anlagen.
(2) Jeder darf nach dem Landeswaldgesetz Wald betreten und sich dort aufhalten.
(5) Weitergehende Rechte sowie öffentlich-rechtliche Vorschriften, die das Betretungsrecht einschränken oder solche Einschränkungen zulassen, bleiben unberührt.

96 S. § 37 Abs. 2 NatSchG Bad.-Württ.; Art. 24 BayNatSchG.
97 § 42 NatSchG Bad.-Württ.
98 Art. 31 BayNatSchG.
99 § 40 Abs. 2 und 3 LandschaftsG NRW gibt der Landschaftsbehörde die Befugnis, die Freigabe von Uferstreifen anzuordnen, die Beseitigung tatsächlicher Hindernisse für das freie Betreten und Begehen zu verlangen, sowie die Grundstückseigentümer aufzufordern, Durchgänge zu Gewässern freizumachen.
Treten dadurch für den Eigentümer unzumutbare Schäden, Wirtschaftserschwernisse und Nutzungsbeschränkungen auf, so ist dafür Entschädigung zu gewähren.
Dagegen überantworten § 7 Abs. 1 LPflG Rhld.-Pfalz, bzw. § 6 Abs. 1 Entwurf Saarland die Ausweisung von Uferwegen für den Zugang zu den Gewässern den Landschaftsplänen. Desgleichen ist in beiden Landesgesetzen ein Verbot der Verbauung bestehender Uferwege angeordnet.
100 Nach Art. 31 BayNatSchG ist dafür die untere Naturschutzbehörde zuständig.

3. Ufergrundstücke

Besondere Vorschriften über Ufergrundstücke enthält nur das Landschaftsgesetz Nordrhein-Westfalens.[101] Durch die Bestimmung, daß Gebietskörperschaften, die Eigentümer oder Besitzer von Ufergrundstücken sind, diese für das Betreten und zum Zwecke der Erholung in angemessenem Umfange herzurichten und freizugeben haben, soll der Anziehungskraft der Gewässer auf die Erholungssuchenden Rechnung getragen werden. Die untere Landschaftsbehörde kann sogar die Freigabe von Uferstreifen in angemessenem Umfang verlangen. Hier besteht aber bei unzumutbarer Behinderung des Eigentümers, bei Nutzungs- oder Wirtschaftserschwerung oder Schädigung eine Entschädigungsverpflichtung.

§ 42 Landschaftsgesetz NRW begründet schließlich die Pflicht, bei der Herstellung oder wesentlichen Umgestaltung eines Gewässers für die Erschließung der Uferbereiche Sorge zu tragen. Um die Erfüllung dieser Verpflichtung sicherzustellen, sind die erforderlichen Maßnahmen bei der Genehmigung des Eingriffs in Natur und Landschaft bereits in den dabei angeordneten Ausgleichsmaßnahmen[102] zu berücksichtigen.

Das gilt auch, wenn Abgrabungen vorgenommen werden und dabei Wasserflächen entstehen (Kiesabbau; Kohleabbau im Tagebergbau).

4. Erholungsschutzstreifen

In mehreren Ländergesetzen finden sich Vorschriften, die das Ziel verfolgen, die Verbauung der Gewässer – oft genug bis unmittelbar an die Uferlinie heranreichend – zu verhindern.

Beispielhaft dürfte hier die Regelung des saarländischen Gesetzentwurfes[103] sein.[104] Dort ist bestimmt, daß zwischen der Uferlinie und den im Landschaftsrahmenplan ausgewiesenen Uferwegen, sowie auf der Landseite dieser Uferwege in einer Tiefe, die in den Landschaftsrahmenplänen festgelegt wird, bauliche Anlagen mit Ausnahme von standortbedingten Anlagen (Brücken, Hafenanlagen usw.) nicht errichtet werden dürfen. Sollen solche standortbedingte Anlagen errichtet werden, so bedarf es dazu der Zustimmung der unteren Naturschutzbehörde.

---

101 §§ 40 Abs. 1 und 2, 42 LandschaftsG NRW.
102 § 2 Abs. 2 und 3 LandschaftsG NRW.
103 Eine parallele Regelung trifft auch § 7 Abs. 2 LPflG Rhld.-Pfalz.
104 Dazu enthalten noch folgende Gesetze Bestimmungen:
§ 41 LandschaftsG NRW legt ein Bauverbot für eine Breite von 50 m ab Uferlinie an Gewässern erster Ordnung sowie an stehenden Gewässern mit einer Fläche von mehr als 50 ha fest.
Nach § 44 NatSchG Bad.-Württ. besteht im Außenbereich ein Bauverbot innerhalb von 50 m von der Uferlinie der Bundeswasserstraßen und der Gewässer erster Ord-

5. Chemikalien

Mehrere Ländergesetze enthalten Vorschriften, die die großflächige Verwendung chemischer Mittel außerhalb der land- und forstwirtschaftlich genutzten Grundstücke regeln.

Von den bereits geltenden Vorschriften ist § 17 des baden-württembergischen Naturschutzgesetzes (NatSchG Bad.-Württ.) als vorbildlich zu bezeichnen.[105] Danach dürfen chemische Mittel zur Bekämpfung von Schadorganismen und Pflan-

> nung. Auch das Aufstellen von Zelten und Wohnwagen ist unzulässig. Zudem ist die Möglichkeit eröffnet, durch Rechtsverordnung einen solchen Erholungsschutzstreifen auch für Gewässer zweiter Ordnung anzuordnen.
>
> 105 Außerdem finden sich zu diesem Regelungsstand noch Vorschriften in folgenden Ländergesetzen:
> *CDU-Entwurf Berlin*
> § 31 Verwendung chemischer Mittel
> (1) Chemische Mittel zur Bekämpfung von Schadorganismen und Pflanzenkrankheiten sowie Wirkstoffe, die den Entwicklungsablauf von Pflanzen beeinflussen, dürfen außerhalb geschlossener Räume nur angewendet werden, wenn es im öffentlichen Interesse erforderlich ist und nicht überwiegende Belange der Landespflege entgegenstehen. In einer Rechtsverordnung werden Ausnahmen für land- und forstwirtschaftlich genutzte Grundstücke, Gärtnereien, Baumschulen, Gartenanlagen, Kleingärten, Terrassen, Balkone und die dort zugelassenen chemischen Mittel geregelt.
> (2) Die Anwendung chemischer Mittel im Sinne des Absatzes 1 in Naturschutzgebieten und auf flächenhaften Naturdenkmalen ist außerhalb von intensiv genutzten landwirtschaftlichen Flächen verboten. Die oberste Landespflegebehörde kann Ausnahmen zulassen, soweit eine Gefährdung des Schutzzweckes nicht zu befürchten ist. Weitergehende Vorschriften bleiben unberührt.
> (3) Nichtätzende handelsübliche Auftaumittel (Streusalze) dürfen nur außerhalb von Privatgrundstücken verwendet werden und nur soweit es im öffentlichen Interesse geboten ist. Das Nähere regelt das Gesetz über die Stadtreinigung (Stadtreinigungsgesetz) vom 21. Juni 1969 (GVBl. S. 768).
> *Gesetzentwurf der Landesregierung von Rheinland-Pfalz über ein Landesgesetz zur Anpassung des Landespflegegesetzes an das BNatSchG* (s. Fn. 18)
> § 4 c Verwendung chemischer Mittel
> Chemische Mittel zur Bekämpfung von Pflanzen oder Tieren sowie Wirkstoffe, die den Entwicklungsablauf von Pflanzen oder Tieren beeinträchtigen können, dürfen in der freien Landschaft nur mit Genehmigung der oberen Landespflegebehörde angewendet werden; dies gilt nicht für den Einsatz chemischer Mittel im Rahmen einer ordnungsgemäßen land-, forst- und fischereiwirtschaftlichen Bodennutzung, der Bewirtschaftung von Haus- und Kleingärten, der Straßenunterhaltung sowie der Gewässerunterhaltung auf Grund wasserrechtlicher Erlaubnis. Die Genehmigung ist zu erteilen, wenn die Anwendung der Mittel im öffentlichen Interesse erforderlich ist und nicht überwiegende Belange der Landespflege entgegenstehen.
> *§ 26 Abs. 3 LPflG Schl.-H.*
> (3) Außerhalb von landwirtschaftlich, forstwirtschaftlich und gärtnerisch genutzten Grundstücken dürfen chemische Mittel zur Bekämpfung von Schadorganismen und Pflanzenkrankheiten sowie Wirkstoffe, die den Entwicklungsablauf von Pflanzen beeinflussen, nur angewendet werden, wenn es im öffentlichen Interesse erforderlich ist und die Belange des Naturschutzes und der Landschaftspflege nicht über-

zenkrankheiten sowie Wirkstoffe, die den Entwicklungsablauf von Pflanzen beeinflussen, in der freien Landschaft außerhalb von land- und forstwirtschaftlich genutzten Grundstücken nur angewendet werden, wenn es im öffentlichen Interesse ist und nicht überwiegende Belange des Naturschutzes und der Landschaftspflege entgegenstehen. In Naturschutzgebieten und auf flächenhaften Naturdenkmalen ist die Anwendung solcher Mittel außerhalb von intensiv genutzten landwirtschaftlichen Flächen verboten. Allerdings kann die zuständige Naturschutzbehörde die Verwendung dieser Mittel zulassen, soweit eine Gefährdung des Schutzzwecks nicht zu befürchten ist.[106]

Ausdrücklich wird auch noch die Verwendung von Streusalz geregelt. Es darf außerhalb von Privatgrundstücken nur verwendet werden, soweit es im öffentlichen Interesse erforderlich erscheint.

6. Naturschutzfonds

Eine beispielhafte Regelung über den Naturschutzfonds enthält § 50 NatSchG Bad.-Württ.[107] Dem Naturschutzfonds, der als rechtsfähige Stiftung des öffentlichen Rechts gegründet wird, sind folgende Aufgaben zugewiesen:

wiegen. Die Anwendung dieser Mittel in Naturschutzgebieten und flächenhaften Naturdenkmalen ist untersagt, wenn sie die Pflanzen- oder Tierarten gefährdet, deren Bestände durch die Schutzverordnung geschützt werden sollen.

106 Zur praktischen Bedeutung der flächenmäßigen Anwendung von Chemikalien s. die Berichterstattung über die Bekämpfung der Schnakenplage im Oberrheingebiet.
BEATRICE FLAD-SCHNORRENBERG, In einigen Rheinauen wird nun doch gesprüht, FAZ v. 22. 6. 1976, S. 7; Noch kein Frieden im Schnakenkrieg am Rhein, FAZ v. 23. 2. 1977; Der Schnakenkrieg ist vorbei, FAZ v. 1. 4. 1977; KARL SCHMITT, Der Schnakenplage Herr geworden, FAZ v. 10. 8. 1977.

107 Des weiteren sehen § 35 HessNatSchG und § 47 a LPflG Schl.-H. (eingefügt durch Gesetz vom 20. 12. 1977, GVOBl. Schl.-H. S. 507) die Gründung eines Naturschutzfonds vor. Nähere Aussagen über Ausstattung der Stiftung und den Stiftungszweck trifft § 47 a LPflG Schl.-H.
Danach ist Stiftungszweck
– der Erwerb von für den Naturschutz und die Sicherung des Naturhaushalts besonders geeigneter Grundstücke oder die Förderung des Erwerbs solcher Grundstücke durch geeignete Dritte,
– die Pflege dieser Grundstücke oder die Durchführung sonstiger Maßnahmen des Naturschutzes und der Landschaftspflege.
Das Stiftungsvermögen beträgt 1,5 Mill. DM. Neben dieser Erstausstattung durch das Land erhält die Stiftung etwaige weitere Finanzzuwendungen vom Land nach Maßgabe der im Landeshaushalt ausgebrachten Mittel. Zudem ist die Stiftung berechtigt, Zuwendungen von Dritten anzunehmen.
Nach Auskunft des Bayerischen Staatsministeriums für Landesentwicklung und Umweltfragen wird in Bayern an öffentliche Träger oder Naturschutzverbände zum Erwerb von ökologisch bedeutenden und gefährdeten Grundstücken aus Haushaltsmitteln, den sogenannten Naturschutzmitteln, ein Zuschuß bis zu 80 % des Kaufpreises unter den üblichen Zweckbindungen in Form von Auflagen und Bedingungen gewährt.

- Anregung und Förderung der Forschung und modellhafter Untersuchungen auf dem Gebiet der natürlichen Umwelt
- Beratung des Ministeriums bei der Planung und Verwendung der verfügbaren Forschungsmittel
- Unterstützung und Förderung von Aufklärung, Ausbildung und Fortbildung
- Auszeichnung von richtungweisenden Leistungen auf dem Gebiet der Erhaltung der natürlichen Umwelt
- Erwerb von Grundstücken zum Zwecke des Naturschutzes und der Erholungsvorsorge, sowie die Finanzierung des Erwerbs
- Förderung von Maßnahmen zum Schutz der Natur und zur Pflege der Landschaft.

Als vorbildlich hervorzuheben ist insbesondere die Ausstattung der Stiftung. Neben einer einmaligen Grundausstattung von 300 000 DM, die durch das Land in das Stiftungsvermögen eingebracht wird, und den Erträgen des Stiftungsvermögens fließen dem Stiftungsvermögen die Ertägnisse von öffentlichen Lotterien, Ausspielungen, Ausstellungen, Veranstaltungen und Sammlungen zu. Ferner werden die Ausgleichsabgaben, die bei Eingriffen in Natur und Landschaft, welche nicht ausgleichbare Schäden hinterlassen, gemäß § 11 Abs. 5 NatSchG Bad.-Württ.[108] von den Schädigern als Ausgleich verlangt werden, eingezahlt; desgleichen fällt die Ausgleichsabgabe, die nach § 25 Abs. 5 NatSchG Bad.-Württ. demjenigen, der durch den Eingriff in geschützte Grünbestände diese in ihrem Bestand auf nicht ausgleichbare Art und Weise gemindert hat, auferlegt wird, in das Stiftungsvermögen.

---

108 § 11 Abs. 5 und 6 NatSchG Bad.-Württ. lautet:
(5) Eine Ausgleichsabgabe ist zu entrichten, soweit ein Eingriff nicht ausgleichbar ist. Die Ausgleichsabgabe ist mit der Gestattung des Eingriffs zumindest dem Grunde nach festzusetzen. Sie ist an den Naturschutzfonds beim Ministerium zu leisten. § 9 Abs. 2 und die §§ 19 und 20 des Landesgebührengesetzes gelten entsprechend.
(6) Das Ministerium regelt durch Rechtsverordnung im Einvernehmen mit dem Finanzministerium, dem Ministerium für Arbeit, Gesundheit und Sozialordnung und dem Ministerium für Wirtschaft, Mittelstand und Verkehr die Höhe der Ausgleichsabgabe und das Verfahren zu ihrer Erhebung. Die Höhe ist nach Dauer und Schwere des Eingriffs, Wert oder Vorteil für den Verursacher sowie nach der wirtschaftlichen Zumutbarkeit zu bemessen. Die Schwere des Eingriffs ist bei der Berechnung der Ausgleichsabgabe in der Regel anhand der beanspruchten Fläche oder der Menge des entnommenen Materials (Entnahme) zu berücksichtigen.

Einige Aspekte des Umweltschutzrechts in Japan

Yasutaka Abe, Kobe

1. Die Entstehung der Umweltverschmutzung in Japan

1.1. Japan leidet an Raummangel. Die Gesamtfläche Japans beträgt nur 377 535 qkm (etwas mehr als Westdeutschland) und nur 20% davon ist nutzbares Land. Der Rest ist Gebirge. Hier leben 110 Millionen Menschen sehr dicht auf engem[1] Raum. Auf der anderen Seite besitzt Japan kaum Rohstoffe. Deshalb kann Japan nur davon leben, Rohmaterial einzuführen und die fertige Ware auszuführen. Daher hat Japan seit der Meiji-Zeit (1868) die Industrialisierung gefördert. Als Folge davon gibt es in Japan eine Fülle wirtschaftlicher und sozialer Indikatoren, die sich von denen der sonstigen Welt unterscheiden.[4]

1 Zum Bodenproblem in Japan verweise ich auf Prof. Dr. Yoriaki Narita, Städtebau- und Bodenrecht in Japan, DÖV 1975, S. 79 ff.

2 Internationaler Vergleich einiger wirtschaftlich-sozialer Indikatoren.

	Japan	USA	England	Frankreich	BR Deutschland	Einheit
1. BSP (nominal) pro bewohnbare Fläche	352,6	20,5	77,2	62,9	197,7	Millionen Dollar/ 10 000 ha, '73
2. Energieverbrauch pro bewohnbare Fläche	33,8	3,9	14,4	5,6	20,4	Millionen t/ 10 000 ha, '73
3. Autobesitz pro bewohnbare Fläche	2,17	0,19	0,70	0,41	1,04	/ha, '73
4. Grüne (Wald und Ackerland) pro 1000 Bewohner	249,7 ('72)	3601,4 ('69)	369,4 ('72)	902,4 ('70)	333,3 ('72)	ha
5. Bewohnbare Fläche pro 1000 Einwohner	106,5	3060,2	400,8	780,5	283,9	Gesamtfläche minus Waldfläche, in ha

Quelle: Japanisches Umweltministerium.

1.2. Die Umweltverschmutzung in Japan hängt mit der Entwicklung des japanischen Kapitalismus zusammen; sie ist deshalb eigentlich kein neues Problem, sondern reicht etwa 100 Jahre zurück. Berühmt sind z. B. die Kupfervergiftung durch das Ashio-Kupferbergwerk, der Umzug des Besshi-Kupferbergwerks wegen der Luftverschmutzung auf eine isolierte Insel und der Bau eines 156 m hohen Schornsteins durch das Hitachi-Bergwerk. Viele Industrieanlagen wurden allerdings während des zweiten Weltkrieges in Trümmer gelegt.

1.3. Nach dem zweiten Weltkrieg hat Japan denselben Weg wieder gewählt. Insbesondere nach 1960 sind große Schwerindustriegebiete auf der pazifischen Seite Japans eines nach dem anderen als staatliche Projekte entstanden.

Die damalige Politik vergaß die Erfahrungen aus der Bekämpfung von Umweltschäden vor dem zweiten Weltkrieg, bevorzugte das Wirtschaftswachstum und vernachlässigte den Gesichtspunkt des Umweltschutzes in den meisten Fällen. Daraus ergibt sich, daß Japan in bezug auf das Bruttosozialprodukt den zweiten Rang in der freien Welt erreicht hat,[3] aber die schöne Landschaft und Natur zu einem gewissen Grad zerstört worden ist und mit der Industrialisierung Gesundheitsschäden auf vielen Gebieten eingetreten sind. Deshalb nennt man ironischerweise Japan eine Inselkette von Umweltschäden oder ein in Umweltschäden fortgeschrittenes Land. Erst etwa ab 1960 ist die Umweltverschmutzung wieder ins öffentliche Bewußtsein getreten. Es ist besonders bemerkenswert, daß die japanischen Umweltschäden nicht durch einfache Schädigung der Naturumwelt, sondern oft durch tödliche Krankheiten und die massive Beeinträchtigung des ganzen täglichen Lebens gekennzeichnet sind.

1.4. Nun ist auf die Gründe der Umweltverschmutzung in Japan etwas näher einzugehen:

Erstens konzentrieren sich die Industrieanlagen in Japan hauptsächlich am Meer oder auf dem aus dem Meer gewonnenen Land, weil das im wesentlichen für den Außenhandel vorteilhaft ist und Grundstücke für die Industrie dort billiger und konfliktsloser erworben werden können. Das bewirkte nicht nur die Wasserverschmutzung im Meer und in Flüssen, sondern auch die Luftverschmutzung in Wohnvierteln, weil viele davon in Japan an der Küste liegen.

Zweitens hat die Landgewinnung das seichte Meer aus den großen Buchten und der Seto-Inland-See verdrängt und die schönen, natürlichen Küsten mit weißem Sand und grünen Kieferhainen zerstört, auf die die Japaner als Erholungsgebiet so stolz waren.

Die Gesamtfläche des nach dem zweiten Weltkrieg bis 1975 dem Meer abgewonnenen Landes erreicht insgesamt 121 000 ha, d. h. 0,3 % der Gesamtfläche Japans oder etwa die Hälfte der Fläche der Hauptstadt Tokio. Ein Drittel davon dient als Industriegelände.

---

[3] Die jährliche Zunahme des BSP betrug durchschnittlich 10,8 % zwischen 1960—1970. Sie ist die höchste in den Staaten der OECD.

Nach der Untersuchung des Umweltministeriums von 1975 ist die Länge der natürlich belassenen Küste nur 60 % der Länge der Küste ganz Japans. So ist z. B. nur noch 1,5 % in der Osaka-Bucht, 7,9 % in der Ise-Bucht, 10,5 % in der Tokio-Bucht natürliche Küste. Der Rest ist betoniert oder bebaut – dies nicht nur durch Bauten im Rahmen des Küstenschutzes, sondern auch durch die Landgewinnung.

Drittens ist die Kanalisation auch in den großen Städten noch weit davon entfernt, ausreichend zu sein.[4] Das hat zusammen mit den Industrie-Abwässern das Meer und Flüsse erheblich verschmutzt und die Versorgung mit Meeresfrüchten und Produkten aus dem Meer, die für die Ernährung der Japaner eine große Rolle spielen, stark beeinträchtigt.

Viertens sind in vielen Gebieten Wohnhäuser und Industrieanlagen gemischt, so daß Lärm, Gerüche, Erschütterungen usw. Wohngebiete in Mitleidenschaft ziehen, weil keine wirksamen Rechtssysteme vorhanden waren, nach denen eine geordnete Stadtentwicklung gesichert werden konnte.

Natürlich schreiben das Stadtplanungsgesetz und das Gesetz über die grundlegenden Bauregeln vor, daß hinsichtlich jedes Gebiets bestimmte Nutzungen festzulegen sind. Aber es ist sehr schwierig, die schon entstandene ungeordnete Bodennutzung durch diese Technik ordnungsgemäß zu gestalten. Deshalb sind diese Bestimmungen oft so großzügig, daß diese ungeordnete Bodennutzung in großem Umfang als zulässig anzusehen ist.

Fünftens sind nicht nur Industrieanlagen, sondern auch Verkehrsmittel, wie die »Schinkansen«-Linien (Superexpreßzug), Autobahnen, Flughäfen usw. als große Umweltverschmutzer anzusehen, weil sie oft mitten durch Wohngebiete gehen.

Sechstens gab es kaum Rechtsvorschriften, nach denen bei den öffentlichen Maßnahmen und Unternehmen den Belangen des Umweltschutzes Rechnung getragen werden mußte. Alle Gesetze konzentrierten sich lediglich auf die Erreichung von jeweils fachlichen Zielen (z. B. Straßenbau, Hafenbau, Industriegebietsbau).

Außerdem war der Gesichtspunkt des Umweltschutzes bei der Genehmigung der Landgewinnung nach dem Gesetz betreffend die Landgewinnung aus öffentlichen Gewässern vor der Änderung von 1973 außer Betracht gelassen. Das Gesetz basierte auf dem Grundgedanken, daß die Landgewinnung an sich gut ist, weil sie die in Japan sehr kostbaren Grundstücke produziert. Das 1973 geänderte obengenannte Gesetz hat die Genehmigungsbehörde verpflichtet, den Anforderungen

[4] Internationaler Vergleich des Grades der Kanalisation.

Japan	USA	England	BR Deutschland	Frankreich	Schweden
22,8 % (1975)	71 % (1968)	94 % (1970)	79 % (1970)	40 % (1963)	80 % (1971)

Diese Prozentzahl stellt das Verhältnis dar zwischen der Bevölkerung, die die Kanalisation benutzt, und der Gesamtbevölkerung.
Quelle: Japanisches Umweltministerium.

des Umweltschutzes Rechnung zu tragen. Aber auch unter diesem Gesetz ist Landgewinnung genehmigt worden, die aus dem Gesichtspunkt des Umweltschutzes fragwürdig ist.

2. Die staatliche Gesetzgebungstätigkeit zugunsten des Umweltschutzes

2.1. 1958[5] kam es zu einem Einbruch von Fischern in eine Papierfabrik (Honshuseishi Edogawa kozyo), deren Abwässer in der Tokio-Bucht große Mengen von Muscheln tötete. Erst daraufhin wurden 1958 die sogenannten »Zwei Wasserqualitätsgesetze« verabschiedet: das Gesetz zum Schutz der Wasserqualität in den öffentlichen Gewässern und das Gesetz zur Kontrolle des Fabrikabwassers. Sie sind der Anfang der systematischen staatlichen Umweltgesetze, obwohl sie sich als nicht effektiv für den Umweltschutz erwiesen haben. Danach sind unter dem ständig steigenden Druck der öffentlichen Meinung und der Bürgerinitiativen gegen die Umweltschäden und aus Anlaß der Umweltschutzpolitik im Ausland nach und nach Umweltgesetze erlassen worden:

- das Gesetz zur Kontrolle der Abgase von 1962;
- das Gesetz über die Grundlagen des Umweltschutzes von 1967;
- das Gesetz zur Bekämpfung der Schäden durch Flugzeuglärm in der Umgebung öffentlicher Flugplätze von 1967;
- das Gesetz zur Abwehr der Luftverunreinigung von 1968, das das obengenannte Gesetz zur Kontrolle der Abgase ersetzt hat;
- das Gesetz zur Beschränkung des Lärms von 1968;
- das Gesetz über Sondermaßnahmen betreffend den Schutz der umweltbedingten Gesundheitsschäden von 1968, das 1973 durch das Gesetz über die Entschädigung für umweltbedingte Gesundheitsschäden ersetzt wurde;
- das Gesetz betreffend die Beilegung von Streitigkeiten im Zusammenhang mit Umweltschäden von 1970.

2.2. Das sogenannte »Umweltschutzparlament« (Ende 1970) hat eine epochemachende Aktivität entfaltet, die in der Geschichte der Gesetzgebung zum Umweltschutz nicht vergessen werden darf. In dieser Sitzungsperiode sind insgesamt 14 Umweltschutzgesetze neu erlassen oder reformiert worden. Neu verabschiedet wurden:

- das Gesetz zur Bekämpfung der Meeresverschmutzung, das 1976 in Gesetz zur Bekämpfung der Meeresverschmutzung und der Unfälle im Meer umbenannt worden ist;
- das Gesetz zur Abwehr der Wasserverschmutzung, das die obengenannten zwei Wasserqualitätsgesetze ersetzt hat;
- das Gesetz über die Bestrafung umweltschädlicher Straftaten, welche die menschliche Gesundheit berühren;

— das Gesetz über die Kostenlast der Unternehmer für Maßnahmen zur Bekämpfung von Umweltschäden;
— das Gesetz zur Abwehr einer Verseuchung landwirtschaftlicher Nutzflächen;
— das Gesetz über die Müllbeseitigung und das Reinigungswesen.

Noch hinzuzufügen ist, daß auch danach weitere Gesetze verabschiedet worden sind:
— das Gesetz zur Bekämpfung übler Gerüche von 1971;
— das Gesetz zum Schutz der Naturwelt von 1972;
— das Gesetz über die Entschädigung für umweltbedingte Gesundheitsschäden von 1973, das das Gesetz über Sondermaßnahmen betreffend den Schutz der umweltbedingten Gesundheitsschäden von 1968 ersetzt hat;
— das Gesetz betreffend die vorläufigen Maßnahmen zum Umweltschutz in der Seto-Inland-See von 1973, das 1978 durch das Gesetz betreffend die Sondermaßnahmen über den Umweltschutz in der Seto-Inland-See ersetzt wurde;
— das Gesetz zur Kontrolle der Schadstoffe enthaltenden Haushaltswaren von 1973;
— das Gesetz über Sondermaßnahmen betreffend die Bekämpfung von Umweltschäden durch den Erzbergbau von 1973;
— das Gesetz zur Regelung von Erschütterungen von 1975.

Außerdem ist 1973 das Gesetz betreffend die Landgewinnung aus öffentlichen Gewässern zugunsten des Umweltschutzes geändert worden. Nach dem 1972 geänderten § 25 Abs. 1 des Gesetzes zur Abwehr der Luftverunreinigung und § 19 des Gesetzes zur Abwehr der Wasserverschmutzung müssen Unternehmer eine verschuldensunabhängige Haftung übernehmen, wenn ihre Abgase oder Abwässer die menschliche Gesundheit oder das Leben geschädigt haben.

2.3. In der Bundesrepublik Deutschland wird diskutiert, ob die in vielen Gesetzen verstreuten Umweltschutzvorschriften zu kodifizieren sind. Zwar haben wir auch in Japan mehrere umweltbetreffende Gesetze. Jedoch gibt es seit 1967 ein Gesetz über die Grundlagen des Umweltschutzes, das die wichtigsten Grundsätze des Umweltschutzes zusammenfaßt. Es kann als eine Art Umweltgrundgesetz bezeichnet werden. Deshalb hat sich für Japan das Kodifikationsproblem gar nicht gestellt.

2.4. Das Gesetz über die Grundlagen des Umweltschutzes definiert zwar das Wort »Umwelt« nicht, jedoch ist für den Begriff »Umweltschäden« eine Legaldefinition vorhanden. Nach § 2 dieses Gesetzes sind als die sieben typischen Umweltschäden genannt: Luftverunreinigung, Wasserverschmutzung, Verseuchung landwirtschaftlicher Nutzflächen, Lärm, Erschütterungen, Absinken der Erdober-

---

5 Zur Übersetzung japanischer Umweltgesetze verweise ich auf Dr. ELMAR HILLACH, Ausländisches Umweltrecht IV — Umweltschutz in Japan — Beiträge zur Umweltgestaltung, Erich Schmidt Verlag, Berlin 1975. Meine Übersetzung japanischer Gesetze beruht weitgehend auf diesem Buch.

fläche durch Grundwasserentzug und üble Gerüche. Alle diese typischen Umweltschäden sind in Sondergesetzen geregelt worden.

Außerdem sind weitere bereits genannte Sondergesetze geschaffen worden, z. B. auf dem Gebiet des Meeresschutzes, des Naturschutzes, der Kostenlast für Umweltschäden, der Bestrafung gesundheitsschädlicher Umweltverschmutzung sowie der Entschädigung für umweltbedingte Gesundheitsschäden. Hier muß ich aus zeitlichen und räumlichen Gründen darauf verzichten, auf die Einzelheiten dieser Umweltgesetze einzugehen. Aber man könnte wohl sagen, daß das Rechtssystem zum Umweltschutz jetzt schon ziemlich fortgeschritten ist.

2.5. Das Verhältnis zwischen den Umweltnormen und den Emissionsnormen ist wie folgt:

§ 9 Abs. 1 des Gesetzes über die Grundlagen des Umweltschutzes schreibt vor: Die Regierung legt für die Umweltbedingungen hinsichtlich Verunreinigung der Luft, Verschmutzung des Wassers, Verseuchung landwirtschaftlicher Nutzflächen und für Lärm Normen fest, die einzuhalten für die Bewahrung der Gesundheit der Menschen und die Erhaltung ihrer Lebensumwelt erforderlich sind.

Abs. 4 dieses Paragraphen schreibt vor: Die Regierung hat darauf hinzuwirken, daß durch einheitliches und angemessenes wirksames Planen der Maßnahmen zur Bekämpfung von Umweltschäden die Normen nach Abs. 1 eingehalten werden. Diese Normen heißen *Umweltnormen*. Sie sind das Ziel der Verwaltungstätigkeit zugunsten des Umweltschutzes. Alle Verwaltungstätigkeit zugunsten des Umweltschutzes muß darauf abzielen, daß diese Umweltnormen zumindest eingehalten oder sogar unterschritten werden.

Um dieses Ziel zu erreichen, sind die anderen Normen nach § 10 des obengenannten Gesetzes von der Regierung festzulegen. Diese Normen heißen *Emissionsnormen*. Sie sind Zumutbarkeitsgrenzwerte. Die einzelnen Unternehmer müssen diese Emissionsnormen einhalten. Ist dies nicht der Fall, so sind Maßnahmen zur Beschränkung solcher Emissionen zu treffen, die eine Verunreinigung der Luft, eine Verschmutzung des Wassers oder eine Verseuchung landwirtschaftlicher Nutzflächen verursachen.

Die Umweltnormen sind bisher in bezug auf Luft, Wasser, Lärm (einschließlich Fluglärm und »Shinkansen«-Lärm) festgelegt. In bezug auf die Verseuchung landwirtschaftlicher Nutzflächen gibt es noch keine Normen.

Hier wäre darauf hinzuweisen, daß das Verhältnis zwischen den Umweltnormen und Emissionsnormen demjenigen zwischen dem Immissionswert und Emissionswert nach dem deutschen Bundes-Immissionsschutzgesetz nicht entspricht. Nach meinem Verständnis ist die Genehmigung einer genehmigungsbedürftigen Anlage nach diesem deutschen Gesetz nur zu erteilen, wenn der Immissionswert eingehalten ist. In Japan waren diese Umweltnormen in vielen Industriegebieten schon überschritten, als dieses Umweltschutzsystem eingeführt wurde. Deshalb ist vorgesehen, daß die Verwaltung bestrebt sein soll, die Umweltverschmutzung unter diese Umweltnormen herabzusetzen, allerdings darf sie auch bei der Überschreitung dieser Umweltnormen nicht ohne weiteres in die Gewerbefreiheit einzelner Unternehmen eingreifen.

2.6. Bisher waren die Zuständigkeiten über den Umweltschutz unter verschiedenen Behörden zersplittert. 1971 wurde das Umweltschutzministerium errichtet, um die verschiedenen umweltrelevanten Angelegenheiten in einem gewissen Umfang einheitlich zu erledigen. Es ist zuständig erstens für die Sicherung der Koordinierung unter den Ministerien, zweitens für die Bekämpfung der Umweltschäden, drittens für den Schutz der Naturumwelt, usw.

3. Die Rolle der Gebietskörperschaften[6]

3.1. Seit etwa 1955 bemühten sich die meisten Gebietskörperschaften um Industrieansiedlung. Damals wurden rauchende Schlote als Symbol wirtschaftlicher Prosperität angesehen und der Umweltschutz oft vernachlässigt.

Aber etwa seit den letzten zehn Jahren haben sich viele Gebietskörperschaften entsprechend den zunehmenden Forderungen von Bürgerinitiativen und der Presse für die Lösung des Problems der Umweltverschmutzung eingesetzt. Viele Umweltsatzungen wurden erlassen. Da sich die vom Staat erlassenen Emissionsnormen in Gebieten, in denen Industrieanlagen konzentriert sind, als nicht genügend erwiesen, um die Umwelt unter der Umweltnorm sauber zu erhalten, wollten einige Gebietskörperschaften noch strengere Emissionsnormen durch Satzungen erlassen. Aber es war streitig, ob solche Satzungen gesetzwidrig waren, weil eine Satzung nicht gegen ein Gesetz verstoßen darf.

Es gab Meinungen, die geneigt waren, diese Frage zu bejahen. Sie betonten, daß die Gebietskörperschaften wegen der Ortseigentümlichkeit der Umweltverschmutzung für den Umweltschutz in erster Linie verantwortlich sind und die von der Regierung bestimmten Emissionsnormen nur das Minimum darstellen sollen.

Die wohl herrschende Meinung war jedoch rechtsdogmatisch gegenteiliger Ansicht: Damals galt die sogenannte Wirtschaftsharmonieklausel (§ 1 Abs. 2 des Gesetzes über die Grundlagen des Umweltschutzes in der Fassung vor der Änderung von 1970, § 1 Abs. 2 des Gesetzes zur Abwehr der Luftverunreinigung in der Fassung vor der Änderung von 1970). Nach dieser Klausel war die Lebensumwelt mit der gesunden Entwicklung der Wirtschaft zu harmonisieren. Diese Rechtsvorschrift wurde so verstanden, daß die Emissionsnormen die Gewerbefreiheit nicht nur beschränken, sondern auch gewährleisten. Daraus schloß man, daß strengere Emissionsnormen unzulässig seien, weil sie in das von dieser Vorschrift geschützte Industrieinteresse eingreifen würden.

---

6 Japan ist kein Bundesstaat, sondern ein Zentralstaat, wie Frankreich. Die Gebietskörperschaften setzen sich aus 47 Präfekturen und etwa 3000 Gemeinden (einschließlich der großen Städte) zusammen. Auch die Hauptstadt Tokio mit über 10 Millionen Einwohnern ist eine Gebietskörperschaft.

Trotzdem waren fast alle der Meinung, daß die Mindermeinung, rechtspolitisch geschen, Richtiges enthalte. Unter dem zunehmenden Druck der öffentlichen Meinung, von Bürgerinitiativen und der Presse gegen die immer stärker werdende Umweltverschmutzung ist das obengenannte Rechtssystem erst Ende 1970 im sogenannten »Umweltschutzparlament« geändert worden: Die Wirtschaftsharmonieklausel wurde gestrichen. Nach meinem Verständnis erfolgte diese Streichung nur zu dem Zweck, einen einseitigen Vorrang der Industrie zu verhindern. Das Vorhandensein dieser Klausel an sich trug zur Verschmutzung der Lebensumwelt bei und störte die angemessene Abwägung zwischen der Wirtschaftsentwicklung und dem Schutz der Lebensumwelt. Deshalb bedeutet diese Streichung nicht, daß den Anforderungen des Wirtschaftswachstums keine Rechnung mehr getragen werden darf. Sie hat nur beabsichtigt, die richtige Harmonie zwischen der Wirtschaftsentwicklung und dem Schutz der Lebensumwelt wiederherzustellen.

Nach § 4 des Gesetzes zur Abwehr der Luftverunreinigung und § 3 Abs. 3 des Gesetzes zur Abwehr der Wasserverschmutzung sind die Provinzen dazu ermächtigt worden, durch Satzung strengere Abgasnormen (ausgenommen Schwefeloxyde) oder Abwassernormen festzusetzen.

Durch diese Gesetzgebungstätigkeit ist die obengenannte Frage zugunsten der Verstärkung der lokalen Selbstverwaltung gelöst worden.

3.2. Da fast alle wichtigen Kompetenzen, Umweltschäden zu bekämpfen, vom Staat monopolisiert waren und in gewissem Grad auch jetzt noch sind, stehen den Gebietskörperschaften keine ausreichenden hoheitlichen Befugnisse zu. Trotzdem betrachten sie sich als verantwortlich dafür, das Umweltverschmutzungsproblem zu lösen, weil es ein örtliches Phänomen ist. Deshalb treffen sie nicht-hoheitliche Maßnahmen, um ihre mangelnde Zuständigkeit auszugleichen.

Zunächst einige Bemerkungen zu den Verträgen mit Unternehmern. 1964, als die Stadt Yokohama ihr aus dem Meer gewonnenes Land an die Dengenkaihatsu (Entwicklung der elektrischen Energiegewinnung) AG verkaufte, die auf diesem Land ein Kraftwerk bauen wollte, ließ sie die AG als Verkaufsbedingung zusagen, vorbeugende Maßnahmen gegen Abgase, Abwässer, Lärm usw. aus diesem Kraftwerk zu treffen. Dies war der erste Fall eines Vertrages zum Umweltschutz mit Unternehmern. Danach hat sich diese Art von Verträgen überall in Japan schnell verbreitet. Darin sind die gesetzlich nicht vorgesehenen Verpflichtungen der Unternehmer enthalten, z. B. sehr hohe Schornsteine zu bauen, schwefelarmes Schweröl als Brennstoff zu benutzen, Abfallbeseitigungsanlagen zu bauen usw.

Die zweite nicht-hoheitliche Maßnahme, die den Gebietskörperschaften zur Verfügung steht, ist die Verwaltungslenkung oder Verwaltungsführung (administrative guidance).[7] Viele Gebietskörperschaften bemühen sich, Umweltverschmutzer durch Empfehlung, Aufforderung, Überzeugung, Warnung usw. zu umweltschüt-

---

[7] Vgl. Prof. Dr. YORIAKI NARITA, Administrative Guidance (Gyosei Shido). In: Law in Japan, An Annual, Bd. 2, 1968, Japanese-American Society for Legal Studies.

zenden Maßnahmen zu bringen. Dieses sind Mittel der Verwaltungsführung. Sie beruhen auf keiner gesetzlichen Grundlage, sondern nur auf der freiwilligen Mitarbeit der Unternehmer. Diese Verwaltungsführung hat zu einem gewissen Grad Erfolg gehabt.

Die Gründe dafür liegen hauptsächlich darin:

Erstens in Japan besteht ein allgemeiner Konsens, Umweltschäden zu bekämpfen. Auch die Industrie kann sich dem nicht widersetzen, denn sie will bei der Bevölkerung ein gutes Ansehen bewahren. Deshalb muß die Industrie der Umweltpolitik der Gebietskörperschaften auch ohne direkten Zwang Folge leisten.

Zweitens hängt die Industrie z. B. von den Genehmigungen und Subventionen der Verwaltung ab. Deshalb möchte sie auch mit den Gebietskörperschaften in guten Beziehungen stehen. Sonst müßte sie zuweilen mit der Verzögerung oder Versagung von Verwaltungsmaßnahmen rechnen.

Trotzdem hat sich die Verwaltungslenkung manchmal als ungenügend erwiesen, weil ihr keine rechtlichen Zwangsmittel zur Verfügung stehen.

3.3. In der oben genannten Gesetzgebungs- und Verwaltungstätigkeit kann man eine dezentralisierende Tendenz sehen. Dagegen ist in der Bundesrepublik Deutschland eine ganz gegenteilige zentralisierende Tendenz der Gesetzgebungs- und Verwaltungstätigkeit auf dem Gebiet des Umweltschutzes (z. B. in Art. 74 Nr. 24 GG) zu beobachten. Warum entstehen so verschiedene Tendenzen? Umweltschäden sind sowohl ein örtliches als auch überörtliches Phänomen. Deshalb ist in einem Land, in dem die Verwaltung und Gesetzgebung stark zentralisiert sind, die Dezentralisation der Kompetenzen erforderlich. In einem Land, in dem der Zentralregierung kaum ausreichende Befugnisse zustehen, versucht die Zentralregierung, die Befugnisse den Gliedstaaten oder Gebietskörperschaften zu entziehen. Hier nähern sich Zentralisation und Dezentralisation einander an. Außerdem wäre darauf hinzuweisen, daß es in der Bundesrepublik Deutschland für den Bund nötig ist, die Befugnisse in die Hände zu bekommen, um mit anderen europäischen Staaten auf dem Gebiet des Umweltschutzes zu koordinieren, wogegen dies in Japan wegen der geographischen Lage kaum notwendig ist.

4. Die Rolle der Rechtsprechung

4.1. Die von der Umweltverschmutzung Geschädigten wandten sich zuerst an die Verwaltung, aber ohne Erfolg. Als ultima ratio gingen sie vor Gericht. Darunter sind insbesondere 4 Schadensersatzklagen (Kumamoto- und Niigata Krankheit, Itai-Itai Krankheit, Yokkaichi-Athma-Fall), welche »die 4 großen Umweltschädenklagen« oder mit dem Osaka-Flughafenfall »die 5 großen Umweltschädenklagen« heißen. Alle diese Klagen wurden für den Geschädigten positiv entschieden. Ohne diesen Druck von Klagen und Urteilen hätten die Verwaltung und der Gesetzgeber effektive Gegenmaßnahmen für den Umweltschutz nicht getroffen.

Deshalb kann man sagen, daß der Umweltschutz in großem Umfang von den Gerichten ausgegangen ist.

4.2. Früher waren Umweltklagen meistens Schadensersatzklagen. Aber in der letzten Zeit sind viele privatrechtliche Unterlassungsklagen und verwaltungsrechtliche Anfechtungsklagen erhoben worden, die der Umweltverschmutzung vorzubeugen beabsichtigen. Viele große Projekte sind durch Bürgerinitiativen oder Klagen angegriffen und manchmal gestoppt oder gelähmt worden. Hier tauchen die bei uns etwas strittigen Rechtsfragen auf, wie weit die Klagebefugnis und der Umfang der richterlichen Nachprüfung eines Verwaltungsakts wegen seines sehr hohen technischen Charakters auf dem Gebiete des Umweltschutzes sind[8].

4.3. Als eine der Besonderheiten der Umweltschutzklage in Japan kann man auf folgendes hinweisen: die wichtigste Rolle spielen zuerst die Schadensersatzklage und dann die zivilrechtliche Unterlassungsklage und die Verwaltungsklage. Einer der Gründe dafür, daß die zivilrechtliche Unterlassungsklage sehr oft erhoben worden ist, liegt darin, daß die zivilrechtliche Unterlassungsklage in Japan auch gegen eine behördlich genehmigte oder zu genehmigende Anlage zulässig ist, auch wenn sie nicht auf besonderen Titeln beruht. Bei uns gibt es kein Planfeststellungsverfahren. Der Betrieb wird eingestellt, wenn er durch schädliche Einwirkungen in die Gesundheit des Menschen eingegriffen oder einzugreifen gedroht hat, auch wenn er öffentlich-rechtliche Vorschriften, z. B. Emissionsnormen einhält. Ein Vergleich dieses Systems z. B. mit § 14 Bundes-Immissionsschutzgesetz ist interessant.

5. Die Umweltverträglichkeitsprüfung

5.1. Der Schwerpunkt der Aufgaben der Umweltschutzverwaltung lag früher im Rechtsschutz bei schon entstandenen Umweltschäden, aber jetzt liegt er auch in der Vorbeugung neuerer Umweltschäden und der Gestaltung einer menschenwürdigen Umwelt. Um dieses Ziel zu erreichen, ist es nötig, schädliche Einwirkungen auf die Umwelt im voraus zu messen und zu schätzen. Das traditionelle Verwaltungshandeln und die Gesetzgebung haben diesen Gesichtspunkt lange übersehen. Das war eine der wichtigsten Ursachen der Umweltschäden in Japan. Das Urteil im

---

8 Ein Beispiel soll hier genannt werden. Das Matsuyama Landgericht hat sich mit der Sicherheit des Druckwasserreaktors des Ikata Kernkraftwerks zum ersten Mal in Japan mit dem Urteil vom 25. 4. 1978 befaßt. Nach diesem Urteil stellt die Genehmigung eines Druckwasserreaktors wegen des fachtechnischen und politischen Charakters einen Ermessensakt dar, so daß dieser Verwaltungsakt der gerichtlichen vollen Nachprüfung nicht unterliegt. Zudem hat sich das Urteil für die Sicherheit des Reaktors in allen streitigen Punkten entschieden. M. E. ist das Urteil rechtsdogmatisch gesehen zu zurückhaltend. Das Wort Sicherheit ist zwar unbestimmt, enthält aber kein Ermessen. Das Urteil hätte auf die Entscheidungsprozesse der Verwaltung noch tiefer eingehen und ausführlicher beantworten sollen, ob das Kernkraftwerk in Wirklichkeit sicher ist.

Yokkaichi-Athma-Fall hat auf die Fahrlässigkeit bei der Bestimmung des Standorts der Strandindustriegebiete hingewiesen, denn die Wohnsiedlung der geschädigten Kläger liegt in der vorherrschenden Windrichtung und die Abgase konzentrierten sich auf sie. Das ist das erste Urteil, das die Notwendigkeit der Umweltverträglichkeitsprüfung betonte.

5.2. Das Kabinett hat 1972 beschlossen, daß die Umweltverträglichkeitsprüfung bei der Ausführung der öffentlichen Unternehmen durchzuführen ist. Diese neue Regelung ist seit 1973 in einigen Gesetzen vorgeschrieben. Unter der Berücksichtigung des Environmental Impact Statement Systems im National Environmental Policy Act von 1969 in den Vereinigten Staaten von Amerika ist ein Entwurf eines Gesetzes betreffend die Umweltverträglichkeitsprüfung vom Umweltschutzministerium formuliert worden.

Aber der Entwurf ist wegen der Widerstände von Seiten der Industrie und anderer Ministerien noch nicht ins Parlament eingebracht.

Die Gründe für diese Widerstände liegen darin, daß die Technik für die Schätzung der Umwelteinwirkungen noch nicht ausreichend entwickelt ist und die im Entwurf vorgeschriebene Partizipation der Bürger am Verfahren neue Ansiedlungen der Industrie hemmen oder bremsen würde.

5.3. Weil dieser Entwurf z. Z. auf der Ebene der Zentralregierung nicht durchgeführt ist, haben einige Gebietskörperschaften Satzungen über die Umweltverträglichkeitsprüfung erlassen oder sie wenden die Mittel der »Verwaltungslenkung« an.

5.4. In der letzten Zeit ist diese Verpflichtung zur Umweltverträglichkeitsprüfung trotz des Fehlens von ausdrücklichen gesetzlichen Grundlagen in zivilrechtlichen Unterlassungsklagen anerkannt. Z. B. hat das Urteil des Kumamoto Landgerichts vom 27. 2. 1975 einer Unterlassungsklage gegen den Bau einer gemeindlichen Kläranlage stattgegeben. Einer der Gründe liegt darin, daß die schädlichen Einwirkungen dieses Baus auf die Fischerei, auf den Seebadeort und auf die Gesundheit der Einwohner im voraus nicht genau geprüft waren.

6. Das Recht der Bürger auf eine menschenwürdige Umwelt[9]

6.1. Nach der wohl herrschenden Meinung kann das Grundrecht auf eine menschenwürdige Umwelt aus der japanischen Verfassung abgeleitet werden. Die Gründe liegen in § 25 (Grundrecht auf Existenzminimum) und § 13 (Grundrecht auf Streben nach Glück). Deshalb ist es wohl nicht so streitig, daß der Umweltschutz als Verfassungsauftrag anzusehen ist. Außerdem übt die Anerkennung dieses Grundrechts großen Einfluß auf das Verwaltungsprozeßrecht, z. B. die Erweiterung der Klagebefugnis aus.

---

9 Ausführlicher: BIN TAKADA und Mitarbeiter, Das Recht auf menschenwürdige Umwelt in Japan, DVBl. 1978, 679 ff.

Streitig ist die Frage, ob das Recht der Bürger auf eine menschenwürdige Umwelt als Privatrecht anzuerkennen ist, das auch ohne ausdrückliche gesetzliche Grundlage vor Gericht durchzusetzen ist. Nach einer Arbeitsgruppe der Rechtsanwaltskammer von Osaka ist dieses Recht nur ein gemeinsames Recht der Einwohner. Daher dürfe ein Unternehmer, der nur einer dieser Mitinhaber sei, von der Umwelt keinen ausschließlichen Gebrauch machen. Deshalb könnten alle Einwohner der Umweltverschmutzung zivilrechtlich vorbeugen, bevor eine Schädigung einzelner Bürger entsteht, wenn ein Unternehmer die Umwelt zu seinem Nutzen ausbeuten wolle. Diese neue Theorie hat große Unterstützung in der öffentlichen Meinung gefunden. Aber unter Juristen ist noch streitig, ob diese neue Theorie zu rechtfertigen ist. Insbesondere wird an ihr kritisiert, daß sie die Belange des Umweltschutzes als absolut ansieht und den Gesichtspunkt, verschiedene Interessen abzuwägen, vernachlässigt. Nach meiner und auch etwas herrschender, aber noch streitiger Meinung gibt es bisher keine Gerichtsurteile, die einer Klage nur aus diesem neuen Recht stattgegeben haben, aber viele Urteile, die unter dem Einfluß dieser neuen Theorie den Anforderungen des Umweltschutzes größere Rechnung tragen.

6.2. Kürzlich ist ein neues Recht der Bürger auf freien Zugang zur Küste und zum Meer ohne ausdrückliche gesetzliche Grundlage vertreten worden. Es ist als eine Art Recht auf menschenwürdige Umwelt anzusehen. Die Befürworter argumentieren, daß die Landgewinnung die Ursache der Umweltschäden ist und den Bürgern die See und die Küste praktisch verschlossen hat. Nach dieser Ansicht ist die See das Gemeingut aller Menschen. Niemand dürfe die See monopolisieren. Gegen die Landgewinnung oder die Genehmigung der Landgewinnung ohne Einwilligung der benachbarten Einwohner könne jedermann aufgrund dieses Rechts gerichtlich vorgehen.[10]

Außerdem wurden die Abschaffung des Gesetzes betreffend die Landgewinnung aus öffentlichen Gewässern und der Erlaß eines Gesetzes zur Erhaltung der natürlich belassenen Küste und die Einfrierung aller Landgewinnungspläne bis zum Inkrafttreten dieses Gesetzes vorgeschlagen. Der Gesetzgeber ist dieser Forderung nur teilweise nachgekommen. Nach dem Gesetz betreffend die Sondermaßnahmen über den Umweltschutz in der Seto-Inland-See von 1978 wurde den Provinzen die Möglichkeit gegeben, das »Küstenschutz«-Gebiet unter etwas strengeren Voraussetzungen festzulegen.

Die Befürworter dieses neuen Rechts befürchten, daß das Gesetz die Küstenzer-

---

10 Mit einer Einwohnerklage (Taxpayers' suit) wurde begehrt, daß es einer Gemeinde verboten werden solle, Geld für den Bau eines Fischereihafens auszugeben, weil er einen Seebadeplatz zerstören würde. Das Matsuyama Landgericht hat am 29. 5. 1978 diese Klage als unbegründet abgewiesen, weil es kein Recht, sondern nur Rechtsreflex sei, daß man an den Küsten schwimmen, Muscheln fangen usw. könne. Aber m. E. hätte das Urteil die Belange des Fischereihafenbaus und diejenigen des Schutzes dieses Seebadeorts angemessen abwägen sollen.

störung nicht bremsen kann, weil das Küstenschutzgebiet sehr begrenzt und in sonstigen Gebieten die Landgewinnung zulässig ist.

7. Die Ergebnisse der Umweltpolitik in Japan

Nach dem Umweltbericht des Umweltministeriums von 1978 hat sich die Luftverschmutzung durch Schwefeldioxyd (SO_2) von Jahr zu Jahr verringert. An etwa 88 % der Meßstellen ist sie unter der Umweltnorm. Aber die Umweltnorm von Stickstoffoxyd (NO_x) ist an den meisten Meßstellen überschritten. Die Wasserverschmutzung durch Schadstoffe wie Cadmium, Quecksilber usw. ist in den meisten Flüssen erträglich. In viele einmal »gestorbenen« Flüsse kommen Fische zurück. Aber die Wasserverschmutzung durch BSB_x (Biochemischen Sauerstoffbedarf, BOD: biochemical oxygen demand) und Chemischen Sauerstoffbedarf (COD: chemical oxygen demand) ist an nur 60 % der Meßstellen ohne Beanstandung. Lärm überschreitet die Umweltnorm an vielen Stellen.

Man kann sagen, daß die Umweltpolitik Japans Erfolg gehabt hat bei der Bekämpfung von SO_2, Schwebestaub, Kohlenmonoxid (CO), Cadmium, Quecksilber, PCB (Polichlorierte Aromate, polichlorinated biphenyl), aber nicht auf dem Gebiet von NO_x, BOD, COD. Außerdem ist darauf hinzuweisen, daß der Gesichtspunkt »Amenity« (Lebensqualität) in der Umweltschutzpolitik in Japan vernachlässigt wird. Über diesem Hinweis darf man allerdings nicht verkennen, daß es unsere wichtige Aufgabe ist, zunächst die schwersten Umweltschäden zu bekämpfen.

Hinsichtlich einer etwas ausführlicheren Darstellung des Umweltschutzrechts in Japan insbesondere betreffend die oben erwähnten Ziffern 3 bis 6 verweise ich auf meinen Aufsatz »Eine Skizze über die Entwicklung des Umweltschutzrechts in Japan« in Recht in Japan, Heft 2 (Alfred Metzner Verlag, Frankfurt a. M., 1977).

The Development of Environmental Law in the Nordic Countries

GUNNAR G. SCHRAM, Reykjavik

During the last decade rapid developments have taken place in the field of the environment in the Nordic countries, somewhat similar to what has been the case in other countries of Europe. Both individuals and governmental agencies have come to realize the urgent need for enhancing environmental protection on as broad a basis as possible, the need to take action against an ever increasing pollution and the necessity of adopting more comprehensive measures than hitherto for protection of nature and the ecology of the countries concerned. The role of the first United Nations Conference on the Environment, which was held in Stockholm in 1972, played a very important role in calling attention in the Nordic community to the need for protecting the human environment and preventing harmful effects upon it by activities of man.

It should, however, be stressed at the outset that environmental issues did not present the same problem in the individual Nordic countries as in some other countries of Europe. The Nordic countries are, with the exception of Denmark, not densely populated, and Iceland is, in fact, the most sparsely populated country of Europe, with only approximately two inhabitants per square kilometer. To that fact it may be added that the Nordic countries do not harbour heavy industry to the same extent as many other countries of Western and Eastern Europe. One of the main pollution sources in industry is the paper-pulp industry in Norway, Sweden and Finland.

In spite of that fact, there has been an obvious need in the Nordic countries for adopting measures, both at the governmental and community level, for the protection of the environmental and community level, for the protection of the environment. The increasing realization of this, at the State and community-level in the last decade, has lead to comprehensive legislative work in the field of the environment in the Nordic countries. Nearly all of these countries have, in the last 10 years, adopted legislation on the environment and various related aspects. A comprehensive legal code on the environment was e.g. adopted in Sweden in 1969 and in Denmark 1973. In Finland and Iceland proposals on such a comprehensive code of law are already before the Parliaments of these countries. Special legislation has also been adopted in particular fields of the environment. This is e.g. a Law against Pollution of Water, Norway 1970, a Law on Public Health, 1965 and a Law on the Use of Water, 1961, in Finland, a Law on Toxic matters in Iceland, 1969, and Law on the Protection of Nature 1971 (Iceland). Legislation was adopted in Denmark in 1972 on the protection of nature and a similar legislation was adopted in Norway in 1970.

Considerable action has therefore been seen in the environmental legislative field in the Nordic countries in the last few years. It may be asserted that the legal picture in this respect is fairly adequate in these countries, although a comprehensive code of law on the environment has still to be formally adopted both in Finland and Iceland.

As regards the administration in the field of the environment and the promulgation of environmental legislation and regulations, fundamental changes have taken place in the Nordic countries in these matters during the last few years. In two of the Nordic countries, Denmark and Norway, separate Ministries for the environment have been set up during the last decade, which are the highest administrative instances in matters pertaining to the protection of nature and the environment as a whole. Such a special Ministry is also planned in Iceland when the proposed environmental legislation has been adopted in that country. In Sweden these matters come under a special State organization, which is a part of the Ministry for Agriculture. In Finland the Ministry of the Interior is responsible for matters pertaining to the environment.

1. The aim of environmental legislation

Although environmental legislation in the Nordic countries varies in certain respects, it has, however, a number of common aims. These aims and aspirations are, perhaps, best and most clearly defined in the Danish environmental law of 1973 (art. 1). This is: (1) the prevention of pollution of land, air, and the ocean. (2) the abatement of noise pollution, (3) the creation of healthy life conditions for the inhabitants, and (4) the establishment of effective administration in the field of the environment.

These aims are not as lucidly expressed in the environmental legislation of the other Nordic countries, but are, however, fundamental to such legislation.

The prevention of pollution may be said to be the main aim of environmental legislation in the Nordic countries. The second most important part of such legislation pertains to the protection of nature and open-air activities (recreation). The aim of such legislation is common for all of the Nordic countries: To afford ecological protection and prevent disruption of the balance of nature, to protect plants and animals, to adopt protectionary measures with respect to places of special natural beauty or interest, make it possible for each and everybody to traverse the country and to enjoy open-air activities, both in rural areas and at the seashore, with a minimum of restrictions.

The most important aspects of environmental law in the Nordic countries have here been enumerated, i.e. legislation on the prevention of pollution and legislation on the Protection of nature and common opportunities for open-air activities. Attention should, however, be drawn to the fact that various other laws pertain also to environmental matters. Of these, codes on building and planning are perhaps the most important. In such laws one finds, in all the Nordic countries, articles relating to planning, whose purpose it is inter alia to protect the environment and prevent disruptions caused by unplanned settlements. Such provisions are e.g. found in the Swedish Building Code of 1947, in the Norwegian Building Code of 1965, in the Finnish Building Code of 1958 and in the Icelandic Planning Legislation of 1964 and the new Icelandic Building Code of 1978. In Denmark, this issue is split between various legislation, the Law on Planning of Cities and Rural Areas of 1969 and 1973, the Law on Planning of Rural Areas of 1975 and the Building Code of the same year. Important, from the point of view of environmental protection, are also the various laws in the Nordic countries relating to the use of water. They contain provisions on prevention against pollution of water, and regulations on the use of water and it's habitual flow. Special legislation on the use of water was adopted in Sweden already in 1918, in Finland 1961, in Iceland 1923, in Norway 1940 and in Denmark 1949.

Lastly, legislation on the control of the quality of industrial production may be mentioned. The goal of such legislation is to prevent that such products have characteristics which are conducive to environmental pollution and which might cause danger to human health. Two of the Nordic countries have adopted special legislations in this field. This is the law on products dangerous to health and the environment in Sweden (1973) and a law on the control of industrial production in Norway (1976). In the other Nordic countries this subject is partly covered by related legislation, e.g. in Iceland, which adopted a law on toxic and other dangerous materials in 1969. Aiming at somewhat the same legislative results are codes on waste disposal which were adopted long ago in all of the Nordic countries.

2. Different legal approaches employed in Nordic environmental law

In the following remarks a very brief description will be given of the approaches and methods most commonly employed in Nordic environmental law for achieving the aims which have been described above. The legislator may choose between a number of methods which are used to a different degree in the legislative practice of the Nordic countries.

A. Governmental regulations

The issuance of general governmental regulations by a central administrative authority can, in many ways, be recommended as the most effective way of creating legal rules on the protection of the environment. There is, however, a rub to this method, namely, that governmental regulations, by their nature, apply only to the limited subject matter which such regulations are intended to cover. They are, therefore, obviously not adequate in the case of specific situations not covered by the general terms of the regulations, e.g. when it has to be decided whether the degree of toxic material found in a specific environmental situation is to be considered harmful or not.

Environmental threat caused by e.g. an aluminium production-plant on a windswept coast is obviously much smaller than from such a factory, situated in a narrow and fertile valley used for agricultural production. Here, the question of balance of interests must also be taken account of, as must, indeed, be done in all environmental legislation where there is collision of different interests, i.e. the individual interest in running an unrestricted enterprise and the public interest, which finds expression in adequate pollution control. One is here faced with the precarious, but by no means uncommon situation, where the question is whether e.g. a fertilizer plant must be equipped with expensive pollution control devices which might result in the fact that the plant would not be constructed at all, in spite of a severe unemployment situation in the region.

In such cases the relevant administrative authorities must be given a fairly free hand in making a decision on the conditions and requirements demanded for such enterprises, always, however, within the general framework of minimum pollution-control standards and regulations.

This same difficulty also crops up in the field of protection of nature. It will e.g. always be a moot question what area or region shall be put under protective regulations, depending on the climate, vegetation, accessibility and other such relevant factors which must be taken into account in individual situations. This illustrates the difficulty of prescribing common general denominators for individual situations, which may vary enormously.

B. Town and country planning

In the Nordic countries, town and country planning legislation has been utilized in considerable degree to effect the protection of the environment. Polluting industries must be located in such places where nuisance created by them will be at the lowest level attainable. Airports are not constructed in the very vicinity of towns or in densely populated areas, nor are motorways permitted in the neighbourhood of hospitals. An example of this is article 136 of the Swedish building code (1947), where it is said that the Government shall decide where environmentally undesirable industries and enterprises shall be located.

C. Permits and licences

We find provisions in the environmental legislation of all the Nordic countries where it is stipulated that enterprises which may cause pollution, or are harmful to the environment, must seek licence from the central administration before initiating production. Furthermore the laws contain provisions on regular inspection of the enterprises in order to ascertain periodically that environmental regulations are complied with by the parties responsible for the operations. Fines may be levied if regulations on pollution-control are not complied with.

D. Expropriation

In Nordic environmental law provisions on expropriation are usually included as one, if rather extreme way, of preventing environmental damage. Expropriation may thus be effected e.g. against the owners of a wooded area, who are contemplating stripping the land and thus creating environmental damage. A nuclear power plant might also be expropriated, if it came to light that serious environmental threat was constituted by it. If, however, landowners are prevented from utilizing their properties because of relevant environmental regulations, they have the right to demand that the State or the Public Corporation concerned buy up their land at normal market prices, or that they be awarded damages, if their free right of use is restricted.

E. Penalties

The establishment of criminal responsibility in cases where laws or regulations on the protection of the environment have been violated, is one of the approaches used in Nordic environmental legislation. In the laws of all of the Nordic countries we find provisions on penalties, if such laws are violated. Usually, penalties are only prescribed for acts which are either committed by intent or by negligence. Objective (absolute) criminal responsibility may be established in cases of enterprises whose production may cause extremely dangerous effects for the environment. The penalties are either monitary fines and or imprisonment, usually a four month to a one year term.

F. Damages

An enterprise which causes environmental harm by polluting activities becomes liable for the payment of compensation or damages according to general rules of law. In such cases all parties, whose interests have been affected, have free access to the courts of the land for assessment of adequate damages. An enterprise may be liable for the payment of compensation although it's breach of law is neither intentional nor based on negligence, i.e. rules of objective (absolute) liability are applied.

3. A review of the main stipulations of Nordic environmental law

In the following text a brief review will be given of the most important stipulations found in Nordic environmental law. This will mainly be concerned with anti-pollution-legislation. An second part dealing with laws on the protection of nature and recreational activities does not fall within the scope of this study.

A. Legislation in Sweden

The first comprehensive code of law in the field of the environment in the Nordic countries was adopted in Sweden in 1969. This law is primarily designed to apply to all kinds of water pollution, which is caused by sewage or other waste-water and which may affect lakes and other water systems. The law is also applicable to garbage or other solid waste material, which is deposited in water or placed so close to a water system as to cause pollution. Furthermore, the law applies to all kinds of chemical spray materials, which are used in agriculture, are filtered through the soil and end up as pollutants in the country's water system.

Secondly, the law applies to all kinds of air pollution emanating from the use of land, construction of buildings or from industry or other commercial activities. Such pollution may stem from soot, carbon-dioxide, various kinds of gases and other emissions with obnoxious smells. Commercial enterprises, such as pig farms, causing nuisance or factory fumes, would come under the law.

Thirdly, the law covers all kinds of noise pollution emanating from workshops, factories, shipyards and other commercial enterprises. Traffic noise would also come under the law, irrespective of whether that noise is created by road traffic, railway traffic or air traffic. In such cases the law provides a basis for taking action against the proprietors or leaseholders of airports and roads. On the other hand the law does not extend to noise from individual cars. That matter is covered in the Swedish traffic law.

Lastly, the law extends to effects beyond the property on which they are created. This applies e.g. to explosions or heavy traffic which causes vibration in nearby areas. The law does also extend to visual pollution such as may be created e.g. by neon lights or flood lights. It should be pointed out that the law also covers another kind of visual pollution, i.e. the disturbance of visual amenity such as areas of natural beauty or interest. Consequently, the location of garbage dumps is regulated by the law for the purpose of keeping such dumps out of sight of those who travel on the roads. The same applies to the location of garbage-disposal plants. The building of a 100 m high factory chimney which spoils the view from nearby residential areas would also come under this section of the law.

It should be pointed out that this comprehensive Swedish law on the protection of the environment does not, however, cover some important sources of pollution.

Disturbances in radio and TV sets do not come under the law, nor is electrical current from power plants or radiation from nuclear power plants covered by the law. Nuclear power plants are regulated by a special law. Finally, a special law from 1st January 1972 is in force on the dumping of wastes and other matters into the ocean, both within territorial waters as well as on the high seas, Even though ships flying the Swedish flag load wastes abroad they are forbidden by this law from dumping such waste in the high seas. Foreign ships are prohibited from dumping wastes in the territorial sea of Sweden and also on the high seas, if they have loaded the wastes in a Swedish harbour.

Exemptions from this law may be granted by the State environmental organization, if the dumping is not harmful to the environment and does not cause any pollution.

The core of the Swedish environmental legislation is that any commercial enterprise whose activities constitute a potential threat to the environment must apply for a licence. Such commercial enterprises are dealt with in detail in a special environmental regulation from 1969. Other activities which may be harmful to the environment are also under the control of the State environmental organization. Licences are granted by a special environmental licencing committee. The chairman of that committee is a judge and apart from him, three members are sitting on the committee who are specialists in various fields of environmental protection. The licences are granted on various conditions, among them being precautionary measures relating to each specific industry.

It is obvious that if the activities of the enterprise are greatly harmful to the environment, a licence will not be granted. In such cases the Government can, however, grant the enterprise a licence if it's activities are of special importance for the employment-situation in a given area.

The administration of the environmental law is the responsibility of the State environmental organization, which is part of the Ministry of Agriculture in Sweden. As regards the administration of the law in the regions (län), this is the responsibility of the regional administration. At the community-level the law is administered by the committees on public health. The State environmental organization is empowered to issue directives and detailed regulations concerning the interpretation and application of the law. Decisions taken by the licencing committee can be appealed to the government (Ministry of Agriculture).

Violations of the law, committed either by intent or by negligence, are punishable either by fines or imprisonment.

Any party who contents that it's interests have been affected by pollution of the environment can sue for damage before the local real-estate court. If the real estate proprietor contents that his property has lost it's value from these causes or greatly diminished in value, he can demand that the party causing the environmental pollution buy up the property, either partly or in full. The relevant real-estate court decides upon such claims.

As far as concerns liability for compensation by those who have caused disturbance of the environment, liability is established irrespective of whether the enterprise has been licenced or not, if the circumstances of the case warrant compensation. The adverse effects must be substantial and extend beyond the limits of what is considered normal or tolerable on a general basis. In such cases rules of objective liability will apply, that is to say compensation must be paid irrespective of intent or negligence. Compensation may be due both for damage which has already occurred and which lies in the future.

A special law on nuclear plants was adopted 1955. The law contains provisions on the building and running of atomic reactors and other equipment which uses nuclear fuel. Such activities must be licenced by the Government and then come under periodic inspection by the State nuclear Directorate. Licences can be recalled at any time, if the conditions set for their award are not complied with. It should be added that nuclear power plants in Sweden are privately owned but not state owned.

Other special laws regarding environmental protection in Sweden may here, lastly, be mentioned. In 1971 a law was passed which prohibits the dumping of wastes into lakes, and a year later, in 1972, another law which deals with pollution of the ocean from ships. In 1973 a law was adopted on liability for polluting the oceans by oil. These laws were necessary in order to give effect to international conventions that Sweden had signed relating to these matters. Lastly, certain environmental provisions are to be found in the Law on Public Health from 1958.

B. Legislation in Denmark

The Danish environmental protection law has adopted in 1973. This is a law which contains general provisions on the protection of the environment. They contain, firstly, the aims to be attained in environmental matters in coming years in Denmark and, secondly, empower administrative authorities to issue regulations and directives in order to achieve those aims in conformity with social developments in the country as a whole.

The law covers the same area as was dealt with earlier in the Danish regulations on public health. These regulations applied to every community in the country and were based upon a law from 1858. After adoption of the environmental protection law, these regulations were abrogated. Additionally, the law contains provisions on pollution of water, both groundwater and saltwater. These matters were formerly regulated by a special law on water in Denmark.

Lastly, the law empowers the Minister responsible for the promulgation of the law, to issue general directives on limits of permissible pollution. He is also empowered to issue regulations on construction, design and operations of all enterprises who may constitute possible pollution threats.

In the first chapter of the law it is said that the goal of the law is (1) to prevent pollution of the land, air and water (2) to prevent noise pollution (3) to constitute a basis for regulations on public health and planning in the field of the environment.

The law also includes provisions on harmful effects on the environment because of noise, vibrations, and spreading of dangerous and toxic material which can pollute the air, land or water. A special chapter of the law deals with water pollution, stipulating that it is not permissible without a special governmental licence, to release spill water or sewage in such a way which can pollute the groundwater system of the country. Permits must be sought from the regional councils for the use of water, which is further defined in the country's water law which was passed jointly with the environmental protection law in 1973.

Another chapter of the law deals with commercial enterprises which may constitute a threat to the environment. It is there prescribed that enterprises, who are listed in a special annex to the law, may not start operations unless they have been granted a licence. Such enterprises may not be enlarged or fundamentally changed if such alterations cause pollution, unless they have been given a licence. Such licences are granted by the relevant community authority. The law is administrated by the local community councils, who also issue regulations on the basis of the law. The regional councils (amtsråd) are also called upon to grant licences to enterprises who are owned by the local communities. The regional councils deal also with pollution of rivers and lakes and in offshore areas. The highest authority in environmental matters is the Minister for the Environment, who leads a special Government department which administers the law at the highest instance.

Decisions taken by the community councils, the regional councils and the city government of Copenhagen on environmental issues can be appealed to the Department of the Environment. Decisions made by that Department or the Minister himself, can be appealed to a special Appeal's committee, whose procedure is in many ways similar to that of a court and which is quite independent in it's decisions. The chairman of the Appeal's committee must always be a judge. Other members of the committee are appointed by the central bodies of the main industries of Denmark. It should be pointed out in this respect that the decisions which are made by the Department, the Minister himself and the Appeal's committee, can always be brought before the regular courts where a final judgement is sought. Penalties for breaking the law are fines or imprisonment up to one year. The procedure is the same as in police cases.

Special legislation deals with various other aspects of environmental control in Denmark. In the law on nuclear energy from 1962 it is provided that for building and operating nuclear power plants, a licence is required. The Minister for the Environment grants licence according to law no. 274/1976. A licence can always be invalidated, if pre-set conditions are not fulfilled and the law contains detailed provisions on liability and payment of compensation. It might be mentioned here, that so far, no licence for constructing a nuclear power plant for the production of electricity, has been issued in Denmark.

The law on the protection of the environment does not cover radiological pollution or interference in radio or TV, any more than does the comparable Swedish legislation. In the year 1967, a law was passed in Denmark on prevention of pollution of the ocean by oil, and in 1972 another law was passed on the prevention of pollution of the oceans by other matters than oil, i.e. waste and toxic materials.

C. Legislation in Norway

Although a special Ministry for the Environment has been established in Norway, as in Denmark, no comprehensive code of law on the environment has, however, been adopted there. The main legislation on the protection of the environment is twofold: (1) the Law against the Pollution of Water of 26 June 1970, (2) the law on the Legal Relationship of Neighbours of 16 June 1961.

The crucial provision of the law against water pollution is that a licence is required for all commercial operations and acts which can lead to pollution of water (rivers, lakes, groundwater). A licence is not required if it is obvious that the actions contemplated will not lead to any water pollution. Furthermore, a licence is required for constructing buildings and other activities which may result in water pollution. An exception is made in the law in cases of pollution which is unavoidable and is caused by traffic, commercial fishing, timber floats on rivers, bathing and outdoor activities, and the use of woods and pasture. Licences are granted by the State Pollution Control Board, which is a part of the Ministry for the Environment. In cases of particularly dangerous activities, the Ministry can lay down stricter rules and conditions than are generally in force.

An appeal can be made to the Ministry for the Environment because of refusal of a licence or restrictions on a licence which has been granted. It is a punishable offence under the law to neglect to apply for a licence or disobey the regulations prescribed by the law. The penalties are either fines or imprisonment up to 4 months, provided the offence does not carry a heavier criminal responsibility under other Norwegian laws. (The act of adding substances, which are hazardous to health to drinking water, is punishable by imprisonment up to 3 years.)

In the Law on the Legal Relationship of Neighbours of 16 June 1961, we find *inter alia* provisions directed against air pollution and noise pollution. Those of the greatest and most frequent significance to the ordinary member of the public are (1) industrial process (2) road traffic (3) air traffic. It is laid down in the law, in the provisions on air pollution, that industrial enterprises and other activities which cause smoke, gas, radiation or noise and cause public nuisance over a large area, must apply for a licence from the Ministry for the Environment.

A special committee on air pollution deals with such cases and can insist upon any number of conditions for granting a licence. The chairman of the committee shall be one of the judges on the Supreme Court of Norway. The other seven members are appointed by the Minister for the Environment and by various public associations. Even if a licence has been granted, a liability can be established for pollution damage.

Penalties for violations of the law are fines and/or imprisonment up to 4 months, according to whether the violation is intentional or by negligence.

Noise from factories comes under the law, but pollution by noise within factories are dealt with by the law on Safe Working Conditions of 1956. Traffic noise is dealt with by the Road Act of 1965 and the Civil Aviation Act of 1960. By the law on public health committees of 1860, health authorities are granted powers to regulate the use of materials and activities, which may prove hazardous to human health. In 1970, a law was passed on prevention of ocean pollution by oil.

Finally, it may be added that a comprehensive code of law against pollution is now being prepared in Norway, where older legal provisions will be updated and more detailed stipulations laid down than are now in force.

D. Legislation in Finland

No comprehensive code of law has been adopted in Finland on pollution control or on the environment. Such a legislation is, however, being prepared at present, relating to air pollution and pollution by noise.

Provisions on pollution-control are now to be found in the Finnish Water Law (1961), law on the Legal Relationship between Neighbours (1920), the Public Health law (1965) and the Building Code (1958).

Under the Water Law of 1961, it is prohibited to dispose of dangerous materials into rivers and lakes, except with permission of the special water court. Furthermore, there are to be found in that legislation provisions on licencing and duty of reporting for certain commercial activities, which may prove harmful to the environment. Decisions taken by the water court may be appealed to the Constitutional Court of Finland.

In the law of 1920 on Legal Relationship between Neighbours, pollution of the environment, which may be harmful to those living in the neighbourhood, is strictly prohibited. We also find, in the same law, provisions saying that those who are planning to construct buildings or start operations of an enterprise which may cause pollution of the environment, will have to seek a decision by the administrative authorities of the region, inter alia the building commission, on the question of permissable distance from neighbouring properties. Such a decision excludes the possibility of the neighbour going to court because of the enterprise, but does not release the party from the duty of taking all reasonable precautionary measures, nor does it release him from liability and compensation as the case may be. Rules of objective (absolute) liability will be applicable in such cases.

When a pollution violation has been discovered, the injured parties can always go court. The regional councils, as well as the Minister, can take action against an enterprise which proves to be a nuisance to the public by polluting the environment, even though the enterprise has originally been granted a licence of operations, e.g. a building licence. From the foregoing it will appear that the Finnish law on the Legal Relationship between Neighbours does not contain a general clause on licencing because of pollution threats, but limits itself to licencing, e.g. with respect to the location of enterprises.

In the Finnish Health Code of 1965 it is said that all major factories shall be designed and built in such a way as not to have health-damaging effects on their environment. If the regional plan does not include provisions on a factory, the local public health committee must give it's consent to the proposed location.

A number of other laws in Finland deal with various aspects of the pollution of the environment. Nuclear power plants must seek a special operating licence, according to the nuclear power law of 1957, and by the law on nuclear liability of 1972 an objective responsibility for payment of damages was prescribed for such plants. In 1965 a law was adopted on the prevention of pollution of the oceans, in 1972 another law on prevention of pollution of the oceans by oil from ships, and a law in 1974 on oil pollution on land and on a special Oil Pollution Fund.

E. Legislation in Iceland

In Iceland, a special law on environmental protection has not yet been adopted. Such a legislation is, however, in preparation. The Government appointed, in 1975, a special committee, whose mandate it was to draft a proposal of a law on the subject. This draft law was submitted to the legislative assembly in 1978, but has not yet been finally adopted, at the time of writing.

This draft law concentrates on the "outer" environment and contains general stipulations of the duty of each and everybody to desist from all acts which may cause pollution and other infringements of the environment.

The draft law empowers the Committees of Public Health, which exist in all local communities, to demand a redress, if the running of an enterprise, or other activity, proves to be contrary to laws or regulations on the protection of the environment. The Committees are empowered to close down offending enterprises, if remedies are not taken as instructed.

In cases where an enterprise is deemed to present a special danger of pollution, a licence is required from the Ministry dealing with the environment. Furthermore, provisions are to be found in the draft-law on restrictions on dumping of wastes on land, provisions on water pollution, air and noise pollution and on scientific research in the field of the environment. Violations of the stipulations of the law are punishable by fines and/or imprisonment up to one year. Rules of objective criminal responsibility apply.

At the present time, pending the adoption of the draft-law, provisions on the protection of the environment are to be found in a number of related laws. Provisions on pollution are mainly to be found in three codes of law. The first is the Icelandic Water Law of 1923, the second the law on Public Health of 1969 and the third is the law on Toxic and other Dangerous Materials of 1968.

The Water Law includes articles prohibiting the pollution of water in general and rules on sewage and spill-water. In the law on toxic and other dangerous materials, one finds provisions forbidding the use of such materials which may lead to damage to human or animal health or cause pollution of food-stocks. A special committee on toxic materials is set up by the law for administrative purposes, similar to the procedure in this field in the other Nordic countries. The promulgation of the law comes under the Minister of Health.

A number of special laws have been adopted in Iceland which have a bearing on environmental issues. One is the law of 1962 on precautionary measures against radiological rays, materials and implements. Another is a law, passed in 1966, on prevention of pollution of the sea by oil and a third is a law of 1973 on prevention of ocean-dumping from ships and aeroplanes.

F. Participation by the Nordic Countries in International Environmental Conventions

A review of the status of environmental law in the Nordic countries would be imperfect, if a passage was not included on international conventions on the environment of which the Nordic countries are parties.

All of the Nordic countries are parties to the International Convention for the Prevention of Pollution of the Sea by Oil of 1954, with later amendments, signed in London on 12 May 1954. Some of the Nordic countries are members of the 1969 Bruxelles Conventions relating to intervention on the high seas in cases of oil pollution casualties and on the liability of shipowners in cases of such casualties. Some of them are also parties to the 1971 convention on a special compensation fund for pollution of the sea by oil.

The two 1972 Conventions on the prevention of marine pollution by dumping of wastes and other matters (the Oslo and the London Convention) may here also be mentioned. They enjoy the full participation of the Nordic Countries.

A regional convention was concluded in 1974 on the protection of the Baltic against pollution. It's purpose is to prohibit the dumping of certain dangerous and toxic materials into the Baltic Sea. A licence is required for the dumping of other less dangerous materials.

A bilateral agreement on the environmental protection of the Strait Øresund is in force between Denmark and Sweden.

On 19 February 1974, an environmental protection convention was signed between Denmark, Finland, Norway and Sweden (the Nordic Environmental

Protection Convention). The Contracting States also signed a Protocol containing certain directions for the application of the Convention. The Convention has come into being on the initiative of the Nordic Council, which at it's 20th. Session in 1972 requested the Nordic Council of Ministers to present a draft Nordic Convention for the purpose of ensuring that the environmental protection-interests of Nordic neighbouring countries are given equal status in the national legislation of each country.

Environmentally harmful activities that cause nuisance in a neighbouring country are carried on in each of the Contracting States. As industry, construction and communications develop, such environmentally harmful activities can be expected to increase.

Environmental protection standards are comparatively similar in the Nordic countries, and their national environmental protection legislation is primarily a concessionary legislation, according to which a factory or other installation, which may cause an environmental nuisance, may not be established or used without the permission of a court or administrative authority, as has already been explained above.

In the light of this, it has been found essential to create a system – as has been done in the Nordic Environmental Protection Convention – whereby the courts and administrative authorities in each country shall, when deciding on the permissibility of environmentally harmful activities, assess the nuisance such activities may cause in a Nordic neighbouring country on the same terms as if the nuisance was present in their own country. The Convention is founded on the assumption that the environmental protection legislation of the countries concerned will develop along much the same lines also in the future.

Denkmalschutz und Umweltgrundrecht

Yoshio Miyazaki, Tokyo

1. Es ist für jeden modernen hochentwickelten Staat, der zugleich eine lange geschichtliche Tradition und eigentümliche Kultur besitzt, eine sehr wichtige Aufgabe, nicht nur verschiedenartige aus der wirtschaftlichen Aktivität der Menschen entstehende Belastungen der Umwelt zu verringern, sondern auch Denkmäler sowie andere Kulturgüter von geschichtlichem, wissenschaftlichem oder künstlerischem Wert zu erhalten.

Früher bestand die Bedeutung des Denkmalschutzes gerade darin, Denkmäler und Kulturgüter aus der Vergangenheit zu erhalten und zu pflegen. Das Schwergewicht des Denkmalschutzes wurde dabei manchmal darauf gelegt, die Eigentümlichkeiten der Kultur zu unterstreichen und dadurch die Staatsautorität zu erhöhen. Insbesondere zu Zeiten der Herrschaft des Nationalsozialismus wurde dieses Ziel betont. Die Motive eines Gesetzentwurfes für Denkmalschutz in Japan, der im Jahre 1919, das heißt in der Zeit des absolutistischen Kaisertums ausgearbeitet wurde, lauteten, daß »historische Denkmäler ein wichtiges Mittel zur Erhöhung der Staatsautorität seien. Sie könnten auch den Staatsbürgern Anlaß geben, an die eigene Geschichte des Staates zu denken.« Kurz gesagt, die Denkmäler konnten als ein Mittel zur Verstärkung der Volkseinheit dienen. Jedoch hat der Denkmalschutz in der Gegenwart eine andere Bedeutung bekommen. Denkmäler sind nicht mehr ein Mittel zur Erhöhung der Staatsautorität, sondern ein unentbehrliches Mittel zum richtigen Verständnis der Geschichte eines Volkes. Dadurch können sie auch der Bereicherung des Kulturlebens der Menschen dienen. Dies hat zum Beispiel das japanische Denkmalschutzgesetz, das 1950 in Übereinstimmung mit der neuen demokratischen Verfassung erlassen wurde, als sein Ziel festgelegt. Außerdem wird heute der Bereich der als Denkmal erhaltenswerten Objekte wesentlich erweitert. Nicht nur einzelne Urkunden, Kunstwerke, Gebäude, Burgruinen usw., sondern auch alte Ortsanlagen, alte Orts- und Stadtbilder sowie schöne Landschaften sind als Objekte des Schutzes vorgesehen. Die Letzteren bilden noch heute oft wirklichen Lebensraum für Menschen. Deshalb bedeutet der Schutz dieser Objekte sehr oft eine Maßnahme der Umweltschutzpolitik.

2. Diese umweltschutzpolitischen Aspekte des Denkmalschutzes sind erkennbar

in der Entfaltung der neuen Gesetzgebung in einzelnen Ländern. Ein englisches Gesetz im Jahre 1963 (Civic Amenities Act), das neben einem Gesetz aus dem Jahre 1953 (Historic Buildings and Ancient Monuments Act) erlassen wurde, bezweckt den Schutz von Ortsbildern. Das französische Gesetz von 1962 (Loi complétant la législation sur la protection du patrimoine historique et esthétique de la France et tendant à faciliter la restauration immobilière), das das Denkmalschutzgesetz von 1930 (Loi ayant pour objet de réorganiser la protection des monuments naturels et des sites de caractère artistique, historique, scientifique legendaire ou pittoresque) ergänzt, enthält auch Vorschriften über Schutzgebiete in Gemeinden und Städten. Das Denkmalschutzgesetz von Bayern aus dem Jahre 1973 schreibt gleicherweise den Schutz von Emsembledenkmälern vor. Diese Tendenz, den Bereich der Objekte des Denkmalschutzes vom umweltschutzpolitischen Gesichtspunkt aus zu erweitern, zeigt auch Japans Gesetzgebung. Das Gesetz über die Erhaltung von alten historischen Städten von 1966 und die Novellierung des Denkmalschutzgesetzes, die 1975 durchgeführt wurde, lassen sich als Beispiel anführen. Durch diese Gesetze können bestimmte Stadtteile oder Ortsanlagen als Schutzgebiet erhalten werden. In jedem Fall entspricht diese Tendenz der Änderung der Aufgabenstellung des Denkmalschutzes, da die Gefährdung des historischen Erbes durch rasche Erschließung und Bauboom in den vergangenen Jahrzehnten weitgehend zugenommen hat.

3. In dem Maße, in dem diese Tendenz sich verstärkt, wird es jedoch schwieriger, die Erhaltung des historischen Erbes und die bauliche Erschließung miteinander abzustimmen. Und zwar wird diese Schwierigkeit dort noch größer, wo es eine Unzahl von erhaltenswürdigen Gegenständen gibt. Zum Beispiel gibt es in Japan 121 als Emsembledenkmal erhaltenswerte Ortsanlagen und ungefähr 300 000 Grundstücke, wo Bodendenkmäler vermutet werden. Deshalb werden Erdarbeiten oder Straßenbauarbeiten oft durch das Auffinden von Bodendenkmälern unterbrochen oder eingestellt. Bisher wurden aber in der Tat viele Bodendenkmäler durch Bauunternehmen willkürlich ausgegraben und zerstört. Vor diesem Hintergrund wurde einer der Hauptzwecke der Novellierung den Denkmalschutzgesetzes, die oben erwähnt wurde, darauf gerichtet, die Regelung für die Bodendenkmäler zu verbessern. Die Verstärkung des Schutzes von Bodendenkmälern hat den Forderungen der Einwohner entsprochen, die für bessere und gesundere Lebensbedingungen in den Städten, vor allem in den Großstädten kämpften. Im Fall von Emsembledenkmälern ist jedoch die Sachlage oft komplizierter. Die meisten Ortsanlagen, die als Emsemble zu schützen sind, liegen in Gebieten, die wirtschaftlich zurückgeblieben sind. Dort gibt es einerseits viele Einwohner, die wirtschaftliche Entwicklung beanspruchen. Andererseits gibt es auch nicht weniger diejenigen, die vielmehr die Erhaltung des bestehenden Zustandes wollen, um die Verschlechterung der ländlichen Lebensbedingungen durch die Erschließung, wie etwa durch die Ansiedlung von Industrieanlagen, zu vermeiden. So stoßen nicht selten die Forderungen der Einwohner aufeinander.

4. Beim Denkmalschutz ist ein derartiger Interessengegensatz unvermeidlich. Daraus entsteht ein verfahrensrechtliches Problem, wie dieser Gegensatz gelöst werden soll, oder wie die Wahl zwischen wirtschaftlicher Entwicklung und Erhaltung der Denkmäler getroffen werden soll. (Diese Frage hängt auch manchmal mit der wissenschaftlichen Bewertung von Denkmälern zusammen.) Hier möchte ich ein konkretes Beispiel anführen. In einer mittleren Großstadt in Japan wurde ein Grundstück durch eine zuständige Kommission zu einem Geschichtsdenkmal erklärt, weil dort viele archäologische Funde gemacht worden waren. Neben dem Grundstück verläuft eine Bahnlinie, die mitten durch die Stadt führt und diese in zwei Teile teilt. Die Stadtversammlung entschied später, daß die Geleise der Eisenbahn hochverlegt werden sollten, um den Verkehr innerhalb der Stadt mit Hilfe von Eisenbahnunterführungen flüssiger und sicherer zu machen. Dabei mußte das Denkmal teilweise zerstört werden. Mit Rücksicht auf diese Entscheidung der Stadtversammlung nahm die Kommission die Ausweisung des Grundstücks als zu erhaltendes Denkmal zurück. Dabei ließ sie sich davon leiten, daß das Denkmal bereits ausreichend dokumentiert worden war und daß die Verbesserung des Verkehrs dem Gemeinwohl mehr dienen könne als die Erhaltung des Denkmals. Bei der wissenschaftlichen Untersuchung und der Grabung wurden jedoch einige Urkunden und Reste einer alten Lokalbehörde aus dem sechsten bis zehnten Jahrhundert neu aufgefunden, die nach der Auffassung von vielen Historikern bemerkenswerte wissenschaftliche Bedeutung hatten, während die Kommission sie anders bewertete. Die Forderung von vielen Einwohnern und Historikern nach der Erhaltung des Denkmals wurde nicht beachtet. Unter diesen Umständen wurde gegen die Entscheidung der Kommission eine Anfechtungsklage erhoben mit der Begründung, daß die Kommission ohne Durchführung eines angemessenen Verfahrens die Entscheidung getroffen habe, und daß sie dadurch die Rechte der Kläger auf den Genuß des Denkmals gesetzwidrig beeinträchtigt habe. Die Verhandlung der Klage ist noch nicht abgeschlossen. Ob die Klage zulässig ist, ist der Hauptstreitpunkt.

5. Der oben erwähnte Fall macht die Problemlage deutlich. Unter dieser Sachlage wird es sehr wichtig, wie verschiedene, aber auch manchmal gegensätzliche Forderungen von Bürgern bei einer Verwaltungsentscheidung berücksichtigt werden können, und wie die wissenschaftliche oder fachliche Bewertung von Denkmälern angemessen und richtig getroffen werden kann. In dieser Hinsicht führen die meisten Denkmalschutzgesetze der oben benannten Länder ein Rechtsinstitut von Beiräten oder Fachkommissionen ein, die normalerweise aus Sachverständigen, Verwaltungsbeamten, Abgeordneten der Volksvertretung sowie Repräsentanten der verschiedenen Verbände bestehen.

Dennoch kann die Verschiedenheit der Meinungen oder der Forderungen der Bürger nicht immer harmonisiert werden. Außerdem ist nicht zu übersehen, daß die Forderung der Bürger nach Beteiligung an Verwaltungsentscheidungen im allgemeinen größer geworden ist und daß viele Bürgervereinigungen, wie etwa der

Denkmalschutzverband oder der Naturschutzverband, gebildet worden sind. Jedenfalls wird es auch im Bereich des Denkmalschutzrechts wie im Bereich des Umweltschutzrechts oder des Stadtplanungsrechts unentbehrlich, angemessene Verfahren für die Beteiligung von Bürgern an Verwaltungsentscheidungen festzulegen.

6. Nach der allgemeinen Meinung darf jeder die Denkmäler der Kunst, der Geschichte und der Natur genießen. Ob aber jedem ein Rechtsanspruch auf den Genuß von Denkmälern zusteht, ist eine offene Frage. Insbesondere ist es problematisch, ob man mit einer Klage einen Abwehranspruch gegen Beeinträchtigung geltend machen kann, wenn ein Recht auf den Genuß von Denkmälern verletzt wird. Diese Frage beantworten die Denkmalschutzgesetze nicht.

Bezüglich des Genusses von Naturschönheiten hat einmal der Bayerische Verwaltungsgerichtshof in einer Entscheidung vom 15. 2. 1974 ausgesprochen, daß jeder seinen Rechtsanspruch auf den Genuß von Naturschönheiten als ein Grundrecht geltend machen könne. Diese Auffassung wurde aber in anderen Urteilen vom 21. 11. 1974 und vom 11. 6. 1975 desselben Gerichtshofes dahin modifiziert, daß niemand aus dem Recht auf den Genuß von Naturschönheiten einen Abwehranspruch herleiten könne.

Die Stellungnahme der Gerichte zur Frage, wieweit die Klagebefugnis in der Verwaltungsklage insbesondere im Zusammenhang mit dem Umweltschutzrecht erweitert werden kann, sind je nach den Ländern verschieden. Die japanischen Gerichte haben bisher die Zulässigkeit der Verwaltungsklage hinsichtlich des Umweltschutzes ziemlich streng eingeschränkt. Sie lehnen die Neigung ab, durch die Erweiterung der Klagebefugnis eine gerichtliche Kontrolle der Verwaltung in ein Rechtsinstitut für die Erhaltung der objektiven Rechtsordnung zu verwandeln. In Gegensatz dazu haben die amerikanischen Gerichte die Klagebefugnis der Bürger, der Ad-hoc Gruppen oder der Naturschutzverbände im Zusammenhang mit dem Umweltschutz weitgehend erweitert.

In bezug auf die gerichtliche Kontrolle im Bereich des Denkmalschutzrechts oder des Umweltschutzrechts müßte ein besonderer Grundsatz erarbeitet werden. Denn das Hauptproblem ist in diesem Bereich nicht der einfache Gegensatz zwischen privaten und öffentlichem Interesse, sondern die Gestaltung besserer Lebensbedingungen, die für jeden Betroffenen eine gemeinsame Bedeutung haben sollen.

Mit Recht weist SCHMIDT-ASSMANN in seinem Vortrag darauf hin, daß der Umweltschutz keine festen Interessenorganisationen in Verwaltung und Gesellschaft besitzt, und daß er deshalb einen gesteigerten Repräsentationsbedarf hat. Dieser spezielle Repräsentationsbedarf des Umweltschutzes kann freilich durch Festlegung eines angemessenen Verwaltungsverfahrens befriedigt werden. Dies schließt aber die Möglichkeit einer gerichtlichen Kontrolle der Verwaltung nicht aus. Im Bereich des Umweltschutzes, der oft technische und fachliche Kenntnisse voraussetzt, ist es nicht die Aufgabe der Gerichte, an Stelle der Verwaltung eine sachliche Entscheidung zu treffen. Soweit die Hauptsache in diesem Bereich jedoch die Frage ist, wie eine Verwaltungsentscheidung in verfahrensrechtlicher Hinsicht gerecht und sachgemäß getroffen wird, können die Gerichte als Rechtskontrollorgan ihre Aufgabe erfüllen. Das Rechtsstaatsprinzip gebietet eine mögliche Erweiterung der gerichtlichen Kontrolle der Verwaltung. Es ist zu fragen, ob das hauptsächlich auf den Schutz von individuellen subjektiven Rechten der Einzelpersonen gerichtete bisherige Verwaltungsprozeßsystem noch in der gegenwärtigen Sachlage geeignet ist. Hinsichtlich des Umweltschutzes müßte ein neues System einer gerichtlichen Kontrolle gegenüber der Umweltverwaltung aufgebaut werden. Die theoretische Konstruktion von Umweltgrundrechten, soweit sie das bisherige Rechtsschutzsystem, das dem Schutz des einzelnen dienen soll, voraussetzt, kann nur schwer den Widerstand der traditionellen Auffassungen überwinden.

Das Problem der Integration von Raumplanung und öffentlicher Finanz- und Investitionsplanung (mit vergleichenden Ausblicken dargestellt am Beispiel Österreichs)

Heinz Schäffer, Salzburg

1. Wenn heute die Planung dem Wort und der Sache nach Allgemeingut ist, so zeigt dies nur, daß der Begriff kein Reizwort der politischen und wissenschaftlichen Diskussion mehr ist[1] und daß der Begriff nicht mehr ideologisch belastet ist, sondern in einem durchaus instrumentalen Sinn verstanden wird. Längst ist auch die Einsicht wieder Allgemeingut geworden, daß eine gute Verwaltung oder Staatsführung als initiative Staatsfunktion immer schon geplant hat.[2] Dem Staat wird heute in noch stärkerem Maße als je zuvor abverlangt, daß er mit der Last der Gegenwart fertig wird, damit die staatlichen Aufgaben verläßlich, ja bestmöglich erfüllt werden können. Angesichts der öffentlichen Aufgaben, die beständig wachsen, aber sich auch stets verändern, ist unter dem Gesichtspunkt des Strebens nach Effizienz und Rationalität der allgemein festzustellende Zug zur Planung verständlich.[3]

2. Es ist hier nicht der Ort, den Aufschwung der Planung im allgemeinen und insbesondere die Entwicklung der Raumplanung aus dem Baurecht und dem Wohnsiedlungsrecht im einzelnen nachzuzeichnen.[4] Heute ist jedenfalls klar, daß mit der Entwicklung von der schlichten baulichen Bodennutzungsplanung zur allgemeinen Entwicklungsplanung eine qualitative Veränderung erfolgt ist. Raumordnung ist

---

1 Lompe, Gesellschaftspolitik und Planung (Freiburg i. Br. 1971) 17 ff.
2 Historische Beispiele bei Ellwein, Einführung in die Regierungs- und Verwaltungslehre (Stuttgart usw. 1966) 129 ff.
3 Dahl, The policies of planning, International Social Sciene Journal 1959, 340; Lompe, Gesellschaftspolitik 39 ff.
   Schon Max Weber, Wirtschaft und Gesellschaft[4] (Tübingen 1956) hatte betont, der »rationale Staat« der Gegenwart könne sich als solcher nur auf rationale Verwaltung und rationales Recht gründen.
4 Vgl. hierzu statt vieler Friauf, Baurecht und Raumordnung, in: Ingo von Münch (Hrsg.). Besonderes Verwaltungsrecht[4] (Berlin-New York 1976) 458 und Krzizek, Systems des österreichischen Baurechts (1972) Band I, 206.

eben nicht nur koordinierende Vorsorge für vielfältige Raumbeanspruchung, sondern – wie man definiert hat – »die Gesamtheit der staatlichen Akte hoheitlicher und auch nicht hoheitlicher Art, die darauf abzielen, den Staatsraum oder Teile davon nach bestimmten politischen Zielvorstellungen insbesondere im Sinne wirtschaftlicher, sozialer oder kultureller Leitlinien zu gestalten«.[5] Raumordnung ist somit eine umfassende öffentliche Aufgabe mit Querschnittscharakter.[6] Dafür spricht nicht nur das tatsächliche Staatsaufgabenverständnis – hat doch z. B. der Staat heute unbestrittenermaßen bedeutende Teile der Infrastruktur bereitzustellen – diese Auffassung hat vielmehr auch ihren rechtlichen Niederschlag gefunden; nicht immer so klar und mit so hohem rechtlichen Rang wie etwa im Raumplanungsartikel der Schweizer Bundesverfassung, aber mit hinlänglicher Deutlichkeit in den Raumordnungs- und Landesplanungsgesetzen Deutschlands und Österreichs, sowie in den Raumordnungsklauseln verschiedener materienspezifischer Gesetze. Die Einmaligkeit des Raums mit den zahlreichen an ihn und den Staat gestellten Ansprüchen zu vereinbaren bedarf es eben der Raumordnung. Gewiß gibt es Gefahren der Überdehnung, wenn Raumplanung in der politischen Diskussion als Chiffre und Vehikel für nahezu beliebige Postulate eingesetzt wird, sei es für den Umweltschutz oder Regionalwirtschaftsförderung, für Belange der regionalen Arbeitsmarktpolitik, für Grenzland- und Berggebieteförderung, Infrastruktur und Industriepolitik usw. Aber die große Chance der Raumplanung liegt darin, daß die durch sie vermittelte Zusammenschau der Probleme eine aktive und nicht bloß reaktive und vor allem eine abgestimmte Sachpolitik ermöglicht.

3. In föderativ aufgebauten Gemeinwesen, wie es die drei deutschsprachigen Bundesstaaten Bundesrepublik Deutschland, Schweiz und Österreich sind, sind die Kompetenzen zu raumbedeutsamen Entscheidungen auf verschiedene territoriale Ebenen, und zwar mindestens auf drei Ebenen: die gesamtstaatliche, die gliedstaatliche und die gemeindliche Ebene verteilt.[7] Die Tendenz geht sogar dahin, noch eine vierte Ebene, den Kreis bzw. die Region, in das System einzubeziehen.[8]

---

5 RILL-SCHÄFFER, Planungskoordinierung im Raumordnungsrecht, Schriftenreihe der Österreichischen Raumordnungskonferenz Bd. 6 (Wien 1975) 15 f.
6 So LENDI bei einem Kolloquium des ORL-Instituts der ETH Zürich (NZZ 20. 12. 1970).
7 Vgl. hierzu die Beiträge von BREUER und SCHÄFFER zum Thema »Verfassungsstruktur und Raumordnung«, in: Europäische Perspektiven der Raumplanung, Schriftenreihe des Büros für Raumplanung im Bundeskanzleramt Nr. 1/77 (Wien 1977), 77 ff., 105 ff.
8 WITTMANN, Regionale Planungsgemeinschaften, – Neue Wege in der kommunalen Raumplanung und Entwicklungspolitik, Österreichische Zeitschrift für Wirtschaftsrecht 1975, 12 ff.; EVERS, Regionalplanung als gemeinsame Aufgabe von Staat und Gemeinden, Schriftenreihe der Österreichischen Gesellschaft für Raumordnung und Raumplanung Band 22 (Wien-New York 1976); SCHÄFFER, Die Entwicklung der lokalen und regionalen Planung in Österreich (Beitrag zur Internationalen Verwaltungshistorischen Konferenz über »Die Entwicklung der städtischen und regionalen Verwaltung in den letzten hundert Jahren in Mitteleuropa, Budapest 12.–15. 9. 1977).

Je differenzierter eine Verwaltungsorganisation, desto höher ist naturgemäß ihr Koordinationsbedarf.[9] Und er wird auf dem Gebiet der Raumordnung, im Hinblick auf internationale Verflechtungen und naturräumliche Abhängigkeiten noch durch das Erfordernis nach regionaler Zusammenarbeit auf internationaler Ebene erweitert. Allein auf diese Probleme einzugehen muß ich mir hier versagen. Meine Themenstellung geht vielmehr von folgender Einsicht aus:

4. Raumordnungskonzepte können nicht nur durch Verbote in die Realität umgesetzt werden, sie bedürfen zu ihrer Verwirklichung auch und vor allem einer Investitionstätigkeit der öffentlichen Hand sowie der Privaten. Da man aber in einer freiheitlichen Rechtsordnung die private Investitionstätigkeit nicht schlechthin befehlen oder hoheitlich lenken kann, bedarf es ferner einer Investitionsförderung durch die öffentliche Hand, um die den Raumordnungsvorstellungen entsprechenden privaten Investitionen anzuregen. Investitionen und Förderungen, mögen sie nun planmäßig oder punktuell erfolgen, können eine konsequente Raumordnungspolitik in Frage stellen, wenn sie nicht geradezu in den Dienst der Raumordnung gestellt werden oder sich doch wenigstens mit den Anliegen der Raumordnung vertragen. Umgekehrt muß auch eine moderne Wirtschaftspolitik nach neueren Erkenntnissen nicht nur auf Gesamtsteuerung hin, sondern vor allem auch auf eine raumwirtschaftlich abgestufte Feinsteuerung hin angelegt werden. In der rechts- und verwaltungswissenschaftlichen Literatur ist bisher kaum untersucht worden, ob und inwieweit es zulässig, geboten oder möglich ist, Investitions- und Förderungsprogramme der öffentlichen Hand aufzustellen und mit Raumordnungskonzepten abzustimmen. Meist wird nur auf die mangelnde Übereinstimmung von Raumordnungspolitik und Investitions- bzw. Förderungstätigkeit hingewiesen.[10]

5. Öffentliche Investitions- und Förderungstätigkeit ist allerdings keine selbständige Staatsaufgabe, und es entsprechen ihr in aller Regel auch keine eigenständigen Rechtsformen. Die investive Staatstätigkeit ist aber nicht nur nach Ziel und Zweck, von normaler privater Gestion abgehoben, sondern sie steht immer, was den Entscheidungsprozeß anbelangt, also hinsichtlich der Organkompetenzen, hinsichtlich der Art der Willensbildung im Rahmen der öffentlichen Haushalte in einem hoheitsrechtlichen Bedingungsrahmen.

6. Es hängt aber von der mehr formalen oder mehr materialen Ausrichtung einer Verfassungsordnung ab, ob sie auf dem Gebiete der investiven Staatstätigkeit bestimmte Verfassungsaufträge erteilt und durch die Festlegung allfälliger Investitions- oder Investitionshilfekompetenzen eine echte Aufgabenverteilung auf diesem Sektor schafft, oder ob sie den politischen Gestaltungen, damit freilich auch unter

---

9 Eine genaue Analyse hierüber wurde für den österreichischen Rechtsbereich von RILL-SCHÄFFER, Planungskoordinierung, gegeben.
10 Vgl. jedoch aus neuerer Zeit die grundsätzlichen Untersuchungen von MOLTER, Raumordnung und Finanzplanung (Baden-Baden 1975) sowie von RILL-SCHÄFFER, Investitionsplanung und Raumordnung, Schriftenreihe der Österreichischen Raumordnungskonferenz Bd. 16 (Wien 1979).

Umständen konkurrierenden Politiken der Gebietskörperschaften freien Raum läßt.

Für Österreich ist die Besonderheit festzuhalten, daß es an Staatszielbestimmungen, an klaren Verfassungsaufträgen in den einzelnen Sachbereichen und vor allem an einer Kompetenzverteilung in der sog. »Privatwirtschaftsverwaltung« fehlt. *Vielmehr ist nach unserer rechtstechnisch alten Bundesverfassung, die den Wandel vom Ordnungsstaat zum Leistungsstaat nicht berücksichtigt hat, die nichthoheitliche Verwaltungstätigkeit von der allgemeinen bundesstaatlichen Kompetenzverteilung freigestellt.* Auch unter finanzverfassungsrechtlichem Aspekt ergeben sich für Österreich keine zusätzlichen Determinanten. Der allgemeine Grundsatz lautet, daß der Bund und die übrigen Gebietskörperschaften jenen Aufwand zu tragen haben, der sich aus der Besorgung ihrer Aufgaben ergibt (Selbsttragung der Kosten: § 2 F-VG). Prinzipiell konsequent ist diese Regelung ergänzt dadurch, daß der Finanzausgleich nach dem Paritätsgrundsatz zu erfolgen hat, also eine Übereinstimmung mit den Lasten der öffentlichen Verwaltung, und daß dabei darauf Bedacht zu nehmen ist, daß die Grenzen der Leistungsfähigkeit der beteiligten Gebietskörperschaften nicht überschritten werden (§ 4 F-VG). Die Unbestimmtheit dieser Grundsätze resultiert aber vor allem daraus, daß sie sich nicht auf eine von Verfassungs wegen fixierte Aufgabenverteilung beziehen, sondern daß diese in der Hauptsache durch die einfache Gesetzgebung und die Initiativen der Verwaltung bestimmt wird. Denn die verfassungsrechtliche Kompetenzverteilung gibt über die Höhe des erforderlichen Investitionsbedarfs kaum Aufschluß. Er ist vielmehr durch die Gestaltung der Gesetze, wie sie ja auf Grund der allgemeinen Kompetenzverteilung ergehen, bedingt. Im Rahmen der gesetzesfreien Privatwirtschaftsverwaltung besteht überhaupt keine zwingende Aufgabenverteilung, so daß im Gegensatz zum Grundgedanken des Kostentragensgrundsatzes nicht die Aufgabe die Verwendung der Mittel, sondern gerade umgekehrt der nach Erfüllung der Pflichtaufgaben verbleibende Anteil an Mitteln bestimmt, welche freiwillig übernommene Staatsaufgaben sich die einzelnen Rechtsträger stellen können. Pointiert gesagt: Nicht »wer anschafft, zahlt«, sondnern »wer zahlt, schafft an«. So sind in der Verfassungswirklichkeit zahlreiche Aufgabenverlagerungen und Mischfinanzierungen entstanden, über die sowohl in der Praxis wie auch in der Rechts- und Finanzwissenschaft aus verfassungs- und finanzpolitischen Gründen beredte Klage geführt wird.[12] Es sei aber immerhin darauf hingewiesen, daß die Rechtsinstitute der Bedarfszuweisungen und Zweckzuschüsse dem Bund eine nicht unbedeutende Steuerungsmöglichkeit für die Erfüllung von Verwaltungsaufgaben durch Länder und Gemeinden an die Hand geben, daß es also durchaus auch hier zu Formen der Mischfinanzierung kommt.

11 Zu diesem Problemkreis zuletzt zusammenfassend SCHÄFFER, Die sogenannte Privatwirtschaftsverwaltung und das Gesetz, in: Antoniolli-Festschrift (im Druck).
12 RUPPE, Finanzverfassung im Bundesstaat (Wien 1977); SMEKAL, Die Flucht aus dem Budget (Wien 1977).

7. Wendet man nun den Blick auf den scheinbar ganz anderen Problemkreis der Finanzplanung, so liegt der sachliche Zusammenhang angesichts der Dimensionen welche die staatliche Raumordnungs- und Förderungspolitik heute angenommen haben, auf der Hand. Das Finanzplanungsrecht Deutschlands und der Schweiz, sowie auch die Finanzplanungspraxis Österreichs, die ja rechtlich nicht so durchgeformt ist wie in den beiden anderen genannten Staaten, sind allerdings vorwiegend aus dem Streben nach einer finanzpolitischen Manövriermasse im Dienst einer volkswirtschaftlichen Globalsteuerung, also aus konjunktur- und stabilitätspolitischen Anforderungen erwachsen.

Ich erinnere in diesem Zusammenhang nur an die volkswirtschaftliche Situation, die in der Bundesrepublik Deutschland zur Erlassung des Stabilitätsgesetzes 1967 und des Haushaltsgrundsätzegesetzes 1969 auf der Grundlage des Art. 109 des Grundgesetzes geführt hat.[13] Das Stabilitätsgesetz verpflichtet ja Bund und Länder zu einer fünfjährigen, gleitenden, wenngleich bloß indikativen Finanzplanung. Die Investitionsprogramme der Ressorts haben nach Dringlichkeit und Jahresabschnitten gegliedert die in den nächsten Jahren durchzuführenden Investitionsvorhaben zu erfassen. Auf dieser Grundlage, allerdings nach Maßgabe der Finanzierungsmöglichkeiten, ist ein Investitionsprogramm der Regierung zu erstellen, das erst nach dem Schluß über den Finanzplan endgültig abgefaßt werden kann. Der Finanzplan selbst, in welchem auch die Investitionsschwerpunkte zu erläutern sind, wird von der Regierung beschlossen und jeweils mit dem Haushaltsgesetzentwurf für das nächste Jahr den gesetzgebenden Körperschaften vorgelegt. Eine parlamentarische Genehmigung (i. S. von Wirksamkeitsvoraussetzung) ist freilich nicht vorgesehen. Der im Bundesstaat besonders wichtigen Koordination der öffentlichen Haushaltswirtschaften sollte nach dem Konzept des Haushaltsgrundsätzegesetzes ein Finanzplanungsrat mit Empfehlungskompetenzen dienen. Es ist bekannt, daß diese Institution nicht jene Bedeutung erlangt hat, die ihr zugedacht war.

Auch die Schweiz[14] hat bereits 1968 mit dem Finanzhaushaltsgesetz die Haushaltsführung des Bundes neben den traditionellen Budgetprinzipien (Gesetzmäßigkeit, Wirtschaftlichkeit, Sparsamkeit) auch auf den Grundsatz der Dringlichkeit und der Erfordernisse einer konjunktur- und wachstumsgerechten Finanzpolitik verpflichtet und in eine mehrjährige Finanzplanung eingebunden. Besondere Hervorhebung verdient bei dieser Regelung das Rechtsinstitut der Verpflichtungskredite für mehrjährige Budgetvorbelastungen, das nach ausländischen Vorbildern und früherer Staatspraxis kodifiziert wurde. Es ist nämlich mit der Pflicht zur Kostenrechnung und besonderen Rechnungslegung verbunden und erscheint daher besonders geeignet für eine transparente, rationale Investitionspolitik.

13 Hierzu insbesondere STERN-MÜNCH-HANSMEYER, Gesetz zur Förderung der Stabilität und des Wachstums der Wirtschaft. Kommentar 2 (Stuttgart 1972).
14 Hierzu insbesondere ROHR, Die Finanzplanung der öffentlichen Hand in staatsrechtlicher Sicht. Eine Analyse der Finanzplanung von Bund, Kantonen und Gemeinden (1972).

In Österreich[15] ist die Rechtslage ganz anders, im Vergleich relativ unterentwickelt, weil die weitreichenden Reformvorstellungen in der Diskussion der 60er Jahre aus politischen Gründen nicht in eine grundlegende Haushaltsreform umgesetzt werden konnten. Erst jüngst ist in drei der Bundesländer, nämlich in Kärnten, Oberösterreich und Steiermark eine mittelfristige Finanzplanung der Gemeinden rechtlich verankert worden, über deren Erfolg natürlich noch nichts berichtet werden kann. Darüber hinaus ergeben sich allerdings in einigen Bundesländern auf Grund der Raumordnungsgesetze für die Gemeinden ganz unbestimmte Investitions(planungs)aufträge, sofern die Gemeinden nämlich verpflichtet sind, nicht nur die Flächennutzung, sondern auch ihre raumbedeutsamen Investitionen und Förderungen in umfassenden örtlichen Raumordnungsprogrammen oder Entwicklungskonzepten zu planen. Wie sieht es auf Landes- und Bundesebene aus? Hier steht die Frage der Finanz- und Investitionsplanung zwar schon seit vielen Jahren in Diskussion. Eine grundlegende Haushaltsrechtsreform ist aber bis heute nicht gelungen. Vor allem der Entwurf eines Bundeshaushaltsgesetzes aus dem Jahre 1973 sah – im wesentlichen nach deutschem Muster – eine Finanzplanung mit Finanzplanvergleichsrechnung, allerdings mit ungeklärter Beziehung zwischen Finanzplanung und Investitionsplanung vor. Die Finanzpraxis kennt aber seit 1965 sogenannte Budgetvorschauen und seit 1971 auch zehnjährige Investitionsprogramme des Bundes, die im Zweijahresrhythmus revidiert, im wesentlichen jedoch nur fortgeschrieben werden. Diese Programme enthalten im Rahmen des gesamten ins Auge gefaßten Investitionsvolumens im wesentlichen wieder nur quantitative Präferenzen für bestimmte Sachbereiche sowie eine Gliederung in ein Basisprogramm, Konjunkturstabilisierungs- und Konjunkturbelebungsprogramm. Eine Abstimmung zwischen den Gebietskörperschaften der verschiedenen Ebenen findet nur gelegentlich durch politische Absprachen statt.

Nirgends ist also, wie man es eigentlich erwarten sollte, die mittelfristige Finanzplanung aus einem mittelfristigen Einnahmen- und Ausgabenplan, aus einem Stellenplan und vor allem einem mittelfristigen Investitionsplan mit Folgekostenrechnung entwickelt worden.

8. Die Finanzplanungspraxis,[16] vor allem der Bundesrepublik, bemühte sich nach einer mehr monetär ausgerichteten Anfangsphase in den Jahren 1967–1969 in der die Finanzplanung das einzige ressortübergreifende Planungsinstrument im mittelfristigen Bereich darstellte, um eine längerfristige Aufgabenplanung. Allein, dieser Versuch wird inzwischen als gescheitert betrachtet, da die isolierte und langfristige Aufgabenplanung geradezu utopische Programmwünsche erzeugte. Als Grenzen der technokratischen Steuerungsplanung wurde erkannt, daß man an die Grenzen

---

15 Hierzu eingehend SCHÄFFER, Mittelfristige Finanzplanung als Rechtsproblem. Ein Beitrag aus rechtsvergleichender und rechtspolitischer Sicht, Das öffentliche Haushaltswesen 1978/2–3, 77–114.
16 Hierüber besonders informativ WILLE, Finanzplanung am Scheideweg: Resignation oder Neubesinnung? Finanzarchiv 35 (1976), 66.

staatlicher Ressourcen stößt und daß es überaus schwierig ist, objektive und komparative Nutzenmessungen der einzelnen Projekte vorzunehmen. Und vor allem stieß man auch an die Grenzen der politischen Konsensfähigkeit. Seit 1973 herrschen daher wieder die konjunkturpolitischen und monetären Aspekte in der Finanzplanungspraxis vor. Dennoch plädiert man, vor allem in der Finanzwissenschaft[17] – insbesondere unter Kritik am Gießkannenprinzip des Subventionswesens und an der bloß negativen Koordination – für weitere Bemühungen um eine aufgabenorientierte Finanzpolitik, die sich steter Bedachtnahme auf die Finanzierbarkeit der Staatsaufgaben befleißigen müßte, also für eine integrierte Querschnittsplanung. Einer richtig betriebenen Raumordnungspolitik könnte in dieser Beziehung die Eigenschaft einer Teil-Aufgabenplanung zukommen.

9. Um auf der anderen Seite nun den Entwicklungsstand der raumordnungspolitischen Planung zu erfassen und zu verbessern bedürfte es verwaltungsinterner und wissenschaftlicher Bestandsaufnahmen und Analysen der bisherigen Planungspraxis. Für eine solche Wirkungsanalyse (Evaluierung)[18] kann von folgender Typologie ausgegangen werden[19]: Man kann von einer Zielplanung sprechen, wenn die Programme, Konzepte oder Pläne – wie immer man nun ihre rechtliche Qualifikation beurteilen mag – Ziele entwickeln oder vorgegebene Ziele konkretisieren, ohne daß daraus bereits bestimmte Maßnahmen zur Verwirklichung abgeleitet werden können. Diese Zielplanung kann von unterschiedlicher Qualität sein. Sie kann von ganz allgemein gehaltenen Optimierungsaufträgen über nicht völlig widerspruchsfreie Zielkataloge (»magische Vielecke«) bis zu relativ konsistenten, Präferenzen angebenden und die Ziele präzis umschreibenden Festlegungen reichen. Ein weiterer Typus wäre das, was man Standardplanung nennen könnte. Von einer solchen kann man sprechen, wenn die Zielvorstellungen in den Programmen zu Standards angestrebter Leistungen in weitestem Sinn konkretisiert sind, ohne daß daraus schon konkrete Handlungsanweisungen ableitbar wären. Das hat insofern Konsequenzen, als man daraus Rückschlüsse auf den Investitionsbedarf und daraus wieder auf den öffentlichen Finanzbedarf ziehen kann. Von einer Vorhabenplanung kann dann gesprochen werden, wenn auf Grund einer Gegenüberstellung der in Ziel- und Standardplanung entwickelten Sollvorstellungen mit dem Istzustand die zur Erreichung der Ziele und Standards erforderlichen Projekte

---

17 WILLE, Mittel- und langfristige Finanzplanung, in: NEUMARK-HALLER, Handbuch der Finanzwissenschaft I³, 427 (443 ff.).
18 Vgl. zu diesem neuen Schwerpunkt der Verwaltungswissenschaft: EICHHORN-SIEDENTOPF, Effizienzeffekte der Verwaltungsreform (Baden-Baden 1976); DERLIEN, Die Erfolgskontrolle staatlicher Planung (Baden-Baden 1976); STEINBERG, Evaluation als neue Form der Kontrolle final programmierten Verwaltungshandelns, Der Staat 1976, 205 f.; SCHIMANKE, Evaluierung, Verwaltungsarchiv 1977, 361–370.
19 Für den österreichischen Bereich liegt nunmehr eine solche Untersuchung ebenfalls vor: RILL-SCHÄFFER, Investitionsplanung und Raumordnung. Möglichkeiten der Aufstellung von Investitionsprogrammen und ihrer Abstimmung mit Raumordnungskonzepten. Schriftenreihe der Österreichischen Raumordnungskonferenz Bd. 16 (Wien 1979).

dargestellt werden. Es gibt freilich auch Vorhabenplanungen, die sich nicht in größere Gesamtkonzepte einordnen. Von einem echten Investitionsprogramm kann freilich erst dann gesprochen werden, wenn die Ergebnisse solcher Pläne, wie sie zuvor skizziert wurden, solcher Planungsschritte, hinsichtlich der einzelnen Vorhaben zumindest mit der Festlegung der Prioritäten wenn schon nicht mit ausdrücklicher Festlegung von Verwirklichungszeitpunkten verbunden werden. Aussicht auf plangerechte Verwirklichung haben solche Vorhaben aber nur, wenn die Festlegung auch mit entsprechend fundierten Überlegungen zur finanziellen Bedeckarbeit einhergehen, das heißt also wenn die Investitionplanung mit einer Finanzplanung verbunden wird.

10. Die Situation[20] staatlicher Investitions- und Förderungstätigkeit unter raumordnungspolitischen Aspekten einerseits und der Stand der Raumplanung im allgemeinen kann für das österreichische Beispiel kurz folgendermaßen beschrieben werden:

Finanz- und Investitionspläne in Gesetzesform gibt es praktisch nicht. Die Gesetze legen selten genug ausdrückliche Ziele für die investive Staatstätigkeit fest, und wenn sie es tun, dann meist in sehr unbestimmter und leerformelhafter Art. Präzisere Schlußfolgerungen kommen nur dann in Betracht, wenn Gesetze – was mitunter geschieht – gewisse Angaben über Ausmaß und Qualität von Verwaltungsleistungen enthalten (z. B. Klassenschülerhöchstzahlen im Schulrecht oder Festlegung bestimmter Ausstattungsstandards im Krankenanstaltenrecht). Nur ausnahmsweise werden bestimmte Großvorhaben in ihrer Abwicklung und Finanzierung gesetzlich näher umschrieben (wie z. B. beim Ausbau des Fernmeldenetzes oder beim Ausbau schwieriger Autobahn- und Schnellstraßenstrecken durch Sonderfinanzierungsgesellschaften, die aus dem Bundesvermögen ausgegliederte Kapitalgesellschaften, mitunter unter Mitfinanzierung interessierter Bundesländer, sind). Insgesamt kann gesagt werden, daß die Gesetzgebung kaum selbst Entscheidungen im Bereich der investiven Staatstätigkeit und auch kaum Vorkehrungen für deren Raumordnungsorientierung trifft. Das Ob und Wie der Investitions- und Förderungsplanung wird vielmehr weitgehend der Initiative und Kreativität der Verwaltung überlassen. Analysiert man nun die konkrete Verwaltungstätigkeit, so sind in vielen und wichtigen Sachbereichen Investitions- oder Förderungsprogramme der öffentlichen Hand gar nicht vorhanden. Dort wo Programme vorhanden sind, handelt es sich meist um Zielprogramme mit sehr allgemein gehaltenen Optimierungsaufträgen, und dies hat unter Umständen zur Folge, daß derartige Programme in ihrem Vollzug sogar verschiedenen politischen Konzeptionen Deckung geben können. Standardplanungen sind selten, Vorhabenpläne und echte Investitionsprogramme gibt es praktisch nur in anstaltlichen und betrieblichen Bereichen (Post, Bahn). Insgesamt ist der Mangel sektorenübergreifender oder

---

20 Die folgende Darstellung beruht wesentlich auf den Untersuchungsergebnissen der in Anm. 19 genannten Studie von RILL und SCHÄFFER.

sektorenverschränkender Investitionsprogramme und der hohe Grad ihrer Unbestimmtheit charakteristisch.

Was die Entwicklung der raumordnungspolitischen Planung[21] anbelangt, so haben nach der bundesstaatlichen Kompetenzverteilung Österreichs – grob gesprochen – die Länder den Hauptanteil der Kompetenzen zur hoheitlichen Bodennutzungsplanung. Dementsprechend haben die Länder neben der Regelung ihrer Fachplanung (Baurecht, Naturschutz, Landesstraßenrecht) in ihren Raumordnungsgesetzen die Landesregierungen zur Erlassung von Entwicklungsprogrammen, also zu einer integralen Landesplanung ermächtigt. (Der Begriff des integralen Plans ist allerdings unter dem Vorbehalt zu verstehen, daß Bundeskompetenzen hierdurch nicht berührt werden dürfen.) Die Entwicklungsprogramme können landesweit oder regionsbezogen, umfassend oder sachbereichsmäßig konzipiert werden. Nähere Regeln enthalten die Gesetze allerdings nur für die Bodennutzungsplanung. Hinsichtlich der wesentlichen investiven Entscheidungen weisen sie dagegen nur finale Determinanten (Zielnormen) auf. Verwirklichungsmaßnahmen sind so gut wie nie aufgezeigt, einzig und allein das steiermärkische Raumordnungsgesetz verpflichtet zur Aufnahme eines Investitionsplans in das Landesentwicklungsprogramm. Man kann daher sagen, daß die Raumordnungsgesetze, auch wenn sie ihrer Terminologie und Regelungsintention nach auf eine Entwicklungsplanung abzielen, die Bodennutzungsplanung in den Vordergrund stellen und daß die Integration der wichtigen sektoralen Regelungen nicht vollends gelungen ist. In der Mehrzahl der Bundesländer gibt es verbindliche Entwicklungsprogramme; sie enthalten fast ausschließlich Grundsätze der Flächennutzung, nur das Land Niederösterreich baut seine Landesraumordnung bewußt aus einer Vielzahl von Sektoralprogrammen auf.

Welche Rolle kommt nun dem Bund in der Raumordnung zu? Dem Bund steht neben einigen flächenbezogenen Kompetenzen (z. B. Wasserrecht, Forstwesen) vor allem die Planung linearer oder punktueller Infrastruktureinrichtungen zu (Bundesstraßen, Eisenbahnen, Wasserstraßen, sonstige Kommunikationen). Auf Bundesseite gibt es also praktisch nur raumbedeutsame sektorale Planungen. Seitens des Bundesgesetzgebers sind bisher keine zureichenden Vorkehrungen zur Zusammenfassung dieser Ressortplanungen getroffen worden, obwohl dies sicher in Form eines Selbstbindungsgesetzes möglich wäre.[22] Es gibt zwar auf Grund des Bundesministeriengesetzes 1973 eine Koordinationsstelle für Raumordnung im Bundes-

---

[21] Übersichten hierzu im Ersten Raumordnungsbericht (Wien 1976) und im Zweiten Raumordnungsbericht (Wien 1978); ferner in: Raumordnungspraxis in den Bundesländern, Ausschnitte und Querschnitte (hrsg. von der Verbindungsstelle der Bundesländer, Wien 1976); sowie im Themenheft »Regionalplanung« der Berichte zur Raumforschung und Raumplanung 1978/4.

[22] Über die rechtlichen Möglichkeiten und rechtspolitischen Bestrebungen SCHÄFFER, Bundesraumordnung – Sachproblem und legislatives Vorhaben, Mitteilungen des Österreichischen Instituts für Raumplanung 1976/1, 1–27.

kanzleramt. Gesamthafte Programme des Bundes sind jedoch auf dieser organisatorischen Grundlage bisher nicht ausgearbeitet worden. Immerhin sind von der erwähnten Stelle in Zusammenarbeit mit einzelnen Bundesländern kooperative Förderungsprogramme für bestimmte Problemgebiete (insbesondere für entsiedlungsgefährdete Grenzgebiete und für den überalterten obersteirischen Industrieraum) entwickelt worden.

Erwähnt werden muß aber außerdem eine informelle Zusammenarbeit zwischen Bund und Ländern im Rahmen der sogenannten Österreichischen Raumordnungskonferenz. Diese ist eine nichtrechtliche Einrichtung auf der Basis politischer Absprachen (Bund, Länder, Städtebund und Gemeindebund; die großen Interessenvertretungen sind mit beratender Stimme vertreten).[23] Hier werden aber vor allem Entscheidungsgrundlagen und Grundsätze diskutiert, keine konkreten Entscheidungen getroffen. Man geht von der Erwartung aus, daß die einzelnen Autoritäten die entsprechenden Beschlüsse in ihren Vollzugsbereichen in verbindliche Anordnungen umsetzen. Ein auf dieser Basis auszuarbeitendes gemeinsames »Raumordnungskonzept für Österreich« liegt noch in weiter Ferne. Man kann daher ohne weiteres sagen, daß die notwendige Koordination zwischen den verschiedenen territorialen Ebenen bisher keineswegs optimal gelöst ist. Dies hat natürlich auch Fernwirkungen auf die Abstimmung der Finanzplanungen der verschiedenen gebietskörperschaftlichen Ebenen.

Die bisher entwickelten Raumordnungspläne und Konzepte sind überwiegend Zielplanungen, in ganz wenigen Fällen erreichen sie die Intensität von Standardprogrammen bzw. Vorhabenprogrammen. Als Investitionspläne zu qualifizierende Raumordnungsprogramme sind bisher nicht entwickelt worden. Tatsächlich steckt also eine wirksame raumordnungspolitische Planung immer noch in den Anfängen. Man kann sagen, daß sie dort am weitesten fortgeschritten ist, wo man sektorale Pläne bewußt als Schritte zu einer integrativen Planung im Landesbereich entwickelt hat und wo man darüberhinaus der realen Bedeutung entsprechende eigene Ansätze im Budget verankert hat.

11. Fragt man nun nach den Möglichkeiten der Verbesserung der Übereinstimmung von Investitionsplanung und Raumordnung, so steht im Rahmen der gegebenen Rechtslage – nicht zuletzt auch in den der Verwaltung zur Verfügung stehenden Dispositionsspielräumen – eine Reihe von Möglichkeiten offen.[24] Dabei lassen sich zumindest drei wesentliche Ansatzpunkte unterscheiden:

– Zur Verbesserung der Planungsprozesse gehört: eine Verbesserung der Planungsprozesse überhaupt, entsprechende Vorkehrungen auf der organisatorischen

---

23 Über ihre rechtliche Einordnung und die Ergebnisse ihrer bisherigen Arbeit SCHÄFFER, Verhandlungen des 6. Österreichischen Juristentages Innsbruck 1976, II/1 und MIEHSLER, Die Österreichische Raumordnungskonferenz – aus der Sicht der Länder, ZfV 1978, 369.
24 Auch hiezu RILL-SCHÄFFER, Investitionsplanung und Raumordnung (Wien 1979).

Ebene und die Finanzplanungsseite. Verstärkung der raumbezogenen Grundlagenforschung; das Ausgehen der verschiedenen Planungsträger von gemeinsamen oder gleichartigen Grundannahmen; Begründung der Grundannahmen; vor allem eine Verbesserung der inhaltlichen Qualität der Pläne, so daß man zu Plänen mit verbesserter Steuerungswirkung gelangte; Vermeidung des Sektoralismus durch Versuche zu integrativer Planung, das heißt die Ressortplanungen müßten sich über die finanziellen Implikationen (Verwirklichung durch Investitionen und Folgekosten) Rechenschaft geben; andererseits müßten die Finanzplanungen der öffentlichen Rechtsträger in bewußter Orientierung an den Raumordnungserfordernissen konzipiert werden. Zur Verbesserung der Planungsprozesse gehört endlich auch eine periodische Überprüfung und Anpassung der Pläne mit Erfolgskontrolle sowie Offenlegung der Pläne einschließlich ihrer Grundannahmen.

— Auf der organisatorischen Ebene sind Vorkehrungen erforderlich, die zu einer Verbesserung der Koordination führen. Einer solchen bedarf es nämlich nicht nur zwischen den Rechtsträgern, oder einzelnen Organen der Rechtsträger, sondern vor allem auch innerhalb einzelner Staatsapparate, das heißt in den Bundesministerien und in den Ämtern der Landesregierungen. Ähnlich wie beim Umweltschutz gehört es zu den Charakteristika der Raumplanung, daß sie in der Regel keine ressortmäßige Absicherung aufweist. Allfällige Raumplanungsabteilungen in den Ministerien bzw. Ämtern der Landesregierungen sind nur Einzelabteilungen neben anderen klassischen Abteilungen und sind praktisch noch nicht voll in die traditionellen Entscheidungsprozeduren integriert. Informationsfluß, Koordinationsmöglichkeiten und finanzielle Ausstattung sind verbesserungsbedürftig.

— Schließlich nenne ich den notwendigen Aufbau einer mittelfristigen Finanzplanung als Korrelat der Aufgabenplanung, und zwar auf der Grundlage einer aus den verschiedenen Sachbereichen aggregierten Investitionsplanung.[25]

Was das rechtliche Instrumentarium anbelangt, so läßt sich dabei festhalten, daß im Bereich der investiven Staatstätigkeit bei voller Anerkennung des demokratischen und des rechtsstaatlichen Prinzips durchaus nicht einem perfektionistischen gesetzesstaatlichen Modell das Wort geredet werden kann. Das *Gesetz* sollte nur wichtige Grundentscheidungen für die investive Staatstätigkeit enthalten, notwendige Planungsaufträge erteilen und Planungsverfahren regeln. Rechtspolitische

---

[25] SCHÄFFER, Mittelfristige Finanzplanung als Rechtsproblem; Das öffentliche Haushaltswesen in Österreich 1978/2-3, 77.
In der Bundesrepublik hat jüngst die Kommission für wirtschaftlichen und sozialen Wandel nach einer Analyse der bisherigen Raumordnungspolitik den Ausbau der bisherigen Raumordnung zu einer integrierten Entwicklungsplanung für alle raumwirksamen Bereiche (mit räumlichen, zeitlichen und finanziellen Prioritäten) empfohlen. Dabei sollen besonders die finanziellen Bezüge gegenüber den rein raumordnerischen stärkeres Gewicht erlangen (DÖV 1978, 429 f.). Man ist sich dabei im klaren, daß eine volle vertikale Abstimmung der Entwicklungsplanungen weder erreichbar noch wünschenswert ist, und möchte bei der angestellten Harmonisierung auf die Selbstregulierungskräfte des Gegenstromverfahrens vertrauen.

Maxime ist hier gewissermaßen die »Wesentlichkeitstheorie«[26] mit umgekehrten Vorzeichen.

Große praktische Bedeutung muß im Hinblick auf die erforderliche Beweglichkeit wie bisher den verwaltungsinternen Akten und auch unverbindlichen Akten wie Richtlinien, Empfehlungen und Absprachen zukommen. Meines Erachtens ist es weder verfassungsrechtlich geboten noch von der Sache her sinnvoll, große Gesamtpläne, wie es die Landesentwicklungspläne sind, in Gesetzesform zu gießen. Die Elemente, die ein fortgeschrittener Entwicklungsplan aufweisen müßte, wären neben der erforderlichen Publizität eine spezifische Art der Verbindlichkeit. Er sollte, wie man dies jüngst nun in der Schweiz formuliert hat, die Verbindlichkeit einer »politisch bereinigten Traktandenliste«[27] haben, das heißt er ermächtigt und verpflichtet die Verwaltungsorgane, Ziele und Vorhaben gemäß den festgelegten Wertigkeiten und Prioritäten zu behandeln. Kann der Auftrag nicht erfüllt werden, dann dürfte nicht stillschweigend zur Tagesordnung übergegangen werden, sondern es müßte die Traktandenliste, das heißt der Gesamtplan, unter Prüfung der Auswirkungen geändert werden. Auch die unverbindlichen Absprachen werden, zumal in einem föderalistischen Zusammenspiel der Kräfte, ihre Bedeutung behalten.

12. Will man nach unseren gegenüber der ganzen Planungsentwicklung durchaus nicht unkritischen Auffassungen abschließend eine Diagnose wagen und eine Empfehlung geben, so möchte ich meinen: Die Planungseuphorie der 60er Jahre ist verflogen. Wir sollen uns aber nicht völliger Planungsskepsis anheimgeben. Das Planungsrecht ist im freiheitlichen Rechtsstaat der westlichen Demokratien eine relativ junge Rechtsmaterie. Seine Institutionen und seine Anwendung sind schrittweiser Verbesserung zugänglich. Bisherige negative Erfahrungen mit staatlicher Planung sollten nicht dazu führen, daß man auf eine konzeptive, die Interdependenzen berücksichtigende Planung bei der Erfüllung staatlicher Aufgaben überhaupt verzichtet und alle Versuche zu einer Verbesserung des gegebenen Zustandes von vornherein für aussichtslos hält. Ziele und Ansprüche dürfen freilich in Kenntnis der menschlichen Natur und angesichts auch der Schwierigkeiten der Konsensbildung in einer pluralistischen Demokratie nicht zu hoch gesteckt werden. Für eine Verbesserung muß im Rahmen der Vorbereitung und Fällung staatlicher Entscheidungen nicht nur die Rationalität insgesamt erhöht werden, es kommt auch ganz entscheidend auf psychologische Faktoren und Voraussetzungen an: Vor allem muß das Problembewußtsein geschärft und die Bereitschaft zu Kritik, Reflexion und

---

26 Diese in der neueren Staatsrechtslehre der Bundesrepublik Deutschland geprägte Formel bezeichnet solche verfassungsrechtliche Anforderungen an die Determinierung der Verwaltung (Verordnungen und Einzelfallentscheidungen) durch den Gesetzgeber, wie sie der österreichische Verfassungsgerichtshof in ständiger Judikatur seit langem stellt.

27 RÜEGG, Stellt der kantonale Gesamtplan eine Absichtserklärung dar oder nicht? NZZ 1./10. 7. 1978 (Fernausgabe Nr. 156).

Diskussion gefördert werden. Unerläßlich ist das Bemühen um den Abbau von Bereichs-, Ressort-, Regions- und Gruppenegoismen. Und schließlich müßte der Mut zur Entscheidung, zur Offenlegung von Entscheidungsgrundlagen und Wertungen und auch der Mut zur Abänderng einmal getroffener Entscheidungen aus wohlerwogenen Gründen besser entwickelt werden. Qualität der Planung hängt also letztlich vom Engagement und Stil der Verwaltungsführung ab.

Umweltschutz in der Raumplanung

EBERHARD SCHMIDT-ASSMANN, Bochum

Erster Teil:
Vorbemerkung

Umweltschutz und Raumplanung, die beiden Zentralbegriffe unseres Themas, besitzen eine Reihe von Gemeinsamkeiten, die uns veranlassen könnten, eine geradezu »natürliche Konvergenz« zwischen beiden Bereichen zu vermuten. Das beginnt sprachlich bei der Bedeutungsverwandtschaft der Worte »Raum« und »Umwelt« und läßt sich inhaltlich an drei Punkten, nämlich historisch, systematisch und politisch, weiter belegen:
– Beide Begriffe tragen modernen Klang, bezeichnen jedoch Aufgaben der öffentlichen Verwaltung, die so neu nicht sind. Es lassen sich in der Verwaltungsgeschichte seit Beginn der Industrialisierung vielmehr immer wieder Ansätze zu planerischem Handeln und umweltschützenden Überlegungen nachweisen.[1] Wir erinnern an Fluchtlinienpläne, Bauzonenausweisung[2] oder an die Grünflächenplanung des Ruhrsiedlungsverbandes[3]. Neu allerdings ist der Umfang, in dem die beiden Begriffe heute das Denken der Verwaltung beherrschen. Neu ist die Art, in der versucht wird, Umweltschutz und Raumplanung systematisch zu betreiben.

---

1 Vgl. die jeweils knappen Abrisse zur geschichtlichen Entwicklung der Raumordnung bei NIEMEYER, Das Recht der Raumordnung und Landesplanung in der Bundesrepublik Deutschland, Hannover 1976, 1 ff., 8 ff.; EVERS, Das Recht der Raumordnung, München 1973, S. 15 ff., und ERNST/HOPPE, Das öffentliche Bau- und Bodenrecht, Raumplanungsrecht, München 1978, Rdnr. 14 ff.; ausführlich GRAMKE, »Raumordnung« in Deutschland in den Jahren 1871–1933, Diss. Kiel 1972; aufmerksam gemacht sei auch auf die Forschungsberichte des Ausschusses »Historische Raumforschung« der Akademie für Raumforschung und Landesplanung: So Bd. 30 und 39 der Akademieveröffentlichungen zur »Raumordnung im 19. Jahrhundert«, Hannover 1965/1967.

2 Zur Entwicklung des Baurechts zum Raumplanungsrecht allgemein SCHMIDT-ASSMANN, Grundfragen des Städtebaurechts, Göttingen 1972, S. 19 ff.

3 Vgl. FRORIEP, Artikel »Siedlungsverband Ruhrkohlenbezirk« Handwörterbuch der Raumforschung und Raumordnung, Hrsg. von der Akademie für Raumforschung und Landesplanung, 2. Aufl., Hannover 1970, Sp. 2914 ff.

Hier stoßen die beteiligten Verwaltungen allerdings oft an die Grenzen ihrer Leistungsfähigkeit. Umweltschutz und Raumplanung haben einen speziellen Ausstattungsbedarf an Fachpersonal und Sachmitteln, der bisher noch nicht befriedigend erfüllt ist und zu einem wesentlichen Teil das Vollzugsdefizit im Umweltschutz verursacht hat[4]. Dabei geht es nicht nur um haushaltsmäßige Mittelansätze und Stellenbewilligungen, sondern neben quantitativer auch um qualitative Bedarfserfüllung, also um Ausbildungs- und Weiterbildungsfragen. (Ob der Wildwuchs sogenannter integrierter Studiengänge[5] an Fakultäten der Geographie, Architektur oder Raumplanung geeignet ist, diesen Bedarf künftig zu erfüllen, erscheint zweifelhaft.)

– Beide Begriffe bezeichnen in den canones der Verwaltungsaufgaben sogenannte Querschnittsaufgaben[6], d. h. sie werden zusammengehalten nicht durch einen klassischen Institutions- oder Ressortzusammenhang, sondern durch eine einheitliche Betrachtungsweise. Sie stellen die Vielzahl der Fachaufgaben unter einen speziellen Aspekt, wobei Raumplanung mehr die instrumentale Seite, Umweltschutz mehr die materielle Komponente, eben die eines besonderen Schutzauftrages[7] hervorhebt. Wie alle Querschnittsaufgaben haben Raumplanung und Umweltschutz einen gesteigerten Koordinationsbedarf[8]. Ihre Effektivität steht und fällt mit der Qualität, in der es gelingt, diesen Bedarf zu erfüllen. Zur Sicherung dieser Vorgänge hat das Verwaltungsrecht einen wesentlichen Beitrag zu leisten.

– Damit im Zusammenhang steht ein drittes gemeinsames Merkmal. Raumplanung und Umweltschutz verfügen nicht über geschlossene Interessenrepräsentationen, die ihnen dauerhaft und gleichsam automatisch eine Vorrangfunktion sichern

---

4 Dazu STICH, Personale Probleme des Vollzugsdefizits in der Umweltschutzverwaltung, in: Öffentlicher Dienst, Festschrift für Ule, Köln 1977, S. 215 ff.; ULE/LAUBINGER, Empfehlen sich unter dem Gesichtspunkt der Gewährleistung notwendigen Umweltschutzes ergänzende Regelungen im Verwaltungsverfahrens- und Verwaltungsprozeßrecht?, Gutachten B zum 52. Deustchen Juristentag, München 1978, B 13 ff.; sowie der jüngst veröffentlichte auf empirischen Untersuchungen fußende Gesamtbericht des Instituts für angewandte Sozialforschung der Universität Köln: MAYNTZ u. a., Vollzugsprobleme der Umweltpolitik, 1978.
5 Einen Überblick hiervon vermittelt der Studienführer Umweltschutz, Umweltbrief Nr. 16 vom 7. Februar 1977, erstellt vom Umweltbundesamt im Auftrag des Bundesministers des Innern.
6 Vgl. in bezug auf die Raumplanung WAHL, Rechtsfragen der Landesplanung und Landesentwicklung, Berlin 1978, Bd. 1, S. 5 mit Fn. 10; hinsichtlich des Umweltschutzes KIMMINICH, Das Recht des Umweltschutzes, 2. Aufl., München 1974, S. 12; Der Rat von Sachverständigen für Umweltfragen, Umweltgutachten 1974, Stuttgart 1974, S. 182 (TZ 664).
7 Dies tritt deutlich bei einer Definition von Umweltschutz als Gesamtheit der Maßnahme, »die auf die Erhaltung und Minderung der Belastungen sowie die Beseitigung von Schäden des natürlichen Lebensraumes, des ökologischen Systems und seiner Funktionen für den Menschen abzielen« (so RENGELING, Umweltschutz im Verwaltungsverfahrens- und Verwaltungsprozeßrecht, JZ 1978, 453 ff., 453) hervor.
8 Vgl. KUHL, Umweltschutz im materiellen Raumordnungsrecht, Münster 1977, S. 17 f.

könnten. Die in ihnen wirksamen Interessen sind häufig schon unter sich nicht homogen. Erst recht stoßen sie sich mit zahlreichen wohlorganisierten Interessen klassischer Verwaltungszweige. Das bewirkt eine erhebliche Schwäche der Durchsetzungsfähigkeit. So hat etwa die Raumplanung auf Bundesebene über Jahrzehnte hin keinen festen Platz in einem der starken und durchsetzungsfähigen Ministerien erringen können, sondern lebt recht kraftlos als Abteilung des Städtebauministeriums dahin[9]. Dem heute vielbeschworenen Umweltschutz kann ein ähnliches Schicksal beschieden sein, wenn die kurzfristige und unstete politische Aktualität verflogen ist. Wir nennen das den gesteigerten Repräsentationsbedarf von Raumplanung und Umweltschutz[10].

So muß man den Zusammenhang von Raumplanung und Umweltschutz eher als eine Verbindung zweier Schwacher bezeichnen, die oft zwar gute Argumente für sich, nicht aber die stärksten Bataillone hinter sich haben. Gleichwohl kann ein präventiv-planerischer Umweltschutz besser als der auf punktuelles Handeln angelegte repressive Umweltschutz größere Begründungszusammenhänge aufzeigen und im Rahmen rationeller Politik einen Zugewinn an Überzeugungskraft und Effektivität bewirken[11]. Deshalb ist eine Verkoppelung von Raumplanung und Umweltschutz sinnvoll, auch wenn sie insgesamt eine Verbindung schwächerer Positionen darstellt.

Wir betrachten diese Verkoppelung im folgenden unter zwei Gesichtspunkten:
– Zunächst ist die Einbindung des Umweltschutzes in die Raumplanung im derzeitigen Recht darzustellen (Teil 2).
– Nach dieser Bestandsaufnahme beschäftigen wir uns dann mit den Möglichkeiten, diese Verkoppelung fortzuentwickeln (Teil 3).

Zweiter Teil:
Bestandsaufnahme zur Stellung des Umweltschutzes in der Raumplanung

Wenn wir im folgenden einen systematischen Überblick über die Stellung des Umweltschutzes in der Raumplanung geben und dabei eine Art von Raumplanungssystem zeichnen, so muß vorab klargestellt werden, daß wir in der Bundes-

---

9 Hierzu SCHÖLER, Die Stellung des für die Raumordnung zuständigen Bundesministers im Rahmen der verfassungsmäßigen Verteilung der Verantwortung gem. Art. 65 GG, Münster 1976; WAHL (Fn. 6), Bd. 2, S. 148 ff. m. w. Nachw.
10 Ein »Repräsentationsdefizit« auf dem Gebiet des Umweltschutzrechts konstatiert auch BREUER, Wirksamerer Umweltschutz durch Reform des Verwaltungsverfahrens- und Verwaltungsprozeßrechts?, NJW 1978, 1558 ff., 1559; treffend weist er auf die Beobachtung FORSTHOFFS (Rechtsstaat im Wandel, Stuttgart 1964, S. 203 f.) hin, wonach in einer pluralistischen Demokratie allgemeinste und den größten Kreis von Personen betreffende Belange vielfach am schwersten durchsetzbar sind, weil sie »keinen gesellschaftlichen Patron« finden können.
11 Vgl. STEIGER, Umweltschutz durch planende Gestaltung, ZRP 1971, 133 ff.

republik ein abstrakt konstruiertes, umfassendes System der Raumplanung ebensowenig besitzen wie ein allgemeines Planungs- oder ein Entwicklungsplanungssystem[12]. Raumplanung und Finanz-(Haushalts-)planung stellen zwar die mittlerweile klassischen Säulen planerischer Staatstätigkeit dar. In sich und in ihren Beziehungen zueinander sind sie aber vielfach eher durch zufällige historische Entwicklungen als durch systematische Konstruktionen gekennzeichnet[13]. Auf totale planerische Effizienz ist die Raumplanung nicht angelegt. Lücken, Reibungsverluste und Unstimmigkeiten werden bewußt in Kauf genommen. Eine Vollsynchronisierung der einzelnen Planungsträger ist nicht einmal erwünscht; denn wir sehen in den Lücken des Planungssystems die Garantie für Freiräume: Freiräume für die einzelnen Verwaltungsebenen Bund, Länder und Gemeinden, die nach der Verfassungsordnung selbständig sein sollen und infolgedessen eigene Raumplanungshoheit besitzen! – Freiräume aber auch für den einzelnen Bürger, der sich nicht einer total verplanten Umwelt gegenübersehen soll! Deshalb kann es bei allen Bemühungen um planerische Effizienz immer nur um relative Verbesserungen gehen, denn das Optimum ist eben nicht komplette, sondern Freiheit lassende Raumplanung[14].

Nach diesen Bemerkungen zum sogenannten Raumplanungssystem untersuchen wir drei Typen von Raumplänen auf ihre Bedeutung für den Umweltschutz:
– Fachplanungen
– spezielle Umweltplanungen
– integrale Planungen (Bauleitplanung, Raumordnung und Landesplanung).

I. Fachplanungen

Zunächst sind die raumrelevanten Fachplanungen zu betrachten. Bereits das Wort »Fachplanung« bezeichnet eine Konfliktsituation. Planungen dieser Art sind von einem sektoralen Fachinteresse getragen. Organisatorisch liegen sie regelmäßig in der Hand derjenigen Verwaltungsbehörde, die das betreffende Interesse insgesamt zu bedienen hat. Eine verengte Betrachtungsweise kann hier – mit aller Vorsicht gesagt – durch die Zuständigkeit für Initiative und Entscheidung vorprogrammiert sein. Seit Erlaß des Bundesimmissionsschutzgesetzes vom 15. 3. 1974 (BGBl I S. 721) versucht der Gesetzgeber, dieser Situation mit dem allgemeinen, für alle raumbedeutsamen Planungen und Maßnahmen geltenden Planungsgrundsatz des § 50 Bundesimmissionsschutzgesetz (BImSchG) entgegenzuwirken. Die Bestimmung,

---

12 Vgl. die Darstellung von WAHL (Fn 6), Bd. 1 und 2.
13 Vgl. zur Entwicklung SCHMIDT-ASSMANN, Grundfragen des Städtebaurechts, 1972, S. 48 ff.
14 SCHMIDT-ASSMANN, Planung unter dem Grundgesetz, DÖV 1974, 541 ff., 542; vgl. zum Vorhergesagten auch den informativen Überblick über »Das Organisationsprinzip des Planungssystems« bei WAHL (Fn. 6), Bd. 1, S. 114–170.

die wegen ihrer Gesetzeskraft für alle Verwaltungsträger in Bund, Ländern und Gemeinden verbindlich ist, lautet:

»Bei raumbedeutsamen Planungen und Maßnahmen sind die für eine bestimmte Nutzung vorgesehenen Flächen einander so zuzuordnen, daß schädliche Umwelteinwirkungen auf die ausschließlich oder überwiegend dem Wohnen dienenden Gebiete sowie auf sonstige schutzbedürftige Gebiete soweit wie möglich vermieden werden.«[15]

Raumrelevante Fachplanungen gibt es in großer Zahl. Ein Teil dieser Pläne entsteht und wirkt rechtlich ausschließlich behördenintern, oder innerhalb desselben Instanzenzuges, kann allerdings erhebliche über diesen Rahmen hinausgehende faktische Auswirkungen haben[16]

Die typische Fachplanung ist jedoch nicht der im Behördeninnenbereich angesiedelte Plan, sondern die Planfeststellung, wie wir sie vor allem im Verkehrswegebau seit langem kennen. Planfeststellungen sind charakterisiert durch ihre strenge Bindung an ein öffentlich ablaufendes Verwaltungsverfahren mit Beteiligungsmöglichkeiten für eine Vielzahl kompetentiell betroffener Behörden und für betroffene Privatpersonen. Sie verlaufen in der Auslegungs- und Anhörungsphase praktisch öffentlich[17]. Umfassend wie die Beteiligung sind auch die Rechtswirkungen: der als Verwaltungsakt ergehende Planfeststellungsbeschluß ist mit höchster Konkretheit ausgestattet. Er trifft parzellenscharfe Festlegungen und regelt das betreffende Projekt in allen seinen Auswirkungen auf die Umgebung. Sonstige für das Projekt erforderliche Genehmigungen werden durch ihn ersetzt (Konzentrationswirkung)[18].

Eine solche umfassende Gestaltungswirkung kann der festgestellte Plan nur besitzen, weil die Entscheidung unter Einbeziehung aller Gesichtspunkte zu treffen ist. Die Abwägung aller beteiligten Belange macht, wie das Bundesverwaltungsgericht immer wieder betont hat, das Wesen rechtsstaatlicher Planung aus[19]. Schutzauflagen, die mit dem Bau regelmäßig verbunden werden, sollen dazu beitragen[19a]. Zu den beteiligten Belangen gehören selbstverständlich auch der Umweltschutz und

15 Vgl. zu diesem speziellen immissionsschutzrechtlichen Planungsgrundsatz die erst jüngst vorgelegte Kommentierung von FELDHAUS, Bundesimmissionsschutzrecht, 2. Aufl., Wiesbaden (Lsbl., Stand März 1978), Erl. zu § 50 BImSchG.
16 Für den Bereich der Fernstraßenplanung BECKER, Das Verfahren der Bundesfernstraßenplanung bis zur Planfeststellung, Diss. Göttingen 1977, bes. S. 63 ff. zum prägenden Einfluß der Raumordnung und Landesplanung.
17 BREUER, NJW 1978, 1558 ff., 1564: »Interessentenbeteiligung«.
18 Dazu MANNER, Die rechtsstaatlichen Grundlagen des Planfeststellungsverfahrens, Diss. München 1976, S. 45 ff.
19 BVerwG, Urt. vom 13. Juli 1973 = BVerwGE 44, 10; Urtl. vom 14. Februar 1975 = BVerwGE 48, 63; KORBMACHER, Bauleitplanung und Fachplanung in der Rechtsprechung des Bundesverwaltungsgerichts, DÖV 1978, 589 ff., 593 mit w. Nachw. in Fn. 47; BATTIS, Bau- und immissionsschutzrechtliches Planungsrecht in der Rechtsprechung des Bundesverwaltungsgerichts, DVBl. 1978, 577 ff., 581.
19a Vgl. hierzu FICKERT, Die Anordnung von Schutzauflagen in der Planfeststellung, in: Verwaltungsrecht zwischen Freiheit, Teilhabe und Bindung, Festgabe aus Anlaß des 25jährigen Bestehens des Bundesverwaltungsgerichts, München 1978, S. 153 ff.

die Interessen der Nachbarschaft. Auch hier versucht das Bundesimmissionsschutzgesetz mit einigen, in ihrer Systematik allerdings verunglückten Vorschriften (§§ 41 ff. BImSchG)[20] dem Umweltschutz einen wichtigen Rang bei der Abwägung zu sichern. Nicht allerdings hat der Umweltschutz einen abstrakten oder automatischen Vorrang. Eine Analyse der Praxis an Hand der Lärmschutzrechtsprechung zeigt sogar, daß ein entscheidender Durchbruch des Umweltschutzes erst in den letzten drei Jahren gelungen ist. Das Stellingen-[21] und das B-42-Urteil[22] des Bundesverwaltungsgerichts und das Reuterstraßen-Urteil des Bundesgerichtshofs[23] markieren hier wesentliche Stationen. Das Bewußtsein der Fachplanungsbehörden, insbesondere der Straßenbauverwaltungen für den Umweltschutz ist heute zweifellos geschärft. Neu gefaßte Planfeststellungsrichtlinien[24] tragen dazu bei, den Behörden eine inzidente Umweltverträglichkeitsprüfung aufzuerlegen[25]. Trotzdem bleibt der Umweltschutz bei der jeweiligen Fachplanungsbehörde ein Stiefkind, denn die Planfeststellung ist primär auf die Verwirklichung eines öffentlichen Bauprojekts angelegt[26]. Im Bau und in der Ausführung dieses bereichsspezifischen Projekts liegen die originären Aufgaben der Fachplanungsbehörde. Hierauf, nicht aber auf Beschränkung, Verzögerung oder sogar Verhinderung des Vorhabens ist das Denken der entscheidenden Beamten gerichtet. Diese psychologische Seite des Problems sollte deutlich gesehen werden. Hier geht es nicht darum, Böswilligkeit oder bewußte Einseitigkeit zu unterstellen. Aber daß ein in der projektfördernden Fachverwaltung stehender Beamter im Zweifelsfalle für und nicht gegen das Pro-

20 Zu ihnen ausführlich KODAL, Straßenrecht, 3. Aufl., München 1978, S. 799 ff.; FICKERT, Straßenplanung und Straßenbau unter der Geltung des Bundes-Immissionsschutzgesetzes und unter Einbeziehung des Entwurfs einer Straßenschallschutzverordnung, BauR 1976, 1 ff., bes. 6 ff.; KORBMACHER, Straßenplanung und verwaltungsgerichtliche Planungskontrolle unter der Geltung des Bundes-Immissionsschutzgesetzes und des 2. Fernstraßenänderungsgesetzes, DÖV 1976, 1 ff., bes. 4 ff.
21 BVerwG, Urt. vom 1. November 1974 = BVerwGE 47, 144 f..
22 BVerwG, Urt. vom 14. Februar 1975 = BVerwGE 48, 56 ff.
23 BGH, Urt. vom 20. März 1975 = BGHZ 64, 220 ff.; krit. zu dieser Entscheidung etwa BREUER, Die Entwicklung des Immissionsschutzrechts 1974–1976, NJW 1977, 1025 ff., 1033 f. m. w. Nachw. in Fn. 135.
24 So z. B. die Richtlinien für die Planfeststellung nach dem Bundesfernstraßengesetz (AS Straßenbau Nr. 9/76 vom 16. August 1976, VKBl. 1976, S. 564) und dazu die Kommentierung von FICKERT, Planfeststellung für den Straßenbau, Köln 1978.
25 Dazu HENNEKE, Raumplanerische Verfahren und Umweltschutz, Münster 1977, passim; zur Umweltschutzverträglichkeitsprüfung bei Straßenplanungen FICKERT (Fn. 24), Erl. Nr. 9 PlafeR B, 41 ff.
26 Symptomatisch etwa die Darstellung bei KODAL (Fn. 20), S. 699, der unter Bezug auf das B-42-Urteil des BVerwG ausführt, daß »der Immissionsschutz zwar für die straßenrechtliche Planung einen gewichtigen abwägungserheblichen Belang« ausmacht; bereits im nächsten Halbsatz heißt es dann: »er bestimmt aber nicht als planerischer Leitsatz das eigentliche Ziel der Planung, die als Fachplanung ganz ebenso wie etwa diejenige des Luftverkehrsgesetzes oder des Wasserhaushaltsgesetzes auf die möglichst optimale Erfüllung der spezifischen Aufgabe gerade ihres Fachplanungsbereiches ausgerichtet ist«; wie hier KUHL (Fn. 8), S. 21.

jekt entscheidet, dürfte natürlich sein. Daß diese Mentalität nicht auf den einzelnen Konfliktsfall beschränkt bleibt, sondern durchaus institutionell wirkt, zeigt sich darin, daß die Umweltanforderungen, die der Staat an seine eigenen Projekte stellt, bis heute hinter dem Standard zurückbleiben, der von der Privatwirtschaft verlangt wird. Die jahrelangen Verzögerungen der Straßenschallschutzverordnung[27] und das augenblickliche Tauziehen um die Grenzwerte eines Verkehrslärmschutzgesetzes[28] beweisen das.

II. Spezielle Umweltplanungen

Die schwierige Stellung des Umweltschutzes innerhalb der einzelnen Fachplanungen hat dazu geführt, für einige Bereiche des Umweltschutzes spezielle Umweltplanungen auszubilden. So haben wir seit neuerer Zeit
- Luftreinhaltepläne nach § 47 BImSchG[29],
- Bewirtschaftungspläne nach § 36 b Wasserhaushaltsgesetz i. d. F. vom 16. 10. 1976 (BGBl I S. 3017), ein Planinstrument, das in seiner Konzeption und in seiner Ausgestaltung dem Luftreinhalteplan recht nahe kommt,
- Abwasserbeseitigungspläne nach § 18 a Abs. 3 Wasserhaushaltsgesetz neben den schon bestehenden wasserwirtschaftlichen Rahmenplänen nach § 36 Wasserhaushaltsgesetz,
- Abfallbeseitigungspläne nach § 6 Abfallbeseitigungsgesetz i. d. F. vom 5. 1. 1977 (BGBl I S. 41),
- Landschaftsprogramme, Landschaftsrahmenpläne und Landschaftspläne nach den §§ 5 und 7 Bundesnaturschutzgesetz vom 20. 12. 1976 (BGBl I S. 3574),
- forstliche Rahmenpläne nach den §§ 6 und 7 Bundeswaldgesetz vom 2. 5. 1975 (BGBl I S. 1037)[30].

Vorteilhaft ist, daß in diesen Plänen die Querschnittsaufgabe Umweltschutz wenigstens für einzelne Sektoren ein eigenständiges planerisches Ausdrucksmittel erhält. Die Pläne werden von den originär mit dem Umweltschutz befaßten Be-

---

27 Zusammenfassend hierzu SCHROETER, Überlegungen zu einer Straßenschallschutzverordnung nach dem Bundes-Immissionsschutzgesetz, DVBl. 1976, 759 ff.; NEDDEN, Immissionsschutz beim Straßenbau, DVBl. 1977, 265 ff.
28 Dazu NEDDEN, Schutz gegen Verkehrslärm auf Straßen und Schienenwegen, DVBl. 1978, 389 ff. sowie SCHMIDT-ASSMANN, Verfassungsrechtliche Grundlagen und Systemgedanken einer Regelung des Lärmschutzes an vorhandenen Straßen, Schriftenreihe »Forschung, Straßenbau und Straßenverkehrstechnik« des Bundesministers für Verkehr, Heft 276, 1979.
29 Hierzu jüngst FELDHAUS, Luftreinhaltepläne – rechtliche Möglichkeiten und Grenzen, BauR 1978, 260 ff.
30 Dazu der »Leitfaden zur forstlichen Rahmenplanung«, erstellt vom Arbeitskreis Zustandserfassung und Planung der Arbeitsgemeinschaft Forsteinrichtung, Arbeitsgruppe Landespflege, München 1977.

hörden aufgestellt; Fachplanungsträger des Planfeststellungsrechts sind ihrerseits in die Rolle anhörungsberechtigter Behörden gedrängt. Die Pläne sollen auf einer 1. Stufe die für die Raumplanung in einem so eng besiedelten Lande wichtige Bestandsaufnahme einschließlich der Frage der Ursachen der festgestellten Umweltweltschäden bieten. Auf einer 2. Stufe sind Maßnahmen vorzusehen, um vorhandene Belastungen abzubauen und künftige zu vermeiden[31].

Das alles klingt positiv. Trotzdem ist hinter die Effizienz solcher Pläne ein Fragezeichen zu machen. Manche Regelung ist hier geschaffen worden, weil man dem Umweltschutz nicht versagen wollte, was Fachplanungen klassischer Art selbstverständlich ist. Daß neue Planungsinstrumente über Jahre hin viel Verwaltungskraft binden, ehe sie überhaupt ein erstes Mal griffig werden, ist nicht immer klar gesehen worden. So gibt es nach vierjährigem Bestehen des Bundesimmissionsschutzgesetzes in der gesamten Bundesrepublik nicht mehr als zwei örtliche Luftreinhaltepläne, nämlich für Duisburg und Köln. Negativ wirkt es ferner, daß über die Verbindlichkeit, die Auswirkungen und die Einpassung dieser Pläne in das vorhandene Instrumentarium wenig nachgedacht ist[32]. Der hohe Koordinationsbedarf des Umweltschutzes kann auf diese Weise nicht gedeckt werden. Solange es bei einer Selbstbindung der Aufstellungsbehörde bleibt, ist Entscheidendes nicht gewonnen. Um weiterreichende Bindungen anzuordnen, scheint es schon dem Gesetzgeber an exakten Vorstellungen gefehlt zu haben. Außerdem mangelt es in einigen Fällen an einer Gesetzgebungskompetenz des Bundes; daraus resultiert dann regelmäßig eine starke Rechtszersplitterung im Landesrecht. Als Beispiel für die Hilflosigkeit des Bundesgesetzgebers mag § 7 Abs. 3 des Bundeswaldgesetzes von 1975 gelten:

»Die raumbedeutsamen Erfordernisse und Maßnahmen der forstlichen Rahmenpläne werden unter Abwägung mit den andern raumbedeutsamen Planungen und Maßnahmen nach Maßgabe der landesplanungsrechtlichen Vorschriften der Länder in die Programme oder Pläne des § 5 Abs. 1 Satz 1 und 2 und Absatz 3 des Raumordnungsgesetzes aufgenommen.«[33]

Wir wollen über die Effizienz der speziellen Umweltplanungen hier nicht endgültig urteilen. Dazu fehlt es auch noch an Erfahrungen. Uns scheint aber in diesem Bereich die Gefahr zu bestehen, daß ein Übermaß an Plänen insgesamt eher hindert als nützt. Spezielle Umweltpläne begegnen damit jenen Bedenken, die neuerdings vielfach und zu Recht gegen den Reglementierungsüberschwang der Bürokratie erhoben werden. So ist z. B. für die Landschaftspläne die Konkurrenz

---

31 Leitfaden zur forstlichen Rahmenplanung (Fn. 30), S. 13 ff.
32 Vgl. zu einzelnen Aspekten vorerst SUDEROW, Das Verhältnis der Fachplanung zur Raumordnung und Landesplanung, Münster 1976.
33 Vgl. dazu jetzt den Gesetzentwurf der Landesregierung von Nordrhein-Westfalen zur Anpassung des Landesforstgesetzes an die Rahmenvorschriften des Bundeswaldgesetzes: LT-Drucksache NW 8/3590, § 7 b LForstG zu § 7 BWaldG und die zugehörige amtliche Begründung auf S. 42.

und Überlappung mit der örtlichen Bauleitplanung so stark, daß für das Funktionieren dieser Pläne gefürchtet werden muß. Verdienstvoll und wichtig sind sicher die Bestandsaufnahmen und die Realanalysen, die die 1. Stufe dieser Pläne bilden. Ob die speziellen Umweltpläne dagegen als solche bald genügend Substanz und Durchsetzungsfähigkeit erlangen werden, um dem Umweltschutz eine feste eigene planerische Absicherung zu geben, ist uns zweifelhaft.

III. Integrale Planungen

Das deutsche Raumplanungsrecht kennt neben den Fachplanungen und den speziellen Umweltplänen zwei Typen umfassender Beplanung des Raumes: die örtliche Bauleitplanung und die überörtliche Raumordnung und Landesplanung. (Ob die Bauleitplanung ihrerseits nichts anderes ist als Landesplanung auf Ortsebene[34], lassen wir hier offen. Entscheidend sind die inhaltlichen Differenzen zwischen beiden Typen, die schon aus ihrer unterschiedlichen gesetzlichen Regelung folgen: Bauleitpläne sind bundesgesetzlich umfassend geregelt. Für die Landesplanung steht dem Bund nur die Befugnis zur Rahmenregelung zu, während die Länder die wesentlichen Punkte in ihren Landesplanungsgesetzen selbst regeln dürfen und dieses durchaus unterschiedlich auch getan haben.)

Als integrale Planungen werden beide Typen hier angesprochen, weil sie die zentralen Raumdispositionen unter Einbeziehung aller raumrelevanten Belange treffen: integral also unter dem spezifischen Raumaspekt, dagegen keine Integration aller öffentlichen Belange (z. B. auch der Finanzen)[35]. Wir werden sehen, daß auch diese nur raumbezogen verstandene Integration durchaus kein Schema, sondern nur ein typusbestimmendes Merkmal ist, das an zahlreichen Punkten durchbrochen ist.

1. Kommunale Bauleitplanung

Die Bauleitpläne, die von den Gemeinden in eigener Verantwortung aufzustellen sind, dienen der städtebaulichen Entwicklung und Ordnung. Größere umweltrelevante Anlagen können überhaupt nur angesiedelt werden, wenn sie in der Bauleitplanung ausgewiesen sind[36]. Das Bundesbaugesetz kennt zwei Arten von Bauleitplänen:

---

34 Nicht mehr zu den Planungsformen der Raumordnung zählt sie KUHL (Fn. 8), S. 40, vgl. auch BIELENBERG, in: ERNST/ZINKAHN/BIELENBERG, Bundesbaugesetz, München (Lsbl. Stand Sept. 1977), § 1 Rdnr. 19 a (a. F.).
35 SCHMIDT-ASSMANN, in: ERNST/ZINKAHN/BIELENBERG (Fn. 34), § 1 Rdnr. 171, 178.
36 Dazu HOPPE, Zur planungsrechtlichen Zulässigkeit von Kraftwerken und sonstigen Großvorhaben im »Außenbereich«, NJW 1978, 1229 ff.; BOSCH, Gemeindliche Planungen und das Erfordernis einer förmlichen Planung als öffentliche Belange i. S. der §§ 34, 35 BBauG, BauR 1978, 268 ff.

- den gesamtgemeindlichen Flächennutzungsplan[37],
- den auf einzelne Baugebiete beschränkten, dafür aber parzellenscharfen Bebauungsplan.

Der Bebauungsplan ist im Idealfall aus dem Flächennutzungsplan heraus zu entwickeln. Im Flächennutzungsplan soll die Gemeinde ein einheitliches Flächenkonzept vorlegen. Für beide Pläne spielt der Umweltschutz eine zentrale Rolle. Die Bauleitplanung ist keine Fachplanung; es geht ihr vielmehr um eine Gesamtzuordnung der im städtischen Bereich sich stoßenden Flächennutzungsinteressen: Arbeiten, Wohnen, Infrastruktur, Freiraum, ohne daß sie einem dieser Interessen in einer speziellen Weise verpflichtet wäre. Die Baugesetznovelle von 1976[38] hat die Bedeutung des Umweltschutzes für die Bauleitplanung noch einmal unterstrichen. Das Gesetz kennt drei Ansätze, um diesem Ziel näher zu kommen:

a) Verfahrensregelungen

Dem Koordinations- und dem Repräsentationsbedürfnis des Umweltschutzes dienen einmal die Regelungen über das Planaufstellungsverfahren.

- Die Beteiligung der Träger öffentlicher Belange im Planaufstellungsverfahren (§ 2 Abs. 5 Bundesbaugesetz [BBauG]) dient der Informationsgewinnung und soll die Bindung dieser Träger an den unwidersprochen hingenommenen Flächennutzungsplan nach § 7 BBauG sichern.
- Die Beteiligung der Bürger an der Bauleitplanung (§ 2 a BBauG)[40] dient der gegenseitigen Information. Sie kann dazu beitragen, dem Umweltschutz Repräsentanz und bei den endgültigen Beschlußfassungen im Gemeinderat ein Forum zu schaffen, das organisierten Interessen entgegenwirkt. Zugleich zeigt sie dem Bürger aber auch die Vielfalt konträrer Belange und macht deutlich, daß der Umweltschutz keinen absoluten Vorrang beanspruchen kann. Eine in Planfeststellungs- und einzelnen Genehmigungsverfahren ausgebildete kurzsichtige »Antihaltung« der Öffentlichkeit muß angesichts der umfassenden Interessenabwägung in der Bauleitplanung einer differenzierteren Einstellung weichen.

b) materielle Zielvorgaben

Die Bauleitpläne werden vom Gesetzgeber auf die materielle Zieltrias: geordnete städtebauliche Entwicklung, sozialgerechte Bodenordnung und menschenwürdige Umwelt verpflichtet (§ 1 Abs. 6 S. 1 BBauG). Die Belange des Umweltschutzes werden sodann an Einzelpunkten beispielhaft vorgestellt:

37 Zu ihm umfassend Löhr, Die kommunale Flächennutzungsplanung, Siegburg 1977.
38 Zu ihr Schmidt-Assmann, Die Novelle zum Bundesbaugesetz, NJW 1976, 1913 ff.
39 Hierzu Stich, Umweltschutz im neuen Bundesbaugesetz, Umwelt 1977, 66 ff.
40 Den Diskussionsstand gliedernd und rechtswissenschaftlich weiterführend hierzu Battis, Partizipation im Städtebau, Berlin 1976; einen Eindruck von der Fülle des Materials zu diesem Themenbereich vermittelt die Literatursammlung »Partizipation bei der Stadtplanung«, Schriftenreihe »Städtebauliche Forschung« des Bundesministers für Raumordnung, Bauwesen und Städtebau, Heft 03.048, 1976.

- Landschaftsschutz (Nr. 8)
- Erhaltung und Sicherung der natürlichen Lebensgrundlagen (Nr. 13)
- Naturschutz und Landschaftspflege (Nr. 14).

Der lange Katalog des § 1 Abs. 6 S. 2 BBauG hat die Bedeutung einer Check-Liste, die die Gemeinde bei der Bauleitplanung durchgehen soll[41]. Nach gründlicher Bestandsaufnahme zu diesen Punkten müssen alle öffentlichen und privaten Belange gegeneinander und untereinander gerecht abgewogen werden. Hierbei genießt der Umweltschutz keinen automatischen Vorrang, aber er ist ein wichtiges, eigentlich stets zu berücksichtigendes Interesse[42]. Pläne, die einen Belang, der nach Lage der Dinge zu beachten war, übergehen oder ihn im Verhältnis zu seiner Bedeutung evidentermaßen herabsetzen, sind rechtswidrig. Sie dürfen nicht genehmigt werden. Die Fehlerhaftigkeit kann noch nach Jahren gerichtlich geltend gemacht werden.

c) planerische Maßnahmen

Die Abwägung hat zu bestimmten planerischen Maßnahmen zu führen. Ein wesentlicher Gesichtspunkt ist dabei die hinreichende Trennung von Wohngebieten und emittierenden Gewerbe- und Industriegebieten[43]. Das Städtebaurecht sieht dafür mehrere Möglichkeiten zu planerischen Maßnahmen vor. Die Grundlage bieten die Gebietsfestlegungen, daß heißt die Aufgliederung der Gemeinde in Bauflächen und Flächen für andere Nutzungen (z. B. Verkehrsflächen, Parkanlagen) und die weitere Differenzierung der Bauflächen in Wohnbauflächen, Mischgebiete, Gewerbegebiete usw. (§ 1 Baunutzungsverordnung). Neuerdings können Flächen speziell für Nutzungsbeschränkungen oder Vorkehrungen zum Schutze gegen schädliche Umwelteinwirkungen (§ 5 Abs. 1 Nr. 6; § 9 Abs. 1 Nr. 23, 24 BBauG) ausgewiesen werden.

d) Effizienz

Insgesamt ist die Bauleitplanung ein für den Umweltschutz wichtiges und effektives Instrumentarium, das den Gemeinden vertraut ist und einen großen Teil des Koordinationsbedarfs, und wohl auch des Repräsentationsbedarfs erfüllen kann. Natürlich gibt es auch hier Schwachstellen:
- Die Gemeinde, die die Bauleitpläne aufstellt, ist nicht ausschließlich Trägerin der Raumplanungshoheit in ihrem Gebiet. Es gibt privilegierte Fachplanungen des Verkehrswegebaus und der Abfallbeseitigung, die sich nicht so einfach einbinden lassen (§ 38 BBauG)[44].

---

41 Schmidt-Assmann, in Ernst/Zinkahn/Bielenberg (Fn. 34), § 1 Rdnr. 179.
42 W. Müller, Umweltschutz und kommunale Bauleitplanung, Düsseldorf, 1975, S. 27 ff.
43 BVerwG, Urt. vom 5. Juli 1974 = BVerwGE 45, 310 und 326 f.
44 Zum Rangverhältnis zwischen Fach- und Bauleitplanung Schmidt-Assmann, Grundfragen (Fn. 2), S. 138 f.

– Zahlreiche Umweltprobleme sind zu großflächig, als daß sie sich von der einzelnen Gemeinde wirksam erfüllen ließen (Luftverunreinigung).

– Oft sind die Umweltprobleme der Gemeinde zu nahe, um optimal entschieden zu werden. Es fehlt die notwendige Distanz, um Konflikte auszutragen. Das gilt etwa für die Gewerbeansiedlungspolitik, auf die viele Gemeinden mit Rücksicht auf ihre Einnahmen angewiesen sind[45]. Das gilt aber auch angesichts unsachlicher Verhinderungspolitik lautstarker Bürgerinitiativen. In einem hochindustrialisierten Land kann sich nicht jede Gemeinde die Idylle eines Landstädtchens oder eines Luftkurortes leisten, so sehr das dem Umweltschutz helfen würde. Das Raumplanungsrecht müssen auch harte, für die direkt Betroffenen unbequeme Entscheidungen nach Sachgesichtspunkten getroffen werden können.

2. Raumordnung und Landesplanung

Hier nun ist der Ansatz der Landesplanung, einen Umweltschutz größerer Dimension zu gewährleisten. In ihre Zielvorgaben ist die gemeindliche Bauleitplanung eingebunden (§ 1 Abs. 4 BBauG), wie andererseits die Gemeinden bei der Ausarbeitung der regionalen Ziele der Landesplanung zu beteiligen sind (§ 5 Abs. 4 Bundesraumordnungsgesetz [BROG]: Gegenstromprinzip)[46].

Raumordnung und Landesplanung ist überörtliche und überfachliche Planung und Ordnung des Raumes. Sie vollzieht sich in der Bundesrepublik auf mehreren Ebenen: im Bund und in den Ländern. Das Schwergewicht liegt bei den Ländern, die ihrerseits zwei Stufen der Landesplanung kennen, die Planung für das gesamte Land und die Regionalplanung. Im einzelnen bestehen zwischen den Ländern vielerlei Abweichungen, die den Überblick erschweren. Bezeichnungen, Rechtsformen und Inhalte der Programme und Pläne sind nicht einheitlich. Auch eine strenge Trennung zwischen Aufgaben der Gesetzgebung und der Exekutive besteht nicht. Allgemein läßt sich sagen, daß die Landesplanung auf den oberen Ebenen zunehmend als Gemeinschaftsaufgabe von Parlament und Regierung verstanden wird[47], während die Regionalplanung eine Verwaltungsaufgabe geblieben ist, die allerdings nicht allein von der staatlichen Verwaltung, sondern unter Beteiligung der kommunalen Selbstverwaltungsträger zu erfüllen ist[48]. Für unsere Unter-

---

45 Vgl. GELZER, Die Industrieansiedlung unter Berücksichtigung des Planungsrechts und des Immissionsschutzes, BauR 1975, 145 ff.
46 Hierzu BRÜGELMANN/CHOLEWA, Kohlhammer Kommentar zum Raumordnungsgesetz, Stuttgart (Lsbl., Stand Sept. 1970), § 1 Bem. III; ZINKAHN/BIELENBERG, Raumordnungsgesetz des Bundes, Berlin 1965, § 1 Rdnr. 7; BRENKEN-SCHEFER, Handbuch der Raumordnung und Planung, Köln 1966, Stichwort »Gegenstromprinzip«.
47 OSSENBÜHL, Welche normativen Anforderungen stellt der Verfassungsgrundsatz des demokratischen Rechtsstaates an die planende staatliche Tätigkeit, dargestellt am Beispiel der Entwicklungsplanung?, Gutachten B zum 50. Deutschen Juristentag, München 1974, B 56 ff.; VITZTHUM, Parlament und Planung, Baden-Baden 1978.
48 SCHMIDT-ASSMANN, Fortentwicklung des Rechts im Grenzbereich zwischen Raumord-

suchung wichtig ist es, in welchen Aussagen und mit welchem Konkretheitsgrad der Umweltschutz dabei berücksichtigt wird.

a) raumordnerische Grundsätze

Abstrakte Leitlinien der Planung, die noch keinen konkreten Bezug zu einem bestimmten Gebiet aufweisen, bezeichnet man als raumordnerische Grundsätze[49]. Solche finden sich in § 2 des Raumordnungsgesetzes des Bundes vom 8. 4. 1965 (BGBl I S. 306). § 2 Abs. 1 Nr. 7 kann geradezu als eine frühe Formulierung des Umweltschutzes gelten:

»Für den Schutz, die Pflege und die Entwicklung von Natur und Landschaft einschließlich des Waldes sowie für die Sicherung und Gestaltung von Erholungsgebieten ist zu sorgen.
Für die Reinhaltung des Wassers, die Sicherung der Wasserversorgung und für die Reinhaltung der Luft sowie für den Schutz der Allgemeinheit vor Lärmbelästigungen ist ausreichend Sorge zu tragen.«[50]

Bedeutsam sind auch § 2 Abs. 1 Nr. 2, 3 und 6 BROG[51]. Sie lassen Maßnahmen erkennen. Danach sollen die vom Gesetz in allen Teilen der Bundesrepublik angestrebten »gesunden Lebens- und Arbeitsbedingungen« durch Verdichtung nach dem Konzept zentraler Orte[52] erreicht werden. Umweltbelastungen dürfen also nicht nach dem Gießkannenprinzip minimalisiert, ihnen soll vielmehr durch gezielte Strukturpolitik begegnet werden. Die Bundesländer haben diese Grundsätze teilweise noch ergänzt. Dabei wird in jüngeren Gesetzen des Umweltschutzes ausdrücklich und ausführlich gedacht (z. B. §§ 1, 2 Landesentwicklungsgesetz Nordrhein-Westfalen [LEG/NW])[53]. Zusammengenommen bilden diese Grundsätze Abwägungsdirektiven, die von allen Stellen öffentlicher Verwaltung bei ihren raum-

nung und Städtebau, Schriftenreihe »Städtebauliche Forschung« des Bundesministers für Raumordnung, Bauwesen und Städtebau, Heft Nr. 03.055, 1977, S. 44 ff.; dieser Teil ist auch unter dem Titel »Verfassungsrechtliche und verwaltungspolitische Fragen einer kommunalen Beteiligung an der Landesplaung« in AöR 101 (1976), 520 ff. erschienen; BLÜMEL, Gemeinden und Kreise vor den öffentlichen Aufgaben der Gegenwart, VVDStRL Bd. 36 (1978), S. 171 ff., 260 ff.; ROTERS, Kommunale Mitwirkung an höherstufigen Entscheidungsprozessen, Köln 1975.
49 Vgl. EVERS (Fn. 1), S. 49 ff.
50 Vgl. ferner die Entschließung der Ministerkonferenz für Raumordnung zu »Raumordnung und Umweltschutz« vom 15. Juni 1972 (in: Ministerkonferenz für Raumordnung, Entschließungen, Beschlüsse und zustimmende Kenntnisnahmen, Folge 2, Schriftenreihe »Raumordnung« des Bundesministers für Raumordnung, Bauwesen und Städtebau, 1978, S. 9 f.).
51 Zu den Grundsätzen der Raumordnung in den Planungsrechten der Länder: ERBGUTH, Probleme des geltenden Landesplanungsrechts, Münster 1975, S. 7 ff.
52 Zum zentrale-Orte-Konzept und zur Verdichtungskonzeption WAHL (Fn. 6), Bd. 2, S. 11 ff. und S. 39 ff.
53 Vgl. dazu die ausführliche Kommentierung von NIEMEIER/DAHLKE/LOWINSKI, Landesplanungsrecht Nordrhein-Westfalen, Essen 1977, Erl. zu §§ 1, 2 LePr (S. 290 ff., 295 ff.).

bedeutsamen Maßnahmen abzuwägen und von den Zentralinstanzen der Landesplanung zu verfeinern sind (§ 2 Abs. 2 BROG)[54]. Dabei darf die Direktionswirkung der Grundsätze allerdings nicht überschätzt werden, weil sie selbst nicht frei von Zielkonflikten sind. Verdichtung, zentrale Orte und punktaxiale Entwicklung als die Grundlagen der Raumordnung können Umweltbelastungen oft auch verstärken. Nicht anders steht es mit der viel zitierten »Gleichwertigkeit der Lebensverhältnisse«[55]. Lebensverhältnisse lassen sich nicht konstituieren, indem man aus allen Gebieten die Rosinen herauspickt: Urbanität, Mobilität und Naturromantik lassen sich nicht am selben Ort haben. Man muß fragen, ob die Raumordnungsgrundsätze hier nicht zu abstrakt bleiben, um mehr zu sein als Versprechungen[56].

b) landesplanerische Festlegungen

Die eigentlichen Schwierigkeiten beginnen denn auch dort, wo es um konkrete Gebietsausweisungen geht, also bei den Landesentwicklungs- und den Regionalplänen. Solche Festlegungen erfolgen regelmäßig nach langen Ausarbeitungs- und Anhörungsverfahren. Die Landesplanungsinstanzen hatten dabei ursprünglich die Raumansprüche der Fachplanungsträger nur aufeinander abzustimmen. Mehr und mehr geht es heute aber darum, von seiten der Landesplanung ein eigenes Konzept der Raumordnung und Raumentwicklung zu entwerfen und die Absichten der Fachverwaltungen darin einzubeziehen[57]. Die Landesplanung ist die einzige Verwaltung, die über eingespielte Verfahren verfügt, um den dabei auftretenden Informationsbedarf zu erfüllen und Konflikte zu lösen. Es hat sich gezeigt, daß das dort am besten gelingt, wo oberste Landesplanungsbehörde nicht ein einzelner Minister, sondern der Ministerpräsident selbst ist, weil in seinem Hause auch sonst die Drähte zusammenlaufen müssen[58].

Gleichwohl führen diese Aufgaben auch eine gut ausgestattete und starke Behörde an die Grenze ihrer Leistungsfähigkeit. Es muß zu denken geben, daß z. B. in Nordrhein-Westfalen von 6 vorgesehenen fachlichen Landesentwicklungsplänen erst 4 in Kraft getreten sind. Ähnlich sieht es im Bereich der Regionalpläne aus, wenn sie mehr geben wollen als eine Zustandsbeschreibung. Gerade die großdimensionierten Industriestandorte sind heute ein so großes Politikum, daß das einzelne

---

54 Dazu Kuhl (Fn. 8), S. 64 ff.
55 Dazu Ossenbühl, Die verfassungsrechtliche Bedeutung des Postulats nach gleichwertigen Lebensverhältnissen für Raumordnung und Landesentwicklungspolitik, Eildienst Landkreistag Nordrhein-Westfalen, 1977, 179 ff.
56 Auch nach Kuhl (Fn. 6), S. 59 kann ein starker Lenkungseffekt von den Grundsätzen nicht erwartet werden.
57 Einen ersten Schritt hierzu könnte in Nordrhein-Westfalen etwa die erweiterte Funktion des Landesentwicklungsberichts darstellen (vgl. Landesentwicklungsbericht 1976, Schriftenreihe »Landesentwicklung« des Ministerpräsidenten des Landes Nordrhein-Westfalen, Heft 39, Einleitung).
58 Niemeier/Dahlke/Lowinski (Fn. 53), § 2 LaPlaG, Erl. 5 (S. 115); Wahl (Fn. 6), Bd. 2, S. 145 ff.

Bundesland sie nicht ohne Zwang aufgreift und den Vortritt gern den Nachbarländern läßt. Der Vorgang ist symptomatisch für die begrenzte Konfliktsverarbeitungsfähigkeit zentraler Verwaltungsinstanzen. Wir halten die Landesplanung zwar für denjenigen Teil des Raumplanungssystems, der am besten geeignet ist, die Belange des Umweltschutzes von übergeordneter Sicht aus zu wahren und sie mit anderen Raumnutzungsinteressen zum Ausgleich zu bringen. Doch darf man auch von ihr keine bis ins einzelne ausgefeilte Lösung erwarten, wenn man sie nicht überfordern und dadurch paralysieren will.

Dritter Teil:
Tendenzen und Entwicklungsvorschläge (Ausblick)

Präventiver Umweltschutz kann ohne die Instrumente der Raumplanung nicht geleistet werden. Insofern besteht in der Tat die einleitend genannte natürliche Verbindung zwischen Raumplanung und Umweltschutz. Die Bestandsaufnahme hat allerdings eine ganze Reihe von Schwachstellen dieser Verbindung gezeigt.

– Da ist erstens das Problem der behördlichen Kapazität der Informationsgewinnung und -verarbeitung. Emissions- und Raumordnungskataster sind erst im Aufbau, von ihrer dauerhaften Fortschreibung ganz zu schweigen[59]. Ebenso stehen trotz großer EDV-Anlagen in Ländern und Gemeinden immer noch nicht genügend regionalspezifische Daten zur Verfügung, um sichere Prognosen zu gestalten.

– Da ist zweitens das Problem der Konkretheit planerischer Aussagen. Verlangt man sogleich parzellenscharfe Ausweisungen, so ist ein einzelner Verwaltungsträger ohne Vorgaben überfordert. Leistet nicht jede Instanz ihren Konkretisierungsbeitrag, so bleibt es bei schönen Worten, Grundsätzen und Erklärungen, die alles der Abwägung und den unteren Instanzen überlassen.

– Da ist drittens der Repräsentationsbedarf des Umweltschutzes, der nicht einem Wildwuchs von Bürgerinitiativen überlassen werden darf, sondern in geordnete Verfahren und legitimierte Sachwalterschaft einzubringen ist. Andernfalls unterbleiben wichtige Entscheidungen, weil die Verwaltung lautstarken Druck fürchtet und sich nicht die Hände verbrennen möchte.

– Da ist viertens der Koordinationsbedarf des Umweltschutzes im administrativen Bereich. Bei der Größe der Aufgabe kommen zu seiner Erfüllung nur eingespielte Verfahren und zentrale Instanzen, nicht aber neue Verfahren und neue

---

[59] Vgl. auch KNOP/OSTHOLT/UEBERSCHAAR/ZÜHLKE, Bestandsaufnahme der Infrastruktur in Nordrhein-Westfalen, Kurzberichte zur Landes- und Stadtentwicklungsforschung 1/78, hrsg. vom Institut für Landes- und Stadtentwicklungsfosrschung des Landes Nordrhein-Westfalen, zum Aufbau eines Infrastrukturkatasters in Nordrhein-Westfalen.

Verwaltungen in Betracht. So scheint mir etwa die Idee einer isolierten Umweltverträglichkeitsprüfung durch spezielle Umweltämter wenig Erfolg zu versprechen[60].

Betrachtet man diese Gesichtspunkte zusammen, so dürfte das Verhältnis von Umweltschutz und Raumplanung in der Richtung auf eine funktionsadäquate Koordination fortzuentwickeln sein. Darunter verstehen wir folgendes Modell:

1. Die Hauptarbeit des präventiven Umweltschutzes fällt den Zentralinstanzen der Landesplanung und der gemeindlichen Bauleitplanung zu. Hier wird eine dem Raumordnungsverfahren strukturgleiche Umweltverträglichkeitsprüfung geleistet. Die Landesplanung hat jedoch die Konkretheit von Planfeststellungen zu vermeiden.

2. Der Gesetzgeber hat dieser Arbeit präzisere Vorgaben an die Hand zu geben, als er es bisher getan hat. Notwendig sind nicht so sehr Grundsätze, sondern Umweltstandards und Eckwerte, wie sie in den technischen Anweisungen zum Teil heute schon existieren.

3. Fachverwaltungen wirken innerhalb detaillierter Vorgaben der Landesplanung und der Bauleitplanung.

4. Besondere Umweltämter (Gewerbeaufsichtsämter) tragen zum präventiven Umweltschutz durch Bestandsaufnahmen und Umweltanalysen bei.

5. Um den speziellen Repräsentationsbedarf des Umweltschutzes zu befriedigen, empfehlen sich spezifische Beteiligungsformen:

– bei der gesetzlichen Aufstellung von Umweltstandards eine fachverbandliche Beteiligung besonderen Sachverstandes.

– bei überörtlichen Planungsprozessen eine Beteiligung der für das örtliche Gemeinwohl zentral zuständigen Verwaltungsträger, nämlich der Gemeinden und Landkreise.

– an Planungsverfahren der letzten Konkretisierungsstufe eine Beteiligung der Betroffenen und der Öffentlichkeit, die auch in Verbandsformen organisiert werden kann[61].

---

[60] Wie hier auch ERNST, Zur staatlichen Verantwortung für umweltbelastende Entscheidungen, BauR 1978, 1 ff., 8 f.

[61] In diese Richtung gehen auch die Beschlüsse der verfahrensrechtlichen Abteilung des 52. Deutschen Juristentages.

Die neuere Entwicklung des Städtebaurechts in Japan im Vergleich mit der Rechtslage in der Bundesrepublik Deutschland unter besonderer Berücksichtigung der Beschränkungen der Baufreiheit

Tokiyasu Fujita, Sendai

I. Vorbemerkung

Das Thema »Die neuere Entwicklung des Städtebaurechts in Japan im Vergleich mit der Rechtslage in der Bundesrepublik Deutschland« berührt eigentlich sehr weite, verschiedene Problemkreise, so daß es von vornherein unmöglich ist, in dem hier zur Verfügung stehenden Raum die angesprochene Problematik erschöpfend zu behandeln. Zum Glück gibt es aber hierzu bereits einen ausführlichen Aufsatz von Prof. Dr. Yoriaki Narita, der unter dem Titel »Städtebau- und Bodenrecht in Japan« im Jahre 1975 in der Zeitschrift »Die Öffentliche Verwaltung« in deutscher Sprache veröffentlicht wurde.[1] Daher soll weitgehend auf diesen Aufsatz Bezug genommen und der folgende Beitrag auf einige Ergänzungen beschränkt werden – und zwar vor allem im Hinblick auf die unterschiedlichen Beschränkungen der Baufreiheit in Japan einerseits und in der Bundesrepublik Deutschland andererseits.

II. Hintergrund der Entwicklung des Rechtssystems

Japan befindet sich in einer eigentümlichen städtebaulichen Situation. Auch über diesen Umstand hat Narita unter einem wirtschaftlich-geographischen Gesichtspunkt ausführlich berichtet. Hier möchte ich nur zum leichteren Verständnis der Verhältnisse die zwei wichtigsten Momente mit einigen Zahlen belegen.

---

1 DÖV 1975, S. 79 ff.

1. Japan besteht aus vier großen Hauptinseln mit zahlreichen, dazugehörenden Nebeninseln; die Gesamtfläche dieser Inseln beträgt ungefähr 377 000 qkm. Auf diesem Raum wohnen ungefähr 110 Millionen Personen. Wenn man diese Zahlen zugrundelegt, ergibt sich eine Bevölkerungsdichte von etwa 300 Personen pro qkm. Das ist im Vergleich mit den europäischen Ländern nicht besonders viel. Jedoch ist auch die Tatsache zu berücksichtigen, daß Japan zu über 80 % aus Gebirge besteht, so daß die bebaubare Fläche im Ergebnis auf etwa 74 000 qkm begrenzt ist. Das bedeutet, daß man in Japan de facto von einer Bevölkerungsdichte von fast 1500 Personen pro qkm auszugehen hat.[2]

2. Damit auf einer so kleinen Fläche so viele Menschen wohnen können, wäre es an und für sich unausweichlich, insbesondere in den großen Städten auf ein eigenes Wohnhaus mit einem Garten zum ausschließlich eigenen Nutzen zu verzichten. Nach einer im Oktober 1977 in Tokyo, Osaka und in Nagoya amtlich durchgeführten Untersuchung über die gewünschte Wohnart in einer großen Stadt stellte sich jedoch heraus, daß etwa zwei Drittel der Bewohner in den größten Städten Japans immer noch verlangen, möglichst in einem Einfamilienhaus zu wohnen. Bei dieser Untersuchung haben nämlich 63,4 % der Personen mit »unbedingt Einfamilienhaus« oder »möglichst Einfamilienhaus« geantwortet, während nur 32,1 % der Befragten mit »Einfamilienhaus ist aufzugeben« geantwortet haben.

Die hier genannten zwei Momente führen unvermeidlich dazu, daß es in den Umgebungen der großen Städte eine außerordentlich große Nachfrage nach Bauland zu Wohnzwecken gibt, und daß das Bauland immer mehr durch ungeordnete Bautätigkeiten aufgesplittert würde, wenn man den Bauabsichten der Eigentümer keine Widerstände entgegensetzen würde. Im folgenden möchte ich die grundlegenden Strukturen des japanischen Städtebaurechtssystems vorstellen und erläutern, auf welche Weise es die oben genannten Schwierigkeiten und hierbei insbesondere das Problem der Bildung von Splittersiedlungen in der Umgebung der großen Städte zu lösen versucht hat.

---

2 Nach einer Statistik der UNO von 1972 ergeben sich hinsichtlich der Bevölkerungsdichte Japans und einiger europäischer Länder folgende Werte:
Japan   928 Einwohner pro qkm
Großbritannien   248 Einwohner pro qkm
Bundesrepublik Deutschland   351 Einwohner pro qkm
Italien   227 Einwohner pro qkm
Frankreich   127 Einwohner pro qkm
Wenn man allerdings zur Ermittlung der Bevölkerungsdichte in Japan nur die Flächen zugrundelegt, deren Bebaubarkeit im jetzigen Zeitpunkt weder rechtliche noch tatsächliche Hindernisse entgegenstehen, kommt man m. E. zu der von mir angegebenen Bevölkerungsdichte von ca. 1500 Einwohner pro qkm.

III. Grundlegende Strukturen des japanischen Städtebaurechtssystems und seine Entwicklung seit 1960

1. Das heutige System des Städtebaurechts in Japan ist ungemein kompliziert und besteht aus den verschiedensten Gesetzen und Verordnungen. Bis zum Jahre 1960 war es wesentlich einfacher strukturiert und bestand in erster Linie aus zwei Gesetzen. Das eine war das Stadtplanungsgesetz (the city planning law) vom 5. 4. 1919, und das andere war das Gesetz über die grundlegenden Bauregeln (building standard law) vom 24. 5. 1950. Das Stadtplanungsgesetz regelte in der Hauptsache die Möglichkeiten zur Festsetzung der Art der baulichen Nutzung (z. B. Wohngebiet, Industriegebiet usw.) in einem als »Stadtplanungsgebiet« bestimmten Ballungsgebiet, nebst der Vereinfachung des Enteignungsverfahrens für die als »Stadtplanungsmaßnahmen« qualifizierten Bauvorhaben von Straßen, Parkplätzen usw. Das Gesetz über die grundlegenden Bauregeln enthielt für Gebäude ab einer bestimmten Größe neben den allgemeinen baupolizeilichen Anordnungen auch die Möglichkeit zur Festsetzung von Grundflächenzahlen, Gebäudehöhen usw. für Gebäude auf Grundstücken innerhalb eines »Stadtplanungsgebietes«[3]. Entscheidend ist, daß das bis 1960 geltende System des japanischen Städtebaurechts im wesentlichen nur bestimmte Gebiete als Gegenstand der städtebaurechtlichen Normierung auswählte (»Stadtplanungsgebiet«) und daß über diese begrenzten Gebiete hinaus den Grundeigentümern weitgehend Baufreiheit – wenn man die baupolizeilichen Anordnungen außer acht läßt – zuerkannt wurde. Man könnte insoweit von einem »ad hoc«-Charakter des japanischen Städtebaurechts sprechen, insbesondere im Vergleich mit dem deutschen Rechtssystem unter dem Bundesbaugesetz. In der Bundesrepublik Deutschland nämlich existiert das System der Bauleitplanung vor allem mit dem Instrument des Bebauungsplans, wonach die Bautätigkeit eines Grundeigentümers allein in einem durch einen »qualifizierten Bebauungsplan« festgestellten Gebiet oder sonst in einem »im Zusammenhang bebauten Ortsteil« zugelassen wird. Außerhalb dieser Gebiete – nämlich im Außenbereich i. S. d. § 35 BBauG – sind Bauvorhaben grundsätzlich unzulässig. Der Grundgedanke ist der, daß Grundstücke prinzipiell nicht frei bebaut werden dürfen. Mir fällt auf, daß dieses Prinzip sich in der Bundesrepublik Deutschland aufgrund der Entwicklung der Gesetzgebung, der Rechtsprechung und der Lehre seit 1960 immer stärker durchgesetzt hat. Im Gegensatz dazu hat der oben so bezeichnete »ad hoc«-Charakter des japanischen Rechts mindestens bis zum Jahre 1974 die grundlegende Struktur nicht nur des Städtebau-, sondern auch des allgemeinen Bodenrechtssystems dargestellt.

---

3 Dieses Gesetz hat mit seinen zahlreichen Änderungen noch heute Geltung und ist die Grundlage für die Erteilung der im wesentlichen dem deutschen Recht vergleichbaren Baugenehmigung. Diese Baugenehmigung wiederum hat nichts zu tun mit der durch die eigentümlichen japanischen Verhältnisse bedingten »Genehmigung zur Baulandschaffung«, auf die ich später noch eingehen werde.

2. Die Entwicklung des japanischen Rechtssystems von 1960–1974 zeigt deutlich, auf welche Weise in Japan einerseits dieser »ad hoc«-Charakter immer noch beibehalten wird, wie aber auch andererseits die ausgewählten, rechtlich geregelten Gebiete sowohl der Art nach weiter differenziert als auch den Flächen nach vergrößert wurden. Gleichzeitig ist aber auch das Maß der Baubeschränkungen inzwischen verstärkt worden, aber dies sozusagen nur »von außen her«. Im folgenden möchte ich die Umrisse dieses Entwicklungsprozesses anhand der neueren Gesetzgebung zur Hemmung der ungeordneten Bautätigkeit verdeutlichen.

a) Als erste Stufe dieses Entwicklungsprozesses ist zu nennen das Gesetz zur Regelung der Baulandschaffung zu Wohnzwecken von 1961. Der außerordentliche Bevölkerungszuwachs in den großen Städten seit der zweiten Hälfte der 50er Jahre, eine Folge des auffallenden Wirtschaftswachstums, führte dazu, daß in erster Linie verschiedene Privatunternehmen den Bau der für die neuen Stadtbewohner notwendigen Wohnungen in Angriff nahmen. Unter der oben geschilderten Rechts- und Sachlage mußte dies aber unausweichlich zur Errichtung von Wohnsiedlungen in den Umgebungen der großen Städte führen mit der Folge der Bildung ausgedehnter Splittersiedlungen. Da es aber in Japan – wie oben dargestellt – einerseits an ausreichendem Bauland mangelt, und da andererseits landwirtschaftlich genutzte Flächen vor einer Nutzungsänderung zu Bauland gesetzlich geschützt sind, wurden die Bauunternehmen dazu gezwungen, die neuen Siedlungen immer weiter auf den Bergen oder Hügeln zu errichten. Dies hatte zuweilen zur Folge, daß selbst auf einem vom Erdrutsch bedrohten Grundstück Bautätigkeiten durchgeführt wurden. Das oben genannte Gesetz richtete sich gegen diese Gefahr, und zwar in der Weise, daß es dem Präfekten[4] die Möglichkeit zuerkannte, unter sicherheitspolizeilichen Gesichtspunkten bestimmte Regelungsgebiete festzulegen, innerhalb deren die Schaffung von Bauland zu Wohnzwecken, z. B. die Terrassierung und Einebnung von Hügeln, Waldrodungen, Bodenaufschüttungen u. a. m., der Erlaubnis des Präfekten unterliegen und auch sonst sehr genau kontrolliert werden können. Zwar trug dieses Gesetz eigentlich nur polizeirechtlichen Charakter, doch es wirkte unter japanischen Verhältnissen mit beachtlichem Erfolg gegen die Bildung von Spittersiedlungen und die planlose Ausweitung der Stadtgebiete. Allerdings blieb diese Wirkung auf gefährdete Gebiete beschränkt, d. h. etwa bei einem Abhang oder bei einem Gebiet mit schlechtem Baugrund. Demzufolge wirkte es nicht grundsätzlich gegen die ungeordnete, von einem einheitlichen

---

4 In Japan gibt es 2 Formen von Gebietskörperschaften, die Gemeinden und die Präfekturen. Die Präfektur ist die übergeordnete Verwaltungseinheit, zu ihr gehören jeweils 40—50 Gemeinden. Der rechtliche Status einer Präfektur ist dem eines deutschen Landkreises vergleichbar (Selbstverwaltungskörperschaft und gleichzeitig Teil der allgemeinen Staatsverwaltung), jedoch sind die japanischen Präfekturen ungleich größer (es gibt insgesamt 43), der Präfekt wird unmittelbar vom Volk gewählt und ist unterhalb der Staatsregierung keiner Zwischeninstanz (»Bezirksregierungen« gibt es nicht) mehr verantwortlich.

Stadtbild her unerwünschte Baulandzersplitterung zu Wohnzwecken. Um diesem Nachteil zu begegnen, wurde 1964 das Gesetz über die Unternehmen der Baulandschaffung zu Wohnzwecken erlassen.

b) In diesem Gesetz wurde geregelt, daß die Schaffung von Baugrundstücken zu Wohnzwecken mit einer Fläche von regelmäßig mehr als 1 ha in einem vom Präfekten bestimmten Gebiet innerhalb eines »Stadtplanungsgebiets« der Genehmigung durch den Präfekten bedarf. Der Präfekt hatte zur Vorbereitung der Genehmigung zu prüfen, ob eine ausreichende Erschließung des Vorhabens gesichert war, ob das für die Baulandschaffung mit nachfolgender Wohnbebauung in Aussicht genommene Grundstück hierfür insgesamt oder wenigstens teilweise in sachlicher und rechtlicher Hinsicht geeignet war und ob der Bauunternehmer zur Durchführung der Bautätigkeit ausreichend Finanzmittel und Kredite besaß und auch die sonstigen hierfür erforderlichen Voraussetzungen erbrachte. Unter dem Gesichtspunkt eines geordneten Städtebaus hatte das Gesetz zwar bereits eine große Bedeutung, seine Wirkungen waren jedoch in mehrfacher Hinsicht begrenzt: Erstens galten die Vorschriften des Gesetzes lediglich für ein bestimmtes Gebiet innerhalb eines Stadtplanungsgebiets, was nur teilweise zur Hemmung der ungeordneten Bautätigkeit in der Umgebung der großen Städte führte.

Zweitens betraf das Gesetz nur die Baulandschaffung zu Wohnzwecken, nicht jedoch zur Erstellung beispielsweise von Fabrik- oder Sportanlagen wie etwa Golfplätzen.

Drittens bezweckte das Gesetz nur die Regelung von Vorhaben auf Grundstücken ab einer bestimmten Größe, infolgedessen blieb die Baufreiheit des »Kleingrundeigentümers« weitgehend unbeeinträchtigt. Mit dem Ziel, auch diese noch offenen Probleme einer Lösung zuzuführen, wurde schließlich am 15. 6. 1968 ein neues Stadtplanungsgesetz erlassen, das sowohl das bisherige Stadtplanungsgesetz aus der Vorkriegszeit als auch das oben genannte Gesetz von 1964 über die Unternehmen der Baulandschaffung zu Wohnzwecken ablöste.

3. Das erst am 14. 4. 1969 in Kraft getretene neue Stadtplanungsgesetz von 1968 hat für die Entwicklung des Städtebaurechts in Japan eine epochemachende Bedeutung. Zunächst hat es – Hand in Hand mit einer Novellierung des Gesetzes über die grundlegenden Bauregeln – die Möglichkeiten, die Art der baulichen Nutzung in einem Stadtplanungsgebiet festzusetzen, in einem bisher nicht erreichten Maße ausdifferenziert. Die wichtigste Neuerung des Gesetzes liegt jedoch darin, daß nunmehr in einem Stadtplanungsgebiet zwischen einem »Städtebausteuerungsgebiet« und einem »Städtebauförderungsgebiet« unterschieden wird. Bei dem Städtebauförderungsgebiet handelt es sich dem Gesetz nach um bereits bebautes Gebiet oder jedenfalls um ein Gebiet, das innerhalb der nächsten 10 Jahre bevorzugt und planvoll dem Städtebau zugeführt werden soll. Im Städtebausteuerungsgebiet hingegen soll der Städtebau grundsätzlich zurückgehalten werden. Besonderes Augenmerk ist ferner auf die Tatsache zu richten, daß durch das Stadtplanungsgesetz das Rechtsinstitut der allgemeinen Genehmigung zur Baulandschaffung

(nämlich nicht nur für Bauvorhaben zu Wohnzwecken, sondern für jegliche Bautätigkeit) in einem Stadtplanungsgebiet insgesamt eingeführt worden ist.[5, 6]

In einem Städtebausteuerungsgebiet bedarf jegliche Bautätigkeit (genauer gesagt eine Veränderung der Grundstücksgestalt zwecks baulicher Nutzung) der Genehmigung durch den Präfekten, mit Ausnahme bestimmter geordneter Bauvorhaben der öffentlichen Hände oder der Erstellung bestimmter Anlagen zu öffentlichen Zwecken.

Im Gegensatz dazu ist in einem Städtebauförderungsgebiet eine Genehmigung zur Baulandschaffung nur für Vorhaben auf Grundstücken mit einer Fläche von über 1000 qm erforderlich.

Das Rechtsinstitut des Städtebausteuerungsgebiets hat sicher eine gewisse Gemeinsamkeit mit dem »Außenbereich« im deutschen Bundesbaugesetz, und dies auch deswegen, weil in beiden Gebieten auch einige andere Vorhaben zulässig sind, so z. B. die Bautätigkeit, die den Wohnzwecken eines Landwirts dient. Der entscheidende Unterschied zwischen den beiden Gebieten liegt jedoch darin, daß nach dem Bundesbaugesetz die Grundflächen, die weder im Geltungsbereich eines qualifizierten Bebauungsplans liegen noch zu einem im Zusammenhang bebauten Ortsteil gehören, sämtlich als Außenbereich charakterisiert werden mit der Folge, daß dort jedes Bauvorhaben grundsätzlich unzulässig ist; im japanischen Recht hingegen wird ein Städtebausteuerungsgebiet lediglich innerhalb eines als Stadtplanungsgebiet bezeichneten Ballungsgebietes festgesetzt. Das hat zur Folge, daß außerhalb dieses Ballungsgebiets dem Grundeigentümer immer noch weitgehende Baufreiheit zuerkannt wird, soweit er nur gewisse baupolizeirechtliche Bedingungen erfüllt. Mit anderen Worten, hier ist der traditionelle ad hoc-Charakter des japanischen Städtebaurechts immer noch nicht überwunden. Immerhin im Ergebnis hat das neue Stadtplanungsgesetz von 1968 und hierbei insbesondere das Rechtsinstitut des Städtebausteuerungsgebiets in bemerkenswerter Weise hemmend auf die Bildung von Splittersiedlungen in der Umgebung der großen Städte gewirkt, so daß die uferlose Ausweitung der Stadtgebiete irgendwie zum Stillstand gekommen ist.

---

5 Statt des hier verwendeten Begriffs »Genehmigung zur Baulandschaffung« wird in dem früher erwähnten Aufsatz von NARITA der Begriff »Erschließungserlaubnis« benutzt. Wenn man das entsprechende japanische Wort direkt ins Deutsche übersetzen würde, so käme man tatsächlich zu dem von NARITA verwendeten Begriff. Das Wort »Erschließung« hat jedoch im deutschen Städtebaurecht seine besondere durch den 6. Teil des Bundesbaugesetzes geprägte Bedeutung. Um die sprachliche Verwirrung zu vermeiden, wähle ich deshalb hier absichtlich einen anderen Ausdruck als NARITA, und zwar auch hinsichtlich der rechtlichen Wirkung des Instituts.

6 Diese Genehmigung darf nicht verwechselt werden mit der im wesentlichen aufgrund des oben erwähnten »building standards law« erteilten Baugenehmigung; die Schaffung von Bauland hingegen ist ein besonderes, durch die bereits erläuterten geographischen Verhältnisse bedingtes technisches Problem in Japan. Es wird gelöst etwa durch die Einebnung und Terrassierung von bergigem Gelände, durch Aufschüttung von Mulden, Tälern oder sumpfigem Gelände, durch Waldrodungen usw.

Trotzdem sind noch viele Probleme ungelöst geblieben. Ich möchte vor allem auf zwei wesentliche Punkte hinweisen:

a) In Japan fehlte es noch immer an einem wirksamen, einheitlichen System der Bodennutzung im gesamten Lande, ganz abgesehen von einer entsprechenden Planung auf dem Hintergrund einer umfassenden Raumordnung oder Entwicklungsplanung. In der Bundesrepublik Deutschland hingegen ist schon im Bundesbaugesetz aus dem Jahre 1960 bundeseinheitlich vorgeschrieben worden, daß die Gemeinden in der Regel für das gesamte Gemeindegebiet einen Flächennutzungsplan aufzustellen haben. Zur Verwirklichung des Flächennutzungsplanes dient einerseits das System der allgemein-verbindlichen Bebauungspläne sowie andererseits die Grundsätze über das Bauen im Außenbereich. Auch bei uns gibt es zwar außer dem Stadtplanungsgebiet des Stadtplanungsgesetzes noch zusätzliche Gebiete, in denen die Bautätigkeit aufgrund gesetzlicher Vorschriften stark eingeschränkt wird und der Erlaubnis der Verwaltungsbehörden unterliegt.[7] Aber alle diese Gebiete werden, ebenso wie ein Stadtplanungsgebiet, unabhängig von einem einheitlichen Bodennutzungsplan festgestellt und infolgedessen gibt es zwischen diesen Gebieten untereinander im wesentlichen keine systematisch-planerischen Verbindungen. Das gesamte Bodenrecht in Japan wurde eben von dem bereits mehrfach erwähnten ad hoc-Charakter beherrscht und diese Rechtslage dauerte eigentlich an bis zum Erlaß des Gesetzes über die Bodennutzungsplanung vom 25. 6. 1974.[8]

b) Da in einem »Städtebauförderungsgebiet« nur Vorhaben auf einem Grundstück von mehr als 1000 qm der Genehmigung zur Baulandschaffung bedürfen, bleibt dort den Eigentümern von Grundstücken unter 1000 qm noch genügend Raum zur ungeregelten, ungeordneten Bautätigkeit. Diese Tatsache bedeutet heute eine der größten Probleme des Städtebaus in den großen Städten Japans (siehe unten 5).

4. Das Gesetz über die Bodennutzungsplanung vom 25. 6. 1974 ist in gewissem Sinne von epochaler Bedeutung für die Entwicklungsgeschichte des japanischen Städtebau- und Bodenrechtssystems.

a) In diesem Gesetz ist in Japan zum ersten Mal der Gedanke öffentlich ausgesprochen worden, daß das Grundeigentum seiner Natur nach größeren sozialen Bindungen unterliegen soll als andere Sachen. Art. 2 dieses Gesetzes lautet nämlich:

---

7 Z. B. das Landwirtschaftsförderungsgebiet nach dem Landwirtschaftsförderungsgesetz, Waldplanungsgebiet nach dem Waldgesetz, Naturschutzgebiet nach dem Naturschutzgesetz und der Naturpark nach dem Naturparkgesetz.

8 Genauer gesagt gab es schon vorher das System des von der Regierung aufgestellten, umfassenden Entwicklungsplans nach dem Gesetz über die umfassende Landesentwicklung vom 26. 5. 1950. Die Stadtplanung nach dem Stadtplanungsgesetz hatte sich an dem umfassenden Entwicklungsplan auszurichten. Jedoch stellte dieser Plan eigentlich nur Richtlinien der Entwicklung von sehr abstrakter Natur ohne Rechtsverbindlichkeit dar, so daß er für eine wirksame, einheitlich-systematische Bodennutzung weder von rechtlicher noch von tatsächlicher Bedeutung war.

»Bodennutzung ist unter Berücksichtigung der Tatsache, daß Grund und Boden für die jetzige wie für die künftige Bevölkerung begrenzt sind und zugleich eine gemeinsame Basis für die verschiedenen Lebens- und Produktionstätigkeiten darstellen, in der Weise durchzuführen, daß das Gemeinwohl im Vordergrund steht, der Naturschutz berücksichtigt und für natürliche, sozial-wirtschaftliche sowie kulturelle Belange gesorgt wird, um so eine gesunde und kultivierte Umwelt zu erhalten und eine auf Gleichgewicht zielende Entwicklung des ganzen Landes zu erreichen.«

Hier wird man an die Entscheidung des deutschen Bundesverfassungsgerichts vom 12.1.1967 erinnert, die im Hinblick auf die Bodenverkehrsgenehmigung ähnliche Gedanken ausgesprochen hat.

b) Ziel des Gesetzes ist es, zum ersten Mal in Japan für das gesamte Land ein einheitliches System der Bodennutzung einzuführen. Es regelt nämlich, daß ein grundlegender Bodennutzungsplan für die Gesamtfläche einer Präfektur vom Präfekten aufzustellen ist (Art. 9 Abs. 1). In diesem Plan sind die 5 Arten von Gebieten, nämlich das Stadtgebiet, das Landwirtschaftsgebiet, das Waldgebiet, das Naturparkgebiet und das Naturschutzgebiet darzustellen (Abs. 2). Das Gesetz soll erreichen, daß die bisher aufgrund der verschiedensten Gesetze ohne systematische Verbindung untereinander ausgewiesenen Gebiete[9] durch einen einheitlichen Plan vom Präfekten koordiniert und in ein geordnetes Bodennutzungssystem gebracht werden. Ferner ist geregelt, daß der Bodennutzungsplan der Präfektur sich an dem von der Regierung aufgestellten Landesplan auszurichten hat. Ich habe zwar nach wie vor Zweifel, ob durch diese Gesetzgebung tatsächlich eine einheitlich-systematische Ordnung der Bodennutzung verwirklicht werden kann, zumal einerseits das auf Bodennutzung bezogene Planungssystem in Japan noch viel komplizierter ist als hier gezeigt und sich die Präfekten andererseits anscheinend gegen die nach den verschiedenen Gesetzen vorgesehenen Planungsstellen nicht so sehr durchsetzen können. Trotz allem kann man sagen, daß aufgrund dieses Gesetzes doch ein großer Fortschritt zur Beseitigung des traditionellen ad hoc-Charakters des japanischen Boden- und Städtebaurechts gemacht wurde.

c) Das Gesetz hat ferner ein bemerkenswertes Instrumentarium zur Verwirklichung der Bodennutzungsplanung eingeführt, das sich zum einen gegen die Steigerung der Grundstückspreise und zum anderen gegen die Bodenspekulation wendet. Das Letztere ist besonders zu beachten, weil man hier vielleicht einen Ansatz zu einer Änderung der Grundvorstellungen in der Bodennutzungsplanung finden könnte. Nach der traditionellen Planungsvorstellung ist Bodennutzung nur zu regeln und zu beschränken; der Grundeigentümer wird nicht gezwungen, sein Grundstück aktiv nach den Festsetzungen der Planung zu nutzen. Mit anderen Worten, der Grundeigentümer hat innerhalb einer vom Plan gezogenen Grenze die Freiheit, das Grundstück zu nutzen oder aber auch nicht zu nutzen. Im neueren Städtebau- und Bodenrecht wird gerade diese Freiheit des Eigentümers, das Grundstück nicht zu nutzen, in gewisser Hinsicht eingeschränkt. Man denke z. B. nur an

---

9 Siehe oben Anm. 7.

die Baugebote, Pflanzgebote, Nutzungsgebote usw. im novellierten Bundesbaugesetz in der Bundesrepublik Deutschland. Man könnte diese Erscheinung vielleicht eine »Entwicklung von einer statischen zu einer dynamischen Bodennutzungsplanung« nennen. In Japan ist diese Entwicklung zwar noch nicht so deutlich; in der Regelung des »brachliegenden Grundstückes« im oben genannten Gesetz könnte man jedoch einen ersten Schritt in diese Richtung sehen. Nach Art. 28 des Gesetzes nämlich hat der Präfekt dem Eigentümer mitzuteilen, daß sein Grundstück ein »brachliegendes Grundstück« im Sinne des Gesetzes darstellt, wenn es einige vom Gesetz näher bestimmte Bedingungen (wie z. B. eine bestimmte Grundstücksgröße, eine bestimmte Zeitdauer seit dem Erwerb, ohne bauliche oder anderweitige Nutzung) erfüllt, und wenn es gleichzeitig zur Förderung einer plangerechten Bodennutzung nach dem grundlegenden Bodennutzungsplan in dem fraglichen Gebiet notwendig ist, eine wirksame und angemessene Nutzung des Grundstücks zu realisieren. Der Eigentümer hat dann innerhalb einer bestimmten Frist seinen eigenen Nutzungs- oder Verfügungsplan über das Grundstück anzumelden (Art. 29) und der Präfekt kann zu einer Abänderung des Planes oder zu anderen Maßnahmen raten, wenn der Plan des Eigentümers einer wirksamen und angemessenen Nutzung des Grundstücks nicht entspricht (Art. 31). Wenn der Eigentümer die Abänderung seines Planes nicht akzeptiert, kann der Präfekt ihm den Ankauf des Grundstücks durch die öffentliche Hand anbieten (§ 32 Abs. 1). Hiergegen kann sich der Eigentümer nur wehren, wenn er triftige Gründe vorträgt. Allerdings wird dieses Verfahren nur auf Grundstücke über einer bestimmten Größe angewendet. Ausgenommen sind z. B. Grundstücke in Städtebauförderungsgebieten nach dem Stadtplanungsgesetz unter 2000 qm. Jedenfalls ist durch die Einführung dieses Verfahrens m. E. ein Wendepunkt im japanischen Städtebau- und Bodenrecht markiert worden.

5. Die neuere Gesetzgebung hat die Rechtslage in Japan gegenüber dem vorherigen Zustand wesentlich verbessert. Trotzdem bleiben aber noch viele Probleme, die dringend einer Lösung bedürfen. Die schwierigsten Fragen ergeben sich hierbei interessanterweise eher bei den Städtebauförderungsgebieten als bei den Städtebausteuerungsgebieten. Wie bereits erläutert, hat die bisher weit verbreitete Bildung von Splittersiedlungen in der Umgebung der großen Städte nach dem Inkrafttreten des neuen Stadtplanungsgesetzes im wesentlichen aufgehört, und zwar insbesondere aufgrund der Einführung des Instituts des Städtebausteuerungsgebietes. Da aber andererseits innerhalb eines Städtebauförderungsgebietes der Bautätigkeit des Eigentümers nach wie vor wenig Grenzen gesetzt sind, kann man gerade in diesem Gebiet zuweilen eine erschreckend ungeordnete städtebauliche Entwicklung beobachten. Das trifft insbesondere für die »allgemeinen Wohngebiete« zu, zu denen besonders viele noch nicht bebaute Grundstücke gehören. Hier leidet man sowohl unter dem Mangel einer ausreichenden Erschließung im Sinne des 6. Teils des Bundesbaugesetzes als auch unter dem Vorhandensein außerordentlich kleiner Baugrundstücke. Man findet heute sogar Wohngrundstücke mit Flächen von nur

20 qm (!) in Tokyo und Osaka sowie in ihren Satellitenstädten.[10] Was die Erschließung anbelangt, so ist ein Bauherr nach geltendem Recht nur dazu verpflichtet, sein Grundstück mindestens 2 Meter lang an eine Straße von 4 Meter Breite angrenzen zu lassen, wenn er auf einem Grundstück mit einer Fläche unter 1000 qm innerhalb eines Städtebauförderungsgebiets bauen will. Aufgrund der immer größeren Nachfrage nach Wohnungen wird diese Art von Wohnungsbau immer mehr vorangetrieben, und die Gemeinden sind kaum imstande, diese »planlos« gebauten Wohnungen im nachhinein zu erschließen. Die geringen Grundstücksgrößen haben ihren Grund im folgenden: Da das neue Stadtplanungsgesetz die Schaffung von Bauland in einem Städtebausteuerungsgebiet in der Regel verbietet und sie im Ergebnis lediglich den öffentlichen Händen oder den großen Privatunternehmen mit entsprechendem technischen und wirtschaftlichen Potential erlaubt, bleibt den meisten kleinen Privatbauunternehmen nur die Möglichkeit, innerhalb eines Städtebauförderungsgebiets möglichst viele Wohnungen zu bauen. Hinzu kommt der Umstand, daß die durchschnittlichen Japaner eine unglaubliche Vorliebe für ein Einfamilienhaus haben.

Daneben gibt es aber auch einen steuerrechtlichen Grund. Da die Grundstückspreise in den großen Städten heute ungeheuer hoch sind, sind die meisten Grundeigentümer nicht mehr imstande, die Erbschaftsteuer ohne Verkauf des geerbten Grundstücks zu zahlen. Dies hat oft zur Folge, daß der Eigentümer das Grundstück aufteilt, und nur einen Teil für sich behält, den anderen Teil hingegen verkauft. Wegen der hohen Preise sind große Grundstücke außerdem für einen Käufer nicht mehr erschwinglich. Auf diese Weise werden die Grundstücke immer mehr verkleinert. Dies ist aber ganz offensichtlich sowohl unter einem sicherheits- oder gesundheitspolizeilichen als auch städtebaulichen Gesichtspunkt unerwünscht.

Die Gebietskörperschaften wie Präfekturen und Gemeinden versuchen jetzt in der Tat diese Frage zu lösen, und zwar mit Hilfe ihrer »Verwaltungsleitung« bzw. »Verwaltungsempfehlungen«. Diese Verwaltungsleitung als eine Art von Verwaltungslenkung ist zwar nicht rechtsverbindlich, hat aber bisher in den japanischen Verhältnissen eine unvergleichlich große Wirkung gehabt. Auch die neuere Rechtsprechung der unteren Gerichte läßt die Neigung erkennen, den Verwaltungsleitungen im Ergebnis sogar eine rechtliche Bedeutung zuzuerkennen. Aber natürlich haben deren Auswirkungen ihre Grenzen. Um die Gebietskörperschaften mit einem erweiterten rechtlichen Instrumentarium auszustatten, haben schon sowohl das Bauministerium als auch einige Arbeitsgruppen bestehend aus Juristen und Technikern vor Jahren begonnen, ernsthaft die Möglichkeit der Einführung des Rechtsinstituts des Bebauungsplans nach dem Muster des Bundesbaugesetzes zu prüfen. Dies bedeutet, daß auch im heutigen Japan die Stimmen immer zahlreicher werden,

---

10 Hierbei handelt es sich um extreme Ausnahmeerscheinungen. Jedoch sind in den genannten Städten z. B. Wohngrundstücke mit einer Fläche von 80—90 qm durchaus nicht selten.

die verlangen, daß das Städtebaurecht der Gegenwart nicht mehr bei einer Flächennutzungsplanung stehen bleiben darf, sondern daß es sich hin zu einer einheitlich-umfassenden Stadtbildungsplanung entwickeln muß, bei der nicht nur auf die Regelung der Nutzungsart usw., sondern auch auf die Gesamtstruktur eines Stadtteiles insgesamt unter ausreichender Berücksichtigung der Fragen von Erschließung und Umweltschutz Rücksicht zu nehmen ist. In dieser Beziehung bleibt das japanische Recht leider noch weit hinter dem deutschen zurück. Aber wir bemühen uns unter dem Motto von »trial and error« um einen den japanischen Verhältnissen entsprechenden Lösungsweg. Wir haben ja bereits viele – zwar nicht so gut entwickelte und sehr zerstreute – Regelungen in den verschiedenen Gesetzen und Verordnungen. Für die Zukunft ist es m. E. vor allem wichtig, möglichst bald eine Bestandsaufnahme dieser Regelungen durchzuführen und zunächst den Anwendungsbereich der einzelnen Gesetze zu erweitern, bis schließlich alle diese Regelungen in ein einheitliches System gebracht werden können.

IV. Schluß

Wenn man das japanische Städtebaurecht mit dem deutschen vergleicht, dann findet man dort gewissermaßen ein »zusammengestoppeltes« System vor, während man in Deutschland vielleicht von einem folgerichtigen System sprechen könnte. Aber in der Zukunft wird m. E. sicher aus diesem »zusammengestoppelten« ein feststehendes, originär-japanisches Rechtssystem. Dann schließlich könnte man eine noch interessantere Arbeit in rechtsvergleichender Sicht leisten. Wann das sein wird, weiß man noch nicht; wahrscheinlich ist noch mit einer langen Zeitdauer zu rechnen. Aber, wie oben erwähnt, stellt z. B. das Gesetz über die Bodennutzungsplanung von 1974 einen wichtigen Schritt in diese Richtung dar.

Über die Unmöglichkeit des Raumplanungs-, Städtebau- und Sozialwohnungsrecht im lateinamerikanischen Recht unter besonderer Berücksichtigung der Rohstoffländer*

León Cortinas-Pelaez, Mexiko

Einführung

A) Der Titel dieses Beitrages wirft mehr Fragen auf, als er beantworten kann.
Es ist aber nicht einfach, in den Rohstoffländern die Begriffe der öffentlichen Verwaltung, des Verwaltungsrechts und des Rechtes im engeren Sinne völlig eindeutig darzustellen.

B) Das öffentliche Recht muß sich zu den Sozialwissenschaften bekennen oder sich mindestens zu ihnen hin öffnen. Das Wesen des Rechtes ist eine normative und soziale Struktur, in der die Elemente der Gewalt und der Rechtsnorm sich in einer dialektischen und unlösbaren Synthese verflechten[1]. Diese wesentliche Struktur des Rechtes ist nicht dieselbe in den Industrieländern und in den Rohstoffländern (oder sog. Ländern der Dritten Welt)[2]. Daher haben wir ganz verschiedene Folgen,

---

* Meinem sehr verehrten Freund, Herrn Professor Miguel Valdés-Villarreal, Mitverfasser des Bundesrahmengesetzes über Raum- und Städteplanung vom 26. Mai 1976, in tiefer Dankbarkeit gewidmet. Der vorliegende Vortrags-Text ist die Kurzfassung des spanischsprachigen Manuskripts.

1 So vor allem der uruguayische Rechtsphilosoph Julio-Luis Moreno, *Los supuestos filosóficos de la ciencia jurídica*, Montevideo: Biblioteca de Publicaciones Oficiales de la Facultad de Derecho y Ciencias Sociales de la Universidad de la República, Sección III, Band CXXV, 184 S., 1963; s. ein weitgehendes Beispiel dieser Auffassung bei seinem Schüler Enrique-Pedro Haba, *La idea totalitarismo y la libertad individual*, Bogotá: Temis, XXXII + 256 S., 1976.

2 Hierzu sehr prägnant für das vergleichende Verfassungsrecht André Hauriou bereits in seinen Vorlesungen *Les institutions et la vie politique des sociétés industrielles modernes*, Paris: Faculté de droit, 1962–1963, und *Les institutions et la vie politique des sociétés non arrivées a la maturité*, 1963–1964; zum ganzen jetzt, André Hauriou, *Droit constitutionnel et institutions politiques*, erste Auflage, Paris: Montchrestien, 1966, 5. Auflage, 1974.

sowohl für die sozialen, wirtschaftlichen und politischen als auch für die normativen Elemente unserer rechtlichen Struktur.

Diese juristische Struktur ist nie eindeutig dieselbe, und darüber hinaus sollte man in den Entwicklungsländern den Unterschied zwischen öffentlicher Verwaltung und privaten Organisationen betonen. In unseren Ländern hat dieser Unterschied eine entscheidende Rolle im Gesichtskreis unseres Themas, insbesondere deshalb, weil die öffentliche Hand die Hauptverantwortung für die Aufgaben der Raum- und Städteplanung sowie des sozialen Wohnungsbaus trägt und tragen soll[3].

C) Im Rahmen der Bundesverfassung von 1917 soll die mexikanische öffentliche Bundesverwaltung im folgenden als Beispiel für das heutige lateinamerikanische öffentliche Recht genommen werden. Ihr Ziel ist die Durchsetzung der Demokratie[4], die eine Erneuerung der »Umwelt« und der Gesellschaft verlangt[5]. In der Tat hat dieses politische Ziel der Bundesverfassung nichts Gemeinsames mit den (auch politischen) Zielen der privaten Unternehmungen, mit ihrer Verteidigung des liberalen Modells des 19. Jahrhunderts (Bundesverfassung von 1857) in Übereinstimmung mit den mexikanischen Minderheiten und besonders auch mit den im Lande wirkenden ausländischen Interessen[6].

Die mexikanische liberale Gesellschaft des 19. Jahrhunderts brauchte den »Nachtwächterstaat«, einen »enthaltsamen« Staat, der gegenüber den Ungleichheiten und ihren inneren und besonders äußeren Ursachen passiv stehen sollte und stand.

Die mexikanische Verwaltung, deren verfassungsmäßige Ziele und Pflichten viel umfassender sind als die der privaten Unternehmungen, ist daher heute ganz verschiedenen Rechtsnormen verpflichtet, etwa solchen des Haushalts, des Rechnungswesens, der Arbeitsverhältnisse, der Kontrolle, der Haftung, usw.[7].

---

3 Einzelheiten bei LEÓN CORTIÑAS-PELAEZ, bereits in »Estado democrático y administración prestacional«, Montevideo: *Revista de la Facultad de Derecho y Ciencias Sociales*, 1971, Ciudad de México: *Revista Mexicana de Ciencia Política*, 1972, und Madrid: *Revista de Administración Pública:* 1972; zum ganzen jetzt, LEÓN CORTIÑAS-PELAEZ, »Las ciencias administrativas en América Latina«, Caracas: *Archivo de Derecho Público y Ciencias de la Administración*, Band 2 (1970–1971), Instituto de Derecho Público/Univ. Central de Venezuela, 1972, S. 11–130, sp. S. 34–67.

4 Vgl. besonders die Artikel 3 (I, a), 5, 27, 28, 39, 123, 135 und 136 der mexikanischen Bundesverfassung von 1917.

5 So die besonderen Aufgaben »ratione materiae« der verschiedenen nichtzentralen Institutionen der Bundesverwaltung nach den Gesetzen und Verordnungen der Verwaltungsreform 1976–1982. Dazu die *Ley Orgánica de la Administración Pública Federal* (29. Dez. 1976) und die Erlasse vom 17. Januar 1977, 12. Mai 1977 und 10. April 1978 (sog. »acuerdos de sectorización«).

6 So vor allem CELSO FURTADO, »A hegemonia dos Estados Unidos da America do Norte e o futuro da América Latina«, in: *Perspectiva del Derecho Público en la Segunda Mitad del Siglo XX, Homenaje a Enrique Sayagués-Laso (Uruguay)*, Madrid: I.E.A.L., 1969, und Montevideo: Amalio M. Fernández, 1976, Band I, S. 575–602.

7 Dazu vgl. Anm. 3, bes. Caracas, S. 35–58.

D) Der mexikanischen Verwaltung ist als Aufgabe nicht nur die Verwirklichung des klassischen »Dreiecks«[8] gestellt, sondern ein »Sechseck« von öffentlichen Aufgaben, die typisch für die heteronomen kapitalistischen Staaten sind:

Erstens: Freier Zugang der Mehrheiten zu Ressourcen und Leistungen der nationalen Gemeinschaft;

Zweitens: Eine kräftige Leistungsverwaltung, die durch die Erschließung und Mobilisierung der freien Räume[9] des Bundesgebietes die Arbeitslosigkeit bremsen und vermindern könnte;

Drittens: Die Staatsorganisation der leistenden Verwaltung müsse partizipatorisch (d. h. im Sinne von Mitbestimmung und Demokratisierung) geöffnet werden;

Viertens: Die Überwindung der scharfen Trennung zwischen Staat (und zwar auch Staatsrecht) und Gesellschaft[10];

Fünftens: Die Verstärkung und Vergrößerung der öffentlichen Aufgaben;

Sechstens: Die Minderung der Herrschaft und sogar Hegemonie, die über die öffentliche Hand durch ausländische Interessen geübt wird.

Dieses »Sechseck«[11] zeigt, inwieweit die mexikanische Verwaltung spezifische Aufgaben vor sich hat.

Pour mémoire und da am Ende des 20. Jahrhunderts unsere Hauptstadt *(Ciudad de México)* etwa 25 Millionen Einwohner zählen wird, möchte ich daran erinnern, wie die enthaltsame Verwaltung im Bereich des Raumplanungs- und Städtebaurechts in den Vereinigten Staaten von Nordamerika in den letzten Jahren gescheitert ist.

E) Die Landung auf dem Mond ist leichter zu lösen[12] als die angloamerikanische Katastrophe in diesem Bereich.

---

8 Vgl. der Paragraph 1 des Stabilitätsgesetzes der Bundesrepublik; s. auch Anm. 3, bes. Caracas, S. 127 unten.

9 In diesem Sinne richtig vor allem I.L.P.E.S., *Dos polémicas sobre el desarrollo de América Latina,* Santiago de Chile: Editorial Universitaria S.A. und Ciudad de México: Siglo Veintiuno Editores S.A., 1970, XXX + 210 S., bes. die Beiträge v. CARLOS MATUS über »El desarrollo interior de América Latina:¿ tesis fantaseosa o interrogante fundamental?« und »Reflexiones sobre una nueva estrategia latinoamericana de desarrolo«, S. 1–15, 23–59 und 89–131.

10 Hierzu neulich der Sammelband von ERNST-WOLFGANG BOECKENFOERDE (Herausgabe und Einführung), *Staat und Gesellschaft,* Darmstadt: Wissenschaftliche Buchgesellschaft, 1976, XVI + 520 S., bes. die Beiträge v. HERMAN HELLER, 3–19, HORST EHMKE, 241–274, ders. BOECKENFOERDE, 395–431, und v. KONRAD HESSE, 484–502.

11 S. auch weitgehender LEÓN CORTIÑAS-PELAEZ, »Un derecho administrativo comunitario latinoamericano« in Ciudad de México: *Revista latinoamericana de Administración Pública,* A.L.A.P., Nr. 7, 1978, S. 7–78, bes. 49–54.

12 So CLAUDE JULIEN, *Le suicid des démocraties,* Paris: Bernard Grasset, 1972, spanische Übersetzung *El suicidio de las democracias,* Buenos Aires: Extemporáneos argentina, 1975, S. 53.

Die Bildung der Ballungsräume verteuert den Boden und die Arbeitskräfte, und sie konzentriert die Produktion und die daraus resultierenden Aufgaben; aber der Preis der angebotenen theoretischen Lösungen für die Probleme ist noch teurer[13], etwa hundert Milliarden Dollar, die keine Stadt- und sogar keine Bundesverwaltung übernehmen würde[14].

Die Schwerfälligkeit und die Unwirksamkeit der Stadtverwaltung und die bei der Problemlösung entstehende Gewalttätigkeit der Betroffenen zeigen, daß die enorme Stadtkonzentrierung einer demokratischen Kontrolle entgleitet.

Die Stadt New York ist ein schmerzhaftes Beispiel dieser Funktionsstörung. Trotz massiver Entlassungen seitens der Stadtverwaltung hat New York ein Defizit von 300 Millionen innerhalb eines Jahreshaushalts von 5000 Millionen Dollars; sie braucht eine Erweiterung der Polizei, obwohl diese schon um 50 % personell stärker ist als der Bundesdurchschnitt; die Kriminalitätsrate wächst, da New York mit einem Sechstel der Bundesstaatsbevölkerung 50 % der Verbrechen registriert; der Aufwand für die Volksschulen ist fast doppelt so hoch wie in anderen Städten, aber die Lesefähigkeit der Schülerschaft ist viel niedriger. Die Stadt hat ein Krankenhausbett pro 200 Einwohner, der nationale Durchschnitt beträgt 120; die Kindersterblichkeit erreicht eine Höhe von 38,4 pro 100 in der nicht-weißen Bevölkerung, obwohl ein Arzt pro 400 Einwohner im Gegensatz zum nationalen Durchschnitt von einem Arzt pro 620 Einwohner zur Verfügung steht. In New York ist die Steuerbelastung für den Steuerpflichtigen höher: 274 Dollar für New York gegenüber 73 für New Orleans und 113 für Miami.

Sowohl für das Gesundheitswesen und die Qualität der Erziehung als auch für die Sicherheit von Personen und Sachen ist die Lage in New York viel ungünstiger und teurer als in anderen Industriestädten mit kleinerer Bevölkerung. Gleichzeitig erhöht die Wohnungsdichte die Boden- und Mietpreise, und als Folge verteuert sich die Entlohnung der Kommunalbediensteten; ebenso wachsen explosionsartig die Unterhaltskosten der Straßen, der Müllabfuhr, der Beleuchtung, der Personenbeförderungsmittel, des Wassers und der Energie, insbesondere der Elektrizität[15].

Dies ist nicht nur wirtschaftlich, sondern auch sozial gesehen Wahnsinn. Die Stadtkonzentrierung wird dem sozialen Stadthaushalt und sogar dem sozialen Bundeshaushalt sehr beschwerlich:

Erstens, die Stadt wirkt auf die ohnehin Armen wie ein Magnet, sie erhoffen sich sozialen Aufstieg, der aber in der Stadt teurer ist als anderwärts;

Zweitens, die Stadt macht wegen ihrer hohen Preise weitere Bevölkerungskreise noch ärmer, die außerhalb der Stadtkonzentration auskömmlich leben könnten[16].

---

13 *Ebenda*, 51.
14 *Ebenda*, 54.
15 *Ebenda*, 54.
16 *Ebenda*, 55.

Erster Teil:
Über den »nicht-normativen« Gesichtskreis im lateinamerikanischen Recht

Nach einem solchen Beispiel aus dem reichsten Industrieland der Welt fühlt man sich hoffnungslos:
If the affluent do so badly,
how will the underprivileged manage better[17].

Denn in Lateinamerika kommen noch das Bevölkerungswachstum, der unkontrollierte Städtebau (»urbanisme sauvage« der Franzosen) und der Populismus, Eigenschaften der abhängigen Verstädterung[18] hinzu. Daher ein Teufelskreis[19], der wegen der totalen Abwesenheit der großen Industrialisierung nicht mit der der »entwickelten« Verstädterung vergleichbar ist.

Das normale Wachstum der Landbevölkerung wäre unproblematisch, wenn die einseitige Rohstoffmonoproduktion umstrukturiert werden könnte. Das ist wegen der Abhängigkeit der Wirtschaft dem Ausland gegenüber nicht möglich. So gehen die Landbewohner in die Stadt auf die Suche nach einer Industriearbeit, die in den Rohstoffländern nicht existiert. Die Städte wachsen, ohne daß zugleich das Arbeitsplatzangebot mitwachsen würde.

Die Struktur der Wirtschaftsbeziehungen macht Wandlungen in den Städten durchaus unvermeidlich. Das Raumplanungsrecht kann diese soziale Tatsache nicht ändern. Darüber hinaus steht der Wildwuchs der Städte einer Setzung wirksamen Städtebaurechts entgegen, insbesondere deshalb, weil der Sozialwohnungsbau sich ohnmächtig darstellt, da er nur knapp 10 % des jährlichen *neuen* Bedarfs befriedigen kann. Das Defizit des Wohnungsbaus wird also die natürliche Folge der Undurchführbarkeit der Raumplanung und einer Städtebaupolitik.

A) Die Stärke der Landflucht läßt keine Zeit für die Änderung der Landstruktur[20]. Das Wachstum der Bevölkerung spielt dafür eine kleine, nicht entscheidende Rolle.

17 Der Ausdruck bei BARBARA WARD, *The Home of Man,* Introduction by ENRIQUE PEÑALOSA, Toronto: the International Institute for Environment and Development/ ROMERO, *Latinoamérica: las ciudades y las ideas,* Buenos Aires: Siglo XXI argentina *América Latina,* Buenos Aires: Instituto Torcuato Di Tella, 1969, und JOSÉ LUIS The Canadian Publishers, McClelland and Stewart Limited, 1976, 297 S., bes. S. 193.
18 Der Begriff schon bei MANUEL CASTELLS, *La cuestión urbana,* 2. Aufl., Ciudad de México: Siglo Veintiuno Editores, 1976, XIX + 517 S., bes. XVIII.
19 Vgl. GUNNAR MYRDAL, *Economic Theory and Under-developed Regions,* London: Gerald Duckworth & Co., 1957, XII + 168 S., spanische Übersetzung, Ciudad de México: Fondo de Cultura Económica, manche Nachdr.; für den Ausdruck Myrdals (»causación circular acumulativa«) habe ich leider keine bessere deutsche Wiedergabe vorgefunden.
20 S. weitgehender FERNANDO PEDRÃO und KARL-HEINZ STANZICK (Herausgeber), Seminar über *Planificación regional y urbana en América Latina,* Ciudad de México: Siglo Veintiuno Editores, I.L.P.E.S./I.L.D.I.S., 1974, XVI + 408 S., 135.

Die wilde Verstädterung ist wirtschaftlich noch teurer. Gleichzeitig entfernen sich die Menschen von den Ressourcen und ersticken die begrenzten Leistungsmöglichkeiten der Städte.

B) Die Abwesenheit einer Raumplanung bis 1978[21] und die chaotische Konzentrierung von Investitionen, Aufgaben und Macht in den großen Städten bis 1977[22] – in Städten, die direkte Handelsbeziehungen mit den ausländischen Interessen haben – nehmen den kleinen und mittleren Städten die Entwicklungsmöglichkeit.

Die Großstädte erhalten den dynamischen Anteil der Bevölkerung, indem in einem Teufelskreis die mittleren und kleinen Städte tiefer in Stagnation geraten. Aber die Großstädte als »Insel der Modernität« haben auch nicht die nötige Kraft für die Gestaltung der Agrarwirtschaft auf ganz neuer Ebene[23].

C) Die Agrarstrukturen sind, wie angedeutet, eine Folge der herrschenden Handelsbeziehungen mit dem Ausland. Das abhängige wirtschaftliche »Modell« läßt sich deshalb nicht verwirklichen.

Der Bruttogewinn wird vom Lande in die Hauptstadt, dann in die Zentren der ausländischen Interessen transferiert. Die multiplizierenden Wirkungen fehlen in den Ortsgemeinschaften. Die Landwirtschaft und der Bergbau verlieren daher jenen Dynamismus.

D) Die Störung des gesamtwirtschaftlichen Gleichgewichts wird in den Hauptstädten Lateinamerikas, d. h. in den größten Ballungsräumen (z. B. Río de Janeiro/São Paulo, Caracas, Buenos Aires, Mexiko-City) verschlimmert.

Modernste Technologie wird nur in den »Häfen« der Kolonialperiode eingeführt[24], was noch zur Konzentrierung beiträgt.

Aber ihre Ressourcen und Leistungen stimmen nicht mit dem Niveau der Gesellschaft überein: *eine so raffinierte Technik verschlingt einen zu großen Anteil des Bruttosozialprodukts, obwohl sie nur einer dünnen Schicht zugute kommt,* während die breite Mehrheit davon nicht profitiert.

Daher entwickelt sich unser Teufelskreis weiter, weil *diese führenden Minderheiten wohl im Interesse des Auslandes konsumieren* und die soziale Kluft dadurch vertieft wird (»*Marginalidad*«).[25] Diese unausgeglichene Beziehung Stadt/Land stabilisiert sich mit negativem dynamischem Trend.

---

21 Am 19. Mai 1978 wurde der Bundesplan für die Entwicklung der Städte *(Plan Nacional de Desarrollo Urbano)* durch Erlaß des Bundespräsidenten veröffentlicht.
22 Nach der Verwaltungsreform v. 29. Dez. 1976 sind dafür zwei neue Ministerien zuständig: Das Bundesministerium für Planung und Haushalt *(Secretaría de Programación y Presupuesto)* und das Bundesministerium für Städteplanung und öffentliche Arbeiten *(Secretaría de Asentamientos Humanos y Obras Públicas).* Der Plan Nacional (o. Anm. 21) wurde von beiden Ressorts durchgearbeitet. Die in Anm. 21 u. 22 genannten Verwaltungsmaßnahmen entwickeln das Bundesrahmengesetz v. 26. Mai 1976.
23 PEDRÃO u. STANZICK, ebenda, S. 306–307.
24 S. dazu weitgehender JORGE ENRIQUE HARDOY (Mitherausgeber), *La urbanización en* editores, 1976.
25 Dazu noch einmal PEDRÃO u. STANZICK, *ebenda,* 308–310 u. 223.

Zweiter Teil:
Über den »normativen« Gesichtskreis im lateinamerikanischen Recht

Es gibt also einen spezifischen Unterschied in der Stadtproblematik[26] zwischen den Industrieländern und den Ländern der Dritten Welt (oder sogenannten Rohstoffländern). Insbesondere in Lateinamerika müßte die öffentliche Verwaltung als direkte Aufgabe untereinander verflochtene Funktionen *(cometidos)* im Bereich der Raumplanung, des Städtebaus und des sozialen Wohnungsbaus übernehmen. Diese »Funktionen« (d. h. besser *Dienste* in dem Sinne des spanischen *cometidos)* betreffen unter anderem die Erziehungsverwaltung (B), die Besteuerung (C), das Bodenrecht (D) und die Personenbeförderungsmittel (E). Aber zunächst sollte man ein Wort über »die große Lösung«, die sogenannte demographische Aufgabe (A) der öffentlichen Hand, sagen.

A) Auch die entschiedensten Malthusianer geben zu[27], daß *sich eine andere Wirtschafts- und Sozialpolitik machen ließe*[28], *die ein größeres Arbeitsangebot* sowohl auf dem Lande als auch in den Städten *schaffen würde. Es gäbe keine »Überbevölkerung«* und die Probleme für den Anfang des 21. Jahrhunderts blieben dieselben, wenn auch der Erfolg des staatlichen Kampfs um das Ziel »die kleine Familie lebt besser« im Ergebnis eine Zahl von 120 anstatt 135 Millionen Mexikaner bedeuten würde[29].

Der *Club of Rome* hat seine katastrophalen Meinungsäußerungen zwar nuanciert[30]. Nahrung und Energie sind erreichbar für eine viel größere Bevölkerung in der Welt. Aber *unter einer Bedingung, die unumgänglich ist:* die Wirtschaftssysteme sowohl der Industrieländer als auch der Rohstoffländer müßten dafür *nach öffentlichen Zielen, nicht mehr nach privaten Zielen* orientiert werden.

Die Wirtschaftskommission der Vereinten Nationen für Lateinamerika (CEPAL) hat kürzlich die Proteinreserven von Lateinamerika für die ganze Welt und sein enormes Agrarpotential unterstrichen. In der Tat verbleiben noch 542 Millionen Hektar von pflügbarem Boden[31].

---

26 Besonderheit, die sogar von CASTELLS anerkannt wird: *ebenda*, XVII und XV (»no se habla de lo mismo«).
27 Z. B. VÍCTOR L. URQUIDI, *La explosión humana*, Ciudad de México: Fondo de Cultura Económica, Reihe »testimonios del fondo«, 1974, 66 S., 13.
28 *Ebenda*, 8.
29 *Ebenda*, 14.
30 S. darüber MIJAILO MESAROVIC u. EDUARDO PESTEL, *Menschheit am Wendepunkt*, Stuttgart, 1974; und AMÍLCAR HERRERA, »El Club de Roma reclama cambios profundos«, Ciudad de México: *Excelsior*, 16. April 1976, S. 1–8A.
31 S. die Presseerklärung von Professor ENRIQUE IGLESIAS, Generalsekretär der Wirtschaftskommission der Vereinten Nationen für Lateinamerika (C.E.P.A.L.), in Ciudad de México: *Excelsior*, »100 millones de latinoamericanos, subalimentados EPAL«, 27. April 1976, S. 21–A.

Das falsche Dilemma Malthus (Kinder oder Nahrung?) verkennt die technologischen Möglichkeiten einer unbegrenzten wirtschaftlichen und sozialen Erneuerung der Menschheit[32]. Die »grüne Revolution« sollte selbstverständlich nicht von einer enthaltsamen Verwaltung gesteuert werden. Diese »Revolution« ist zwar keine »Revolution« im engeren Sinne und könnte nicht die Agrarreform ersetzen, die von der mexikanischen Bundesverfassung seit 1917 verlangt wird (Artikel 27 Abs. 1 und 9).

Aber die technische Erneuerung der Landwirtschaft wird so viele Umsetzungen verursachen, daß sie am Ende auch zu einer Agrarreform entscheidend beitragen wird.

B) Man müßte klarstellen, was die privaten Unternehmungen im Bereich des Erziehungswesens für Schäden angerichtet haben.

Die wirtschaftliche und soziale Unordnung wird in Lateinamerika durch die privaten Unternehmungen geschaffen. Anarchisch[33] und ziellos[33a] schaffen sie den Markt gegen das Gemeinwohl[33b], sie zerstören die Landschaft[34], sie verteuern den Boden[35] und bremsen jede Wohnsiedlung, sie verschlimmern die Misere[36] und spielen eine entscheidende Rolle für das Anwachsen der Stadtkrise.

Die Einsicht in diesen Zusammenhang ist aber nicht einfach. *Sie verlangt eine gute öffentliche Erziehung,* so daß die breite Bevölkerung von Untertanen zu Bürgern[38] wird, die die gerechte Teilhabe an den Leistungen der Verwaltung verlangen[39]. Wie die deutsche Verwaltungslehre es prächtig ausgedrückt hat:

32 Zum folgenden vgl. EDMUNDO FLORES (Selección y prólogo), *Lecturas sobre desarrollo agrícola*, Nr. 1 der Reihe v. »El Trimestre Económico«, Ciudad de México: Fondo de Cultura Económica, 1974, 472 S., bes. S. 98, 293–294, 288–289, 306, 294. Ders., *Tratado de economía agrícola*, Ciudad de México: Fondo de Cultura Económica, 1964, 4. Aufl., 1976, 446 S.
33 Zum folgenden vgl. JORGE ENRIQUE HARDOY, *Las ciudades en América Latina – Seis ensayos sobre la urbanización contemporánea*, Vorwort v. MARCOS KAPLAN, Buenos Aires: Paidós, Biblioteca América Latina (Serie Mayor), 1972, 248 + 7 S., bes. 147.
33a *Ebenda*, 147.
33b *Ebenda*, 151.
34 *Ebenda*, 156.
35 *Ebenda*, 170.
36 *Ebenda*, 219.
37 *Ebenda*, 220.
38 Hierzu allgemein RUDOLF SMEND, *Bürger und Bourgeois im deutschen Staatsrecht*, 1933, nun in »Staatsrechtliche Abhandlungen und andere Aufsätze«, Berlin: Duncker & Humblot, 1968, S. 309–325; MAURICE BOURJOL, *La réforme municipale. Bilan et perspectives*, Paris: Berger-Lévrault, 1975, 428 S., 43; SEBASTIÁN MARTIN-RETORTILLO y colaboradores (E. ARGULLOL, L. COSCULLUELA, T. R. FERNANDEZ, L. MARTIN-RETORTILLO, A. NIETO, A. RISCO, F. C. SAINZ DE ROBLES, J. SALAS), *Descentralización administrative y organización política*, Madrid: Alfaguara, 3 Bde., 373 + 748 + 762 S., bes. der 4. Teil im Band III, S. 311–729. Eine soziologische Übersicht bei ARTURO CONZÁLEZ-COSÍO, *Clases medias y movilidad social en México*, Ciudad de México: Extemporáneos S.A., 173 S., bes. 48 u. 153.
39 Zur Verbindung von Grundrechten und Leistungsverwaltung im Organisationsrecht der

»Das berührt ein grundsätzliches (Erziehungs-)Problem. Da sich für den in der Masse isolierten Einzelnen Freiheit heute weniger in der Bewahrung einer (faktisch oft nur in bescheidenen Ansätzen vorhandenen) individuellen Freiheitssphäre ausdrückt als vielmehr in der Teilhabe und an den wachsenden Möglichkeiten des Konsums, *wirkt das Freiheitsstreben des modernen Menschen nicht mehr in Richtung einer Entstaatlichung, sondern im Gegenteil einer Belastung des Staates mit neuen zusätzlichen Aufgaben, einer Ausdehnung und Intensivierung der staatlichen Verwaltung hin.*«[40]

Dazu könnte man mit Recht auch noch die deutsche anthropologische und soziologische Lehre wiedergeben:

»Im Bewußtsein der Massen ist nicht nur die Garantie des Lebensstandards, sondern dessen laufende Steigerung zu einem Rechtsanspruch geworden, dessen Einlösung man vom Staat erwartet.«[41]

C) Die Finanzaufgabe des Staates umfaßt vor allem, daß die öffentliche Hand – mit Recht und für das Gemeinwohl – den Mehrwert des Städtebaus an sich zieht. Das ist schwierig. Aber die technischen Einzelheiten einer Steuerreform dürfen nicht hindern, die Aufgabe trotz schwerwiegender Hindernisse anzupacken[42].

Städteplanung siehe: HANS-JULIUS WOLFF u. OTTO BACHOF, *Verwaltungsrecht*, München: C. H. Beck, 9. Aufl., 1974, Band I, 624 S., bes. 260–280; ANDRÉ DE LAUBADÈRE, *Traité de droit administratif*, Paris: L.G.D.J., 6. Aufl., 1975, Band II, 534 S., bes. 363–520; EDUARDO GARCIÁ DE ENTERRÍA, *Apuntes de derecho administrativo 20*. (Explicaciones de cátedra en la Universidad Complutense), »El Urbanismo«, Madrid: Facultad de Derecho/Artes Gráficas Benzal, 1972, Band III, S. 36, 161, 64, 66 u. 168.

40 So tief verstanden und prächtig ausgedrückt schon bei HANS MAIER, »Verwaltungslehre und politische Theorie« in *Perspectivas del Derecho Público en la Segunda Mitad del Siglo X, Homenaje a Enrique Sayagués-Laso (Uruguay)*, Madrid: I.E.A.L., 1969, und Montevideo: Amalio M. Fernández, 1976, Band I, S. 781–802, bes. 788.

41 Grundsätzlich richtig bei A. GEHLEN, *Industrielle Gesellschaft und Staat* (in »Studien zur Anthropologie und Soziologie«, Neuwied, 1963, 247 ff., *apud* HANS MAIER, ebenda.

42 Vgl. zu diesem Paragraph und den neueren Entwicklungen der mexikanischen Bundesgesetzgebung: J. SILVA-HERZOG FLORES/M. GONZÁLEZ-AVELAR und L. CORTINAS-PELÁEZ (Herausgeber), *Asentiamentos Humanos, Urbanismo y Vivienda*, Ciudad de México: Porrúa, 1977, 788 S.; MIGUEL VALDÉS-VILLARREAL, »El nuevo derecho que regula los asentamientos humanos«, Ciudad de México: *Vivienda*, Nr. 9, April 1977, S. 2–35; LUIS CARBALLO-BALVANERÁ, »Alternativas para el financiamiento del desarrollo en los Estados Unidos Mexicanos«, Ciudad de México: *Vivienda*, Band 3, Nr. 2, März/April 1978, S. 134–156; JOSÉ MANUEL SUAREZ-MIER, »Notas sobre el tratamiento impositivo a la propiedad urbana« in *Economía y Derecho Urbanos*, Ciudad de México: Infonavit/Porrúa S.A., 1980, in Vorbereitung, besonders Par. 4, 1, 12, 17 und 15; JULIO CARCIA-COLL, *El proceso de reforma urbana*, Toluca: Encuentro sobre el desarrollo urbano del Estado de México, Sept. 1973, Par. 3.2.2.c.); und das Sammelwerk der zuständigen planenden Verwaltung, *Plan Nacional de Desarrollo Urbano*, 8 Bde., Ciudad de México: Secretaría de Programación y Presupuesto/Comisión Nacional de Desarrollo Urbano/Secretaría de Asentamientos Humanos y Obras Públicas, 1978.

D) Wie das alte germanische Recht[42a] anerkennt auch das mexikanische Bundesverfassungsrecht kein natürliches Recht auf den Boden. Das private Eigentum wird nur im Rahmen der Gesetze[43] akzeptiert.

Der Staat verleiht das Bodeneigentum, er ist Quelle dieses Rechts. Das gilt sowohl für das städtische als auch für das ländliche Eigentum[44].

Es gibt keinen wirtschaftlichen Grund, der das Privateigentum am Boden fundiert[45]. Auf dem Lande als auch in den Städten ist es eine reine öffentliche Angelegenheit gemäß Artikel 27 Absatz 1 und Absatz 3 der Bundesverfassung von 1917.

Die Erhöhung der Bodenkosten über das Niveau der Löhne bedeutet Bodenspekulation und Inflation, die nicht vom Stadtboden erzeugt wird[46].

Die mexikanische Bundesverfassung bestimmt, »der Bund hat jederzeit das Recht, die Inhaltsbestimmungen des Privateigentums im Dienste des öffentlichen Interesses zu definieren« (Artikel 27, Absatz 3, Satz 1). Sowohl der produktiv genutzte Boden als auch der bewohnte Boden[47] sind unter diesem sozialen Aspekt der Gesellschaft gewidmet.

So ist die soziale Funktion des Privateigentums ein Auftrag der Verfassung seit 1917 geworden. Das Eigentum verlangt von der öffentlichen Hand die direkte Anwendung ihrer Tätigkeit bei der Raumplanung als auch beim Städtebau. Diese soziale Funktion könnte normativerweise durch verschiedene Techniken verwirklicht werden[48]: die schärfste Waffe könnte die Enteignungsaktion[49] unter dem Marktpreis sein, wie nach dem Muster des spanischen Bodengesetzes von 1963 von

---

42a Wie es RAMON MARTIN-MATEO und FRANCISCO SOSA WÁGNER, »Limitaciones a la propiedad y expropiaciones urbanísticas« in SILVA-HERZOG FLORES/GONZÁLES-AVELAR u. CORTIÑAS-PELÁEZ, a. a. O., S. 349–371, unterstrichen haben.
43 JOSÉ LOPEZ-PORTILLO Y PACHECO, »Palabras con la iniciativa privada de San Luis Potosí«, 8. April 1976, Ciudad de México: *Documentos de la República*, No. 380, April 1976, S. IX–XVI, bes. XII; s. auch MIGUEL ACOSTA-ROMERO, *Teoría general del derecho administrativo*, Ciudad de México: U.N.A.M. (Reihe »textos universitarios«), 2. Aufl., 1975, S. 259–260.
44 S. RAFAEL B. VELAZCO, »El Catastro-Registro de la Tenencia y Uso del Suelo en el Estado de Derecho Social« in Ciudad de México: *Vivienda*, Nr. 8, Februar 1977, S. 44–57; ders., »Interrelación del Catastro con el Registro Público de la Propiedad y el impuesto territorial en el desarrollo urbano« in *Economía y Derecho Urbanos*, Ciudad de México: INFONAVIT, 1980 (in Vorbereitung).
45 JULIO GARCIA-COLL u. MARIO SCHJETNAN, *México urbano*, Ciudad de México: Fondo de Cultura Económica, Reihe »testimonios del fondo«, 1975, 6 S., bes. S. 39.
46 *Ebenda*, 40.
47 S. oben Anm. 44 u. LEON CORTIÑAS-PELÁEZ, »De la posibilidad de un derecho latinoamericano de los asentamientos humanos, el urbanismo y la vivienda« in SILVA-HERZOG FLORES/GONZÁLEZ-AVELAR u. CORTIÑAS-PELÁEZ, *a. a. O.*, S. 305–328, bes. 323.
48 Vgl. GARCÍA DE ENTERRÍA, *a. a. O.* (Anm. 39), Band IV, S. 50, 51 u. 57.
49 So LEON CORTIÑAS-PELÁEZ, *a. a. O.*, 324.

der Rechtslehre[50] befürwortet wird, obwohl die sehr konservative Rechtsprechung noch nicht ihr letztes Wort über die neueren Entwicklungen[51] gesprochen hat.

Die Stadtreform und die Agrarreform werden als Verfassungsauftrag durchgesetzt. Die Stadtreform und die »Verstaatlichung« des Stadtbodens sind keine »Enteignung« im eigentlichen Sinne. Der modernsten Staatslehre[52] nach darf man ohne weiteres, d. h. ohne Entschädigung, diesen Souveränitätsakt vollziehen.

Genau wie bei der Einkommensteuer in den Industrieländern der spätkapitalistischen Gesellschaften, handelt es sich um einen Beitrag zur Erweiterung und Festigung der Aufgaben der öffentlichen Gewalt. Dazu braucht man keine Entschädigung, da die »Verstaatlichung« durch formelles Gesetz verwirklicht wird, wenn auch die höchste mexikanische Rechtsprechung noch nicht reif dafür scheint, im Gegensatz zu der internationalen Rechtsprechung[53]. (Pour mémoire: als die Vereinigten Staaten von Nordamerika den XIII Amendment ihrer Bundesverfassung von 1787 in Kraft setzten, wurden die Besitzer von Sklaven nicht entschädigt.)

Die Technik der Raumplanung, die die Industrieländer besonders entwickelt haben, d. h. das »polarisierte Modell«[54], läßt sich auf Lateinamerika nicht leicht übertragen[55].

Der Erfahrung nach entsprechen diese raffinierten Verfahren nicht dem Reifegrad unserer Gesellschaften[56], weil die Bedingungen bei uns verschieden sind.

Noch schlechter wäre die Raumplanung in den Händen der privaten Unter-

---

50 S. o. Anm. 48.
51 In der Tat ist eine Auslegung »contra legem« (eig. »contra constitutionem«) durch die mexikanische höchste Bundesrechtsprechung nicht ausgeschlossen, besonders gegen die Vollstreckung des Bundesrahmengesetzes v. 26. Mai 1976 und gegen den Bundesplan v. 19. Mai 1978.
52 So das Werk von EDUARDO NOVOA-MONREAL, *Nacionalización y recuperación de recursos naturales ante la Ley Internacional*, Ciudad de México: Fondo de Cultura Económica, 1974, 135 S., mit w. bes. europäischen Hinweisen, vorzüglich das Kapitel II, »La nacionalización como concepto jurídico autónomo«, S. 32–66.
53 Dazu neulich EDUARDO NOVOA-MONREAL, *Defensa de las nacionalizaciones ante tribunales extranjeros*, Ciudad de México: Instituto de Investigaciones Jurídicas (Universidad Nacional Autónoma de México), 1976, 222 S.
54 Zur Theorie s. FRANÇOIS PERROUX, »Schème d'une théorie de l'économie dominante«, Paris: *Economie appliquée*, Apr./Sept. 1948; ders., »Normes du développement et foyers du progrès«, Paris: *Cahiers de l'I.S.E.A.*, 1959, und »Les investissements multinational et l'analyse des pôles de développement et des pôles d'intégration«, Paris: *Economies et sociétés*, 1968. Zur Bescheidenheit des europäischen Erfolgs in der Praxis der Verwaltung s. PIERRE LAVIGNE (Herausgeber), *Dispersion géographique des administrations centrales de l'Etat*, Paris: Recherches Panthéon-Sorbonne (Université de Paris I), série: sciences juridiques/administration publique, 126 S., 1976, mit Hinweisen u. Statistiken über Frankreich, Schweden, Großbritannien, Niederlande, Belgien und die Bundesrepublik.
55 Hierzu sehr prägnant FERNANDO PEDRÃO u. KARL-HEINZ STANZICK, o. Anm. 20, S. 10 ff.
56 *Ebenda*, S. 13–14, 41, 45, 299.

nehmungen aufgehoben. Diese funktionieren als eine Enklave, die die Gewinne der Region aufsaugt und sie ständig in die Hauptstadt und sogar in die hegemonialen Metropolen transferiert[57].

Weder die öffentliche Hand noch die privaten Organisationen geben uns eine brauchbare Lösung.

Die Eingliederung der Raumpläne in das jährliche Haushaltsgesetz bedeutet eine Mischung regulierender Maßnahmen mit den klassischen liberalen Institutionen[58]. Diese Mischung würde eine weitgehende Zusammenarbeit aller politischen Fraktionen sowohl in der Exekutive als auch in der Legislative erfordern[59]. Die dazu erforderliche institutionelle Reife hat sich bei uns noch nicht ergeben.

E) Die Wohnungsfrage ist nicht nur Sache des Raumes, sondern auch der Zeit. Die Kommunikationsmöglichkeiten müssen verbessert werden. Dazu bedarf es für breite Bevölkerungskreise kollektiver Beförderungsmittel. Diesen gilt die Priorität, insbesondere in Städten (Mexiko, Buenos Aires, Río de Janeiro, bald auch Caracas) deren Ausdehnung mehr als 40 Kilometer beträgt.

Sonst werden sich die Einwohner wie im Gefängnis fühlen, weil die Kommunikationsmöglichkeit per Pkw nur einer Minderheit möglich ist.

Schlußwort

Dem Titel dieses Beitrages nach ist es ohne weiteres durchaus möglich, Rechtssätze zu bilden, die uns die Illusion geben könnten, daß unser »Recht« schon existiert. Es wäre jedoch kein wirkliches Recht, da der oben erwähnten Tatsache sozialwissenschaftlicher Öffnung nicht Rechnung getragen würde.

Die Grundrechte verlangen ganz konkrete Inhalte[60]. Es wäre eine Verfälschung des Sinnes des »Juristischen«, wenn wir annehmen würden, daß solche leere Formeln anderes als ein Beweis der nicht existierenden Grundfreiheiten sind[61].

57 Dazu José Luis Coraggio, »Hacia una revisión de la teoría de los polos de desarrollo« in *ebenda*, S. 39–58.
58 Zum folgenden vgl. Chi-Yi Chen u. Ramon-Mateo, *Aspectos administrativos de la planificación. El sistema venezolano*, prólogo v. Manuel Rachadell, Caracas: Instituto de Investigaciones Económicas y Sociales/ Universidad Católica Andrés Bello, 1973, 206 S., 11.
59 Vgl. Leon Cortiñas-Peláez, *Los principos rectores del presupuesto en Francia*, Montevideo: Seminario de Finanzas/ Facultad de Derecho y Ciencias Sociales, 1958; ders. u. Mitarbeit v. José María Chillon-Medina, »Perspectives juridico-administratives de la planification française«, Montevideo: *Gedächtnisschrift für* Quintín Alfonsín (»La Rev. de Derecho, Jurisprudencia y Administración«, Band 59), 2. Teil, 1963, S. 159–183. S. auch Chen u. Martin-Mateo, a. a. O., 138–142 u. 166.
60 Dazu Enrique Pedro Haba, *La idea de totalitarismo y la libertad individual*, Bogotá: Temis, 1976, XXXVI + 258 S.
61 Über die Gefahr dieses Wiener Formalismus in Lateinamerika s. o. Anm. 11, S. 12–21 (mit w. Hinweisen).

Der moderne Staat hat heutzutage eine einzige Rechtfertigung: seine Aufgaben und seine Leistungen[62]. Wenn diese nicht gut und wirksam für die Mehrheit der Bevölkerung ausgeführt werden, gibt es sich auch kein Verwaltungsrecht, sogar kein Staatsrecht mehr.

Noch einmal möchte ich hier Begriffe der demokratischen und sozialen deutschen Staatsrechtslehre der Gegenwart heranziehen. Wie vom deutschen Grundgesetz von 1949 könnte man von der mexikanischen Bundesverfassung von 1917 sagen, daß sie nicht den sogenannten bürgerlichen Rechtsstaat restauriert, sondern dem »einseitig auf die formalen Elemente der Rechtsstaatlichkeit bezogenen Rechtsstaatsbegriff in mehrfacher Hinsicht eine Absage erteilt«, indem sie nicht mehr »die absolut verstandene Einzelperson, sondern Eigenwert und Eigenständigkeit des Menschen schlechthin, die unantastbare Würde der menschlichen Persönlichkeit als den zentralen Wert« an den Anfang stellte. Sie bejaht schließlich in der »Staatszielbestimmung« des sozialen (Rechts-)Staates die Aufgabe des Staates zur Gestaltung der Sozialordnung... Dem Rechtsstaatsbegriff eignen daher nicht nur formale, sondern auch und sogar primär materiale Elemente: Rechtsstaat ist der auf Verwirklichung und Sicherheit der Gerechtigkeit zielende Staat, und seine formalen Elemente dienen nur zur Gewährleistung dieses materialen Gehalts[63].

Bibliographie

ACOSTA-RMERO, Miguel, *Teoría general del derecho administrativo*, Ciudad de México: U. Nac. Aut. de México, textos universitarios, 2. Aufl., 1975, 322 S.

BACHOF, Otto, »Begriff und Wesen des sozialen Rechtsstaates, Der soziale Rechtsstaat in verwaltungsrechtlicher Sicht«, *Veröffentlichungen der Vereinigung der Deutschen Staatsrechtslehrer*, Band 12, Berlin: Walter de Gruyter & Co., 1954, S. 37–84.

BACHOF, Otto, *Verwaltungsrecht* (mit WOLFF, Hans-Julius), s. u. nach WOLFF, 1974–1979, 3 Bde.

BOECKENFOERDE, Ernst-Wolfgang (Herausgabe u. Einführung), *Staat und Gesellschaft*, Darmstadt: Wissenschaftliche Buchgesellschaft, 1976, XVI + 520 S.

62 S. o. Anm. 3, bes. Caracas, S. 21–32, S. 33); ähnlich ULRICH SCHEUNER, »Das Wesen des Staates und der Begriff des Politischen in der neueren Staatslehre«, in HESSE/REICKE/SCHEUNER (Herausgeber), *Staatsverfassung und Kirchenordnung, Festgabe für Rudolf Smend zum 80. Geburtstag am 15. Januar 1962*, Tübingen: Mohr, 1962, 466 S., bes. 225–260 (226 u. 255). Vgl. HANS-JULIUS WOLFF,, »Derecho administrativo de prestaciones«, *Homenaje a Sayagués-Laso*, V, 349 ff.

63 So tief und glänzend schon OTTO BACHOF, »Begriff und Wesen des sozialen Rechtsstaates, Der soziale Rechtsstaat in verwaltungsrechtlicher Sicht«, Mitbericht in den *Veröffentlichungen der Vereinigung der Deutschen Staatsrechtslehrer*, Band 12, Berlin: Walter de Gruyter & Co., 1954, S. 37–84 (37–38). Ähnlich José LOPEZ-PORTILLO Y PACHECO, *Génesis y teoría general del Estado moderno*, Ciudad de México: Manuel Porrúa S.A., textos universitarios, 2. Aufl., 1975, 700 S., (526, 666–667, 674, 694 und 700).

Bourjol, Maurice, *La réforme municipale. Bilan et perspectives,* Paris: Berger-Lévrault, 1975, 428 S.

Carballo-Balvanera, Luis, »Alternativas para el financiamiento del desarrollo urbano en los Estados Unidos Mexicanos: *Vivienda,* Band 3, Nr. 2, März/April 1978, S. 134 bis 156.

Castells, Manuel, *La cuestión urbana,* Ciudad de México: Siglo XXI, 1976, 2. Aufl., XIX + 517 S.

Coraggio, José Luis, »Hacia una revisión de la teoría de los polos de desarrollo« in Pedrão u. Stanzick, S. 39–58.

Cortiñas-Peláez, León, *Los principios rectores del presupuesto en Francia,* Montevideo: Seminario de Finanzas/Facultad de Derecho y Ciencias Sociales, 1958, 11 S.

Cortiñas-Peláez, León, und Chillon-Medina, José María, »Perspectives juridico-administratives de la planification française«, Montevideo: *Homenaje a Quintín Alfonsín* (Gedächtnisschrift für), 1963, »La Rev. de Derecho, Jurisprudencia y Administración«, Band 59, 2. Teil, S. 159–183.

Cortiñas-Peláez, León, »Estado democrático y administración prestacional«, Montevideo: *Revista de la Facultad de Derecho y Ciencias Sociales,* 1971, Madrid: *Revista de Administración Pública* y Ciudad de México: *Revista Mexicana de Ciencia Política,* 1972, Nr. 68, S. 75–99.

Cortiñas-Peláez, León, »Las ciencias administrativas en América Latina«, Caracas: *Archivo de Derecho Público y Ciencias de la Administración,* Band 2 (1970–1971), Instituto de Derecho Público/Univ. Central de Venezuela, 1972, S. 11–130.

Cortiñas-Peláez, León, »De la posibilidad de un derecho latinoamericano de los asentamientos humanos, el urbanismo y la vivienda« in Silva-Herzog Flores/González-Avelar u. Cortiñas-Peláez, S. 305–328.

Cortiñas-Peláez, León, »Un derecho administrativo comunitario latinoamericano. Notas para una consideración multidisciplinaria«, Ciudad de México: *Revista latinoamericana de administración pública,* A.L.A.P., Nr. 7 1978, S. 7–78.

Chen, Chi-Yi, u. Martín-Mateo, Ramón, *Aspectos administrativos de la planificación. El sistema venezolano,* prólogo v. Manuel Rachadell, Caracas: Instituto de Investigaciones Económicas y Sociales/Univ. Católica Andrés Bello, 1973, 206 S.

Flores, Edmundo, *Tratado de economía agrícola,* Ciudad de México: Fondo de Cultura Económica, 4. Aufl., 1976, 446 S.

Flores, Edmundo, Auswahl u. Einleitung, *Lecturas sobre desarrollo económico,* Nr. 1 der Reihe v. »El Trimestre Económico«, Ciudad de México: Fondo de Cultura Económica, 1974, 472 S.

Furtado, Celso, »A hegemonia dos Estados Unidos da America do Norte e o futuro da América Latina«, *Homenaje a Sayagués-Laso,* I, 575–602.

García-Coll, Julio, *El proceso de reforma urbana,* Toluca: Encuentro sobre el desarrollo urbano del Estado de México, Sept. 1973, 12 S.

García-Coll, Julio, u. Schjetnan, Mario, *México urbano,* Ciudad de México: Fondo de Cultura Económica, Reihe »testimonios del fondo«, 1975, 66 S.

García de Enterría, Eduardo, *Apuntes de Derecho Administrativo 20.,* Bände III u. IV (»El urbanismo«), Madrid: Facultad de Derecho/Artes Gráficas Benzal, 1972, 240 + 143 S.

García de Enterría, Eduardo, u. Escalante, José, A., *Código de la Administración Local y del Urbanismo,* Madrid: Boletín Oficial del Estado, 1973, 2. Aufl., 3106 S.

Gedächtnisschrift für Sayagués-Laso, s. *Homenaje* a Sayagués-Laso, 1969.

Gehlen, A., *Industrielle Gesellschaft und Staat* in »Studien zur Anthropologie und Soziologie«, Neuwied, 1963, *apud* Maier, 1969.

González-Avelar, Miguel, s. Silva-Herzog Flores u. a., 1977.

González-Cosío, Arturo, *Clases medias y movilidad social en México*, Ciudad de México: Extemporáneos S.A., 173 S.

Haba, Enrique Pedro, *La idea de totalitarismo y la libertad individual*, prólogo v. León Cortiñas-Peláez, Bogotá: Temis, XXXII + 256 S., 1976.

Hardoy, Jorge Enrique, Mitherausgeber, *La urbanización en América Latina*, Buenos Aires: Instituto Torcuato Di Tella, 1969, 312 S.

América Latina (Serie Mayor), 1972, 248 + 7 S.

zación contemporánea, prólogo v. Marcos Kaplan, Buenos Aires: Paidós, Biblioteca

Hardoy, Jorge Enrique, *Las ciudades en América Latina – Seis ensayos sobre la ubani-*

Hauriou, André, *Les institutions et la vie politique des sociétés industrielles modernes*, Paris: Les Cours de Droit, 1962–1963.

Hauriou, André, *Les institutions et la vie politique des sociétés non arrivées à la maturité*, 1963–1964, unsere Notizen.

Hauriou, André, *Droit constitutionnel et institutions politiques*, 1. Aufl., Paris: Montchrestien, 1966, 5. Aufl. (Nachlaß), 1974, 830 S.

Herrera, Amílcar, »El Club de Roma reclam cambios profundos«, Ciudad de México: *Excelsior*, 16. April 1976, S. 1–8A.

Hesse, Konrad/Reicke, Siegfried/Scheuner, Ulrich (Herausgeber), *Staatsverfassung und Kirchenordnung, Festgabe für Rudolf Smend zum 80. Geburtstag am 15. Januar 1962*, Tübingen: Mohr, 466 S.

Homenaje a Sayagués-Laso, Abk. f. Perspectivas del Derecho Público en la Segunda Mitad del Siglo X, Homenaje a Enrique Sayagués-Laso (Uruguay), 5 Bde., Madrid: I.E.A.L., 1969, und Montevideo: Amalio M. Fernández, 1976, CLIX + 913, 830, 1139, 1301 und 1035 S.

Iglsias, Enrique, »100 millones de latinoamericanos, subalimentados: C.E.P.A.L.«, Ciudad de México: *Excelsior*, 27. April 1976, S. 21–A.

I.L.P.E.S. (Instituto Latinoamericano de Planifacacion Económica y Social), *Dos polémicas sobre el desarrollo de América Latina*, Santiago de Chile: Editorial Universitaria S.A. und Ciudad de México: Siglo XXI editores, 1970, XXX + 210 S.

Julien, Claude, *Le suicide des démocraties*, Paris: Bernard Grasset, 1972, spanische Übersetzung *El suicidio de las democracias*, Buenos Aires: Extemporáneos argentina, 1975, 253 S.

Lavigne, Pierre, Herausgeber, *Dispersion géographique des administrations centrales de l'Etat*, Paris: Recherches Panthéon-Sorbonne (Univ. de Paris I), Reihe: sciences juridiques/ administration publique, 126 S., 1976.

Laubadère, André de, *Traité de droit administratif*, Paris: L.G.D.J., 4 Bde., hierzu bes. Band II, 6. Aufl., 534 S., 1975.

López-Portillo y Pacheco, José, *Génesis y teoría general del Estado moderno*, Ciudad de México: Manuel Porrúa S.A., textos universitarios, 2. Aufl., 1975, 700 S.

López-Portillo y Pacheco, José, »Palabras con la iniciativa privada de San Luis Potosí«, 8. April 1976, Ciudad de México: *Documentos de la República*, No. 380, April 1976, S. IX–XVI.

Maier, Hans, »Verwaltungslehre und politische Theorie«, in *Homenaje a Sayagués-Laso*, I, 781–802.

MartínMateo, Ramón, und Sosa-Wagner, Francisco, »Limitaciones a la propiedad y expropiaciones urbanísticas« in Silva-Herzog Flores/González-Vvelar u. Cortiñas-Peláez, 1977.

Martín-Mateo, Ramón, s. auch Chi-Yi Chen, o.

Martín-Retortillo, Sebastián et al. (E. Argullol, L. Cosculluela-Montaner, T. R. Fernández-Rodríguez, L, Martín-Retortillo, A. Nieto-García, A. Risco, F. C. Sainz de Robles, J. Salas), *Descentralización administrativa y organización política*, Madrid: Alfaguara, 3 Bde., 373 + 748 + 762 S.

Matus, Carlos, »El desarrollo interior de América Latina: ¿tesis fantaseosa o interrogante fundamental« und »Reflexiones sobre una nueva estrategia latinoamericana de desarrollo«, in I.L.P.E.S., S. 1–15, 23–59 und 89–131.

Mesarovic, Mijailo, und Pestel, Eduardg, *Menschheit am Wendepunkt*, 1974, apud Herrera.

Moreno, Julio-Luis, *Los supuestos filosóficos de la ciencia jurídica*, Montevideo: Biblioteca de Publicaciones Oficiales de la Universidad de la República, III, Band CXXV, 1963, 184 S.

Myrdal, Gunnar, *Economic Theory and Under-developed Regions*, London: Gerald Duckworth & Co., 1957, XII + 168 S. – Wir zitieren nach der spanischen Übersetzung, Ciudad de México: Fondo de Cultura Económica, manche Nachdr.

Novoa-Monreal, Eduardo, *Nacionalización y recuperación de recursos naturales ante la Ley Internacional*, Ciudad de México: Fondo de Cultura Económica, 1974, 135 S.

Novoa-Monreal, *Defensa de las nacionalizaciones ante tribunales extranjero*, Ciudad de México: Instituto de Investigaciones Jurídicas (Univ. Nacional Autónoma de México), 1976, 222 S.

Pedrão, Fernando, u. Stanzick, Karl-Heinz (Herausgeber), Seminar über *Planificación regional y urbana en América Latina*, Ciudad de México: Siglo Veintiuno Editores, I.L.P.E.S./I.L.D.I.S., 1974, XVI + 408 S.

Perroux, François, »Schème d'une théorie de l'économie dominante«, Paris: *Economie appliquée*, Apr./Sept. 1948.

Perroux, François, »Normes du développement et foyers du progrès«, Paris: *Cahiers de l'I.S.E.A.*, 1959.

Perroux, François, »Les investissements multinationaux et l'analyse des pôles de développement et des pôles d'intégration«, Paris: *Economies et sociétés*, 1968.

Romero, José Luis, *Latinoamérica: las ciudades y las ideas*, Buenos Aires: Siglo XXI argentina editores, 1976, 2. Aufl., 396 S.

Sayagués-Laso, Enrique, s. *Homenaje a Sayagués-Laso*, 1969.

Scheuner, Ulrich, »Das Wesen des Staates und der Begriff des Politischen in der neueren Staatslehre«, Hesse/Reicke/Scheuner, 225–260.

Schjetnan, Mario, s. Garcia-Coll, Julio.

Silva-Herzog Flores, Jesús/González-Avelar, Miguel, und Cortiñas-Peláez, León, Herausgeber, *Asentamientos Humanos, urbanismo y vivienda*, Ciudad de México: Porrúa, 1977, 788 S.

Smend, Rugolf, s. Hesse/Reicke/Scheuner, *Festgabe für Rudolf Smend*, 1962.

Suárez-Mier, José Manuel, »Notas sobre el tratamiento impositivo a la propiedad urbana«, im Sammelband *Economía y Derecho Urbanos*, Ciudad de México: INFONAVIT u. Porrúa S.A., 1980, in Vorbereitung, 12 S.

Urquidi, Víctor L., Mitverfasser, *La explosión humana*, Ciudad de México: Fondo de Cultura Económica, Reihe »testimonios del fondo«, 1974, 66 S.

Valdés-Villarreal, Miguel, »El nuevo derecho que regula los asentamientos humanos«, Ciudad de México: *Vivienda*, Nr. 9, April 1977, S. 2–35.

Velazco, Rafael B., »El Catastro-Registro de la Tenencia y Uso del Suelo en el Estado de Derecho Social«in Ciudad de México: *Vivienda*, Nr. 8, Februar 1977, S. 44–57.

Velazco, Rafael B., »Interrelación del Catastro con el Registro Público de la Propiedad y el impuesto territorial en el desarrollo urbano« in *Economía y Derecho Urbanos*, Ciudad de México: INFONAVIT u. Porrúa S.A., 1980, in Vorbereitung, 20 S.

WARD, Barbara, *The Home of Man*, Introduction by Enrique PEÑALOSA, Toronto: the International Institute for Environment and Development/ The Canadian Publishers, McClelland and Stewart Limited, 1976, 297 S.

WOLFF, Hans-Julius, »Derecho administrativo de prestaciones« in *Homenaje a Savagués-Laso*, V, 349–382.

WOLFF, Hans-Julius, und BACHOF. Otto, *Verwaltungsrecht I, II u. III*, München: Beck, 3 Bde., 1974–1979, (XLV + 624) + (L + 620) + ca. 650 S.

Mexikanische Hauptrechtsquellen

Änderungen und zusätzliche Vorschriften zu den Artikeln 27, 73 und 115 der Bundesverfassung v. 1917 über Raumplanung und Städtebau *(Enmienda constitucional federal mexicana de 1976)* in *Diario Oficial de la Federación* v. 6. Febr. 1976. – S. auch in SILVA-HERZOG FLORES/GONZÁLEZ-AVELAR u. CORTIÑAS-PELÁEZ, ebenda, S. 453–465.

Bundesrahmengesetz über Raumplanung und Städtebau *(Ley General de Asentamientos Humanos)*, in *Diario Oficial de la Federación* v. 26. Mai 1976. – S. auch in SILVA-HERZOG FLORES/GONZÁLEZ-AVELAR u. CORTIÑAS-PELÁEZ, ebenda, S. 467–504.

Bundesgesetz über Raumplanung und Städtebau der Hauptstadt Mexikos *(Ley del Desarrollo del Distrito Federal)*, in *Diario Oficial de la Federación* v. 7. Januar 1976. – S. auch in SILVA-HERZOG FLORES/GONZÁLEZ-AVELAR u. CORTIÑAS-PELÁEZ, ebenda, S. 505–540.

Bundesplan über Raumplanung und Städtebau *(decreto presidencial aprobando el Plan Nacional de Desarrollo Urbano)* in *Diario Oficial de la Federación* v. 19. Mai 1978. – S. auch o. Anm. 42 am Ende.

Verwaltungsrechtliche Mittel des Verbraucherschutzes unter besonderer Berücksichtigung der Situation in Polen

Karol Gandor, Katowice

Ausgangslage

1. In letzter Zeit hat der Verbraucherschutz in Polen, wie in anderen sozialistischen Staaten, viel an Bedeutung gewonnen. Für die gegenwärtige intensive Phase der Entwicklung, nach sechs Jahren großer Investitionen (auf sie entfällt 30 bis 31,6 % des Nationaleinkommens) und einer fast vollständig durchgeführten Revolutionierung der gesamten Produktion, gelten drei Hauptzielsetzungen: die Versorgung des Binnenmarktes, der Wohnungsbau und die Landwirtschaft.

2. Das sozialistische Wirtschaftssystem, d. h. die Vergesellschaftung fast aller wichtigen Wirtschaftszweige (in der polnischen Planwirtschaft stellt der sozialistische Sektor immer noch nur etwa 25 % der Warenproduktion), erfordert ein System des Verbraucherschutzes, welches sich durch eine gesellschaftlich orientierte Organisation und Konstruktion auszeichnet. Nicht der Verbraucher als Person auf dem Markt steht so sehr im Vordergrund, sondern die Sicherung des umfassenden Angebots von Waren und Dienstleistungen (dieser Standpunkt ist besonders im Beschluß des Ministerrates vom 30. 9. 1976 bezüglich der Verbesserung der Qualität der Industrieerzeugnisse deutlich).

3. Die heute noch ernsten Versorgungsprobleme haben den »Produzenten«-Markt in einigen Bereichen sogar noch gefestigt (anders ist die Lage in der Tschechoslowakei, der DDR und vor allem in Ungarn). In dieser Situation, wo auch der Staat selbst Produzent, Arbeitgeber und Zahlmeister ist, spielen die verwaltungsrechtlichen Mittel des Verbraucherschutzes immer noch eine dominierende Rolle bei der Durchsetzung einer konsumfreundlicheren Wirtschaftspolitik. Der Verbraucher wird freilich auch in Polen in vielen Bereichen durch Normen des Zivil-, des Arbeits- und des Strafrechts unmittelbar oder mittelbar geschützt.

Übersicht über die verwaltungsrechtlichen Mittel des Verbraucherschutzes

4. *Staatliche Preispolitik.* Verschiedene Preiskategorien:
a) feste Preise für Grundnahrungsmittel und Dienstleistungen, landwirtschaftliche Produkte und Hauptproduktionsmittel und Grundrohstoffe;

b) Fest- oder Maximalpreise für andere Produkte;
c) »kommerzielle Preise« für bestimmte Nahrungsmittel;
d) Preise für Artikel der Mode und der »Marktneuheiten«;
e) freie Preise auf dem unorganisierten Markt zwischen Einzelpersonen.

Die Preise »a«–»c« und teilweise auch »d« werden administrativ von staatlichen Organen festgelegt; die »Neuheitspreise« (»d«) werden teilweise von den Produzenten selbst, aber nach genauen Richtlinien, gestaltet. Der Mißbrauch der Preise »a«–»d« zieht verschiedene verwaltungsrechtliche, finanzielle wie auch zivilrechtliche Folgen nach sich.

5. Ausgebautes System der *Preiskontrolle* seitens des Staatsapparates, der Genossenschaftsorganisationen, der Komitees der gesellschaftlichen Kontrolle (diese wurden eingeführt aufgrund des Beschlusses des Ministerrates vom 2. 6. 1978) und der Organe der Arbeiterselbstverwaltung, die jetzt (seit der Verordnung vom 31. 7. 1978) in allen staatlichen Unternehmen eingeführt worden ist.

6. *Vertragsreglements:* Sie werden von einem der Vertragsteilnehmer (Verkäufer, Bank usw.) ausgearbeitet, unterliegen aber einer Genehmigungspflicht seitens der zuständigen Behörde. Nur im Falle einer Bestätigung des Reglements ist die andere Vertragspartei (Verbraucher) an ihre Bestimmungen gebunden (Art. 385 des Zivilgesetzbuches, 1965).

7. Sehr ausgebautes *System der technischen Normen:* Polnische Normen (PN), Branche-Normen (BN) und Betriebsnormen (ZN). Die PN und BN sind allgemein verbindliche Qualitätsnormen, die einen administrativen Charakter haben. Mißbrauch wird mit verwaltungsrechtlichen, strafrechtlichen und zivilrechtlichen Instrumenten verfolgt. Die ZN werden nicht im verwaltungsrechtlichen Wege abgefaßt und sind für die Parteien nur als Vertragsrecht verbindlich.

8. *Klage- und Vorschlagsrecht* der Bürger und der gesellschaftlichen Organisationen im eigenen Interesse, im Interesse anderer Personen wie auch im öffentlichen Interesse gegenüber der entsprechenden Organisation (Art. 86 Abs. 2–3 der Verfassung der VR Polen in der Fassung vom 16. 2. 1976, Art. 151–174 des Gesetzbuches für das Verwaltungsverfahren vom 14. 6. 1960).

9. Institution der *Genehmigung einer Einschränkung* oder *Aufgabe der Produktion* von Marktwaren durch die Einheiten der Wirtschaftsministerien. Die Genehmigung wird vom Minister für Binnenhandel und Dienstleistungen erteilt (Verordnung vom 29. 11. 1976). Wird dieses Verbot der willkürlichen Produktionsaufgabe übergangen, kann – unter anderen Folgen – eine Arbitragekommission (Vertragsgericht) dem Unternehmen sogar die Schließung eines neuen Liefervertrages durch ein Urteil aufzwingen.

10. Die gesetzliche *Garantie*. Es wird eine Liste von Artikeln aufgestellt, welche ex lege mit einer Produzenten-Garantie verkauft werden müssen. Diese Liste wird seit 1976 durch den Minister für Materialwirtschaft im Einvernehmen mit den entsprechenden Ressorts aufgestellt und erweitert. Die Minimalbedingungen dieser Garantie werden wiederum vom Minister für Binnenhandel vorgeschrieben. Die

Warenliste und die Minimalbedingungen sind für Warenhersteller verbindliche Verwaltungsakte. Dem Verbraucher stehen automatisch alle im Zivilgesetzbuch geregelten Rechte aus der Garantie zu, auch wenn im Kaufvertrag keine Vereinbarung über die Garantie getroffen wurde.

11. Institution der *staatlichen Qualitätszeichen* (»Q«, »1«) und der *Sicherheitszeichen* (Beschluß des Ministerrates vom 9. 9. 1977). Bestimmte Bedarfsgüter, deren Liste der Präsident des Polnischen Komitees für Normalisation und Maße aufstellt, unterliegen einer obligatorischen Qualitätsprüfung. Diese Güter sind auch einer ständigen Kontrolle unterworfen.

12. Das *Verbot des »normalen« Verkaufes* von Marktwaren, die den im Vertrag oder in der technischen Norm (PN, BN) vorgesehenen Eigenschaften nicht entsprechen; sie dürfen nur Gegenstand eines besonderen Dienstvertrages (Kommißvertrag) sein (Verordnung des Ministers für Binnenhandel und Dienstleistungen vom 12. 3. 1977).

13. *Außerordentliche Interventionsmittel,* die den Markt von qualitativ minderwertigen Waren freihalten helfen:

a) Verbot des Ankaufs bestimmter Waren durch die Handelsunternehmen. Dieses Recht steht dem Minister des Binnenhandels zu. Das Verbot stellt – nach der Rechtsprechung (Urteil der Hauptarbitrage-Kommission vom 13. 10. 1970) – eine berechtigte Grundlage für den Rücktritt vom Vertrag, der zwischen der Handelsorganisation und dem Produzenten der betroffenen Ware geschlossen wurde, dar.

b) Antragsrecht (des Ministers für Binnenhandel und der Qualitätskommissionen bei Waren, die der obligatorischen Qualitätsprüfung unterworfen sind; siehe oben Pkt. 11) auf eine zeitlich begrenzte aber sofortige und endgültige Aussetzung (Unterbrechung) der Produktion. Die Antragsempfänger, d. h. der zuständige Minister, der Vorstand des zentralen Verbandes der Genossenschaften oder das örtliche staatliche Verwaltungsorgan der Wojewodschaftsstufe, sind an den Antrag gebunden.

c) Warnungsrecht des Ministers für den Binnenhandel gegenüber den Wirtschaftsministerien mit der Androhung der Ausübung des Ankaufverbotes bestimmter Waren durch die Handelsunternehmen.

d) Ausschlußrecht der Qualitätskommissionen gegenüber Waren vom Markt, die den Sicherheitsnormen nicht entsprechen. Dem Produzenten solcher Waren steht ein Einspruch, über den der Präsident des Polnischen Komitees für Normalisation und Maße entscheidet (Beschluß des Ministerrates vom 9. 9. 1977).

Charakteristische Eigenschaften und Tendenz der verwaltungsrechtlichen Verbraucherschutzregelung

14. Die meisten Mittel sind derart gestaltet, daß sie das Interesse der gesamten Gesellschaft schützen. Sie sind auch deswegen in die Hände der staatlichen Organe

und der Einheiten der vergesellschafteten Wirtschaft (staatliche Unternehmen, Genossenschaften) gelegt worden. Das subjektive Rechtsinteresse des einzelnen Verbrauchers wird also hauptsächlich mittelbar geschützt, und zwar durch eine bestimmte Prägung der rechtlichen Lage der Wirtschaftseinheiten und der Wirtschaftsverwaltung. Insofern erfüllen die meisten Mittel ihre Schutzfunktion dem Verbraucher gegenüber als Reflexwirkungen. Nur wenige dieser Instrumente ermöglichen dem Konsumenten einen mittelbaren Schutz, so z. B. das Klagerecht (Pkt. 8), in gewissem Sinne auch die Bestimmungen über die Vertragsreglements (Pkt. 6) und die gesetzliche Garantie (Pkt. 10).

15. Die rechtlichen Instrumente der staatlichen Organe sind ihre Rechte (Befugnisse), deren Ausübung aber auch ihre Pflicht darstellt.

16. Die neuere Rechtsentwicklung ist gekennzeichnet durch das Streben nicht nach Abschaffung aller administrativen Methoden der Leitung und Verwaltung der Volkswirtschaft (solche Meinungen, die es auch gibt, sind nicht nur in jetziger Zeit unakzeptabel), sondern nach einer Einschränkung dieser Methoden auf das Nötige und, was noch wichtiger ist, nach der funktionellen Verkoppelung der verwaltungsrechtlichen Regelungen mit zivilrechtlichen und ökonomischen Folgen. In einigen wichtigen Teilbereichen, z. B. im Bereich der technischen Normen, ist noch keine solche Lösung gefunden worden.

17. Als neue Organisationserscheinungen kann man die Berufung (1976) eines Rates für Fragen des Binnenmarktes als – leider nur – Konsultationsorgan der Regierung, vor allem aber die intensiv geführte Diskussion um Zweckmäßigkeit und Gestaltbarkeit einer zentralen Institution der Verbraucher sehen. Das Politische Büro hat auf dem IX. Plenum des ZK der Polnischen Vereinigten Arbeiterpartei (7.–8. 10. 1977) die Schaffung eines Komitees für Marktfragen beim Ministerrat angekündigt. Ähnliche Einrichtungen funktionieren in Ungarn und Bulgarien (Verbraucherräte), Jugoslawien (Verbraucherverband) und in Kuba (Institut für Binnennachfrage im Rang eines Ministeriums) wie auch in einigen westeuropäischen Staaten (Ombudsman in skandinavischen Ländern, Volksanwaltschaft in Österreich usw.).

18. Die verwaltungsrechtlichen Mittel des Verbraucherschutzes sind zwar zahlreich, nicht alle erfüllen aber ihre Funktionen; wichtige Teilbereiche sind ungenügend geregelt, es gibt auch Lücken. Es fehlt ein einheitliches, koordiniertes und umfassendes System des Verbraucherschutzrechts.

Rechtliche Probleme des Konsumentenschutzes in Polen

KAROL SOBCZAK, Warszawa

Probleme des Konsumentenschutzes haben einen universellen Charakter, obwohl sie gleichzeitig einen äußerst variablen Bereich bilden – je nach Bedingungen des gegebenen Staates oder Staatstyps. So entsteht auch eine interessante Ebene für allerlei Vergleiche. Andererseits interessieren sich für Fragen des Konsumentenschutzes Fachleute aus verschiedenen wissenschaftlichen Bereichen. Im folgenden soll der Gegenstand unserer Erwägungen vor allem vom juristischen Standpunkt aus betrachtet werden.

In Polen wurde dieser ganze Fragenkomplex neuerdings Gegenstand besonderer Aufmerksamkeit. Die Anregung zur Intensivierung der Forschungsarbeit geht u. a. von den Zentren der Verwaltungspraxis aus, die mit vielen Schwierigkeiten im Bereich der Organisierung des Marktes und des Konsumentenschutzes zu tun haben.[1] Man muß sofort bemerken, daß dieser Markt mit Rücksicht auf die angespannten Investitionspläne bestimmte Schwierigkeiten aufweist, die im Bereich der Befriedigung der Konsumtionsbedürfnisse auftreten. Es gibt im Grunde eine bekannte Situation, die mit dem hohen Tempo der wirtschaftlichen Entwicklung zusammenhängt.

Es gibt auch einen anderen Komplex von Faktoren, die für die hier erwogenen Fragen von Bedeutung sind. In den Jahren 1972–1977 wurde nämlich in Polen eine grundlegende Reform der Organisierung der Verwaltung der Volkswirtschaft durchgeführt. Sie brachte bedeutende Konsequenzen mit sich, auch in unserem Bereich. Ich denke hier an die aufgrund von zwei Beschlüssen des Ministerrates durchgeführte Reorganisation von Betrieben.[2]

---

[1] Die Rolle des Bindeglieds zwischen Praxis und Theorie spielt das ressorteigene Institut für Binnenhandel und Dienstleistungen, das eigene Initiative entfalten kann. Die Binnenhandelsorganisationen werden allmählich eine größere Selbständigkeit gewinnen. Vgl. die Konferenz unter Auspizien des Binnenhandelsministers: Rechtliche und organisatorische Probleme des Konsumentenschutzes. Warschau – Herbst 1977 (im Druck).

[2] Vgl. die Beschlüsse des Ministerrates Nr. 329/72 vom 22. 12. 1972 und 48/77 vom 10. 3. 1977.

In den meisten staatlichen Betrieben wurden veränderte rechtliche Prinzipen der Planung und der Finanzierung eingeführt. Knapp formuliert wurde statt der traditionellen direktiven Planung, die sich auf ein System detaillierter Kennziffern stützte, welche von den dem Betriebe übergeordneten Organisationen festgelegt wurden, eine synthetische Kennziffer der sogenannten addierenden Produktion eingeführt, die von den Betriebsorganen nach bestimmten allgemeinen rechtlichen Prinzipien ausgearbeitet wird. Diese Kennziffer hat überdies einen elastischen Charakter und funktioniert nach dem Prinzip eines Homöostats, wenn man diesen kybernetischen Begriff hier gebrauchen darf.

Vom Standpunkt unseres Themas aus ist es wichtig, daß die geltenden Rechtsvorschriften die Rolle dieser Betriebe in der Preisgestaltung erweitert haben. Das betrifft besonders die Preise für Waren, die das Ergebnis neuer technischer oder ästhetischer Ideen sind. Obwohl die Ergebnisse der durchgeführten Reform im Prinzip positiv sind, so gibt es doch in allem, was in der Wirtschaftsverwaltung vor sich geht, keine Lösungen mit eindeutigen Aspekten. Neben den in diesem Fall überwiegenden, positiven Ergebnissen der Reform, entstehen auch neue, oft sehr bedeutende Fragen.

Die Reform ist das Ergebnis starker Dezentralisierungstendenzen, deren Ziel es ist, die Wirtschaft von allzu engen Banden zu befreien, die die Initiative hemmen und die – was vom juristischen Standpunkt aus wichtig ist – eine Festlegung der Verantwortlichkeit unmöglich machen. Andererseits kam es im Bereich der Preisgestaltung zu beunruhigenden Erscheinungen, die mit dem Druck auf die Preisgestaltung auf hohem Niveau zusammenhängen.

Man kann in diesem Zusammenhang ein bestimmtes Paradox beobachten. Einerseits wird die Tendenz zur Dezentralisierung im Bereich der Verwaltung bemerkbar, andererseits werden die Elemente der Zentralisierung in der Sphäre der Preisgestaltung notwendig. Vom Standpunkt der Bedürfnisse des Konsumtionsschutzes aus bewährt sich nicht immer die Voraussetzung, daß der volkseigene Betrieb sich von den Interessen des Konsumenten leiten läßt. Die Vorherrschaft der eigenen Interessen des Produzenten ist oft sehr deutlich, das erklärt auch den allgemeinen Ton vieler Äußerungen, u. a. in der letzten Initiative für eine gewisse Zentralisierung von Entscheidungen im Bereich der Preisgestaltung.

Man muß generell feststellen, daß es in Polen im Bereich der staatlichen Wirtschaft überhaupt kein System freier Preise im traditionellen Sinne gibt. Der Preis ist im Prinzip die Form eines Verwaltungsaktes. Was Konsumtionsartikel anbetrifft, so ist die Preisfestlegung je nach der Art des Produktes unter die einzelnen Organe der Verwaltung aufgeteilt.

Im Jahre 1973 erhielten die Direktionen der Vereinigungen von volkseigenen Betrieben die Befugnis, Detailpreise für neu auf den Markt eingeführte Artikel, für Modeartikel oder für aus anderen Gründen besonders attraktive Waren festzulegen und zu verändern. Allmählich wurden aufgrund individueller Bevollmächtigungen die Kompetenzen der einzelnen Betriebe erweitert, die einer bestimmten Vereinigung angehörten. Gegenwärtig ist durch entsprechende Beschlüsse des Ministerrates im Jahre 1975 eine Reihe von Kompetenzen für Betriebsdirektoren, Generaldirektoren der Vereinigungen von Betrieben und Verwaltungen von Genossenschaftsverbänden im Bereich der Preisfestlegung und -veränderung fixiert worden. Zur Zeit können wir einige Stufen der Kompetenzen in Preisfragen unterscheiden. Berechtigt zur Festlegung und Veränderung von Preisen sind: der Ministerrat, die Staatliche Preiskommission, die Minister, die Direktoren der Bezirksabteilungen der Staatlichen Preiskommission, die Direktoren von Betriebsvereinigungen, die gesamtpolnische Verwaltung und Bezirksverwaltungen von Genossenschaftsverbänden, die Betriebsdirektoren und andere Organisationen. Von den etwa 220 000 alljährlich festgelegten Preisen werden etwa 16 Prozent von der Staatlichen Preiskommission geprägt, 2 Prozent von Ministern, 27 Prozent von Direktoren der Betriebsvereinigungen und 27 Prozent von Betriebsdirektoren. Die Aufmerksamkeit weckt der beachtliche, weil mehr als die Hälfte aller festgelegten Preise betragende Anteil der entsprechenden Betriebs- und Vereinigungsorgane.

Ein charakteristisches Merkmal der geltenden Regelungen ist die Tatsache, daß sie in der Regel die Möglichkeit vorsehen, die Berechtigungen zur Preisfestlegung auf eine niedrigere Stufe der Verwaltung zu verschieben. Die Ursachen und der Mechanismus dieser Verschiebungen sind unterschiedlich. Das Organ, das seine Berechtigungen zur Preisfestlegung oder -veränderung überträgt, ist verpflichtet, die Prinzipien der Preisfestlegung oder -veränderung zu bestimmen. Im Ansatzpunkt geht es um die Trennung der Kompetenzen zur Preisgestaltung, also zum einen der Bestimmung der Direktive, welche die Grundlage der Entscheidung über den Preis bildet, und zum anderen die Berechtigungen, die mit der arbeitsaufwendigen und langwierigen Berechnung des Preises einer konkreten Ware zusammenhängen. Man ist also bemüht, die Berechtigungen zu dezentralisieren, die eher einen formalen Charkter haben. Man hoffte, daß diese Lösung die früher von den Betrieben of signalisierte Erscheinung der Verzögerung in der Preisfestlegung aus der Welt schaffen wird und zugleich die Beibehaltung einer vollen Kontrolle über die Gestaltung des Preisniveaus ermöglichen wird, das in den Händen der Organe der Wirtschaftseinheiten liegt.

In der Praxis erwies es sich, daß dies eine schwierige Sache ist und daß die Beibehaltung einer vollen Kontrolle über die Art, wie die Organe der Wirtschaftseinheiten ihre Berechtigung zur Preisfestlegung verwerten, nicht immer möglich ist. Trotz ziemlich eingehender allgemeiner Regelungen, die die Prinzipien und die Art der Preisfestlegung bestimmen, haben die Betriebsorgane in der Praxis einen wesentlichen Einfluß auf den Inhalt der getroffenen Entscheidungen. Sie unternehmen nicht nur rechnerische, mechanische Handlungen, sondern treffen auch – wie das die Praxis beweist – eine Wahl, die für das Endergebnis von wesentlicher Bedeutung ist. Der Freiheitsbereich der Organe der Wirtschaftseinheiten ist also in vielen Fällen breit. Diese Freiheit in Anspruch nehmend, kann das Betriebsorgan beim Treffen von Entscheidungen sich vor allem durch sein eigenes Interesse leiten lassen. Und die Entscheidung, die es trifft, hat wesentlichen Einfluß auf die Realisierungsmöglichkeiten der Interessen anderer Subjekte, die an dem gesellschaftlichen Prozeß der Produktion, des Austausches und der Konsumtion teilnehmen. Daher besteht auch das Bedürfnis, gesetzliche Instrumente zu erarbeiten, die dem Schutz der Interessen jener Subjekte bei der Preisfestlegung und -veränderung dienen würden. Dafür sprechen auch zahlreiche Fakten der ordnungswidrigen Preisfestlegung von Organen der Wirtschaftseinheiten. Im Jahre 1976 stellte man fest, daß von 78 000 untersuchten Preisen 15 000 ordnungswidrig festgelegt wurden, wodurch die Interessen der Konsumenten verletzt wurden.

In der ökonomischen und juristischen Doktrin überwiegt die Überzeugung von dem Bedürfnis, die administrativen Methoden der Verwaltung der Wirtschaft zu eliminieren, indem man sie durch Formen ersetzt, die in der allgemeinen Verwaltung angewandt werden. Dies ist sicher eine positive Erscheinung. Sie kommt u. a. in der Schaffung einer Ebene zur Entbürokratisierung des Apparats der Wirtschaftsverwaltung zum Ausdruck. Andererseits muß man sich jedoch dessen bewußt sein, daß es in den Formen der Verwaltungsakte Wirkungszonen gibt, die von höheren Elementen der Verwaltung stammen als der Betrieb. Eine Motivierung bildet in diesem Fall die Tendenz zur Besserung der Interessen des Konsumenten.

Natürlich kann die Aufteilung der Kompetenzen in diesem Bereich nicht als Ausdruck einer Stabilität angesehen werden. Man muß jedoch feststellen, daß in der gegenwärtigen Marktsituation, die sich durch bestimmte Schwierigkeiten charakterisiert, die Beseitigung der administrativen und zentralistischen Aspekte bei der Preisgestaltung unzweckmäßig wäre.

Eine weitere Äußerung der im Bereich der Wirtschaftsverwaltung durchgeführten Reform ist die Erweiterung der Ausmaße der Betriebe. Es erfolgte eine wesentliche organisatorische Konzentrierung. Es erschien eine neue Bezeichnung – »große Wirtschaftsorganisationen« – die gegenwärtig einige oder mehrere der ehemaligen Betriebe vereinen. Die Reorganisierung wurde durchgeführt, um die Bedingungen zur Koordinierung und zur wirtschaftlichen Kooperation zu bessern, positive Ergebnisse in der Herabsetzung der Eigenkosten zu erzielen und organisatorische Voraussetzungen für den technischen Fortschritt zu schaffen.

Anderseits aber machten sich bestimmte Erscheinungen bemerkbar, die hinsichtlich des uns interessierenden Themas beunruhigend sind. Es ist die Erscheinung der faktischen Monopolisierung. Es unterliegt jedenfalls keinem Zweifel, daß die durchgeführten Umgestaltungen, die auf effektive Weise bestimmte Angelegenheiten im positiven Sinne lösten, eine Reihe neuer Fragen aufwerfen, die zu erledigen sind. Es geht darum, die organisatorisch-juristischen Formen des Schutzes der Interessen des Konsumenten herauszufinden, und zwar in verschiedenen Bereichen (z. B. in bezug auf die Preise und die Qualität der Waren) unter den Bedingungen bestimmter großer Wirtschaftsorganisationen und – was hinzuzufügen ist – des Marktes, der immer noch bestimmte Mängel empfindet, sowohl im Bereich der Quantität wie auch der Qualität der Waren.

Im großen und ganzen ist das juristische System des Konsumentenschutzes heutzutage in Polen ein Bereich, der von Experten untersucht wird, um eine Reihe von Veränderungen durchzuführen und die Vorschriften an die neue, sehr schwierige Situation anzupassen.

Dieses System charakterisiert sich vor allem dadurch, daß die meisten der uns interessierenden juristischen Bestimmungen – also solche, die die Preise, die Normalisierung, die Qualität, die Attestierung der Erzeugnisse betreffen – an die Einheiten der staatlichen Wirtschaft und der Wirtschaftsverwaltung adressiert sind. Auf diese Weise ist das subjektive Rechtsinteresse der Konsumenten durch eine entsprechende, geeignete Bestimmung der Rechtssituation anderer Subjekte geschützt. Aus diesem Grund tritt auch das Bedürfnis auf, auf eine den aktuellen Erfordernissen entsprechende Weise die Prinzipien des Konsumentenschutzes unter den neuen, aktuellen, schwierigen Bedingungen zu bestimmen. Eines der grundlegenden Elemente dieser Prinzipien ist die Arbeit im Bereich der Vorbereitung eines Gesetzes über die Qualität der Waren. Neben der Problematik der Preise ist das einer der wichtigsten Bestandteile des Konsumentenschutzes.

Man muß feststellen, daß die traditionellen, in diesem Bereich angewandten Formen, die mit dem Bestehen einer Gewähr und einer Garantie zusammenhängen, also Formen, die im Zivilgesetzbuch vorgesehen sind, die ihnen zukommende Rolle spielen, obwohl man im Zusammenhang mit ihrer Anwendung eine Reihe beunruhigender Fakten beobachtet. Vor allem wird eine bestimmte Schwäche dieser Instrumente beim Funktionieren großer, oft monopolistischer Wirtschaftsorganisationen bemerkbar. Die für den Konsumenten ungünstigen Erscheinungen vertieft auch die oben erwähnte Marktsituation. Aus diesem Grund wird auch die wachsende Rolle der Verwaltungsinstrumente ersichtlich und auch die des außergerichtlichen Vorgehens, um den Forderungen des Konsumenten gerecht zu werden.

Vor allem muß hier auf die Rolle der sogenannten Klagen hingewiesen werden, als einer Institution, die das Vorgehen aller staatlichen Einheiten regelt, falls ein Bürger seine Unzufriedenheit mit einer Erscheinung anmeldet[3]. In der Tat ist das Vorgehen in diesen Angelegenheiten nur wenig formalisiert, schnell und billig, so daß die Klagen sich einen bestimmten, für das Gerichtsverfahren sozusagen konkurrenzfähigen, Weg geebnet haben, der mit der Anwendung von Mitteln des Zivilgesetzes zusammenhängt.

Eine wesentliche Rolle in der Erledigung der Probleme des Konsumenten spielen überdies Institutionen, die die Betriebe überwachen, besonders die Organe der Staatlichen Handelsinspektion. Diese Institution wird auch oft von den Konsumenten in Anspruch genommen, falls sie auf der Beachtung ihrer Interessen bestehen. Im Bereich der zivilrechtlichen Formen des Konsumentenschutzes wird zur Zeit die Möglichkeit der Anwendung gewisser neuer Lösungen erwogen. Ihr Ziel

---

3 Die Klage ist eine Institution des allgemeinen Verwaltungsverfahrensgesetzes von 1960.

wäre die Bewältigung der ansteigenden Welle von Fällen, die in die Gerichtshöfe gelangt. Der Gerichtsprozeß, naturgemäß kostspielig und langwierig, ist nicht imstande, die Konflikte zu lösen, die im Bereich der Konsumtion wesentliche ökonomische, aber auch gesellschaftliche Probleme schaffen.

Im Zug der Konzentration der Handelstätigkeit und des Entstehens von immer mehr ausgebauten Handelsbetrieben wird das Reklamationsverfahren immer zeitraubender und komplizierter zum Nachteil der Konsumenten. Der grundlegende Mangel des Reklamationsverfahrens beruht darauf, daß die Entscheidung über die Anerkennung oder Verwerfung der Forderungen des Käufers von inneren Organen des Betriebes getroffen wird, was natürlich für eine volle Objektivität ungünstig ist. Bei der Entscheidung von Streitigkeiten zwischen den Betrieben und den Konsumenten geht es vor allem um eine möglichst schnelle Einschätzung des faktischen Standes (meistens der Qualität der Waren) auf fachmännische Weise. Die Rechtsfragen bei der Entscheidung von Reklamationen werfen in der Regel keine größeren Probleme auf.

Man fordert daher in Polen die Schaffung von Organen, welche Probleme aus dem Bereich der Beziehungen zwischen den Konsumenten und den Handels- sowie Dienstleistungsbetrieben nach dem Prinzip der Schiedsämter entscheiden würden. Die personelle Zusammensetzung solcher Organe könnte sich auf das Prinzip der Vertretungen stützen: der staatlichen Handelsunternehmen, eines Organs der Verwaltung für Fragen der Warenqualität sowie gesellschaftlicher Organisationen, die die Interessen der Konsumenten vertreten (z. B. Gewerkschaften). Das Verfahren vor einem derartigen Organ müßte für den Konsumenten fakultativ sein. Die Entscheidung des schiedsgerichtlichen Organs sollte den Gerichtsweg nicht ausschließen. Die Erfordernisse der Prozedur müßten auf das unentbehrliche Minimum beschränkt werden, wobei das Tempo des Vorgehens besonders hervorgehoben werden müßte.

Im Bereich des Verwaltungsrechtes werden die Forderungen und Arbeiten, die eine Vervollkommnung des Konsumentenschutzes anstreben, wesentlich breiter aufgefaßt. Es ist nämlich ein Bereich, in dem hinsichtlich unseres Gegenstandes unterschiedliche Rechtsvorschriften gelten, z. B. über die Normalisierung der Produktion, die Kontrolle des Handels, die Qualität der Waren, darunter auch der Attestierung der Erzeugnisse. In allen diesen Bereichen werden Versuche unternommen, neue Rechtsregelungen aufzubauen, die ihre Funktionen unter den neuen Bedingung erfüllen würden. Zentren der Wissenschaft und der wirtschaftlichen Praxis weisen auf bestimmte allgemeine Forderungen hin, die bei dem Aufbau neuer Grundlagen im Bereich des Konsumentenschutzes von Bedeutung sind. Hier drei dieser Forderungen:

Die erste betrifft die komplexe Beschaffenheit des Systems des Rechtsschutzes der Konsumenten. Es geht hier vor allem darum, daß bei der Entwicklung der Rechtsvorschriften Effekte vermieden werden, die keine vollwertigen Ergebnisse gewährleisten. Man verweist also auf die Tatsache, daß der Schutz der Interessen des Konsumenten nicht als selbständige Funktion der Verwaltung betrachtet werden kann. Dieser Schutz bildet auch einen Teil des Organisierungsprozesses der Tätigkeit der Volkswirtschaft. Damit hängt die These zusammen, daß die Funktion des Konsumentenschutzes wirksam realisiert werden kann durch die Gesamtheit der Rechtsvorschriften, die die Wirtschaftsverwaltung betreffen, und nicht nur derjenigen Akte, die sich ihrem Sinne nach auf dieses Problem beziehen.

Die zweite Forderung beruht auf der Tendenz, die Funktionen aus dem Bereich des Konsumentenschutzes als eine in gewissem Sinne überministerielle Tätigkeit zu gestalten. In der Praxis erweist es sich, daß die Aktivität im Bereich des Konsumentenschutzes nur teilweise von den Ministern der Wirtschaftsressorts, denen die Betriebe unterliegen, realisiert werden kann. Ein Beispiel ungünstiger — wie es sich erwies — Lösungen war die Regelung der Aufgaben im Bereich der Attestierung der Erzeugnisse, das heißt der Untersuchung und Einschätzung der Qualität der Waren, mittels der Übertragung dieser Aufgaben auf die Ressortminister, denen der betreffende Betrieb unterliegt. Gefordert wird zur Zeit die Erarbeitung eines einheitlichen Systems der Attestierung, die Erweiterung des Katalogs attestierter Erzeugnisse und vor allem die Fixierung der diesbezüglichen Funktionen in einem besonderen, überministeriellen Zentralorgan — einem Organ also, das über eine selbständige und objektive Einstellung verfügt. Es scheint, daß dies ein allgemeines Problem ist: ein wirksamer Schutz der Interessen des Konsumenten kann dann realisiert werden, wenn bestimmte Funktionen aus dem Bereich der Überwachung der Qualität in einem Organ konzentriert werden, das entsprechend spezialisiert ist und überministeriellen Charakter hat.

Drittens schließlich kann man die Probleme des Interessenschutzes des Konsumenten ohne ein Organ nicht lösen, das diese Interessen auf effektive Weise vertreten würde. Unlängst wurde in Polen ein besonderes Organ einberufen, dem derartige Aufgaben gestellt wurden. Es ist der sogenannte Rat für Fragen des Binnenmarktes, der beim Ministerrat tätig ist. Er ist jedoch ein Organ, das eher zur Ausübung von Koordinationsfunktionen fähig ist, die mit der Organisierung des Marktes zusammenhängen. Das Organ verfügt über eine berufsbezogene personelle Zusammensetzung. In nicht ausreichendem Maße werden durch diese Zusammensetzung die Konsumenten und ihre Interessen vertreten. Zur Zeit werden einleitende Diskussionen über die Einberufung eines Organs geführt, das imstande wäre, auch diese Interessen zu vertreten.

Ich habe hier einige Fragen aufgezählt, die diskutabel und in der Praxis schwer zu lösen sind. Die heutige Welt liefert eine Reihe wissenschaftlicher komplizierter Rätsel zur Auflösung. Ohne gemeinsames Vorgehen sind wir nicht imstande, diese unsere Aufgabe zu erfüllen.

Anhang

Verzeichnis der Teilnehmer

1. ABE, PROF. TERUYA
   Kyoto University, Japan
2. ABE, PROF. DR. YASUTAKE
   Kobe University, Japan
3. ALFREDSSON, GUDMUNDUR STEINAR
   University of Iceland, Reykjavik, Island
4. ARMAGAN, DR. SERVET
   Universität Istanbul, Türkei
5. BADURA, PROF. DR. PETER
   Universität München
6. BERNHARDT, PROF. DR. RUDOLF
   Max-Planck-Institut für Ausländisches Öffentliches Recht und Völkerrecht, Heidelberg
7. BERBERICH, DR. THOMAS
   Alexander von Humboldt-Stiftung, Bonn
8. BLUMENWITZ, PROF. DR. DIETER
   Universität Würzburg
9. CARTY, DR. JOHN ANTHONY
   University of Edinburgh, Großbritannien
10. CHAUHAN, PROF. DR. BABU RAM
    Himachal Pradesh University, Simla, Indien
11. CORTIÑAS-PELÁEZ, PROF. DR. LEÓN
    Universidad Nacional Autónoma de México, Mexico
12. DAGTOGLOU, PROF. DR. PRODROMOS
    Universität Athen, Griechenland
13. DIMITRIJEVIĆ, PROF. DR. VOJIN
    Universität Belgrad, Jugoslawien
14. FUJITA, PROF. DR. TOKIYASU
    Tohoku University, Sendai, Japan
15. GANDOR, PROF. DR. KAROL
    Schlesische Universität Kattowice (Kattowitz), Polen
16. GARLICKI, DR. LESZEK
    Universität Warszawa (Warschau), Polen
17. GEIGER, PROF. DR. WILLI
    Bundesverfassungsrichter a. D., Karlsruhe
18. GORALSKI, DR. WITOLD
    Forschungsinstitut für die Gegenwartsfragen des Kapitalismus, Warszawa (Warschau), Polen
19. HALLER, DR. HERBERT
    Wirtschaftsuniversität Wien, Österreich
20. HAN, PROF. DR. HYONG-KON
    Myong Ji University, Seoul, Korea
21. HOLL, DR. WOLFGANG
    Alexander von Humboldt-Stiftung, Bonn
22. HUH, PROF. DR. YOUNG
    Universität Bayreuth
23. ISHIMURA, PROF. ZENJI
    Universität Fukuoka, Japan
24. KANG, PROF. DR. KOO CHIN
    Seoul National University, Korea
25. KAWASHIMA, PROF. YOSHIO
    Osaka University, Japan
26. KAY, PROF. DR. HEE-YOL
    Korea Universität, Seoul, Korea
27. KLOEPFER, PROF. DR. MICHAEL
    Universität Trier
28. KOBAYASHI, PROF. DR. NAOKI
    University of Tokyo, Japan

29. KOONCE, WAYNE ALLAN
    Havard Lawschool, Cambridge, USA
30. KURIKI, PROF. HISAO
    Osaka City University, Japan
31. MAASS, DR. KURT-JÜRGEN
    Alexander von Humboldt-Stiftung, Bonn
32. MBAYA, PROF. DR. ETIENNE RICHARD
    Universität Köln
33. MIYAZAKI, PROF. YOSHIO
    University of Tokyo, Japan
34. MUROI, PROF. DR. TSUTOMU
    Nagoya University, Japan
35. NYGH, PROF. DR. PETER EDUARD
    Macquarie University, North Ryde, Australien
36. OPPERMANN, PROF. DR. THOMAS
    Universität Tübingen
37. OSSENBÜHL, PROF. DR. FRITZ
    Universität Bonn
38. PANDELIDES, DR. ANDREAS
    Morphou, Zypern
39. PANEBIANCO, PROF. DR. MASSIMO
    Universität Salerno, Italien
40. PAPADIMITRIOU, DR. GEORGIOS
    Universität Thessaloniki, Griechenland
41. PARK, PROF. DR. MOON-OK
    Chung-Ang University of Seoul, Korea
42. PFEIFFER, DR. HEINRICH
    Alexander von Humboldt-Stiftung, Bonn
44. RAIKOS, PROF. DR. ATHANASIUS
    Pantios Hochschule für Politische Wissenschaften, Athen, Griechenland
44. ROMANIECKI, DR. LEÓN
    Hebrew University of Jerusalem, Israel
45. ROSSANO, PROF. DR. CLAUDIO
    Universität Neapel, Italien
46. RUDOLF, PROF. DR. WALTER
    Universität Mainz
47. SAĞLAM, DR. FAZIL
    Universität Ankara, Türkei
48. SCHÄFFER, PROF. DR. HEINZ
    Universität Salzburg, Österreich
49. SCHEUNER, PROF. EM. DR. ULRICH
    Universität Bonn
50. SCHMIDT-ASSMANN, PROF. DR. EBERHARD
    Ruhr-Universität Bochum
51. SCHRAM, PROF. GUNNAR G.
    University of Iceland, Reykjavik, Island
52. SHIBAIKE, YOSHIKAZU
    Kyoto University, Japan
53. SHIYAKE, PROF. DR. MASANORI
    Pädagogische Hochschule Aichi, Japan
54. SOBCZAK, PROF. DR. KAROL
    Universität Warszawa (Warschau), Polen
55. SOELL, PROF. DR. HERMANN
    Universität Regensburg
56. SONG, PROF. DR. SANG HYUN
    Seoul National University, Korea
57. STARCK, PROF. DR. CHRISTIAN
    Universität Göttingen
58. STEIGER, PROF. DR. HEINHARD
    Universität Giessen
59. TAKADA, PROF. BIN
    Universität Osaka, Japan
60. TAKEUCHI, PROF. SHIGETOSHI
    Universität Kumamoto, Japan
61. TESHIMA, PROF. DR. TAKASHI
    Kyushu Universität, Fukuoka, Japan
62. TIKVES, PROF. DR. ÖZKAN
    Universität Ege, Izmir
63. TOMUSCHAT, PROF. DR. CHRISTIAN
    Universität Bonn
64. WIECHERS, PROF. DR. MARINUS
    University of South Africa, Pretoria, Südafrika
65. ZAKRZEWSKI, PROF. DR. WITOLD
    Universität Kraków (Krakau), Polen

Verzeichnis der Autoren

ABE, TERUYA
Geboren 1929. Ordentlicher Professor für Staatsrecht an der Universität Kyoto, Japan
Publikationen u. a.:
- Die Grundrechte. Tokyo 1976
- Verfassungsrecht (I) – (IV).
  Mitherausgeber. Tokyo 1975
- Zahlreiche Artikel zu Fragen der japanischen Verfassung und zur Rechtsvergleichung

ABE, YASUTAKA
Geboren 1942. Ordentlicher Professor für Verwaltungsrecht an der Universität Kobe, Japan
Publikationen u. a.:
- Der Französische Verwaltungsprozeß (japanisch). Tokyo 1971
- Verpflichtungsklage (japanisch). 1977
- Verwaltungsprozeß in der Bundesrepublik Deutschland (japanisch). 1975
- Umweltschutz in der Bundesrepublik Deutschland (japanisch). 1978, 1979
- Einführung ins Recht der Lokalautonomie (japanisch). 1978
- Übungen im Verwaltungsrecht (Mitherausgeber) (japanisch). Tokyo 1979
- Land Reclamation and the Protection of the Sea and the Seashore surrounding Japan (englisch). Kobe 1979
- Eine Skizze über die Entwicklung des Umweltschutzrechts in Japan (deutsch). 1977

ARMAGAN, SERVET
Geboren 1939. Ordentlicher Professor für Verfassungsrecht an der Universität Istanbul, Türkei
Publikationen u. a.:
- Das richterliche Überprüfungssystem von Gesetzen bei unserem Verfassungsgericht (türkisch). Istanbul 1967
- Petitionsrecht in der Türkei (türkisch). Istanbul 1972
- Die Geschäftsordnungen in unserem Land (türkisch). Istanbul 1972
- Verfassung, Parlamentswahlen und Verfassungsgerichtsbarkeit (türkisch). Istanbul 1975
- Die türkische Verfassung von 1961 und der Ministerrat. Istanbul 1978
- Die Parlamentswahlen in der Türkei. I. Teil 1978, II. Teil 1979 (deutsch). Istanbul
- Das türkische Verfassungsrecht. Istanbul 1979
sowie über 50 Artikel zu Fragen der Grundrechte und Freiheiten und zu aktuellen Problemen de modernen Staatsrechts; Übersetzungen aus der deutschen und arabischen Literatur

BADURA, PETER
Geboren 1934. Ordentlicher Professor für Öffentliches Recht, Rechts- und Staatsphilosophie an der Juristischen Fakultät der Universität München

Publikationen u. a.:
- Die Methoden der neueren Allgemeinen Staatslehre. 1959
- Das Verwaltungsmonopol. 1963
- Verwaltungsrecht im liberalen und sozialen Rechtsstaat. 1966
- Wirtschaftsverwaltungsrecht. 1969. 5. Aufl. 1979
- Wirtschaftsverfassung und Wirtschaftsverwaltung. 1971
- Eigentum im Verfassungsrecht der Gegenwart. 1972
- Das Verwaltungsverfahren. 1975. 3. Aufl. 1978
- Zahlreiche Aufsätze in verschiedenen Fachzeitschriften zum Verfassungsrecht, Wirtschaftsverwaltungsrecht und Städtebaurecht

BLUMENWITZ, DIETER
Geboren 1939. Ordentlicher Professor an der Universität Würzburg, Lehrstuhl für Völkerrecht, Allgemeine Staatslehre, deutsches und bayerisches Staatsrecht und politische Wissenschaften
Publikationen u. a.:
- Einführung in das anglo-amerikanische Recht. 2. Aufl. 1976
- Die Grundlagen eines Friedensvertrages mit Deutschland. 1965
- Der Schutz innerstaatlicher Rechtsgemeinschaften beim Abschluß völkerrechtlicher Verträge. 1973
- Feindstaatenklauseln. 1972
- Zahlreiche Beiträge in wissenschaftlichen Fachzeitschriften mit Schwerpunkt: Völkerrecht, Verfassungsrecht und Allgemeine Staatslehre

CORTIÑAS-PELÁEZ, LEÓN
Geboren 1934. Professor für Öffentliches Recht und Verwaltungsrecht an der Nationalen Autonomen Universität von Mexico (U.N.A.M.)
Publikationen u. a.:
- Siedlungsnetz-, Planungs-, Städtebau- und Wohnungsrecht (spanisch). (In Zusammenarbeit mit J. Silva-Herzog Flores und González-Avelar.) Mexico 1977
- The Function of Public Administration in the Establishment of a new Social and Economic Order. Mexico 1976
- Archivo de Derecho Público y Ciencias de la Administración. 1973
- Perspektiven des Öffentlichen Rechts in der Zweiten Hälfte des 20. Jahrhunderts. Gedächtnisschrift für Prof. Enrique Sayagués-Laso (5 Bände). Mitherausgeber und Mitververfasser der einführenden Beiträge
- Zahlreiche weitere Veröffentlichungen

DIMITRIJEVIĆ, VOJIN
Geboren 1932. Professor für Völkerrecht und Internationale Beziehungen an der Universität Belgrad, Jugoslawien
Publikationen u. a.:
- Utočište na teritoriji strane države – teritorijalni azil / Territorialasyl. Belgrad 1969
- Medjunarodne organizacije (Internationale Organisationen). Belgrad 1971. 2. Aufl. 1978
- Pojam bezbednosti u medjunarodnim odnosima (Begriff der Sicherheit in internationalen Beziehungen). Belgrad 1973
- Osnovi teoriji medjunarodnih odnosa (Grundrisse der Theorie der Internationalen Beziehungen). Belgrad 1977. 2. Auflage 1979
- Zahlreiche Artikel zu Fragen des Völkerrechts und der internationalen Beziehungen

FUJITA, TOKIYASU
Geboren 1940. Ordentlicher Professor für Verwaltungsrecht an der Tohoku Universität, Sendai, Japan

Publikationen u. a.:
- Rechtliche Natur der Ausübung der öffentlichen Gewalt durch die Verwaltung (japanisch). Tokyo 1978
- Gesammelte Aufsätze zu methodologischen Studien im Verwaltungsrecht (japanisch). Tokyo 1978
- Der gerichtliche Rechtsschutz des einzelnen gegenüber der vollziehenden Gewalt in Japan. Freiburg 1969
- Zahlreiche Artikel auf dem Gebiet des Staatsrechts, Verwaltungsrechts und Bodenrechts

GANDOR, KAROL
Geboren 1930. Außerordentlicher Professor für Zivil- und Wirtschaftsrecht an der Schlesischen Universität in Katowice, Polen, und Direktor des Instituts für Verwaltung und Leitung der Volkswirtschaft an der gleichen Universität
Publikationen u. a.:
- Konversion nichtiger Rechtsgeschäfte (polnisch). Krakau 1963
- Das Abzahlungsgeschäft. Organisatorische und rechtliche Probleme (polnisch). Warschau 1966
- Die vorläufigen subjektiven Rechte (polnisch). Breslau–Warschau–Krakau 1968
- Anwendung von Erfinderprojekten im System der intensiven Wirtschaft (polnisch). Warschau 1971
- Rechtssystem der technischen Normen (polnisch). Warschau 1973
- Umfang und Modalitäten des Schadenersatzes bei Straßenverkehrsunfällen – Volksrepublik Polen (deutsch). Karlsruhe 1976
- Das Modell der Arbeiterselbstverwaltung in den staatlichen Betrieben Polens (deutsch). München 1976

GARLICKI, LESZEK
Geboren 1946. Vize-Direktor des Instituts für Staats- und Rechtswissenschaften an der Universität Warschau
Publikationen u. a.:
- Die Gerichtsverfassung in den sozialistischen Ländern Europas (polnisch). Zusammen mit M. Rybicki. Warschau 1976
- Das Oberste Gericht und die höchsten Organe der Staatsmacht in Polen (polnisch). Warschau 1977
- Parlament und Regierung in der Bundesrepublik Deutschland (polnisch). Breslau–Warschau 1978
- Artikel zu Fragen des Parlamentarismus und der Gerichtsverfassung

GEIGER, WILLI
Geboren 1909. Bundesrichter und Senatspräsident am Bundesgerichtshof und Bundesverfassungsrichter a. D., Honorarprofessor an der Hochschule für Verwaltungswissenschaften in Speyer
Publikationen u. a.:
- Kommentar zum Bundesverfassungsgerichtsgesetz. 1951
- Grundrechte mit Rechtsprechung. 1959
- Grundrecht in der Privatrechtsordnung. 1960
- Mißverständnisse um den Föderalismus. 1962
- Gewissen, Ideologie, Widerstreit, Nonkonformismus. 1963
- Schulreform und Recht. 1967
- zahlreiche Artikel

HALLER, HERBERT
Geboren 1940. Universitätsdozent für Öffentliches Recht an der Wirtschaftsuniversität Wien, Österreich

Publikationen u. a.:
- Die Prüfung von Gesetzen. Wien–New York 1979
- Verschiedene »discussion papers« der Wirtschaftsuniversität Wien
- Zahlreiche Artikel und Beiträge in Sammelbänden zu Fragen der Verfassungsgerichtsbarkeit und im Bereich insbesondere des Wirtschaftsverwaltungsrechts

HUH, YOUNG
Geboren 1936. Lehrstuhl für Öffentliches Recht I der Universität Bayreuth
Publikationen u. a.:
- Probleme der konkreten Normenkontrolle (deutsch). Berlin 1971
- Normenkollisionen und Normenkontrolle (deutsch). 1972
- Gleichheit und Gleichheitssatz (deutsch). 1973
- Begegnung europäischer und ostasiatischer Rechtskultur, Verfassung und Recht in Übersee (deutsch). 1977

ISHIMURA, ZENJI
Geboren 1927. Professor an der Fakultät für Rechtswissenschaft der Universität Fukuoka, Japan
Publikationen u. a.:
- Pressefreiheit (japanisch). Mitherausgeber. Kyoto 1971
- Meinungsfreiheit und Selbstkontrolle der Massenmedien (japanisch). 1964
- Moderner Staat und Umweltschutz – über Rechtssysteme zur Bekämpfung von Luftverunreinigung, Lärm und Wasserverschmutzung in der Bundesrepublik Deutschland (japanisch). 1965
- Moderner Staat und Freiheit der Presse (japanisch). Herausgegeben von Ishimura und Saito. 1970
- Pressefreiheit und Staatsgeheimnis in der Weimarer Republik und der Bundesrepublik Deutschland (japanisch). 1971
- Übersetzung der »Allgemeinen Staatslehre« von Georg Jellinek ins Japanische zusammen mit Teruya Abe, Hisao Kuriki, Tsutomu Muroi und anderen. 1974
- Zahlreiche weitere Artikel

KLOEPFER, MICHAEL
Geboren 1943. Ordentlicher Professor für Öffentliches Recht, Wirtschafts-, Finanz- und Umweltrecht an der Universität Trier; Richter am Oberverwaltungsgericht Rheinland-Pfalz; Wissenschaftlicher Direktor des Instituts für Deutsches und Europäisches Agrarrecht und Umweltrecht
Publikationen u. a.:
- Grundrechte als Entstehenssicherung und Bestandsschutz. München 1970
- Deutsches Umweltschutzrecht. Percha 1972–1979
- Zum Umweltschutzrecht in der Bundesrepublik Deutschland. Percha 1972
- Die lenkende Gebühr. 1972
- Information als Intervention in der Wettbewerbsaufsicht. Tübingen 1973
- Vorwirkung von Gesetzen. München 1974
- Verfassung und Zeit. 1974
- Der Auflagenvorbehalt bei Verwaltungsakten. 1975
- Öffentliches Recht (Mitverf.). Düsseldorf 1976
- Zum Grundrecht auf Umweltschutz. Berlin 1978
- Systematisierung des Umweltrechts. Berlin 1979
- Zahlreiche weitere Veröffentlichungen zum Staats- und Verwaltungsrecht, Umweltschutz-, Finanz- und Wirtschaftsrecht sowie zur Bildungspolitik und zum Bildungsrecht

KOBAYASHI, NAOKI
Geboren 1921. Ordentlicher Professor für Verfassungsrecht an der Universität Tokyo

Publikationen u. a.:
- Rechtsphilosophie. Tokyo 1960
- Konstruktive Prinzipien der Verfassung. Tokyo 1961
- Verfassungsdynamik in Japan. Tokyo 1963
- Problematische Situation der Japanischen Verfassung. 1964
- Verfassungslehre. I & II. Tokyo 1967–68
- Entfaltung der neuen Menschenrechte. Tokyo 1976
- Prinzipien der Verfassungsurteile. I & II. 1977–78
- Zahlreiche Artikel über staatsrechtliche und rechtsphilosophische Probleme

KURIKI, HISAO
Geboren 1932. Ordentlicher Professor für Allgemeines Staatsrecht an der Städtischen Universität Osaka
- Studien zum deutschen Frühkonstitutionalismus. Tokyo 1965
- Die dualistische Tendenz in der deutschen Staatsrechtslehre des 18. Jahrhunderts. 1963
- Die Rolle des Allgemeinen Staatsrechts in Deutschland von der Mitte des 18. bis zur Mitte des 19. Jahrhunderts. 1974
- Die Wandlung der deutschen Staatsrechtslehre. 1976
- Die Funktion des Gedankens des Volkes in der organischen Staatslehre des 19. Jahrhunderts. 1978
- Übersetzung ins Japanische (mit anderen): Georg Jellinek, Allgemeine Staatslehre 1974

MBAYA, ETIENNE RICHARD
Geboren 1940. Professor, z. Z. Forschungsprojekt an der Juristischen Fakultät der Universität Köln
Publikationen u. a.:
- Les partis politiques du Congo-Kinshasa. Prag 1970
- Die revolutionäre kongolesische Bewegung (französisch). Prag 1966
- Die Struktur und die Entwicklung der Familie bei den Baluba des Kasai (französisch). Prag 1967
- Die häusliche Soziologie von Schwarzafrika (französisch). Prag 1969
- Afrikanische ethnologische Musikwissenschaft (tschechisch). Prag 1971
- Einführung in die politische Soziologie des unabhängigen Schwarzafrika (französisch). Prag 1974
- Zahlreiche Studien und Artikel über Kultur- und Entwicklungspolitik

MIYAZAKI, YOSHIO
Geboren 1944. Professor für Öffentliches Recht, Institut für Sozialwissenschaften an der Universität Tokyo
Publikationen u. a.:
- Wirtschaft, Staat und Recht. 1969
- Gewerbefreiheit im Verwaltungsstaat. 1972
- Kammerjustiz in Preußen. 1973
- Idee und Realität vom Rechtsstaat. 1974
- Zur Novellierung des Denkmalschutzgesetzes. 1975
- Reform der Verwaltungsgerichtsbarkeit in der Bundesrepublik Deutschland. 1975
- Nationalsozialismus und Verwaltungsrecht. Tokyo 1979

NYGH, PETER EDUARD
Geboren 1933. Professor of Law und Head of School, Macquarie University, Sydney, Australien
Publikationen u. a.:
- Conflicts of Laws in Australia. 1976
- Guide to the Family Law Act. 2. Auflage. Sydney 1978

- Butterworth's Family Law Service (zusammen mit R. F. Turner). Sydney 1976
- Some Thoughts on the Proper Law of a Tort. London 1978
- Verschiedene Artikel zu Fragen des internationalen Privatrechts, Verfassungsrechts und Familienrechts

OPPERMANN, THOMAS
Geboren 1931. Ordentlicher Professor für Öffentliches Recht an der Universität Tübingen
Publikationen u. a.:
- Kulturverwaltungsrecht. 1969
- Deutsche Einheit und europäische Friedensordnung. 1971
- Das parlamentarische Regierungssystem des Grundgesetzes. 1975
- Grundfragen der Mitgliedschaft in Internationalen Organisationen. 1975
- Europäisches Gemeinschaftsrecht. 1978
- Zahlreiche weitere Publikationen im Staats- und Verwaltungsrecht (einschl. Bildungsrecht), Völkerrecht, Europarecht und zur Auswärtigen Politik

OSSENBÜHL, FRITZ
Geboren 1934. Ordentlicher Professor für Öffentliches Recht an der Universität Bonn
Publikationen u. a.:
- Die Rücknahme fehlerhafter begünstigender Verwaltungsakte. 1965
- Verwaltungsvorschriften und Grundgesetz. 1968
- Rundfunkfreiheit und die Finanzautonomie des Deutschlandfunks. 1969
- Welche normativen Anforderungen stellt der Verfassungsgrundsatz des demokratischen Rechtsstaates an die staatlich planende Tätigkeit, dargestellt am Beispiel der Entwicklungsplanung? 1974
- Verfassungsrechtliche Probleme der Kooperativen Schule. 1977
- Rundfunk zwischen Staat und Gesellschaft. 1975
- Staatshaftungsrecht. 2. Auflage. 1978
- Rechtsprobleme der freien Mitarbeit im Rundfunk. 1978
- Elternrecht in Schule und Familie. 1978
- Zahlreiche Aufsätze und Abhandlungen zu Fragen des allgemeinen Verwaltungsrechts und des Staatsrechts

PANEBIANCO, MASSIMO
Geboren 1940. Ordentlicher Professor für Völkerrrecht an der Univerität Salerno, Italien
Publikationen u. a.:
- Giurisdizione interna e immunità degli Stati stranieri. Neapel 1967
- Lo statuto dei lavoratori italiani all 'estero. Neapel 1974
- Ugo Grozio e la tradizione storica del diritto internazionale. Neapel 1974
- Codice del mercato comune. Mailand 1974 (2 Bände), 1975, 1976 Ergänzung
- Dalla Società delle Nazioni alle Nazioni Unite (Le grandi organizzazioni internazional). Neapel 1977
- Zahlreiche Artikel zu Fragen und aktuellen Problemen des Völkerrechts und EWG-Rechts

ROMANIECKI, LEON
Geboren 1921. Senior Lecturer, Faculty of Law, Russian Studies, Hebrew University, Jerusalem, Israel
Publikationen u. a.:
- Recognition of Governments in International Law. Warschau 1963
- Non-Proliferation of Nuclear Weapons. Warschau 1967
- Terrorists in the Middle East an the Soviet Union. Jerusalem 1973
- Zahlreiche weitere Artikel zu oben genannten Themen

ROSSANO, CLAUDIO
Geboren 1940. Ordentlicher Professor für Öffentliches Recht an der Universität Neapel
Publikationen u. a.:
- L'eguaglianza giuridica nell'ordinamento costituzionale. Neapel 1966
- Partiti e Parlamento nello Stato contemporaneo. Neapel 1972
- Problemi di struttura dello Stato sociale contemporaneo. Lezioni di dottrina dello Stato. Neapel 1978
- Zahlreiche Artikel zu Fragen der Rechtsquellen, der Verfassungsgerichtsbarkeit sowie zu verschiedenen Problemen des Parteienstaates

SAĞLAM, FAZIL
Geboren 1940. Wissenschaftlicher Assistent an der Fakultät für politische Wissenschaften der Universität Ankara, Lehrstuhl für Verfassungsrecht
Publikationen u. a.:
- Der normative Teil des Tarifvertrages im türkischen Arbeitsrecht. Köln 1971
- Koalitionsfreiheit nach türkischer Verfassung. Bern 1979
- Wesen und Grenzen der Tarifautonomie nach türkischer Verfassung (türkisch). 1974
- Die rechtliche Bewertung der heimlichen Tonbandaufnahmen im türkischen und deutschen Verfassungsrecht (türkisch). 1975
- Gesetzeskonforme Verfassungsauslegung? 1977
- Mitbestimmung im türkischen Arbeits- und Verfassungsrecht. Ankara 1978

SCHÄFFER, HEINZ
Geboren 1941. Ordentlicher Professor für Verfassungs- und Verwaltungsrecht mit besonderer Berücksichtigung des Wirtschaftsverwaltungsrechts an der Universität Salzburg
Publikationen u. a.:
- Verfassungsinterpretation in Österreich. Wien 1971
- Koordination in der öffentlichen Verwaltung. Wien 1971
- Rechtsquellen und Rechtsanwendung. Wien 1973
- Planungskoordinierung im Raumordnungsrecht. Wien 1975 (gemeinsam mit H. P. Rill)
- Die Lage der Dozenten an den Universitäten in Österreich (Mitherausgeber). Wien 1977
- Investitionsplanung und Raumordnung. Wien 1979 (gemeinsam mit H. P. Rill)
- Die Briefwahl. Salzburg 1979
- Das Gesetz als Steuerinstrument im Staat der Gegenwart. Salzburg–München 1979
- Zahlreiche Artikel zu Fragen des österreichischen Verfassungs-, Verwaltungs- und Planungsrechts

SCHEUNER, ULRICH
Geboren 1903. Em. Ordentlicher Professor des Öffentlichen Rechts an der Universität Bonn
Publikationen u. a.:
- Verfassungsschutz des Eigentums (mit R. Reinhardt). 1954
- Die Neutralität im heutigen Völkerrecht. 1969
- Das Mehrheitsprinzip in der Demokratie. 1973
- Staatstheorie und Staatsrecht. Ges. Schriften. 1978
- Zahlreiche Artikel zur Staatstheorie, zum Staatsrecht, Kirchenrecht und Völkerrecht

SCHMIDT-ASSMANN, EBERHARDT
Geboren 1938. Ordentlicher Professor für Öffentliches Recht an der Universität Bochum
Publikationen u. a.:
- Der Verfassungsbegriff in der deutschen Staatslehre der Aufklärung und des Historismus. Berlin 1967
- Grundfragen des Städtebaurechts. Göttingen 1972

- Der Ausgleich landesplanerischer Planungsschäden. Göttingen 1976
- Aufsätze zu Fragen des Allgemeinen und des Besonderen Verwaltungsrechts, insbesondere zum Recht der Raumplanung

SCHRAM, GUNNAR G.
Geboren 1931. Ordentlicher Professor für Öffentliches Recht und Dekan der Juristischen Fakultät der Universität von Island, Reykjavik, Island
Publikationen u. a.:
- Outline of International Law. Reykjavik 1976
- Icelandic Constitutional Law Cases. Reykjavik 1976
- The Constitution of Iceland. Reykjavik 1975

SOBCZAK, KAROL
Geboren 1931. Ordentlicher Professor für Verwaltungsrecht und Verwaltungslehre und Dekan der Verwaltungswissenschaftlichen Fakultät an der Universität Warschau
Publikationen u. a.:
- Enteignung als Instrument der Planungswirtschaft (polnisch). Torun 1962
- Struttura e funzionemento della publica amministrazione nella Republica Popolare Polacca. (In Zusammenarbeit mit anderen.) Mailand 1965
- Zweig und territoriale Koordination der Arbeit der Schlüsselbetriebe (polnisch). Warschau 1965
- Verwaltungsrechtliche Studie (polnisch). Warschau 1971
- Wissenschaftlich-technischer Fortschritt. Verwaltungsrechtliche Probleme (polnisch). Warschau 1974
- Verwaltung der Nationalwirtschaft unter den Bedingungen der Produktionskonzentration. Kattowitz 1979
- Organisatorische und juristische Probleme der Verteilung der Produktionskräfte. Warschau 1977
- Recht und Information. Warschau 1978
- Zahlreiche weitere Veröffentlichungen zu Fragen der allgemeinen und Wirtschaftsverwaltung

SOELL, HERMANN
Geboren 1930. Ordentlicher Professor für Öffentliches Recht, insbesondere Finanz- und Steuerrecht an der Universität Regensburg
Publikationen u. a.:
- Ermessen der Eingriffsverwaltung. Heidelberg 1973
- Aspekte der Verfassungsentwicklung in der Bundesrepublik Deutschland. Mannheim 1972
- Subvention oder Sonderabschreibung? - Überlegungen zur staatlichen Anpassungsförderung im Umweltschutz. Berlin 1975
- Schutz gegen Fluglärm. Frankfurt 1978
- Außerdem eine Reihe von Aufsätzen zu Fragen des Wirtschaftsverwaltungsrechts, des Umweltschutzrechts und des Gemeinderechts

STEIGER, HEINHARD
Geboren 1933. Professor für Öffentliches Recht, insbesondere Völkerrecht, Recht der internationalen Organisationen und Europarecht an der Universität Gießen
Publikationen u. a.:
- Organisatorische Grundlagen des parlamentarischen Regierungssystems. 1973
- Mensch und Umwelt. 1975
- Rechtsfragen des ruhenden Mandates. 1976
- Umweltschutzrecht und -verwaltung in der Bundesrepublik Deutschland (zusammen mit Otto Kimminich). 1976

- Zahlreiche Aufsätze aus den Bereichen des Verfassungsrechts, der Verfassungsgeschichte, des Völkerrechts, des Europarechts und des Umweltrechts

Takada, Bin
Geboren 1930. Ordentlicher Professor an der Juristischen Fakultät der Universität Osaka, Japan
Publikationen u. a.:
- Der Begriff der Gesetzgebung (japanisch). 1977
- Verwaltungslenkung und gesetzmäßige Verwaltung (japanisch). 1977
- Die gegenwärtige Lage und die Aufgaben der Verwaltungsrechtswissenschaft (japanisch). 1978
- Regionales Selbstverwaltungsrecht (japanisch). 1976
- Zahlreiche weitere Aufsätze auf dem Gebiet des Verwaltungsrechts

Tikves, Özkan
Geboren 1936. Universitätsdozent an der Rechtsfakultät der Ege Universität Izmir, Direktor des Lehrstuhls für Verfassungs- und Verwaltungsrecht, Direktor der Hochschule für Publizistik der Rechtsfakultät der Ege Universität, Izmir, Türkei
Publikationen u. a.:
- Filmzensur in der Rechtsvergleichung und im türkischen Recht (türkisch). 1968
- Kommentar der türkischen Verfassung und des Verfassungsgerichtsgesetzes (türkisch). Istanbul 1969
- Die richterliche Kontrolle der politischen Parteien. Freiburg 1972
- Atatürks Revolution und das türkische Recht (türkisch). Izmir 1973
- Das Verfassungsrecht. 1976
- Die Verfassungsgerichtsbarkeit (in der Rechtsvergleichung und im türkischen Recht). Izmir 1978
- Außerdem zahlreiche Artikel in verschiedenen wissenschaftlichen Zeitschriften

Tomuschat, Christian
Geboren 1936. Ordentlicher Professor für Öffentliche Recht an der Universität Bonn
Publikationen u. a.:
- Die gerichtliche Vorabentscheidung nach den Verträgen über die Europäischen Gemeinschaften. 1964
- Zur politischen Betätigung des Ausländers. 1968
- Die Aufwertung der Deutschen Mark. 1970
- Verfassungsgewohnheitsrecht? 1972
- Der Verfassungsstaat im Geflecht der internationalen Beziehungen. 1978
- Zahlreiche Artikel zu Fragen des Völker- und Europarechts sowie des Menschenrechtsschutzes

Wiechers, Marinus
Geboren 1937. Ordentlicher Professor für Staats- und Völkerrecht an der Universität von Südafrika, Pretoria, Südafrika
Publikationen u. a.:
- JP Verloren van Themaat Staatsreg. Durban 1967
- Administratiefreg. Durban 1973
- Zahlreiche Artikel zu Fragen des Staats-, Völker- und Verwaltungsrechts